●収録内容一覧

■2025年度中学受験用

広尾学園中学校

3年間(＋3年間HP掲載)スーパー過去問

入試問題と解説・解答の収録内容

2024年度　1回	算数・社会・理科・国語（解答のみ）
2024年度　2回	算数・社会・理科・国語
2024年度 医進・サイエンス回	算数・社会・理科・国語
2023年度　1回	算数・社会・理科・国語（解答のみ）
2023年度　2回	算数・社会・理科・国語
2023年度 医進・サイエンス回	算数・社会・理科・国語
2022年度　1回	算数・社会・理科・国語（解答のみ）
2022年度　2回	算数・社会・理科・国語
2022年度 医進・サイエンス回	算数・社会・理科・国語
2021～2019年度(HP掲載) 「カコ過去問」 （ユーザー名）koe （パスワード）w8ga5a1o	問題・解答用紙・解説解答DL ◇著作権の都合により国語と一部の問題を削除しております。 ◇一部解答のみ（解説なし）となります。 ◇９月下旬までに全校アップロード予定です。 ◇掲載期限以降は予告なく削除される場合があります。

～本書ご利用上の注意～　以下の点について，あらかじめご了承ください。

★別冊解答用紙は巻末にございます。本書に収録している試験の実物解答用紙は，弊社サイトの各校商品情報ページより，一部または全部をダウンロードできます。
★編集の都合上，学校実施のすべての試験を掲載していない場合がございます。
★当問題集のバックナンバーは，弊社には在庫がございません（ネット書店などに一部在庫あり）。

JN008302

合格を勝ち取るための

『スーパー過去問』の使い方

本書に掲載されている過去問をご覧になって，「難しそう」と感じたかもしれません。でも，多くの受験生が同じように感じているはずです。なぜなら，中学入試で出題される問題は，小学校で習う内容よりも高度なものが多く，たくさんの知識や解き方のコツを身につけることも必要だからです。ですから，初めて本書に取り組むさいには，点数を気にしすぎないようにしましょう。本番でしっかり点数を取れることが大事なのです。

過去問で重要なのは「まちがえること」です。自分の弱点を知るために，過去問に取り組むのです。当然，まちがえた問題をそのままにしておいては意味がありません。

本書には，長年にわたって中学入試にたずさわっているスタッフによるていねいな解説がついています。まちがえた問題はしっかりと解説を読み，できるようになるまで何度も解き直しをしてください。理解できていないと感じた分野については，参考書や資料集などを活用し，改めて整理しておきましょう。

このページも参考にしてみましょう！

◆どの年度から解こうかな　「入試問題と解説・解答の収録内容一覧」

本書のはじめには収録内容が掲載されていますので，収録年度や収録されている入試回などを確認できます。

※著作権上の都合によって掲載できない問題が収録されている場合は，最新年度の問題の前に，ピンク色の紙を差しこんでご案内しています。

◆学校の情報を知ろう!!「学校紹介ページ」

このページのあとに，各学校の基本情報などを掲載しています。問題を解くのに疲れたら息ぬきに読んで，志望校合格への気持ちを新たにし，再び過去問に挑戦してみるのもよいでしょう。なお，最新の情報につきましては，学校のホームページなどでご確認ください。

◆入試に向けてどんな対策をしよう？「出題傾向＆対策」

「学校紹介ページ」に続いて，「出題傾向＆対策」ページがあります。過去にどのような分野の問題が出題され，どのように対策すればよいかをアドバイスしていますので，参考にしてください。

◇別冊「入試問題解答用紙編」

本書の巻末には，ぬき取って使える別冊の解答用紙が収録してあります。解答用紙が非公表の場合などを除き，（注）が記載されたページの指定倍率にしたがって拡大コピーをとれば，実際の入試問題とほぼ同じ解答欄の大きさで，何度でも過去問に取り組むことができます。このように，入試本番に近い条件で練習できるのも，本書の強みです。また，データが公表されている学校は別冊の１ページ目に過去の「入試結果表」を掲載しています。合格に必要な得点の目安として活用してください。

本書がみなさんの志望校合格の助けとなることを，心より願っています。

株式会社　声の教育社　編集部

広尾学園中学校

所在地	〒106-0047 東京都港区南麻布5-1-14
電　話	03-3444-7272（入試広報部）
ホームページ	https://www.hiroogakuen.ed.jp/
交通案内	東京メトロ日比谷線「広尾駅」４番出口よりすぐ 都バス（品97系統・黒77系統）「日赤医療センター下」（広尾学園前）下車すぐ

くわしい情報は
ホームページへ

トピックス

★けやき祭（文化祭）は，例年，10月初めに開催されている。
★本科は中高完全一貫。高校募集は医進・サイエンス，インターナショナルのみ。

創立年
大正7年

男女共学

高校募集
一部コースのみ

応募状況

年度	募集数		応募数	受験数	合格数	倍率
2024	①	本科 50名	395名	350名	75名	4.7倍
	②	本科 50名	596名	522名	178名	2.8倍
		SG 20名	346名	316名	119名	
	医	医 35名	534名	381名	112名	3.4倍
	国	AG 15名	153名	140名	22名	6.4倍
	③	本科 20名	635名	400名	69名	5.2倍
		SG 15名	313名	204名	47名	
2023	①	本科 50名	454名	403名	76名	5.3倍
	②	本科 50名	625名	555名	166名	3.2倍
		SG 20名	427名	395名	129名	
	医	医 35名	502名	325名	99名	3.3倍
	イ	AG 10名	103名	95名	10名	9.5倍
	③	本科 20名	753名	509名	63名	6.9倍
		SG 15名	353名	225名	43名	

※②・③のSG合格数は，本科で合格した数を含みます。
※合格数は，複数回受験した数を含みます。

学校説明会等日程（※予定）

〔授業体験会・学校説明会〕※要予約
６月22日／９月７日／10月12日
・各日とも午前の部と午後の部を設置。
〔入試傾向説明会・学校説明会〕※要予約
11月10日／12月14日
・各日とも午前の部と午後の部を設置。

※詳細は学校ホームページをご覧ください。

入試情報（参考：昨年度）

・試験日程（一般入試）：
　第１回…2024年２月１日午前
　第２回…2024年２月１日午後
　医進・サイエンス回…2024年２月２日午後
　国際生AG回…2024年２月３日午前
　第３回…2024年２月５日午前
・募集コース：
　第１回…本科
　第２回／第３回…本科，インターナショナルSG
　医進・サイエンス回…医進・サイエンス
　国際生AG回…インターナショナルAG
※AGはアドバンストグループ，SGはスタンダードグループの略です。
※国際生AG回では，英検２級以上または同等以上の英語力を有することが出願資格となります。
※ほかに，帰国生入試を２回（2023年12月21日・22日）実施しています。

2024年春の主な大学合格実績

＜国公立大学・大学校＞
東京大，京都大，東京工業大，一橋大，東北大，北海道大，筑波大，千葉大，横浜国立大，東京医科歯科大，防衛医科大，東京都立大，横浜市立大
＜私立大学＞
慶應義塾大，早稲田大，上智大，国際基督教大，東京理科大，明治大，青山学院大，立教大，中央大，法政大，学習院大，東京慈恵会医科大，順天堂大，昭和大

編集部注―本書の内容は2024年5月現在のものであり，変更されている場合があります。正確な情報は，学校のホームページ等で必ずご確認ください。

算数　出題傾向＆対策

◆基本データ（2024年度２回）

試験時間／満点	50分／100点
問題構成	・大問数…５題 計算・応用小問１題（６問） ／応用問題４題 ・小問数…17問
解答形式	解答のみを記入する形式が中心だが，応用問題の一部には作図問題も出題される。
実際の問題用紙	Ｂ５サイズ，小冊子形式
実際の解答用紙	Ｂ４サイズ

◆出題傾向と内容

▶過去３年の出題率トップ３
１位：調べ・推理・条件の整理16%　２位：辺の比と面積の比・相似13%　角度など10%
▶今年の出題率トップ３
１位：調べ・推理・条件の整理12%　２位：整数の性質，角度・面積・長さなど９％

はじめの大問は計算問題や応用小問の集合題で，それ以降の大問は応用問題です。計算問題は，四則計算のほか，計算のくふうの必要なもの，逆算，単位の計算などが出されています。応用小問は，場合の数，比の性質，角度，面積，つるかめ算，旅人算などが取り上げられていますが，ただ公式をあてはめればよいというような問題は少なく，一筋縄では解けないものも多くあります。

応用問題は，ひねりの加えられた問題が用意されており，各小問が次の小問へのヒントになっているパターンも多く見られます。

◆対策〜合格点を取るには？〜

計算問題に関しては，特に小数や分数が多く出題されているので，細かい部分まで正確な計算技術を身につけられるように，意識して練習しましょう。

応用小問や応用問題では，数の性質や規則性，特殊算，図形問題などがはば広く出題されるので，基本的なパターンをひと通り身につけておきましょう。なかでも，図形や速さの問題は，出題率が高く，注意が必要です。

また，本校は途中の考え方や計算を書く問題があるので，ふだんからノートに考え方，図，式などをかく習慣をつけておきましょう。

分野 ＼ 年度		2024			2023		
		１回	２回	医・サ	１回	２回	医・サ
計算	四則計算・逆算	○	○		○	○	
	計算のくふう	○	○				
	単位の計算						
和と差	和差算・分配算						
	消去算		○				
	つるかめ算	○				○	
	平均とのべ						
	過不足算・差集め算						
	集まり	○					
	年齢算						
割合と比	割合と比	○	○				
	正比例と反比例						
	還元算・相当算				○		
	比の性質		○			○	
	倍数算						
	売買損益						
	濃度						
	仕事算						
	ニュートン算		○				
速さ	速さ					○	
	旅人算						
	通過算				○		
	流水算						
	時計算	○					
	速さと比						
図形	角度・面積・長さ	○	◎		○	●	
	辺の比と面積の比・相似	○		○	●	○	
	体積・表面積	○		○	◎	○	
	水の深さと体積		○		○		
	展開図						
	構成・分割	○		○	○		○
	図形・点の移動					○	
表とグラフ							
数の性質	約数と倍数						
	N進数						
	約束記号・文字式	○					
	整数・小数・分数の性質	○	◎			○	○
規則性	植木算						
	周期算				○		○
	数列						
	方陣算						
	図形と規則						
場合の数		○	○	○		○	
調べ・推理・条件の整理		○	◎	○	◎	○	●
その他							

※　○印はその分野の問題が１題，◎印は２題，●印は３題以上出題されたことをしめします。

社会　出題傾向＆対策

◆基本データ（2024年度２回）

試験時間／満点	30分／50点
問題構成	・大問数…４題 ・小問数…23問
解答形式	記号選択と適語の記入がほとんどだが，字数制限のない記述問題も出されている。
実際の問題用紙	Ｂ５サイズ，小冊子形式
実際の解答用紙	Ｂ４サイズ

分野＼年度			2024 1回	2024 2回	2024 医・サ	2023 1回	2023 2回	2023 医・サ
日本の地理		地図の見方	○	○	○		○	○
		国土・自然・気候	○	○	○	○	○	○
		資源		○	○		○	
		農林水産業	○	○	○	○		○
		工業	○		○			
		交通・通信・貿易		○	○		○	
		人口・生活・文化				○		○
		各地方の特色					○	○
		地理総合	★	★	★	★	★	★
世界の地理								
日本の歴史	時代	原始～古代	○	○	○	○	○	○
		中世～近世	○	○	○	○	○	○
		近代～現代	○	○	○	○	○	○
	テーマ	政治・法律史						
		産業・経済史						
		文化・宗教史						
		外交・戦争史						
		歴史総合	★	★	★	★	★	★
世界の歴史			○					
政治		憲法	○		○	○	○	○
		国会・内閣・裁判所	○	○		○	○	○
		地方自治	○					○
		経済	○	○	○	○	○	○
		生活と福祉	○	○	○		○	○
		国際関係・国際政治	○	○	○		○	○
		政治総合	★	★	★	★	★	★
環境問題					○	○		○
時事問題			○	○			○	
世界遺産			○					
複数分野総合			★	★	★	★	★	★

※　原始～古代…平安時代以前，中世～近世…鎌倉時代～江戸時代，近代～現代…明治時代以降
※　★印は大問の中心となる分野をしめします。

◆出題傾向と内容

地理・歴史・政治の各分野からかたよりなく出題されています。各分野とも共通していえるのは，日本国内にとどまらず，世界に目を向けた出題がなされているということです。

●地理…日本の国土と自然，各地域の特色，農林水産業，エネルギー資源，伝統的工芸品，貿易，人口問題，環境問題など，多様な内容が出されています。

●歴史…文化史，開国前後の日本の政治，日本と大陸との交流，近代以降の資料を用いた問題などが出題されています。あつかっている時代は古代から近・現代まで，問われることがらも政治，経済，産業，文化，外交などと，はば広いものとなっています。

●政治…近年行われた国際的な会議や国政選挙やサミットなどの時事をふまえつつ，多くの資料を示しながら，現代社会の問題点（地球温暖化，エネルギー問題，情報化社会における問題，格差社会など）や国際関係，日本国憲法と三権のしくみなどが問われています。

◆対策～合格点を取るには？～

まず，基礎を固めることを心がけてください。教科書のほか，説明がやさしくていねいで標準的な参考書を選び，基本事項をしっかりと身につけましょう。

地理分野では，地図とグラフが欠かせません。つねにこれらを参照しながら，白地図作業帳を利用して地形と気候をまとめ，そこから産業のようす（もちろん統計表も使います）へと広げていってください。

歴史分野では，教科書や参考書を読むだけでなく，自分で年表を作って覚えると学習効果が上がります。できあがった年表は，各時代，各分野のまとめに活用できます。本校の歴史の問題にはさまざまな分野が取り上げられていますから，この作業はおおいに威力を発揮するはずです。

政治分野からもはば広い出題がありますので，日本国憲法の基本的な内容と三権のしくみについてはひと通りおさえておいた方がよいでしょう。また，時事問題については，新聞やテレビ番組などでニュースを確認し，国の政治や経済の動き，世界各国の情勢などについて，ノートにまとめておきましょう。

理科　出題傾向＆対策

◆基本データ（2024年度２回）

試験時間／満点	30分／50点
問題構成	・大問数…４題 ・小問数…19問
解答形式	記号選択と数値の記入が多いが，字数制限のない記述問題も見られる。
実際の問題用紙	Ｂ５サイズ，小冊子形式
実際の解答用紙	Ｂ４サイズ

分野＼年度		2024			2023		
		1回	2回	医・サ	1回	2回	医・サ
生命	植物	★				★	
	動物		○		○		
	人体			○			○
	生物と環境				★		
	季節と生物		★				
	生命総合			★			★
物質	物質のすがた	★					
	気体の性質		○				
	水溶液の性質						
	ものの溶け方						
	金属の性質						
	ものの燃え方		★				
	物質総合			★	○	★	○
エネルギー	てこ・滑車・輪軸	○					
	ばねののび方	★					
	ふりこ・物体の運動		★				
	浮力と密度・圧力	○					★
	光の進み方					★	
	ものの温まり方						
	音の伝わり方						
	電気回路			★	★		
	磁石・電磁石						
	エネルギー総合						○
地球	地球・月・太陽系			★	★	★	
	星と星座		★				
	風・雲と天候	★					
	気温・地温・湿度	○					
	流水のはたらき・地層と岩石						
	火山・地震						★
	地球総合						
実験器具							
観察							
環境問題					★		★
時事問題				○			
複数分野総合							

※　★印は大問の中心となる分野をしめします。

◆出題傾向と内容

実験や観察をもとにした出題が多く，さらに，時事・環境問題などを題材にして論理力や思考力を問うものが目立ちます。

●生命…植物のつくりと成長（呼吸・光合成），動物の誕生，植物や動物の生息する環境，渡り鳥，葉のつくりとはたらき，ヒトのからだのしくみとはたらきなどについて取り上げられています。

●物質…燃焼，水溶液の反応と中和，物質の水に対する溶け方，気体の性質や発生，金属の燃焼と酸化物，金属の性質，物質の状態の変化，反応などが出されています。また，環境問題をテーマにして問うものも見られます。

●エネルギー…ばねののびと力のつり合い，浮力，ふりこと球の運動，光の進み方，電気回路などが取り上げられています。

●地球…地球と月・太陽の動き，月の見え方，星座早見，人工衛星，銀河，気圧と気温・地温・湿度，雲のでき方，地震，岩石，地層と断層などが出されています。

◆対策～合格点を取るには？～

本校の理科は実験・観察をもとにした問題が大部分なので，細かい知識を覚えるよりも，教科書・参考書の内容をしっかり身につけることや，資料（グラフや表，実験や観察の結果）をもとにして考える訓練を積んでおくことが大切です。そのために，次のことを実行してみてはいかがでしょうか。①教科書や標準的な受験参考書を中心とした学習をする。難問はさけて基本的なことがらの理解に努めること。グラフや表の見方に慣れるだけでなく，その意味やそこからわかることなども確認しておく。②学校で行う実験や観察には積極的に参加し，目的，方法，経過，結果，実験器具の使用方法などをノートに整理する。わからないことがあれば，図鑑などで調べる。自分でできる範囲で実験・観察を行うのもよい。③科学ニュースにも目を向ける。新聞や雑誌の記事，テレビのニュース番組や科学番組などをできるだけ関心を持って見るようにして，はば広い知識を身につける。④ある程度の理解が得られたら，標準的でよくまとまったうすめの問題集で確認する。⑤「物質」「エネルギー」からは，濃度や力のつり合いなどの計算問題が出されやすいので，計算ミスをしないように日ごろからよく練習しておく。

国語 出題傾向&対策

◆基本データ(2024年度2回)

試験時間／満点	50分／100点
問題構成	・大問数…4題 文章読解題2題／知識問題2題 ・小問数…21問
解答形式	記号選択と適語の書きぬきが大半をしめているが，75～100字程度の記述問題も出題されている。
実際の問題用紙	B5サイズ，小冊子形式
実際の解答用紙	B4サイズ

分野＼年度			2024			2023		
			1回	2回	医・サ	1回	2回	医・サ
読	文章の種類	説明文・論説文	★	★	★	★	★	★
		小説・物語・伝記	★	★		★	★	
		随筆・紀行・日記						
		会話・戯曲						
		詩						
		短歌・俳句						
解	内容の分類	主題・要旨				○		
		内容理解	○	○	○	○	○	○
		文脈・段落構成	○		○			○
		指示語・接続語	○	○				○
		その他	○	○	○	○	○	○
知	漢字	漢字の読み	○	○	○	○	○	○
		漢字の書き取り	○	○	○	○	○	○
		部首・画数・筆順						
	語句	語句の意味	○	○	○	○	○	
		かなづかい						
		熟語						
		慣用句・ことわざ						
	文法	文の組み立て						
		品詞・用法						
		敬語						
識	形式・技法							
	文学作品の知識							
	その他		★	★	★	★	★	★
	知識総合							
表現	作文							
	短文記述							
	その他							
放送問題								

※　★印は大問の中心となる分野をしめします。

◆出題傾向と内容

▶近年の出典情報(著者名)
説明文：戸谷洋志　石川明人　長谷川眞理子
小　説：小野寺史宜　遠藤周作　藤岡陽子

●読解問題…説明文・論説文と小説・物語文から1題ずつ(医進・サイエンスは説明文・論説文が1題)出題されています。設問内容は，説明文・論説文では論の展開を正しく理解しているかどうかを問うもの，小説・物語文では場面のはあくや登場人物の動作・行動の理由，心情を問うものが中心となっています。具体的には，内容の読み取りのほか，適語・適文の補充，接続語の補充などがはば広く出題されます。

●知識問題…漢字の書き取りと読み，対義語，類義語，四字熟語，慣用句などが取り上げられています。

◆対策～合格点を取るには？～

本校の国語は，読解力を中心にことばの知識や漢字力もあわせ見るという点でオーソドックスな問題ということができますが，そのなかでも大きなウェートをしめるのは，長文の読解力です。したがって，読解の演習のさいには，以下の点に気をつけましょう。①「それ」や「これ」などの指示語は何を指しているのかを考える。②段落や場面の構成を考える。③筆者の主張や登場人物の性格，心情の変化などに注意する。④読めない漢字，意味のわからないことばが出てきたら，すぐに辞典で調べる。

また，知識問題は，漢字・語句(四字熟語，慣用句，ことわざなど)の問題集を一冊仕上げるとよいでしょう。

カコを追いかけ
ミライをつかめ

2024年度 広尾学園中学校

【算　数】〈第１回入試〉（50分）〈満点：100点〉

1　次の問いに答えなさい。

(1)　次の計算をしなさい。

$253 \div 8 + 25.3 \times 3.25 + 11 \times 2.3 \times 5.5$

(2)　$\dfrac{1}{1+\dfrac{1}{\boxed{ア}+\dfrac{1}{\boxed{イ}}}}=\dfrac{3}{5}$ となるように，$\boxed{ア}$，$\boxed{イ}$ に当てはまる整数を求めなさい。

(3)　広尾小学校のある学年で，算数と国語についてそれぞれ「好きか，好きでないか」のどちらかについて調査をしました。調査の結果，算数が好きな児童の数は学年全体の人数の $\dfrac{1}{3}$，国語が好きな児童の数は学年全体の人数の $\dfrac{2}{5}$，算数も国語も好きな児童の数は算数の好きな児童の数の $\dfrac{3}{10}$ であり，算数も国語も好きでない児童の数は44人でした。算数も国語も好きな児童の数を求めなさい。

(4)　時計の長針と短針について，４時と５時の間で長針と短針が反対向きに一直線になるときの時刻は４時何分か求めなさい。

(5)　右の図は，正方形の中に同じ大きさの四分円を４つかいた図です。斜線部分の面積を求めなさい。ただし，円周率は3.14とします。

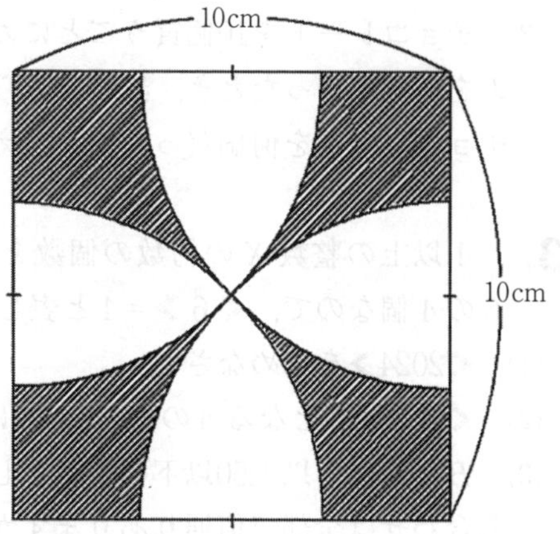

(6)　図１のような直方体があり，上，正面，横の面をそれぞれ面ア，面イ，面ウとします。面ア，面イにそれぞれ平行な面でこの直方体を切断すると，できた４つの直方体の表面積の合計は，もとの直方体の表面積よりも1400cm^2大きくなります（図２）。同様に面イと面ウにそれぞれ平行な面で切断すると，できた４つの直方体の表面積の合計は，もとの直方体の表面積よりも1000cm^2大きくなり，面アと面ウにそれぞれ平行な面で切断すると，もとの直方体の表面積よりも1200cm^2大きくなります。もとの直方体の表面積を求めなさい。

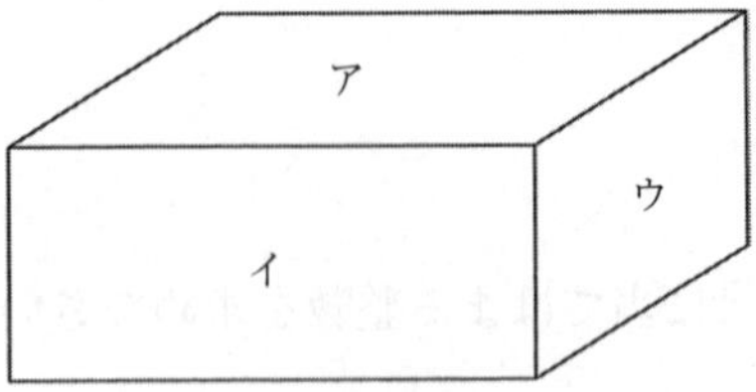

図１

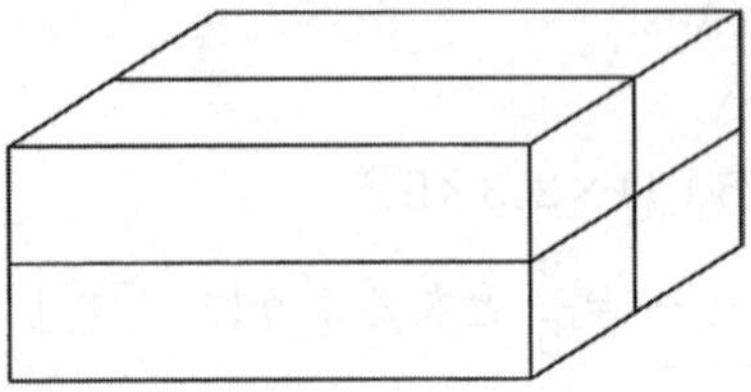
図２

2　あるお店では，１個90円のチョコレートと１個80円のガムが売られています。次の問いに答えなさい。

(1)　チョコレートとガムを合わせて10個買ったところ，代金は860円となります。それぞれ何個買ったのか求めなさい。

(2)　チョコレートとガムを合わせて何個か買うと，代金は1200円となります。それぞれ何個買ったのか求めなさい。ただし，どちらも少なくとも１個は買うものとします。

(3)　チョコレートを10個買うごとにガムを１個無料でもらえるものとします。チョコレートとガムを何個か買ったとき，無料でもらえるガムも含めて30個になり，代金は2500円となりました。チョコレートを何個買ったか，考えられる個数をすべて求めなさい。

3　１以上の整数Xの約数の個数を≪X≫と表します。たとえば，６の約数は，１，２，３，６の４個なので，≪６≫＝4と表します。次の問いに答えなさい。

(1)　≪2024≫を求めなさい。

(2)　≪A≫＝5となるAのうち，100に最も近い数を求めなさい。

(3)　BとCは１以上50以下の整数とします。≪B≫＋≪C≫＋≪2024≫＝20を満たすBとCの組み合わせは全部で何通りありますか。

4　６人組のスーパー戦隊ヒーロー「ヒロガクレンジャー」が誕生しました。メンバーはそれぞれヒロガクレッド，ヒロガクブルー，ヒロガクグリーン，ヒロガクイエロー，ヒロガクピンク，ヒロガクブラックです。この６人の登場シーンでの配置について考えていきます。配置の仕方は先頭に１人，その後ろに２人，その後ろに３人並ぶことにし，それぞれ隣同士の距離が１ｍとなるように，正三角形を作るように配置していきます。下の配置図のように，それぞれの場所にＡからＦまで名前をつけ，Ａを先頭とします。

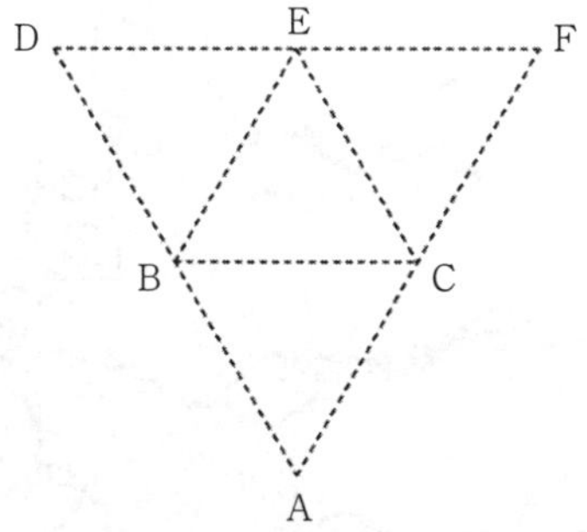

配置図

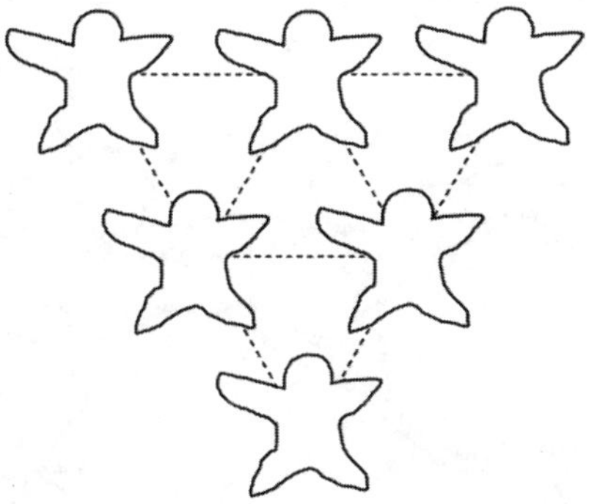
登場シーン

(1)　６人の並び方は全部で何通りありますか。

(2)　ヒロガクブルーとヒロガクグリーンの２人をＡかＤかＦに配置しました。このとき，６人の並び方は全部で何通りありますか。

(3)　(2)の条件に加えて，ヒロガクピンクの隣に必ずヒロガクレッドとヒロガクブルーを配置することになりました。隣というのは１ｍ離れている位置のことをいい，たとえばＡの隣はＢ，Ｃであり，Ｂの隣はＡ，Ｃ，Ｄ，Ｅとなります。このとき，６人の並び方は全部で何通りありますか。

5　図のようなたて70m，よこ90mの長方形の形をした土地があります。また，この土地の４つのかどにくいを打ち，周上に５ｍごとにくいを打ちます。くい２本にロープを１本たるまないように結んで土地を分けます。解答らんにはどこで分けたかわかるように，最初の長方形のかどからの距離を書き入れなさい。

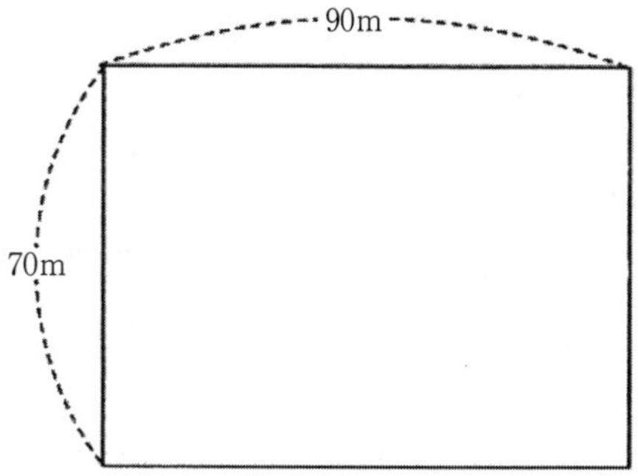

図　たて70m，よこ90mの土地

(1)　長方形の辺と平行になるように何本かのロープを使って，土地を分けます。分けられた土地の面積が次の比となるようにしなさい。

①　５：３：１

②　12：９：８：６：４：３

(2)　ロープを３本使って分けられた土地の面積の比が６：５：４：３：２：１になるように，土地を分けなさい。ただし，使うロープのうち，１本以上は長方形の辺と平行になるように使うものとします。

【社　会】〈第１回入試〉（30分）〈満点：50点〉

〈編集部注：実物の入試問題では，グラフや写真・地図などの大部分はカラー印刷です。〉

1　広尾学園中学校の３年生は修学旅行で広島県を訪れることになりました。そこで，中学３年生のタイスケくんは，修学旅行の事前学習として広島県について調べました。広島県の一部を示した次の図１を見て，あとの問いに答えなさい。

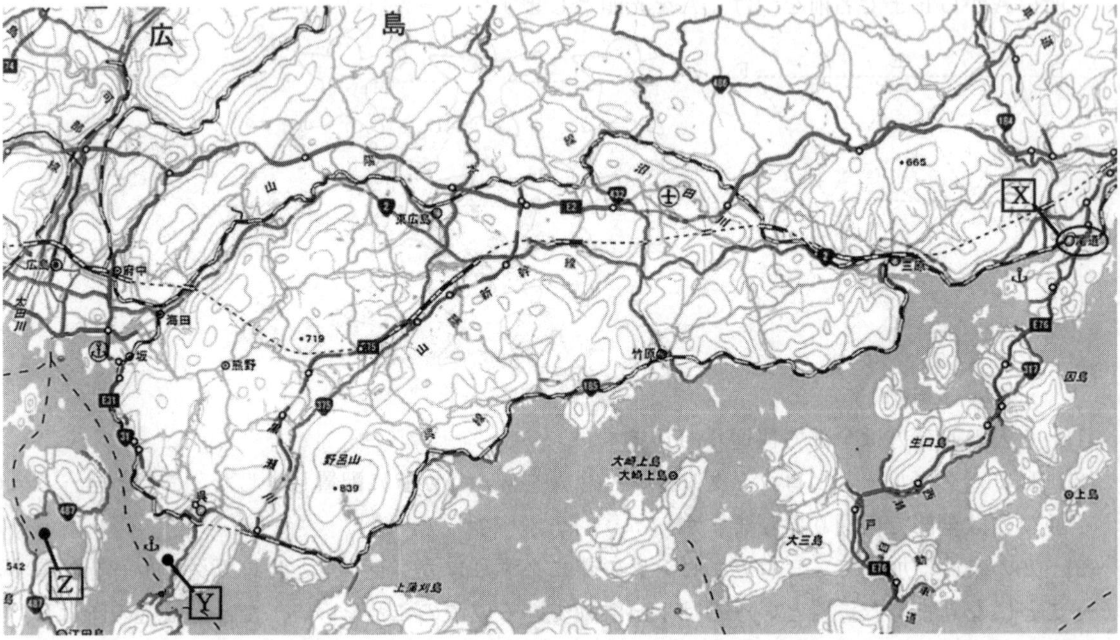

国土地理院　地理院地図(電子国土Web)より引用。

図１

〈編集部注：編集上の都合により原図の90％に縮小してあります。〉

問１　タイスケくんは図１に☒で示された一帯の近年の地図と昔の地図を見比べて，どのような変化が生じたのかを確認しました。次の図２は2023年発行，あとの図３は1977年発行の２万5000分の１地形図「尾道《おのみち》」を一部抜粋《ばっすい》したものです(原寸ではない)。また，あとの文(Ⅰ～Ⅲ)は，図２，３を比較して読み取れることについて述べたものです。Ⅰ～Ⅲの正誤を判断し，その組み合わせとして正しいものを，下のア～クから１つ選び，記号で答えなさい。

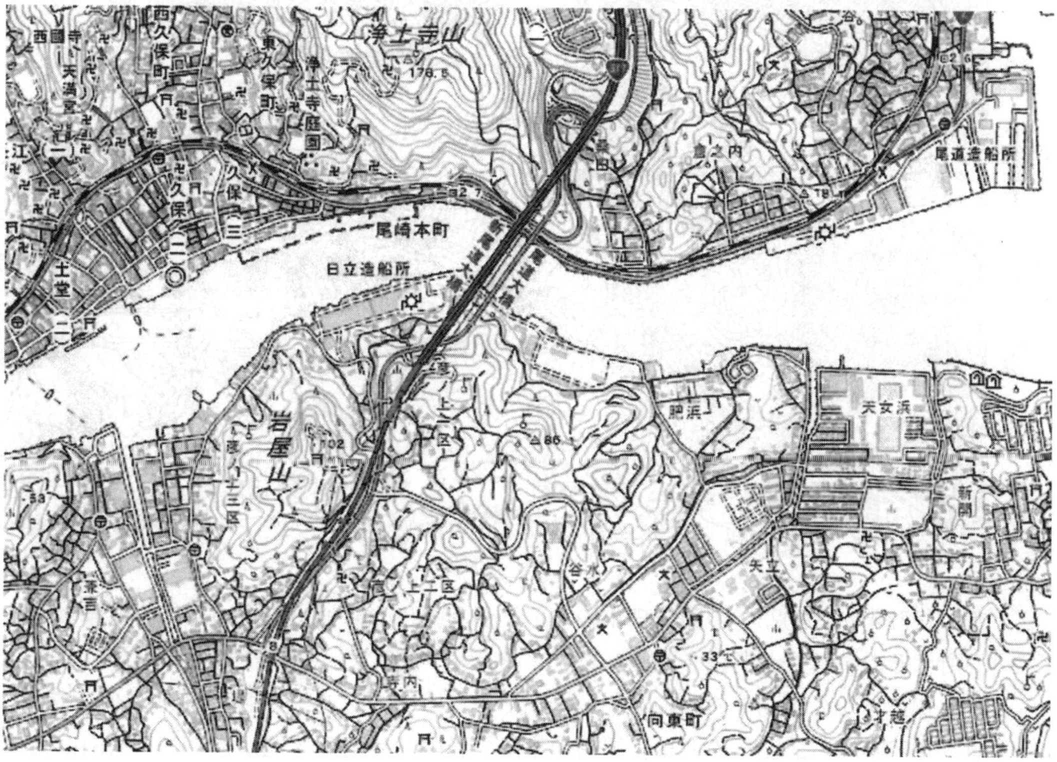

図２

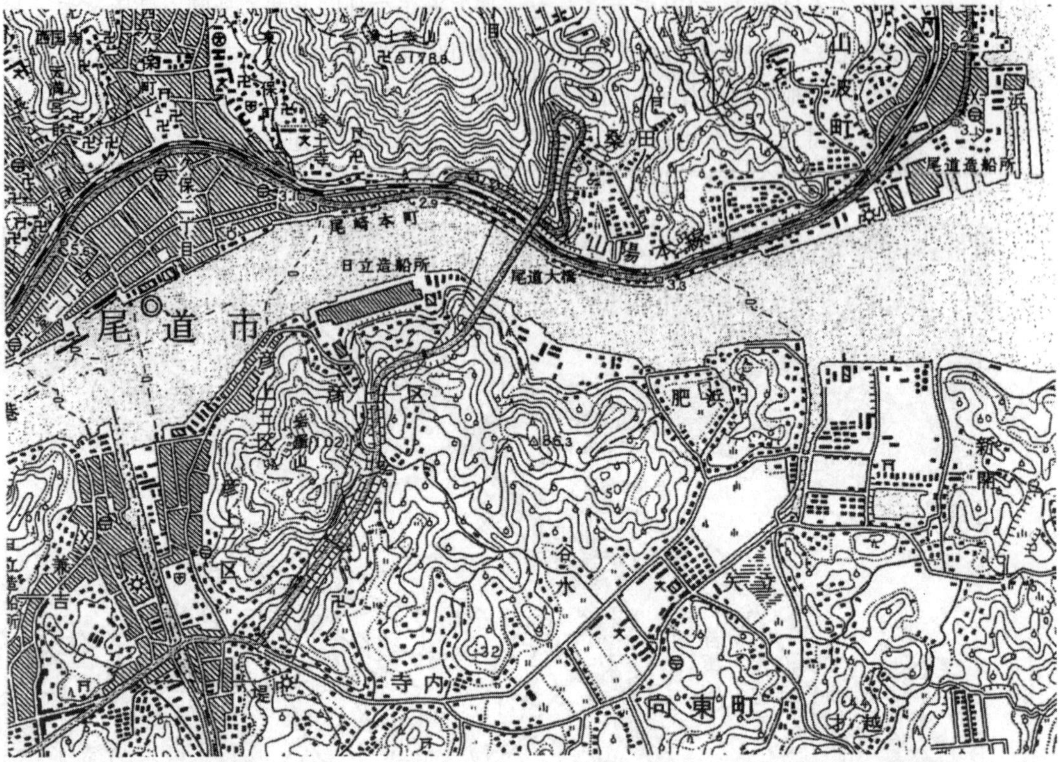

図３

Ⅰ　1977年から2023年の間に日本の重工業が不振におちいったため，この地域にあった造船所はそのすべてが閉鎖されました。

Ⅱ　1977年から2023年の間に新しい橋ができたものの，渡舟《わたりぶね》の路線数は減少していません。

Ⅲ　1977年から2023年の間に岩屋山の東隣の丘陵地で宅地開発が進み，果樹園は見られなくなりました。

	ア	イ	ウ	エ	オ	カ	キ	ク
Ⅰ	正	正	正	正	誤	誤	誤	誤
Ⅱ	正	正	誤	誤	正	正	誤	誤
Ⅲ	正	誤	正	誤	正	誤	正	誤

問２　広島県の空中写真を見ていたタイスケくんは，図１中の Y 付近に大規模な工場があることに気付きました。次の図４中のア～エは， Y 付近も含まれる瀬戸内工業地域と，関東内陸工業地域，京葉工業地域，東海工業地域における2020年の製造品出荷額等の業種別構成，および製造品出荷額等を調べた結果を示したものです。瀬戸内工業地域に当てはまるものを，図４中のア～エから１つ選び，記号で答えなさい。

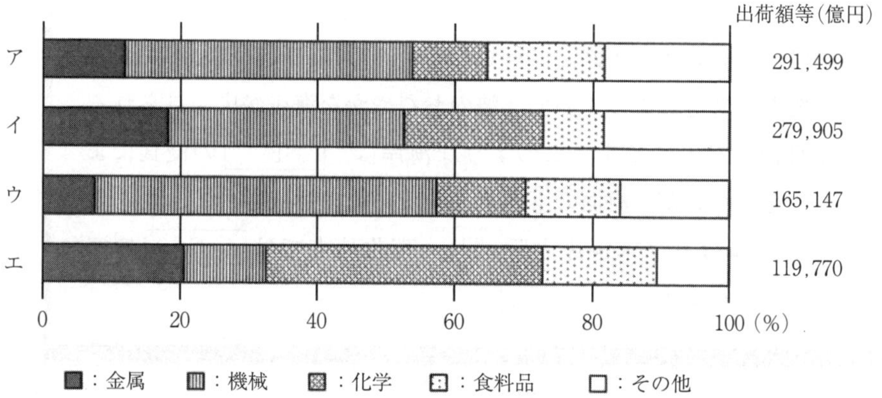

「日本国勢図会 2023/24」により作成。

図４

問３　広島県の空中写真を見ていたタイスケくんは，図１中のＺ付近に，次の図５に示された特徴的な景観が見られることに気付きました。調べてみると，この景観は海面養殖業の設備が存在するためにつくり出されていることがわかりました。海面養殖業など日本の漁業について調べたタイスケくんが作成した，下の表１，図６，図７を見て，あとの問い(ⅰ)〜(ⅳ)に答えなさい。

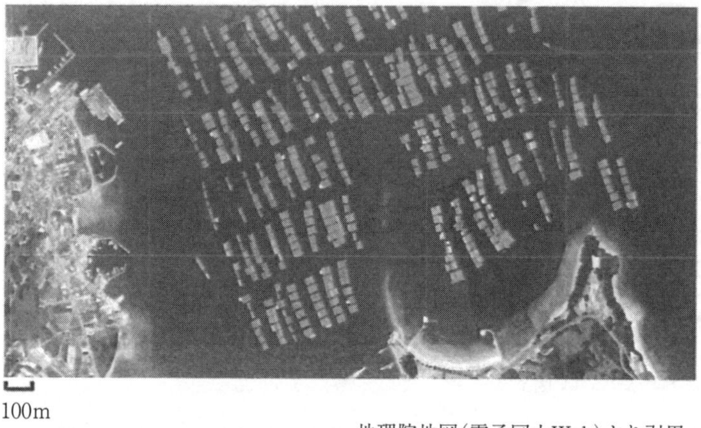

地理院地図(電子国土Web)より引用。

図５

表１

水産物	収獲量(千トン)			2021年における収獲量上位３道県の名称と割合(%)		
	2000年	2010年	2021年			
A	221	200	159	広島　58	宮城　14	岡山　9
B	211	220	165	青森　48	北海道　46	宮城　4
C	137	139	134	鹿児島　32	愛媛　15	大分　15
D	54	43	32	北海道　75	岩手　22	宮城　3
E	…	…	21	長崎　33	鹿児島　17	高知　11

「日本国勢図会 2023/24」により作成。

広島県で海面養殖業が盛んに行われているのは，入り江と岬が複雑に入り組んだ構造となっていて，波のおだやかな海岸が広く見られることが理由のひとつです。このような海岸は，［　Ｆ　］の侵食によって形成された谷が，海面の下へ水没することで形成されました。このような海岸はリアス海岸と呼ばれ，東北地方では［　Ｇ　］の海岸に広く見られます。

図６

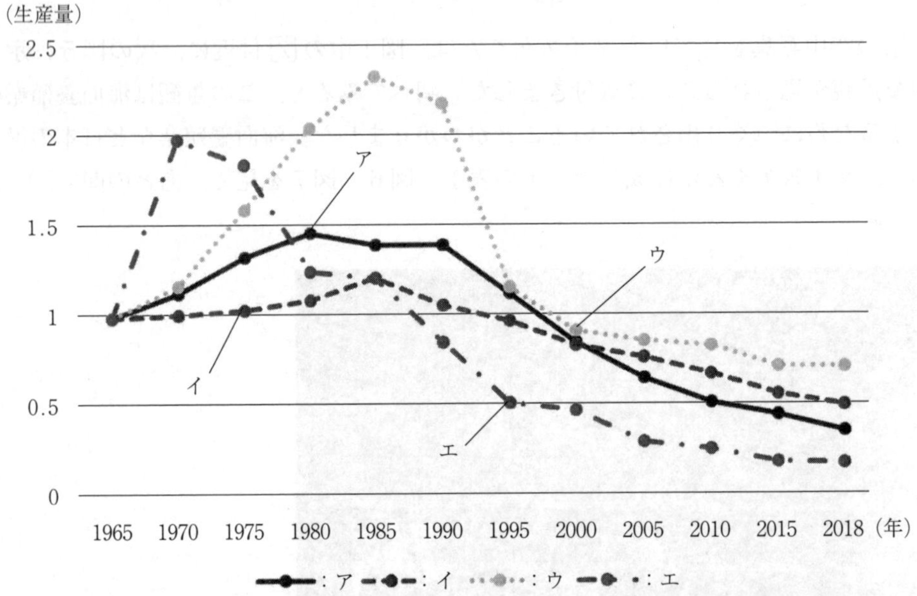

水産庁の資料により作成。

図７

(i)　表１は，５つの水産物について，2000年，2010年，2021年における海面養殖業の収獲量と，2021年における収獲量上位３道県の名称およびそれぞれの占める割合を示したものです。Ａに当てはまる水産物の名称をひらがなで答えなさい。

(ii)　表１中のＢ～Ｅの水産物は「くろまぐろ」，「こんぶ類」，「ぶり類」，「ほたてがい」のいずれかです。「ぶり類」と「ほたてがい」の組み合わせとして正しいものを，次のア～シから１つ選び，記号で答えなさい。

	ぶり類	ほたてがい
ア	B	C
イ	B	D
ウ	B	E
エ	C	B
オ	C	D
カ	C	E
キ	D	B
ク	D	C
ケ	D	E
コ	E	B
サ	E	C
シ	E	D

(iii) 広島県で海面養殖業が盛んな理由のひとつに，この地域の地形の特色が影響していると聞いたタイスケくんは，その地形について調べた結果をまとめた図６を作成しました。図６中の空欄Ｆ，Ｇに当てはまる語句の組み合わせとして正しいものを，次のア～エから１つ選び，記号で答えなさい。

	ア	イ	ウ	エ
F	河川	河川	氷河	氷河
G	太平洋側	日本海側	太平洋側	日本海側

(iv) 図７は，タイスケくんが海面養殖業以外の日本の漁業について調べ，作成したものです。図７中のア～エは沿岸漁業，遠洋漁業，沖合漁業，※内水面漁業の1965～2018年の間の各年の生産量の推移を，それぞれの1965年の生産量を１として示しています。遠洋漁業に当てはまるものを，図７中のア～エから１つ選び，記号で答えなさい。

※河川や湖沼などの淡水で行われる漁業のこと。

問４　社会科の授業で，ある地域の特徴を理解するためには他の地域と比較してみることが大事だと学んだタイスケくんは，広島市，および広島市と同じ地方中枢《ちゅうすう》都市とされている３市（札幌市，仙台市，福岡市），さらにこれら４市が含まれる４道県に関する情報をまとめた資料を作成しました。その資料が次の図８です。図８を見て，あとの問い(i)，(ii)に答えなさい。

広島市		札幌市	
この市の雨温図	この市が属する道県内にある世界遺産	この市の雨温図	この市が属する道県内にある世界遺産
A	D	B	E
仙台市		福岡市	
この市の雨温図	この市が属する道県内にある世界遺産	この市の雨温図 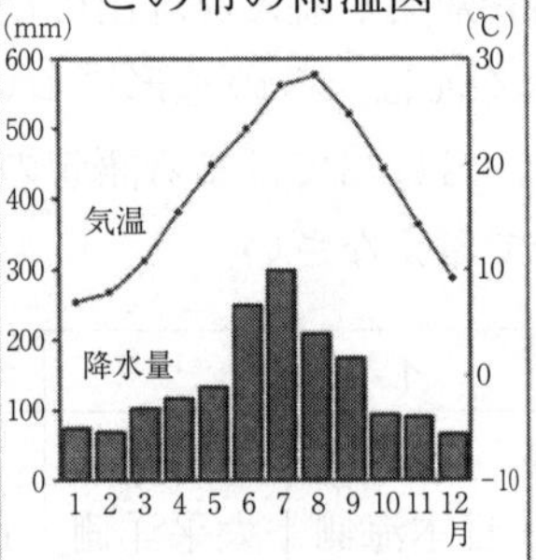	この市が属する道県内にある世界遺産
C	なし		F

雨温図は気象庁の資料により作成。

図８

(i) 次の図９は，図８中のＡ～Ｃに当てはまる雨温図を示したものです。図８中のＡ～Ｃと図９中のⅠ～Ⅲとの組み合わせとして正しいものを，下のア～カから１つ選び，記号で答えなさい。

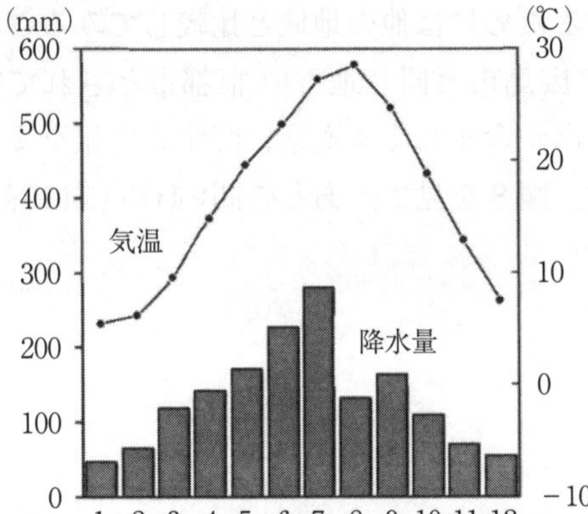

Ⅰ

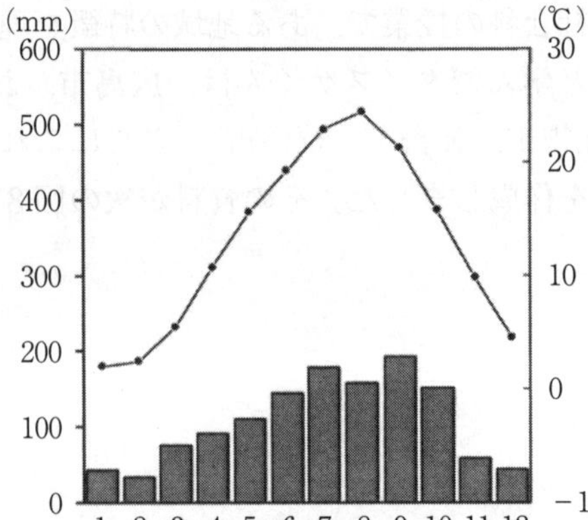

Ⅱ

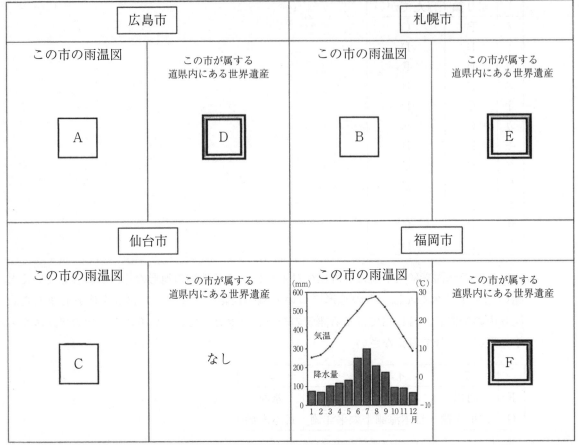

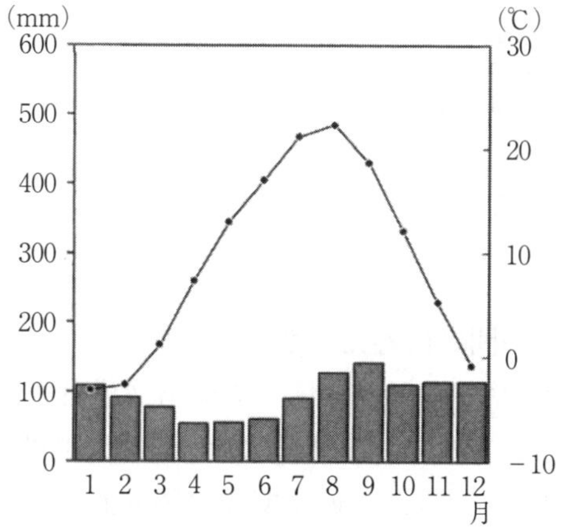

Ⅲ

気象庁の資料により作成。

図９

	ア	イ	ウ	エ	オ	カ
A	Ⅰ	Ⅰ	Ⅱ	Ⅱ	Ⅲ	Ⅲ
B	Ⅱ	Ⅲ	Ⅰ	Ⅲ	Ⅰ	Ⅱ
C	Ⅲ	Ⅱ	Ⅲ	Ⅰ	Ⅱ	Ⅰ

(ii)　次の図10は，図８中のＤ～Ｆに当てはまる世界遺産を撮影したものです。図８中のＤ～Ｆと図10中のⅠ～Ⅲとの組み合わせとして正しいものを，下のア～カから１つ選び，記号で答えなさい。

Ⅰ

Ⅱ

Ⅲ

文化庁の資料により作成。

図10

	ア	イ	ウ	エ	オ	カ
D	Ⅰ	Ⅰ	Ⅱ	Ⅱ	Ⅲ	Ⅲ
E	Ⅱ	Ⅲ	Ⅰ	Ⅲ	Ⅰ	Ⅱ
F	Ⅲ	Ⅱ	Ⅲ	Ⅰ	Ⅱ	Ⅰ

2 次の文章を読んで，あとの問いに答えなさい。

2023年3月，韓国の尹錫悦《ユンソンニョル》大統領が来日して岸田文雄首相と(国際会議を除けば)12年ぶりの日韓首脳会談を行いました。また，5月には岸田首相が訪韓しました。両国は，未来志向と歴史認識の継承などを共有しました。「近くて遠い隣人」と呼ばれる日本と韓国ですが，両国の歴史を振り返ることで，未来の日本と朝鮮半島の関係のあるべき姿を考えていきましょう。

①日本と朝鮮半島の関係は，4世紀末頃から歴史資料にも表れます。この時期，朝鮮半島には高句麗・百済・新羅の三か国と南部の伽耶《かや》地域があり，日本はこれらの国々と戦ったり，②人的・文化的交流をしたりしていました。7世紀後半に高句麗・百済が滅びると，日本は新羅との関係を強化しました。③奈良時代には一時的に関係が悪化しましたが，それを除けば両国は定期的に使節を送り合うなど，良好な関係を維持していました。新羅が滅びると朝鮮半島は高麗が支配するようになりました。日本は高麗と国交を結びませんでしたが，貿易や人の移動は活発に行われました。

そして，14世紀末になると，④海外との積極的な貿易を目指していた[A]が高麗に代わった朝鮮王朝と国交を開きました。これ以降，日本と朝鮮の関係で重要な役割を果たすようになったのが，[B]を支配する宗氏でした。豊臣秀吉の⑤朝鮮出兵で国交が断絶した後，江戸幕府と朝鮮王朝の国交回復を仲介したのも宗氏でした。江戸時代の日本は鎖国政策をとっていましたが，朝鮮王朝は国交を結んでいた数少ない国の一つであり，200年以上にわたって活発な交流が続きました。

しかし，⑥明治時代になると，日本政府は欧米列強と同じように植民地を獲得しようと考え，朝鮮王朝に様々な圧力を加えました。そして，20世紀に入り日本は[C]戦争に勝利すると朝鮮半島を植民地化してしまったのです。日本は，朝鮮の人々の同化をはかるとともに，抗議行動や独立運動を弾圧し，朝鮮を太平洋戦争が終わるまで統治しました。

敗戦後，日本はアメリカの占領下におかれましたが，朝鮮半島はアメリカ・ソ連の影響下におかれ，アメリカの支持を受けた大韓民国(韓国)とソ連の支持を受けた朝鮮民主主義人民共和国(北朝鮮)に分裂しました。そして，1950年には⑦朝鮮戦争が勃発しました。朝鮮戦争をきっかけに日本は独立し，経済的に復興しましたが，韓国・北朝鮮両国とは国交を正常化していませんでした。その後，日本は韓国との国交正常化に向けて交渉を重ね，1965年に[D]内閣が韓国の朴正熙《パクチョンヒ》政権と日韓基本条約を結んで両国の国交が正常化しました。この際，両国はいくつかの課題をめぐって対立しましたが，未来での解決を約束して棚上げされることになりました。この時の課題も含めて，日韓関係にはまだいくつもの問題が残っています。しかし，歴史を振り返れば，日本と朝鮮半島は良好な関係にあった時期の方が長いことがわかります。このことを思い返し，未来志向の関係を築いて解決していきたいですね。

問1　文章中の空欄[A]～[D]に当てはまる語句を漢字で答えなさい。

※ [A] と [D] は人名を漢字4字で答えること。

問2 下線部①に関連して，次のア～エは，日本と朝鮮半島に関係する古代の史料を現代語訳したものです。これらを時代の古い順に並べ替えなさい。

ア．倭国が海を渡り，百済などを攻めて臣民《しんみん》としてしまいました。好太王は自ら水軍を率いて百済を討伐しました。その後，再び倭国が攻めてきましたが，これを撃退しました。

イ．日本と百済の軍は先を争って大唐軍を攻めましたが，大唐軍に左右から攻められ，たちまちに敗れました。水中に落ちて戦死する者が多く出ました。

ウ．倭王の興《こう》が亡くなり，弟の武《ぶ》が新しい王となりました。武は宋の順帝に上表して，朝鮮半島南部の支配を主張し，安東大将軍《あんどうだいしょうぐん》倭《わ》王《おう》に任命されました。

エ．欽明天皇の時代に，百済の聖明王が，はじめて仏像や経典，僧侶を送ってきました。

問3 下線部②について述べた文として誤っているものを次のア～エから1つ選び，記号で答えなさい。誤っているものがない場合はオを答えなさい。

ア．のぼりがまとすえ器を作る技術が伝えられました。

イ．製鉄の技術が伝わり，鉄製の農具や武器が作られるようになりました。

ウ．豊作を祈る祭りが大陸から伝わり，埴輪《はにわ》が作られるようになりました。

エ．養蚕《ようさん》と機《はた》織りの技術が伝わり，絹織物が作られるようになりました。

問4 下線部③は，日本が新羅の対応に不満を持ったことで起こりました。その理由を，次の資料を参考にして，解答用紙に合うように漢字2字で答えなさい。

> ある年，新羅の使者が来日して入京した。新羅は国号を軽々しく改めて王城国と名乗ったため，無礼であるとして使者を追い返した。
>
> 別の年，また新羅の使者が来日した。九州で応対した役人は朝廷に次のように報告した。「新羅の使者はこれまで貢物《みつぎもの》と呼んでいたものを改めて，土産《みやげ》物と呼んで渡しに来ました。これは非常に無礼です」。朝廷は新羅の使者を速やかに追い返すよう命じた。
>
> (『続日本紀』)

問５　下線部④に関連して，次の地図中の●は，中世の日本に存在した港のおおよその位置を示しています。いずれにも含まれない地名を，下のア～オから１つ選び，記号で答えなさい。

ア．堺　　イ．十《と》三湊《さみなと》　　ウ．博多　　エ．大輪田泊　　オ．敦《つる》賀《が》

問６　下線部⑤では，朝鮮人の知識人・技術者が日本に連れてこられました。その影響により江戸時代の日本で発達したものを，次の写真ア～エから１つ選び，記号で答えなさい。

ア

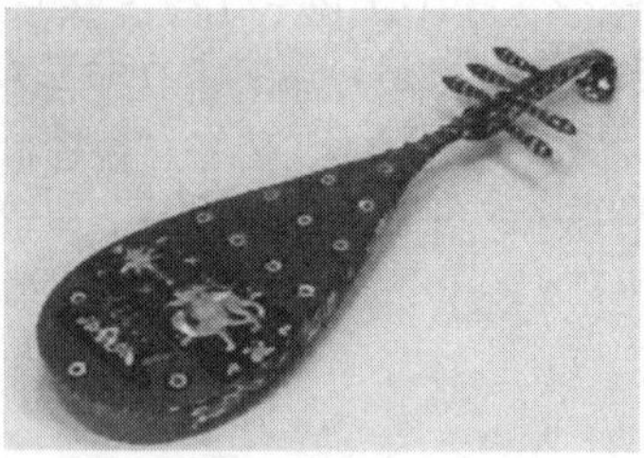

イ

ウ

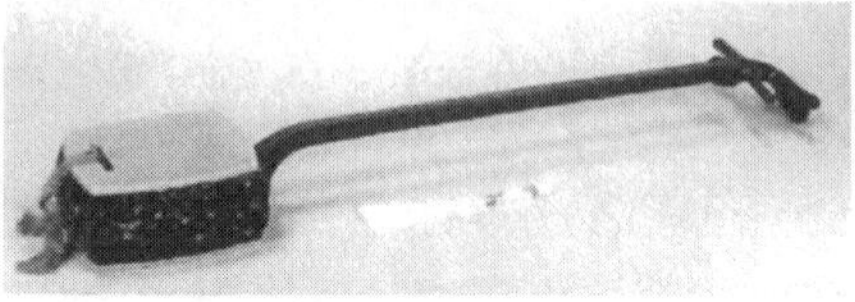

エ

出典：国立文化財機構所蔵品統合検索システム

問７　下線部⑥について述べた文として誤っているものを次のア～エから１つ選び，記号で答えなさい。誤っているものがない場合はオを答えなさい。

ア．江戸時代までは主に米などの年貢を農民に納めさせていましたが，明治時代には土地の所有者に土地の価格を基準とした税を金銭で納めさせる方式に変更しました。

イ．欧米にならった近代的な軍隊を組織するため，満20歳以上の男性に兵役の義務が課せられましたが，その代わりに兵役を終えた男性全員に選挙権が与えられました。

ウ．日本国民に近代的な学校教育を受けさせようと，フランスの学校制度を取り入れた学制を定め，６歳以上の男女が教育を受けることができる小学校を全国に設置しようとしました。

エ．欧米の知識や技術を取り入れるため，大森貝塚を発見した動物学者のモースや，西洋医学を教えたベルツなどのお雇い外国人を招きました。

問８　下線部⑦が日本に与えた影響について述べた文として誤っているものを次のア～エから１つ選び，記号で答えなさい。誤っているものがない場合はオを答えなさい。

ア．朝鮮半島に出兵したアメリカ軍から大量の軍需品などの注文を受けたため，特需景気と呼ばれる好景気が発生しました。

イ．日本の独立後も東アジアに軍事拠点を置きたいアメリカは，日米安全保障条約を結んで引き続き日本に基地を置きました。

ウ．GHQは日本の防衛力を強化するため，日本政府に警察予備隊を設置するよう命じました。

エ．東アジアの安定を目指すアメリカが日本を早く独立させようと講和を急いだため，日本はソ連や中国などを除く48か国とサンフランシスコ平和条約を結びました。

3　次の文章を読んで，あとの問いに答えなさい。

①紛争，貧困，飢餓《きが》，エネルギー，気候変動，②感染症など，人類は数多くの課題に直面しています。このままの状態では，人類が安定してこの地球で暮らしていくことができなくなると心配されています。その危機感から，2015年に「国連［　A　］な開発サミット」が開かれ，世界中のさまざまな立場の人々が話し合って，課題を整理し，解決方法を考えました。その時に決められた2030年までに達成すべき具体的なゴール（目標）は，略してSDGsと呼ばれています。SDGsは，私たちみんなが，ひとつしかないこの地球で暮らし続けられる世界を実現するために進むべき道を示しています。また，それぞれのゴールの下には，③掘り下げて具体策や数値目標などを示した169のターゲットがあり，それらも参考にされ，国や④地方公共団体，企業やNPO，個人が，さまざまな取り組みを行っています。

SDGsという言葉は多くの人に知られていますが，実は国連でSDGsという名前で採択されたわけではありません。17の目標で構成されているSDGsは，採択された文書の一部に記載されているものであって，文書の正式名称は「Transforming Our World（我々の世界を変革する）」といいます。参加国すべてが「我々の世界を変革（Transform）する」ということに同意したのです。Transform（トランスフォーム）とは「原型をとどめないレベルでの変容」を表します。例えば，さなぎが蝶に変わるような変容を意味する言葉です。SDGsは，世界を変革（Transform）するための手段なのです。

目標1　貧困をなくそう
目標2　飢餓をゼロに
目標3　すべての人に健康と福祉を
目標4　質の高い⑤教育をみんなに
目標5　ジェンダー平等を実現しよう
目標6　安全な水とトイレを世界中に
目標7　エネルギーをみんなにそしてクリーンに
目標8　働きがいも⑥経済成長も
目標9　産業と技術革新の基盤をつくろう
目標10　人や国の不平等をなくそう
目標11　住み続けられるまちづくりを
目標12　つくる責任つかう責任
目標13　気候変動に具体的な対策を
目標14　海の豊かさを守ろう
目標15　陸の豊かさも守ろう
目標16　平和と⑦公正をすべての人に
目標17　パートナーシップで目標を達成しよう

問1　空欄［A］に当てはまる語句を，漢字4字で答えなさい。

問2　下線部①について，国際連合には，平和と安全を守ることを役割とする機関として安全保障理事会があります。安全保障理事会について述べた文として，正しいものを，次のア～エからすべて選び，記号で答えなさい。

ア．常任理事国は，アメリカ・中国・ロシア・イギリス・フランスです。

イ．非常任理事国の10か国は総会によって選ばれますが，日本が非常任理事国に選ばれたことはありません。

ウ．すべての常任理事国を含む過半数の賛成によって議案は可決されます。

エ．全理事国15か国のうち，14か国が賛成をした場合でも決定できないことがあります。

問３　下線部②について，感染症の予防や環境衛生の改善は，日本の社会保障制度の四つの柱のなかでは，「公衆衛生」に分類されます。そのほかの柱である「社会保険」「社会福祉」「公的扶助」について述べた文として，誤っているものを，次のア～エから１つ選び，記号で答えなさい。

ア．年金保険の制度では，高齢者へ給付する費用を，主に現役で働いている世代が支払う保険料でまかなう方式を採用しています。

イ．所得の低い人に対して生活費などを国が支給する生活保護は，社会福祉の制度に分類されます。

ウ．介護保険の制度では，保険料を積み立てるだけでなく，介護を受ける人が，サービスにかかる費用の一部を自己負担することになっています。

エ．労働者が仕事中にケガをした場合などにお金が支給される制度は，労働者災害補償保険といわれます。

問４　下線部③について，SDGsの17のゴール(目標)の下には，169のターゲットが示されています。次のターゲットは，どのゴール(目標)を具体的に掘り下げたものか，以下のア～エのうちから１つ選び，記号で答えなさい。

ターゲット

「2030年までに，弱い立場にある人々，女性，子供，障害者及び高齢者のニーズに特に配慮し，公共交通機関の拡大などを通じた交通の安全性改善により，すべての人々に，安全かつ安価で容易に利用できる，持続可能な輸送システムへのアクセスを提供する。」

ア

イ

ウ

エ

問５　下線部④について，地方公共団体の政治のしくみについて述べた文として，誤っているものを，次のア～エから１つ選び，記号で答えなさい。

ア．首長(都道府県知事や市町村長)は，条例や予算の議決に反対のときは，地方議会に議決のやり直しを求めることができます。

イ．地方議会は，出席議員の４分の３以上の賛成で首長を不信任とすることができます。

ウ．地方公共団体の住民は，有権者数の50分の１以上の署名を集めて選挙管理委員会に提出することで，地方議会の解散を請求することができます。

エ．地方公共団体の住民は，有権者数の50分の１以上の署名を集めて首長に提出することで，条例の制定や改正を請求することができます。

問６　下線部⑤について，日本国憲法が保障する基本的人権を「平等権」「自由権」「社会権」「基本的人権を守るための権利」の４つに分類した場合，「教育を受ける権利」と同じ分類になる人権を次のア～オからすべて選び，記号で答えなさい。

ア．勤労の権利　　イ．知る権利　　ウ．思想・良心の自由

エ．参政権　　　　オ．学問の自由

問７　下線部⑥について，国の経済成長は，GDPの増加率，つまり経済成長率で示されます。次のア～エのグラフは，経済成長率の推移を表したものです。グラフの横軸は西暦による時系列を示しており，縦軸の数値は前年と比べた上昇率(％)を表したものです。1955年から2020年までの日本の経済成長率の推移のおおよその傾向を示しているグラフとして最も適当なものを次のア～エから１つ選び，記号で答えなさい。

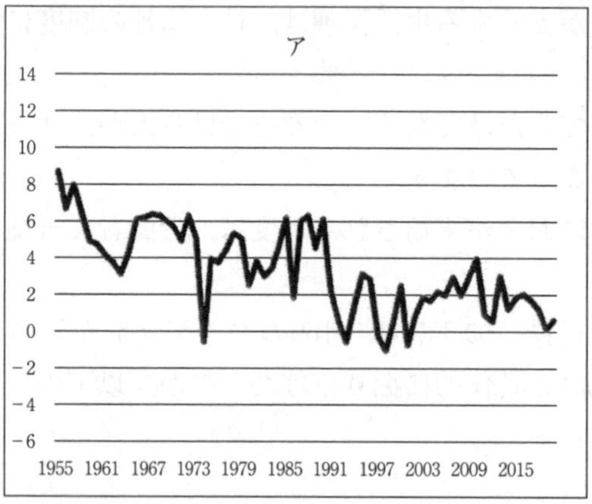

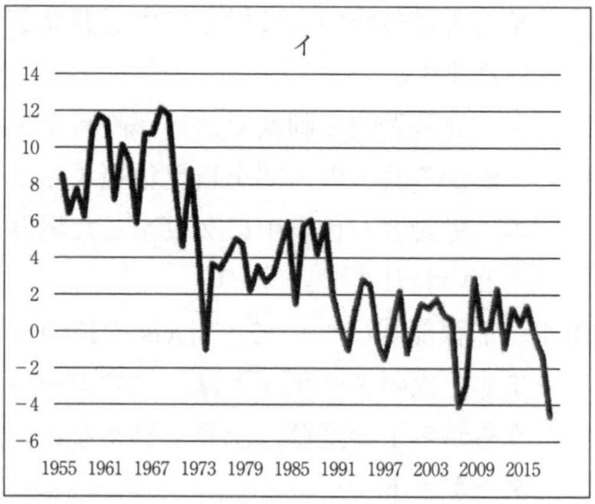

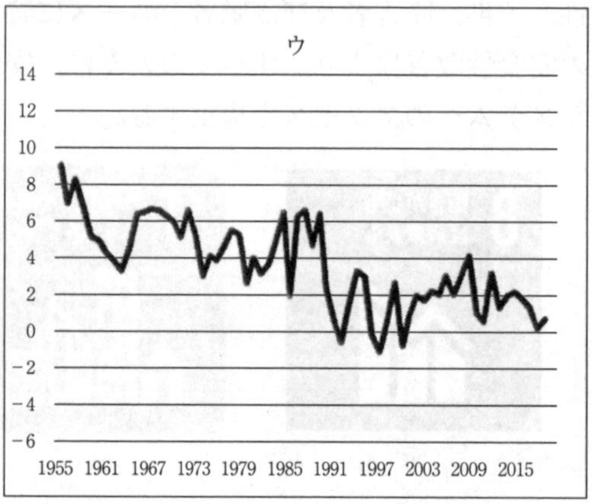

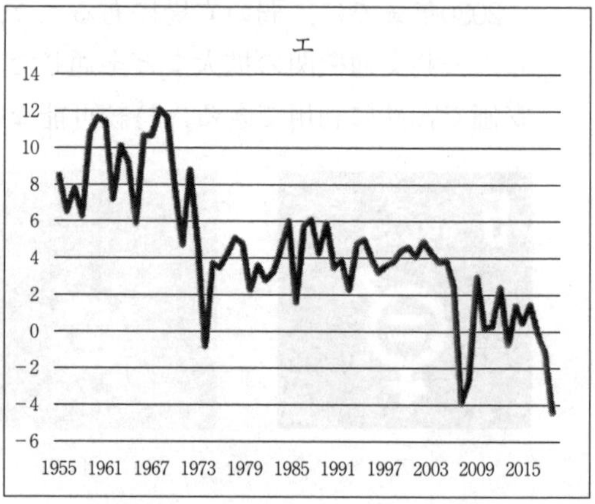

内閣府「経済社会総合研究所」国民経済計算より作成。

問８　下線部⑦について，この目標では，すべての人が司法のもと基本的人権が守られ，社会秩序が保たれることとされていますが，日本の司法制度について述べた文として，誤っているものを，次のア～エから１つ選び，記号で答えなさい。

ア．法律や行政処分などが，国の最高法規である憲法に違反していないかどうかを判断する違憲立法審査権は，最高裁判所のみがもつ権限です。

イ．裁判官として適しているかどうかを，国民の投票により審査する国民審査の対象は，最高裁判所の裁判官のみです。

ウ．国民から選ばれた裁判員が，法律の専門家である裁判官とともに話し合いに参加する裁判員制度は，重大な刑事裁判の第一審にのみ導入されています。

エ．最高裁判所と下級裁判所のすべての裁判官のうち，最高裁判所の長官のみ内閣により指

名されます。

4 －Ⅰ　右の年表は各国の「女性参政権の獲得年」を一覧にしたものです。年表中のＺの時期には欧米の多くの国で女性参政権が獲得されています。この期間のイギリスを撮影した写真を参考に，年表中のＺの時期に起こっている出来事をふまえて，ヨーロッパの多くの国で女性参政権が獲得された理由を「地位」という語句を使用して説明しなさい。

軍需工場で砲弾を製造する女性(イギリス)

出典：浜島書店『世界史詳覧』

	年号	国名
	1893年	ニュージーランド
	1902年	オーストラリア
	1906年	フィンランド
	1913年	ノルウェー
	1914年	
	1915年	デンマーク
Ｚ	1917年	オランダ
	1918年	イギリス　オーストリア
	1919年	ドイツ
	1920年	アメリカ合衆国
	1921年	
	1922年	
	1923年	
	1924年	
	1925年	
	1926年	
	1927年	
	1928年	
	1929年	
	1930年	
	1931年	
	1932年	
	1933年	
	1934年	トルコ

浜島書店『世界史詳覧』の各国の女性参政権獲得年により作成。

4 －Ⅱ　近年は，原料高，人件費高騰《とう》などといった様々な理由から多くの商品が値上がりをしています。みなさんの中で大好きな人が多いディズニーランドにおけるパークチケットの価格も2023年10月に値上げをしました。元々，大人料金は7,900～9,400円でしたが，10月１日以降は7,900～10,900円になっています。ただ，よく見ると，最高料金は値上がりしているものの最低料金には変化がなく，値段の幅が広がっています。このような商品の値段に幅がある仕組みは「ダイナミック・プライシング」と呼ばれます。そのときそのときの消費者の需要の量やその予測，商品やサービスの供給の状況に基づき，値段が変化します。以下の図１を見てください。人が混む土曜日や日曜日の値段が高くなっており，平日は比較的安くなっています。このような例は，チケットだけではなく，ホテルや電車の利用，洋服や食料品でも行われています。近年ではAIなどによる予測や電子タグを利用して細かな値段設定が行われるようになってきています。高速道路では特定の時間や区間で，道路の混雑状況などに応じて料金を変動させることで混雑緩和を目指す「ロードプライシング」も導入されました。

需要の少ない日に利用する消費者にとってメリットの大きい「ダイナミック・プライシン

グ」ですが，この仕組みは導入する側の企業にとってもメリットがあります。企業側のメリットを２つ，わかりやすく説明しなさい。

図１

（単位：円）

日	月	火	水	木	金	土
31	1 ○ 10900	2 ○ 10900	3 ○ 10900	4 ○ 9400	5 ○ 9400	6 ○ 10900
7 ○ 10900	8 ○ 8900	9 ○ 7900	10 ○ 7900	11 ○ 7900	12 ○ 7900	13 ○ 9900
14 ○ 9400	15 ○ 7900	16 ○ 7900	17 ○ 7900	18 ○ 7900	19 ○ 7900	20 ○ 9900

東京ディズニーランド　2024年１月前半のパークチケット料金(11月時点)

東京ディズニーランドホームページより作成。

【理　科】〈第１回入試〉（30分）〈満点：50点〉

〈編集部注：実物の入試問題では，図やグラフはすべてカラー印刷です。〉

1　自然長が異なるばねＡとばねＢを用いて実験を行いました。ここではばねや糸，小箱および棒の重さや太さなどは無視できるものとします。

【実験１】　図１のように，ばねＡおよびばねＢの上端《じょうたん》を天井《てんじょう》に固定し，下端におもりをつるしたとき，おもりの重さを変えながらばね全体の長さを測ると，それぞれ図２のグラフのようになった。

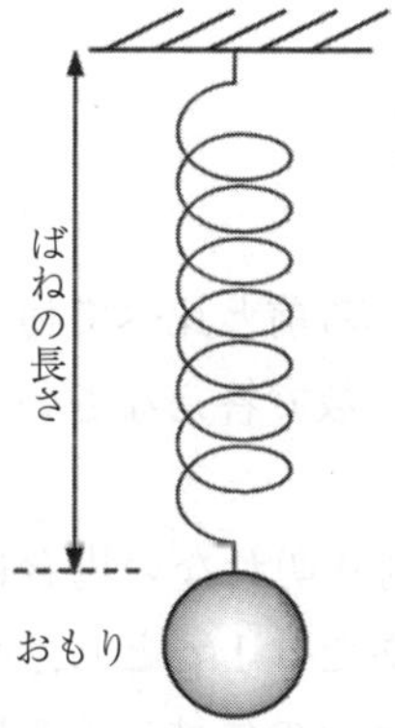

図１

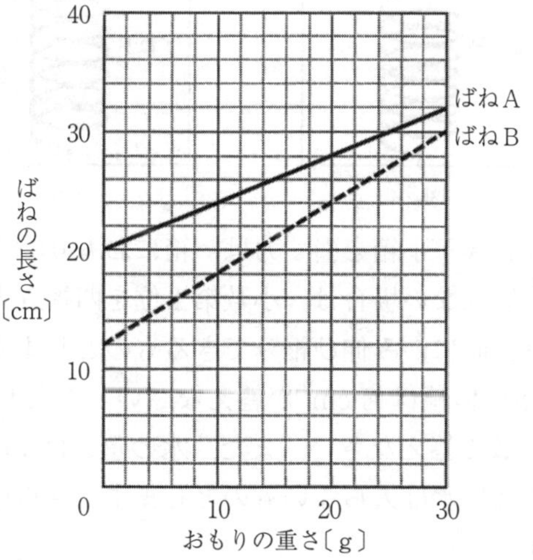

図２

【実験２】　図３のように，なめらかな水平面上でばねＡとばねＢの間に重さの無視できる小箱をはさんで直列につなぎ，ある重さのおもり①を滑車《かっしゃ》を通して左右につなぐと，ばねＡとばねＢの長さの和は52cm になった。

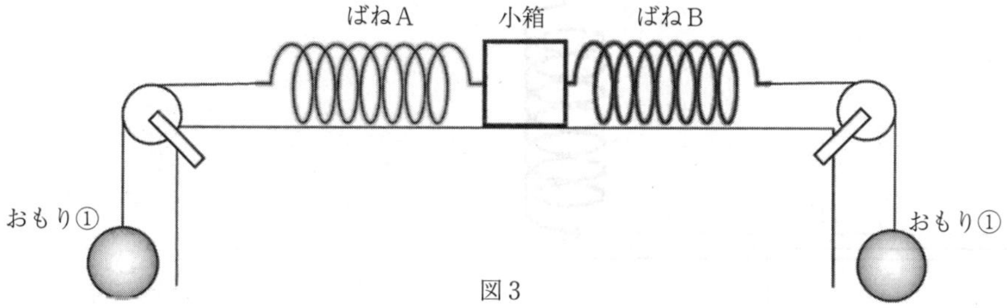

図３

問１　図３のとき，ばねＡの長さは何cm か答えなさい。ただし，割り切れない場合は，小数第１位を四捨五入し整数で答えなさい。

問２　おもり①の重さは何ｇか答えなさい。ただし，割り切れない場合は，小数第１位を四捨五入し整数で答えなさい。

【実験３】　図４のように，ばねＡとばねＢを長さの和を52cm に保ちながら，ばねＡの上端を実験装置の天井に，ばねＢの下端を実験装置の床《ゆか》に鉛直《えんちょく》方向に固定した。次に，図５のように小箱の中におもり②を入れると，小箱のつり合いの位置が６cm 下がった。

【実験４】　図６のように，この装置の中に小箱全体が水中に沈《しず》むのに十分な量の水を入れると，小箱の位置は図５の位置から図４（小箱におもり②を入れる前）と同じ位置に戻《もど》った。

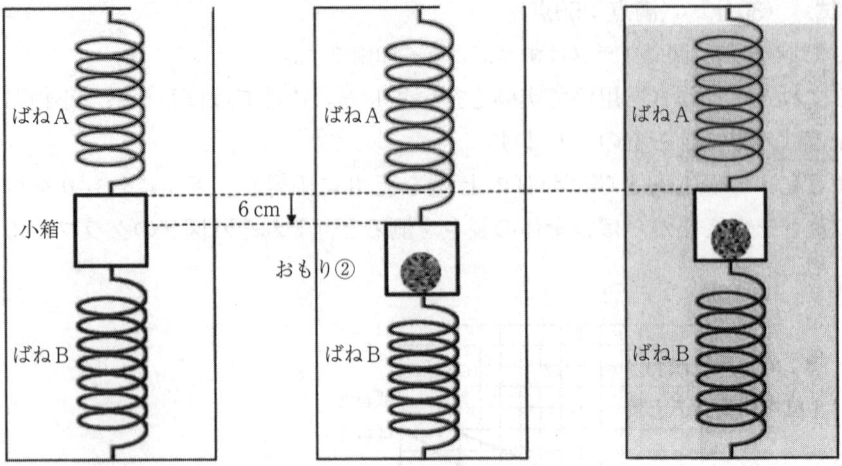

図４　　図５　　図６

問３　図４と図５について，ばねＡが小箱を引く力は，箱におもり②を入れる前と比べて何ｇ増えましたか。ただし，割り切れない場合は，小数第１位を四捨五入し整数で答えなさい。また，ばねＡとばねＢは鉛直方向にのみ伸《の》び縮みできるものとします。

問４　図６を参考に，この小箱の体積は何 cm^3 か答えなさい。ただし，割り切れない場合は，小数第１位を四捨五入し整数で答えなさい。また，水の重さは $1\,cm^3$ あたり１ｇとし，小箱は密閉されていて，小箱内部に水は入らないものとします。さらに，ばねの体積による影響も無視できるものとします。

【実験５】　図７のように，ばねＡとばねＢの上端を天井に固定し，ばねＡとばねＢの下端に長さ110cm の棒をつなげた。棒の左端からある長さの場所に重さ55ｇのおもり③を糸でつり下げると，ばねＡとばねＢの長さが等しくなって棒が水平になった。

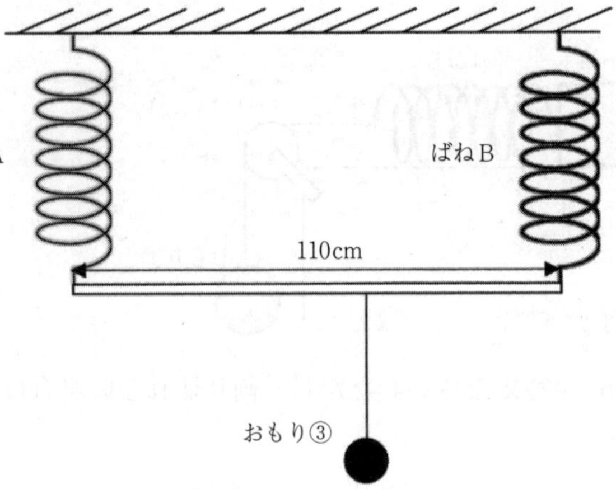

図７

問５　図７のとき，ばねＡの長さは何cm か答えなさい。ただし，割り切れない場合は，小数第１位を四捨五入し整数で答えなさい。

問６　おもり③をつり下げた位置は，棒の左端から何cm か答えなさい。ただし，割り切れない場合は，小数第１位を四捨五入し整数で答えなさい。

2　次の文章を読み，以下の問いに答えなさい。

すべての物質は「原子」や「分子」，「イオン」とよばれるものを構成粒子《りゅうし》として，これらが無数に集まって固体や液体，気体などの物質を形成しています。例えば，水は「水分子」を構成粒子とし，無数の「水分子」が規則正しく配列して集まったものが固体，無数の「水分子」が集まってはいるがひとつひとつの粒子の場所は固定されずに絶えず移動しているものが液体，「水分子」が互《たが》いにばらばらになって空間の中を運動しているものが気体です。物質が固体・液体・気体のどの状態をとるかは，そのときの温度と圧力によって変わります。図１は水を例とした「圧力・温度によって水の状態がどのように変わるかを示す図」を表しています。このような図のことを状態図とよびます。圧力は海抜《かいばつ》０ｍにおける大気圧の大きさを「１」として表記しています。図１中の点線の矢印のように，１気圧一定のもとで温度を上昇《じょうしょう》させていくと，水は０℃のときに（ ① ）し，また100℃のときに（ ② ）します。液体と気体の領域において，その境界の曲線状の温度は，その圧力における水の（ ③ ）になります。ほとんどの物質において圧力が低い場所ほど（ ③ ）は低くなります。（ ④ ）についても同様ですが，図１の通り水は，圧力が低いほど（ ④ ）が高くなります。また水は，地球上では通常固体・液体・気体いずれの状態をとることもできますが，図１から宇宙空間やそれに極めて近い高度の上空においては，（　　X　　）ということがわかります。一方で，二酸化炭素は１気圧で液体を形成することはできませんが，（ ⑤ ）条件にすると二酸化炭素の液体を観察することができます。

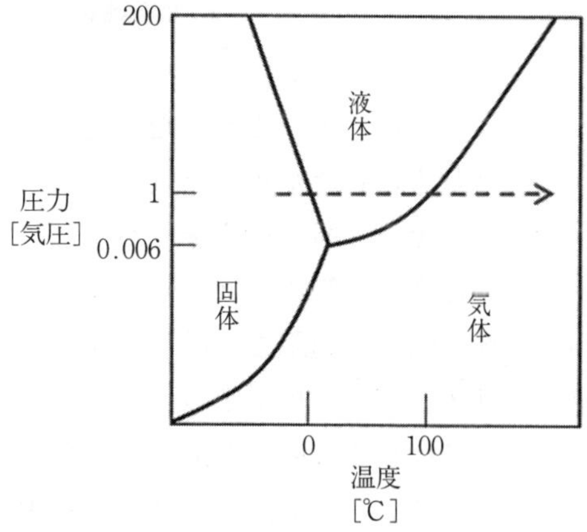

図１

問１　文章中の①～⑤にあてはまる言葉を次のア～コから１つずつ選び，記号で答えなさい。

ア．融点《ゆうてん》　イ．沸点《ふってん》　ウ．臨界点　エ．融解　オ．沸騰《ふっとう》
カ．凝固《ぎょうこ》　キ．凝縮　ク．高圧　ケ．低圧　コ．１気圧

問２　文章中の(X)にふさわしい説明を，前後の文章をふまえながら10字程度で書きなさい。

問３　普段《ふだん》は身の回りで固体として存在する物質も，温度や圧力の条件を変えることで瞬間《しゅんかん》的に液体や気体に変わります。この原理を利用して，真空下において「ある材料のとても薄《うす》い固体の膜《まく》を形成する技術」のことを「真空蒸着」といい，蒸着するとナノメートルサイズの様々な厚さの金属の膜を簡単に形成することができます。例えば，金や銀を触媒《しょくばい》として作動する最新の太陽電池デバイスに応用されたりするなど，これからの科学技術の発展に重要な技術といえます。この技術をもう少しわかりやすく説明するために，図２の実験をイメージしましょう。

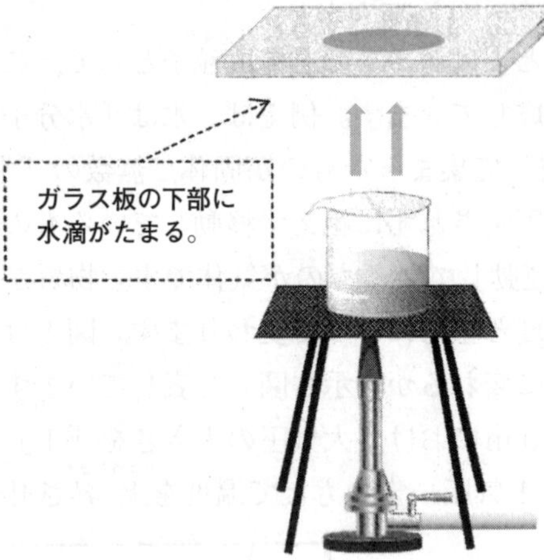

図２

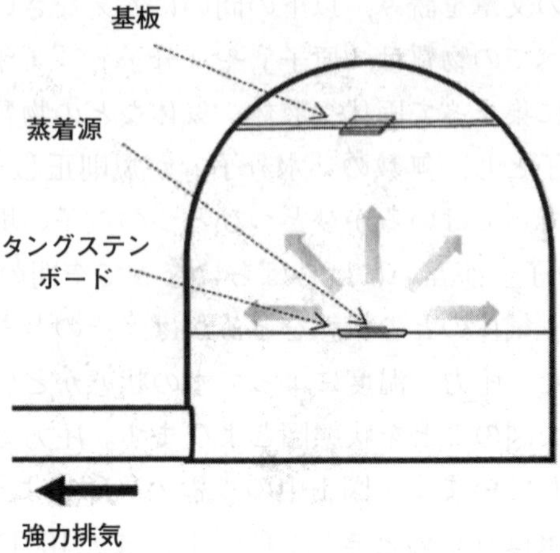

図３

ガスバーナーで温めたお湯の上に，冷えたガラス板を置くと水滴《すいてき》がつきます(図２)。これは温められた水が水蒸気となり，その後上昇して上のガラス板で冷やされて水になるためです。金属で同じ原理を使おうとしても，金属は１気圧下では相当な高温になるまで加熱しないと液体や気体にはなりません。そこで，図３のようにある密閉した空間を強力排気《はいき》し，内部の圧力を極限まで低下させることで金属を液体や気体に変化させやすくし，上部にあるガラスなどの基板にその膜を形成させます。タングステンという金属でできた小さいボードの上に金や銀といった蒸着させたい材料(蒸着源といいます)を置いて大きな電流を流すと，タングステンが高温になり，蒸着源である金属が気体になります。その後，上部にあるガラスなどの基板に金や銀の蒸気が接触し，冷やされその金属の薄い固体の膜が形成するのです。

(1)　図３の装置で，「真空蒸着」を行うために必要な「タングステン」の性質を説明しなさい。

(2)　蒸着源として使用する金属の質量とその密度がわかれば，形成される金属膜の厚さをおおよそ計算することができます。使用する金属を銀，その重さを0.0525ｇ，密度を10.5g/cm^3とするとき，蒸着源からちょうど10cm上部にある基板の表面部分にできる銀の膜の厚さをナノメートルの単位で求めなさい。ただし，以下の<注意>をよく読むこと。また，割り切れない場合は，小数第１位を四捨五入し整数で答えなさい。

<注意>

・１センチメートル(cm)は10000000ナノメートル(nm)です。

・図３の蒸着源付近の矢印のように，気体となった銀はタングステンボードを含《ふく》む水平面より上側の全方向に，放射状かつ均等にまっすぐ広がるものとします。タングステンボードを含む水平面より，下側には気体となった銀は広がりません。

・気体となった銀は，基板や装置内の壁《かべ》等の常温の物体に衝突《しょうとつ》するとすみやかに固体の銀に変わります。したがって，蒸着源からの距離《きょり》が同じであれば同じ厚さの膜が形成します。

・球の表面積を求めるには以下の計算をすればよいことが知られています。

球の表面積(cm^2)の求め方＝4×3.14×半径(cm)×半径(cm)

3　次の文章を読み，以下の問いに答えなさい。

理花さんのクラスでは，1学期の理科の授業でヘチマの種をまき，みんなでヘチマの成長を観察し記録していきました。種をまいてから数日後に①芽が出てきたので，特徴《とくちょう》をスケッチし記録しました。その後も，ヘチマの様子の観察を続けました。理花さんが水をやりに行ったときには，ヘチマの花が観察でき，中には小さな②実をつけているものもありました。もう少し観察を続けてみると，茎《くき》の先端部では細い管のようなものが③棒にくるくると巻きついている様子が観察できました。理花さんはさらに詳しく観察してみようと思い，ヘチマの葉を虫眼鏡で見てみました。すると葉の表面に，④細かい毛がたくさん観察でき，手で触《さわ》るとチクチクしました。1か月後，理花さんがヘチマの観察に行くと，茎や葉が大きく成長しグラウンドの1か所に日《ひ》陰《かげ》ができていました。家に帰って調べてみると，ヘチマなどの植物はよく⑤「グリーンカーテン」に利用されていることが分かりました。

問1　下線部①について，理花さんが描いたヘチマのスケッチとして，最も適切なものを次のア～エから1つ選び，記号で答えなさい。

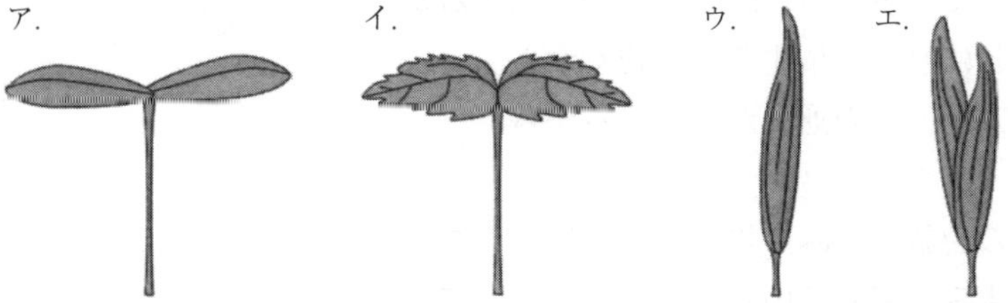

問2　下線部②について，ヘチマの実と花のつくりを正しく表しているものを，次のア～オから1つ選び，記号で答えなさい。

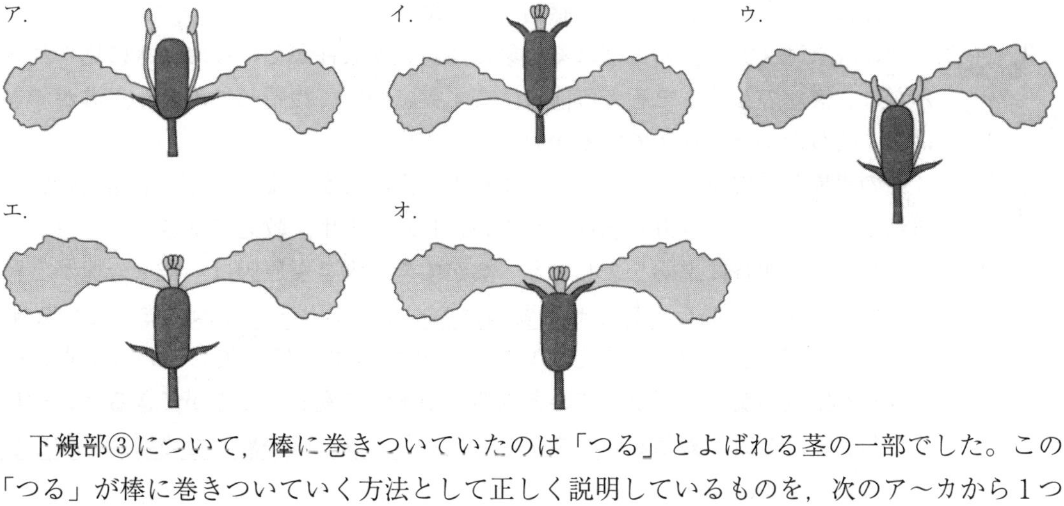

問3　下線部③について，棒に巻きついていたのは「つる」とよばれる茎の一部でした。この「つる」が棒に巻きついていく方法として正しく説明しているものを，次のア～カから1つ選び，記号で答えなさい。

ア．つるが棒に接触《せっしょく》したときに，つるの接触した側が大きくなり巻きついていく。

イ．つるが棒に接触したときに，つるの接触した側と反対側が大きくなり巻きついていく。

ウ．つるが棒に接触したときに，つるの成長が早くなり巻きついていく。

エ．つるが棒に接触する前に，つるが棒を感知して巻きついていく。

オ．つるが棒に接触する前に，つるの成長が促進《そくしん》され棒に巻きついていく。

カ．つるがくるくると回転しながら成長したところに，棒を差し込《こ》み巻きつけていく。

問４　問３のように，「つる」で巻きつき体を支える植物は他にもたくさんあります。このような植物は，なぜ他の植物や棒に巻きついて成長していく必要があるのでしょうか。その理由を説明しなさい。

問５　下線部④について，ヘチマで観察したように様々な植物には細かい産毛のような毛が生えていることが多いです。なぜこのような構造が必要か，その理由を説明しなさい。

問６　下線部⑤について，家の窓際に植物でグリーンカーテンをつくると，窓際の温度を下げることができます。その理由として正しいものを，次のア～キから**すべて選び**，記号で答えなさい。

ア．植物が光合成をすることで，多くの酸素が発生するから。

イ．植物が光合成をすることで，熱を吸収し養分をつくりだすから。

ウ．植物がたくさんの水分を吸収することで，周りの湿度《しつど》が下がるから。

エ．植物の葉から水蒸気が蒸散するときに，周りの熱を奪《うば》うから。

オ．植物が呼吸することで，多くの二酸化炭素が発生するから。

カ．植物が建物の壁などに熱が蓄積《ちくせき》するのを防ぐから。

キ．植物が窓際にある方が，風の通りがよくなるから。

4　次の広尾さんと先生との会話を読み，以下の問いに答えなさい。

広尾さん　先生，ぼくは夏休みに家族で山にキャンプに行ってきました。

先　　生　それはよかったね。何が思い出深かったかな。

広尾さん　一番の思い出は，雲を上から見たことです。自分の登ってきた方を振《ふ》り返ったら，辺り一面に白い雲が広がっていて感動しました。

先　　生　その現象は「雲海」とよばれる現象だね。気象条件がそろったときに見られる現象なんだよ。雲海のしくみを考える前に，まず雲について復習してみよう。雲ができる条件はなんだったかな。覚えているかい。

広尾さん　あの現象は「雲海」っていうんですね！　雲の海か。まさにそんな感じの風景でした。あれ？　でも雲のでき方を忘れてしまいました。先生，教えて下さい。

先　　生　それでは，順番に説明しましょう。雲ができる大きな原因は，空気の塊《かたまり》が上昇することです。①空気の塊を上昇させる要因はいくつかありましたね。覚えていますか？
様々な原因で空気の塊が上昇していくと，空気の体積が膨張《ぼうちょう》していきます。その結果，上昇した空気の温度が下がっていき水蒸気が水滴に変わって雲ができるというしくみでしたね。これを断熱膨張といいます。この②しくみを確かめるために，実験をしたのを覚えていますか。

広尾さん　思い出しました。だから，雲の正体は水滴なんだと授業で勉強しました。先生，それとぼくが見た雲海は，普段見ている雲よりも低い位置にあったと思います。空気が上昇することが，雲ができる条件ならば，なぜ低い位置で観察できたのですか？

先　　生　そう。それが雲海を形成する一番のポイントになります。本来であれば，雲は上昇していくことで大きくなっていきますが，今回の場合は③ある一定の高さまで行くとそれ以上高いところへは上昇できません。その原因を考えてみましょう。

問１　下線部①について，空気の塊が上昇する要因として**適切でないもの**を，次のア～オから１つ選び，記号で答えなさい。

ア．地表面にある空気の塊があたためられる。

イ．風に流されて空気の塊が山にぶつかる。

ウ．冷たい空気の塊と暖かい空気の塊がぶつかり，冷たい空気が上に押《お》し上げられる。

エ．地表面から空気の対流が生じる。

オ．低気圧の中心がある。

問２　下線部②について，ペットボトルを使って雲をつくる実験をしました。実験の内容を確認し，次の問いに答えなさい。

【実験】　ペットボトルに水を少し入れて，④圧縮ポンプを付け容器内を密閉した。その後，⑤圧縮ポンプを何十回か押して，ペットボトルの中に空気を入れた。最後に，⑥圧縮ポンプの付いたふたを素早く開けた。

(1)　【実験】の手順をいくらくり返しても，雲は確認できませんでした。【実験】で足りない操作があります。どのような操作が足りないか，説明しなさい。

(2)　(1)の操作を加えたところ，雲を観察できました。実験手順の下線部④～⑥の中で，雲が観察できたタイミングはいつか。④～⑥の番号で答えなさい。

問３　雲を形成している水滴が，浮《う》いているように見えている理由を，広尾さんは以下のようにまとめました。次の文章中の(ア)から(ウ)にあてはまる語句を，それぞれ答えなさい。

雲は，水蒸気が凝結してできた水滴や氷の粒からできている。これらは非常に細かくて軽いため，(　ア　)によって支えられて浮いている。また，細かい水滴や氷の粒が落下して地表に近づくと，周囲の温度は(　イ　)くなり，湿度は(　ウ　)くなるので，落下途中《とちゅう》で見えなくなり雲として見えている部分は上空にしかなくなるため，浮いているように見える。

問４　下線部③について，雲がそれ以上の高さまで上がることができない原因は，雲が形成された場所よりも上空に，下層部分よりも暖かく乾《かわ》いた空気の塊があるからと考えられています。このように，上空に行くほど気温が高くなっている層のことを逆転層といいます。

(1)　地上から高度200mまで逆転層が起こっているときの気温と高度のグラフを，次のア～エから１つ選び，記号で答えなさい。

ア．

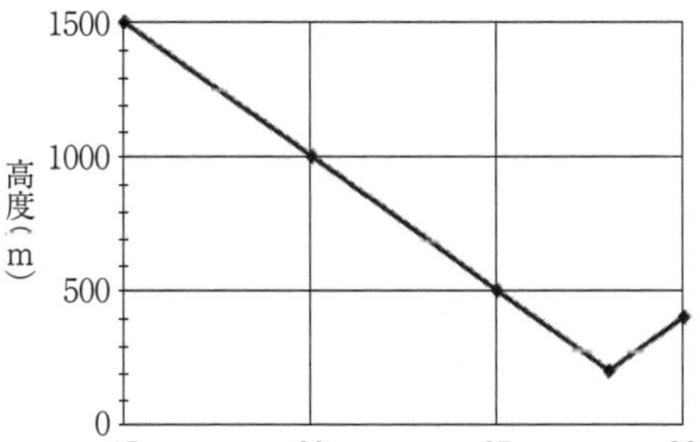

イ．

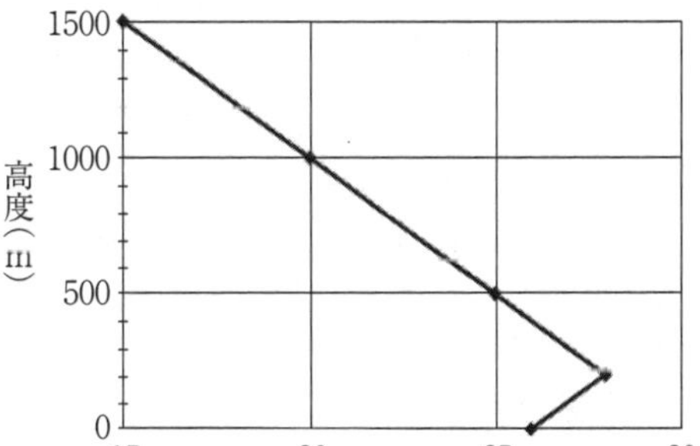

ウ．

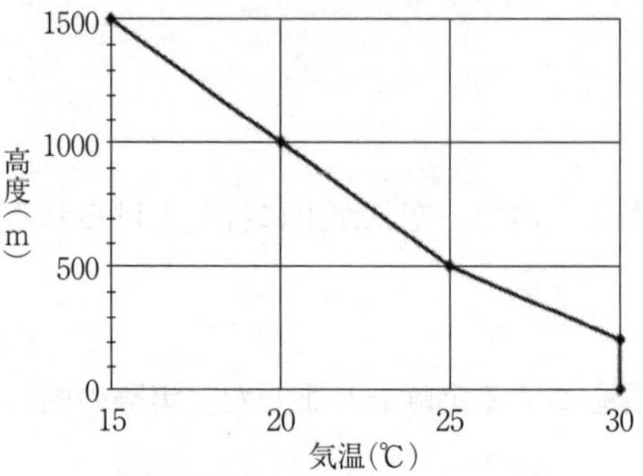

エ．

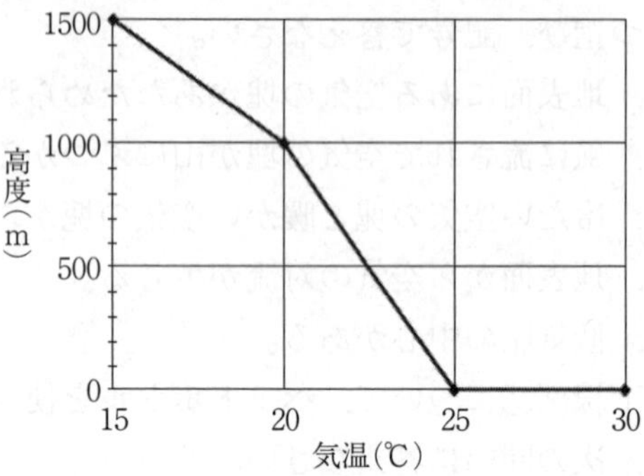

(2)　この逆転層が生じると，雲海が形成されやすくなります。この雲海が形成されやすい条件を，次のア～クから１つ選び，記号で答えなさい。

ア．前日の気温が高く，湿度が高い
イ．前日の気温が高く，湿度が低い
ウ．前日の気温が低く，湿度が高い
エ．前日の気温が低く，湿度が低い
オ．前日の昼夜の気温差が大きく，湿度が高い
カ．前日の昼夜の気温差が大きく，湿度が低い
キ．前日の昼夜の気温差が小さく，湿度が高い
ク．前日の昼夜の気温差が小さく，湿度が低い

(3)　(2)のような温度や湿度に関しての条件以外に，もう１つ雲海が形成されるための条件があります。それは何か答えなさい。

さわしいものを次から一つ選び、記号で答えなさい。

ア　自分自身の個性を意識しようとすると、他者と同じ所ばかり目につくようになること。

イ　個性的なものを避けようとするため、結局は他人と同じような個性にしかならないこと。

ウ　未知の自分を探すことをあきらめ、既知の自分に当てはめることで自分を捉えること。

エ　周囲の他者の真似をするばかりで、自分のオリジナリティを見失ってしまうこと。

問五　――線④「その根本から批判するものである」とありますが、そのように言えるのはなぜですか。アリストテレスとニーチェの友情論を踏まえて、七十五字以上百字以内で答えなさい。

問六　[X]に当てはまる以下のア～エを正しい順番に並べ替えたとき、四番目にくるのはどれですか。記号で答えなさい。

ア　それによって、友達はどこにでもいる平凡な人、他の人と交換可能な陳腐なものへと貶められる。それはシュニッツェルをトンカツと呼ぶことと変わらない。

イ　友達の個性を尊重しているようで、実は否定しているのである。

ウ　しかし、ニーチェの立場に従うなら、本当は友達を誤解しているのに、友達をわかった気になることの方が、はるかに友達に対して失礼な態度ということになる。

エ　なぜなら、そのように友達をわかった気になることによって、「私」は友達がもつ未知の部分を否定し、既知のものに置き換えてしまうからである。

問七　――線⑤「軽く視る」とありますが、その説明として最もふさわしいものを次から一つ選び、記号で答えなさい。

ア　友達から誤解されることを気にせず、自分の理解にも誤解が混じることを了承してもらった上で関係を築くこと。

イ　完全な相互理解など幻想であることを前提とし、いかに負担を減らした関係を結べるかをお互いに熟慮すること。

ウ　人間がお互いにわかり合えることに期待せず、友達も結局は自分を理解しえない他人に過ぎないと考えること。

エ　お互いの認識のずれを認め合いながら、友人関係においてそのずれは重く考えるべきではないと理解すること。

ずいぶん辛辣な意見のように聞こえるかも知れない。夢も希望もない、人間らしいやさしさを欠いた考え方のように思われるかも知れない。

X

そしてこのことは、「私」が友達から理解される場面にも当てはまる。「私」は友達から常に誤解されている。「あなたってこういう人だよね」と友達から認識されることがあっても、「私」のなかには、その認識から零れ落ちるものが溢れかえっているからだ。

「私」は友達を誤解せざるをえないし、友達も「私」を誤解せざるをえない。友達同士が「わかり合う」などということは、幻想に過ぎない。そうであるにもかかわらず、私たちがわかり合える関係を友情の理想として捉えるのなら、その幻想は、それによって互いの個性を傷つけあい、相手に対する不信感を抱かせるような、息苦しい関係をもたらす。ニーチェの友情論からこのように考えることができるだろう。

では、友達とはわかり合えないという現実に対して、私たちはどのような態度を取ればよいのだろうか。ニーチェは一つの実践的なアドバイスを示している。それは、友達を「⑤軽く視る」ということである。

「軽く視る」ということは、友達を蔑ろにすることではない。そうではなく、友達との相互理解に負荷をかけないようにする、そこに寄りかからないようにする、ということだ。たしかに友達は「私」が理解しているのとは違う人間かも知れない、しかし、そうであったとしても何も問題ではない、そんなことはどうでもよい、という心構えで、友達と関わることだ。そのような心構えがあれば、友達とわかり合えないのだとしても、それは友情にとって支障にならない。ニーチェの人間観に従う限り、友情とはそうした軽やかな関係として理解されるべきなのである。

〔戸谷洋志『友情を哲学する　七人の哲学者たちの友情観』（光文社新書）による〕

問一　A～Dに当てはまる語を次からそれぞれ選び、記号で答えなさい。

ア　しかも　　イ　しかし　　ウ　すなわち　　エ　たとえ

問二　――線①「未知のものを既知のものに置き換える」とありますが、これはどのようなことを意味すると述べられていますか。最もふさわしいものを次から一つ選び、記号で答えなさい。

ア　新たなものに対し自分がすでに知っている何かに修正して考えることで、認識を獲得するということ。

イ　初めて出会うものに対しすでに出会ったものに置き換えることで、未知として承認するということ。

ウ　未だ知らない対象を自分がすでに知っているものに置き換えることで、その新鮮さを否定するということ。

エ　未知の持つ新しさは肯定しつつも、既知の部分を他のものと入れ替えることで、未知を否定するということ。

問三　――線②「そうした自己認識は必ず失敗する」とありますが、その理由として最もふさわしいものを次から一つ選び、記号で答えなさい。

ア　自分の中の未知を既知のものに代替する認識では、他者が自分をどう捉えるかを考えることができないから。

イ　自分の中の未知を既知のものに変換する認識では、潜在的な未知の部分を考慮することができないから。

ウ　自分の中の未知を既知のものに改善する認識では、自分では意識できていない自分を捉えられないから。

エ　自分の中の未知を既知のものに変革する認識では、複数ありうるはずの個性を認識することができないから。

問四　――線③「逆説」とありますが、その内容の説明として最もふ敗する、と考える。なぜなら人間は、そもそも自分が何を考え、何を望んでいるのかを、自分でほとんど意識することができないからだ。ニーチェによれば、人間は、自分でも気づかないままに、様々なことを考え続けているのであり、そこには自分でも意識することのできない未知の部分が潜んでいる。そうであるにもかかわらず、自分のことをわかった気になることは、自分のことを誤解し、それどころか自分を陳腐なものへと貶《おとし》めることを意味するのだ。ニーチェは次のように説明する。

[…]われわれ各人は、自己自身を個人としてできる限り理解し、「自己自身を知る」ことに努める意欲をもってはいても、結局のところは、自分の中の非個性的なもの、「平均的なもの」ばかりを意識することになる。

(『喜ばしき知恵』)

このような③逆説は、受験や就職活動において、自己アピールをしたり、自己分析をしたりしたことがある人なら、誰でも経験することだろう。他人とは異なる自分のオリジナリティを説明しようとすればするほど、出てくる言葉はどこかで聞いたことがあるようなもの、似たり寄ったりなものになってしまう。ニーチェはすべての人間がかけがえのない存在であり、根本的なオリジナリティを持っていると考える。［B］、それを自分で認識できたと思い込んだ瞬間に、そうした個性は既知の「平均的なもの」に置き換えられ、失われてしまうのである。

［C］そうした自分の個性が、ずっと同じであり続けるとは限らないし、それどころか一つであるとも限らない。人間は、状況の変化によって性格が変わることもあるし、あるいは同時に矛盾する二つの考え方を持ち、それらが自分のなかでせめぎ合うこともある。このような特性もまた、自分を認識しようとした途端に、覆い隠されてしまうのである。

人間には、自分でも気づいていない個性があり、その個性は変わりうるものであり、そして多様でもありうる。このような考え方は、人間の人格のうちに、単一で、不変で、誰にでも理解できるような個性があることを否定するものである。人間には自分のことなど認識できない。「私」には自分を誤解することしかできない。そうである以上、「私」が自分と似た他者と友達になろうとしても、「私」はその他者のことも同じように誤解してしまう。こうした発想は、友達を「もう一人の私」として説明したアリストテレスの友情論を、④その根本から批判するものである。

このことは、決して、本来なら「私」は他者を理解できるはずなのに、誤解してしまう、ということを意味するわけではない。そもそも私たちには原理的に他者が理解できないのだ。［D］、「私」がどんなに友達のことをわかった気になっていても、友達には、「私」からは決して見ることのできない、決して知る由もない部分が潜んでいる。ニーチェは次のように述べる。

友人について。――まぁ一度君自身を相手によく考えてみるがいい、もっとも親しい知人の間でさえ、どんなに感覚が違うか、どんなに意見がわかれているかを、同じ意見でさえ君の友人の頭の中では君の頭の中とは、どんなにまるでちがった位置や強さをもっているかを、誤解や敵意ある離反へのきっかけが、どんなに多様に現われてくるかを。

(『人間的、あまりに人間的』)

ア　ａ「その最後の言葉でみんなが笑った」は、綾瀬の小説に出てくるツバメと、自身の小説に出てくるツバメを重ねることで冗談めかした発言となっている。

イ　ｂ「片岡さんはちょっと驚いたような顔でわたしを見て、笑う」からは、軽はずみな発言に対して、しっかりと向き合って注意してくれた綾瀬への好感が読み取れる。

ウ　ｃ「てっきり綾瀬もジャンケンに負けて来たのだろうと思った」には、仕方なく創作文クラブに入ることになったという自身の経緯を他者にも重ね合わせる泉の思考が表れている。

エ　ｄ「亀にはそんなこともわかってくる」には、人間社会のあり方を理解していく亀を描くことで物語に深みを持たせようとする綾瀬の意図が表れている。

四

次の文章を読み、後の問に答えなさい。

最初に問題を整理しておこう。

伝統的な友情観——すなわち、互いに自律した個人の間で交わされる、古代ギリシャに由来する男性的な友情——において、友達同士が互いを「わかり合う」ことができるのは、「私」が自分と似た人間と友達になるからだ。そのように自分と似た人間と友達になるために、「私」は自分が何者であるかを理解しなければならない。「私」が自分のことを理解していなければ、友達が自分に似ていることもまたわからないからである。友達と「わかり合う」ためには自分のことが「わかる」のでなければならない。たとえばアリストテレスは、自分自身と友達になることから、他者と友達になることが可能になる、と考えていたが、それは自分のことが「わかる」からこそ他者のことも「わかる」というロジックである。

それでは、そもそも「わかる」ということ——理解すること、あるいは認識すること——とは、いったい何を意味しているのだろうか。それに対してニーチェは次のように答える。［ A ］人間が何かを認識するということは、①未知のものを既知のものに置き換えることである。

どういうことだろうか。

たとえば、「私」がドイツに旅行して、そこでシュニッツェルという未知の料理と遭遇したとする。「私」にとってそれは人生ではじめて出会うものであり、食べてみるまでどんな味かわからない。つまり認識できない。しかし、それを一口食べると、その食感や食材の調理法から、「このシュニッツェルというのは要するにトンカツのようなものだ」と「私」は判断する。このとき、「私」はシュニッツェルという未知の対象を、トンカツという既知の対象に置き換えたことになる。それによって、「私」はシュニッツェルという料理に対する認識を獲得するのである（余談になるが、シュニッツェルは黒ビールとよく合う料理なので、ドイツに旅行された際は是非ご賞味されたい）。

認識するということは、未知を既知に置き換えることだ。そしてそれが意味しているのは、未知のものがもっている新しさを、既知のものによって否定する、ということである。認識することによって、対象は自分がすでに知っているもの、見たことがあるもの、よくある他のものへと変換されてしまう。トンカツとして認識されてしまったら、シュニッツェルの味わいの新鮮さは薄らいでしまうに違いない。そのようにして、認識は対象を陳腐なものにしてしまうのである。

このような意味での認識の働きが、シュニッツェルではなく、自分に向けられるとき、何が起きるのだろうか。

「私」が自分を認識するということは、自分のなかにある未知なものを否定し、それを既知なものへと置き換えることを意味する。素直に考えればそうなる。そしてニーチェは、②そうした自己認識は必ず失が表れているだけでなく、その経験を通して他の生き物のことを考えるようになった変化まで描いている点。

エ　ツバメの雛が飛び立つのを待つ優しさだけでなく、来年のことを考えて巣を残しておくべきだったという後悔の思いを述べる優しさも描いている点。

問二　――線②「やりづらいなぁ」とありますが、ここでのわたしの状態の説明として最もふさわしいものを次から選び、記号で答えなさい。

ア　片岡さんが自分の作品を過剰にほめたために、周りから注目を浴びているかのように感じてしまい、これからする自分の発表に余計に緊張している。

イ　片岡さんが先輩の作品を差し置いて自分の作品をほめたため、ひいきされたように周りから見られているのではないかと考え、いたたまれなさを感じている。

ウ　片岡さんが、友人であるという理由から自分の作品を優先してほめたために、先輩たちの反感を買ってしまったのではないかと慎ましくなっている。

エ　片岡さんが予想外に自分の作品をほめてくれたために、そのうれしさが込み上げてきていつもの冷静さを保つことができず、気持ちが浮ついている。

問三　――線③「二日一部長がそう言ってくれたのはすごくうれしかった」とありますが、このようにわたしが感じたのはなぜですか。その説明として最もふさわしいものを次から選び、記号で答えなさい。

ア　片岡さんがわたしの作品をほめてくれたことに加えて、部長までもが作品をほめてくれたため、恥ずかしくもあるが自分の作品に自信を持てるようになったから。

イ　部長がわたしの作品をおもしろかったと言ったのは、部員の上級生と下級生を平等に扱おうと配慮する気持ちがあるためだとわかり、その優しさに感動したから。

ウ　部員同士の争いごとが起こらないように配慮ができるほど優しく、人柄として尊敬できる部長から自分の作品をほめられ、自分も部員として認められた気がしたから。

エ　部長がわたしの作品をほめたのは、同じ中学一年生であるわたしの作品をほめた片岡さんへの、先輩たちからの反感を和らげようと配慮してくれたためだと考えたから。

問四　――線④「うれしかった」とありますが、ここでのわたしの心情の説明として最もふさわしいものを次から選び、記号で答えなさい。

ア　片岡さんの発言の中で自然と自分を友だちだと考えてくれていることがわかり、関係を築けたことを喜んでいる。

イ　片岡さんの発言の中で自分の将来を期待してくれていることがわかり、友だちから応援される喜びを感じている。

ウ　片岡さんの発言の中で自分との出会いを誇りに思っていることがわかり、クラブに入って良かったと思っている。

エ　片岡さんの発言の中で自然に冗談を言い合える関係だと考えていることがわかり、友だちができたことを喜んでいる。

問五　[X]に当てはまる言葉を【文章Ⅰ】から十五字以上二十字以内で抜き出しなさい。

問六　――線⑤「泉みたいな人にほめられたから自信になった」とありますが、どういうことですか。【文章Ⅰ】の内容も踏まえ、七十字以上九十字以内で説明しなさい。

問七　波線部a～dそれぞれの説明としてふさわしくないものを次から選び、記号で答えなさい。

その飛行中、ツバメは、人間の王様が飼ってた鷹に襲われる。
亀は、王様が乗ってた馬の背に落ちる。そして何故か気に入られ、家来になる。
城でまかされた仕事は、毎日パーティーをする王様のもとへワインを運ぶこと。ワインを注いだグラスを甲羅に載せて、王様に届けるのだ。
もちろん、そんなの無理。ワインはこぼれるし、グラスは割れる。でも亀はがんばる。同じ家来である人間のハンスと友だちになったりもする。
王様はパーティーをするだけでなく、よその国と戦争もしてる。ハンスたち国民はやめてほしいと思ってるが、そうは言えずにいる。と、d亀にはそんなこともわかってくる。
初めて王様のもとへワインを運べた日。亀は夜空を眺めようと城の塔に上り、そうとは知らずに大砲の砲身のなかで休む。
で、翌朝、なかの砲弾とともに発射されてしまう。王様がよその国にその弾を撃ちこんだのだ。
砲弾に乗って、亀はまた空を飛ぶ。空はきれいだな、と思うが、ふと下の川に目を向け、砲弾から滑り降りる。そしてぽちゃんと川に落ちる。
と、そんな話。
すごくおもしろかった。同じ中一が書いたとはとても思えなかった。でも同じ中一が書いてるから、とても読みやすかった。
空はきれいだな、が印象に残った。すごいな、綾瀬。と感心した。本人にもそう言った。作家になれるよ、みたいなことも言った。
綾瀬は、わたしが行った高校より十以上偏差値が高い高校に行った。中学ではわたし同様帰宅部だったが、その高校では文芸部をつくったらしい。自分で部を立ち上げたのだ。興味がある人たちを集めて。
その高校時代もたまには会ってた。ハンバーガー屋さんで一緒にハンバーガーを食べたりした。わたしも綾瀬も好きだった、トマトが挟まってるやつだ。
そこでその文芸部の話を聞いた。わたしは特に驚かなかった。綾瀬なら当然、と思ったのだ。
「泉のおかげだよ」と綾瀬は言った。
「は？」
「泉が『空を飛んだカメ』をほめてくれたでしょ？　あれが自信になったの。だから部をつくれた。中学でもそうすればよかったと、あとで思ったよ」
「わたしじゃなくて、二日一先輩と番場先生にほめられたからでしょ。小説のことなんか何も知らないわたしのほめに意味はないよ」
「いや、⑤泉みたいな人にほめられたから自信になったんだよ」と綾瀬は真剣な顔で言った。
泉みたいな人、というのにちょっと笑った。わたしが笑ったのを見て、綾瀬も笑った。

［小野寺史宜『みつばの泉ちゃん』（ポプラ社）による］

問一　――線①「さすが部長。とわたしも感心した」とありますが、わたしは部長の作品のどのような点に感心したのですか。その説明として最もふさわしいものを次から選び、記号で答えなさい。

ア　ツバメの巣を撤去してしまったことへの後悔をきっかけに、人間が他の生命に対してどう振る舞うべきかという慈愛に満ちたテーマにまで発展させている点。

イ　フンの掃除を自ら請け負う代わりに巣を残して欲しいと頼む主人公の優しさと、その願いを受け入れ共に雛を見守る家族の優しさとが描けている点。

ウ　ツバメの雛が飛び立つのを見守ってから巣を撤去する優しさ

「ただの言い訳だよ。ちゃんと書けなかったことの言い訳。二学期三学期はあの倍書かなきゃいけないのかぁ。十枚じゃ、事件は起きちゃうよ」
「それを書いてよ。わたし読みたい」
「無理。思いつかないよ。先生がいないから言うけど。絶対死ぬ。余裕で死ぬね」
「ダメだよ、死んじゃ。片岡さん、それ言いすぎ。冗談でも死ぬとか言っちゃダメなの」
b片岡さんはちょっと驚いたような顔でわたしを見て、笑う。そして言う。
「でも、まあ、あれだ。ジャンケンで三回負けてよかったよ」
「何で?」
「決まってるじゃん。綾瀬と知り合えたから。すげ～。わたし、未来の作家と友だちになった。と思ったもん」
「作家になんてなれないよ」
「いや、なれるでしょ。たぶん、綾瀬はあれなんだよ。えーと、ほら、何だっけ。そう。原石」
「ダイヤの?」
「あ、自分で言った」
「って、言わせたんじゃない」
「だから磨けば光んのよ。なら磨きなよ、綾瀬」
「何それ」
と言いながらも、④うれしかった。未来の作家とか原石とかがじゃなく、友だち、が。未来の作家と友だちになった、の、友だち、のほうが。

【文章Ⅱ】

中一のとき、わたしはジャンケンに負けて創作文クラブに入った。確か三回負けてそうなった。お手玉クラブとかかるたクラブとか、そんなのを希望してたのだ。
読んでたのは漫画だけ。小説なんて『トム・ソーヤーの冒険』しか読んだことがなかったわたしが創作文クラブ。まず、創作文、の意味がわからなかった。それが小説。そこはまさに小説を書く、書かされるクラブだったのだ。
その創作文クラブで、わたしは米山綾瀬と知り合った。
cてっきり綾瀬もジャンケンに負けて来たのだろうと思ったら、ちがった。綾瀬は自ら希望してそのクラブに来てた。ジャンケンはしなかったという。希望者は一人だったからすんなり決まったのだ。
そこでは本当に小説を書かされた。何でもいいから書きなさいと担当の番場先生は言った。しかたなく、わたしは探偵小説を書いた。そういうのしか思いつかなかったのだ。
探偵の名前は、トム・ソーヤーからもらってトムにした。タイトルはこれ。『トムは冒険しない』。内容はそのまま。トムはまったく冒険しない。まず、事件が起きないのだ。金髪の秘書ルーシーと二人で事務所にいるだけ。そこでコーラを飲み、指にはめたとんがりコーンを食べてるだけ。日常を書けばいいと番場先生が言うのでそうした。日常なんてそんなもんだから。で、原稿用紙五枚じゃ事件は起きない、みたいなことを言わせて強引に終わらせた。わけのわからない話だ。
でも綾瀬は、[　X　]、と言ってくれた。まあ、頭のいい綾瀬なら思いつかないだろう。あまりにもバカバカし過ぎて。
その綾瀬は、『空を飛んだカメ』という小説を書いてきた。自分で書いた『トムは冒険しない』よりもはっきりと内容を覚えてる。そのもの、空を飛んだ亀の話だ。
いつもは川や川辺、つまり水や陸にいる亀が、空を飛んでみたいと思う。そこで知り合いのツバメに頼み、飛ばせてもらう。

した。今度父に訊いてみようとも思いました。そんなふうに、亀のことだけじゃなく人間のことも書けてたので、とてもよかったです。ただ。ツバメが襲われてしまったのは、ちょっと残念でしたけど」

aその最後の言葉でみんなが笑った。場が和んだ。

二日一くんの言うとおりだと思います、と番場先生は言った。亀のこと以外にハンスのことも描いたことで、物語に深みが出ました。川にぽちゃんと落ちて終わるラストも素敵でした。

参った。深み、だ。そんなことまったく考えていなかった。ハンスは、王様以外に人をもう一人出そうと思って出しただけ。ぽちゃんは、テレビのバラエティ番組で石によじ登れなかった亀が水に落ちたあの感じがよくてラストに書いただけ。

二日一部長は、たぶん、わたしと片岡さんの立場を考えて、『空を飛んだカメ』を挙げてくれた。わたしと同じ一年生の片岡さん一人がほめたままではよくないと思ったのだ。わたしたちがほかの先輩たちから睨まれたらよくない、と。

だから、部長の自分もほめることでそうならないようにした。ということなのだと思う。二日一部長。やはり優しい人なのだ。部長に適した人なのだ。番場先生もそれを感じていたから部長に任命したのかもしれない。

その意味でも、③二日一部長がそう言ってくれたのはすごくうれしかった。ただ、全員の発表が終わったときに初めて、片岡さんがほめてくれたのはもっとうれしかったことに気づいた。

この場で三年生の部長が一年生の作品を評価するより、一年生が同じ一年生の作品を評価するほうがずっと大変なのだ。片岡さんは無理せずそれをやった。『空を飛んだカメ』の王様が平和にあきたからよその国に戦争を仕掛けたのとはちがう。退屈だから二年生や三年生に戦争を仕掛けたわけではない。自分が思ったことを、ただ言ったのだ。少なくともわたしにはそう聞こえた。聞いた瞬間は、あぁ、と思ってしまった。よくないとも思ってしまった。でも冷静に考えてみればそういうことだ。片岡さんはいつもの片岡さんとして動いた。ただそれだけ。

そして最後に番場先生が言った。

「みんな、小説を書いたのは初めてだと思うけど、よくがんばりました。二学期と三学期の第二作は十枚。次もがんばりましょう」

「死ぬ〜」とまた片岡さん。

「書いたけど死ななかったじゃない」と番場先生。

「十枚は今度こそ死ぬ〜」

「だいじょうぶ。十枚でも死にません」

「じゃあ、何枚なら死にますか？」

「何枚でも死にません。生徒が死んでしまうような課題を、先生は出しません。はい。じゃあ、これで一学期の創作文クラブは終了。みんな、期末テストがんばって」

〈中略〉

二年B組の教室から出ると、いつものように、片岡さんと二人、一年生の教室に戻る。

「あぁ」と片岡さんが言う。「何にしても、終わってよかった。まさか自分が小説を書くとはね。いや、書けてないか。書けてたのは綾瀬と部長ぐらいで」

「そんなことないよ。片岡さんのあれ、わたしはおもしろかったし」

「おぉ。と喜びたいとこだけど。綾瀬、それはひいきだよ。わたし、ひいきされたくない」

「ひいきじゃない。ほんとにおもしろいと思ったよ。最後、原稿用紙五枚じゃ事件は起きないよなっていうのとか、すごくおもしろいアイデアだと思った」

ったのかもしれません」

二日一部長。優しいのだ。

この『ツバメ』は確かによかった。さすが三年生。①さすが部長。とわたしも感心した。

A組、B組、と来て、C組。片岡さんの番。

片岡さんなら自作『トムは冒険しない』を挙げたりすることもあるかと思ったが、さすがにそれはなかった。それ以上に意外なことを言った。

「わたしは綾瀬、じゃなくて米山さんの『空を飛んだカメ』がダントツで一番だと思います。もうムチャクチャおもしろくて、途中でゲラゲラ笑いました。甲羅にワインを載せて運ぶとか、大砲の弾に自分が乗ったまま発射されちゃうとか、亀、かわい過ぎ。酔っぱらいの王様もあれはあれでいそうだし。これ、ほんと、シリーズ化してほしいです」

あぁ、とわたしは思った。ほめられたことへのうれしさよりもあせりが先に来た。

それはダメだよ、片岡さん。わたしのが先輩たちのよりいいわけないじゃない。友だちだからひいきしたと思われるじゃない。それはちょっと、よくないじゃない。

「すごいな綾瀬って、ほんと、感心しました。綾瀬が本を出してくれたら、わたし、買います。図書室に置いてくれたら、わたし、借ります」

と、そんなことを片岡さんが言ったその次がD組のわたしの番。

②やりづらいなぁ、と思いつつ、わたしは予定どおり二日一部長の『ツバメ』を挙げた。家族の優しい気持ちがごく自然に伝わってきました、と言った。経験談ではあるのかもしれませんけど、ちゃんと小説としてもおもしろかったです。

そうね、と番場先生も言ってくれた。掃除は自分がやるから巣は壊さないでほしいと両親にお願いした主人公。主体的に動いたところがとてもよかったです。

一年生の感想発表が終わり、それからは二年生、三年生、と続いた。

二年A組の森内副部長は、やはり二日一部長の『ツバメ』を挙げたが、二年B組ガールズは三人ともその森内副部長の『シュート』を挙げた。

試合の肝心なところでフリースローを外してしまうバスケ部員の話だ。これも実際にバスケ部員である森内副部長の経験談だという。二本を二本とも決めていれば逆転で勝つことができたのに、森内先輩が二本とも外したためにチームは負けてしまったのだそうだ。

確かに悪くはなかった。が、わたしに言わせれば、『ツバメ』のほうが上だ。

『シュート』は、ただシュートを外しただけ。そういうこともあると示しただけ。その先がなかった。

でも『ツバメ』には先があった。主人公は、家に入ってきた蛾やクモなどの虫をなるべく外へ逃がそうとするようになるのだ。ツバメは守って虫は退治する、それもどうなのかと思って。なるべく、というところがよかった。そこに作者である二日一先輩の人間味が表れていた。

そして最後も最後。三年D組の二日一部長が何を挙げたかと言えば。まさかのこれ。

「ぼくも片岡さんと同じで、米山さんの『空を飛んだカメ』がおもしろかったです。すごく楽しめました。亀のかわいさもそうですけど、ハンスの人間としての弱さが印象に残りました。王様に戦争をやめてほしいのに、仕えてはいる。というか、仕えざるを得ない。例えば将来会社で働くようになったらそういうこともあるんだろうなと思いま

2024年度 広尾学園中学校

【国語】〈第一回入試〉（五〇分）〈満点：一〇〇点〉

《注意事項》問題で文字数が指定されている場合はカッコや句読点を文字数に含みます。

一

次の各問に答えなさい。

問一 ――線の漢字の読みをひらがなで答えなさい。

① 格差が是正される。
② 初詣で無病息災を祈願する。
③ 必死に体裁をとりつくろう。
④ 真実でない噂が流布している。

問二 ――線のカタカナを漢字に改めなさい。

① 線をスイチョクに引く。
② コウキョは昔の江戸城の場所にある。
③ カンセイを上げて応援する。
④ 悪い相手にうっかりカツがれた。
⑤ 突然のセンセン布告。
⑥ 手紙の最後にケイグと書いた。

二

次の――線の□にひらがなを一字ずつ入れて言葉を完成させ、その言葉に最も近い意味の言葉を後の語群より選んで記号で答えなさい。

① あど□□い仕草。
② □ぶ□しい点がある。
③ ここ□□とない様子。
④ つ□□しい生活。
⑤ や□□ない思い。

【語群】

ア 計算高い　イ ひかえめである
ウ 頼りなく不安だ　エ 無邪気でかわいい
オ 気持ちが晴れずせつない　カ 目立った
キ 疑わしい　ク 活気に充ちた

三

次の【文章Ⅰ】は授業の一環で創作文クラブに入った中学一年生の米山綾瀬が、同級生の片岡泉と出会い、自分たちが書いた小説の感想を発表し合う場面である。【文章Ⅱ】は大人になった片岡泉が米山綾瀬のことを回想する場面である。それぞれの文章を読み、後の問いに答えなさい。

【文章Ⅰ】

この日のクラブで、番場先生は、予告していたとおり、生徒一人一人に感想を述べさせた。そして印象に残った作品も挙げさせた。

まずは一年生。A組からという順番だった。

A組の塩谷さんとB組の今江さんは、無難に、二日一部長の『ツバメ』を挙げた。

わたしの作品にも出てきたツバメ。でもこちらは現実的。家の軒先にできたツバメの巣を見守る家族の話だ。二日一部長の経験談だという。フンの被害がひどかったので、二日一家では、雛が飛び立つのを待って巣を撤去したそうだ。

「ちょっと後悔したんですよね」と二日一部長は説明した。「そのままにしておけば来年もまた来てくれたんじゃないかと思って。シートを敷くとか、巣の下に木の板を付けるとか。ぼくらにもやりようはあ

2024年度
広尾学園中学校　▶解　答

※　編集上の都合により，第１回入試の解説は省略させていただきました。

算　数　＜第１回入試＞（50分）＜満点：100点＞

解　答

1　(1)　253　(2)　**ア**…１，**イ**…２　(3)　12人　(4)　４時$54\frac{6}{11}$分　(5)　43cm^2　(6)　1800cm^2　2　(1)　**チョコレート**…６個，**ガム**…４個　(2)　**チョコレート**…８個，**ガム**…６個　(3)　18個，26個　3　(1)　16　(2)　81　(3)　233通り　4　(1)　720通り　(2)　144通り　(3)　60通り　5　(例)　(1)　①　下の図１　②　下の図２　(2)　下の図３

図１

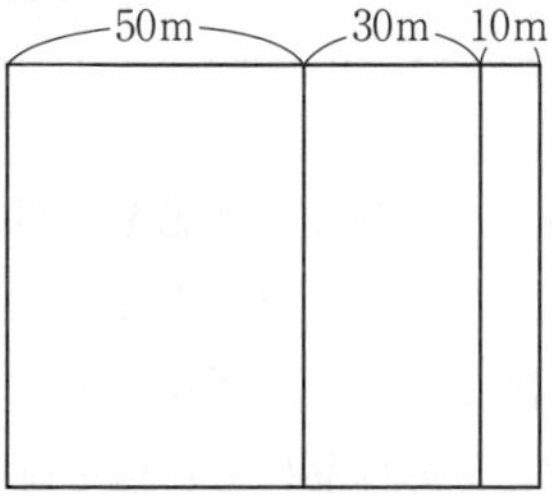

図２

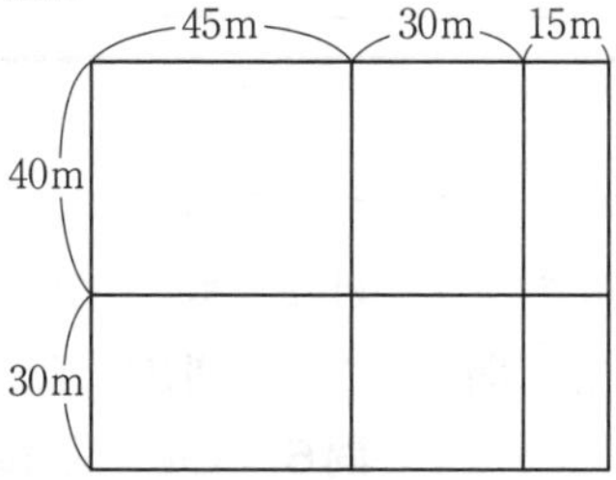

図３

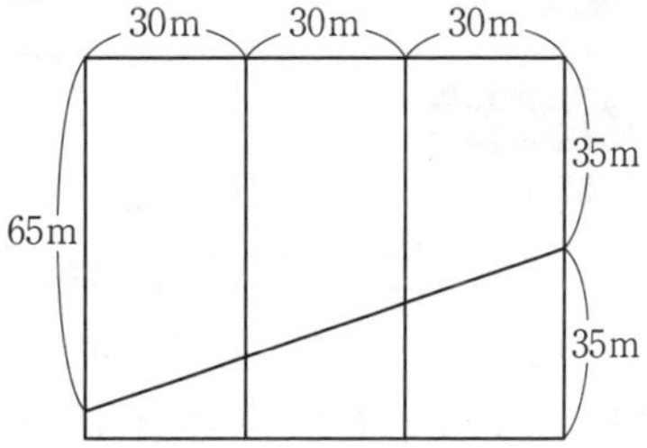

社　会　＜第１回入試＞（30分）＜満点：50点＞

解　答

1　**問１**　ク　**問２**　イ　**問３**　(i)　かき　(ii)　エ　(iii)　ア　(iv)　エ　**問４**　(i)　イ　(ii)　オ　2　**問１**　**A**　足利義満　**B**　対馬　**C**　日露　**D**　佐藤栄作　**問２**　ア→ウ→エ→イ　**問３**　ウ　**問４**　対等　**問５**　エ　**問６**　エ　**問７**　イ　**問８**　オ　3　**問１**　持続可能　**問２**　ア，エ　**問３**　イ　**問４**　エ　**問５**　ウ　**問６**　ア　**問７**　イ　**問８**　ア　4－Ⅰ　(例)　第一次世界大戦への戦争協力を契機に女性が(男性の仕事を代替し)働いたので，大戦後，女性の「地位」が向上し，女性の社会進出(政治参加)を求める動きが強まったため。　4－Ⅱ　(例)　無駄な在庫を減らすことができ，費用をおさえることができる。／消費者の需要が高まる時期に商品やサービスの価格を上げれば，収益を増加させることができる。

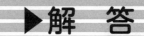

理　科　＜第１回入試＞（30分）＜満点：50点＞

解　答

[1] **問１**　28cm　**問２**　20ｇ　**問３**　15ｇ　**問４**　25cm^3　**問５**　30cm　**問６**　60cm　[2] **問１**　①　エ　②　オ　③　イ　④　ア　⑤　ク　**問２**　（例）　固体と気体のみで存在する　**問３**　(1)（例）　融点がほかの金属に比べて高い性質。　(2)　80ナノメートル　[3] **問１**　ア　**問２**　オ　**問３**　イ　**問４**　（例）　細い茎でも，支柱に巻きつき高い場所にいくことで，光を得ることができるため。　**問５**　（例）　水分を蒸発させにくくするため。　**問６**　エ，カ　[4] **問１**　ウ　**問２**　(1)（例）　細かいちりなどの，雲の核になるものを入れる。　(2)　⑥　**問３**　**ア**　上昇気流　**イ**　高　**ウ**　低　**問４**　(1)　イ　(2)　オ　(3)（例）　風が吹いていないということ。

国　語　＜第１回入試＞（50分）＜満点：100点＞

解　答

[一] **問１**　①　ぜせい　②　そくさい　③　ていさい　④　るふ　**問２**　下記を参照のこと。　[二]（ひらがな，語群の順で）　①　けな，エ　②　いか，キ　③　ろも，ウ　④　つま，イ　⑤　るせ，オ　[三] **問１**　ウ　**問２**　イ　**問３**　エ　**問４**　ア　**問５**　すごくおもしろいアイデアだと思った　**問６**　（例）　最初は自分の作品にも自信を持てなかったが，周りを気にせず自分の率直な気持ちを表明できる泉に褒められたことで，主体的に文芸部をつくり活動を続けていく自信を得ることができたということ。　**問７**　エ　[四] **問１**　**Ａ**　ウ　**Ｂ**　イ　**Ｃ**　ア　**Ｄ**　エ　**問２**　ウ　**問３**　イ　**問４**　ア　**問５**（例）　人間は自分のことなど理解できず，他者も理解できないとするニーチェの考えは，自分自身のことがわかった上で他者も理解できるようになるというアリストテレスの友情論と，前提から異なるものだから。　**問６**　イ　**問７**　エ

●漢字の書き取り

[一] **問２**　①　垂直　②　皇居　③　歓声　④　担(がれた)　⑤　宣戦　⑥　敬具

2024年度 広尾学園中学校

【算　数】〈第２回入試〉（50分）〈満点：100点〉

1　次の問いに答えなさい。

(1)　次の計算をしなさい。

$5\times71-(21\times71+31\times71)\div13$

(2)　5：□＝□：125となるように□にあてはまる数を求めなさい。□には同じ数が入るものとします。

(3)　200以下の整数のうち，５でも７でも割り切れない数の個数を求めなさい。

(4)　ある遊園地では，開園時刻に400人の行列ができており，開園後も毎分20人の割合で人数が増えていきます。入場口を４つ開くと，20分で行列がなくなります。もし，入場口を６つ開いたら，行列は開園から何分後になくなるか求めなさい。ただし，１つの入場口から入れる人数は一定であり，どの入場口も同じであるとします。

(5)　右の図は，正方形の中に２つの円があり，２つの円は点Cで互いに接していて，点A，Bで正方形と接しています。∠ACBの大きさを求めなさい。

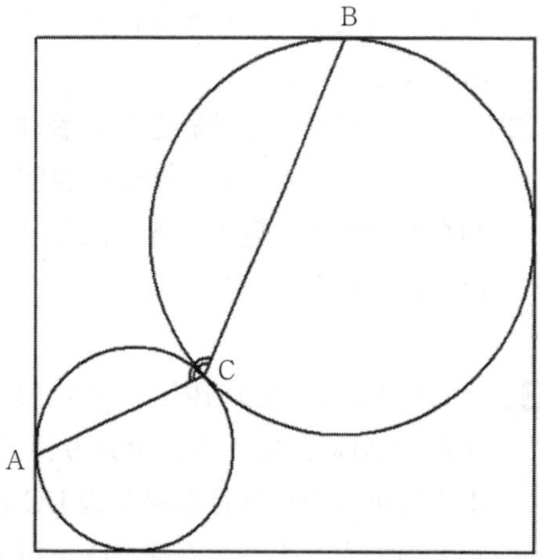

(6)　高さ21cmのボトルに水が入っています。ボトルの中に入っている水の高さは，ボトルを左の図のように置くと12cm，右の図のように置くと15cmとなります。このボトルの容積と水の体積の比を，最も簡単な整数比で表しなさい。

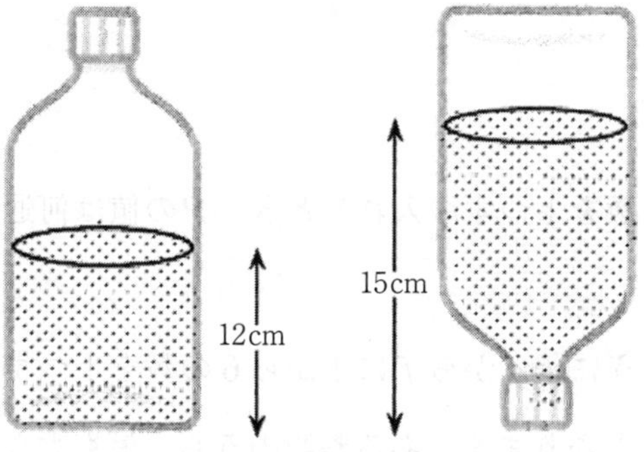

2　広尾くんはウソ発見器の性能実験をしています。このウソ発見器は，ウソをついたときにランプが光るように作りましたが，必ず光るわけではありません。説明書には「身に着けた人の発言がウソだったときは99％で光り，発言が真実だったときは６％で光ります。」と書いてあります。次の問いに答えなさい。

(1)　次のことがらのうち，正しいものをすべて選び，記号で答えなさい。

①　ウソをついても光らないときがある。

②　ウソを２回ついたとき，２回とも光らないときがある。

③　ウソを100回ついたとき，99回目まで連続で光ったので，100回目は絶対に光らない。

④　広尾くんが発言したとき光ったため，広尾くんはウソをついている。

(2)　広尾くんがウソ発見器を身に着けて１万回発言をして，そのうち200回ウソをつきました。このとき，確かに説明書通り，広尾くんの発言がウソをついたときにランプが光った割合が99％で，真実であったときにランプが光った割合が６％でした。このウソ発見器は何回光ったか求めなさい。

(3)　学くんがウソ発見器を身に着けて１万回発言をしたところ，ウソ発見器のランプは3390回光りました。このとき，確かに説明書通り，学くんの発言がウソをついたときにランプが光った割合が99％で，真実であったときにランプが光った割合が６％でした。学くんは何回ウソをついたか求めなさい。

3　右の図は，AD//BC，AB＝CB，∠ABC＝40°の四角形ABCDで，点Bを通り点Aが点Cに重なるように折った折り目の線と辺DCとの交点をEとしたものです。また，直線BDを折り目として折ると，点Aが直線BE上の点Pと重なります。次の問いに答えなさい。

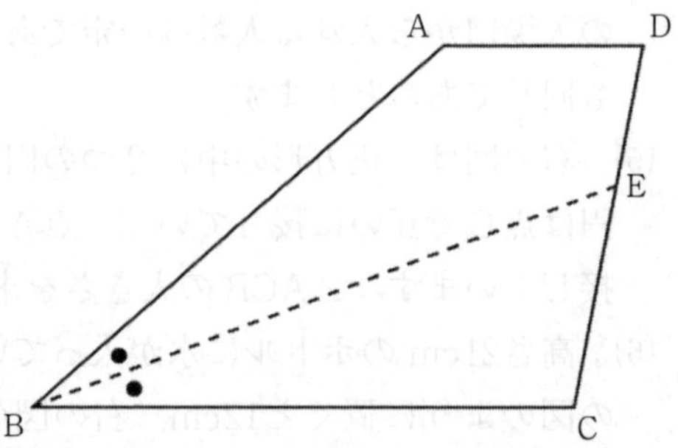

(1)　∠ADBの大きさを求めなさい。

(2)　∠DAPの大きさを求めなさい。

(3)　∠BCDの大きさを求めなさい。

4　次の問いに答えなさい。

(1)　$P=\dfrac{d\times e\times f}{a\times b\times c}$ とします。a から f に１から６の数を１つずつ入れるとき，P の値は何通りあるか求めなさい。

(2)　$S=\dfrac{d\times e\times f}{a\times b\times c}$ とします。S の値が整数となるように，a から f に１から６の数を１つずつ入れます。このとき，S の値は必ずある整数の倍数となります。ある整数のうち，最も大きい整数を求めなさい。

(3)　$T=\dfrac{e\times f\times g\times h}{a\times b\times c\times d}$ とします。a から h に１から８の数を１つずつ入れるとき，T の値は何通りあるか求めなさい。

5　正五角形の頂点と中心を線で結び，正五角形の内部を５つの三角形に分けます。また，頂点と中心の○の中に，１から６までの整数を１つずつ書き入れ，次の＜ルール＞によって得点を決めます。

＜ルール＞

[1]　最も小さい三角形の３つの頂点の○に書かれている数の最小公倍数を求め，三角形の中に書く。

[2]　[1]で書き入れた数の合計を得点とする。

例えば，図１のような場合，図２のように，三角形の中に最小公倍数を書き，得点は6＋10＋30＋12＋12＝70で70点となります。下の問いに答えなさい。

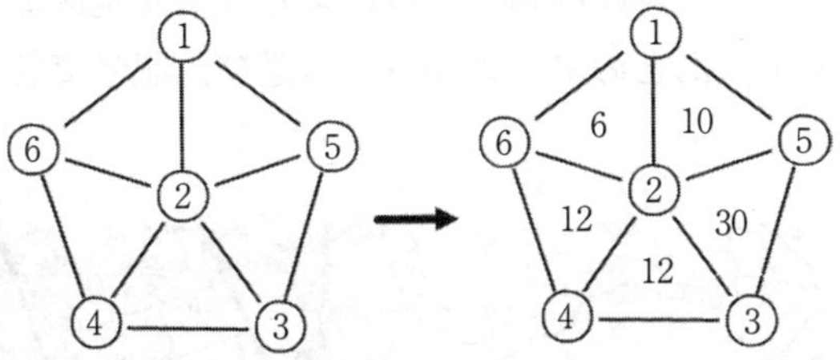

図１　　　図２

(1)　次の図のように３と６を書き入れる場所が決まっているとき，得点が67点となるような残りの１，２，４，５の書き入れ方は２通りあります。それぞれ解答らんの図に数を書き入れなさい。

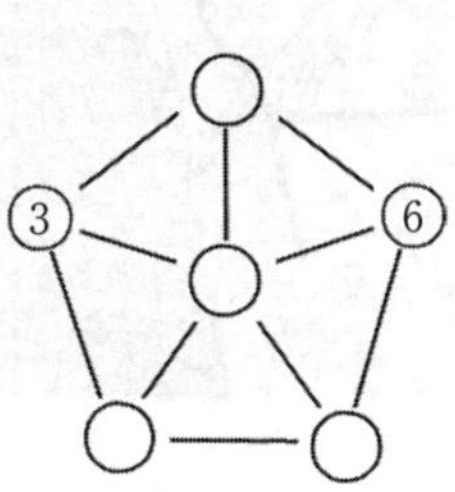

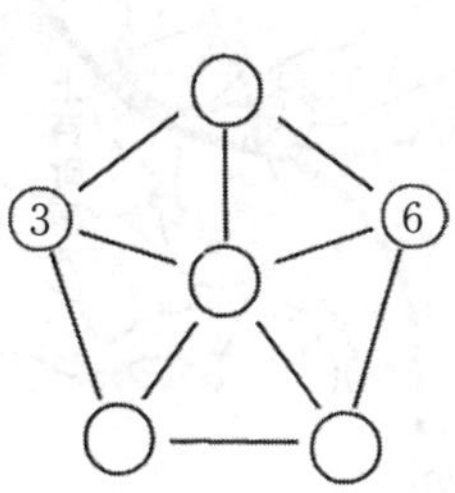

(2)　考えられる得点のうち，最大値，最小値を求め，その値となるように解答らんの図に数を書き入れなさい。

【社　会】〈第２回入試〉（30分）〈満点：50点〉

〈編集部注：実物の入試問題では，図やグラフはすべてカラー印刷です。〉

1　広尾学園中学校１年のアリスさんは，社会科の授業で地震，異常気象，感染症の流行が私たちの生活におよぼす影響について調べました。これに関してあとの問いに答えなさい。

問１　2023年５月５日，能登半島一帯で地震が発生して最大震度６強が観測されたことを知ったアリスさんは，能登半島に位置する珠洲《すず》市のハザードマップを見て，避難経路や被害予想を調べました。次の図１中のＸ・Ｙは，珠洲市の一部地域における土砂災害が生じた際の避難経路，津波が生じた際の避難経路を示したものです。また，図２中のⅠ～Ⅲは，図１と同じ地域における洪水による最大浸水想定区域，土砂災害警戒区域・特別警戒区域，津波による浸水想定区域を示したものです。津波が生じた際の避難経路と津波による浸水想定区域に当てはまるものの組み合わせとして正しいものを，あとのア～カから１つ選び，記号で答えなさい。

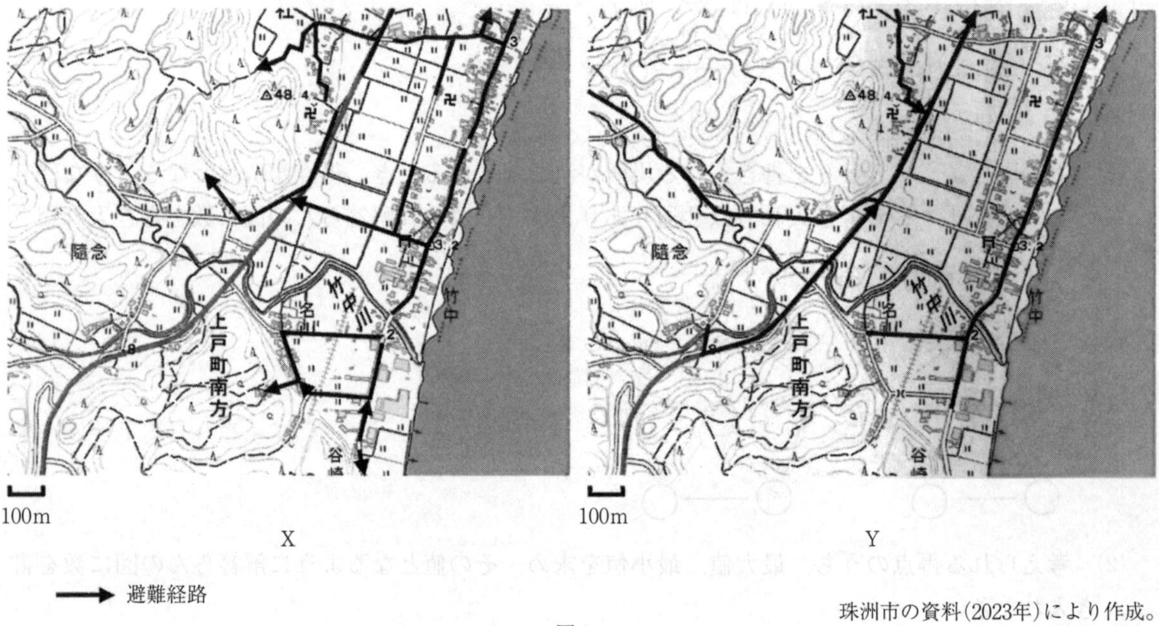

珠洲市の資料(2023年)により作成。

図１

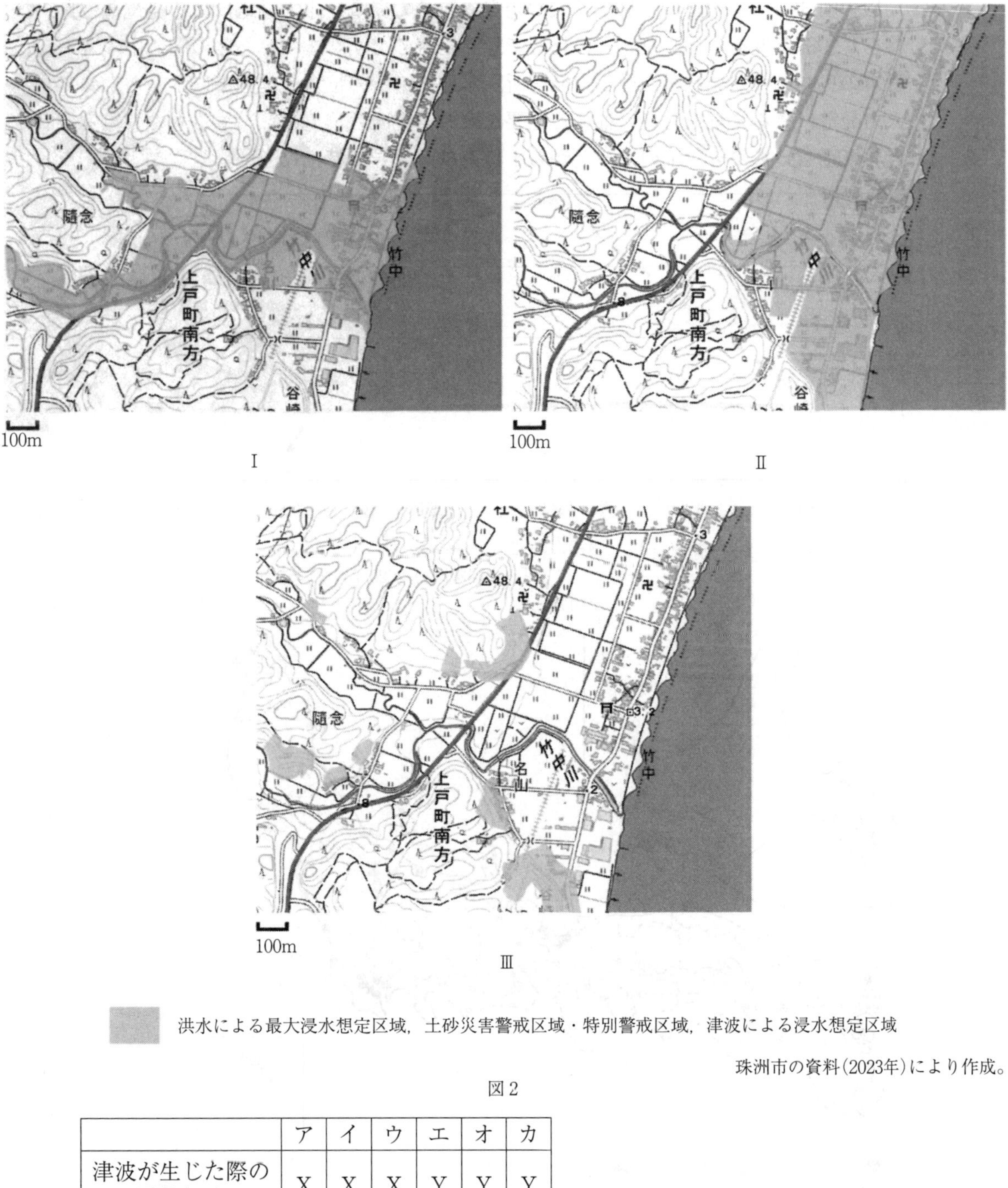

洪水による最大浸水想定区域，土砂災害警戒区域・特別警戒区域，津波による浸水想定区域

珠洲市の資料(2023年)により作成。

図２

	ア	イ	ウ	エ	オ	カ
津波が生じた際の避難経路	X	X	X	Y	Y	Y
津波による浸水想定区域	Ⅰ	Ⅱ	Ⅲ	Ⅰ	Ⅱ	Ⅲ

問２　2011年に発生した東日本大震災について調べていたアリスさんは，これを契機に日本のエネルギーを取り巻く状況が変化したことを知りました。これに関して，あとの問い(i)，(ii)に答えなさい。

（i）　次の図３中のⅠ～Ⅲは，日本の火力発電，原子力発電，水力発電による発電電力量の推移を，1980年度を１としたときの指数で示したものです。また，あとの図４中のＡ～Ｃは，日本の主要な火力発電所，原子力発電所，水力発電所の位置を地図上に示したものです。火力発電による発電電力量の推移と主要な火力発電所の位置に該当するものの組み合わせとして正しいものを，下のア～ケから１つ選び，記号で答えなさい。

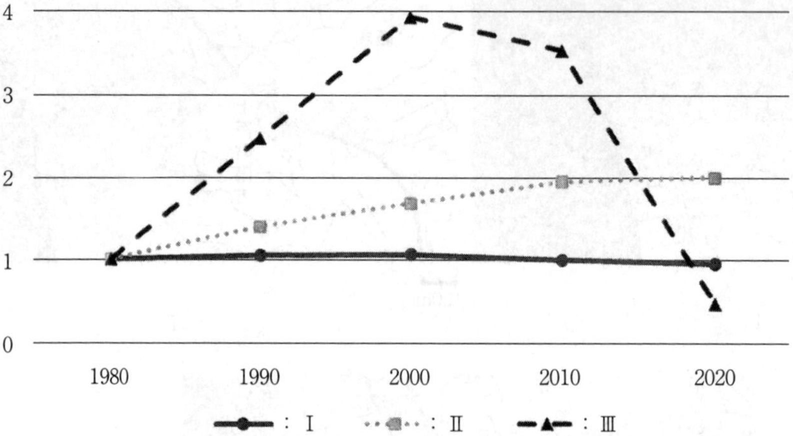

「日本国勢図会 2023/24」により作成。

図３

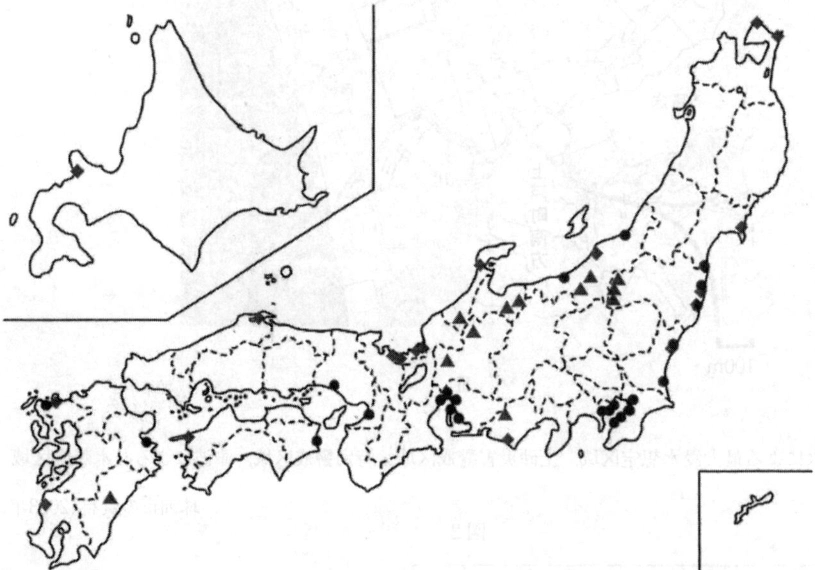

火力発電所は最大出力200万kW以上のもの，水力発電所は最大出力15万kW以上のものを示している。

「日本国勢図会 2023/24」により作成。

図４

	火力発電による発電電力量の推移	主要な火力発電所の位置
ア	Ⅰ	A
イ	Ⅰ	B
ウ	Ⅰ	C
エ	Ⅱ	A
オ	Ⅱ	B
カ	Ⅱ	C
キ	Ⅲ	A
ク	Ⅲ	B
ケ	Ⅲ	C

(ii)　次の図５は，日本の液化天然ガス，原油，石炭それぞれの輸入先上位４か国(2021年)を調べて地図に塗り示したものです。各指標と図５中のⅠ～Ⅲとの組み合わせとして正しいものを，下のア～カから１つ選び，記号で答えなさい。

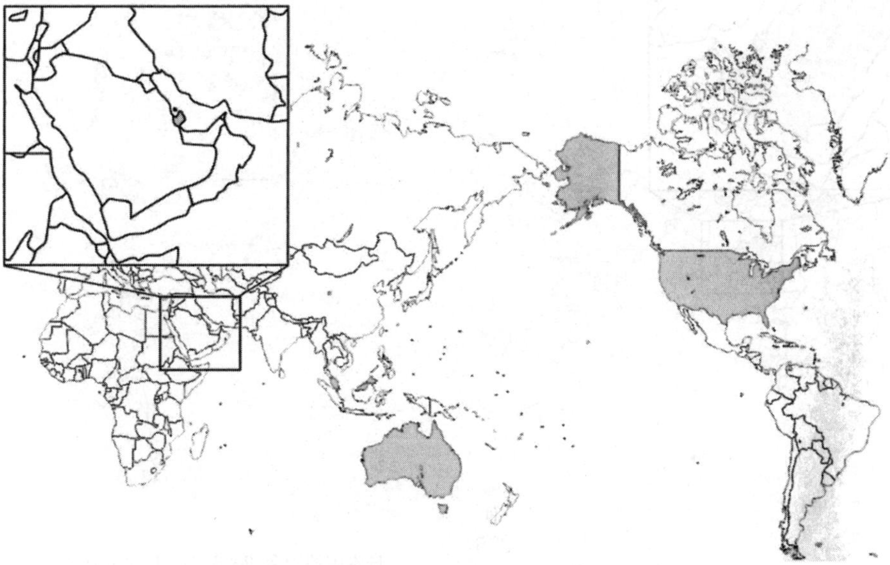

Ⅰ

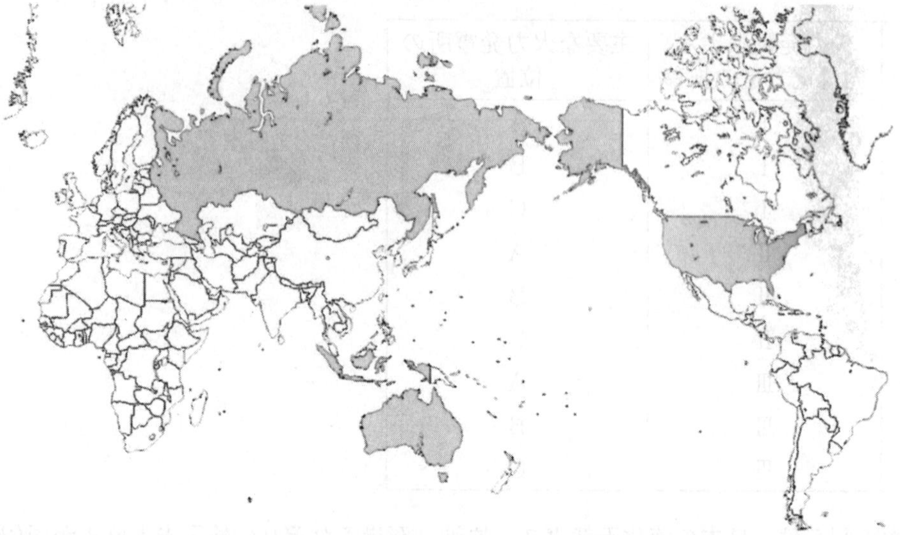

Ⅱ

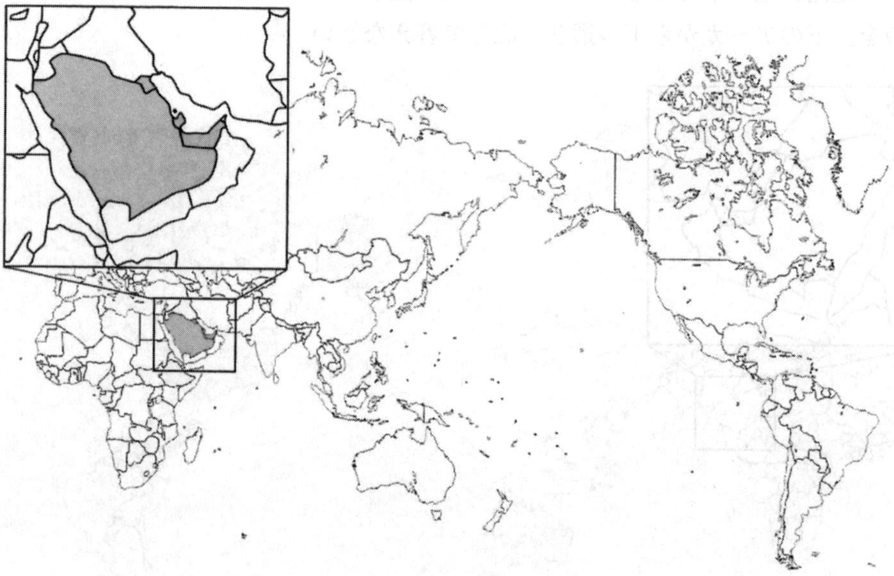

Ⅲ

図５

「日本国勢図会 2023/24」により作成。

	ア	イ	ウ	エ	オ	カ
液化天然ガスの輸入先	Ⅰ	Ⅰ	Ⅱ	Ⅱ	Ⅲ	Ⅲ
原油の輸入先	Ⅱ	Ⅲ	Ⅰ	Ⅲ	Ⅰ	Ⅱ
石炭の輸入先	Ⅲ	Ⅱ	Ⅲ	Ⅰ	Ⅱ	Ⅰ

問３　アリスさんは，地理の授業で1993年に日本で冷害による深刻な被害が生じたことを学びました。これについて，あとの問い(i)，(ii)に答えなさい。

(i)　図６は，1993年に生じた冷害について説明する際に先生が示してくれた資料の一つです。図６に示されたグラフ中のＸ，Ｙは日本全国の10ha当たりの米の収穫量，東北地方の10ha当たりの米の収穫量のいずれかです。また，グラフのあとに示された文章は，グラフについての説明文です。グラフ中のＸに該当する指標と，説明文中の空欄Ｄ・Ｅのそれぞれに当てはまる語句との組み合わせとして正しいものを，下のア～クから１つ選び，記号で答えなさい。

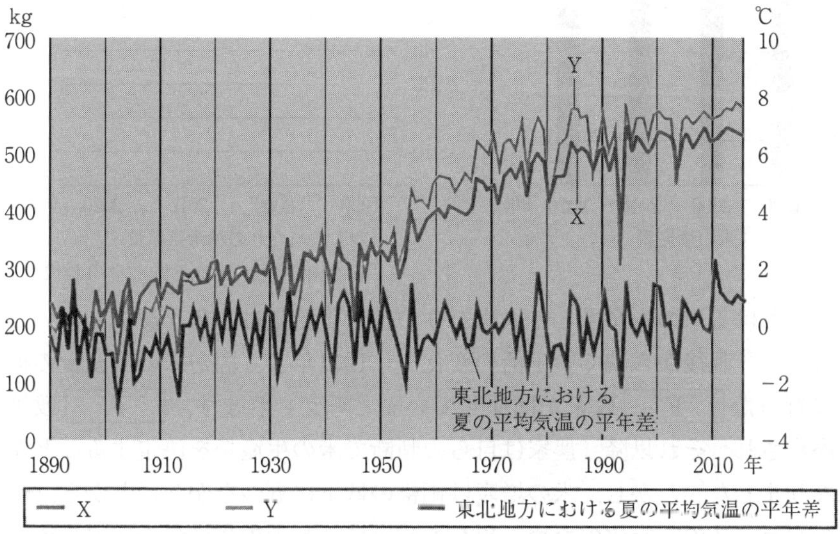

日本全国と東北地方の10ha当たりの米の収穫量と，
東北地方における夏の平均気温の平年差

気象庁の資料により作成。

1993年は，太平洋高気圧の日本付近への張り出しが弱く，日本付近に梅雨前線が長期間停滞しました。また，たびたび［　Ｄ　］高気圧が出現し，それにともなって生じた［　Ｅ　］の影響で寒気が入り込みました。この結果，特に東北地方では平年に比べ，日照時間が短くて降水量が多く，冷夏となりました。

図６

	X	D	E
ア	日本全国の10ha 当たりの米の収穫量	オホーツク海	フェーン現象
イ	日本全国の10ha 当たりの米の収穫量	オホーツク海	やませ
ウ	日本全国の10ha 当たりの米の収穫量	シベリア	フェーン現象
エ	日本全国の10ha 当たりの米の収穫量	シベリア	やませ
オ	東北地方の10ha 当たりの米の収穫量	オホーツク海	フェーン現象
カ	東北地方の10ha 当たりの米の収穫量	オホーツク海	やませ
キ	東北地方の10ha 当たりの米の収穫量	シベリア	フェーン現象
ク	東北地方の10ha 当たりの米の収穫量	シベリア	やませ

(ii)　アリスさんは冷害以外に日本の米の生産量に影響を与えた要因について調べ，次の図７を作成しました。図７に示されたグラフは，日本における米の生産量と１人当たりの精米供給量の1990年から2020年までの間の推移を示したものです。また，グラフのあとに示された文章は，２つのグラフについての説明文です。説明文中の空欄Ｆに当てはまる語句を，漢字で答えなさい。

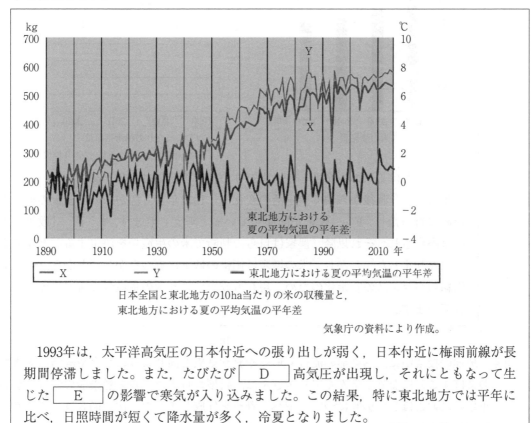

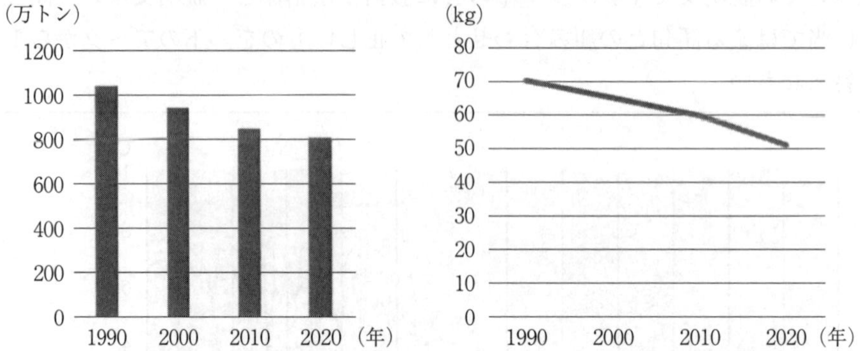

米の生産量　　1人当たりの精米供給量

「日本国勢図会 2023/24」により作成。

日本における米の生産量と1人当たりの精米供給量は，年々減少しています。この背景として，戦後から続く食生活の変化や，1971年より国が米の生産量の抑制を図るために行った［ F ］政策が関係していると考えられます。［ F ］政策は2018年には廃止され，それ以降，農家は自らの判断で米の生産量を決定することができるようになりました。しかし，米の増産は価格の低下にもつながることから，米の需要と供給のバランスの安定化のため，現在も政府により米の生産量の努力目標などが示されています。

図7

問4　地理の授業中に，感染症の流行も地震や異常気象と同じように社会や経済に大きな影響をおよぼすことになると学んだアリスさんは，新型コロナウイルス感染症の流行が世界の自動車生産におよぼした影響について調べ，資料を作成しました。次の図8は，ここ数年の日本の自動車生産に関する状況についてまとめたもので，図8中の空欄Xにはアメリカ合衆国か中国のいずれかが該当します。また，図9は，3か国(アメリカ合衆国，中国，日本)の自動車生産台数の推移を，各国の2017年の生産台数を1として示したものです。図8中の空欄Xに該当する国と，図9中のG～Iのうち日本に該当するものとの組み合わせとして正しいものを，下のア～カから1つ選び，記号で答えなさい。

世界の自動車生産台数は，コロナ禍の影響で2019年の9,212万台から2020年には7,765万台へと減少しました。しかし，その後，徐々に回復し，2022年には8,502万台となりました。このような状況のなかで，日本の自動車生産台数の回復は遅れています。日本の自動車生産は，半導体の不足，2021年の東南アジアでのコロナ感染拡大，2022年の［ X ］でのゼロコロナ政策にともなうロックダウンなどの影響を強く受けました。

図8

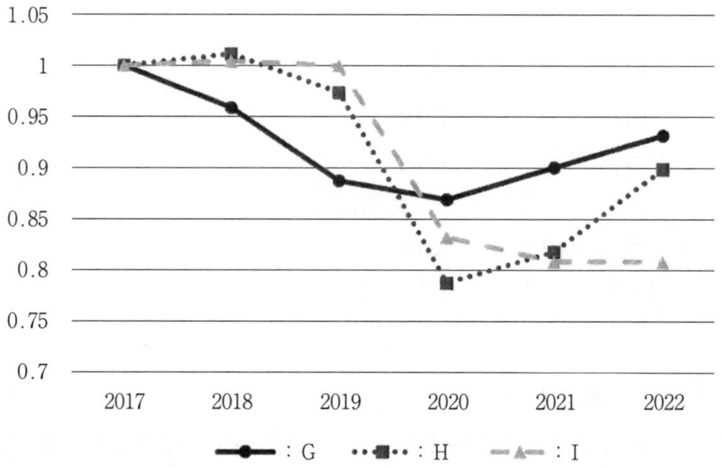

「日本国勢図会 2019/20」,「日本国勢図会 2023/24」により作成。

図９

	X	日本の2017年の生産台数を１としたときの自動車生産台数の推移
ア	アメリカ合衆国	G
イ	アメリカ合衆国	H
ウ	アメリカ合衆国	I
エ	中国	G
オ	中国	H
カ	中国	I

問５　アリスさんは，お父さんから新型コロナウイルス感染症の流行が日本の観光業にも大きな影響をおよぼしたと聞き，３か国(アメリカ合衆国，韓国，中国)からの訪日外国人客数の推移を調べてみました。次の図10はその結果を示したものです。L～Nと，国名の組み合わせとして正しいものを，下のア～カから１つ選び，記号で答えなさい。

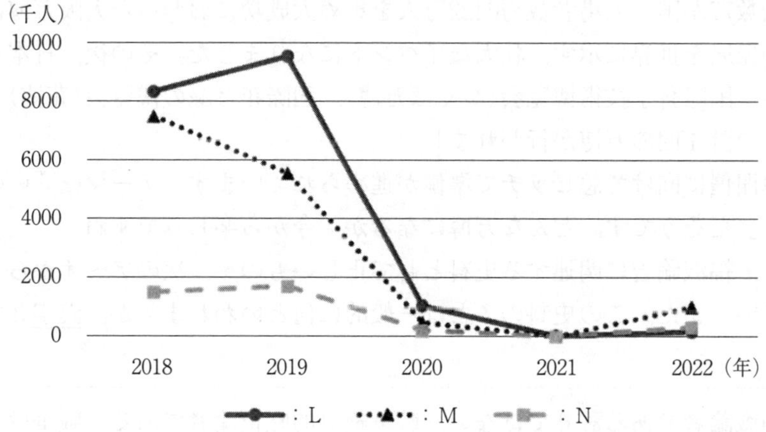

「日本国勢図会 2023/24」により作成。

図10

	L	M	N
ア	アメリカ合衆国	韓国	中国
イ	アメリカ合衆国	中国	韓国
ウ	韓国	アメリカ合衆国	中国
エ	韓国	中国	アメリカ合衆国
オ	中国	アメリカ合衆国	韓国
カ	中国	韓国	アメリカ合衆国

2　次の文章を読んで，あとの問いに答えなさい。

皆さんは，2025年に「大阪・関西万博」が開催されることを知っていますか。「万博」は正式には「国際博覧会」といい，国際博覧会条約という国際条約に基づいて，フランスのパリに本部を置く「国際博覧会事務局(BIE)」が承認した博覧会だけが，「万博」を名乗ることができるそうです。日本では，「愛・地球博」以来20年ぶりに開催される万博です。今日はその歴史について見ていきましょう。

日本と万博との最初の関わりは，1862年，①福沢諭吉らが遣欧使節団として視察した第２回ロンドン万博でした。その時の様子は諭吉の著書『西洋事情』で紹介されています。また，1867年の第２回パリ万博には，第15代将軍徳川慶喜の名代として弟の徳川昭武《あきたけ》が派遣されています。この時は，②幕府以外にも薩摩藩・佐賀藩が出展して，ヨーロッパに③ジャポニズムを流行させる契機になりました。「日本」として初めて公式に参加した1873年ウィーン万博には，欧米を視察中だった岩倉使節団が見学に訪れました。この万博で紹介された「飛び杼《ひ》」は日本にも取り入れられ，綿織物業の発展に大きく寄与しました。

明治以降，日本の近代化が進む中で，1940年に日本で万博を開催しようという動きがありました。実際に入場券が印刷，発売されるところまで準備が進んだのですが，戦争の勃発とともに④1938年に中止が決定され，幻の万博になってしまいました。

戦後になって，⑤高度経済成長の真っただ中だった1970年に日本で最初の万博が⑥大阪で開催されました。参加国数77か国，入場者数約6422万人を集め大成功におわった大阪万博は，経済・文化面での日本の発展を世界に示す，壮大なイベントになりました。その後，日本では，⑦沖縄国際海洋博覧会，国際科学技術博覧会(つくば万博)，国際花と緑の博覧会(花博)，日本国際博覧会(愛知万博)の計４回の万博が行われました。

現在，2025年の万博開催に向けて急ピッチで準備が進められています。テーマは「いのち輝く未来社会のデザイン」だそうです。どんな万博になるか，今から楽しみですね。

問１　下線部①について，福沢諭吉に関連する史料として正しいものを，次のア～オから１つ選び，記号で答えなさい。また，この史料のことは一般的に何といわれますか。漢字３字で答えなさい。

ア．余は日露非開戦論者である許《ばか》りではない，戦争絶対的廃止論者である。戦争は人を殺すことである。爾《そ》うして人を殺すことは大罪悪である。爾《そ》うして大罪悪を犯して個人も国家も永久に利益を収め得やう筈《はず》はない。……

イ．民本主義といふ文字は，日本語としては極《きわ》めて新しい用例である。従来は民主主義といふ語をもって普通に唱へられておったやうだ。しかし民主主義といへば，社会民主党などといふ場合におけるがごとく，「国家の主権は人民にあり」といふ危険な学説と混同されやすい。……

ウ．…太政維新《たいせいいしん》，列藩版図《れっぱんはんと》ヲ奉還《ほうかん》シ…遠ク郡県ノ古《いにしえ》ニ復ス。…凡《およ》ソ天地ノ間，一事一物《いちじいちぶつ》トシテ税アラザルハナシ。…西人《せいじん》之ヲ称シテ血税《けつぜい》ト云フ。其ノ生血《せいけつ》ヲ以テ，国ニ報ズルノ謂《いい》ナリ。…全国四民男児二十歳ニ至ル者ハ，尽《ことごと》ク兵籍ニ編入シ，以テ※1緩急《かんきゅう》ノ用ニ備フベシ。…

※１：緩急ノ用…国家の危機

エ．…左《さ》れば今日の謀《はかりごと》を為すに，我国は隣国の開明を待て共に亜細亜《あじあ》を興《おこ》すの猶予《ゆうよ》ある可《べか》らず。寧《むし》ろ※2其伍《そのご》を脱して西洋の文明国と進退を共にし，其支那朝鮮に接するの法も，隣国なるが故にとて特別の※3会釈《えしゃく》に及ばず，正《まさ》に西洋人が之に接するの風に従て処分す可《べ》きのみ。

※２：其伍…仲間

※３：会釈…おもいやり

オ．臣等伏《ふ》して方今《ほうこん》政権の帰する所を察するに，上，帝室《ていしつ》に在らず，下，人民に在らず，而《しか》も独《ひと》り※4有司《ゆうし》に帰す。…即《すなわ》ち之を振救《しんきゅう》するの道を講求《こうきゅう》するに，唯《ただ》天下の公議を張る在るのみ，天下の公議を張るは，民撰議院《みんせんぎいん》を立つるに在るのみ。

※４：有司…官僚(ここでは政府首脳を指す)

問２　下線部②について，次のア～オは歴代の徳川幕府が実施した政策について説明したものです。これを時代の古い順に並べ替えなさい。

ア．財政不足を補うことを目的とし，大名から１万石につき100石の割合で米を上納させた政策で，代償として，参勤交代の際，大名の在府を半年としました。

イ．ロシアに続き，アメリカ・イギリスなどの外国船との間で相次いで事件が起こったため，幕府は外国船が近づいたら，ただちに攻撃しろという法令を出し，鎖国を守ろうとしました。

ウ．幕府の財政を立て直すため，商人の経済力を利用しようとしたり，長崎での貿易の拡大に努めました。こうして産業は活発になりましたが，一方で，幕府役人との間で賄賂《わいろ》が横行するなどの批判が強まりました。

エ．キリシタンが多い島原や天草で，領主が重税をかけ，信者を厳しく取り締まった結果，約37,000人の農民たちが島原の原城跡《あと》に立てこもりました。幕府は12万人の大軍をさしむけ，この一揆を鎮《しず》めました。

オ．大きな飢饉《ききん》で荒廃した農村の再建をはかるため，江戸に出稼《でかせ》ぎに来ていた農民を強制的に故郷に帰しました。また，物価を引き下げるため，株仲間を解散させましたが，かえって経済が混乱しました。

問3　下線部③について，「ジャポニズム」とは，19世紀に西洋で広がった「日本趣味」の流行と，浮世絵をはじめとする日本美術の技法やアイディアを西洋芸術に取り入れた芸術家たちの運動を指します。以下のア～エは，浮世絵とその浮世絵についての説明です。その内容として誤っているものを，ア～エから2つ選び，記号で答えなさい。

(ア)

(ア)は，葛飾北斎が富士山を各地から眺めた風景を描いた『富嶽《ふがく》三十六景』という浮世絵の1枚です。

(イ)

(イ)は，歌川(安藤)広重が東海道の宿場町の風景や風俗を描いた『東海道五十三次』という浮世絵の1枚です。

(ウ)

(ウ)は，菱川師宣が描いた『見返り美人図』という浮世絵です。振り返った女性のポーズで，流行の髪型や衣装を描いています。

(エ)

(エ)は，狩野永徳が描いた『洛中洛外《らくちゅうらくがい》図屏風《ずびょうぶ》』という浮世絵です。室町時代末の京都内外の名所や市民生活を描いています。

出典：国立文化財機構所蔵品統合検索システム

問4　下線部④について，1938年に制定された，戦争に必要な人や物資を，議会の承認なしに政府が利用できるようにした法律を何といいますか。漢字で答えなさい。

問5　下線部⑤について，高度経済成長期(1955年～1973年)に総理大臣に就いていた人物について説明した文として正しいものを，次のア～オから1つ選び，記号で答えなさい。また，この人物は誰か，漢字で答えなさい。

ア．約5年間の総理大臣在職期間中に行財政改革を推進し，電電公社・専売公社・国鉄の民営化を実施しました。

イ．非自民8党派の連立内閣を樹立し，小選挙区比例代表並立制の導入など政治改革関連4法案を成立させました。

ウ．湾岸戦争に際し巨大な戦費を負担しましたが，国際的な批判を招き，ペルシア湾に自衛隊の掃海《そうかい》部隊を派遣しました。

エ．「日本列島改造」を掲げ総理大臣に就任し，日中国交正常化に成功しましたが，政治資金調達をめぐる疑惑が明るみに出て辞職しました。

オ．日本社会党・自由民主党・新党さきがけの3党連立政権で，日本社会党の委員長(党首)が総理大臣に就任しました。

問6　下線部⑥について，大阪(大坂)で起こった出来事やつくられたものについて説明している文として誤っているものを，次のア～オからすべて選び，記号で答えなさい。

ア．5世紀の中頃につくられた大山《だいせん》古墳(大仙古墳)は，墳丘の全長が486mもある日本最大の古墳です。仁徳天皇の墓と伝えられてきましたが，はっきりとはしていません。

イ．10世紀の中頃，平将門は一族の土地争いが原因で反乱を起こしました。将門は自らを新皇と名乗り，一族のものを独自に畿内の国の国司に任命しました。朝廷は地方の武士の力を借りてこれを鎮《しず》めました。

ウ．織田信長は，各地の一向一揆を指揮し，一向宗の拠点となっていた石山本願寺に立ち退きを求めました。石山本願寺がこれを拒否すると，争いは11年におよびました。

エ．幕府の元役人であった大塩平八郎が，天保の飢饉《ききん》で苦しんでいる人々を救おうと反乱を起こしました。乱は半日で鎮められましたが，幕府が直接治める土地の元役人が反乱を起こしたことで，幕府は動揺しました。

オ．明治政府は輸出を増やすために，フランスの技術を導入して，1872年に生糸をつくる官営模範工場をつくりました。この工場は，士族の娘や女子労働者を育成し，製糸の技術を各地に広める中心的な役割を果たしました。

問7　下線部⑦に関連して，日本の歴史と海について述べた文として，正しいものを，次のア～オからすべて選び，記号で答えなさい。

ア．縄文時代は，釣針・銛《もり》など動物の骨や角でつくられた骨角器で漁業を行っていました。貝塚からは当時の人々が食べた貝の殻が発見されるなど，当時の生活が海と大きく関わっていたことが分かります。

イ．7世紀に始まった遣唐使において，初めは朝鮮半島の東沿いを北上する北路がとられていましたが，8世紀に百済との関係が悪化すると，東シナ海を横断する南島路や南路に変更されました。

ウ．平清盛は，瀬戸内海航路の安全をはかるため，その守護神として厳島神社を保護しました。社殿が海の上の回廊によって結ばれ，その海に浮かぶ姿は世界を代表する景観の一つであり，世界文化遺産に登録されています。

エ．琉球王国の人々は，船で中国・朝鮮・日本などの東アジアや東南アジアに出かけ，朱印船貿易をさかんに行いました。琉球の船は，明銭のほか，東南アジアの香料などをたくさん積んで，堺や博多などの港にやって来ました。

オ．江戸時代には水上交通が発達し，日本海側の米などの産物を津軽海峡を通って江戸に送る東廻り航路と，関門海峡《かいきょう》を通って大阪に送る西廻り航路が整備されました。

3　次の文章を読んで，あとの問いに答えなさい。

2024年７月，日本のお札が変わります。一万円札の肖《しょう》像画は①約500もの企業の設立に関わり実業界で活躍した渋沢栄一に，五千円札は津田塾《つだじゅく》大学を創設し近代的な女子教育に力を尽くした津田梅子に，千円札は破傷風《はしょうふう》の血清療法《けっせいりょうほう》を確立しペスト菌を発見した　A　になります。

この紙幣《へい》の変更は約20年ぶりのことですが，なぜ使い慣れた紙幣のデザインをわざわざ変える必要があるのでしょうか。その一番の目的は，紙幣の偽造を防ぐことです。②日本銀行の調査によると，2020年末の時点で世の中に出回っていた紙幣は，総額で118.3兆円，枚数で178.5億枚になります。これらの紙幣の偽造を防ぐために，定期的に紙幣の変更が行われています。そのため，紙幣に登場させる人物は，なるべく精密な写真や肖像画を手に入れる必要があり，今回の変更では最先端の技術を用いた偽造対策が行われたそうです。紙幣の人物や具体的なデザインは，③財務省，日本銀行，国立印刷局の３者で相談し，最終的には④法律に基づいて⑤財務大臣が決定します。

今回のお札の変更では，男性が２人で女性が１人という男女比は現状から変化していません。1881年(明治14年)に初めて肖《しょう》像入りのお札が登場しますが，実は日本で初めてお札になった人物は，神功《じんぐう》皇后という女性で，古代神話に登場する第14代天皇・仲哀《ちゅうあい》天皇の皇后です。このお札ののち，合計16人の人物がお札に描かれますが，女性が登場したのは樋口一葉のみです。ちなみに，九州・⑥沖縄サミットを記念し，またその年が西暦2000年であることから発行された二千円札は，今回の変更後もデザインが変わらずに使用されます。このお札の裏面には，源氏物語の作者の紫式部が描かれていますが，物語の登場人物の男性２名も描かれているため，二千円札を含めてもお札の男女比は変わりません。⑦男女差別の解消に向けた取り組みが進められている世の中ですから，次の変更ではこの男女比にも変化があるかもしれませんね。

問１　空欄　A　に当てはまる人物名を漢字で答えなさい。

問２　下線部①について，渋沢はその活躍ぶりから「日本の資本主義の父」と言われていますが，資本主義に関する説明として正しいものを，次のア～オからすべて選び，記号で答えなさい。

ア．この考え方に基づいた社会では，競争がなくなります。

イ．この考え方に基づいた社会では，自由な取り引きが行われます。

ウ．この考え方に基づいた社会では，貧富の差がなくなり格差が解消されます。

エ．この考え方に基づいた社会では，土地や生産手段を持つ資本家とそれらを持たない労働者が生まれます。

オ．この考え方に基づいた社会では，計画に基づいて経済が運営されるため，行き過ぎた生産は行われません。

問３　下線部②について，日本銀行の役割についての説明として正しいものを，次のア～エから１つ選び，記号で答えなさい。

ア．日本銀行には「発券銀行」という役割があります。日本銀行で紙幣が作られていますが，貨幣は造幣局で製造されます。日本では，国が保有する金の量以上にお金を刷ることができないため，お金の価値は安定しています。

イ．日本銀行には「銀行の銀行」という役割があります。個人や会社は民間の銀行にお金を預けていますが，民間の銀行は日本銀行に口座を作り預金をしています。私たち個人や会社も日本銀行に口座を作ることができます。

ウ．日本銀行には「政府の銀行」という役割があります。国税などの国の資金を管理したり，国債，外国為替関連の事務を行ったりします。政府のお金を扱う機関であるため，日本銀行における決定の最高責任者は内閣総理大臣です。

エ．日本銀行は，物価や経済の安定という役割を担っています。これを実現するために公開市場操作などの金融政策を通じて，世の中に出回る通貨の量を調整することで金利を変化させています。

問４　下線部③について，財務省は国の財政のかじ取りを担う重要な役所です。近年，日本の財政は国債の大量発行に伴い，財政赤字が拡大してきました。そのような中で，プライマリーバランス(基礎的財政収支)という指標が注目されています。プライマリーバランスとは，国の予算において，歳入全体から国債の発行(借金)による収入を差し引いた金額と，歳出全体から国債費(過去の借金の返済)を差し引いた金額のバランスを見たものです。このプライマリーバランスが赤字となっているということは，その年の国民が支払った税だけでは支出がまかなえていない状態であることを示し，長期的に見れば財政赤字が拡大していくことを意味しています。以下のグラフ１は1990年，2000年，2010年，2020年の一般会計の歳入と歳出を表しています。このグラフを見た上で，下のア～エの年のうち，プライマリーバランスが赤字になるものを，下のア～エからすべて選び，記号で答えなさい。

グラフ１

一般会計　歳入(単位は兆円)

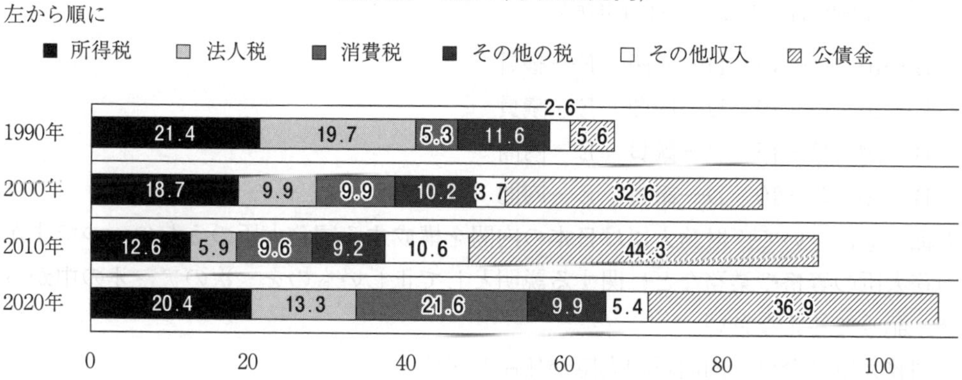

一般会計　歳出（単位は兆円）

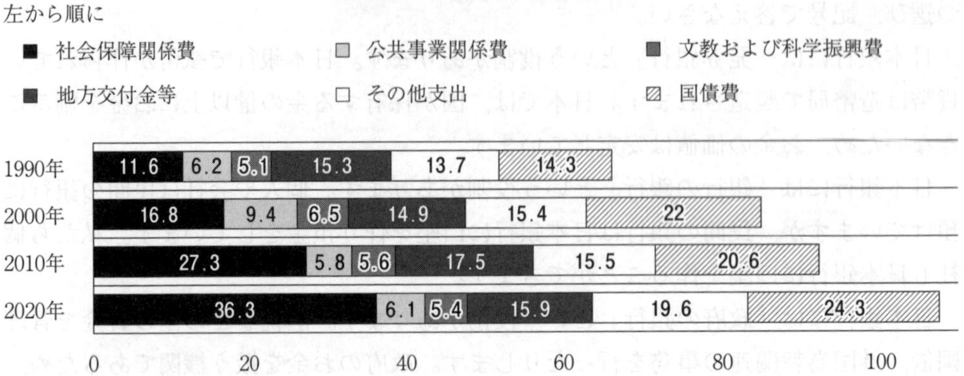

財務省資料により作成。

ア．1990年　　イ．2000年　　ウ．2010年　　エ．2020年

問５　下線部④について，国会における法律案の提出は，内閣が行うものと，国会議員が有志を募《つの》って行うものとに分かれます。国会議員が法律案を提出するための条件は下記の国会法第56条に規定されています。また，以下の表１は2023年の通常国会において提出された法律案の分類です。国会法第56条や日本国憲法に規定された議院内閣制の仕組みを踏まえた上で，以下の［Ｂ］～［Ｅ］に当てはまる数字や語句の組み合わせとして正しいものを，下のア～エから１つ選び，記号で答えなさい。

> 国会法第56条
> 　議員が議案を発議するには，衆議院においては議員［　Ｂ　］人以上，参議院においては議員［　Ｃ　］人以上の賛成を要する。（以下略）

表１

［Ｄ］提出法律案		［Ｅ］提出法律案	
提出件数	成立件数	提出件数	成立件数
60	58	67	13

内閣法制局 Web ページにより作成。

ア．Ｂ―10　Ｃ―15　Ｄ―内閣　Ｅ―議員
イ．Ｂ―20　Ｃ―10　Ｄ―内閣　Ｅ―議員
ウ．Ｂ―10　Ｃ―15　Ｄ―議員　Ｅ―内閣
エ．Ｂ―20　Ｃ―10　Ｄ―議員　Ｅ―内閣

問６　下線部⑤について，財務大臣は日本の内閣を構成する国務大臣のうちの一つですが，日本の国務大臣の資格や業務などに関する説明として正しいものを，次のア～オの中から<u>すべて</u>選び，記号で答えなさい。

ア．国務大臣は全員，内閣総理大臣が任命します。
イ．国務大臣のうち過半数は衆議院議員でなければなりません。
ウ．官房長官や国家公安委員会委員長も国務大臣に当てはまります。
エ．国務大臣は他の大臣との兼任が許されていません。
オ．国務大臣には防衛大臣も含むため，全員が文民である必要はありません。

問７　下線部⑥について，沖縄の戦後復帰と在日米軍基地の現状に関する説明として誤っているものを，次のア～オの中からすべて選び，記号で答えなさい。

ア．サンフランシスコ平和条約を結び日本が独立を果たした以後も，約10年間にわたり沖縄ではアメリカによる統治が続きました。

イ．戦後，沖縄そのものが戦場になったことはありませんが，ベトナム戦争や湾岸戦争では沖縄にいる米軍が戦争に出動しました。

ウ．沖縄にある米軍基地の中でも特に危険と言われている普天間飛行場の移設先が，沖縄県外の東京の横田基地に決まり，工事が始まっています。

エ．沖縄の米軍基地は様々な交渉の結果，縮小が進みましたが，現在においても日本にある米軍基地の約50％が沖縄に集中しています。

オ．沖縄県の住民の中には，沖縄の米軍が日米地位協定で過度に守られていると考え，反感を持っている人たちがいます。

問８　下線部⑦について，男女差別の解消を目指し，男女が互いに人権を尊重しつつ，利益と責任をわかちあう社会の実現を目指す，1999年に制定された法律の名称を解答欄に答えなさい。

4　―Ⅰ　朱子学者の新井白石は，江戸幕府６代将軍家宣・７代将軍家継に仕え，正徳の政治を行いました。長崎貿易を制限したり，貨幣の質をよくして物価の安定に努めるなどの政策を実施しましたが，その中で，白石は以下のような政策も実施しました。これは，どのような意図を持って行われたのでしょうか。資料１を参考にして説明しなさい。

＜新井白石が行った政策＞

当時，天皇家は財政難だったため，※宮家は伏見《ふしみ》宮《のみや》・有栖川《ありすがわ》宮《のみや》・桂《かつら》宮《のみや》の３家しかなく，皇子・皇女の多くは出家するしかなかった。1710年，幕府が費用を献上して新たに閑院《かんいん》宮《のみや》家《け》を創立した。また，幼くして将軍に就任した家継《いえつぐ》と皇女八十宮《やそのみや》の婚礼を1715年に発表した。このとき，将軍家継は満５歳，皇女は２歳であった。

※皇族男子が独立して生計を立てる際に天皇によって与えられる称号のこと。

資料１

歴代の征夷大将軍		将軍就任時の年齢	就任年	将軍在任期間
初代	徳川家康《いえやす》	61歳	1603年	約２年
２代	徳川秀忠《ひでただ》	26歳	1605年	約18年
３代	徳川家光《いえみつ》	19歳	1623年	約28年
４代	徳川家綱《いえつな》	10歳	1651年	約29年
５代	徳川綱吉《つなよし》	34歳	1680年	約28年
６代	徳川家宣《いえのぶ》	47歳	1709年	約３年
７代	徳川家継《いえつぐ》	３歳	1713年	約３年

4　―Ⅱ　「相続税」とはどのような税か知っていますか。親などが亡くなりお金や土地といった財産を受け継いだ(相続した)場合に，その受け取った財産にかかる税，ということは知っている人が多いのではないでしょうか。ただ，あまり身近な税ではないため詳しく知っている人は少ないかもしれません。

この税が日本で始まったのは明治38年(1905年)のことです。日露戦争が勃発し，日本の軍事費が膨《ぼう》大になり，必要に迫られた政府が遺産に目を付け，相続税という制度を導入しました。当時，相続するのは家を継ぐ長男だけでしたが，現代では長男だけでなく配偶者や長男以外の子どもなども含みます。よって相続税を支払うのは，相続した財産を受け取ったすべての人となります。ただ，本当にすべての人が相続税を払わなければいけないというわけではなく，相続する金額の全体が【3000万円＋(600万円×相続人の数)】に収まる場合は課税の対象とはなりません。言い換えれば，財産の少ない家の相続の場合では相続税を払う必要がないということです。また，相続税には累進課税制度が組み込まれており，相続する金額が多くなればなるほど，かかる税率が高くなる仕組みとなっています。以下が相続税の計算方法の仕組みとなります。

●相続税の計算方法(相続する人が１名で，相続する財産が１億円の場合)

相続する財産－{3,000万円＋(600万円×相続人の数)}＝課税対象額

１億円－{3,000万円＋(600万円×１人)}＝6,400万円

課税対象額×該当する相続税率(今回は30％)＝相続税額

6,400万円×30％＝1,920万円

※控除など細かい計算は省略しています

問１　財産を相続する２人の人(ＡさんとＢさん)がいると仮定します。Ａさんは１億円の財産を，Ｂさんは3,000万円の財産を，それぞれ１人で相続します。上記の文章，および「相続税の計算方法」を踏まえて相続したとすると，相続税がないときと比べた場合，２人が相続する額の差はどのようになりますか。具体的に数字を用いながら，解答欄の言葉に合うように答えなさい。

問２　戦争による必要から始まった相続税ですが，この税には「政府の税収増加」ということ以上に社会的に大きな意味があると言われています。上記の文章と問１の計算の結果を踏まえた上で，相続税があることによる社会における利点を「固定」という言葉を必ず用いて説明しなさい。

【理　科】〈第２回入試〉（30分）〈満点：50点〉

〈編集部注：実物の入試問題では，図や写真はほとんどがカラー印刷です。〉

1　次の文章を読み，以下の問いに答えなさい。

理花さんは，振《ふ》り子の１往復の時間がおもりの重さ，糸の長さ，および振れ幅《はば》とどのような関係にあるのかを調べました。ただし，以下の問いにおいて，摩擦《まさつ》とおもりにはたらく空気抵抗《ていこう》は無視できるものとします。

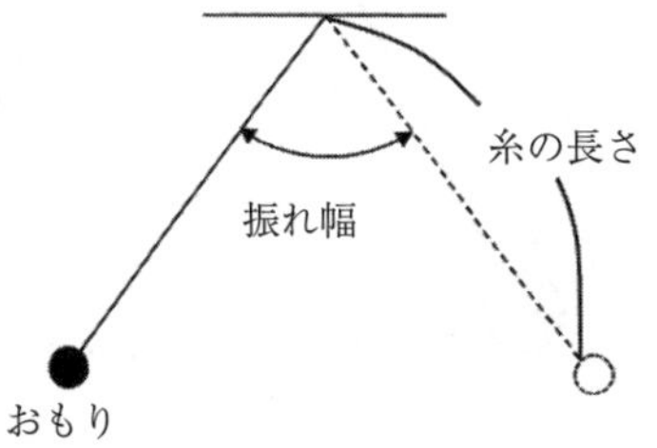

図１

【実験１】　図１のように，軽くて丈夫《じょうぶ》な糸の一端《いったん》を天井《てんじょう》に固定し，他端におもりをつなげて振り子を作り，振り子が１往復する時間(以下，「周期」といいます)とおもりの重さ，振れ幅，および糸の長さとの関係を調べる実験を行い，その結果を表１にまとめた。

表１

振り子	①	②	③	④	⑤	⑥	⑦	⑧	⑨	⑩
おもりの重さ［g］	10	10	20	20	20	20	30	30	40	40
糸の長さ［cm］	16	16	16	25	25	50	50	50	64	100
振れ幅［度］	6	12	12	6	12	12	6	12	6	12
周期［秒］	0.8	0.8	0.8	1.0	1.0	X	1.4	1.4	1.6	2.0

問１　表中の X に入る数値を答えなさい。ただし，割り切れない場合は，小数第２位を四捨五入し小数第１位で答えなさい。

問２　この実験結果から，振り子の運動について分析《ぶんせき》した説明文として，実験結果と合うものを，次のア～オから**２つ選び**，記号で答えなさい。

ア．おもりの重さと糸の長さが同じであれば，振れ幅が大きくなるほど，周期は長くなる。

イ．おもりの重さと振れ幅が同じであれば，糸の長さが長くなるほど，周期は長くなる。

ウ．糸の長さと振れ幅が同じであれば，おもりの重さが大きくなるほど，周期は短くなる。

エ．おもりの重さや振れ幅に関係なく，周期が２倍になるのは，糸の長さが４倍になったときである。

オ．糸の長さや振れ幅に関係なく，周期が２倍になるのは，おもりの重さが４倍になったときである。

次に，理花さんは【実験１】と同じ糸と周期の異なる２つの振り子を用意し，【実験１】の結果をふまえて，振り子どうしが衝突《しょうとつ》するまでの時間を予想しました。

【実験２】　糸の長さが200cmでおもりの重さが10ｇの振り子１と，糸の長さが256cmでおもりの重さが40ｇの振り子２を用意した。図２のように，振り子１と振り子２の糸の上端を天井に固定する場所を調節して，同じＢ点から振り子１と振り子２のおもりを同時に放した。

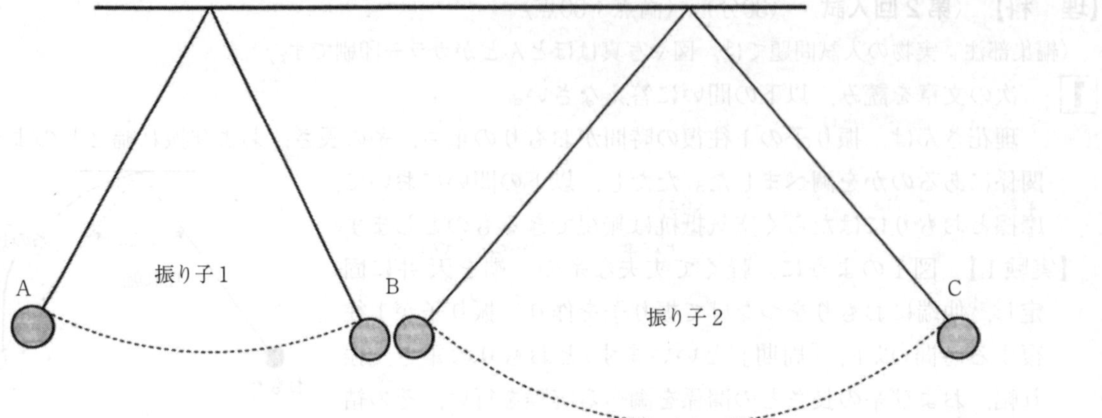

図２

問３　問２の分析が正しいものとして，振り子１を単独で運動させたときの，その周期は何秒か答えなさい。ただし，割り切れない場合は，小数第２位を四捨五入し小数第１位まで答えなさい。

問４　その後，再びＢ点で振り子１と振り子２は衝突しました。それはＢ点で放してから，振り子１の何往復目で衝突するか答えなさい。

一方，広尾さんは斜面《しゃめん》上を転がる小球と，円筒《えんとう》面上を転がる小球の運動を調べました。

【実験３】図３のように，斜面と水平面，および円筒面がＥとＦでなめらかにつながった装置を用い，斜面上のＤから小球を転がし，小球がＥを通過してからＦに達するまでの時間，小球がＦを通過して円筒面上の最高点に達してから再びＦに戻《もど》ってくるまでの時間，および小球の円筒面上での最高点の高さをそれぞれ調べた。

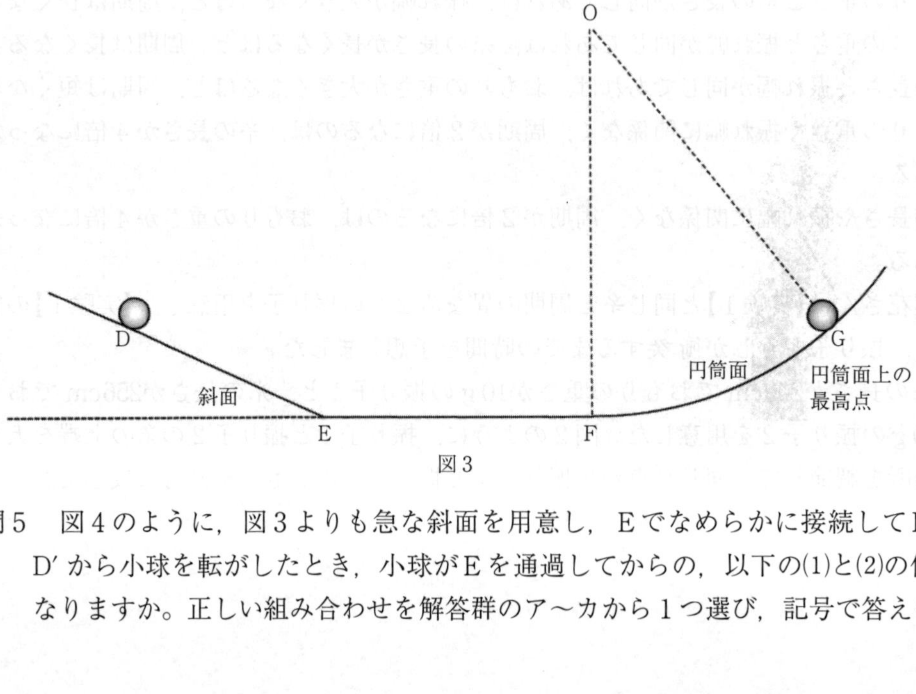

図３

問５　図４のように，図３よりも急な斜面を用意し，Ｅでなめらかに接続してＤと同じ高さのＤ′から小球を転がしたとき，小球がＥを通過してからの，以下の⑴と⑵の値はどのようになりますか。正しい組み合わせを解答群のア～カから１つ選び，記号で答えなさい。

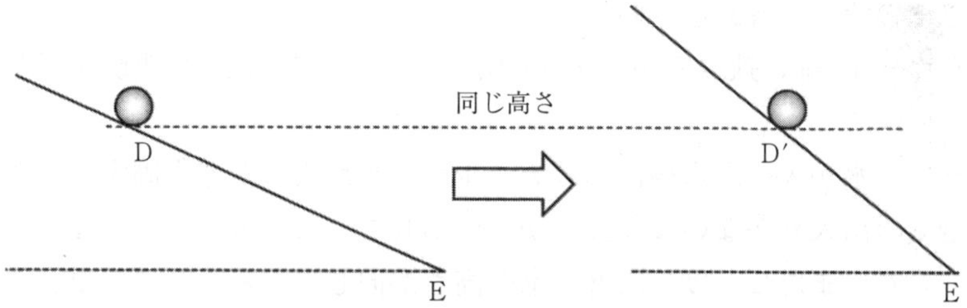

図4

(1)　小球がEを通過した直後の速さ

(2)　小球がFを通過したあと上る円筒面上の最高点の高さ

＜解答群＞

	(1)	(2)		(1)	(2)
ア	速くなった	高くなった	エ	変わらなかった	高くなった
イ	速くなった	変わらなかった	オ	変わらなかった	変わらなかった
ウ	速くなった	低くなった	カ	変わらなかった	低くなった

その後，図5のように小球の初めの高さを変えたり，小球の重さを変えたりして同様の実験を行いました。

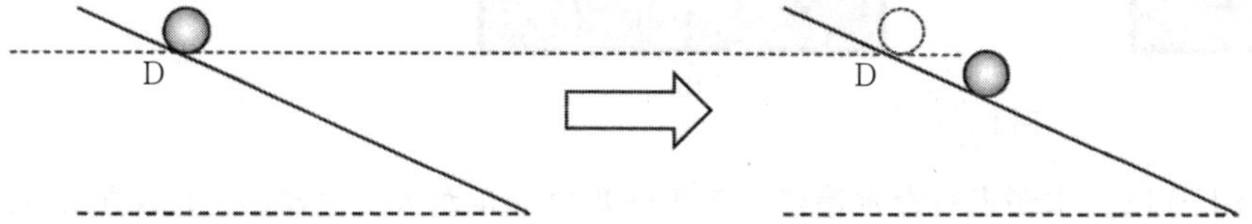

図5

この実験を通して，広尾さんは「小球がFを通過してから円筒面を往復して再びFに戻《もど》ってくるまでの時間は常に等しい」ことを発見し，それを理花さんに報告するために公園で待ち合わせました。

広尾さん　理花さんお待たせ。円筒面上での小球の運動を調べたけど，理花さんの調べていた振り子の運動とそっくりだったよ。

理花さん　色々と条件を変えても，往復の時間が変わらないってことでしょ？

広尾さん　そう。小球の初めの高さを変えても，往復時間が変わらなかったのは意外だった。

理花さん　私の実験も，ガリレオの「振り子の等時性」が確認できたみたいで嬉しかった。そこで広尾さんに提案があるの。あそこにある2つのブランコに，それぞれ私と広尾さんが乗って振り子の往復時間を調べてみようよ。私の予想だと，ブランコの長さが2つとも同じだから，きっと往復時間も同じになるはず。

広尾さん　え？　ぼくの方が理花さんより身長も体重も大きいけど？

理花さん　「振り子の等時性」に基づいて考えれば，一緒《いっしょ》になるはずよ。

しかし，結果は理花さんの予想を裏切るものであり，何回か往復運動を続けている間に，2人のブランコの周期が異なるものであることがハッキリしてきました。

理花さん　あれ？　広尾さんのブランコの方が，絶対に往復時間が(　Y　)いよ。何でだろう。

問6　会話文の(Y)に入る言葉を，「長」，「短」から選んで解答欄《らん》に記入し，また，そのようになった理由を答えなさい。

2　次の文章を読み，以下の問いに答えなさい。

広尾さんはスチールウール(細い鉄線のかたまり)の反応について，以下の実験を通してそのしくみを考えました。

【実験1】　図1(a)のように，水が入った水槽《すいそう》に，スチールウールが入った器を固定し，さらにビーカーを逆さにして空気の出入りがないように上からかぶせた。ビーカーの中には十分な酸素を含《ふく》んだ空気を入れており，またビーカー内外で水の高さが同じになるようにした。このときのビーカー内の気体部分の高さは10cmだった。ビーカーの位置を固定したままスチールウールに着火させ，すべて燃やしてからしばらく放置すると，ビーカーの中の水面が高くなった。その後，①図1(b)のように水槽に水をたして，ビーカー内外で水の高さが同じになるようにしてからビーカー内の気体部分の高さを測ると6cmであった。

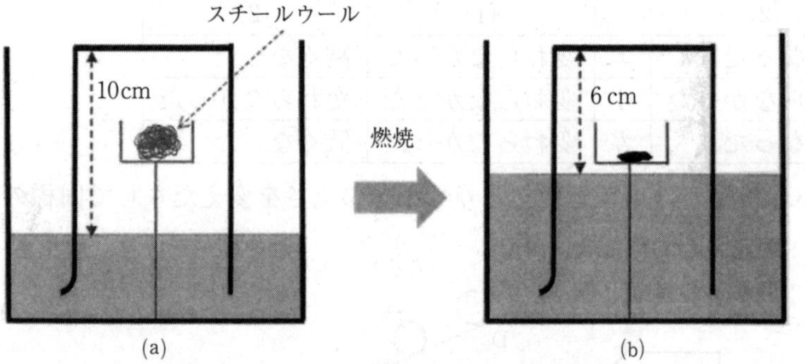

図1

【実験2】　図2(a)のように，水が入った水槽に，スチールウールが入った器の上に塩酸が入った小さい容器をおき，さらにビーカーを逆さにして空気の出入りがないように上からかぶせた。ビーカー内外で水の高さが同じになるようにしてしばらく静置したところ，ビーカー内の気体部分の高さは10cmだった。その後，小さい容器を倒《たお》してスチールウールに塩酸を加えたところ②気体が発生した。図2(b)のように，水槽の水を減らしてビーカー内外で水の高さが同じになるようにしてから，その後ビーカー内の気体部分の高さを測った。いろいろな量の塩酸やスチールウールで実験をした結果を表1に示した。なお，塩酸は同じ濃度《のうど》のものを使用した。

表1

塩酸の体積[mL]	9	18	【 A 】	36	45
スチールウールの重さ[g]	8.04	16.4	27.5	16.4	16.4
気体部分の高さ[cm]	14.5	【 B 】	23.5	25	25

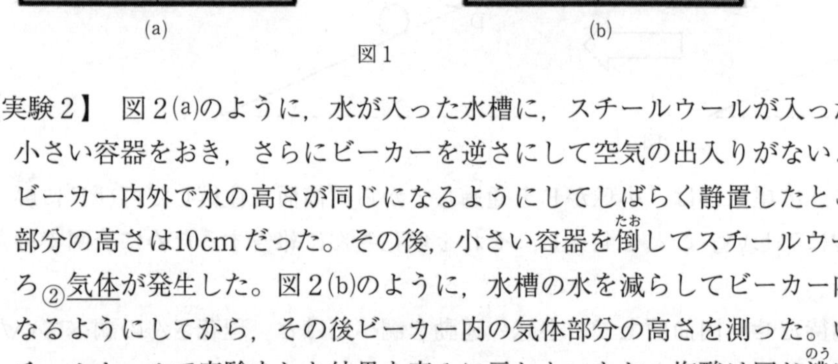

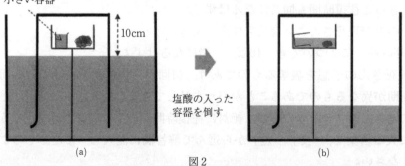

図2

問１　【実験１】で，水面が上がった理由として，適切なものを次のア～カから１つ選び，記号で答えなさい。

ア．酸素が水にとけた。

イ．窒素《ちっそ》が水にとけた。

ウ．燃えたスチールウールが気体に変化した。

エ．燃えたスチールウールが液体に変化した。

オ．スチールウールが酸素と反応した。

カ．スチールウールが窒素と反応した。

問２　下線部①の操作を行った理由を説明しなさい。

問３　【実験１】で，スチールウールの質量を半分にして同じ操作をした場合，ビーカー内の気体部分は何cmになるか答えなさい。ただし，割り切れない場合は，小数第１位を四捨五入し整数で答えなさい。

問４　【実験２】の下線部②の気体について述べているものとして，適切なものを次のア～クから**２つ選び**，記号で答えなさい。

ア．空気中に最も多く含まれている気体である。

イ．スチールウールに水酸化ナトリウム水溶液を反応させても，発生する気体である。

ウ．地球温暖化の原因とされている気体である。

エ．下方置換《ちかん》法で集めることができる気体である。

オ．物質の中で最も密度が小さい気体である。

カ．石灰水を白くにごらせる気体である。

キ．助燃性のある気体である。

ク．無色無臭《むしゅう》の気体である。

問５　【実験２】の表１【A】と【B】に入る数値を答えなさい。ただし，答えが割り切れない場合は，小数第１位を四捨五入して整数で答えなさい。また，加えた塩酸の体積による気体部分の高さへの影響《えいきょう》はないものとします。さらに，スチールウールはどの場合も十分に塩酸と接触《せっしょく》したものとします。

3　広尾さんとお父さんの会話文を読み，以下の問いに答えなさい。

広尾さん　①渡《わた》り鳥は毎年同じ季節に同じ場所にやってくるよね。ツバメを見たら春がきたと思うし，ハクチョウを見たら冬がきたと思うよ。

お父さん　そうだね。渡り鳥は南北移動をしているんだ。北半球で考えると，春と夏では北へ移動して子育てし，秋と冬では暖かい南に移動して過ごすんだよ。だから，それぞれ②『夏鳥』と『冬鳥』というんだ。

広尾さん　すごく遠くまで渡っていくには，危険もあるんじゃないの？　どうして同じ場所で生活できる鳥と，そうじゃない鳥がいるの？

お父さん　渡る一番の理由はエサを確保するためだと考えられているよ。同じ場所で生活できる鳥と渡る鳥の違《ちが》いは何だろう。どうして渡る必要があるか考えてみよう。

広尾さん　③同じ場所で暮らしている鳥は（　Ⅰ　）けど，渡る鳥は（　Ⅱ　）から他の場所に移動する必要があるんだと思うよ。

お父さん　その通りだね。じゃあ，次にどうやって同じ場所に帰ってこられるか考えてみよう。

広尾さん　なんでだろう。難しいな。

お父さん　渡り鳥の中には，毎年同じ木に帰ってくるくらい，正確に飛ぶことができる鳥もいるんだ。鳥は何段階かに分けて方角と位置を知る方法を持っているんだ。まず，④大まかに南北へ向かいたいときは太陽や（　Ｘ　）の位置から方角を把握《はあく》するんだ。また，風の影響を受けたりしながら，目的地に近づくと地形の記憶《きおく》に頼《たよ》ったり，目で確認したり，においや仲間の鳴き声を頼りにしながら正確に位置を把握していくんだ。あとは，迷子にならないように，⑤群れで飛来する鳥も多いんだよ。

広尾さん　すごいね。感覚をたくさん使って正確に位置を把握できるなんて，鳥は賢《かしこ》いんだね。

お父さん　そうだね。移動距離《きょり》も長いから，飲まず食わずで何日も飛び続ける鳥もいるんだ。ただ，渡り鳥の生態はまだわかっていないことも多いんだ。本格的な調査が今も進められているんだよ。

問１　下線部①について，渡りをする鳥として適切なものを次のア～オから１つ選び，記号で答えなさい。

ア．ガン　　イ．キツツキ　　ウ．ハト　　エ．ウグイス　　オ．キジ

問２　下線部②について，日本に飛来する多くの夏鳥と冬鳥の繁殖《はんしょく》地として，一般《いっぱん》的な場所を図１のＡ～Ｆから１つずつ選び，記号で答えなさい。

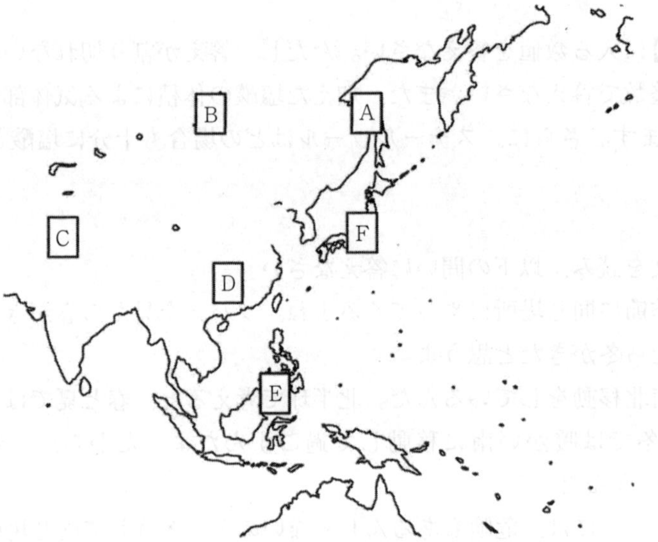

図１

問３　お父さんの「同じ場所で生活できる鳥と渡る鳥の違いは何だろう。どうして渡る必要があるか考えてみよう。」という問いに対して，下線部③の広尾さんのセリフが正しい説明になるように，（Ⅰ）と（Ⅱ）に当てはまる文を答えなさい。

問4　下線部④について，鳥は太陽の位置を確認することで，方向がわかる能力を持っています。その能力を確かめるために，渡りを行う鳥であるホシムクドリを鳥かごの中で飼育し，その様子を観察しました。このホシムクドリは春の一定期間には，太陽が出ているどの時間帯でも渡りの方向である北西の方向を向いてバタバタと羽を動かす動き(飛行衝動《しょうどう》)を見せることがわかっています。次の【実験】を読み，以下の問いに答えなさい。

【実験】　ある春の決まった時間に，ホシムクドリが太陽の位置を感知して一定方向に向かって飛行衝動を行うかどうかを調べるため，実験を行った。鳥かごの中に1羽のホシムクドリを入れ，毎日午前9時にホシムクドリが円柱状の鳥かごの中でどの方角を向いて羽をバタバタさせるか観察した。鳥かごは60°おきに6か所の窓がついていて太陽光が入ってくる。その様子を図2に示した。また，黒丸はその観察時間内にホシムクドリがその方向を向いた回数を表している。次に，窓に鏡を取り付けて太陽光の方向を変えたときのホシムクドリの向く方向を調べた。鏡の位置を変えて，ホシムクドリに当たる光線の向きが2通りになるように工夫した。その結果を，図3と図4に示した。図中の細いオレンジ色の矢印は太陽光の向き，太い黒い矢印は黒丸の示す向きの平均的な方向を表す。

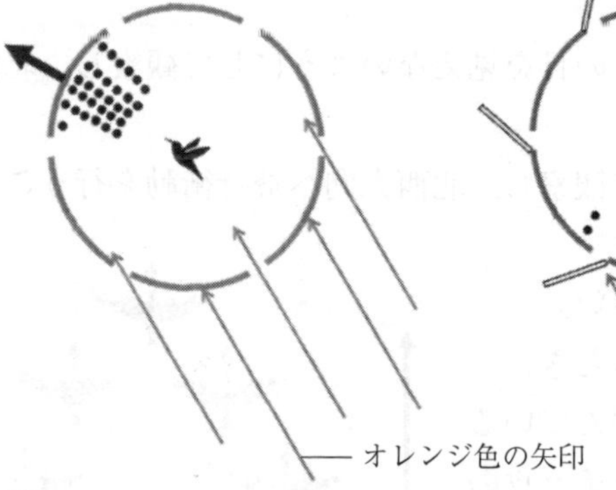

図2

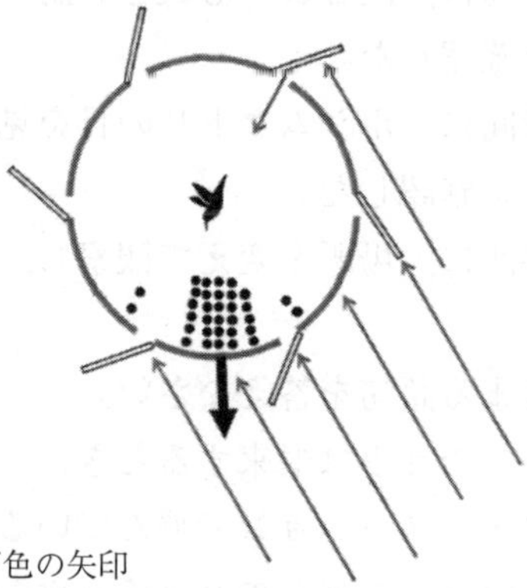

図3

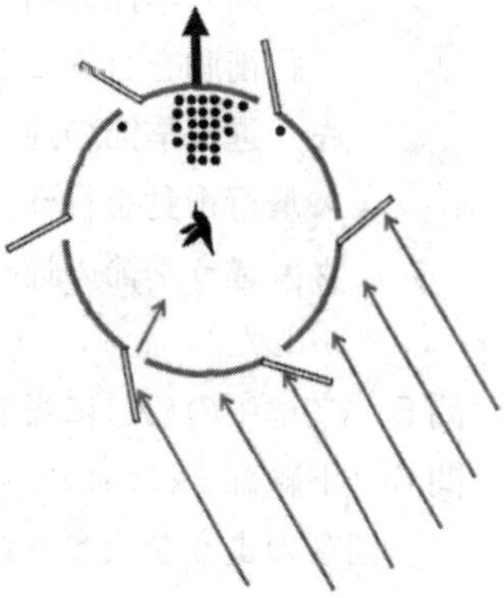

図4

(1)　【実験】からわかるホシムクドリの飛行衝動について，最も適当なものを次のア～キから1つ選び，記号で答えなさい。

ア．9時になると，必ず北西の向きに飛行衝動を行う。

イ．太陽の入射光の方向を向いて飛行衝動を行う。

ウ．太陽の入射光の方向と反対側の方向を向いて飛行衝動を行う。

エ．太陽の入射光の方向に対して，時計回りに30°の方向を向いて飛行衝動を行う。

オ．太陽の入射光の方向に対して，反時計回りに30°の方向を向いて飛行衝動を行う。

カ．太陽の入射光の方向に対して，時計回りに60°の方向を向いて飛行衝動を行う。

キ．太陽の入射光の方向に対して，反時計回りに60°の向きに飛行衝動を行う。

(2) 今回の【実験】の他に，どのような観察をして，どのような結果が得られれば，ホシムクドリが太陽の位置を確認し春に北西方向へ飛行衝動をしていると証明できるか，正しく説明しているものを次のア～クから**3つ選び**，記号で答えなさい。ただし，使用した鳥かごは図２と同じものを基本として使用します。

ア．違う季節の同じ時間に鳥かごを観察すると，飛行衝動を行わないか北西とは違う方向へ飛行衝動を行うことを確認した。

イ．違う季節の違う時間に鳥かごを観察すると，飛行衝動を行わないか北西とは違う方向へ飛行衝動を行うことを確認した。

ウ．同じ季節の違う時間に鳥かごを観察すると，飛行衝動を行わないか北西とは違う方向へ飛行衝動を行うことを確認した。

エ．同じ季節の同じ時間に，複数のホシムクドリをそれぞれ１羽ずつ鳥かごに入れ観察すると，ほとんどのホシムクドリが北西方向へ飛行衝動を行うことを確認した。

オ．同じ季節の同じ時間に，太陽の光が当たらないよう窓をふさいだ鳥かごを使って観察すると，飛行衝動を行わないことを確認した。

カ．同じ季節の同じ時間に，図２よりも大きい鳥かごを使って観察すると，北西方向へ飛行衝動を行うことを確認した。

キ．違う季節の違う時間に，ホシムクドリの目を見えないようにして観察し，北西方向へ飛行衝動を行うことを確認した。

ク．違う季節の違う時間に，場所を変えて観察し，北西方向へ飛行衝動を行うことを確認した。

問５　文章中の(Ｘ)に当てはまる語句を答えなさい。

問６　下線部⑤について，ハクチョウは飛来するときに，図５のような決まったフォーメーションで飛んでいることがわかっています。では，なぜどのハクチョウの群れもそのフォーメーションを取るのか，その理由を説明しなさい。ただし，図５の黒い矢印は，進む方向を示しています。

図５

4　次の文章を読み，以下の問いに答えなさい。

広尾さんは理科の授業で，先生から図１のような星座早《はや》見《み》盤《ばん》をもらいました。授業の中で早見盤の使い方を聞き，図２のようにメモを取りました。広尾さんはこの星座早見盤を使って，色々な星座を観察しました。

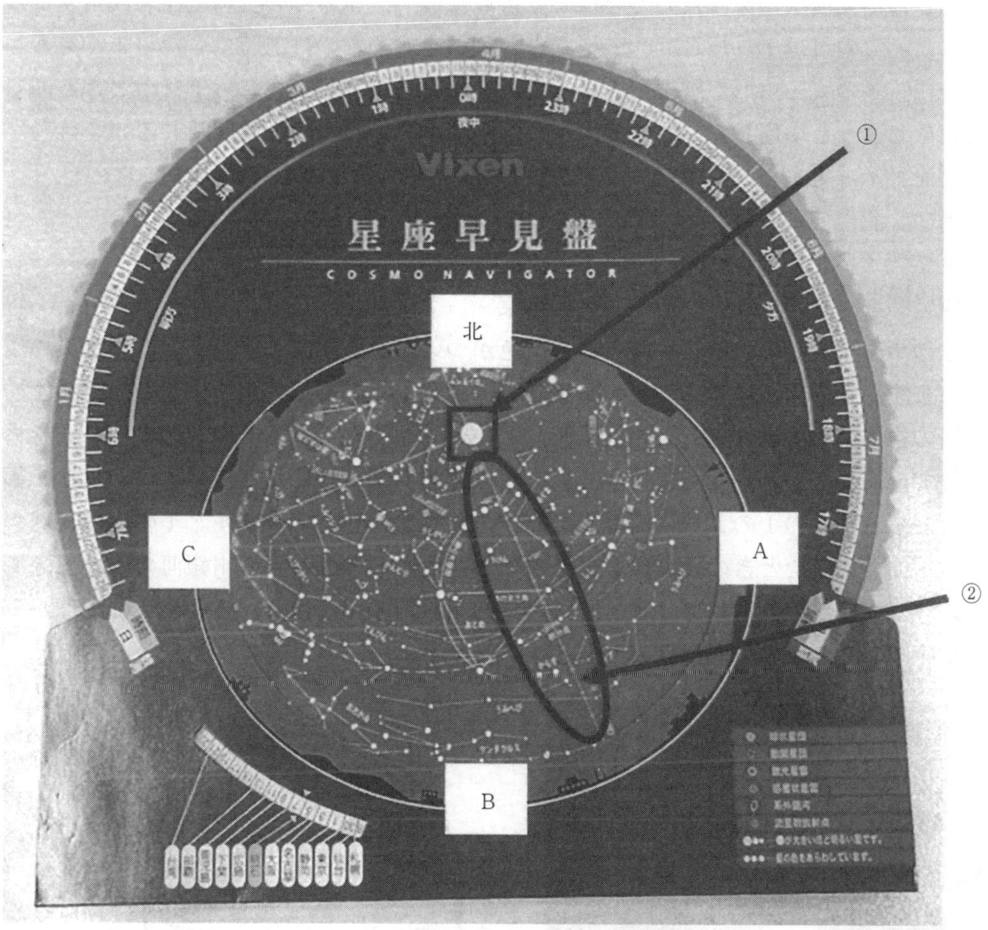

図１

参考：株式会社ビクセン星座早見盤

授業メモ　2024年１月12日　広尾　太郎

○星座早見盤の使い方

1．円盤から日付を探す。

2．上の円盤から時刻を探す。

3．見つけた日付と時刻が合うように回す。

4．自分が向いている方角が書いてある側を手前に持ち，そのまま星空を観察する。

図２

問１　図１の①の星は何か答えなさい。

問２　西の空を観察したいとき，図１のＡ～Ｃのどこを手前にして観察すればよいか答えなさい。

問３　図１の星座早見盤の，②の目盛りは何を表しているものか説明しなさい。

問４　広尾さんは星座早見盤の使い方を授業で習ったので，その日の夜に星座を観察することにしました。この日は１月13日で，広尾さんが観察を始めたのは20時でした。よく見ると南東の方角に，冬の大三角形が観察できました。２か月後の３月13日に，１月のときと同じ20時に観察をしようと準備していたのですが，雨が降っていたため２時間晴れるのを待ち，22時に観察を始めました。このとき冬の大三角形はどの方角に観察できたか，次のア～クから１つ選び，記号で答えなさい。

ア．東　　イ．北東　　ウ．北　　エ．北西

オ．西　　カ．南西　　キ．南　　ク．南東

問５　図１の星座早見盤の中に，星座とは違う色がついた場所がありました。これは天の川を表しています。天の川とは多くの星の集まりで，地球や太陽も天の川の一部といえます。この天の川の中の星の集まりを「天の川銀河」といい，遠くから見ると図３のような渦《うず》を巻いた形をしていることがわかっています。天の川は幅のある帯状になっていますが，その幅の中央をたどると図４のＩのように天球を１周するように存在しています。Ｉの円は，球の中心を通る平面で切ったときの切り口を表しています。図３のＸが天の川銀河の中心部分で，太陽と地球は大体Ｙの位置にあります。この天の川銀河の中心は，図５のように地球から見るといて座やさそり座の方向に観察できます。

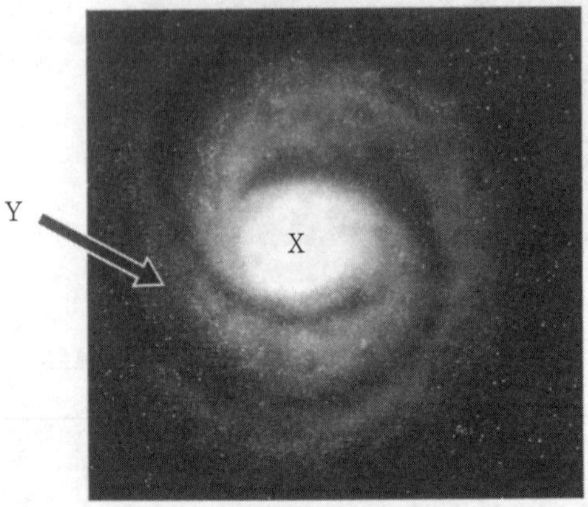

図３

参考：国立天文台 Mitaka アプリ

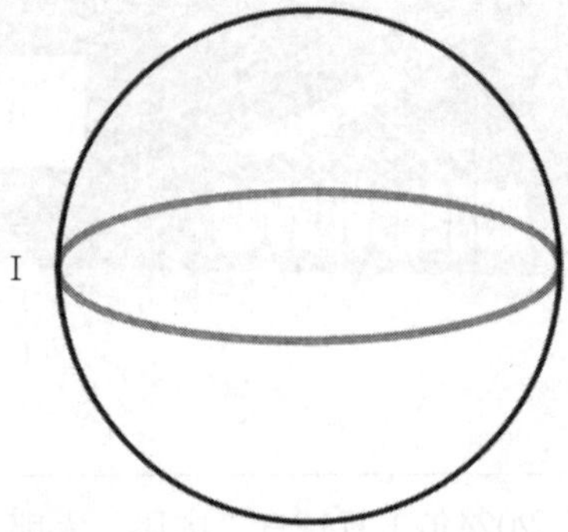

図４

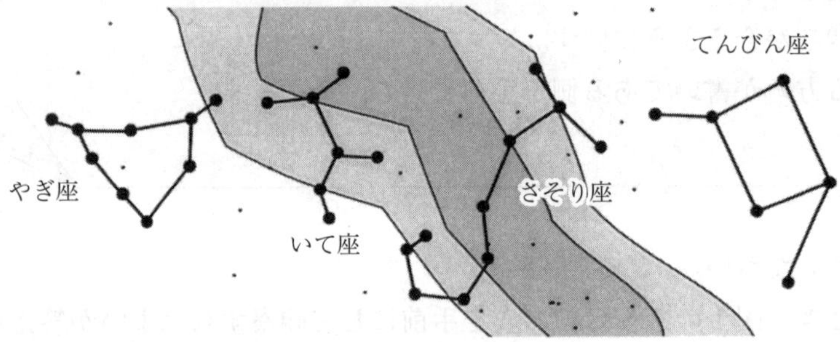

図５

(1)　太陽と地球の位置がもし図３のＸの位置にあった場合，天の川銀河はどのような見え方をするか，次の文が正しくなる組み合わせを，次のア～クから１つ選び，記号で答えなさい。

天の川は図４のＩに沿って，（ ① ）の範囲《はんい》で存在し，その明るさは円周上で（　②　）。

	(①)	(②)
ア	360°	どの方向でも同じである
イ	360°	方向によって偏《かたよ》っている
ウ	180°	どの方向でも同じである
エ	180°	方向によって偏っている
オ	90°	どの方向でも同じである
カ	90°	方向によって偏っている
キ	90° 未満	どの方向でも同じである
ク	90° 未満	方向によって偏っている

(2)　実際の地球の公転軌道《きどう》面と天の川の関係は，天球上で次のア～エのどれに最も近いか図５を参考にして答えなさい。

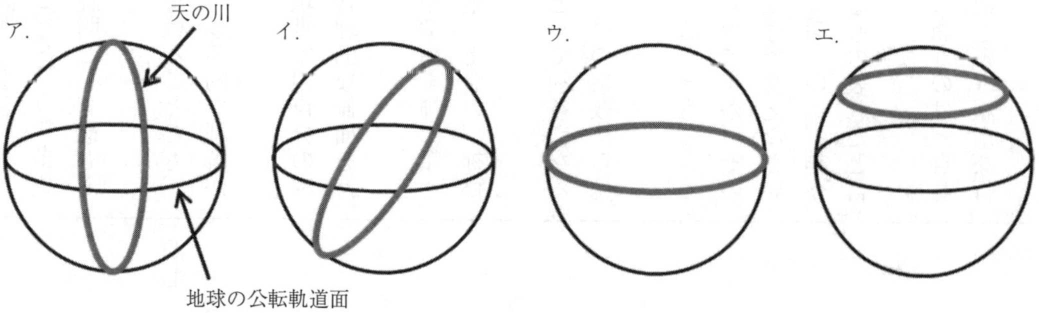

か。――線②より前から十字で抜き出しなさい。

問四　――線③「似た話」とありますが、どういうことですか。本文中の例に触れつつ、七十五字以上、百字以内で説明しなさい。

問五　――線④「『祈り』というのはそう単純なものではありません」とありますが、どういうことですか。その説明として最もふさわしいものを次から選び、記号で答えなさい。

ア　祈りとは神に頼ることでも、困難から目を背けることでも、自身の利益や幸福を願うためのものでもなく、多角的な理解が求められるものであるということ。

イ　祈りとは辛い現実を忘れるための行為や、現世での自分の利益や幸福を願う行為だとは割り切れない、非合理的な側面を持つものであるということ。

ウ　祈りとは、本来自分で手に入れるべき利益や幸福を神に頼って手に入れようとする依存的な態度だとは断定しえない、神秘的で深淵なものであるということ。

エ　祈りとはフィクションを通して何か自分にとって利益になることを要求するものであるという考え方は、一つの宗教から見た捉え方に過ぎないということ。

問六　――線⑤「神に対する信頼の『表現』だと解することもできるかもしれません」とありますが、なぜそう言えるのですか。その説明として最もふさわしいものを次から選び、記号で答えなさい。

ア　「神さまの御心の通りになりますように」と願うのは、神への信頼を示すことでその恩恵を授かろうとする心の表れだと言えるから。

イ　「神さまの御心の通りになりますように」と願うのは、自身の幸福を求めているわけではなく、他者の幸福を願う謙虚な行為だから。

ウ　「神さまの御心の通りになりますように」と願うのは、神が定めたことに自分は従うという姿勢を表明したものだと言えるから。

エ　「神さまの御心の通りになりますように」と願うのは、神を信頼して任せることで、定められた運命を変えようとする行為だから。

問七　本文の論の進め方についての説明として最もふさわしいものを次から選び、記号で答えなさい。

ア　『悪魔の辞典』を引用することによって自分の考えとは異なることを述べた上で、多様な宗教のあり方を例示し、一般的な宗教のイメージを覆《くつがえ》した結論を述べている。

イ　『悪魔の辞典』を引用することによって宗教の一般的なイメージを示した上で、それとは異なる宗教のあり方を例示し、慎重な姿勢で宗教についての見解を示している。

ウ　『悪魔の辞典』を引用することによってそれと合致する自身の宗教のイメージを示した上で、そのあり方を例示し、宗教の多様性について明確な断言を避けた形で言及している。

エ　『悪魔の辞典』を引用することによって一般的なイメージとは異なる宗教のイメージを示した上で、そのあり方を例示し、一つのイメージで物事を断定することを批判している。

避する」という弱い態度である、といった印象をもっていらっしゃる方も少なくないかもしれません。しかし、④「祈り」というのはそう単純なものではありません。

「祈り」というのは人間に特有な行為であり、各宗教文化によっても多様な理解がなされています。同じ宗教でも、場面によってさまざまに捉えられたり実践されたりするものです。日本語でも、祈禱《きとう》・念禱・観想・止観・念仏・唱題・鎮魂《ちんこん》など、呼び方や形態はさまざまです。キリスト教文化においても、祈りは単なる「願い事」ではありません。確かに「願い求める」祈りもありますが、「感謝」の祈りもあります。また「賛美」の祈りもありますし、「悔《く》い改め」の祈りや「とりなし」の祈りもあり、ときには「嘆き」の祈りもあります。これまで宗教学者のあいだでも、この「祈り」という人間ならではの行為についてはさまざまな角度から研究されてきました。

〈中略〉

キリスト教では、例えば「食事の前の祈り」でも、それは第一には食べ物が与えられたことについての「感謝」の表明です。まずはその食事について神に「感謝」をして、そのうえで、自分がそれを食べることによって、今日も明日も神の御心にかなう仕事や、人々を助ける仕事ができますように、と付け加えられるというパターンが多いと思います。

「願い求める」祈りの場合も、そこでは具体的な幸福や快楽それ自体が求められることは極めて少ないように見受けられます。では、いったい何を願い求めるのかといいますと、少なくとも言葉の上では、「神さまの御心の通りになりますように」という主旨の「願い」ではないかと思います。神に対して「神さまの御心の通りになりますように」と願うというのは、ちょっと論理的には奇妙に感じられるかもしれません。神は全能ですから、人間からわざわざそのような「お願い」などされなくても、神は自分でしたいようにするに決まっているからです。それにもかかわらずわざわざそう祈るのは、その「祈り」は実際には「要求」の行為ではなく、⑤神に対する信頼の「表現」だと解することもできるかもしれません。

私は牧師でも司祭でもないので、「祈り」の意義について、ここであまり適当な思いつきを言わないようにしたいと思います。ただし、それが「依存する」とか「逃避する」という行為に相当しないことは確かだと思います。

［石川明人『宗教を「信じる」とはどういうことか』（ちくまプリマー新書）による］

問一　A ～ D に当てはまる語を次からそれぞれ選び、記号で答えなさい。

ア　要するに　イ　しかし　ウ　および　エ　例えば

問二　――線①「天文学や解剖学の知識を欠く者は、神について考察する能力も不十分だとみなされた」とありますが、なぜですか。その説明として最もふさわしいものを次から選び、記号で答えなさい。

ア　数学や天文学の学問は宇宙の法則を求めるために必要不可欠なものだったから。

イ　数学や天文学の学問の由来を知らない者は宗教家として認められなかったから。

ウ　数学や天文学の学問は聖書の語源を探るために有効な知識として機能したから。

エ　数学や天文学の学問は宗教的な儀礼を正確に行うために必須のものだったから。

問三　――線②「対立や闘争のイメージ」とありますが、その「イメージ」において宗教はどのようなものとして捉えられてきましたと礼拝をし、時には墓掘り人役もつとめるなど、戦火にさらされながらその職務を果たそうと努力していました。ところが、まだ戦争の真最中、一九一六年にティリッヒは旅団長の将軍と意見を衝突《しょうとつ》させてしまいます。論争の種になったのは、「祈り」の効果についてでした。その将軍は教会の権威を尊重する保守的な人物で、「祈り」というものは実際に自分たちの兵士を敵の砲火から守る奇跡的な効果を持つと考えていました。しかし、自由な考え方をする若いティリッヒは、それにはっきりと反対して、彼に対して臆《おく》せずに自説を主張してしまいます。将軍は、よりにもよって従軍牧師が「祈り」の奇跡的な力を軽視するなどとんでもないと怒り、結局ティリッヒはそれまでいた砲兵《ほうへい》連隊から衛生中隊に転属させられてしまいました。

　ティリッヒは神学者であり牧師でもある以上、決して「祈り」の意義を否定したわけではありません。むしろそれを大切にしています。しかし、「祈り」には不思議な力があって兵士を直接的に砲弾から守るような効果を発揮するという考えには、賛同することができなかったのです。

　③似た話として、ダライ・ラマの例もあります。

　二〇一五年にパリでイスラム過激派によるテロ事件が発生し、それに関してダライ・ラマはドイチェ・ヴェレ(ドイツ国営国際放送)からインタビューを受けました。そのとき彼は、「私たちは祈りだけでこうした問題を解決することはできない」と答えたので、宗教家の発言としては意外だということで少し話題になりました。ダライ・ラマは、自分は仏教徒であるし、「祈り」というものの意義を信じているとしながらも、この問題(テロ)は人間が生み出したものなのだから、その解決を神様に頼むというのはおかしいと述べたのです。神や仏陀に「祈る」ことで助けを期待するのではなく、あくまでも私たちの手で平和を構築せねばならない、という主旨のことを彼は言いました。このインタビューは、テロ事件そのものについてよりも、ダライ・ラマという著名な宗教家によるこうした返答の意外さの方に重点がおかれて世界中に配信されました。

　多くの人々が漠然《ばくぜん》と抱いている「宗教」のイメージと実際の宗教家の思考とのあいだには、ひょっとしたらわりと大きなギャップがあるかもしれません。多くの人は、宗教とは現実の具体的な方法や手続きからは距離《きょり》をおいて、神や仏などこの世を超えたものや超自然的なものによって救いや解決を求める、あるいはその道筋を示すものだ、といったイメージをぼんやりと抱きがちです。宗教とは「虚構」や「フィクション」など、「非科学的なもの」を「信じること」だというイメージがあるからこそ、宗教家がちょっと現実的な発言をすると意外だと感じてしまうわけです。

　このティリッヒの例も、ダライ・ラマの例も、いずれも「祈り」に関係したものでした。ほとんどの宗教において、「祈り」は中心的な位置にありますが、そもそも「祈り」とはいったい何なのでしょうか。宗教に無関心な人、あるいは宗教に批判的な人からすると、宗教を信じて神さまに「祈る」という行為には、何か自分に利益になることやモノを「求める」「要求する」ものというイメージが強いかもしれません。日本人で初詣《はつもうで》に神社に行く人たちも、賽銭《さいせん》箱の前で手を合わせて祈ることとは「商売繁盛《はんじょう》」とか「家内安全」とか「合格」とか「健康」とか「縁結び」とか、つまりは現世での利益や幸福であることが多いのではないかと思います。もっぱらそうしたイメージで宗教というものを見てみますと、それは本来は自分の努力で獲得すべき利益や幸福を、「神さま」というフィクションを通して要求することであり、つまりは怠惰《たいだ》でエゴイスティックな姿勢に過ぎない、と感じる人もいるかもしれません。あるいは、現実的な困難を前にして神に祈ることは、結局は「すがる」といった依存的な態度、あるいは現実から「逃ージがしやすいように説明されている。

ウ　一貫して「稔」の視点からその心情を語ることで、読者が感情移入しやすい工夫がなされている。

エ　戦争に関係のある表現を用いることで、戦時下に置かれた生活の状況がわかるようになっている。

四

次の文章を読み、後の問に答えなさい。

アンブローズ・ビアスの『悪魔の辞典』という本をご存知でしょうか。いろいろな単語を皮肉な文言で辞典風に解説してみせることで知られているものです。［A］、「外交」という言葉については「自国のために嘘《うそ》をつく愛国的な技術」であると言い、「運命」という言葉については「暴君が犯罪をおかす際の根拠、［B］愚者が失敗をおかす際の言い訳」であると説明するといった具合です。

この本には、宗教に関する項目もいくつかあります。例えば「祈り」という言葉について、ビアスは、「一人の取るに足らない請願者のために、宇宙の法則を無効化するよう求めること」と説明しています。これは［C］、「祈り」とは自分にとって都合がいいようになることを求める行為に過ぎない、という冷笑的な見解を述べているのかと思われます。彼の言う「宇宙の法則」というのが近代科学のことを念頭においているのかどうかははっきりしませんが、一般に宗教を「信じる」というと、非科学的な思考や態度だというイメージを持たれる傾向は確かにあるかもしれません。

［D］、例えば「アルコール」「アルカリ」「アルゴリズム」などの言葉がアラビア語由来であるように、数学や天文学なども中世のイスラム文化のなかで成長しました。これらの学問は、イスラム教で定められた祈りの時間とメッカの方角を正確に算出するためにも不可欠だったのです。九〜一五世紀にはバグダッドの学術機関で、古代ギリシアの天文学、点星術、医学、光学などが保護されました。①天文学や解剖《かいぼう》学の知識を欠く者は、神について考察する能力も不十分だとみなされたともいわれています。

近代科学が発展して以降のキリスト教文化圏においても、科学者のなかには無神論的な人もいましたが、宗教的な人もいましたし、科学に疑惑の目を向ける教派もありましたが、近代科学を歓迎した教派もあります。リチャード・ドーキンスは現代の無神論者として有名な生物学者ですが、しかしアイザック・ニュートンも、チャールズ・ダーウィンも、自然界に関する説明から神を完全に排除しようと考えて研究をしたわけではありませんでした。一口に「宗教」とか「科学」と言っても、それらは境界線がはっきりしたものではないので、何をもってしてその人の思考や行動を「宗教的―非宗教的」「科学的―非科学的」とみなすのかは、実はそう簡単な話ではありません。これまで「宗教」と「科学」の関係については、もっぱら②対立や闘争のイメージで論じられる傾向がありました。しかし近年の研究では、両者は単純な対立・闘争関係のモデルだけで捉えられるものではないことがむしろ常識となっています。

宗教を「信じ」ている人はさまざまな場面で非科学的・非合理的な思考や態度をとる、というイメージは、宗教の実態についてあまりご存知ではない人の偏見かもしれません。プロの宗教家はむしろ意外と現実的だったりもする、という最近の簡単な例を二つほどあげましょう。

二〇世紀を代表するプロテスタントの神学者・牧師に、パウル・ティリッヒという人物がいます。彼の伝記に、次のようなエピソードがあります。

ティリッヒは若い頃、第一次大戦時に、陸軍付きの牧師（従軍チャプレン）をしていたことがあります。彼は塹壕《ざんごう》のなかでも兵士たちが置かれている辛い現実の生活を強く意識させることになり、明るい未来を切り拓けない自身に歯がゆさを感じている。

問三 ――線③「五十メートルも走らぬうち、稔はやっぱりふりかえってしまった」とありますが、このときの稔の状態の説明として、最もふさわしいものを次から一つ選び、記号で答えなさい。

ア 母親に叱られてしまうと自分に言い聞かせて現実の生活に戻ろうとしたものの、美しい夢への未練が断ちきれず、意志の弱さが露呈している。

イ 様々な事情を理解して一度は諦めて進もうとしたが、仔犬の懸命な様子に心を動かされ、自身も苛酷な現実に抵抗して、理想に近付こうと思い始めている。

ウ 現実を受け入れて前向きに生きていこうと思う一方で、ここで立ち止まらないと幸せを失ってしまうのではないかという不安が大きくなっている。

エ 現実と向き合って生きていかなくてはならないとわかっているものの、夢で見たような幸せな生活を送りたいという気持ちを捨てきれないでいる。

問四 ――線④「イヤな、悲しい気持」とありますが、このときの稔の心情を七十五字以上、百字以内で説明しなさい。

問五 ――線⑤「涙が思わず、頬からこぼれてきた」とありますが、このときの稔の心情の説明として、最もふさわしいものを次から一つ選び、記号で答えなさい。

ア 大切にしていた仔犬が死んでしまったことを目の当たりにした悲しみと、その悲しみを我慢しきれなかった自分へのふがいなさを感じている。

イ 仔犬が死んでしまったという現実を知りふいに涙があふれ、自分にとってのささやかな幸福すら奪われてしまった悲しみを感じている。

ウ 自分の生きる希望となっていた仔犬が死んでしまったことで、生きがいを全て失ってしまい、自分の運命に対する怒りと悲しみを感じている。

エ 仔犬が死んでしまい涙をこらえていたが、女中さんに優しくされて緊張がとけ、大浦さんに何もかも奪われてしまった悔しさがあふれている。

問六 ――線⑥「口笛を小さく吹いてみた」とありますが、このときの稔の状態の説明として、最もふさわしいものを次から一つ選び、記号で答えなさい。

ア 呼んだところで仔犬が生き返ることはないとわかっていたが、口笛を通して仔犬のことを思い出すことで、悲しみに打ちひしがれた自身を慰めようとしている。

イ 口笛を吹けばまた仔犬と出会えるのではないかというかすかな希望を抱くことで、自身を取り巻く辛い現実から目を背けようとしている。

ウ 仔犬が死んだという現実が受け止めきれず、口笛をならせばまた姿を表してくれると強く思い込むことで、不幸な状況に置かれた自身を支えている。

エ もう仔犬と会えないことはわかっていたが、せめて自身とのつながりを表す口笛を吹くことを通して、死んでしまった仔犬を追悼しようとしている。

問七 本文の表現に関する説明として、ふさわしくないものを次から一つ選び、記号で答えなさい。

ア 回想の場面や夢の場面を差しはさむことで、登場人物の置かれた状況が重層的に示されている。

イ 情景描写では比喩を用いることで、そこで広がる風景のイメもまた、十年前、自分がまだこの子と同じ年齢の小娘であった頃のある夕暮のことを思いだしたのだった。
　彼女はその夕暮、ひとりで泣きながら田舎道を歩いていた。遠くの山々に茜の夕陽がかげっていた。どこかで男の子たちが大声で走り騒ぐ叫び声が聞こえていた。彼らは村はずれのもう少しずつ暗くなった地蔵さまの所で戦争ごっこをしているにちがいなかった。畠にはそばの花が白く光っていた。
　今、彼女はその時、なぜ、自分が泣いていたのかその理由を思いだすことができなかった。だが、彼女はあの時も、そして今も自分が決して幸福ではなかったことを感じた。
（この子もそうなのね。きっと）
　彼女は稔の背中を押しながら、
「一寸、待っててね。あんたにいいものをあげるから。だから泣くのはおよしなさいよ」
　女中さんは、勝手口に引きかえすと、やがて紙包みの中に二、三枚のおせんべいをもって出てきた。
「これ、あたし、奥さまに頂いたんだけど、あんたにあげるわ」
　稔はそのおせんべいを齧《かじ》りながら、もと来た路を引きかえした。おせんべいは涙の味もふくんで妙に塩からかった。
　女中さんは仔犬の死体は出入りの八百屋の小僧さんがどこかにもっていったと言った。どこに埋めたかもわからない。
だが、このまま家に帰るのはイヤだった。なぜだかわからないけれどもイヤだった。
　夕暮がだんだんしのびよってきた。
　稔は電信柱の所に額をこつんこつんとあてながら、⑥口笛を小さく吹いてみた。口笛を吹いたところで仔犬がとんでくるはずはなかった。けれども口笛を吹いているだけでなんとなく悲しみがひいていくような気がする。

〔遠藤周作『稔と仔犬／青いお城』（河出書房新社）による〕

注　「奉公袋」…召集の際に兵士が持参する袋。

問一　――線①「稔は、おどろいて、お父さんの顔を見た」とありますが、その理由として最もふさわしいものを次から一つ選び、記号で答えなさい。
ア　貧しいながらも平和に暮らしている中、父から戦争に行くことを告げられたため。
イ　怒ることのない父から、母に対する自分の態度のことでとがめられたため。
ウ　なんの前触れもなく、父から別れをほのめかすようなことを言われたため。
エ　遊んでくれなかった父が河原に連れてきてくれ、優しい口調で話しかけてきたため。

問二　――線②「あの夢があまりに美しかっただけに、この闇の寒さはひとしお辛かった」とありますが、このときの稔の状態の説明として最もふさわしいものを次から一つ選び、記号で答えなさい。
ア　眼をさまして現実の世界に戻ったが、夢の中で心地よい気分を味わってしまった分、現実における自分を取り巻く環境の厳しさを改めて感じ、一層辛い気持ちになっている。
イ　出征した父親と再会できて幸せな気持ちに浸っていたが、眼がさめて夢だとわかった瞬間、急に父親を遠い存在に感じ、二度と会うことができない現実を受け入れきれずにいる。
ウ　夢の中で自分が望む家族の形を取り戻せた喜びを感じていたが、現実では何も変わらない生活が待っていることを自覚し、全く先が見えない状況に改めて気を滅入らせている。
エ　自分にとって心が満たされる夢を見たことが、かえって自分をだして、トラックから引いたマイクを手にして、大声でしゃべっている大浦さんの顔を見ていた。

白だすきをかけた大浦さんの恰好は、なぜか、稔にあの出征の朝のしょんぼりとした父さんのことを思いださせた。だがその朝の父さんがうなだれ、寂しそうだったのにかかわらず、大浦さんは決して、そんなミジめな姿をもってはいなかった。

「この子たちは」

突然大浦さんは池浦君と稔の頭をなぜて言った。

「われわれの町の子です。この子たちが元気よく、遊べるようなためにも私は……」

厚い大きな掌で頭をなぜられながら、なぜか、稔は子供心にも、④イヤな、悲しい気持が心をかすめるのを感じた。稔にはもちろん、その悲しい気持がなんであるかはわからなかった。けれども、彼の心の中に、しょんぼりと、うなだれていた父さんの顔が残っている以上、それは、どうしても消すことのできない感情だった。

……その大浦さんの家まで、ハアハア言いながら駆けてきた稔は、しばらく塀のまわりをぐるぐると廻っていた。大浦勝手口とかいた戸はかたくしまっている。

稔はよびリンを押したが急に、こわくなった。塀の中で、女中さんがなにかをしているらしい物音が聞こえた。

やがて、その女中さんが、勝手口の戸をあけた。

「なに？　あんた」

女中さんは少しコワい顔をして言った。

「ぼくの……」

稔は後ずさりしながら「ぼくの犬？」

「犬？　あんたの……ああ、あの自動車にはねられて死んだ犬？」

「自動車が？」

「可哀想だったよ、頭をうったんだもの。そう、あんたの犬だったの」

女中さんは気の毒そうに稔の顔を見て、

「すまなかったわねえ。坊や」と言った。

「そうだったの。あれは、あんたの仔犬だったの」

女中さんは悲しそうな顔をして言った。稔はうつむいて唇を噛みしめ、下駄の先で地面をほじくりながら黙っていた。眼の前に女中さんの手があった。女中さんの手はお母さんの手と同じように水仕事のために荒れていた。

「ごめんね。でも仕方がなかったのよ。もう、その時は死んでいたんだもの」

稔は一生懸命、我慢しようとした。

(泣いたら、恥しいぞ。俺、男の子なんだから)と彼は自分に言いきかせた。

だが、⑤涙が思わず、頬からこぼれてきた。一度、涙がこぼれるともう抑えようがなかった。

稔は大声をあげて泣きはじめた。彼は仔犬が死んだのは、だれかのせいだと心の中で思っていた。そのだれかがなんであるかは稔の小さな頭では、ハッキリ摑めなかったけれども、稔は稔なりに、父さんを奪ったもの、自分をいつもイジめる大きな子供、辛い味気ない午後の授業、母さんが彼をしかる時、そうしたものの一切が今、自分に残されたたったひとつの喜びだったあの仔犬までを奪ってしまったのだと感じていた。

「泣くんじゃないわよ。あたしまで、どうしたらイイかわからなくなるじゃないの」

うっすらと夕陽のあたる壁にもたれて女中さんは、悲しそうに泣きじゃくっているこの子供の少し尖った頭を見おろした。すると、彼女

彼は小声でよんでみた。（チビ）

遠くで仔犬が悲しそうに鼻をならす声が聞こえたように思った。けれども、風の音、夜の闇が一切それらを包んでしまった。

翌日のことである。

学校の帰り、もう一度、あの野原に行ってみた。

野原には人影がない。工場の中だけに、アセチリン・ガスの炎が白く見え、二、三人の若い人たちがランニング一枚で働いているだけだった。

仔犬の姿は見えなかった。稔は口笛を幾度も幾度もならしてみた。ひょっとすると仔犬がその叢のどこかから、あの悲しげな眼と、黒くぬれた鼻づらをヒョッコリだすような気がしたからである。

どこにもいなかった。工場から厚い鈍い機械の音が聞こえるだけだった。

稔はその辺を歩いてみた。それから昨日、池浦君と別れた時、仔犬がチョコチョコと走りでた所まで行ってみた。そこにもいなかった。

家に帰ってみると、お母さんは病院に出ている。お婆さん一人が台所でなにかをやっていた。

「犬、見なかった？」と稔はなにげないふりをして訊《たず》ねた。「茶色い毛の奴さ」

「知らないね。なんだい。その仔犬は」

お婆さんは面倒くさそうに答えた。

「犬と言えば、さっき大浦さんの横に、仔犬が死んでいたよ」

「えっ！」

稔はカバンをおとして叫んだ。「それ、どこさ？」

「大浦さんの家の横だよ。あそこの女中さんが箱に入れて運んでいったよ」

「それ、毛の赤い仔犬？」

「知らないね。覚えてないよ」

下駄をひっかけて、稔は玄関をとびだした。

「稔、どこに行く、稔」

お婆さんは台所から大声をあげて怒鳴ったが、稔は一目散に路地へ走り出た。

大浦さんの家は、小さなマッチ箱のような家の並んでいるこのあたりで、ただ一軒の大きな洋館である。いつも戸を閉じて、門の前には黒い自動車が待っている。

「大浦さんは代議士さんだって」

とある日、母さんが稔に説明をしてくれたことがある。

その代議士の大浦さんはでっぷり太った、オッカない顔をした人で、一度、稔は池浦君と遊んでいた時、怒鳴られたくらいである。

それは、ある日、稔が池浦君ともう一人の剛ちゃんという子と路ばたで球けりをしていた時だ。うしろの坂路をあの黒ぬりの大きな自動車がゆっくりと上ってきた。

稔たちは球けりをしていたから、その自動車がやってきたのに気がつかなかった。池浦君と稔とは、あわてて路ばたに逃げたが、剛ちゃんだけは、路の真中でたちすくんでしまった。

キイ！　と鋭い音をたてて、自動車は急停車した。剛ちゃんは、やっとの所で、助かったわけだ。

「馬鹿！」

車の窓から大浦さんが大声で怒鳴った。

「路で遊ぶ奴があるか。路で」

けれども大浦さんはそれから数ヶ月たったある夕方、衆議院議員候補という白だすきをかけて町の辻で演説したことがある。

大浦さんのまわりをかこんでいる人垣の間から、池浦君と稔とは首そこには、真黄色な草花が一面に咲いていた。なんという名の花か、稔にはわからなかったけれども、幾分、赤味がかった黄色い花なのである。

風が吹くと、それらの花は一度に、かすかなやさしい音をたててゆれた。まぶしいほど美しかった。

花の中に稔はねそべって、青いふかい空を見た。

「おーい」と叫んでみた。

「おーい」とだれかが答えた。

ここにはだれもいないけれども、どの人もどの人も、稔とおなじように、真黄色の花の咲く丘にねころんで、キラキラとひかる空をみつめているということがわかった。だれもかれもがたのしそうで、心配も苦労もないことがわかった。

あの朝のように、寂しそうな顔をして、稔たちをふりかえりながら出征《しゅっせい》していったお父さんも帰ってきたのだ。お母さんも、もう、夜中病院で働く必要もなくなった。

「いいのよ。稔。父さんが帰ってきたのだから、お前もその仔犬を飼っていいんだよ」とお母さんが言っている。

「もうしからないから。母さんだってさ、毎日、いろんなことで、疲れたり、いらいらしていたんだからね。でも、これからは大丈夫さ。父さんが帰ってきたんだから」

おーい……夏休みだぞ。

おーい……夏休みだぞ。

おーい、父さんが帰ってきたぞ。

おーい、父さんが帰ってきたぞ。

寒さが稔の眼をさました。

すっかり真暗だった。どこかでトラックが走る音が聞こえた。工場はもうすっかり、戸をとじて、だれも帰ったあとらしかった。丘も、青い空も、羊の毛のようにやわらかかった雲も、林から流れる甘い風も、それから、真黄色に咲きみだれていた花々も、すべて、どこかに消え、その代りに、寒さと悲しさとが充ち充ちている闇が眼の前にあった。

②あの夢があまりに美しかっただけに、この闇の寒さはひとしお辛かった。けれども稔は子供心にもその夢のような風景は、この世の中のどこにもないこと、この世の中ではお父さんがしょんぼりと出征していき、お母さんが稔を育てるために、疲れた顔をして家から出ていかねばならぬことを知っていた。

（もう、帰らねば、母さんにしかられる）

稔はしぶしぶ立ち上った。生きていくことには諦めねばならぬことがあまりに多いのを稔は既に知っていた。空が青く、花々がみだれ咲き、夏休みがはじまった翌朝のあまい、やさしい人生の匂いはただ夢の中だけしか見ることはできない。それでなければ、父さんは兵隊で死に、母さんが病院で働くということはないのである。

「チビ、ついてきちゃ、いけないよ」

「チビ、ついてきちゃ、いけないよ」

仔犬にむかって稔はそう云った。

けれども仔犬は稔の脚もとにまつわりつき、小さな尾を懸命に振っている。

「ついてきちゃ、いけないてば……ぼくがしかられるじゃないか」

彼は走りだした。走りだしながら、すべてのこと、仔犬も先ほどの夢にもふりむくまいと思った。

けれども駄目だった。

——③五十メートルも走らぬうち、稔はやっぱりふりかえってしまった。路は既に闇である。闇の中に仔犬の姿は見えなかった。

（チビ……）

けたその毛並には、刺《とげ》だらけの草の種が、からんでいる。野原の叢《くさむら》の中でつけてきたのだろう。

工場には電気がともった。どこかで豆腐屋のラッパが聞こえる。

(母さんは、俺が、どこに行ったと思うだろうな)

蒼ざめた空の、金色にふちどられた悲しげな雲の色を見ていると、稔はふと、お父さんが生きていた頃のある夕暮、今とそっくり同じような色彩りをもった雲を見たことを思いだした。

それは、この野原ではなかった。多摩川の河原だった。

お父さんは、この町工場ではなく、川崎のある工場で働いていた。日曜なんかは、家の中の、こわれものをなおしたり、屋根にのぼって、雨もりのしないように瓦《かわら》をなおしたりして日をすごすお父さんであった。稔とは、ほとんど、あまり遊んではくれなかったが、黙っていて、あまった木ぎれで、小さなオモチャを作ってくれることもあった。家にいても、おしゃべりばかりしているのは、お母さんの方で、お母さんは、いつもガミガミとお父さんを責めていた。

稔は、そのお母さんの口からお父さんが、かせぎの足りないお人好しだということを聞いた。お母さんがそう責めると、お父さんは、いつも、気のなさそうに横をむいて「フン、フン」と言ったり、時には、ねころんで、大きな溜息をついた。

そのお父さんが、その夕暮にはふしぎに稔を多摩川の河原に連れていってくれた。

河原の石に腰かけて、お父さんは、黙ったまま、水のながれを見ていた。稔は、くるしくなり、ひとりごとのようにつぶやいた。

「河で、魚、つれるのかなあ」

「こんな所にひとりで来るんじゃないぞ」と父さんは言った。

河原の石を集めて、稔は、水の中にそれを一つ一つ投げた。寂しい水音をたてて、それは、だれもいないあたりに拡がっていった。

「稔、父ちゃんに約束しな。父ちゃんがいなくなっても、母ちゃんにダダをこねるなよ。いいか」

①稔は、おどろいて、お父さんの顔を見た。その父さんは、今の言葉を忘れたように、ぼんやりと、水のながれを見ていた。

翌朝、父さんは、近所の人たちに送られ、頭を丸坊主にして、草色の注奉公袋をもったまま、電車の駅に送られていった。

人々が、万才、万才と手を上げる中で丸坊主の父さんの頭は、さむそうだった。くたびれた、寂しそうな眼で父さんは稔とお婆さんと、母さんをみつめた。母さんは眼に指をあてていた……

野原の石に腰をかけて、稔はいつの間にかねむっていた。

……夢の中で、彼はなぜか、みどり色の丘を仔犬と歩いている。

(夏休みなんだな。今日から夏休みなんだな)

すると、よろこばしい愉快な気持になってきた。もう学校もない。先生にしかられたり、力の強い上級生にいじめられることもない。あの子たちはいつも学校の門のうしろで待伏せしていて、池浦君や稔のような弱虫をいじめるのだった。その上級生にも会うこともない。

それに、ふしぎなことには、こうして、たった、ひとりぼっちでみしらぬ丘を歩いていることさえなぜか、寂しくも、こわくもなかった。

丘のむこうにはあかるい空があった。その青い、光った空には羊の毛のようにやわらかな巻雲が一つういていた。あまいやさしい草の匂いをこめた風が林の中から吹いてきた。叢の中に腰をおろしていると、その風の動きが、雲のながれのようにはっきり見えるようだった。

仔犬は先にたって走りだした。まるで、この丘で生《うま》れ、この丘のことはなんでも知っているように走りまわるのである。

(待てよ。おい、待てよ)

林の中に仔犬がかけていくので稔はあとを追いかけた。

2024年度 広尾学園中学校

【国　語】〈第二回入試〉（五〇分）〈満点：一〇〇点〉

《注意事項》問題で文字数が指定されている場合はカッコや句読点を文字数に含みます。

一　次の各問に答えなさい。

問一　――線の漢字の読みをひらがなで答えなさい。

①　学用品を貸与する。

②　罵詈雑言を浴びせる。

③　潔い姿勢だとほめられた。

④　今後ＡＩが活躍するのは必定だろう。

問二　――線のカタカナを漢字に改めなさい。

①　領空をシンパンする。

②　ブームがサイネンする。

③　厚顔ムチもはなはだしい。

④　バンサク尽きてしまった。

⑤　メンミツな計画を立てる。

⑥　先生は定年までツトめ上げた。

二　次の――線の□にひらがなを一字ずつ入れて言葉を完成させ、その言葉に最も近い意味の言葉を後の語群より選んで記号で答えなさい。

①　きか□□な性格。

②　い□□けな子ども。

③　な□□んかな考え。

④　ねん□□な仲。

⑤　ふ□つ□な点をわびる。

〈語群〉

ア　親密な　イ　行き届かない　ウ　生意気な

エ　悪質な　オ　まけずぎらいな　カ　いさぎよい

キ　中途半端な　ク　幼くてかわいらしい

三　「稔《みのる》」は学校の帰り道に出会った仔犬を家に連れて帰ったが、母親に捨ててくるよう言われてしまった。次の文章を読み、後の問に答えなさい。

夕暮がやってきた。さきほどまでは、やわらかな羽のように蒼《あお》ざめた空に、それだけ、ぽっかり薔薇《ばら》色にうかんでいた小さな雲が、いつの間にか、悲しげな色彩りに変《かわ》っている。

稔は仔犬を連れながら、町工場の裏までやってきた。そこには、だれもいない野原があったからである。

工場といっても、それは、二棟ほどの大きな家畜小屋に似た木造の建物で、いつも、戸をとじたまま、ノコギリの目たてをするような音がひびいていた。

稔は、遊ぶことがない時、よくこの野原の石にすわって、そのノコギリの目たてのような音をじっと聞いたものである。夏のあつい日には、工場の破れた硝子窓《ガラスまど》の間から、油で真黒なランニングシャツを着た若い人が、歩きまわっているのが見えた。もっとも、そこで働いている人は、四、五人もいないようだった。

野原まできた時、仔犬は、大分くたびれたようだった。石の上に腰をかけた稔の靴もとで、仔犬は前脚の上に、小さな首をのせたまま、いかにも歩き疲れたという表情で、じっと地面をみつめていた。白茶

2024年度

広尾学園中学校 ▶解説と解答

算　数　＜第２回入試＞（50分）＜満点：100点＞

解　答

1 (1)　71　(2)　25　(3)　137個　(4)　10分後　(5)　135度　(6)　３：２　2 (1)　①，②　(2)　786回　(3)　3000回　3 (1)　30度　(2)　60度　(3)　100度　4 (1)　16通り　(2)　５　(3)　50通り　5 (1)　解説の図②，図③を参照のこと。　(2)　**最大値**…190／**図**…(例)　解説の図④を参照のこと。　**最小値**…47／**図**…(例)　解説の図⑤を参照のこと。

解　説

1 四則計算，計算のくふう，比の性質，整数の性質，ニュートン算，角度，水の深さと体積

(1)　A×C＋B×C＝(A＋B)×Cとなることを利用すると，(21×71＋31×71)÷13＝(21＋31)×71÷13＝52×71÷13＝52÷13×71＝４×71となる。よって，５×71－４×71＝(５－４)×71＝１×71＝71

(2)　A：B＝C：Dのとき，B×C＝A×Dとなるから，５：□＝□：125のとき，□×□＝５×125＝625となる。よって，625＝25×25より，□＝25と求められる。

(3)　200÷５＝40，200÷７＝28余り４より，200以下の整数のうち，５の倍数は40個，７の倍数は28個あることがわかる。また，５と７の最小公倍数は35なので，200÷35＝５余り25より，５と７の公倍数は５個あることがわかる。よって，下の図１のようになるから，５または７の倍数の個数は，40＋28－５＝63(個)と求められる。したがって，５でも７でも割り切れない数の個数は，200－63＝137(個)である。

図１

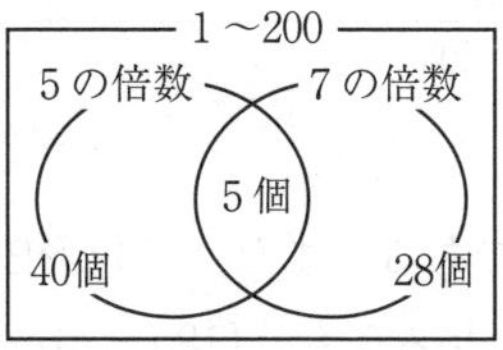

図２

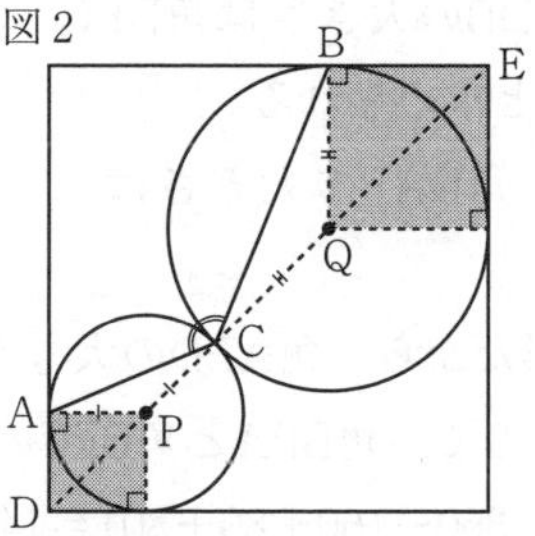

図３

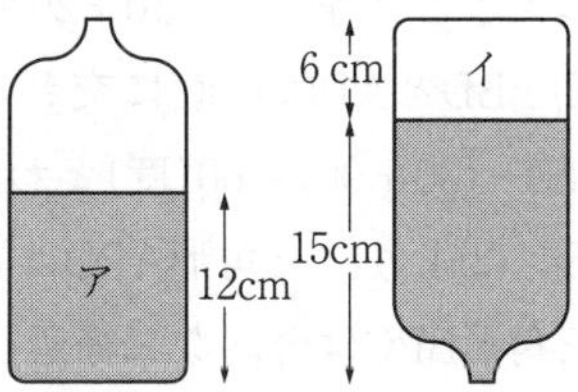

(4)　入場口を４つ開くと20分で行列がなくなるので，１分間に，400÷20＝20(人)の割合で行列が減る。このとき，１分間に20人が新しく行列に並ぶから，４つの入場口から１分間に入場した人数の合計は，20＋20＝40(人)となり，１つの入場口から１分間に入場する人数は，40÷４＝10(人)とわかる。よって，入場口を６つ開くと，１分間に，10×６－20＝40(人)の割合で行列が減るので，行列がなくなるのは，400÷40＝10(分後)と求められる。

(5)　上の図２で，かげをつけた四角形はどちらも正方形になるから，角APDと角BQEの大きさはどちらも45度とわかる。また，三角形PCAと三角形QBCはどちらも二等辺三角形であり，角PAC＋角PCA＝角APD，角QBC＋角QCB＝角BQEより，角PCAと角QCBの大きさはどちらも，45÷２＝22.5(度)になる。よって，角ACBの大きさは，180－22.5×２＝135(度)となる。

(6)　ボトルをさかさまにしたときに水が入っていない部分の高さは，21－15＝６(cm)だから，上の図３のようになる。図３でアの部分とイの部分の底面積は等しいので，アの部分とイの部分の体積の比は，12：６＝２：１とわかる。つまり，ボトルの内部のうち，水が入っている部分と入っていない部分の体積の比は２：１となる。よって，ボトルの容積と水の体積の比は，（２＋１）：２＝３：２である。

2　条件の整理，割合と比，消去算

(1)　このウソ発見器はウソをついても光らないときがある。また，ウソをついていないのに光るときもある。よって，①と②は正しいが，③と④は正しくない。

(2)　ウソをついた回数は200回だから，ウソをついて光った回数は，200×0.99＝198(回)となる。また，真実であった回数は，10000－200＝9800(回)であり，そのうち光った回数は，9800×0.06＝588(回)なので，光った回数の合計は，198＋588＝786(回)と求められる。

(3)　10000回のうち，ウソをついた回数を a 回，真実であった回数を b 回として式に表すと，右のア，イのようになる。アの式の等号の両側を0.06倍してからイの式との差を求めると，a ×0.99－ a ×0.06＝ a ×(0.99－0.06)＝ a ×0.93にあたる回数が，3390－600＝2790(回)とわかる。よって，ウソをついた回数は，a ＝2790÷0.93＝3000(回)となる。

$$\begin{cases} a + b = 10000(\text{回}) & \cdots \text{ア} \\ a \times 0.99 + b \times 0.06 = 3390(\text{回}) & \cdots \text{イ} \end{cases}$$

⬇

$$\begin{cases} a \times 0.06 + b \times 0.06 = 600(\text{回}) & \cdots \text{ア} \times 0.06 \\ a \times 0.99 + b \times 0.06 = 3390(\text{回}) & \cdots \text{イ} \end{cases}$$

3　平面図形—角度

(1)　右の図で，角ABCの大きさが40度だから，角ABEと角CBEの大きさはどちらも，40÷２＝20(度)である。また，三角形ABDと三角形PBDは合同なので，角ABDと角PBDの大きさはどちらも，20÷２＝10(度)とわかる。さらに，ADとBCは平行だから，角ADBの大きさは角DBCの大きさと等しく，10＋20＝30(度)と求められる。

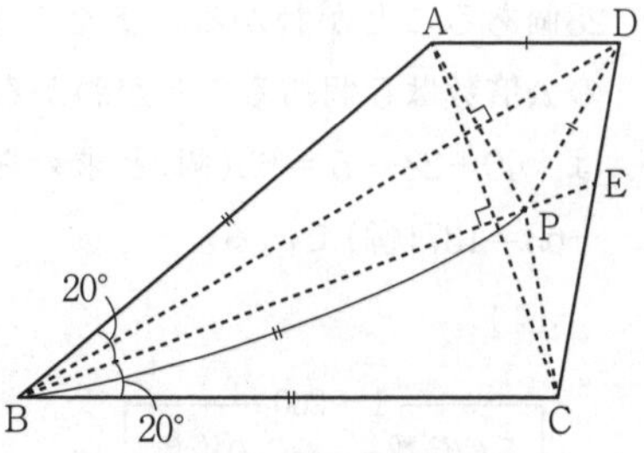

(2)　BDとAPは垂直に交わるので，角DAPの大きさは，180－(30＋90)＝60(度)とわかる。

(3)　(2)より，三角形APDは正三角形だから，角APDの大きさは60度である。また，三角形BPAと三角形BPCは合同な二等辺三角形なので，角BPAと角BPCの大きさはどちらも，(180－20)÷２＝80(度)であり，角DPCの大きさは，360－(60＋80＋80)＝140(度)とわかる。さらに，PD＝PA＝PCより，三角形PCDは二等辺三角形だから，角PCDの大きさは，(180－140)÷２＝20(度)と求められる。最後に，角BCPの大きさも80度なので，角BCDの大きさは，80＋20＝100(度)となる。

4　場合の数

(1)　１から６までの６個の数を分母と分子に３個ずつ分ける方法は，６個から３個を選ぶ組み合わせの数と等しく，$\dfrac{6 \times 5 \times 4}{3 \times 2 \times 1}$＝20(通り)あ

図１

$$\frac{2 \times 3 \times 5}{1 \times 6 \times 4} = \frac{1 \times 6 \times 5}{2 \times 3 \times 4} \qquad \frac{2 \times 3 \times 4}{1 \times 6 \times 5} = \frac{1 \times 6 \times 4}{2 \times 3 \times 5}$$

$$\frac{3 \times 4 \times 5}{2 \times 6 \times 1} = \frac{2 \times 6 \times 5}{3 \times 4 \times 1} \qquad \frac{3 \times 4 \times 1}{2 \times 6 \times 5} = \frac{2 \times 6 \times 1}{3 \times 4 \times 5}$$

る。ただし，$1\times6=2\times3$，$2\times6=3\times4$ より，分母と分子の一方に(1×6)，他方に(2×3)が含《ふく》まれる場合と，一方に(2×6)，他方に(3×4)が含まれる場合は，それぞれ同じ値になる。つまり，上の図１の４通りは同じ値になるから，異なるPの値は，$20-4=16$(通り)考えられる。

(2) $\dfrac{4\times5\times6}{1\times2\times3}=2\times5\times2=20$，$\dfrac{2\times5\times6}{1\times3\times4}=1\times5\times1=5$ のように，整数になるのは，２，３，４，６が約分されて分母が１になる場合である。このとき，５が約分されることはないので，Sの値は必ず５の倍数になる。

(3) ５と７が約分されることはないから，右の図２の４つの場合に分けて考える。㋐の場合，残りの６個の数の中から分子に入れる２個の数を選ぶ方法は，$\dfrac{6\times5}{2\times1}=15$(通り)ある。そのうち，(１，６)と(２，３)，(１，８)と(２，４)，(２，６)と(３，４)，(３，８)と(４，６)を選ぶ場合はそれぞれ同じ値になるので，15通りのうち４通りの値は重複する。よって，異なる値は，$15-4=11$(通り)できる。㋑の場合も同様である。次に，㋒の場合，残りの６個の数の中から分子に入れる３個の数を選ぶ方法は，$\dfrac{6\times5\times4}{3\times2\times1}=20$(通り)ある。そのうち，分母と分子に上の__を選ぶ場合はそれぞれ同じ値になる。また，５と７と__の部分以外の分母と分子を入れかえた値は，それぞれ右の図３のようになる(㋒の20通りの中には，この他に__の部分を入れかえた場合がそれぞれあることに注意する)。図３で，②と④，③と⑦はかけ算の順番を入れかえただけなので，④と⑦は20通りの中に含まれていないと考える。また，①と③の値は同じだから，㋒の20通りのうち，Tの値が$\dfrac{5}{14}$になるものは４通りあり，３通りが重複することになる。同様に，②と⑧の値も同じなので，Tの値が$\dfrac{10}{7}$になるもののうち３通りが重複し，㋒の場合で異なる値は，$20-3\times2=14$(通り)と求められる。㋓の場合も同様だから，異なるTの値は全部で，$(11+14)\times2=50$(通り)ある。

図２

㋐	$\dfrac{5\times7\times\square\times\square}{\square\times\square\times\square\times\square}$
㋑	$\dfrac{\square\times\square\times\square\times\square}{5\times7\times\square\times\square}$
㋒	$\dfrac{5\times\square\times\square\times\square}{7\times\square\times\square\times\square}$
㋓	$\dfrac{7\times\square\times\square\times\square}{5\times\square\times\square\times\square}$

図３

①	$\dfrac{5\times1\times6\times4}{7\times2\times3\times8}=\dfrac{5}{14}$	②	$\dfrac{5\times1\times6\times8}{7\times2\times3\times4}=\dfrac{10}{7}$
③	$\dfrac{5\times1\times8\times3}{7\times2\times4\times6}=\dfrac{5}{14}$	④	$\dfrac{5\times1\times8\times6}{7\times2\times4\times3}=\dfrac{10}{7}$…×
⑤	$\dfrac{5\times2\times6\times1}{7\times3\times4\times8}=\dfrac{5}{56}$	⑥	$\dfrac{5\times2\times6\times8}{7\times3\times4\times1}=\dfrac{40}{7}$
⑦	$\dfrac{5\times3\times8\times1}{7\times4\times6\times2}=\dfrac{5}{14}$…×	⑧	$\dfrac{5\times3\times8\times2}{7\times4\times6\times1}=\dfrac{10}{7}$

5 **整数の性質，調べ**

(1) 得点が67点(奇数《きすう》)だから，５つの最小公倍数の中の少なくとも１つは奇数である。また，三角形の頂点に書かれた数のうち１つでも偶数《ぐうすう》があれば，その三角形の最小公倍数は必ず偶数になるので，下の図①のアとイ，またはアとウには１と５が入る。そこで，ア＝１，イ＝５，ウ＝２，エ＝４とすると，下の図②のようになる。このとき，$15+6+4+12+30=67$(点)となり，条件に合う。また，ウとエを入れかえると下の図③のようになり，$15+12+4+6+30=67$(点)より，これも条件に合うことがわかる。よって，条件に合う入れ方は図②と図③の２通りある。

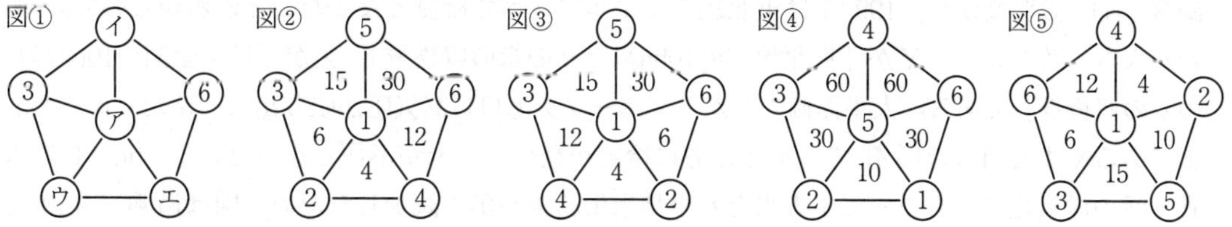

⑵　得点を最大にするには中央の数(図①のア)を５，最小にするには中央の数を１にすればよい。それぞれについて調べると，最大になるのはたとえば上の図④のように入れる場合であり，60＋30＋10＋30＋60＝190(点)，最小になるのはたとえば上の図⑤のように入れる場合であり，12＋６＋15＋10＋４＝47(点)となる。

社　会　＜第２回入試＞（30分）＜満点：50点＞

解　答

1　**問１**　イ　**問２**　(i)　エ　(ii)　イ　**問３**　(i)　イ　(ii)　減反　**問４**　カ　**問５**　カ　**2**　**問１**　**記号**…エ　**史料名**…脱亜論　**問２**　エ→ア→ウ→イ→オ　**問３**　(ウ)，(エ)　**問４**　国家総動員法　**問５**　**記号**…エ　**人物**…田中角栄　**問６**　イ，オ　**問７**　ア，ウ，オ　**3**　**問１**　北里柴三郎　**問２**　イ，エ　**問３**　エ　**問４**　イ，ウ，エ　**問５**　イ　**問６**　ア，ウ　**問７**　ア，ウ，エ　**問８**　男女共同参画社会基本法　**4**-Ⅰ　(例)　６代将軍はすぐ亡くなり，７代将軍は幼少だったため，将軍の権威が落ちることを心配した新井白石は，天皇家との結びつきを強くして将軍(幕府)の権威を高めようとした。

4-Ⅱ　**問１**　(例)　1920万円小さくなる。　**問２**　(例)　相続税があることで，生まれた家庭の環境により，多くの財産を相続する人と相続する財産を持たない人との格差の固定化を防止することができるという利点がある。

解　説

1　**地震《じしん》，異常気象，感染症《かんせんしょう》についての問題**

問１　津波《つなみ》の被害《ひがい》を避《さ》けるためには，できるだけ海岸線から離れて高台に避難《ひなん》する必要があるので，Xが津波の際の避難経路である。津波が発生したら沿岸部一帯が浸水《しんすい》するので，Ⅱが津波による浸水想定区域である。

問２　(i)　図３のⅠは1980年以降ほとんど発電量が変わっていないことから水力発電，Ⅱは少しずつ増えているので火力発電，Ⅲは1980年から2000年にかけて大きく増加したが，2011年の東日本大《だい》震災《しんさい》発生以降に減少し，1980年よりも発電量が少なくなっていることから原子力発電である。図４のAは臨海部に立地していることから火力発電，Bは福井県(高浜，美浜など)に多く，愛媛県(伊《い》方《かた》)，佐賀県(玄海《げんかい》)，鹿児島県(川内《せんだい》)に立地していることから原子力発電，Cは富山県や岐阜県などの山間部に立地していることから水力発電とわかる。　(ii)　図５のⅢは，サウジアラビアなど中東に集中していることから原油である。Ⅰ，Ⅱについてはオーストラリアとアメリカ合衆国(アメリカ)は共通しているが，マレーシアとカタールのあるⅠが液化天然ガス，ロシアとインドネシアのあるⅡが石炭であると判断できる。

問３　(i)　説明文から，1993年は東北地方で平年に比べて冷夏となったことがわかるので，収穫《しゅうかく》量が大きく落ちこんだYが「東北地方の10ha当たりの米の収穫量」，Xが「日本全国の10ha当たりの米の収穫量」である。太平洋側の北からオホーツク海(D)高気圧が張り出し，冷たく湿《しめ》った北東風であるやませ(E)の影響《えいきょう》で，東北地方に冷害が発生し，米が不作となった。　(ii)　日本人の食生活の洋風化にともなって１人当たりの精米供給量が年々減少したため，国は過剰《かじょう》な在庫を抱《かか》えることになった。そこで，生産量を調整するため，1970年ごろから奨励《しょうれい》金を出して水田の休耕や他の作物への転作を進め，作付面積を減らす減反《げんたん》政策を実施《じっし》した。しかし，この政策にしたがった農家には政府から補助金が支給されたため，農家の自主性や競争力の低下が問題となり，2018年に廃止《はいし》された。

問４　新型コロナウイルスが世界的に感染拡大する中，多くの国や地域が，ある程度の感染は仕方ないとしつつワクチン接種により重症者の増加をおさえていくウィズコロナ政策に方針転換《てんかん》していった。その一方で，中国は感染拡大を徹底《てってい》的におさえこむゼロコロナ政策をとり続け，2022年３月下旬《げじゅん》から上海でロックダウン(都市封鎖《ふうさ》)を行った。図８で日本の自動車生産台数の回復は遅れていると書かれているのでⅠは日本とわかり，ＧとＨのうち，2020年の減少率が比較《ひかく》的小さいＧは中国，2020年の減少率が大きいＨはアメリカである。

問５　新型コロナウイルスの流行前に最も訪日外国人客数が多く，その後は海外渡航《とこう》の制限が厳しくなったことからＬは中国である。中国に次いで訪日外国人客数が多く，中国よりも回復が早かったＭは韓国，残ったＮはアメリカであると判断できる。

２　万博を題材とした歴史の問題

問１　福沢諭吉は，日本は隣国《りんごく》である中国や朝鮮の開明化を待ってアジアをおこす余裕《よゆう》はなく，そこから脱《だっ》して西洋の文明国とともに行動すべきであると，1885年に新聞『時事新報』の社説に発表した。この主張は「脱亜論《だつあろん》」と呼ばれている。なお，アは内村鑑三《かんぞう》の「戦争廃止《はいし》論」，イは吉野作造の説いた「民本主義」，ウは血税一揆《いっき》，オは民撰《みんせん》議院設立の建白書に関連する史料である。

問２　アは1722年の上米の制で第８代将軍徳川吉宗のころ，イは1825年の異国船打払《うちはらい》令で第11代将軍徳川家斉《いえなり》のころ，ウは老中田沼意次《おきつぐ》の政策で第９代・10代将軍のころ，エは1637年の島原・天草一揆で第３代将軍徳川家光のころ，オは老中水野忠邦の政策で第12代将軍のころのことなので，年代の古い順に，エ→ア→ウ→イ→オとなる。

問３　(ウ)は喜多川歌麿が描《えが》いた『婦女人相十品─ポッピンを吹《ふ》く娘《むすめ》』，(エ)は狩野派によって描かれた『洛中《らくちゅう》洛外図屏風』である。なお，狩野永徳は『上杉家洛中洛外図屏風』を描いているが，(エ)とは異なる。

問４　国家総動員法は，日中戦争が長期化することに備え，国民を戦時体制に協力させるために1938年に制定された法律である。これにより，議会が承認しなくても政府が戦争に必要な物資や人を統制し，運用することができるようになった。

問５　田中角栄は，1972年７月から1974年12月まで総理大臣(首相)を務めた政治家で，1972年に『日本列島改造論』を掲《かか》げて内閣を組織し，日中共同声明を発表して日中国交正常化に成功した。なお，アは中曽根康弘(三公社民営化，1980年代)，イは細川護熙《もりひろ》(非自民８党派の連立内閣樹立，1993年)，ウは海部俊樹(ペルシア湾《わん》に自衛隊を派遣《はけん》，1991年)，オは村山富市(日本社会党をふくむ３党連立政権，1994年)について説明したものである。

問６　平将門は，常陸《ひたち》(現在の茨城県)，下野《しもつけ》(現在の栃木県)，上野《こうずけ》(現在の群馬県)の国府を攻《せ》め落として新皇と名乗り，一族のものを関東８か国の国司に任命した。1872年に生糸をつくるための官営富岡製糸場が建てられたのは群馬県である。

問７　縄文時代の貝塚，平清盛が保護した厳島神社(広島県)，江戸時代の東廻《まわ》り航路と西廻り航路について述べた文は正しい。なお，遣唐《けんとう》使は８世紀に新羅《しらぎ》との関係が悪化すると航路が変更《へんこう》された。

琉球王国がさかんに中継貿易を行っていた時期は15～16世紀半ばであり，朱印船貿易は，江戸幕府によって17世紀の初めに行われた。

3 新紙幣《しへい》についての問題

問１　北里柴三郎は，ドイツのローベルト・コッホの下で研究にはげみ，1889年に破傷風菌《はしょうふうきん》の純《じゅん》粋培養《すいばいよう》に成功した。さらに，1890年には破傷風菌の毒素を中和する抗体《こうたい》を発見し，病気の治療《ちりょう》や予防を可能にする血清療法《りょうほう》を確立した。

問２　土地や生産手段を持つ資本家が労働者を雇《やと》い，利益を追求することを目的に商品の生産を行い，自由な取り引きが行われる経済体制を資本主義という。

問３　金融《きんゆう》政策を担当する日本銀行は，公開市場操作によって株や国債《こくさい》を売買することで，市場に出回る通貨の量を調整する。なお，現在の日本は，国の保有する金の量とは関係なく，調整してお金を発行する管理通貨制度をとっている。また，個人や会社が日本銀行に口座を作ることはできず，日本銀行における決定の最高責任者は日本銀行総裁である。

問４　1990年は公債《こうさい》金を引いた歳入《さいにゅう》が60.6兆円，国債《こくさい》費を引いた歳出《さいしゅつ》が51.9兆円なので，プライマリーバランスは黒字である。2000年は公債金を引いた歳入が52.4兆円，国債費を引いた歳出が63兆円，2010年は公債金を引いた歳入が47.9兆円，国債費を引いた歳出が71.7兆円，2020年は公債金を引いた歳入が70.6兆円，国債費を引いた歳出が83.3兆円であるので，いずれもプライマリーバランスは赤字である。よってイ，ウ，エが当てはまる。

問５　国会法第56条では，議員が議案を発議するためには，衆議院議員20人以上，参議院議員10人以上の賛成が必要であること，予算をともなう法律案の場合は，衆議院議員50人以上，参議院議員20人以上の賛成が必要であることが定められている。また，内閣が提出する法律案は，与党に属している内閣総理大臣と国務大臣によって決定されたものであるので，国会でこれに賛成する人が多く，高い確率で法律として成立している。

問６　国務大臣は内閣総理大臣から任命される。内閣を補助する機関としての内閣官房《かんぼう》は，総理大臣を支援《しえん》するためさまざまな業務を担《にな》っており，内閣官房長官はそれらを統括《とうかつ》する国務大臣である。また，国家公安委員会は，警察庁を管理する機関であり，その長である委員長は国務大臣である。なお，日本国憲法第68条の規定により，国務大臣のうち過半数は国会議員でなければならない。国務大臣が他の大臣と兼任《けんにん》してはいけないという規定はなく，首相が国務大臣を兼任した例もある。日本国憲法第66条の規定により，国務大臣は防衛大臣もふくめて全員が文民でなければならない。

問７　1952年にサンフランシスコ平和条約が発効して日本は独立を果たしたが，1972年までの約20年間にわたり沖縄ではアメリカによる統治が続いた。普天間《ふてんま》飛行場の移設先は，沖縄県内の辺野古《へのこ》となっている。現在でも日本にある米軍基地の約70％が沖縄に集中している。

問８　男女平等の実現が目指されるなか，男女がおたがいを尊重してともに責任を分担し，性別にかかわりなく，その個性と能力を生かすことを目的として，男女共同参画社会基本法が1999年に制定された。

4－Ⅰ　新井白石の政策の意図についての問題

当時，天皇家は財政難から多くの皇子が出家していたため，いずれ皇位継承《けいしょう》者がいなくなるおそれがあった。それを懸念《けねん》した新井白石は閑院宮《かんいんのみや》家を創立し，皇室の安定を図った。将軍は天皇により任命されるため，天皇家の安泰《あんたい》は将軍家の安泰にもつながるためである。白石の政策からは，費用を献上《けんじょう》してでも新しい宮家を創立したことや，まだ満５歳《さい》と子どもである将軍を同じく子どもである皇女と婚約《こんやく》させたことが読み取れる。このことから，天皇家を幼い将軍の後ろ盾《だて》にすることで，幕府の権威《けんい》を高めようとしたと考えられる。

4 -Ⅱ　相続税についての問題

問１　相続税がない場合の２人が相続する額の差は，１億円−3000万円＝7000万である。一方，相続税がある場合のＡさんの相続額は，１億円−1920万円＝8080万円，Ｂさんの相続額は3000万円であるので，その差は8080万円−3000万円＝5080万円である。よって，7000万円−5080万円＝1920万円となり，相続税があることにより，２人が相続する額の差は1920万円小さくなる。

問２　相続税には累進《るいしん》課税制度が組みこまれ，相続する額が一定額以下の場合は税金を支払《しはら》う必要がないと書かれている。問１からも相続税があることで差が縮まることがわかるので，相続税の利点は，家庭環境《かんきょう》によって生じる経済的格差を是正《ぜせい》できることである。

理　科　＜第２回入試＞（30分）＜満点：50点＞

解　答

1　**問１**　1.4　**問２**　イ，エ　**問３**　2.8秒　**問４**　８往復目　**問５**　オ　**問６**　Ｙ…短　**理由**…（例）広尾さんの方が重心が高く，ブランコの上端から重心までの距離が短くなるから。　**2**　**問１**　オ　**問２**　（例）ビーカー内外で水の高さが違うと，ビーカーの中の空気が圧縮されたりぼう張したりするから。　**問３**　８cm　**問４**　オ，ク　**問５**　Ａ 27　Ｂ 19　**3**　**問１**　ア　**問２**　**夏鳥**…Ｆ　**冬鳥**…Ａ　**問３**　（例）Ⅰ　そのときにあるエサを何でも食べることができる　Ⅱ　特定のエサしか食べられない　**問４**　(1)　オ　(2)　ア，エ，オ　**問５**　（例）星座　**問６**　（例）前を飛ぶ鳥が起こす空気の流れのおかげで，後ろの鳥は少ないエネルギーで飛ぶことができるから。　**4**　**問１**　北極星　**問２**　Ａ　**問３**　星座の高度　**問４**　カ　**問５**　(1)　ア　(2)　イ

解　説

1　振《ふ》り子や小球の運動についての問題

問１，問２　表１で，たとえば①，②を比べると，おもりの重さと糸の長さが同じとき，周期は振れ幅に関係なく同じである。同様に，②，③を比べると，糸の長さと振れ幅が同じときも，周期はおもりの重さに関係なく同じである。しかし，③，⑤を比べると，おもりの重さと振れ幅が同じときは，周期は糸の長さが長くなるほど長くなることがわかる。よって，周期はおもりの重さや振れ幅に関係なく，糸の長さに関係することがわかる。したがって，⑥の周期は，糸の長さが同じ⑦，⑧と同じ，1.4秒になる。また，③，⑨(または⑤，⑩)を比べると，周期が２倍になるとき，糸の長さは４倍になっている。

問３　糸の長さが200cmの振り子１を糸の長さが，200÷４＝50(cm)の⑥と比べる。問２の分析より，糸の長さが４倍になるとき，周期は２倍になるから，その周期は，1.4×２＝2.8(秒)と求められる。

問４　糸の長さが256cmの振り子２の周期は，糸の長さが，256÷４＝64(cm)の⑨の２倍の，1.6×

２＝3.2(秒)となる。よって，振り子１がＢ点に来るのは2.8秒ごと，振り子２がＢ点に来るのは3.2秒ごとなので，$2.8\times 8=22.4$，$3.2\times 7=22.4$より，２つの振り子が再びＢ点で衝突《しょうとつ》するのは22.4秒後であり，それは振り子１が８往復，振り子２が７往復したときとわかる。

問５　小球を斜面《しゃめん》上で転がすとき，斜面の傾《かたむ》きに関係なく，小球を転がし始める高さが同じであれば，小球が斜面の最下点(Ｅ)を通過した直後の速さは同じになる。すると，小球がＦを通過した直後の速さも同じになるから，小球がＦを通過したあと上る円筒《えんとう》面上の最高点の高さも同じである。

問６　振り子の長さとは，理花さんが行った実験における糸の長さと同じではなく，糸の上端《じょうたん》からおもりの重心までの長さのことである。このことをブランコに当てはめると，ブランコが振れるときのブランコの長さは，ブランコの上端から乗っている人の重心までの長さとなる。したがって，理花さんよりも身長の高い広尾さんの方が重心の位置が高く，ブランコの上端から乗っている人の重心までの長さは広尾さんの方が短くなるため，周期(往復時間)も広尾さんの方が短くなったのである。

２　ものの燃焼についての問題

問１　スチールウールを燃やすと，スチールウール(鉄)が酸素と結びつき，減少した酸素の体積の分だけ水がビーカーの中に入ってきて，水面が上がる。

問２　この実験ではビーカー内の気体の体積を気体部分の高さとして測っているが，このときビーカー内の気圧を同一の条件にして測らないと，結果を比べることができない。ビーカー内外で水面の高さが違《ちが》っていると，ビーカーの中の気体が圧縮されたりぼう張したりして，ビーカー内の気圧が外と異なった状態になってしまうので，ビーカー内外で水面の高さをそろえる操作をして，ビーカー内の気圧が外と同じになるようにする。

問３　実験１で，スチールウールを燃やしたことで上がった水面の高さは，$10-6=4$ (cm)である。つまり，スチールウールと結びついた酸素はビーカーの高さ４cm分の体積とわかる。よって，スチールウールを半分にすると，結びつく酸素の体積も半分になるので，上がる水面の高さも半分の，$4\div 2=2$ (cm)となる。よって，気体部分は，$10-2=8$ (cm)である。

問４　実験２では，スチールウールに塩酸を加えることで，水素が発生する。水素は物質の中でもっとも密度が小さい気体で，無色無臭《むしゅう》である。なお，アはちっ素，ウとカは二酸化炭素，キは酸素についてそれぞれ述べたもので，スチールウールは水酸化ナトリウム水溶液《すいようえき》とは反応しない。

問５　表１の５つの結果を左から①～⑤と呼ぶことにする。④と⑤の比較《ひかく》より，スチールウール16.4ｇがすべて塩酸と反応すると，気体部分の高さ，$25-10=15$(cm)分の水素が発生したことがわかる(水素は水にほとんどとけないので，気体部分の高さの増加分が発生した水素の体積に相当すると考えられる)。ここで，①において，もしスチールウール8.04ｇがすべて塩酸と反応していれば，気体部分の高さ，$15\times\frac{8.04}{16.4}=7.3\cdots$(cm)分の水素が発生するはずだが，実際には，$14.5-10=4.5$(cm)分しか発生していない。このことから，①では塩酸はすべて反応しているが，スチールウールの一部は反応せずに残っていると考えられるので，塩酸９mLがすべて反応すると，気体部分の高さ4.5cm分の水素が発生することがわかる。よって，③において，発生した水素は気体部分の高さ，$23.5-10=13.5$(cm)分で④より少ないのに対し，スチールウールの重さは④より多いことから，ここでは塩酸がすべて反応していて，その体積は，$9\times\frac{13.5}{4.5}=27$(mL)と求められる。また，②は，塩酸の体積が①の２倍なのに対し，スチールウールの重さは①の２倍よりも多いことから，

①と同様に塩酸がすべて反応している。したがって，発生した水素は気体部分の高さ，4.5×２＝9（cm）分となるから，気体部分の高さは，10＋９＝19（cm）になる。

3 渡《わた》り鳥の習性についての問題

問１　ガンは，秋になると北の方からやってきて日本で冬を過ごし，春になると北の方に渡っていく冬鳥である。

問２　会話文で，お父さんが「渡り鳥は南北移動をしている」，「春と夏では北へ移動して子育てし」と述べていることを参考にすると，図１で，日本に飛来する多くの夏鳥では，繁殖《はんしょく》地がF，越冬《えっとう》地がEになると考えられる。また，冬鳥では，繁殖地がA，越冬地がFとなる。

問３　同じ場所で生活できる鳥の場合，１年を通してそこにいても，多種のエサを食べることができたり，エサが豊富にあったりするなどの理由から，エサに困らないと考えられる。一方，渡る鳥は，特定のエサしか食べられなかったり，季節によってエサがなくなってしまったりするなどのことから，エサを求めて渡りを行うと考えられる。

問４　(1)　図２～図４のホシムクドリはいずれも，窓から入ってきた入射光が進む方向に対して反時計回りに30度の方向（黒い矢印の方向）に向かって飛行衝動《しょうどう》を行っている。　(2)　渡り鳥は春になると北へ向かい，秋になると南へ向かう。季節が違えば渡る方角も違うため，ホシムクドリを違う季節の同じ時間に観察した場合，飛行衝動を行うかどうか，北西とは違う方向へ飛行衝動を行うかどうかについて確認できれば，春に太陽の位置を確認して飛行衝動をしていると考えられる。また，太陽の光が当たらないとき，飛行衝動を行わないことが確認できれば，太陽の位置を確認して飛行衝動をしていると考えられる。これらの結果が複数のホシムクドリで確認ができれば，ホシムクドリは太陽の位置を確認して飛行衝動を行っていることがより確かめられる。

問５　渡り鳥がおおまかに南北へ向かうときは，太陽や星・星座などの空に出ているものを目印にしていると考えられる。

問６　ハクチョウが飛来するときに一列に並ばず，V字型に並ぶと，先頭を飛ぶ鳥が起こす空気の流れのおかげで，ななめ後ろを飛ぶ鳥は少ないエネルギーで飛ぶことができる。

4 星の見え方についての問題

問１　星座早見盤《ばん》の中心には，１日を通して，また１年を通して見える位置がほぼ変わらない北極星がえがかれている。

問２　星座早見盤は上にかかげて使うので，東西の方向が通常の地図とは反対になる。図１では，Aが西，Bが南，Cが東となっている。よって，西の空を観察するときは，Aを手前にして持ち，そのまま上にかかげる。

問３　図１の②の目盛りは，星が見える高度を表している。

問４　毎日同じ時刻に星を観察すると，１か月に約30度ずつ東から西へ移動するので，２か月後の同じ時刻には西へ，30×２＝60（度）移動した方角に見える。また，星は１時間に15度ずつ東から西へ移動するので，２時間後には西へ，15×２＝30（度）移動した方角に見える。したがって，３月13日の22時には，１月13日の20時より西へ，60＋30＝90（度）移動した方角に見えることになるので，南西の方角に観察できる。

問５　(1)　地球が天の川銀河の中心にあった場合，地球の周りには多くの星が偏《かたよ》りなく集まっていることになるため，地球からは天の川が全方向（360度の範囲《はんい》）に，どの方向でも同じような明るさで見られると考えられる。 (2) 図５で並んでいるやぎ座，いて座，さそり座，てんびん座は黄道《こうどう》(天球における太陽の通り道)の上にある星座である。よって，これらの星座の並びを地球の公転軌道《きどう》面として考えると，天の川は公転軌道面に対して傾いた状態で交わっているので，地球の公転軌道面と天の川の関係はイのようになっている。

国 語 ＜第２回入試＞（50分）＜満点：100点＞

解 答

一 **問１** ① たいよ ② ぞうごん ③ いさぎよ(い) ④ ひつじょう **問２** 下記を参照のこと。 二 (ひらがな，語群の順で) ① んき，オ ② たい，ク ③ まは，キ ④ ごろ，ア ⑤ つか，イ 三 **問１** ウ **問２** ア **問３** エ **問４** (例) 一度自分を叱ってきた大浦さんの，戦争に行かず子供をだしにして堂々と演説しているようすが，戦争に行く寂しそうな父の表情と対照的に映り，大浦さんに対する反発心と父に対する同情を感じている。 **問５** イ **問６** ア **問７** ウ 四 **問１** **A** エ **B** ウ **C** ア **D** イ **問２** エ **問３** 非科学的な思考や態度 **問４** (例) 神学者・牧師のティリッヒが「祈り」の効果を否定した話と，宗教家のラマが「祈る」ことを問題解決の手段とみなさなかった話は，宗教家の現実的な側面を示す点で共通するということ。
問５ ア **問６** ウ **問７** イ

●漢字の書き取り

一 **問２** ① 侵犯 ② 再燃 ③ 無恥 ④ 万策 ⑤ 綿密 ⑥ 勤(め)

解 説

一 漢字の読みと書き取り

問１ ① 物を貸すこと。 ② 悪口や不快な言葉。 ③ 音読みは「ケツ」で，「潔白」などの熟語がある。 ④ 未来に必ず起きると決まっていること。

問２ ① 決められた領土や権利をおかすこと。 ② 再び盛り上がること。 ③ 「厚顔無《こうがんむ》恥《ち》」は，恥《はじ》知らずで厚かましいさま。 ④ ありとあらゆる手段。 ⑤ 細部まで行き届いていること。 ⑥ 音読みは「キン」で，「勤勉」などの熟語がある。

二 ことばの知識

① 「きかんき」は，相手の言うことを聞く気がなく，まけずぎらいなさま。 ② 「いたいけ」は，幼くあどけないさま。 ③ 「なまはんか」は，不十分で中途半端《ちゅうとはんぱ》なさま。 ④ 「ねんごろ」は，懇意《こんい》にしていて親しいさま。 ⑤ 「ふつつか」は，未熟で至らない点があるさま。

三 出典：遠藤周作《えんどうしゅうさく》『稔《みのる》と仔犬《こいぬ》／青いお城―遠藤周作初期童話』。父は戦争へ行き，母は忙《いそが》しく働く生活の中で，小学生の稔は今の自分にはとうてい飼えない仔犬を手放すために外を歩く。

問１ 稔の父親は，稔と河原で水のながれを見ながらふいに「父ちゃんがいなくなっても」と話し始めている。稔は，唐突《とうとつ》に自分がいなくなった場合の話をし出した父親におどろいたことが読み取れるので，ウが正しい。この時点では，父親が戦争へ行くという具体的な話は出ていないので，アはふさわしくない。

問２　稔は，自分が美しい花の広がる丘《おか》におり，両親のそばで何の憂《うれ》いもなく暮らせるようになる夢を見ている。目が覚めた稔は，夢で見た景色がすべて消え，実際の自分は「寒さと悲しさとが充《み》ち充ちている闇《やみ》」の中にいることを自覚している。夢と現実との落差によって，現実のつらさがいっそう身にしみていることが読み取れるので，アが選べる。

問３　稔は，自分の夢で見たような幸せは諦《あきら》めなければならないと考え，仔犬に「ついてきちゃ，いけないよ」と何度も言いきかせて走りだしている。置き去りにした仔犬のことは「ふりむくまい」と思いながら，結局ふりむいてしまった稔のようすからは，現実にもどろうとしながらもやはり夢のような「やさしい人生」を諦めきれずにいることが読み取れる。よって，エがよい。

問４　前の部分では，稔が以前大浦《おおうら》さんに怒鳴《どな》られた経験があることや，その数ヶ月後，衆議院議員選挙の演説中だった大浦さんに聴衆《ちょうしゅう》の前で頭をなでられ，演説の題材にされたことが書かれている。また，稔は演説中の大浦さんの姿を見たとき，対照的な「出征《しゅっせい》の朝のしょんぼりとした」父のことを思い出している。稔は，大浦さんが本心では稔たち子供を好いていないのに，演説のためなら都合よく利用する点に不快感をおぼえると同時に，大浦さんと異なり戦争に行かざるをえない父を思って悲しくなったと想像できる。

問５　仔犬が死んでしまったことを知った稔は，「男の子なんだから」泣いてはいけないと自分に言いきかせながら，こらえきれずに涙《なみだ》を流している。稔は，自分から父を「奪《うば》った」ものをはじめ，自分を理不尽《りふじん》に苦しめるさまざまなものに思いをはせたうえで，「自分に残された」唯一《ゆいいつ》の「喜び」だった仔犬まで奪われたと感じてやりきれない気持ちになっていると考えられる。よって，イが合う。

問６　稔は口笛を吹《ふ》きながら，それで仔犬が帰ってくるわけではないが，「なんとなく悲しみがひいていくような気がする」と感じている。仔犬が亡《な》くなったと知る前にも稔は口笛を「幾度《いくど》もならして」仔犬が姿を現さないかと期待しており，口笛は稔にとって仔犬と自分をつなぐものだったことが読み取れる。ただ悲しみに暮れるよりも口笛を吹いてみることで，わずかでも稔自身の心がなぐさめられていると想像できるので，アがよい。

問７　本文の後半に，泣いている稔を見て自分の過去を思い出す「女中さん」視点の描写《びょうしゃ》があるので，ウが正しくない。

四　**出典：石川明人《いしかわあきと》『宗教を「信じる」とはどういうことか』**。筆者は，世間的なイメージとは異なる実際の宗教や祈《いの》りのあり方について，実在の宗教家の例もあげながら論じている。

問１　**A**　筆者は『悪魔《あくま》の辞典』という本を紹介《しょうかい》した後，本に書かれている文言を引用しているので，具体的な例をあげるときに用いる「例えば」がよい。　**B**　前後の部分では，「運命」という言葉の定義が二種類並べて書かれているので，複数のことがらを並べ立てたり，別のことがらをつけ加えたりするときに用いる「および」が合う。　**C**　ビアスによる「祈り」の定義をふまえ，後で筆者の解釈《かいしゃく》が書かれているので，それまでに述べたことをわかりやすく言いかえるときに用いる「要するに」が正しい。　**D**　筆者は宗教に対する一般的《いっぱんてき》なイメージを述べた後，それとは必ずしも合わない実態を説明している。よって，前のことがらを受けて，それに反する内容を述べるときに用いる「しかし」がふさわしい。

問２　前の部分には，「中世のイスラム文化」においては数学や天文学といった学問が「祈りの時間」や聖地の方角を「正確に算出する」ためにも不可欠だったとある。イスラム教の儀式《ぎしき》を執《と》り行うために科学的な知識が必要だったことがわかるので，エが正しい。

問３　筆者は，旧来的なとらえ方においては宗教と科学の関係は「対立や闘争《とうそう》のイメージ」だったと述べている。同様に，空らんＤの前の部分では，宗教を信じることは一般的に「非科学的な思考や態度」というイメージを持たれる傾向《けいこう》にあると書かれている。

問４　前の部分には，神学者・牧師のティリッヒが戦場において「祈り」に奇跡《きせき》的な効果があるという考えに反論し，将軍に対し現実的な姿勢を見せたとある。さらに，続く部分には宗教家のダライ・ラマが「祈り」だけでテロ事件のような問題を解決することはできないと発言したことが書かれている。筆者は，「実際の宗教家の思考」が「意外と現実的」で，世間が漠然《ばくぜん》と抱《いだ》く「宗教」のイメージとは異なることの例としてこの二つの話を紹介している。

問５　前後の部分で筆者は「祈り」について，本来は自分の努力で獲得《かくとく》すべき利益や幸福を「神さま」に要求する行為《こうい》，あるいは神にすがる「依存《いぞん》的な態度」や現実からの「逃避《とうひ》」といったイメージを列挙したうえで，実際の「祈り」はそれらだけではなくもっと「さまざまな角度から」理解され，「多様」な形で実践《じっせん》されているものだと主張している。よって，アがふさわしい。

問６　前の部分で筆者は，キリスト教の「食事の前の祈り」はおおむね，神の心の通りになるようにと願うものではないかと論じたうえで，全能の神のために「わざわざ」そう願うことは，自分の神への「信頼《しんらい》」を示すためかもしれないという考えを述べている。祈りを通じて，人々はものごとの行く末を神にゆだねる姿勢を見せていると考えられるので，ウがよい。

問７　本文において筆者は，ビアスの『悪魔の辞典』を引用して一般的な宗教に対するイメージを提示したうえで，必ずしもそのイメージとは一致《いっち》しない宗教の実態を説明し，ものごとの単純化や「適当」な断言を避《さ》けながら新しい視点を示している。よって，イが合う。

2024年度 広尾学園中学校

【算　数】〈医進・サイエンス回入試〉(50分)〈満点：100点〉

〈編集部注：実物の入試問題では，3，4の図はカラー印刷です。〉

1　どの2つの目盛りの間の距離を測っても，すべて異なる定規を「ゴロム定規」といいます。ゴロム定規のうち，目盛りの個数に対してその長さが最短のものを「最短ゴロム定規」といいます。例を参考に，下の問いに答えなさい。ただし，定規の目盛りは整数とします。また，左右対称となる定規は1つとして考えます。

(例)　目盛りが3個の最短ゴロム定規の長さは3であり，下の右図のようになります。

※　0，1，2，3の4つの目盛りから2を取ったものです。

(間違いの例)　目盛りが4個の最短ゴロム定規の長さは6ですが，下の図は目盛り0と3の距離と3と6の距離が同じなので，ゴロム定規ではありません。

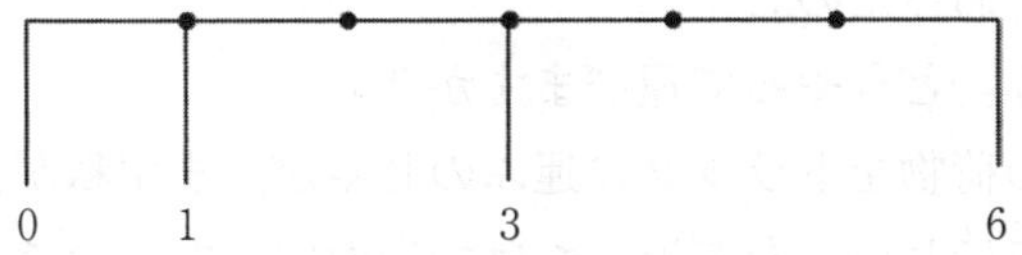

(1)　目盛りが4個の最短ゴロム定規の長さは6です。解答用紙にある長さ6の定規に例のように目盛りをつけて，目盛りが4個の最短ゴロム定規を作りなさい。

(2)　目盛りが5個の最短ゴロム定規の長さは11であり，目盛りのつけ方は2通りあります。解答用紙にある長さ11の定規に例のように目盛りをつけて，目盛りが5個の最短ゴロム定規を2通り作りなさい。

(3)　目盛りが6個の最短ゴロム定規の長さは17であり，目盛りのつけ方は4通りあります。解答用紙にある長さ17の定規に例のように目盛りをつけて，目盛りが6個の最短ゴロム定規を4通り作りなさい。

2　次の問いに答えなさい。ただし，**円周率は3として**計算しなさい。

(1)　図1について，直線m上の点A，Bを含む三角形ABCを直線mを軸として一回転させたときにできる立体の体積を求めなさい。

(2)　図2について，直線m上の点D，Fを含む直角三角形DEFを直線mを軸として一回転させたときにできる立体の体積を求めなさい。

(3)　図3について，直線m上の点G，Iを含む長方形GHIJを直線mを軸として一回転させたときにできる立体の体積を求めなさい。考え方も書きなさい。

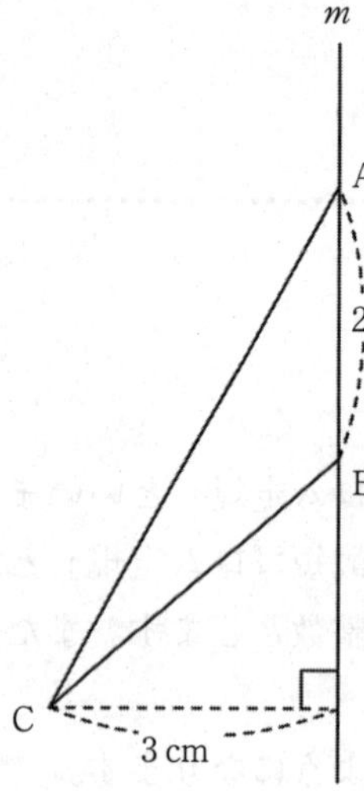

図１

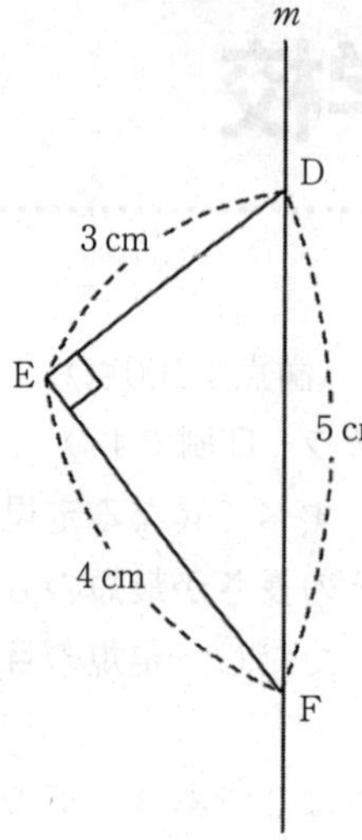

図２

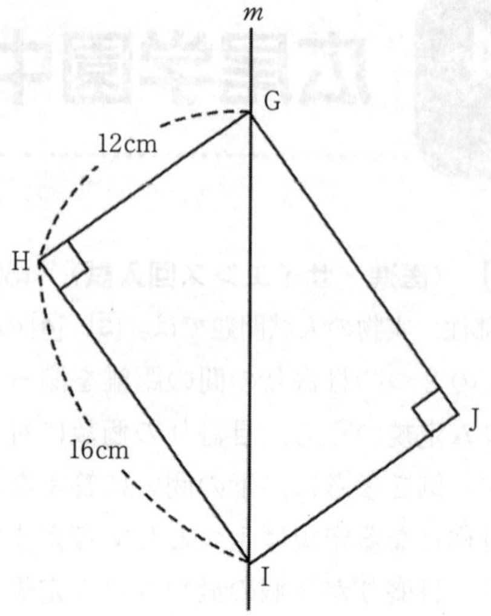

図３

3　以下の会話文を読んで，問いに答えなさい。

広尾博士(以下Ｈ)は研究室の引っ越しを考えています。そこへ助手の学ちゃん(以下Ｍ)が訪ねてきました。次の会話を読んで，問いに答えなさい。

Ｍ「博士，今日は何をしているのですか？」

Ｈ「うむ。研究室の引っ越しをしようと，荷物を運ぼうと思っているのだが，さすがに一人で運ぶのは大変なので，助手を待っておったのじゃ。」

Ｍ「わかりました。手伝いましょう。どうやって運びますか？」

Ｈ「助手は優しいのぉ。ある部屋の荷物をトラックに運ぶのじゃが，まず私が玄関まで運ぶので，助手がそれをトラックまで運んでほしい。ただ運ぶだけでは面白くないので，運ぶ際のルールを決めてみたんじゃ。」

Ｍ「ええ⁉　ルールですか？」

Ｈ「うむ。まず荷物にアルファベットをＡ，Ｂ，Ｃ，…とつけておいた。わかりやすいようにルールを紙でまとめてみたんじゃ。読んでみなさい。」

荷物を運ぶルール

作成者　広尾博士

ルール①　博士は荷物をアルファベット順に玄関まで持っていき，１列に積み上げていきます。助手は玄関に積み上がっている荷物を上から１つとり，トラックに運び入れます。

ルール②　博士，助手は１つずつしか荷物を運べないものとします。

ルール③　どちらかが運んでいる間は，もう１人は休んでいるものとします。

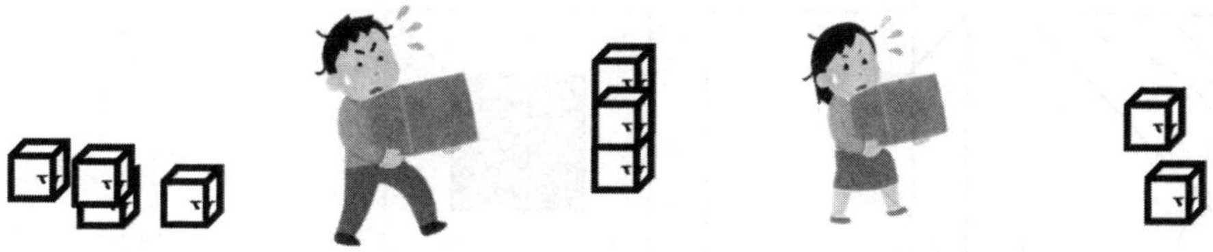

M「…例えば，２つの荷物Ａ，Ｂを運ぶ運び方は，博士Ａ→助手Ａ→博士Ｂ→助手Ｂ，または博士Ａ→博士Ｂ→助手Ｂ→助手Ａの２通りあるということですね。」

H「正解じゃ！　さすがは有能な助手だ。では引っ越しを始めるかの。」

M「ちょっと待ってください！　３つの荷物Ａ，Ｂ，Ｃを運ぶ運び方は何通りあるのでしょうか？」

H「荷物Ａ，Ｂの運び方をAABB，ABBAと書くことにしよう。考え方として，玄関に置いた荷物がはじめてなくなるタイミングで場合分けをするのじゃ。つまり，AA○○○○，Ａ△△Ａ○○，Ａ○○○○Ａのパターンがあるということじゃな。△△はBBしか入らないんじゃが。」

M「なるほど。最初は絶対博士がＡを運び，玄関の荷物がなくなるのは私がＡを運ぶタイミングなので，私が運ぶＡがどこに入るかで場合分けをしたということですね。そうするとAA○○○○とＡ○○○○Ａは２つの荷物の運び方の考えが使えるということですか。」

H「その通り！　では引っ越しを始めるかの。」

M「ちょっと待ってください！　じゃぁ４つの荷物Ａ，Ｂ，Ｃ，Ｄを運ぶ運び方は何通りあるのでしょうか？」

H「その場合は，AA○○○○○○，Ａ△△Ａ○○○○，Ａ△△△△Ａ○○，Ａ○○○○○○Ａ，の４パターンある。ここで２番目の△△にはBBが入り，３番目の△△△△にはＢとＣの荷物の運び方が使えそうじゃな。」

M「なるほど。つまり４つの荷物の運び方に３つの荷物の運び方と２つの荷物の運び方が利用できるということですね。」

H「その通り！　では引っ越しを始めるかの。」

M「ちょっと待ってください！　じゃぁ５つの荷物を…。」

H「そろそろ引っ越しを始めさせてくれんかの。」

(1)　３つの荷物Ａ，Ｂ，Ｃの運び方の総数を求めなさい。

(2)　４つの荷物Ａ，Ｂ，Ｃ，Ｄの運び方の総数を求めなさい。

(3)　5つの荷物A，B，C，D，Eの運び方の総数を求めなさい。考え方も書きなさい。

4　正方形の折り紙を何度か折り，はさみで一直線に切ります。切った紙を開いてできる図形を考えます。次の図は，開いてできる図形がそれぞれ正方形，正八角形，正六角形となる折り方がかかれています。図1から図3の1番目の図は折り紙をすでに半分に折った図で，赤い点線は折り目で，赤い→は折る方向，✂がある線は切り口となる直線を表しています。外側の細い線でかかれた正方形はもとの折り紙の大きさを表しています。下の問いに答えなさい。

図1

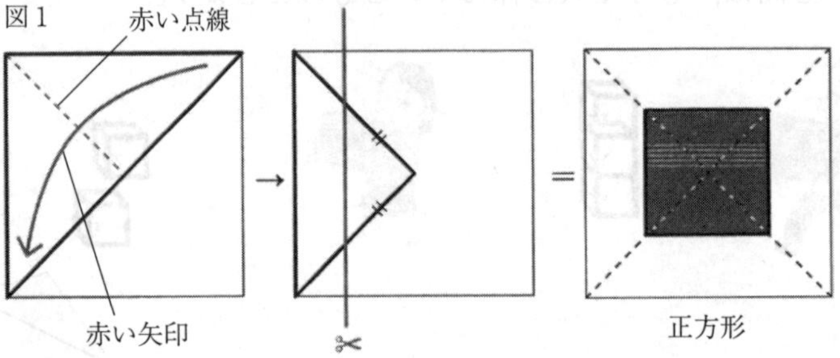

図2

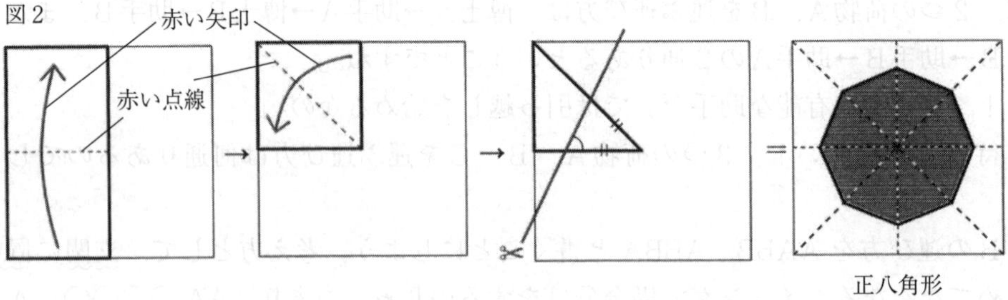

図3

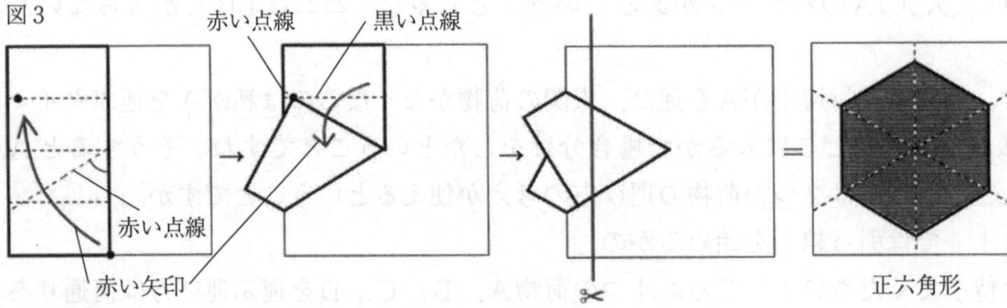

(1)　次の図は，図1とは別の方法で正方形を作ったときの折り方です。(　)に入る図について，図1を参考にして解答らんにある正方形に折った折り紙の形を表す直線，切り口となる直線をそれぞれかきなさい。必要であれば長さが等しいこともかきなさい。

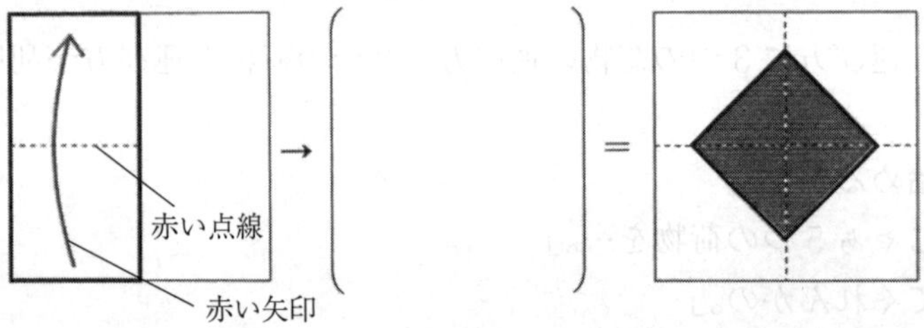

(2) 図2の3番目の図，図3の1番目の図における角度①，②を答えなさい。

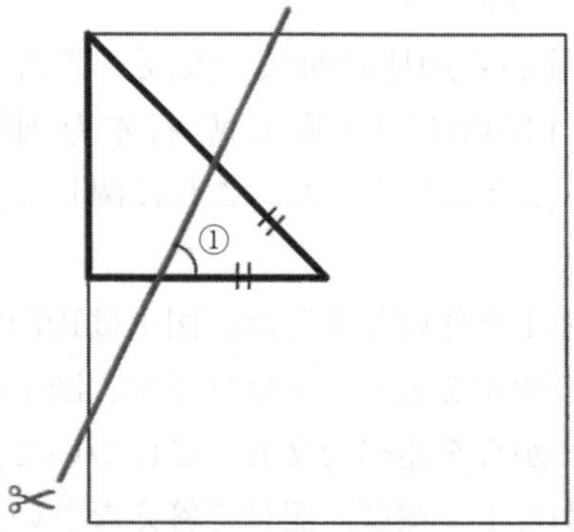

図2の3番目の図

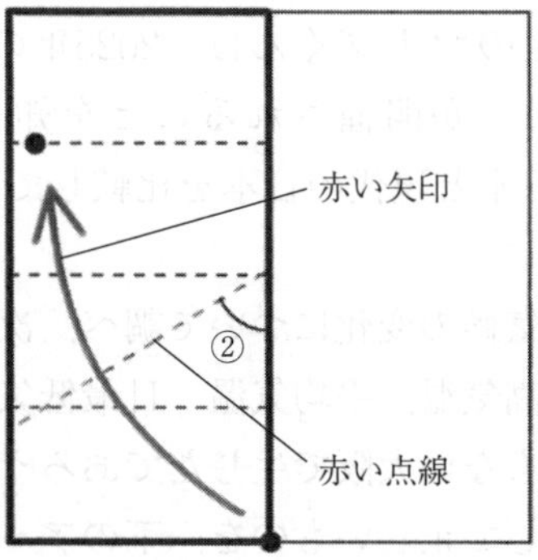

図3の1番目の図

(3) 開いた図形が正三角形になるように，折り紙を折ります。これまでの図と正三角形がかかれた折り紙の折り目を参考に(　)に入るいくつかの図をかきなさい。必要であれば長さが等しいこともかきなさい。解答らんには5つの正方形が用意されていますが，必要な分だけ使用しなさい。

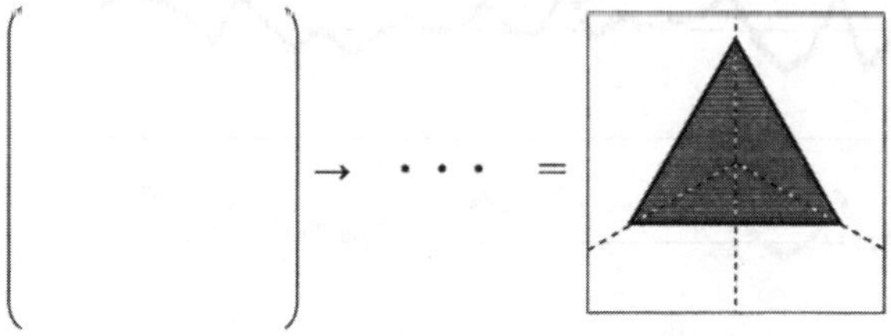

【社　会】〈医進・サイエンス回入試〉(30分)〈満点：50点〉

〈編集部注：実物の入試問題では，図やグラフのほとんどはカラー印刷です。〉

1　広尾学園中学校2年生のマナブくんは，2025年の4月から10月の間に「大阪・関西万博(2025年日本国際博覧会)」が開催されることを知り，1970年に「大阪万博(日本万国博覧会)」が開催された頃の日本と現代の日本を比較してみることにしました。これに関して，次の問いに答えなさい。

問1　マナブくんは大阪の気候の変化について調べ，次の図1を作成しました。図1は1970年から2020年までの，日最高気温，平均気温，日最低気温の変化を表したグラフです。図1に示された気候の変化にともない大阪で生じたであろうことがらを述べた文A～Cについて，その正誤の組み合わせとして正しいものを，下のア～クから1つ選び，記号で答えなさい。

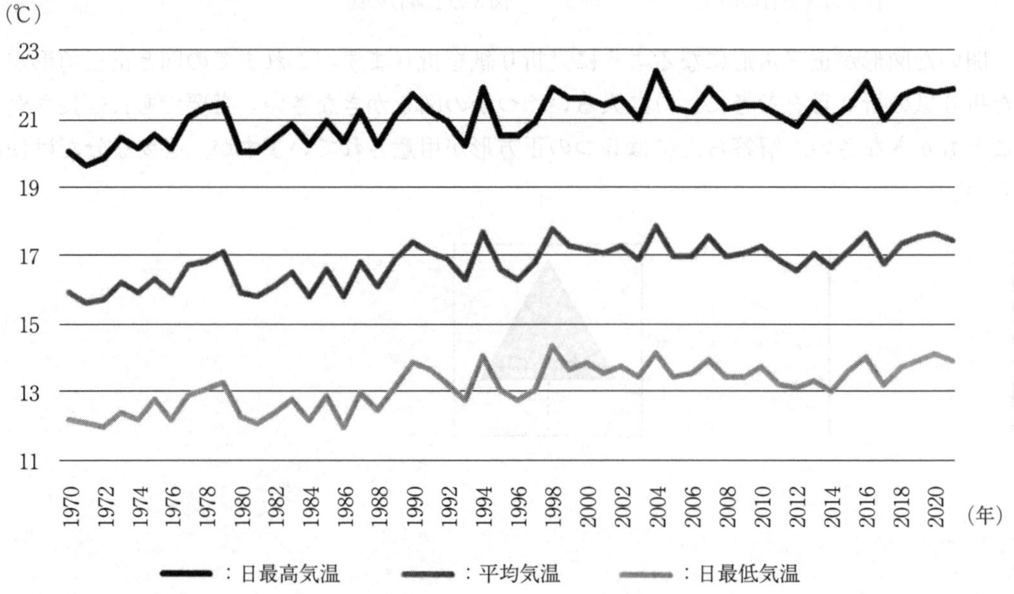

気象庁の資料により作成。

図1

A　日最高気温，日最低気温ともに上昇しているため，真夏日と真冬日のいずれもが増加した。

B　平均気温が上昇したことで高気圧の発生する頻度が増加し，高潮による被害が深刻化した。

C　日最高気温が上昇したことで夕立の発生する頻度が増加し，液状化による被害が頻発するようになった。

	ア	イ	ウ	エ	オ	カ	キ	ク
A	正	正	正	正	誤	誤	誤	誤
B	正	正	誤	誤	正	正	誤	誤
C	正	誤	正	誤	正	誤	正	誤

問2　マナブくんは，1970年に「大阪万博」が開催された地域一帯を新旧の地形図を用いて比較しました。図2は2023年発行，図3は1970年発行の2万5000分の1地形図「吹田」を一部抜粋したものです(原寸ではない)。また，あとの文(A～C)は，図2，3を比較した結果を述

べたものです。A～Cの正誤の組み合わせとして正しいものを，下のア～クから１つ選び，記号で答えなさい。

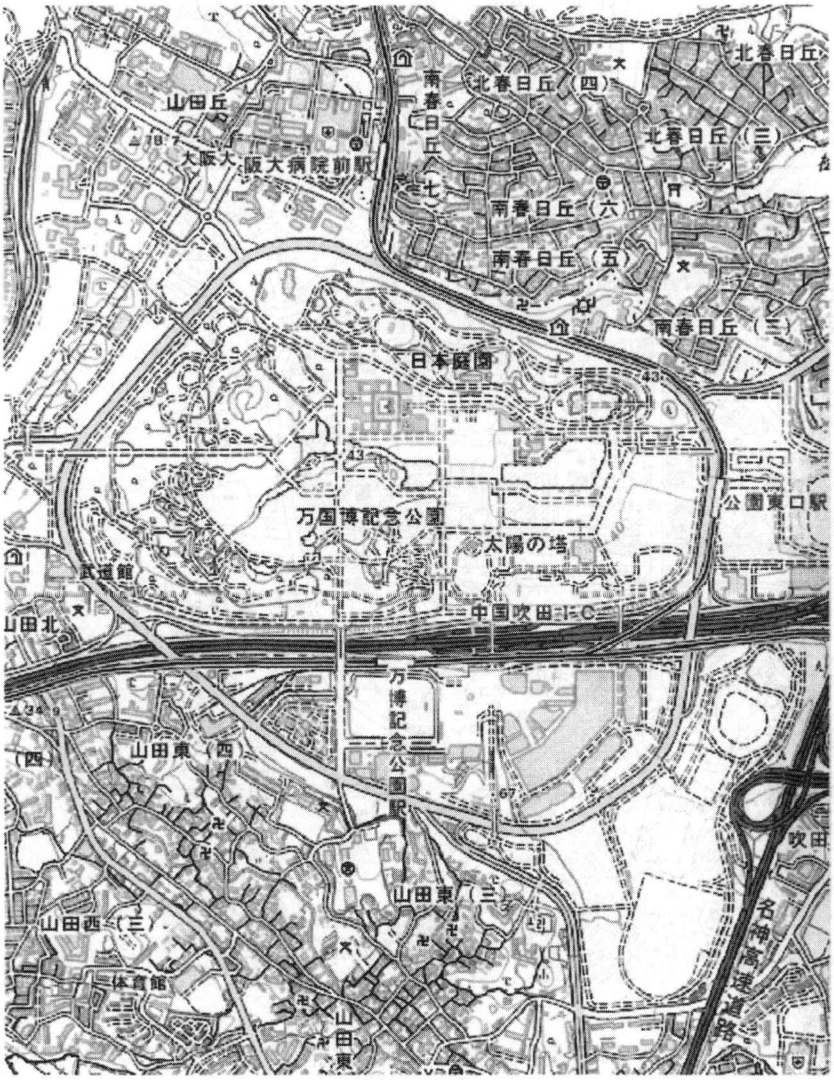

図２

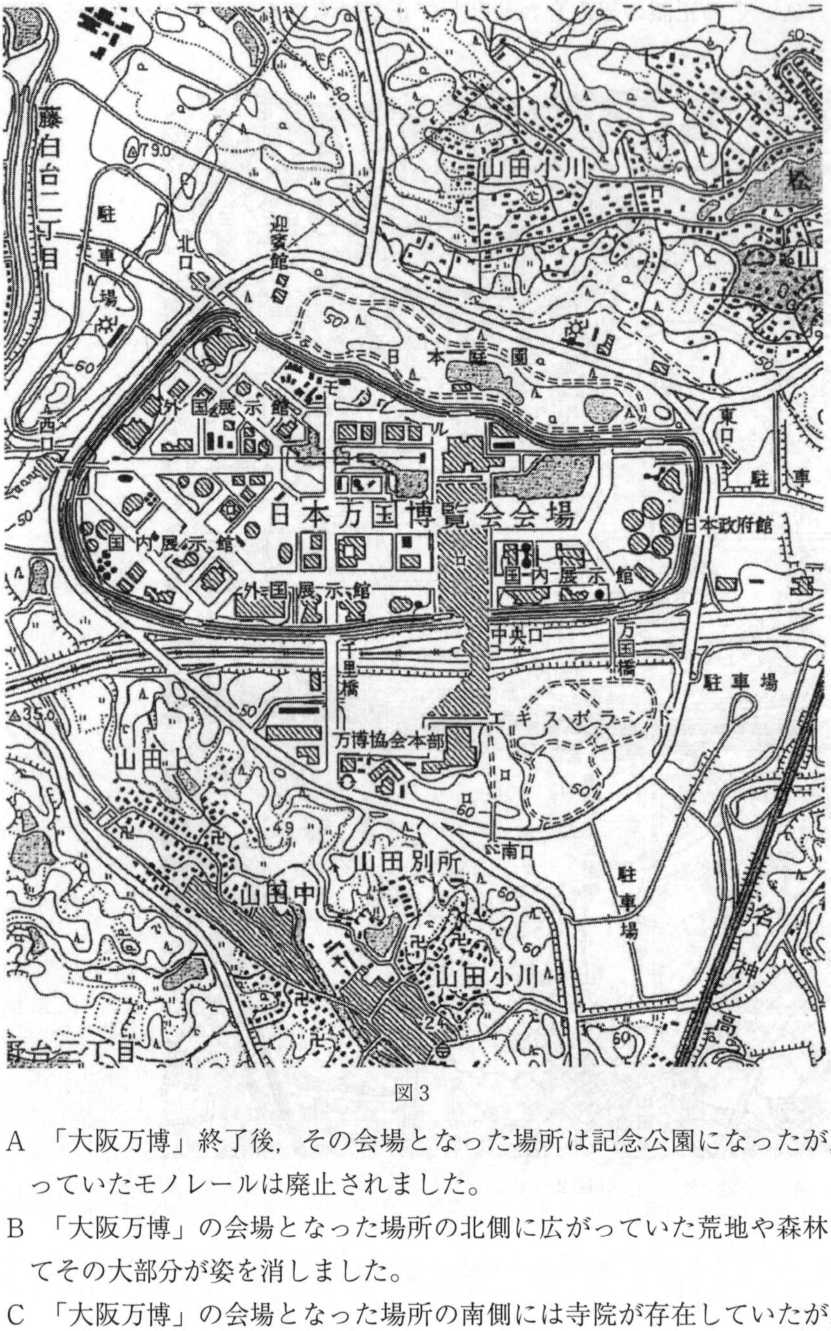

図3

A 「大阪万博」終了後，その会場となった場所は記念公園になったが，会場内を環状に走っていたモノレールは廃止されました。

B 「大阪万博」の会場となった場所の北側に広がっていた荒地や森林は，開発にともなってその大部分が姿を消しました。

C 「大阪万博」の会場となった場所の南側には寺院が存在していたが，開発にともなってその数は半減しました。

	ア	イ	ウ	エ	オ	カ	キ	ク
A	正	正	正	正	誤	誤	誤	誤
B	正	正	誤	誤	正	正	誤	誤
C	正	誤	正	誤	正	誤	正	誤

問3 1970年に「大阪万博」が開催された際，会場内では様々な国・地域の料理を食べることができて人々が驚いたという新聞記事をみたマナブくんは，1970年から現在までの間に日本で

生じた食生活の変化について調べました。次の図４中のア～エは，日本における1960年から2018年の間の※牛乳・乳製品，魚介類，穀類，肉類の１人１日当たり供給量(ｇ)の変化を調べた結果を示したものです。牛乳・乳製品にあてはまるものを，図４中のア～エから１つ選び，記号で答えなさい。

※国内消費向けの食料のうち，人間の消費に直接利用可能な食料の形態の数量を表す。

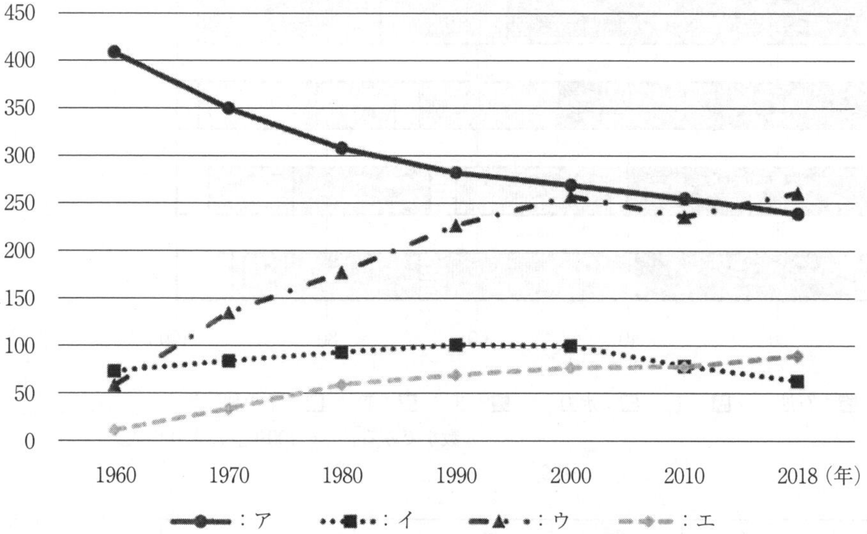

「数字でみる日本の100年」により作成。

図４

問４　2025年に開催される「大阪・関西万博」の目的の一つに「SDGs達成への貢献」があげられていることを知ったマナブくんは，次の図５に示すSDGsの目標に注目し，日本のエネルギー供給がどのように変化してきたかを調べました。あとの図６は，日本の一次エネルギー供給の特色の変化を示したもので，Ⅰ～Ⅲは，原子力，石炭，天然ガスのいずれかです。Ⅰ～Ⅲとエネルギー資源名の組み合わせとして正しいものを，下のア～カから１つ選び，記号で答えなさい。

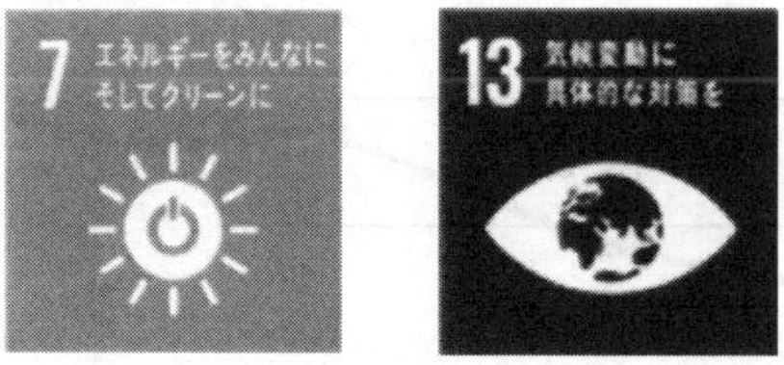

図５

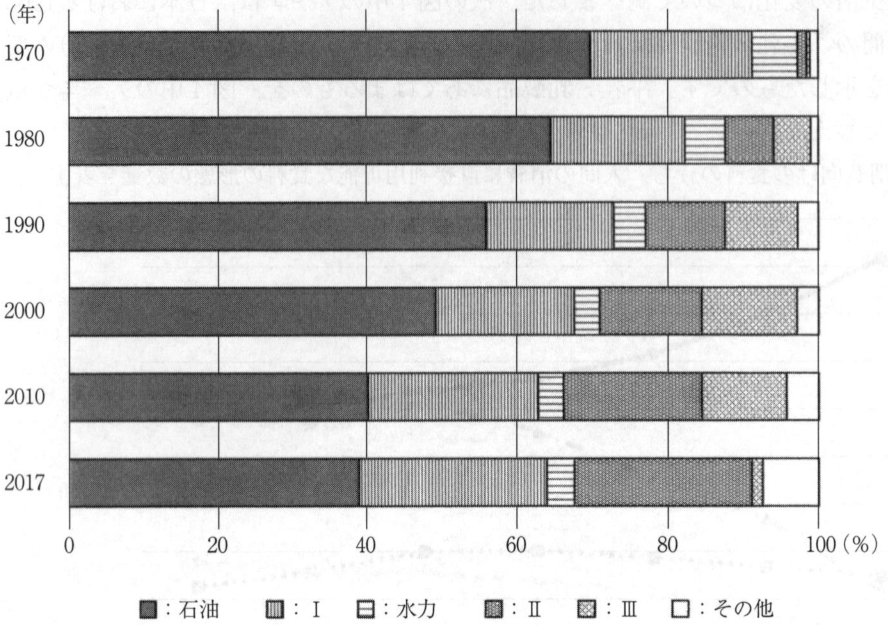

「数字でみる日本の100年」により作成。

図6

	ア	イ	ウ	エ	オ	カ
Ⅰ	原子力	原子力	石炭	石炭	天然ガス	天然ガス
Ⅱ	石炭	天然ガス	原子力	天然ガス	原子力	石炭
Ⅲ	天然ガス	石炭	天然ガス	原子力	石炭	原子力

問5　マナブくんは，日本の工業生産の変化についても調べました。次の図7中のⅠ～Ⅲは愛知県，大阪府，東京都の1970年から2017年の間の製造品出荷額等の変化を示したものです。Ⅰ～Ⅲと都府県名の組み合わせとして正しいものを，あとのア～カから１つ選び，記号で答えなさい。

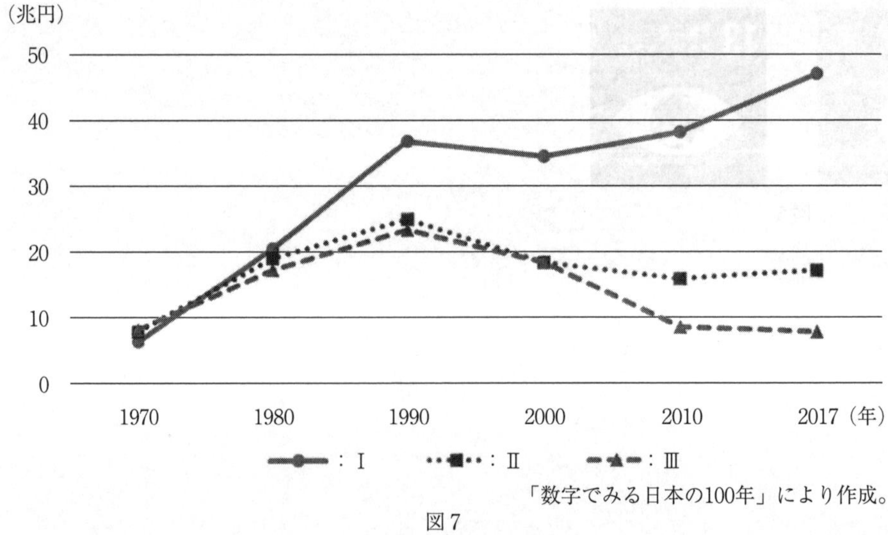

「数字でみる日本の100年」により作成。

図7

	ア	イ	ウ	エ	オ	カ
Ⅰ	愛知県	愛知県	大阪府	大阪府	東京都	東京都
Ⅱ	大阪府	東京都	愛知県	東京都	愛知県	大阪府
Ⅲ	東京都	大阪府	東京都	愛知県	大阪府	愛知県

問6　1970年に「大阪万博」が開催された際，リニアモーターカーの展示があったことを先生から聞いたマナブくんは，1970年から2017年の間に生じた日本国内の交通・輸送に関する状況の変化を調べました。次の図8は，日本の国内旅客輸送における航空，鉄道，旅客船それぞれの輸送客数と輸送距離の積を，1970年の値を1として示したものです。Ⅰ～Ⅲと輸送機関との正しい組み合わせを，下のア～カから1つ選び，記号で答えなさい。

※鉄道は，JRと民鉄の数値を足したもの。また，JRの1980年度までは国鉄の数値を示す。

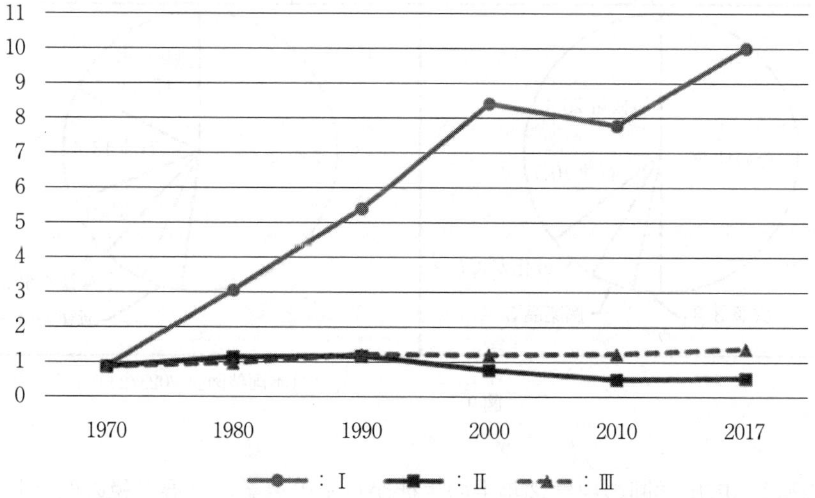

「数字でみる日本の100年」により作成。

図8

	ア	イ	ウ	エ	オ	カ
Ⅰ	航空	航空	鉄道	鉄道	旅客船	旅客船
Ⅱ	鉄道	旅客船	航空	旅客船	航空	鉄道
Ⅲ	旅客船	鉄道	旅客船	航空	鉄道	航空

問7　マナブくんは，日本の貿易の変化についても調べてみました。次の図9は1960年と2021年の日本の輸出と輸入における品目別の構成比を示したもので，A，Bは1960年または2021年，C，Dは輸出または輸入のいずれかです。1960年の輸入品目を示したものはどれですか。図9中のア～エから1つ選び，記号で答えなさい。

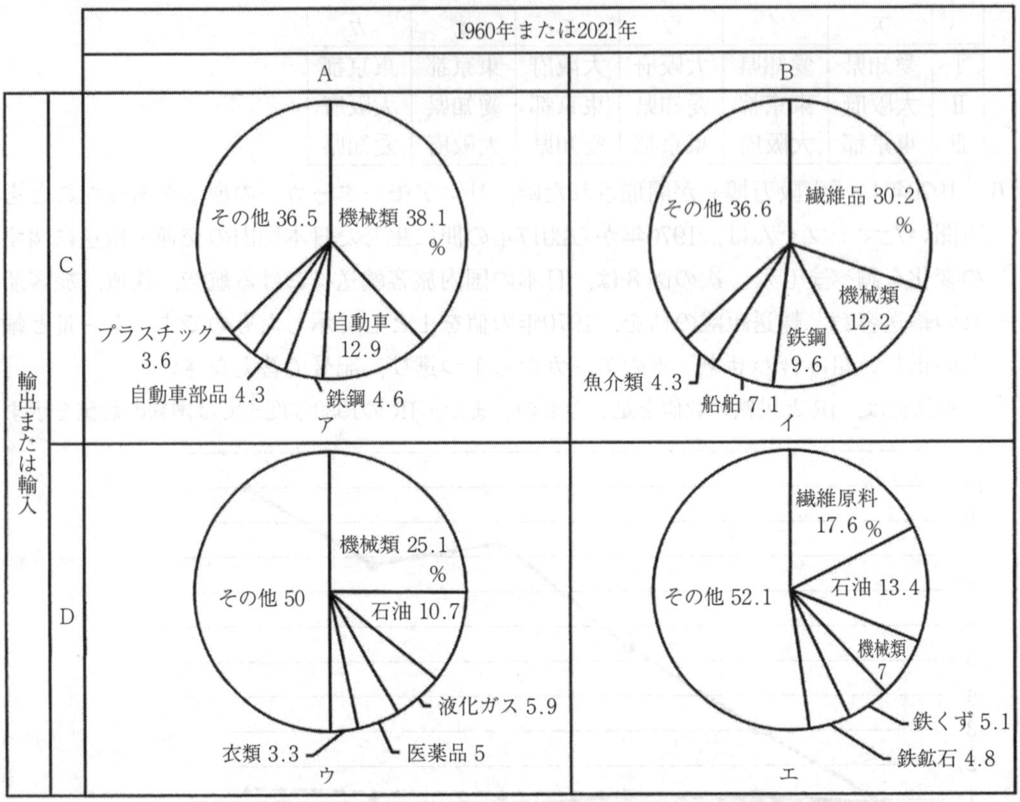

「日本国勢図会 2023/24」により作成。

図9

2 次のA～Fの文章は，広尾学園の中学２年生の生徒が日本の農業の発展と税の関わりについてまとめたものです。これを読んで，あとの問いに答えなさい。

A　この時代は，税を増やすため，用水路を造ったり，海や広い沼地を干拓したりして大規模な新田開発を進めました。また，①先進的な農業の知識や技術が記された書物が出版されるようになり，鉄製で深く耕すことができる備中ぐわや脱穀が効率的に行える千歯こきなど，新しい農具も開発されました。

B　この時代は，地域によってばらばらだったものさしやますが統一されました。そして，田畑の面積や土地のよしあしを調べ，予想される収穫量を，米の体積である石高で表すようになりました。この政策によって，全国の土地が石高という統一的な基準で表せるようになりました。

C　この時代は，農業技術が発達し生活が向上してきた農村において，有力な農民が指導者になって，農民たちが自ら村を治める自治を行うようになりました。このように団結を強めた農民たちは，自らの利益を守ろうと，税の引き下げを領主に求めたり，領主や②酒屋・土倉などをおそったりしました。

D　この時代は，③地租改正が実施されました。内容は，⑴土地の所有者と土地の価格を決め地券を発行する，⑵収穫高ではなく，地価を基準にして税をかける，⑶税率は地価の３％の定額地租とし，土地の所有者が現金で納めるなどでした。これによって，土地にかかる税が全国で統一され，毎年一定の金額が納められるようになりました。

E　この時代は，農作業に牛や馬が利用され，鉄製の農具が広まり，草や木を焼いた灰が肥料として使われるようになりました。また，畿内を中心に麦を裏作とする二毛作が広がりました。このように農業技術が進化したため，生産力が大きく高まりました。

F　この時代は，政府から土地を与えられることで農民たちは生活を保障されましたが，その一方で，④さまざまな税を負担しなければなりませんでした。与えられた面積に応じて稲を納めたり，土木工事を手伝わされたり，⑤日本を守るために兵士にならなければならないという負担もありました。

問１　下線部①について，この時代にさつまいもの栽培を広め，オランダ語を通じて西洋を知ろうとする蘭学の発展に貢献した人物は誰ですか。漢字で答えなさい。

問２　Ａの時代は，農業の生産力が高まったため，農村では年貢となる米以外にも，商品作物を栽培するようになりました。商品作物について説明した文として，誤っているものを，次のア～エから１つ選び，記号で答えなさい。

ア．蚕《かいこ》を飼育して，繭《まゆ》を生産することを養蚕といいますが，この蚕のエサが桑の葉です。江戸時代，国内で生糸の生産がさかんになり，商品作物として桑の葉の需要も増えていきました。

イ．藍《あい》は葉や茎から藍色(青色)染料が採れます。また，藍には防虫効果や布を丈夫にする効果もあり，江戸時代から商品作物としてさかんに生産されるようになりました。主な生産地として阿《あ》波《わ》(徳島県)があげられます。

ウ．木綿は古代から朝廷や貴族向けの高級な衣料として畿内など一部で栽培されてきました。18世紀には全国で生産されるようになり，庶民の衣料としても利用されるようになりました。

エ．漆《うるし》とは，漆の木の樹皮に傷をつけて樹液を採り塗料《とりょう》にしたものです。この漆を塗った器を漆器《しっき》といいます。また，漆の木の樹液は，物の接着や補修，防水塗料や装飾にも使われました。

問３　Ｂの時代について，次の史料１を読んで，あとの問いに答えなさい。

史料１

右は今度の御検地を定めた条を列挙したものである。
一．※1六尺三寸の棹《さお》で，横五間《けん》・縦六拾間で，三百歩《ぶ》壱反《いつたん》と決める。
一．田畑や屋敷の等級を判断し，※2石盛《こくもり》を決める。
一．※3口米《くちまい》は一石につき二升をあて，その他※4夫役は一切廃止する。
一．京枡を使って年貢を納めること。売買の時も同じ枡を使うこと。
※5慶長三年七月十八日

※１…六尺三寸(約191cm)を一間とした。
※２…一反(段)あたりの標準収穫高
※３…年貢以外の付加税の一種
※４…労働で支払う税
※５…1598年

①　史料１を実施したことにより，石高という統一的な基準で税を集めることができるよう

になりましたが，この政策を何といいますか。漢字４字で答えなさい。

② 史料１について述べたＸ～Ｚの正誤の組み合わせとして正しいものを，下のア～カから１つ選び，記号で答えなさい。

Ｘ．この史料が示す政策が実施された後，豊臣秀吉は武田氏の本拠地である小田原城を攻め落として，全国統一をなしとげました。

Ｙ．この史料が示す政策が実施されたことにより，検地帳に記された耕作者が，大名に年貢を納めることになりました。

Ｚ．この史料が示す政策が実施されたことにより，公家や寺社などの荘園領主はそれまで持っていた土地に対する権利を失いました。

ア．Ｘ―正　Ｙ―正　Ｚ―正　　イ．Ｘ―正　Ｙ―正　Ｚ―誤
ウ．Ｘ―正　Ｙ―誤　Ｚ―誤　　エ．Ｘ―誤　Ｙ―正　Ｚ―正
オ．Ｘ―誤　Ｙ―誤　Ｚ―正　　カ．Ｘ―誤　Ｙ―誤　Ｚ―誤

問４　下線部②について，次の史料２の出来事が起こるきっかけになった国について説明しているものを，下のア～エから１つ選び，記号で答えなさい。

史料２

正長元(1428)年９月，天下の土民《どみん》がいっせいに反乱を起こした。徳政《とくせい》といって酒屋・土倉・寺院などを打ちこわし，質入れした品物をうばいとり，借金の証文《しょうもん》をことごとく破ってしまった。管領《かんれい》畠山満家がこれをしずめたが，およそこれ以上に国のほろびる原因となるものはない。日本の国がはじまって以来，土民がいっせいに反乱に立ち上がったのは，これが最初である。

『大乗院日記目録《だいじょういんにっきもくろく》』

ア．この国は，江戸時代，石高が102万石だったことから幕府に次いで大きな藩でした。この国(藩)の藩主により，長い歳月をかけて形づくられた兼六園《けんろくえん》は，多くの県民や世界各国の観光客に親しまれています。

イ．この国は，都に近く，琵琶湖の水の利もあったことから，政治や経済の要衝《ようしょう》でした。そのため，織田信長をはじめ戦国時代には多くの武将がこの国に築城・入城しています。

ウ．この国には，平氏が日宋貿易を推進するために修築した大輪田泊があります。大輪田泊は現在の神戸港の一部であり，現在も日本有数の港としてたくさんの船舶が行き来しています。

エ．この国には，真言宗を開いた空海が高野山に建てた金剛峯寺《こんごうぶじ》があります。また，享保の改革で知られる江戸幕府８代将軍の徳川吉宗は，御三家の一つであるこの国(藩)の出身です。

問５　下線部③について，地租改正が行われた1870年代の出来事として正しいものを，次のア～オからすべて選び，記号で答えなさい。

ア．イギリスのノルマントン号が紀伊半島沖で沈没する事件が起こり，条約改正を求める国民の声が高まりました。

イ．明治政府は，全国の藩を廃止して，その代わりに府や県をおく廃藩置県を実施しました。この結果，政府の命令が全国にゆきわたるようになり，天皇中心の中央集権国家の土台が

出来上がりました。

ウ．西郷隆盛らは，不満を抱いている士族の不満を国外に向けるため，征韓論を主張しましたが，岩倉使節団から帰国した大久保利通らは国内の政治を整えることが先だとして反対しました。

エ．内閣制度がつくられ，伊藤博文が初代の内閣総理大臣になりました。大臣の多くは薩摩・長州の出身者で占められ，依然として藩閥政府が続きました。

オ．新橋と横浜の間で鉄道が開通しました。イギリスから輸入した車両が使われ，当時は「陸蒸気《おかじょうき》」と呼ばれました。

問6　下線部④について，次の史料3は『万葉集』に収められている，重い税に苦しむFの時代の農民たちのつらい気持ちをよんだ歌です。この歌を書いた人物は誰ですか。漢字4字で答えなさい。

史料3

> 風にまじって雨の降る夜，その雨にちらちらと雪さえまじって降るさびしい夜は非常に寒いので，塩をなめながら酒のかすを水にといてわかしたものを飲み，寒さのために咳《せき》をしたり，くしゃみをしたり，ろくにありもしないひげをなでて自分のほかには偉い人はあるまいと自慢してみるものの，寒くてたまらないので麻の夜具《やぐ》をひっかぶり，肩をおおうばかりに着重ねても寒くてたまらない。…税を取り立てる役人の声が外から聞こえてくる。

問7　下線部⑤について，日本の防衛や外国との争いについて述べた文として誤っているものを，次のア～オからすべて選び，記号で答えなさい。

ア．唐が新羅と手を結んで百済を滅ぼすと，663年，朝廷は百済の復興を助けようと大軍を送りましたが，唐と新羅の連合軍に大敗しました。その後，中大兄皇子は都を内陸の奈良に移しました。

イ．1281年，元が14万の大軍で，再び日本の九州北部に攻めてきました。しかし，元軍が幕府軍の抵抗や石塁にはばまれて上陸できずにいるうちに，暴風雨にあって大きな損害を受け，元軍は引き上げました。

ウ．1592年，豊臣秀吉は明の征服を目指し，約15万人の大軍を朝鮮に派遣しました。軍勢は漢城《かんじょう》(現在のソウル)を占領して朝鮮北部まで進みましたが，明の援軍に押し戻されました。また，各地で朝鮮の民衆による抵抗運動が起こり，李舜臣《りしゅんしん》が率いる水軍にも苦戦しました。

エ．1904年に開戦した日露戦争では，イギリスやアメリカが戦費の調達などの面で日本を支援したこともあり，日本はロシア国内の都市を次々に占領しました。1905年に日本が日本海海戦で勝利したことを機に，アメリカの仲介によって日本とロシアとの間にポーツマス条約が結ばれました。

オ．第一次世界大戦後，相次ぐ不景気に見舞われた日本では，満州を植民地にして経済のゆきづまりを切り抜けようという考えが軍部に広まりました。1931年，関東軍(満州にいた日本軍)は，盧溝橋で日中両軍が衝突したことをきっかけに軍事行動を開始し，5か月ほどで満州を占領しました。

問8　問題文のA～Fを時代の古い順に並べ替えなさい。

3 次の会話文を読んで，あとの問いに答えなさい。

太郎：今年は第一回冬季①オリンピックが開催されてからちょうど100年のメモリアルイヤーなんだってね。

花子：え，最初の近代オリンピックって1869年に開催されたんじゃなかったかしら。

太郎：それは②アテネで開催された夏季オリンピックだよ。

花子：なるほど，そういうことだったのね。今年は③フランスで夏季オリンピックが開催されるなんて，なんか素敵ね。

太郎：このあいだの東京オリンピックもすごく盛り上がったもんね。

花子：本当にそうね。でも１回目の東京オリンピックの翌年，反動不況によって初めて国債が発行されたって昨日の社会の授業で教わったわ。

太郎：一時的には仕方なくても，④不景気が長引くのは困るな。物が売れないからデフレが起こる可能性が高くなるからね。

花子：物価って高すぎても低すぎても困ってしまうわ。

太郎：ここ最近は急に⑤物価が高騰してるし，少子高齢化の問題や⑥エネルギー問題など，課題は山積みだな。

花子：私の通ってた小学校もなくなるみたい。本当に子どもって減っているのね。

太郎：色んな要因が考えられるから，簡単に人口減少の問題は解決はできないと思うけど，やはり理由の一つには⑦仕事と生活の調和が難しい点にあるんじゃないかな。

花子：やっぱり仕事も家事もできてこそのイケメンなのよ。

太郎：イケメンかどうかはともかく，男性も⑧女性も活躍できる社会を僕らが作っていかないとね。

問１　下線部①に関連して，次の４つの都市はそれぞれ，国際連合の本部，欧州連合(EU)の本部，夏季・冬季のオリンピックの開催を担当する国際オリンピック委員会(IOC)の本部，国際司法裁判所が設置されている都市です。この都市の中で，国際オリンピック委員会が設置されている都市を，次のア～エから１つ選び，記号で答えなさい。

ア．オランダのハーグ　　　　イ．スイスのローザンヌ

ウ．ベルギーのブリュッセル　　エ．アメリカのニューヨーク

問２　下線部②に関連して，この都市では世界に先駆けて民主主義が確立しました。しかし，現代で多く見られる仕組みとは違い「国民が代表者を介さずに政治について話し合い，決定する仕組み」がとられました。このような政治の仕組みのことを何といいますか。漢字５字で答えなさい。

問３　下線部③に関連して，この国は現在，国連安全保障理事会の常任理事国を務めています。この国の他に常任理事国を務めている国についての説明を次のア～オからすべて選び，記号で答えなさい。

ア．第二次世界大戦後，東西に分断されましたが，1989年にベルリンの壁が崩壊し，翌年統一されました。

イ．EU加盟時からユーロを使用せず，2020年に正式にEUから離脱しました。

ウ．一つの大陸で一つの国家を形成しています。

エ．大統領の住むホワイトハウスが，首都ワシントンにあります。

オ．近年経済成長が著しく，「世界の工場」と呼ばれます。

問４　下線部④に関連して，一般的に不景気の時に行われる政策を，次のア～カからすべて選び，記号で答えなさい。

ア．公共事業を活発にする　　イ．公共事業を縮小する

ウ．増税　　エ．減税

オ．金利を上げる　　カ．金利を下げる

問５　下線部⑤に関連して，次のア～オの中で，好景気や不景気であっても価格の変動が最も起きにくいものを，次のア～オから１つ選び，記号で答えなさい。

ア．自動車の値段　　イ．牛丼の値段　　ウ．電車の運賃

エ．株価　　オ．麦茶の値段

問６　下線部⑥に関連して，注目を集める自然エネルギーについて述べた文として，誤っているものを，次のア～エから１つ選び，記号で答えなさい。

ア．地球温暖化への影響が小さいなど，環境を損なうことが少なく，きれいなエネルギーといえます。

イ．環境への配慮の一方で，初期投資や安定供給の問題から，まだ国内で必要とする全エネルギー量の30％も供給できていません。

ウ．太陽の光を利用する太陽光発電は，天候に左右され，夜間は発電できないという短所があります。

エ．火山の地中から取り出した蒸気を利用する地熱発電所の多くは，中国・四国地方に集中しています。

問７　下線部⑦に関連して，これを何というかカタカナで答えなさい。

問８　下線部⑧に関連して，次の文は，日本が女性差別撤廃条約を批准した翌年に施行した法律の第１条です。［A］にあてはまる言葉を漢字２字で答えなさい。

> この法律は，法の下の平等を保障する日本国憲法の理念にのっとり［A］の分野における男女の均等な機会及び待遇の確保を図るとともに，女性労働者の就業に関して妊娠中及び出産後の健康の確保を図る等の措置を推進することを目的とする。

4 —Ⅰ　次の文章は，江戸時代初期に活躍した商人角倉了以《すみのくらりょうい》について説明したものです。文章を読んで，あとの問いに答えなさい。

角倉了以は京都の商人で，徳川家康に接近して海外貿易を行いました。了以は高い土木技術も持っており，大堰《おおい》川を改修して京都の物流能力向上に成功しています。その後，江戸幕府の命令を受け，富士川などの改修事業に従事しました。

問い：江戸幕府が角倉了以に富士川の開削《かいさく》(舟が通りやすいように整備すること)を命じた理由を，次の資料1～3を参考にして説明しなさい。

資料1

〔編集部注…ここには，西宮克彦『富士川をさぐる—河川のいとなみ』(大日本図書　1978年5月　第1刷発行) 13ページ「富士川をとりかこむ山系と水系図」が資料として取り上げられていましたが，著作権上の都合により掲載できません。〕

出典：西宮克彦(1978)『富士川をさぐる』大日本図書

資料2

年	できごと
1590	徳川家康が江戸に入る。
1603	江戸幕府が開かれる。 市街地の造成《ぞうせい》が始まる。
1606	江戸城の築造が始まる。 江戸幕府が角倉了以に富士川の開削を命じる(翌年から着工)。
1607	江戸城の天守が完成する。 日本橋を起点とする全国交通網の整備が始まる。
1611	武家地が整備される。
1612	江戸の町割り(武士や町人の住む場所を決めること)を実施する。
1635	参勤交代が制度化される。

資料3

徳川家康が関ヶ原の戦いに勝利すると，甲《か》斐《い》国(現山梨県)は徳川氏の領地となりました。

富士川水運は，甲斐の年貢米を江戸へ送る廻米《かいまい》を目的としていました。富士川は甲府盆地を南下して清水湊《しみずみなと》(現静岡県清水市)にいたり，清水湊から江戸幕府の米蔵である浅草蔵前《くらまえ》へ送られました。

参考文献
角川日本地名大辞典編纂委員会編(1984)『角川日本地名大辞典 19 山梨県』
磯貝正義編(1990)『図説　山梨県の歴史』河出書房新社

4—Ⅱ　次の文章を読んで，あとの問いに答えなさい。

イギリスの経済学者リカードは，「比較生産費説」という考え方を唱えて，国際的な分業と自由な貿易が必要であると主張しました。次の説明は，この「比較生産費説」によって利益を得るしくみです。

ある二つの国(X国とY国)で，それぞれが自動車とテレビのみを生産していると仮定します。X国は自動車1台を作るのに40人，テレビ1台を作るのに120人が必要で，Y国は自動車1台を作るのに30人，テレビ1台を作るのに10人が必要です。表1は，その生産能力に基づいて，それぞれの国が自動車とテレビを1台ずつ実際に生産したことを表しています。結果，全体で自動車2台，テレビ2台を生産しました。

しかし，表2では，それぞれの国における労働者の総数は表1と同じですが，自動車4台，テレビ4台と生産量の合計を増やすことができています。表2の空欄(A)~(D)に入る数字を答えたうえで，どのようなことをしたことにより，X国とY国の二か国合計の生産量を増やすことができたのかを説明しなさい。

なお，表1と表2は，労働者1人あたりの両方の製品に対する生産能力や使用している機械などの条件は同じとします。また，X国とY国の間で，労働者の移動や増減はないものとします。

表1

	X国	Y国	生産量
自動車	40人	30人	計2台
テレビ	120人	10人	計2台

表2

	X国	Y国	生産量
自動車	(A)人	(B)人	計4台
テレビ	(C)人	(D)人	計4台

【理　科】〈医進・サイエンス回入試〉（50分）〈満点：100点〉

〈編集部注：実物の入試問題では，写真，図，グラフのほとんどがカラー印刷です。〉

1 次の文章を読み，以下の問いに答えなさい。

カーボン紙に電流を流す実験を行いました。カーボン紙は表面に黒鉛《こくえん》(鉛筆《えんぴつ》の芯《しん》の主成分)が塗《ぬ》られており，電源装置を用いて電流を流すことができ，また，電流を流すと発熱します。ただし，【実験５】以外は電源装置の値(電圧)は変えないものとします。

【実験１】 図１のように，カーボン紙を色々な大きさの長方形に切ってカーボン紙①～⑥をつくり，カーボン紙の左右両端《りょうたん》の「縦」の部分に金属線を付けて電源装置と電流計をつないだ。電源装置の値(電圧)を一定にして，それぞれカーボン紙①～⑥に流れる電流の大きさを測定し，得られた結果を表１にまとめた。

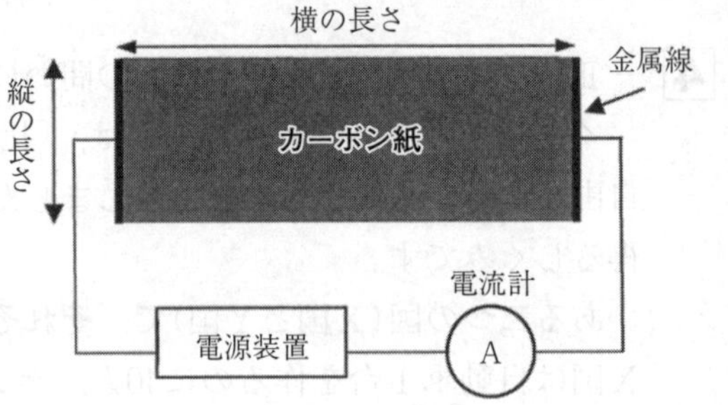

図１

表１

カーボン紙	①	②	③	④	⑤	⑥
縦の長さ[cm]	5	10	10	10	X	15
横の長さ[cm]	10	10	20	5	10	12
電流計の値[mA]	18	36	18	72	54	Y

問１　表１の［X］と［Y］に当てはまる数値を答えなさい。ただし，金属線の電気抵抗《ていこう》は無視できるものとします。また，割り切れない場合は小数第１位を四捨五入し，整数で答えなさい。

【実験２】 図２のように，カーボン紙①と②を横につないで，両端と中央に金属線を付けた(以下，これをカーボン紙⑦とする)。その両端に電源装置と電流計をつなぎ，【実験１】と同じ条件で流れる電流の大きさを調べた。

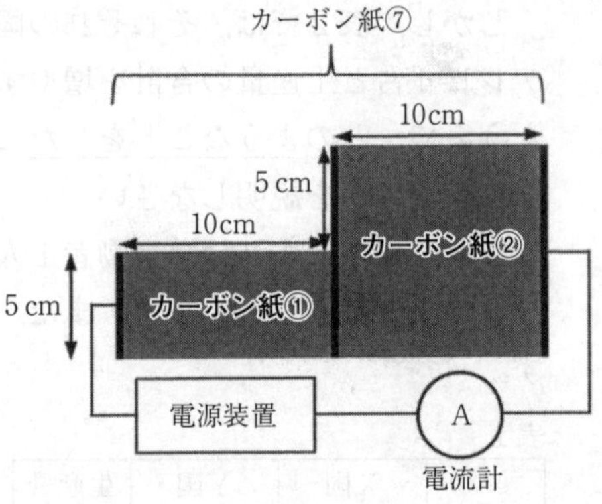

図２

問２　カーボン紙⑦は，「縦10cm・横20cmのカーボン紙③と縦10cm・横10cmのカーボン紙②を横に直列接続したものと同等」と考えることができます。図２の電流計を流れる電流の大きさは何mAですか。ただし，割り切れない場合は小数第１位を四捨五入し，整数で答えなさい。

【実験３】 図２のカーボン紙⑦と，表１のカーボン紙①を並列接続し，【実験１】と同じ条件で流れる電流の大きさを調べた(図３)。次に，カーボン紙⑦の中央とカーボン紙①の右端を同じ金属線で連結し，左端の金属線とカーボン紙⑦の右端の金属線を電源装置と電流計につなぎ，【実験１】と同じ条件で流れる電流の大きさを調べた(図４)。

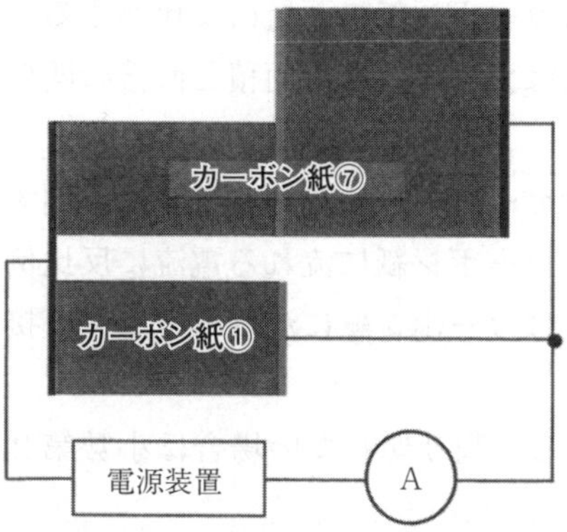

図3

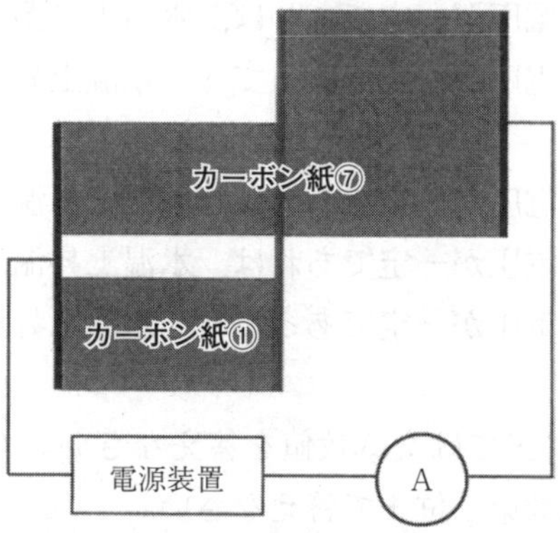

図4

問3　図3の電流計の示した値は何mAですか。ただし，割り切れない場合は小数第1位を四捨五入し，整数で答えなさい。

問4　図4の電流計が示した値は，図3の電流計が示した値の何倍ですか。ただし，割り切れない場合は小数第2位を四捨五入し，小数第1位まで答えなさい。

【実験4】　カーボン紙①～⑤を水がしみこまないように表面を防水性の薄《うす》い膜《まく》で覆《おお》い，これを図5のように水の入った水槽《すいそう》の中に入れ，それぞれ【実験1】と同じ条件で7分間電流を流し，水温上昇《じょうしょう》を調べて表2にまとめた。

【実験5】　次に，図5の装置にカーボン紙①を入れ，電源装置の値(電圧)を調節して電流計の値を変えてそれぞれ7分間電流を流し，水温上昇を調べて表3にまとめた。

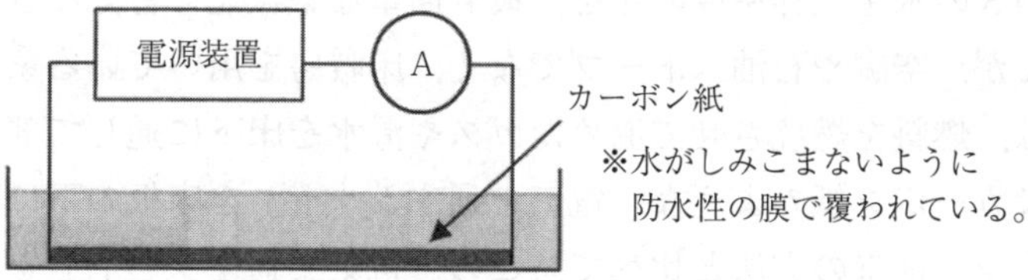

図5

表2

カーボン紙	①	②	③	④	⑤
カーボン紙の面積[cm^2]	50	100	200	50	—
電流計の値[mA]	18	36	18	72	54
7分間の水温上昇温度[℃]	0.9	1.8	0.9	3.6	2.7

表3

カーボン紙	①				
電流計の値[mA]	18	24	36	48	54
7分間の水温上昇温度[℃]	0.9	1.6	3.6	Z	8.1

問5　表2から，カーボン紙による水温上昇温度は，カーボン紙の面積，カーボン紙に流れる電流，および電源装置の値(電圧)とどのような関係があると考えられるか，適当なものを次のア～カから**すべて選び**，記号で答えなさい。ただし，水槽は断熱性で外部との熱のやり取りが起こらず，逆にカーボン紙を覆っている膜は熱をよく通すものとします。

ア．電源装置の電圧が一定であれば，水温上昇温度はカーボン紙の面積に比例する。

イ．電源装置の電圧が一定であれば，水温上昇温度はカーボン紙の面積に反比例する。

ウ．電源装置の電圧が一定であっても，水温上昇温度はカーボン紙の面積と直接の関係はない。

エ．電源装置の電圧が一定であれば，水温上昇温度はカーボン紙に流れる電流に比例する。

オ．電源装置の電圧が一定であれば，水温上昇温度はカーボン紙に流れる電流に反比例する。

カ．電源装置の電圧が一定であっても，水温上昇温度はカーボン紙に流れる電流と直接の関係はない。

問6　表3の[Z]に当てはまる数値を答えなさい。ただし，割り切れない場合は小数第2位を四捨五入し，小数第1位まで答えなさい。

【実験6】　図6のように，【実験4】の水槽を3つ用意して等しい量の水を入れ，それぞれにカーボン紙①～③を入れて7分間電流を流し水温上昇を調べた。

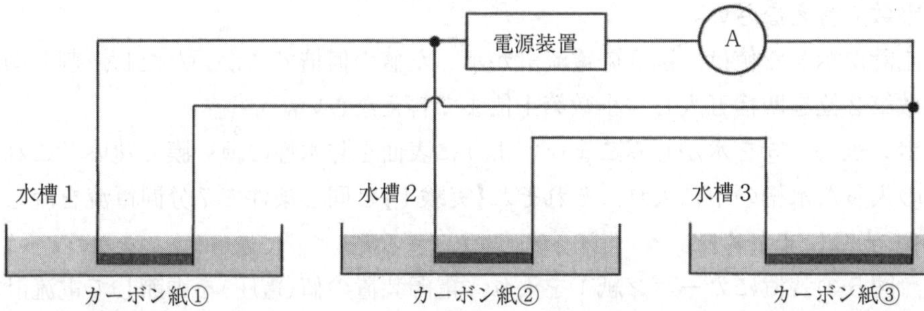

図6

問7　水槽1，水槽2，および水槽3の水温上昇温度の比を，最も簡単な整数比で答えなさい。

問8　寒い冬に暖房《だんぼう》は欠かせませんが，空調や石油ストーブでなく，床《ゆか》暖房を用いている家や施《し》設《せつ》もあります。従来の床暖房は，燃料を燃焼させて温めたガスや温水を床下に通して部屋を暖めるものでしたが，現在ではカーボン紙のような「電気を通すシート」を床板の下に敷《し》いて利用するものが多くなりました。従来の方法と比べて，この「電気を通すシート」を床暖房に用いる利点を1つ挙げ，簡潔に説明しなさい。

2　次の文章を読み，以下の問いに答えなさい。

化学研究を行う最先端の実験室にはさまざまな高度な分析《ぶんせき》装置が設置されています。これらの装置は，①理科の授業でも扱《あつか》われる化学分析と原理は同じ場合もあります。そしてこれらは，環境《かんきょう》問題の解決などこれからの持続可能な社会の構築において重要な役割を担っています。

問1　下線部①について，化学分析は成分の種類を決める定性分析と，成分の量を求める定量分析に大きく分けられます。定性分析に当てはまる実験として適当なものを次のア～エから**すべて選び**，記号で答えなさい。

ア．海水をろ過して水分を蒸発させ，析出した結晶《けっしょう》をルーペで観察する。

イ．硝酸《しょうさん》カリウム水溶液《すいようえき》を冷却《れいきゃく》し，結晶が現れる温度から濃度《のうど》を調べる。

ウ．未知の水溶液にリトマス試験紙をひたし，水溶液の種類を特定する。

エ．電気分解装置で水を電気分解し，各電極でそれぞれ発生した気体の体積を目盛りで読み取る。

問2　次の【実験1】で発生すると考えられる気体について，それを定性分析する場合にどのような操作をすればよいか，適切な方法を15字以内で１つ答えなさい。ただし，理科室で安全に行える操作に限ります。

【実験１】　塩化アンモニウムと水酸化カルシウムを試験管に入れ，ガラス管を通したゴム栓《せん》でふたをした。試験管を横向きにし，口を少し下げてスタンドに取り付けた。その後ガスバーナーで加熱して，ガラス管の先から出てくる気体をセロハンテープでガラス管にとめたポリ袋《ぶくろ》に集めた。ある程度気体が集まったら加熱を止めてポリ袋を取り外した。

物質を加熱してはかりにかけると，重さが変化することがあります。②TG(熱重量分析)は試料を一定の速度で温度変化させ，その重量の変化を精密に測定する装置です。ここで，重量とは「はかりにかけて測ったものの重さ」のことです。TGで測定する重量には発生した気体の分は含《ふく》まれないので，材料の使用過程などにおいてどのくらいの気体が発生したのか，また，反応などにともなう重量の増減を見積もることができます。これにより，バイオ燃料のエネルギー効率の解析や，屋外にさらされる太陽電池材料などの安定性を調べることができます。

一般にTGの分析結果は，加熱前の物質の重量[ｇ]を100％としたとき，加熱時間ごとの残った物質の重量が何パーセントかを示すグラフによって確認します。

TGでできる定量分析を簡易化した次のような実験を行いました。

【実験２】　銅の粉末1.00ｇを20.60ｇのステンレス皿にとり，粉末が固まらないようにかき混ぜながら５分間加熱し，10分間冷却してから粉末がのったステンレス皿の重量をはかる操作をくり返した。

表１に【実験２】の結果を示します。

表１

加熱時間の合計[分]	ステンレス皿の重量[ｇ]
0	21.60
5	21.70
10	21.78
15	21.81
20	21.84
25	21.85
30	21.85

問３　下線部②のTG(熱重量分析)に関連した【実験２】の結果(表１)について，この実験結果をグラフにすることで，読み取れる重要なことを１つ挙げなさい。必要であれば次の方眼を使用して構いません。

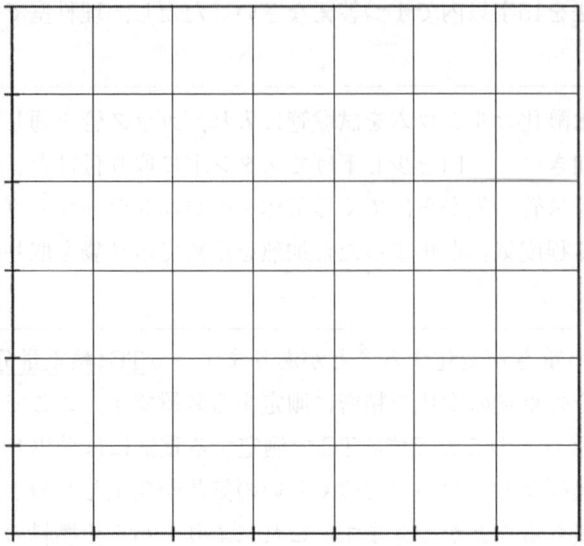

TGのほかに，③DTA(示差熱分析)という，加熱過程における試料と基準物質(試料とは異なりその変化や化学反応を起こさない比較《ひかく》対象となるもの)との温度差の変化を調べる装置があります。物質はなんらかの物理的・化学的な変化をする際に，必ず熱を放出あるいは吸収します。それぞれを発熱反応，吸熱反応といいます。ある試料をゆっくりと加熱したときに，熱を放出する発熱反応が起こると基準物質に比べて試料の方が一時的に高温になり，熱を吸収する吸熱反応ではその逆のことが起こります。試料をTGとDTAの両方で分析し，同じ時間または温度でのグラフの形を表2と照らし合わせることで，物質にどのような種類の反応や変化が起こったかある程度予想することができます。表2のグラフは縦軸《たてじく》を重量[%](TG)または温度差(DTA)の変化，横軸を時間としています。

表2

変化の種類	TG	DTA	変化の種類	TG	DTA
燃焼	重量減少	発熱反応	蒸発・昇華《しょうか》	重量減少	吸熱反応
酸化	重量増加	発熱反応	融解	変化なし	吸熱反応
還元	重量減少	吸熱反応	結晶化	変化なし	発熱反応

※還元…酸化された物質がもとにもどる反応。

問4　下線部②と③について，【実験2】で用いた銅粉末をTGとDTAの両方で加熱して分析した場合，グラフはそれぞれどのような形になると考えられるか，最も適切なものをそれぞれ次のア～オから1つずつ選び，記号で答えなさい。

ア. 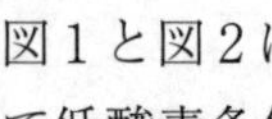　イ. 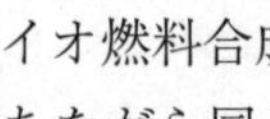　ウ. 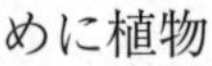　エ. 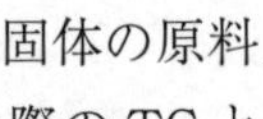　オ. 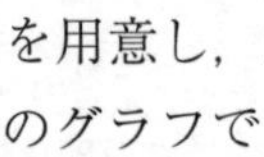

問5　図1と図2は，バイオ燃料合成のために植物由来の固体の原料A～Cを用意し，窒素《ちっそ》を流して低酸素条件を保ちながら同じ条件で加熱分析した際のTGとDTAのグラフです。ここで，原料A～Cは熱分解され，最終的にオイル，ガス，炭などの燃料ができます。縦軸は，図1は重量[％]，図2は温度差の相対値を示しており，横軸は両方とも温度[℃]です。このグラフから予想できることとして明らかな**誤りを含むもの**を次のア～エから1つ選び，記号で答えなさい。

ア．0℃～150℃までは，原料中の水が蒸発している可能性がある。

イ．550℃付近の温度では，発熱をともなう物質の変化がもっとも促進《そくしん》されている。

ウ．すべての原料は，500℃以上に温度を上げると30～40％ほどが気体になる。

エ．3つの原料のうち，どれから作られたバイオ燃料が燃焼時にもっとも熱エネルギーを放出するか，このグラフでは読み取れない。

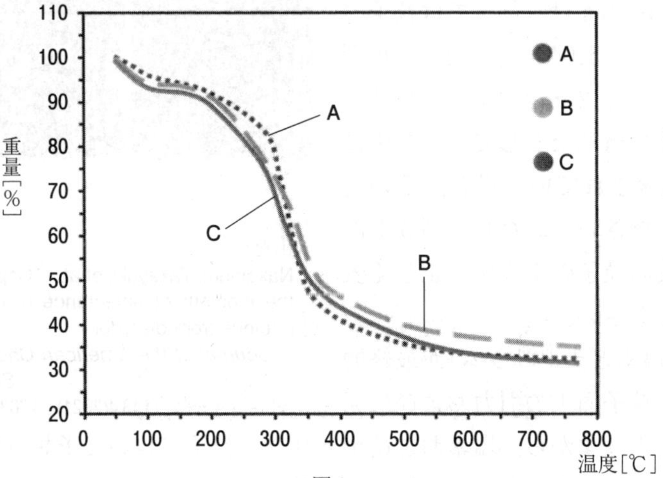

図1

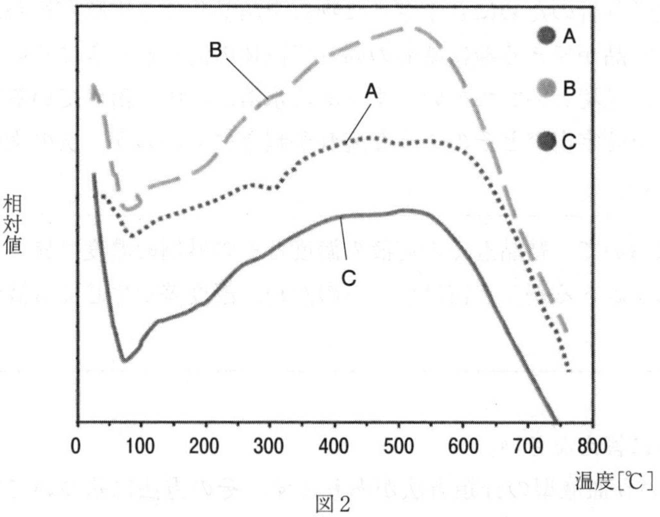

図2

出典：Jacqueline, P.Jennita, et al. "Catalytic microwave preheated co-pyrolysis of lignocellulosic biomasses : A study on biofuel production and its characterization."
Bioresource Technology 347(2022) : 126382.

④電子顕《けん》微鏡《びきょう》は，電子線とよばれる放射線を使って試料を※ナノメートル(nm)からミリメートル(mm)の範《はん》囲《い》で観察する装置です。走査型電子顕微鏡では物質の表面を，透《とう》過《か》型電子顕微鏡では物質の内部構造を観察することができます。これにより，電池や燃料合成用触媒《しょくばい》な

どの材料を詳《くわ》しく観察することができます。さらに，電子顕微鏡に特殊《とくしゅ》な検出器を取り付けることで，どのような元素が含まれているか調べることも可能です。

※1nmは1mmの1000000分の1の大きさの単位です。

問6　下線部④について，図3は，電子顕微鏡で食塩(塩化ナトリウム)の結晶ができる瞬間《しゅんかん》をとらえたものです。結晶とは，物質を構成する粒子《りゅうし》が規則正しく整列してできたもので，塩化ナトリウムの結晶中には「塩素」，「ナトリウム」とよばれる粒子が互《たが》いに立体的に交互《こうご》に並んでいることが知られています。

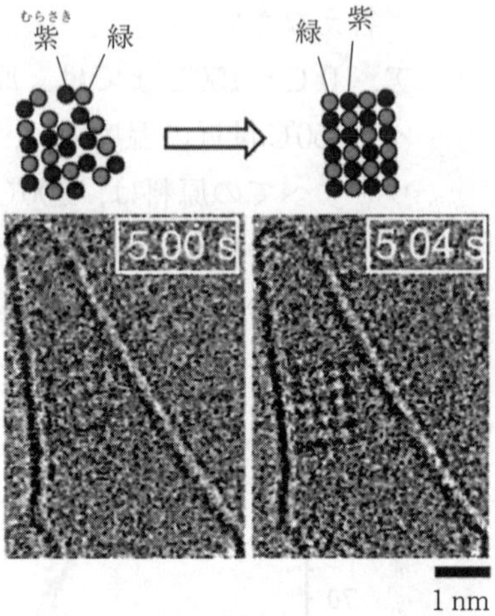

図3

出典：
Nakamuro, Takayuki, et al. "Capturing the moment of emergence of crystal nucleus from disorder."
Journal of the American Chemical Society
143.4(2021)：1763−1767.

(1)　図3より，実験開始から5.00s(秒)後までは粒子のみだれた集合体だったものが，5.04s(秒)後には規則正しく配列し，縦1.8nm，横1.2nmの結晶面が見られます。この結晶が直方体の構造だとして，結晶中に2種類の粒子が合計120個含まれていた場合，その奥《おく》行《ゆ》きは何nmになるか答えなさい。ただし，図3上部の緑と紫《むらさき》のモデル図は写真の粒子のようすを正しく表しているものとして計算しなさい。

(2)　結晶中で2種類の粒子(塩素とナトリウム)が最終的に図3のように並ぶのは，粒子同士の引力および反発力が関係しています。このようすから，塩素およびナトリウム粒子について予想される粒子同士の引力および反発力に関する性質を2つ簡潔に説明しなさい。

問7　宇宙ステーションでは，化学分析のためにさまざまな物質を結晶化する実験が行われています。宇宙では地球と違《ちが》い，結晶ができる際に結晶の周りで液体の流れが起きにくいため，きれいな結晶を作るのに適した環境といわれています。ある水溶液の中に溶けている物質を結晶化させる研究を想定し，なぜ宇宙だとそのような流れが起きにくいのか，次の文の(　)に当てはまる言葉を書きなさい。

結晶ができ始めた溶液において，結晶近くの溶液の濃度とその外側の濃度は異なるため，地球上では液体の流れが起きるが，宇宙は(　　)のため，濃度差が生じても液体の流れは起きない。

3　次の文章を読み，以下の問いに答えなさい。

ヒトには，ABO式血液型という血液型の分類方法があります。その方法に基づいて分けると，みなさんのよく知っているA型・B型・AB型・O型の4種類に血液型を分けることができます。そもそも，この血液型とは何で決まっているのでしょうか。まずは，血液についてまとめていきましょう。ヒトの血液は，細胞《さいぼう》とよばれる小さな袋状のものからなる血球と，液体からなる血しょうに分けることができます。この血球の中には，赤血球という酸素を全身へ運ぶ役割の細胞があります。この赤血球は，成人男性では血液1mm^3あたり500万個あることが分かっています。また，赤血球の寿命《じゅみょう》は約120日で，体の中では常に赤血球がつくり出されています。血球は他にも，免疫《めんえき》に関わる白血球や，出血を抑《おさ》えることのできる血小板などがあります。

さて，ここで一番初めの疑問へ戻《もど》りましょう。血液型は，赤血球の表面についているものの形によって決定しています。図1のように，赤血球はその表面からHとよばれる土台とさらにその上にそれぞれ違う形のマークが飛び出しています。このマークは両親から引き継《つ》がれる遺伝子とよばれる自分の体をつくる設計図によって決定されています。Aの遺伝子からはA型を示すマークが，Bの遺伝子からはB型を示すマークがつくられます。ただし，Oの遺伝子からはマークはつくられません。最終的に血液型は，持っている遺伝子がAAまたはAOのときはA型，BBまたはBOのときはB型，ABのときはAB型，OOのときはO型になります。図2は，あるA型の母親とあるO型の父親から生まれた子どもと，別のある夫婦から生まれたB型の子どもとの間で，さらに子どもができたときのそれぞれの血液型と遺伝子のようすを表したものです。○は女性，□は男性を示し，その中には血液型，その下には遺伝子が書かれています。遺伝子は，両親からそれぞれ1つずつ引き継ぐので，「AO」のように2つの遺伝子を持つことになります。そして，その人から子どもが生まれたときに，その持っている2つの遺伝子のうち1つの遺伝子を子どもに引き継いでいきます。図3はある家系の血液型を調べた家系図です。「■」と「●」は，血液型がまだ分かっていない人を示しています。

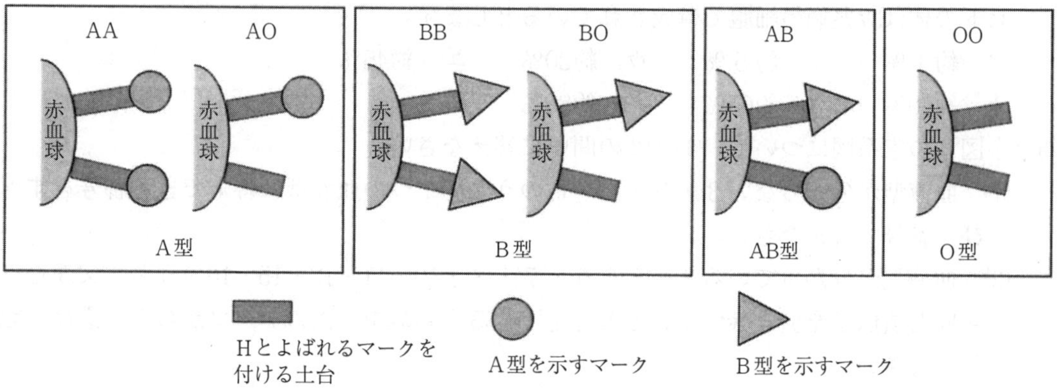

図1

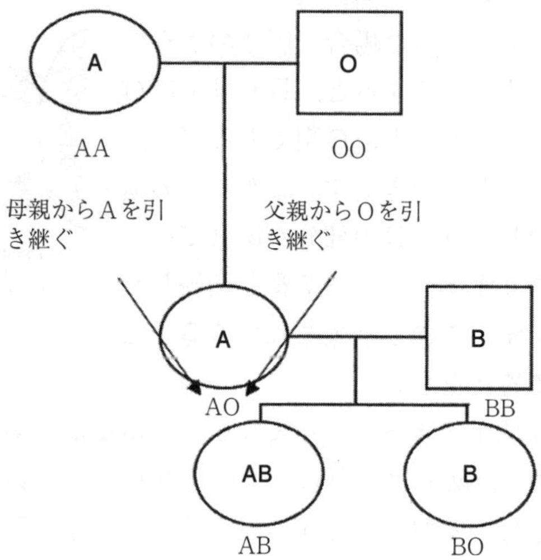

図2

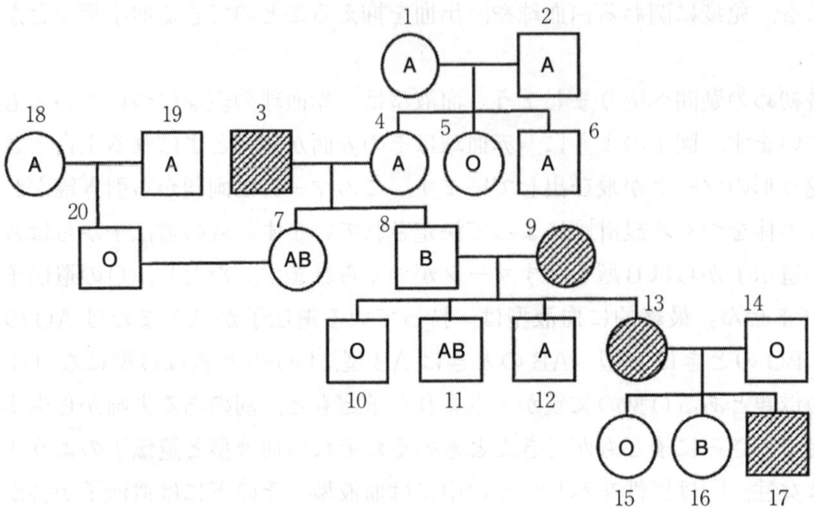

図3

問1　ヒトの血液は，体重1kgあたり80mL含まれています。いま，60kgの成人男性がいたとすると，この男性の血液に含まれている赤血球は，体全体に含まれている細胞の約何％を占《し》めることになるか，最も近いものを次のア～キから1つ選び，記号で答えなさい。ただし，ヒトの体は37兆個の細胞で構成されているとします。

ア．約1％　　イ．約5％　　ウ．約20％　　エ．約45％

オ．約50％　　カ．約65％　　キ．約80％

問2　図3の家系図について，(1)と(2)の問いに答えなさい。

(1)　血液型が分からない3・9・13・17のうち，1つの血液型に特定できる番号を**すべて選び**，番号で答えなさい。

(2)　血液型が分かっている4・5・6・7・8・10・11・12・15・16のうち，父親と母親から同じ遺伝子を引き継いでいると特定できる人の数を，次のア～コから1つ選び，記号で答えなさい。

ア．1人　　イ．2人　　ウ．3人　　エ．4人　　オ．5人

カ．6人　　キ．7人　　ク．8人　　ケ．9人　　コ．10人

問3　図1のHの部分をつくるための遺伝子が壊《こわ》れてしまった場合，図4のようにその先にマークを付けることができなくなります。そうすると，見かけ上はO型の人と同じと判断されてしまいます。ただし，見かけ上はO型であっても，赤血球表面のA型やB型を示すマークはつくることができます。また，この遺伝子は子どもに引き継がれますが，子どもも同じようにHの部分が壊れている場合もあれば，子どもは壊れていない場合もあります。図3の7番と結婚《けっこん》した20番が，Hの部分が壊れている人だったとします。このとき生まれてくる子どもの血液型は何か，可能性のあるものを**すべて**答えなさい。

O型

図4

異なったヒトの血液を混ぜ合わせたとき，赤血球が集まってかたまりをつくることがあります。この現象を赤血球の凝集《ぎょうしゅう》反応といいます。この反応は，血しょう中に存在する凝集素という物質と，赤血球の表面にある血液型を決定しているマークとがくっつくことで赤血球のかたまりをつくります(図5)。どの凝集素とどの赤血球のマークがくっつくかを表1にまとめま

した。この反応が起こらないようにすれば，自分の血液ではない血液を体内に入れる輸血を行うことができます。

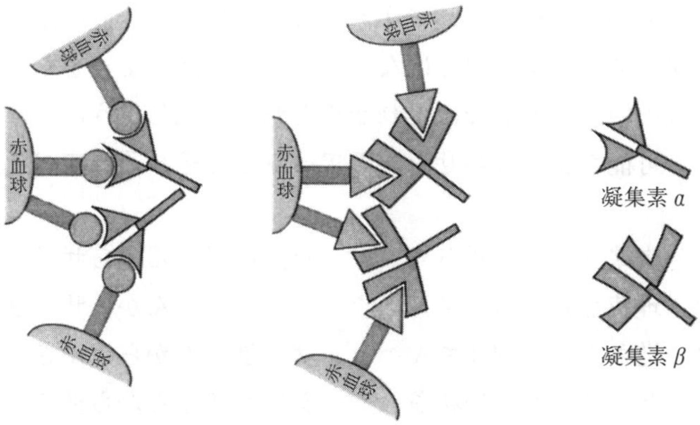

図5

これらのことを学校で学習した，広尾さん，理花さん，進さん，サイさんの4人は，次のようなことを話しました。

広尾さん　ぼくは去年，交通事故にあってケガをしたときに，出血がひどかったから輸血を受けたんだ。そのときにA型の血液を輸血してもらったから，ぼくはA型だと思うよ。

理花さん　私はママがA型でパパがAB型だからA型だと思うけど，調べたことはないわ。

進 さ ん　ぼくはまだ血液検査をしたことがないから，自分の血液型が分からないな。

サイさん　私も分からないの。

進 さ ん　じゃあ，自分たちの血液を使って，血液型が分かるかやってみよう。

広尾さん　ぼくのお父さんに協力してもらおう。面白そうだからやってみよう。

広尾さんのお父さんが働いている病院に協力してもらい，4人の採血をしてもらって赤血球と血しょうを調べました。4人の赤血球と血しょうをそれぞれ混ぜたところ，表2のような結果を得ました。

表1

血液型	A型	B型	AB型	O型
赤血球上のマークの形	A	B	A・B	なし
血しょう中の凝集素	β	α	なし	α・β
凝集素 α に対する反応	+	−	+	−
凝集素 β に対する反応	−	+	+	−

赤血球がかたまる(+)・赤血球がかたまらない(−)

表2

		赤血球			
		広尾	理花	進	サイ
血しょう	広尾	−	+	+	−
	理花	+	−	+	−
	進	−	−	−	−
	サイ	+	+	+	−

赤血球がかたまる(+)・赤血球がかたまらない(−)

問４　広尾さんの血液型がＡ型だった場合，実験の結果から理花さん，進さん，サイさんの血液型をそれぞれ答えなさい。

問５　現在は，基本的に同じ血液型同士で輸血を行っていますが，理論的には違う血液型でも輸血を行うことは可能です。血液をすべて輸血するのではなく，赤血球と血しょうをそれぞれ別々に輸血するとしたら，この４人の中で，赤血球はだれからだれに，血しょうはだれからだれに輸血することができますか。可能な組み合わせを次のア～シからそれぞれ**すべて選び**，記号で答えなさい。

ア．広尾さんから理花さん　イ．広尾さんから進さん　ウ．広尾さんからサイさん
エ．理花さんから広尾さん　オ．理花さんから進さん　カ．理花さんからサイさん
キ．進さんから広尾さん　ク．進さんから理花さん　ケ．進さんからサイさん
コ．サイさんから広尾さん　サ．サイさんから理花さん　シ．サイさんから進さん

4　次の文章を読み，以下の問いに答えなさい。

1977年９月，後に貴重な数々のデータを地球に送り届ける惑星《わくせい》探査機ボイジャー１号が打ち上げられました。ボイジャー１号は1979年３月に木星に最接近し，次いで1980年11月には土星に最接近して，木星と土星の本体，およびその衛星について観測し，数多くの情報を人類に提供しました。

まず，木星からは，①地球からは観測できない木星の夜の側の画像がボイジャー１号から送られてきました。その表面には，木星大気内の発雷《はつらい》現象と思われる閃光《せんこう》が多数観測され，図１のように②木星の極地方では自転軸を取り囲むような円環の発光現象も観測されました。また，「ガリレオ衛星」と呼ばれる木星の衛星の１つで，図２で示したイオは月とほぼ同程度の大きさです。ボイジャー１号はイオに接近し，噴火《ふんか》中の火山(図２の矢印)を含めて多数の活火山を発見しました。③「月と同程度以下の小さな天体は，天体内部からの熱が逃《に》げる速度が大きく，天体の誕生から現在までの数十億年の間に，既《すで》に火山活動を終えている」という，惑星・衛星の火山活動における今までの科学者の常識を覆《くつがえ》しました。これは，木星に対するイオの公転周期が約42時間と短く，その間絶え間なく木星からの強い重力で振《ふ》り回され，イオの内部で摩擦《まさつ》熱が発生し続けるからと考えられています。

次にボイジャー１号は，土星の表面から12万４千km 以内まで接近し，輪の構造の詳細《しょうさい》を観測しました(図３)。土星の輪は，もともと地球上からの観測で外側からＡ環，Ｂ環，Ｃ環に分けられ，また，Ａ環とＢ環の間には④「カッシーニのすき間」(図３の矢印)という間隙を持つ構造が明らかにされていましたが，ボイジャー１号の観測により，Ａ環の外側に新たな輪の存在を明らかにしました。輪を構成しているのは数mm～数mの無数の氷粒で，土星の他の衛星と同様に氷粒１つ１つが土星のまわりを周回しています。また，土星には太陽系の中で厚い大気層を持つ唯一《ゆいいつ》の衛星「タイタン」があり，ボイジャー１号による観測データから，⑤タイタン表面の大気圧は地球表面の約1.5倍にもなることが明らかになりました。

2024年現在，⑥ボイジャー１号は太陽から約240億km の距離《きょり》にあり，太陽系圏外《けんがい》へ脱出《だっしゅつ》後も飛行を続けています。ボイジャー１号に搭載《とうさい》されている原子力電池は，あと数年は観測装置の一部や通信に関する電力を供給できると見られており，打ち上げから46年以上経った現在も，太陽系圏外の宇宙空間(星間空間といいます)に関する情報を地球に送り続けています。

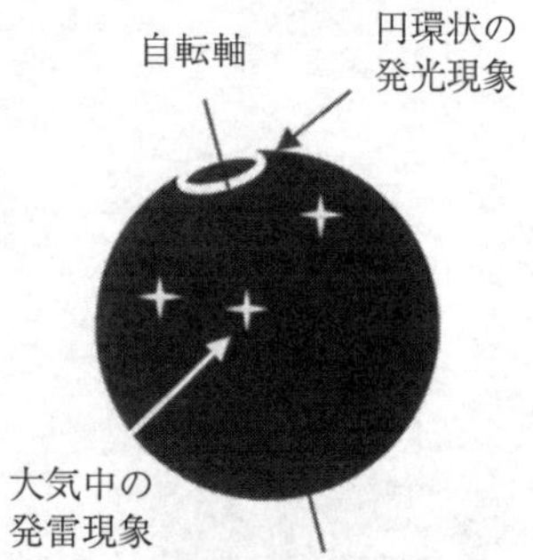

図1

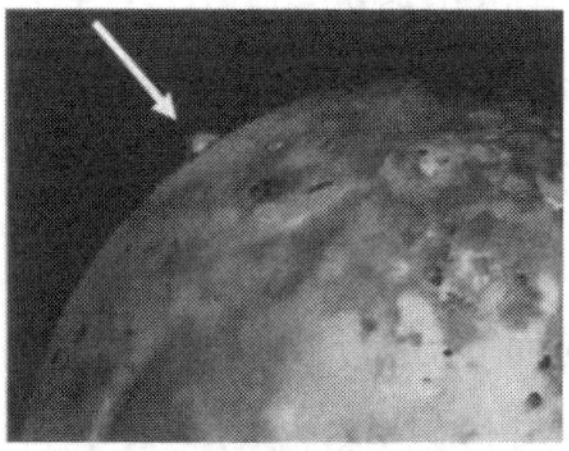

図2

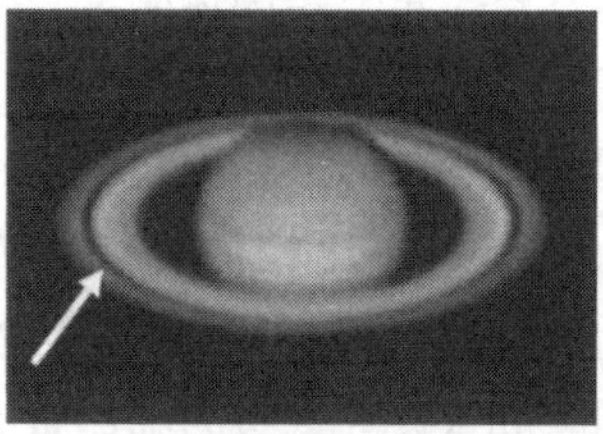

図3

問1　図4は打ち上げ直後にボイジャー1号によって撮影《さつえい》された，「地球と月が1フレームに同時に収められた人類史上初めての写真」です。このとき，日本(地上)から見たときの月について，次の(1)と(2)の問いに対し，当てはまるものをそれぞれ＜解答群1＞，および＜解答群2＞から1つずつ選び，記号で答えなさい。ただし，写真の上部を北半球側とします。

(1)　この日，月が南中するのはいつ頃《ころ》でしたか。

(2)　南中したときの月はどのような形をしていましたか。

図4

＜解答群1＞

ア．日の出とほぼ同じ時刻　　イ．日の出より少し前

ウ．日の出の少し後　　エ．日没《にちぼつ》とほぼ同じ時刻

オ．日没より少し前　　カ．日没より少し後

＜解答群2＞

ア．　イ．　ウ．　エ．　オ．　カ．　キ．

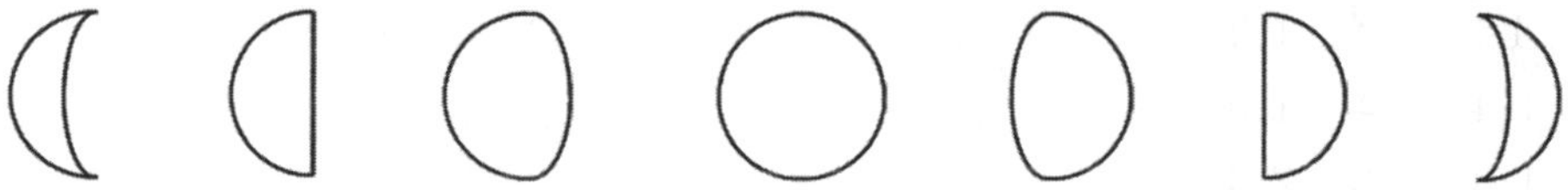

問2　下線部①について，なぜ木星の夜の側は地上から観測できないのか，簡潔に説明しなさい。

問3　下線部②は，地球と同様に木星にも磁場がある証拠《しょうこ》ですが，これは太陽からやってくる太陽風(電気を帯びた高速の粒子群)が，磁場に邪魔《じゃま》されにくい極地方に流れこみ，大気と衝《しょう》突《とつ》して発光する現象で，同じ現象は地球でも主に極地方で見ることができます。この発光現象を一般《いっぱん》に何というか答えなさい。

問4　下線部③について，地球や月のように，おもに岩石でできた惑星や衛星は，その岩石に含まれるわずかな放射能が出す放射線が火山活動の熱源で，質量(重さ)が大きい天体ほど火山活動のエネルギー源を多く持ちます。一方，天体内部からは天体表面を通して熱が逃げていくので，天体表面の表面積が大きいほど熱の逃げる速度は大きくなります。それを基に考えた場合，なぜ月やイオなどの，地球と比べて小さい天体は，表面積が小さいにも関わらず，地球よりも天体内部が冷える速度が速いのか，簡潔に説明しなさい。

問５　土星のまわりを１回転する時間(公転周期)は，その天体の大きさや重さに関係なく，土星中心からの距離で決まります。下線部④の「カッシーニのすき間」は，その位置を周回する氷粒の公転周期が，Ａ環の外側を周回するミマス(図５)という比較的大きな衛星の公転周期とちょうど１：２の関係にあり，氷粒が２回転するたびに，同じ場所で同じ向きにミマスの強い重力を受け続けるため，長い年月の間に軌道《きどう》が変えられてしまい，氷粒の非常に少ない空間になったと考えられています。図６は，これについて説明した模式図です。

図５

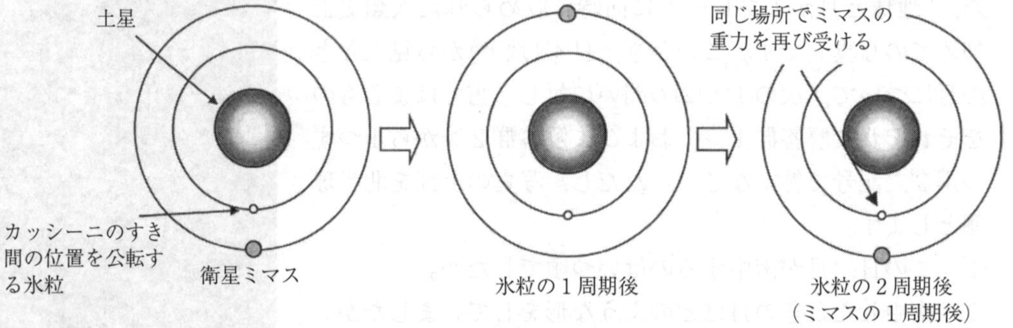

図６

では，土星中心とカッシーニのすき間までの距離を１としたとき，土星中心と衛星ミマスまでの距離はいくらか，最も近い値を次のア～カから１つ選び，記号で答えなさい。ただし，氷粒も衛星ミマスも土星を中心とした円軌道をえがき，その円軌道の半径と周期についてのケプラーの法則にしたがって，

{(周期)×(周期)}÷{(半径)×(半径)×(半径)}の値は一定であるものとします。

ア．1　　イ．1.2

ウ．1.4　　エ．1.6

オ．1.8　　カ．2.0

問６　下線部⑤について，タイタンの表面では，その１ cm^2 あたり，その上に乗っている大気の重さがタイタン表面上で約1.5kgであることが分かっています(図７)。この大気圧をhPa(ヘクトパスカル)の単位で表すといくらになるか，最も近いものを次のア～カから１つ選び，記号で答えなさい。ただし，１kgの重さを10N(ニュートン)とし，１hPaの大気圧とは，天体表面積１ m^2 あたりに100Nの重さの気体が乗っている状態を表すものとします。

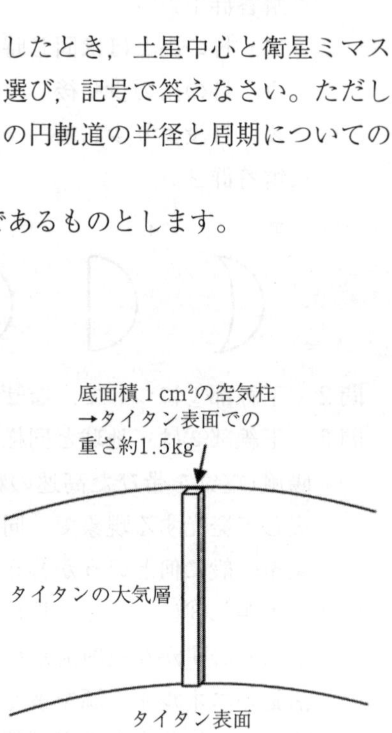

図７

ア．15hPa　　イ．100hPa

ウ．150hPa　　エ．1000hPa

オ．1500hPa　　カ．10000hPa

問7　下線部⑥について，電波が真空中を伝わる速さは，光の速さと等しく秒速30万km であることが知られており，地球と太陽との距離約1.5億km(＝1天文単位)を伝わるのに約500秒かかります。いま，地球からボイジャー1号に向けて信号を発信し，ボイジャー1号がその信号を受信した直後に，応答の信号を地球に向けて送ったとして，地球でボイジャー1号からの応答の信号を受信できるのは，発信してからどれくらいの時間になるか，最も近いものを次のア～カから1つ選び，記号で答えなさい。

ア．80分　　イ．330分　　ウ．11時間

エ．22時間　　オ．44時間　　カ．1330時間

問8　探査機ボイジャーは地球から遠ざかる一方ですが，近年はイオンエンジンの実用化など技術が発達して，打ち上げた探査機が，訪問先の天体から試料を採取し，地球に持ち帰ってくることに成功しています。これまでに，地球に小惑星のサンプルを持ち帰ることに成功した探査機の名前を1つ挙げなさい。

※写真の引用元

図2・図4・図5：National Aeronautics and Space Administration

図3　　　　　　：国立天文台

選び、記号で答えなさい。

ア　人間は外界に対する自分自身の表象として言語を用いて共同幻想を創出し、個人表象の微妙な違いを組み合わせることで壮大な文明を築いてきた。

イ　本来個人表象は他人には理解し得ないものだが、人間は言語を用いコミュニケーションすることで個人表象の多くの共通部分を共同幻想として皆で共有している。

ウ　具体的な表象における個人表象の差よりも抽象的な概念における公的表象の差は埋めがたいほど大きく、人間は共同幻想を持つことによってその差を埋めることができた。

エ　どのようなひとの心の中にも他者と共通する公的表象と呼べるものがあり、人間はその公的表象を私的表象に加えることで共同幻想を創り出し、共同作業を成功させてきた。

たは何もわかってくれない」という恨みが生じる。この何やかやにもかかわらず、共同幻想こそがヒトを共同作業に邁進《まいしん》させ、ここまでの文明を築いてきたのだろう。そして、互いの思いを一致させることは、相変わらずたいへん難しい作業であり、それができた時、できない時に伴う様々な感情を私たちは備えているのである。

［長谷川真理子『進化的人間考』（東京大学出版会）による］

問一 ――線⑤「ひるがえって」・⑥「とりもなおさず」・⑧「おせっかい」の言いかえとしてふさわしくないものをそれぞれ下から一つ選び、記号で答えなさい。

⑤「ひるがえって」　ア 反面　イ 他方　ウ かたや　エ ところで

⑥「とりもなおさず」　ア とどのつまり　イ すなわち　ウ まさしく　エ つまり

⑧「おせっかい」　ア いぶかしいこと　イ あつかましいこと　ウ おこがましいこと　エ さしでがましいこと

問二 ――線①「それは、子どもにとってもおとなにとっても楽しいことなのだ」とありますが、筆者はどのようなことを子どもとおとな両方にとって楽しいことだと考えていますか。最も簡潔に言い表している部分を解答用紙の「こと。」につながるように本文中より三十字以内でぬき出して答えなさい。

問三 ――線②「三項表象の理解」について、「三項表象の理解」とはどのような働きを持つものですか。六十字以上八十字以内で説明しなさい。

問四 ――線③「様々な記号を結びつけて、さらなる意味を生み出す」とはどういうことですか。その説明として最もふさわしいものを次から一つ選び、記号で答えなさい。

ア あらかじめ名前を付与されている対象を任意につなぎ合わせることによって、元々の名前からさらに発展させて新たな意味を引き出すこと。

イ 様々なモノを呼び表す記号を、そのモノの本来持つ性質を確かめながら自分の表現したい意図として表していくということ。

ウ いろいろな対象に与えられた名前を、その名前単独ではなく他の名前と組み合わせることによって文としての働きを持たせること。

エ あらゆる記号を言語として用いながら、様々な記号をそれぞれの意味がつながるように結びつけて正しい表現を新たに生み出すこと。

問五 ――線④「チンパンジー」とありますが、筆者のチンパンジーに関する説明としてふさわしくないものを次から一つ選び、記号で答えなさい。

ア 人間の子どもとは違って、発話の九割以上は他者を動かして自分の欲求を満たす目的であることがわかっている。

イ 言語が人間のように進化していないのは、言葉を話すことで世界を描写したいとは思っていないことに一因がある。

ウ 自分が見ている対象に他者の関心を向けさせて思いを共有するために、世界を描写する言葉を発することはほぼない。

エ 人間の子どもにもほとんど劣らないくらいの高度な認知能力を持ち、人には見られない独自の文化を形成している。

問六 □で囲んだア～オの文を正しい順番に並べ替えたとき、四番目にくるのはどれですか。記号で答えなさい。

問七 ――線⑦「共同幻想」について、ここではどのようなことを述べていますか。その説明として最もふさわしいものを次から一つを見ているという確認、思いを共有しているということの確認である。つまり、三項表象の理解を表現しているのだ。

ア　彼らは、かなり高度な問題をも解くことができる。
イ　チンパンジーの認知能力は非常に高度である。
ウ　しかし、どうやら彼らに三項表象の理解はない、というか乏しい。
エ　高機能のコンピュータがたくさんあるが、それらどうしがつながっていない、というような状況だろうか。
オ　一頭一頭のチンパンジーは世界に対してかなりの程度の理解を持っているのだが、その理解を互いに共有しようとしないのである。

だから、世界を描写してうなずき合おうとはしないのである。チンパンジーが時代を超えて蓄積されていく文化を持っていないのは、このためだろう。

　三項表象の理解があり、互いに思いを共有する素地があれば、そこから言語が進化するのは簡単であるように思う。言語獲得以前の子どもたちがやっているように、思いの共有さえあれば、あとはその対象に名前をつけていくのは簡単なはずだ。

　また、三項表象の理解があれば、目的を共有することができる。私が外界に働きかけて何かしようとしている。その「何か」をあなたが推測し、同じ思いを共有することができれば、「せいのっ！」と共同作業をすることができる。言語コミュニケーションはその共同作業をずっとスムーズに促進《そくしん》させてくれるが、言語がなくても共同作業はできる。言葉の通じない外国でも、表情や身振り手振りで人々は意思疎《そ》通《つう》することができる。それは、⑥とりもなおさず、先ほどの「私は、あなたが何を考えているかを知っている、ということをあなたも知っている、ということを私は知っている」からだ。

　チンパンジーは、みんなでサルを狩るなど、共同作業に見えることをする。しかし、本当に意思疎通ができた上での共同作業ではないらしい。他者が何をしているかを推測することのできる高度なコンピュータが、その知識をもとに互いに勝手に動いているというほうが、彼らの行動をよりよく描写していると私は思う。

　私たちは、外界についてそれぞれが自分自身の表象を持っている。いわば個人的表象だ。それを表現するのが言語である。言語で表されたものは公的表象となる。その公的表象を受け取った他者は、それについて独自の個人的表象を持つ。誰も他者の心を見ることはできないので、個人的表象はあくまでもその個人しか理解できないものである。

　「リンゴ」という言葉で表される公的表象は、秋冬の赤い果物、少しすっぱい、青森や長野が有名、アップルパイのもと、などである。しかし、「リンゴ」という言葉で何を思うかは、人それぞれに異なる。「自由」「勇気」「繁栄」「正義」など、もっと抽象的な概念になると、公的表象とそれぞれの個人的表象の間には、「リンゴ」のような具体的なものの表象よりもずっと多くの、微妙な違いが生じるに違いない。それでも人々は、言語で表される公的表象でコミュニケーションを取り、共同作業を行わねばならない。その公的表象が各個人の持つ表象の最大公約数としてうまく機能している限り、共同作業はうまくいくだろう。実際、かなりうまくいっているからこそ、この社会は動いている。

　しかし、本質的に、それは⑦共同幻想なのだろう。何か探しているような素振りを見せる人に対し、「何かお探しですか？」と聞くのは、本質的には⑧おせっかいなのだろう。人の心なんて本当は計り知れないものなのだから。それでも大方は当たっている。相手も、そう察してくれることを期待している。それが外れた時に誤解が生じ、「あな

だ。

　このように描写すると非常にややこしいが、先に述べたように子どもでもやっていることだ。「外界」をイヌとすると、子どもがイヌを見て指さし、「ワンワン」と言う。そして母親を見る。母親もそちらを見て、また子どもと顔を見合わせ、「そうね、ワンワンね、かわいいわね」と言う（図11－1）。あまりにも普通のことに思われるが、これが、どれだけ深遠な意味を含んでいることか。

　ヒトの心の中で行われているこのプロセスを描写すると、「私は、あなたがイヌを見ているということを知っている」、「あなたは、私がイヌを見ているということを知っている」、そして、「お互いにそのことを知っている」となる。しかし、これを一文で表そうとすれば、「私は、あなたがイヌを見ているということを知っている、ということをあなたは知っている、ということを私は知っている」となる。この文章を理解するよりも、実際に子どもと目を見合わせながらイヌを見るほうが、ずっと簡単だ。しかし、この簡単なことは三項表象の理解であり、実は非常に高度な認知能力の結果なのである。

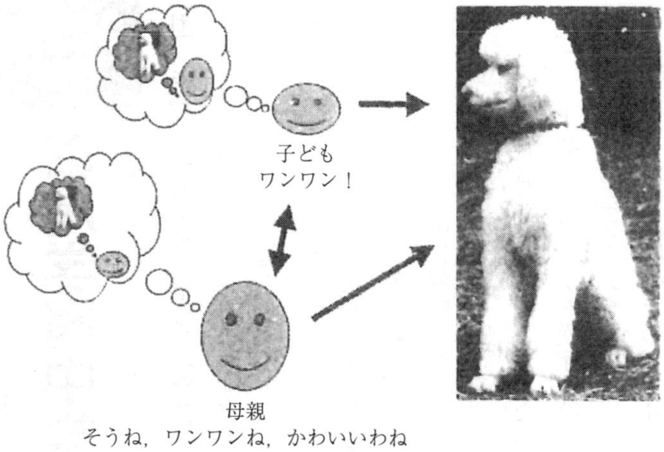
子ども
ワンワン！
母親
そうね，ワンワンね，かわいいわね
図11－1　三項表象の理解

　言語とは、対象をさし示す記号であり、それらの記号を文法規則で組み合わせて、さらなる意味を生み出すことのできるシステムである。そして、対象をさし示すために使われる記号は、その対象物の性質とは無関係な表象である。たとえば、イヌを「イヌ」と呼ぼうと、「dog」と呼ぼうと、何でもよい。それらは、イヌという動物の性質とは関係なく、任意に選ばれている。

　そして、③様々な記号を結びつけて、さらなる意味を生み出すための文法規則がある。だから、「ヒトがイヌを噛む」と「イヌがヒトを噛む」とでは意味が全く異なるのだ。このような任意の記号と文法規則を備えたコミュニケーションシステムを持つ動物は、ヒト以外にはいない。

　そこで、ヒトの言語の進化をめぐって、様々な議論が行われてきた。ヒトと最も近縁《きんえん》な動物である④チンパンジーがどこまで言語を習得できるのかを探るために、チンパンジーに対する言語訓練の実験も何十年にわたって行われてきた。その結果、チンパンジーはたくさんの任意な記号を覚えるが、文法規則は習得しないことがわかった。その他にもいろいろなことがわかった。しかし、最も重要な発見は、言葉を教えられたチンパンジーが別に話したいとは思わない、ということではないだろうか。

　数百の単語を覚えたチンパンジーたちが自発的に話す言葉の九割以上は、ものの要求なのである。「オレンジちょうだい」「くすぐって」「戸を開けて」など、教えられたシグナルを使って他者を動かし、自分の欲求を満たそうということである。「空が青いですね」「寒い」など、世界を描写する「発言」はほとんど皆無だ。⑤ひるがえって、言葉を覚え始めたばかりの子どもの発話の九割以上がものの要求ということはない。もちろん要求もするが、「ワンワン」「お花、ピンク」「あ、〇〇ちゃんだ」「落ちちゃった」など、世界を描写する。単に世界を描写して何をしたいのか。先ほど述べたように、他者も同じこと

2024年度

広尾学園中学校

【国　語】〈医進・サイエンス回入試〉（三〇分）〈満点：五〇点〉

《注意事項》問題で文字数が指定されている場合はカッコや句読点を文字数に含みます。

一　次の各問に答えなさい。

問一　――線の漢字の読みをひらがなで答えなさい。

① 極寒の地で刻苦に耐えしのぶ。

② テントの中に蚊帳をつった。

③ 明治時代の名残を感じる。

④ 容疑者の認否は明らかでない。

問二　――線のカタカナを漢字に改めなさい。

① 物語のコンカンをなす。

② さらなる発展のためジンリョクする。

③ 自分が損することにはバジ東風で耳を貸さない。

④ 被害が後をタたない。

⑤ フンパツして値の張るお土産を買う。

⑥ 多くの信者がハイキョウを迫られた時代。

二　次の――線の□にひらがなを一字ずつ入れて言葉を完成させ、その言葉に最も近い意味の言葉を後の語群より選んで記号で答えなさい。

① あな□□間違いではない。

② か□う□て生き延びた。

③ つ□□に調べる。

④ に□□に駆け出す。

⑤ ひ□□きに信じる。

〈語群〉

ア　いちずに　　イ　ゆったりと　　ウ　どうにか

エ　おおまかに　　オ　かならずしも　　カ　だしぬけに

キ　わずかに　　ク　もれなく

三　次の文章を読み、後の問に答えなさい。

まだ言葉も十分には話せない小さな子どもが、何かを見て興味を持ったとしよう。その子はどうするだろう？　そちらを指さしたり、手を伸ばしたりしながら、あーあー、などと発声し、一緒にいるおとなの顔を見るに違いない。おとながそちらを見てくれなければ、かなりしつこく、おとなの注意をそちらに向けさせようとするだろう。これは、実によくある光景だ。

その声や動作に気づいたおとなは、子どもがさしている方向を見て、何が子どもの興味を引いたのかを理解すると、子どもと顔を見合わせ、「そうだね、〇〇だね」と話しかける。その言葉を子どもが理解できなくてもかまわない。それでも、動作や表情、視線によって、子どもは、おとなが同じものを見て興味を共有してくれていることを確認する。そして、①それは、子どもにとってもおとなにとっても楽しいことなのだ。

今こうやって描写したのが、②三項表象の理解である。つまり、「私」と「あなた」と「外界」という三つがあり、「私」が「外界」を見ていて、「あなた」も同じその「外界」を見ている。そして、互いに目を見交わし、互いの視線が「外界」に向いていることを見ることで、両者が同じその「外界」を見ていることを、了解し合う。「外界」に関する心的表象を共有していることを理解し合う、ということ

2024年度 広尾学園中学校 ▶解説と解答

算　数　＜医進・サイエンス回入試＞（50分）＜満点：100点＞

解　答

1 (1)　解説の図1を参照のこと。　(2)　解説の図2，図3を参照のこと。　(3)　解説の図4を参照のこと。　2 (1)　18cm^3　(2)　28.8cm^3　(3)　2561.4cm^3　3 (1)　5通り　(2)　14通り　(3)　42通り　4 (1)　解説の図Ⅰ㋑を参照のこと。　(2)　①　67.5度　②　60度　(3)　解説の図Ⅳを参照のこと。

解　説

1　条件の整理

(1)　下の図1で，真ん中の位置に目盛りをつけると左右の長さが同じになってしまうから，3の位置にはつけることはできない。また，1の位置に目盛りをつけると，1の長さを測ることができるので，「1から1離《はな》れた2」，「6から1離れた5」の位置にもつけることができなくなる。すると，残りの1個は4の位置と決まり，図1のようになる。

(2)　(1)より，下の図2のように1の位置に目盛りをつけると，2と10の位置にはつけることができなくなる。次に9の位置に目盛りをつけると，1と2の長さを測ることができるから，3，7，8の位置にもつけることができなくなる。そこで4の位置に目盛りをつけると，図2のようになる。同様に，はじめに2，次に8の位置に目盛りをつけると，下の図3のようになる。なお，図2のゴロム定規では6，図3のゴロム定規では10の長さを測ることができないが，いずれの場合も問題の条件には合う。

図1

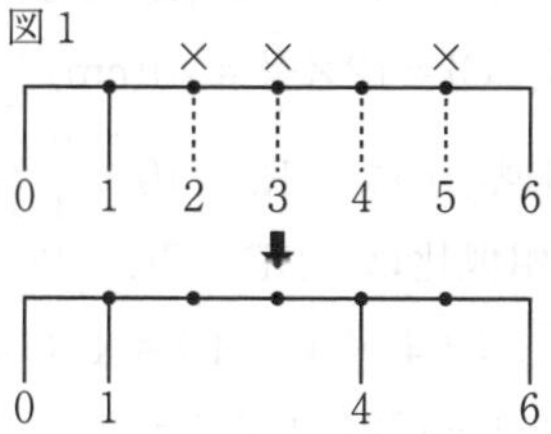

図2

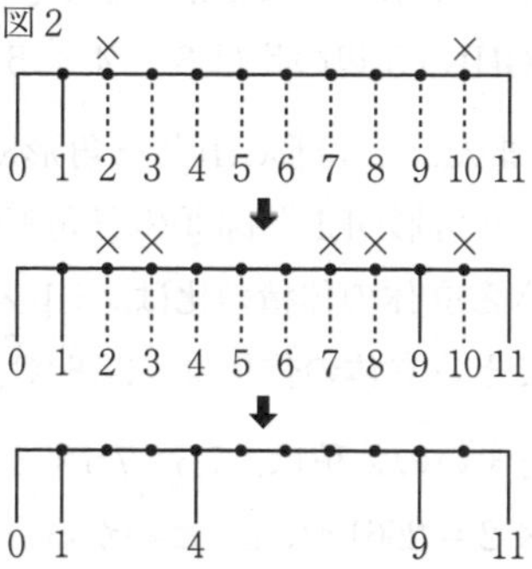

図3

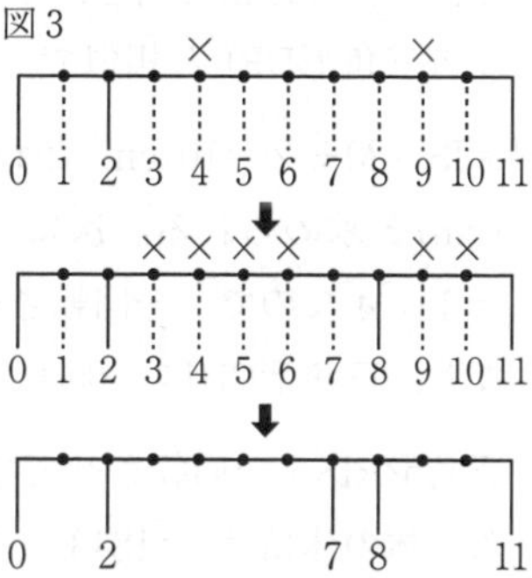

(3)　(1)，(2)と同様に考えていくと，下の図4の4通りが考えられる。

図4

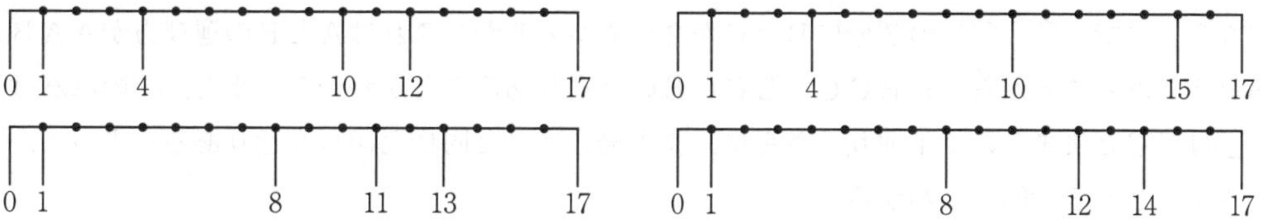

2 立体図形―体積，相似

⑴　下の図①について，直線mを軸《じく》として三角形ABCを一回転させると，三角形ACPを一回転させてできる円すいから，三角形BCPを一回転させてできる円すいを取り除いた形の立体ができる。よって，BPの長さを□cmとすると，この立体の体積は，$3\times3\times3\times(2+\square)\times\frac{1}{3}-3\times3\times3\times\square\times\frac{1}{3}=3\times3\times3\times(2+\square-\square)\times\frac{1}{3}=27\times2\times\frac{1}{3}=18$(cm^3)と求められる。

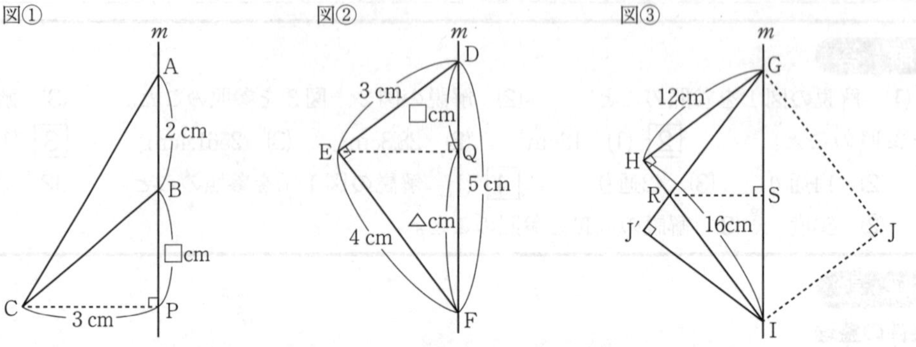

⑵　上の図②について，直線mを軸として三角形DEFを一回転させると，三角形DEQを一回転させてできる円すいと，三角形FEQを一回転させてできる円すいを組み合わせた形の立体ができる。はじめに，三角形DEFの面積は，$3\times4\div2=6$(cm^2)だから，DFを底辺と考えたときの高さ(EQの長さ)は，$6\times2\div5=2.4$(cm)とわかる。よって，DQの長さを□cm，FQの長さを△cmとすると，□＋△＝5(cm)なので，この立体の体積は，$2.4\times2.4\times3\times\square\times\frac{1}{3}+2.4\times2.4\times3\times\triangle\times\frac{1}{3}=2.4\times2.4\times3\times(\square+\triangle)\times\frac{1}{3}=2.4\times2.4\times3\times5\times\frac{1}{3}=28.8$(cm^3)となる。

⑶　上の図③のように，三角形GIJと合同な三角形GIJ′をかくと，直線mを軸として長方形GHIJを一回転させてできる立体の体積は，四角形GHRSを一回転させてできる立体の体積の2倍に等しくなる。これは，三角形GHIを一回転させてできる立体の体積から，三角形RISを一回転させてできる円すいの体積を引き，それを2倍して求めることができる。はじめに，図③の三角形GHIは，図②の三角形DEFと相似で，三角形GHIの3辺の比は3：4：5だから，GI＝$12\times\frac{5}{3}=20$(cm)，GS＝IS＝$20\div2=10$(cm)とわかる。また，三角形GHIと三角形RSIも相似なので，RS＝$10\times\frac{3}{4}=7.5$(cm)と求められる。次に，図②の三角形DEFと図③の三角形GHIの相似比は，DE：GH＝3：12＝1：4なので，一回転させてできる立体の体積の比は，$(1\times1\times1):(4\times4\times4)=1:64$となり，三角形GHIを一回転させてできる立体の体積は，$28.8\times\frac{64}{1}=1843.2$(cm^3)と求められる。また，三角形RISを一回転させてできる円すいの体積は，$7.5\times7.5\times3\times10\times\frac{1}{3}=562.5$(cm^3)だから，求める立体の体積は，$(1843.2-562.5)\times2=2561.4$(cm^3)とわかる。

3 場合の数

⑴　助手がAを運ぶタイミングで場合分けをすると，荷物が3つの場合は下の図1の㋐～㋒のようになる。㋐で，○○○○の部分にBとCが2つずつ入るが，これはAとBの運び方がＡＡＢＢ，ＡＢＢＡであることから，ＢＢＣＣ，ＢＣＣＢの2通りあることがわかる。また，㋑の△△はＢＢ，□□はＣＣと決まるので1通り，さらに，㋒の場合は㋐と同様だから2通りある。よって，全部で，$2+1+2=5$(通り)とわかる。

(2)　荷物が４つの場合は下の図２の㋓～㋖のようになる。㋓で，○○○○○○の部分は３つの運び方である５通りとわかる。また，㋔の△△はＢＢと決まり，○○○○の部分は２つの運び方である２通りとわかるので，１×２＝２(通り)となる。㋕は㋔と同様に２通り，㋖は㋓と同様に５通りだから，全部で，(５＋２)×２＝14(通り)と求められる。

図１

（３つの場合）
㋐　ＡＡ○○○○→ＡＡＢＢＣＣ，ＡＡＢＣＣＢ
㋑　Ａ△△Ａ□□→ＡＢＢＡＣＣ
㋒　Ａ○○○○Ａ→ＡＢＢＣＣＡ，ＡＢＣＣＢＡ

図２

（４つの場合）
㋓　ＡＡ○○○○○○
㋔　Ａ△△Ａ○○○○
㋕　Ａ○○○○Ａ△△
㋖　Ａ○○○○○○Ａ

図３

（５つの場合）
㋗　ＡＡ○○○○○○○○
㋘　Ａ△△Ａ○○○○○○
㋙　Ａ○○○○Ａ△△△△
㋚　Ａ○○○○○○Ａ△△
㋛　Ａ○○○○○○○○Ａ

(3)　荷物が５つの場合は，上の図３の㋗～㋛のようになる。㋗で，○○○○○○○○の部分は４つの運び方である14通りとわかる。また，㋘の△△はＢＢと決まり，○○○○○○の部分は３つの運び方である５通りとわかるので，１×５＝５(通り)となる。さらに，㋙の○○○○と△△△△の部分はそれぞれ２つの運び方である２通りだから，２×２＝４(通り)で，㋚は㋘と同様に５通り，㋛は㋗と同様に14通りとわかる。よって，全部で，(14＋５)×２＋４＝42(通り)となる。

4　平面図形─構成

(1)　下の図Ⅰのように切ってから開くと正方形になる。

(2)　下の図Ⅱで，かげをつけた三角形を広げると正八角形になるから，斜線《しゃせん》部分の角度は，360÷８＝45(度)である。また，かげをつけた三角形は二等辺三角形なので，①の角度は，(180−45)÷２＝67.5(度)と求められる。次に下の図Ⅲで，矢印のように折るから，②の角度と斜線部分の角度は等しい。また，かげをつけた三角形を広げると正六角形になるので，斜線部分の角度は，360÷６＝60(度)とわかる。よって，②の角度も60度である。

図Ⅰ

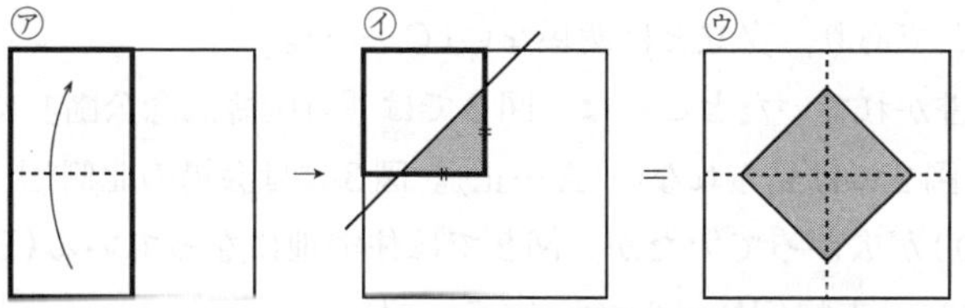

図Ⅱ

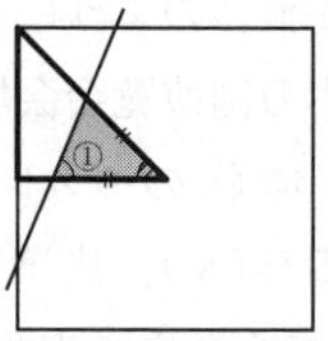

図Ⅲ

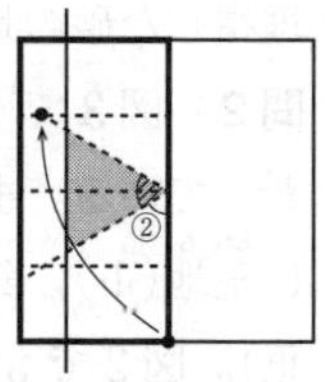

(3)　問題文中の図３(正六角形を作った図)を利用する。下の図Ⅳの㋒の図で，斜線部分の角度は，60×２＝120(度)だから，かげをつけた部分を広げると，図Ⅳの㋓のような正三角形になる。

図Ⅳ

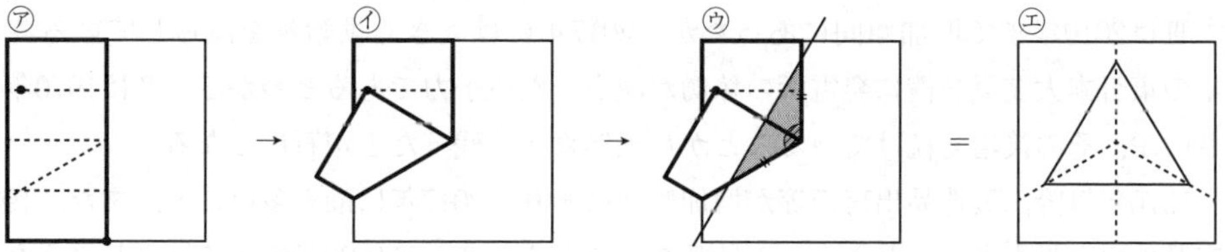

社　会　＜医進・サイエンス回入試＞（30分）＜満点：50点＞

解　答

1 **問1**　ク　**問2**　イ　**問3**　ウ　**問4**　エ　**問5**　ア　**問6**　イ　**問7**　エ
2 **問1**　青木昆陽　**問2**　ウ　**問3**　①　太閤検地　②　エ　**問4**　イ　**問5**　イ，ウ，オ　**問6**　山上憶良　**問7**　ア，エ，オ　**問8**　F→E→C→B→A→D
3 **問1**　イ　**問2**　直接民主制　**問3**　イ，エ，オ　**問4**　ア，エ，カ　**問5**　ウ　**問6**　エ　**問7**　ワークライフバランス　**問8**　雇用　4 **-Ⅰ**　（例）　江戸幕府が開かれたことによって，江戸の人口が急増した。幕府は人々の食料需要を満たすため，富士川を開発して幕領である甲斐国から江戸への米の輸送を強化しようとした。　4 **-Ⅱ**　**A**　160　**B**　0　**C**　0　**D**　40　**説明**…(例)　それぞれの国にとって生産能力の高い方に人を集中させたことによって生産量を増やした。

解　説

1 1970年ごろの日本と現代の日本の比較《ひかく》についての問題

問1　気象庁では，１日の０時から24時までを通して一番高かった気温を日最高気温，一番低かった気温を日最低気温と定義している。また，日最高気温が30℃以上の日を真夏日，０℃未満の日を真冬日という。１年を通じて日最高気温が上昇《じょうしょう》したとしても，１日ごとの気温が何度であるのかこのグラフからはわからないので，必ずしも真夏日が増加したとはいえない(A…誤)。気温が高くなると海水が蒸発し，熱せられた空気が上空に逃《に》げようとするため上昇気流が発生する。それにより海上の大気の密度が低くなり，低気圧となる。つまり，平均気温が上昇すると低気圧の発生する可能性も高くなるといえる。低気圧が発達し台風などになると，吸い上げ効果や吹《ふ》き寄せ効果で潮位が大きく上がり，高潮が起こりやすくなる(B…誤)。液状化とは，地震《じしん》の振動《しんどう》によって，ゆるく堆積《たいせき》した砂の地盤《じばん》が液体のようになることであり，夕立とは関係ない(C…誤)。

問2　図３で「日本万国博覧会会場」と書かれていたところは，図２では「万国博記念公園」に変わっている。また，環状《かんじょう》のモノレールは図２には見られない(A…正)。図３には会場の北側(上側)に荒地《あれち》(ılı)，針葉樹林(Λ)，広葉樹林(Q)が広がっていたが，図２では住宅地になっている(B…正)。図２でも図３でも会場の南側(下側)には寺院(卍)が６つある(C…誤)。

問3　1958年から学校給食で国産の牛乳が提供されるようになると，牛乳の供給量が増加した。また，近年はチーズ，バター，生クリームなどの乳製品の供給量が増えているので，ウが当てはまる。なお，アは穀類，イは魚介《ぎょかい》類，エは肉類。

問4　Ⅲは2010年まで増加傾向《けいこう》にあったが，2017年には大きく供給量を減らしていることから，2011年の東日本大震災《だいしんさい》を機に発電所の稼働《かどう》が減少した原子力であるとわかる。Ⅱは1970年には割合が小さいが，その後増え続けていることから天然ガス，残ったⅠが石炭となる。

問5　1970年以降，製造品出荷額等が増加傾向にあり，2017年に最も多いこと，また，1980年以降３都府県の中で最も多いことから，Ⅰは愛知県である。ⅡとⅢは2000年までは同じような推移であるが，2002年に統計の分類が改定されて東京都でさかんな出版・印刷業の金額が製造品出荷額等にふくまれなくなったことから2010年に製造品出荷額等が下がったⅢが東京都である。残ったⅡが大阪府となる。

問6　図8は輸送客数と輸送距離《きょり》の積を，1970年の値を1として表したものであるので，その値が大きく増えているⅠは，輸送距離が長く近年便数が増加している航空だとわかる。Ⅱは1990年以降に値が減少しているので，本州四国連絡橋の開通により減便や廃止《はいし》が生じた旅客船である。Ⅲは1970年から2017年にかけて変動がほとんどないので，鉄道である。

問7　日本の工業は繊維《せんい》を中心に発展し，その後機械工業がさかんになったので，Bが1960年である。次に，日本は原料や燃料を輸入し，製品を輸出する加工貿易を行ってきたので，繊維原料や石油が入っているDが輸入である。

2　日本の農業の発展と税の関わりの歴史についての問題

問1　青木昆陽《こんよう》は，第8代将軍徳川吉宗に取り立てられ，江戸幕府の書物方になって，オランダ語を通じて西洋を知ろうとするために蘭学《らんがく》を学んだ。また，ききんに備えてさつまいもの栽培《さいばい》を広めたため，「甘藷《かんしょ》先生」と呼ばれた。

問2　木綿は，室町時代に日朝貿易によって輸入され，しだいに国内での需要《じゅよう》が高まっていった。江戸時代には着心地がよく使いやすい木綿が人々の間で人気となり，全国各地で綿花栽培がさかんに行われた。

問3　①　太閤《たいこう》検地は，豊臣秀吉が実施《じっし》した政策で，面積の単位や米の量をはかる「ます」の大きさを統一し，村ごとに田畑などの面積と等級を調査して生産高を石高で表した。このとき，所有者と耕作者を検地帳に登録し，土地の耕作者が年貢を納めることになったため，複雑な土地の所有関係は整理され，荘園制は完全に崩壊《ほうかい》した。　②　豊臣秀吉は1590年に北条氏の本拠《ほんきょ》地である小田原城を攻《せ》め落として，全国統一をなしとげた。①の説明より，Y，Zは正しい。

問4　史料2は，1428年に起こった正長の土一揆《いっき》についてのものなので，きっかけとなったのは近江国(滋賀県)である。近江国は，織田信長が1576年に琵琶《びわ》湖の東岸に位置する安土山に城を築いたことで知られる。なお，アは加賀国(石川県)，ウは摂津《せっつ》国(兵庫県)，エは紀伊《きい》国(和歌山県)についての説明。

問5　アは1886年(ノルマントン号事件)，イは1871年(廃藩置県)，ウは1873年(征韓《せいかん》論争)，エは1885年(内閣制度制定)，オは1872年(新橋－横浜間に鉄道が開通)のことなので，1870年代の出来事はイ，ウ，オとなる。

問6　山上憶良《やまのうえのおくら》は，子どもを思う気持ちや社会の様子をうたった歌人として知られ，奈良時代の農民のつらく貧しい生活を詠《よ》んだ「貧窮《ひんきゅう》問答歌」が現存する日本最古の歌集である『万葉集』におさめられている。

問7　中大兄皇子は，都を奈良ではなく近江大津宮(滋賀県)に移した。日露戦争の主な戦場はロシア国内ではなく清(中国)や朝鮮半島であった。日本は，ロシアが清の旅順《りょじゅん》に築いていた要塞《ようさい》を攻《こう》略《りゃく》し，日本海海戦でバルチック艦隊《かんたい》を破り勝利した。1931年，関東軍が奉天《ほうてん》郊外の柳条《りゅうじょう》湖で南満州鉄道の線路を爆破《ばくは》したことをきっかけに，満州事変が始まった。

問8　Aは江戸時代(備中ぐわ，千歯こき)，Bは安土桃山時代(太閤検地)，Cは室町時代(農民が団結，正長の土一揆)，Dは明治時代(地租改正)，Eは鎌倉時代(農作業に牛や馬を利用，畿内《きない》を中心に二毛作)，Fは飛鳥時代(班田収授)のことなので，年代の古い順に，F→E→C→B→A→Dとなる。

3 国際社会，景気，エネルギーについての問題

問1　国際連合の本部はアメリカのニューヨーク，欧州《おうしゅう》連合(EU)の本部はベルギーのブリュッセル，国際司法裁判所が置かれているのはオランダのハーグなので，国際オリンピック委員会(IOC)の本部はスイスのローザンヌであるとわかる。

問2　国民が政治について話し合い，全員参加で議決する仕組みを直接民主制という。現代のように人口が多く複雑化した社会では，実現が難しい制度となっているが，スイスは直接民主制を採用している国として知られる。

問3　国連安全保障理事会の常任理事国は，フランスのほか，アメリカ，イギリス，ロシア，中国である。よって，イギリスの説明であるイ，アメリカの説明であるエ，中国の説明であるオが選べる。なお，ア(ベルリンの壁《かべ》の崩壊《ほうかい》)はドイツ，ウ(１つの大陸で１つの国家を形成)はオーストラリアについての説明。

問4　一般《いっぱん》的に不景気のときは，政府は減税を行って消費を増やそうとし，公共事業を活発にして，働く人や企業《きぎょう》の仕事を多くする政策をとる。また，日本銀行は金利を下げ，世の中に出回る通貨量を増加させようとする。

問5　価格の変動が国民の生活に大きな影響を与《あた》えないようにするため，国や地方公共団体といった公的機関によって価格が決められる電気料金，ガス料金，水道料金，郵便料金，鉄道運賃，公立学校の授業料などを公共料金という。

問6　地熱発電は，火山や温泉などがある地域の地中深くから得られた蒸気で，直接タービンを回して電気を起こす。地熱発電所は火山活動の集中している東北地方や九州地方に多く立地している。

問7　仕事と生活の調和を図ることをワークライフバランスといい，働き方改革によって，長時間労働をなくすこと，正規雇用《こよう》者と非正規雇用者の待遇《たいぐう》格差をなくすこと，子育てや介護《かいご》と仕事の両立ができることなどが目指されている。

問8　1979年に国連総会で女子差別撤廃《てっぱい》条約が採択《さいたく》されたことを受け，日本もこの条約を批准《ひじゅん》するために３つの改正を行った。その１つが，働く場所における男女の不平等をなくすために，採用や昇進《しょうしん》において女性差別を禁止する男女雇用機会均等法の制定である。1985年のこの法律の制定により，日本は女子差別撤廃条約を批准し，1986年に男女雇用機会均等法が施行《しこう》された。

4－Ⅰ 富士川の開削《かいさく》の理由についての問題

資料２から，1603年に江戸幕府が開かれ，市街地の造成や江戸城の築城が始まったことが読み取れるため，江戸の人口が増加していったことが予測できる。資料１からは，上流の笛吹《ふえふき》川が甲斐《かい》国(山梨県)を流れる富士川と合流して駿河湾《するがわん》に注いでいること，資料３からは，徳川氏の領地となった甲斐国から江戸へ年貢米を送るために，富士川水運を開削したことがわかる。

4－Ⅱ 比較《ひかく》生産費説についての問題

イギリスの経済学者リカードは，各国が生産能力の高い製品に特化して生産することで生産量を増やすことができ，それらの製品で貿易を行うことによって利益が得られるという比較生産費説を唱えた。表１を見ると，Ｘ国はテレビをつくるのに必要な人数よりも自動車をつくるのに必要な人数の方が少ないので，自動車の生産能力の方が高い。同様に，Ｙ国は自動車よりもテレビの生産能力の方が高い。よって，Ｘ国は労働者全員を自動車生産，Ｙ国は労働者全員をテレビ生産に専念させればよいことになる。そうすると，Ｘ国の労働者160(Ａ)人全員が自動車をつくり，テレビをつ

くるのは０（C）人となるので，自動車の生産台数は，160（人）÷40（人）＝４（台）となる。逆に，Y国の労働者40（D）人全員がテレビをつくり，自動車をつくるのは０（B）人となるので，テレビの生産台数は，40（人）÷10（人）＝４（台）となる。こうして，自動車もテレビも計２台ずつ生産量を増やすことができる。

理　科　＜医進・サイエンス回入試＞（50分）＜満点：100点＞

解　答

1 **問1**　**X**　15　**Y**　45　**問2**　12mA　**問3**　30mA　**問4**　0.6倍　**問5**　ウ，エ　**問6**　6.4　**問7**　9：2：4　**問8**　（例）　火災の危険度が少ない。　2 **問1**　ア，ウ　**問2**　（例）　手であおいでにおいをかぐ。　**問3**　（例）　重量の増え方がだんだん小さくなっている。　**問4**　**TG**…ア　**DTA**…エ　**問5**　ウ　**問6**　(1)　1.5nm　(2)　（例）　塩素の粒子同士やナトリウムの粒子同士では反発力がはたらく。／塩素の粒子とナトリウムの粒子の間には引力がはたらく。　**問7**　無重力　3 **問1**　カ　**問2**　(1)　9，13　(2)　ウ　**問3**　A型，B型，AB型，O型　**問4**　**理花**…B型　**進**…AB型　**サイ**…O型　**問5**　**赤血球**…イ，オ，コ，サ，シ　**血しょう**…ウ，カ，キ，ク，ケ　4 **問1**　(1)　オ　(2)　キ　**問2**　（例）　木星は地球のはるか遠くの外側で太陽のまわりを公転しているから。　**問3**　オーロラ　**問4**　（例）　小さい天体ほど体積に対する表面積の割合が大きくなるため。　**問5**　エ　**問6**　オ　**問7**　オ　**問8**　（例）　はやぶさ

解　説

1　カーボン紙を用いた電流回路についての問題

問1　表１において，カーボン紙①とカーボン紙②の結果から，流れる電流の大きさはカーボン紙の縦の長さに比例することが，カーボン紙②とカーボン紙③の結果から，流れる電流の大きさはカーボン紙の横の長さに反比例することがわかる。よって，カーボン紙①の結果を利用すると，カーボン紙⑤の縦の長さ(X)は，$5\times\frac{54}{18}=15$(cm)と求められる。すると，カーボン紙⑥に流れる電流の値(Y)は，$54\div\frac{12}{10}=45$(mA)になる。

問2　表１で，カーボン紙①とカーボン紙③は流れる電流の大きさが同じであるから，図２にあるカーボン紙①はカーボン紙③に置きかえられる。そして，カーボン紙③とカーボン紙②を横に直接接続すると，縦10cm，横，20＋10＝30(cm)のカーボン紙と見なすことができる。したがって，カーボン紙⑦に流れる電流の大きさは，カーボン紙②と比べて考えると，$36\div\frac{30}{10}=12$(mA)となる。

問3　図３はカーボン紙⑦とカーボン紙①の並列接続なので，電流計が示す値は，12＋18＝30(mA)になる。

問4　図４では，カーボン紙①を上に移動させると，縦10cm，横20cmのカーボン紙③と同じになるから，電流計が示す値は18mAとなる。これは図３の電流計の示した値の，18÷30＝0.6(倍)になっている。

問5　表２において，カーボン紙の面積と７分間の水温上昇《じょうしょう》温度の間には，比例の関係も反比例

の関係も見当たらない。一方，電流計の値と7分間の水温上昇温度の間には，比例の関係がある。

問6　表3で，電流計の値が18mAから36mA，54mAへ2倍，3倍になると，7分間の水温上昇温度は0.9℃から3.6℃，8.1℃へ4（＝2×2）倍，9（＝3×3）倍となっている。つまり，電流計の値が□倍になると，7分間の水温上昇温度は（□×□）倍になると考えられる。これより，電流計の値が24mAから48mAへ2倍になると，7分間の水温上昇温度（Z）は，1.6×（2×2）＝6.4（℃）になる。

問7　図6で，カーボン紙②とカーボン紙③の直列接続に対して，カーボン紙①は並列につながれている。まず，カーボン紙①を入れた水槽《すいそう》1の水温上昇温度は，表2より0.9℃である。次に，カーボン紙②とカーボン紙③の直列接続は，問2のカーボン紙⑦に相当するので，12mAの電流が流れる。ここで，表2の結果を利用すると，カーボン紙②を入れた水槽2では，$1.8\times\frac{12}{36}\times\frac{12}{36}=0.2$（℃）水温が上昇し，カーボン紙③を入れた水槽3では，$0.9\times\frac{12}{18}\times\frac{12}{18}=0.4$（℃）上昇する。以上のことから，水温上昇温度の比は，0.9：0.2：0.4＝9：2：4とわかる。

問8　床暖房《ゆかだんぼう》に「電気を通すシート」を用いる方法の利点には，次のようなことが考えられる。(あ)燃料を燃焼させないので，火災の危険度が少なくなる。(い)省エネルギーにつながり，二酸化炭素の排出《はいしゅつ》量の削減《さくげん》に貢献《こうけん》できる。(う)暖房にかかる光熱費をおさえられることが多い。(え)設備の保守作業（メンテナンス）が少なくなり，維持《いじ》費用が安くなる。(お)床のすみずみまで温めることができる。

2　**物質の分析《ぶんせき》方法についての問題**

問1　水溶液《すいようえき》から水を蒸発させ，析出した結晶《けっしょう》をルーペで見ると，その結晶の形などから水に溶《と》けていた成分を調べることができる。また，リトマス試験紙を用いることで，酸性・中性・アルカリ性の性質がわかり，このことから水溶液に溶けている成分を予想できる。

問2　実験1では，塩化アンモニウムと水酸化カルシウムが反応することで，アンモニアが発生する。よって，集めた気体がアンモニアであると決めるのに必要な判断材料を得られるような操作を行うとよい。たとえば，アンモニアには特有のにおいがあるので，手であおぐようにして気体のにおいをかいでみる。また，アンモニアは非常に水に溶けやすく，水溶液がアルカリ性なので，水でしめらせた赤色のリトマス試験紙を気体に近づけたり，気体をBTB溶液に通したりすることも考えられる。

問3　実験2では，銅に酸素が結びついて酸化銅ができる。表1で，加熱時間の合計が5分増えるごとに，ステンレス皿の重量がどれだけ増えているかを調べると，0～5分では0.10g，5～10分では0.08g，10～15分では0.03g，…となっている。これより，ステンレス皿の重量の増え方がだんだん小さくなっていることがわかる。また，加熱時間の合計が25分や30分ではステンレス皿の重量が21.85gで同じになっており，これらのときに銅の粉末1.00gはすべて酸化銅になったと考えられるので，最終的に銅の粉末1.00gに対して，21.85−21.60＝0.25（g）の重量が増加したといえる。

問4　実験2では，銅に酸素が結びつくという反応が起こっている。このように物質に酸素が結びつく反応のことを酸化という。表2より，酸化において，TGでは重量増加のグラフ，DTAでは発熱反応のグラフとなる。

問5　TGの分析結果は，加熱前の物質の重量を100％としたときの残った物質の重量が割合で示されるので，図1のグラフから読み取れるのは，500℃以上にしたとき，もとの原料の60～70％ほどが気体となったということである。

問6　(1)　図3の上部右側にあるモデル図を見ると，粒子《りゅうし》は縦に6個，横に4個並んでいる。よって，1面に，6×4＝24(個)あるので，この結晶の奥《おく》行き方向には，120÷24＝5(個)の粒子が並んでいることになる。6個の粒子が並ぶと1.8nmになるので，奥行きの長さは，$1.8\times\frac{5}{6}=1.5$(nm)である。　(2)　結晶の中で2種類の粒子は交互《こうご》に並んでいることから，塩素の粒子同士やナトリウムの粒子同士では反発力がはたらき，塩素の粒子とナトリウムの粒子の間には引力がはたらくと考えられる。

問7　結晶近くの溶液の濃度《のうど》はその外側の濃度に比べて高いので，密度(1cm^3あたりの重さ)に差が生じる。すると地球上では重力がはたらくため溶液の移動が起こるが，宇宙は無重力状態で，重さの違《ちが》いがなくなるので，濃度(密度)差があっても液体の流れは起こらない。

3　ヒトの血液型についての問題

問1　体重60kgの成人男性の体内にある血液は，体重1kgあたり80mLなので，80×60＝4800(mL)になる。そして，そこに含《ふく》まれる赤血球は，血液1mm^3あたり500万個あるから，500万×4800×1000＝24兆(個)になる。よって，求める割合は，24兆÷37兆×100＝64.8…より，約65％である。

問2　(1)　(以下，遺伝子は「　」をつけて表す)図3で，10は「OO」を持つので，8と9からそれぞれ「O」を引き継《つ》いでいる。また，11は「AB」を持つので，8と9の一方から「A」，もう一方から「B」を引き継いでいる。よって，8は「BO」のB型，9は「AO」のA型とわかる。なお，12は「AO」のA型と決まる。次に，8は，持っている「BO」のうち「O」を4から引き継いでいることになるから，「B」は3から引き継いでいる。また，8の兄弟であるAB型の7は，「A」を4から，「B」を3から引き継いでいると考えられる。したがって，3は「B」を1つ持つが，もう1つは不明であるため，B型かAB型となる。なお，4は「AO」のA型である。そして，14が「OO」のO型だから，B型の16は「BO」であり，「B」は13から引き継いでいること，O型の15は13から「O」を引き継いでいることから，13は「BO」のB型と決まる。17は「BO」のB型もしくは「OO」のO型で，特定はできない。　(2)　5が「OO」のO型なので，1も2も「AO」のA型である。よって，6はA型だが「AA」と「AO」の両方の可能性がある。ほかは(1)で述べた通りであるから，父親と母親から同じ遺伝子を引き継いでいると特定できるのは，O型の5，10，15の3人である。

問3　子どものHの部分が壊《こわ》れている場合，見かけ上はO型となる。また，壊れていない場合，20の持つ遺伝子は，「AA」「AO」「OO」の可能性があるから，父親の20からは「A」または「O」を引き継ぐ可能性があり，母親の7からは「A」または「B」を引き継ぐので，その場合は子どもがA型，B型，AB型のいずれかになる。つまり，4通りの血液型すべての可能性がある。

問4　広尾さんがA型だった場合，凝集素《ぎょうしゅうそ》βを持つ。理花さんについて，彼女《かのじょ》の赤血球は広尾さんの血しょうに対して凝集したのでB型を示すマークを持ち，広尾さんの赤血球が理花さんの血しょうに対して凝集したので，彼女の血しょうは凝集素αを持つ。よって，理花さんはB型である。進さんについて，彼《かれ》の血しょうに対してほかの3人の赤血球は凝集しなかったので，凝集素は持っていない。したがって，進さんはAB型となる。そして，サイさんの血しょうでは，ほかの3人の赤血球が凝集したので，凝集素αも凝集素βもある。このことからサイさんはO型とわかる。

問５　表２において，赤血球がかたまらなかった組み合わせを選べばよい。赤血球だけを輸血する場合は，広尾さんから進さんに，理花さんから進さんに，サイさんから３人に可能となる。また，血しょうだけを輸血する場合は，広尾さんからサイさんに，理花さんからサイさんに，進さんから３人に可能である。

4　太陽系の惑星《わくせい》や衛星についての問題

問１　⑴　図４において，地球の明るく照らされている部分の形から考えて，この写真の右上の方向に太陽があって，そこからの光で地球や月が照らされている。すると，白く小さく見える月が正面に見えるのは太陽が西にしずんでいない時刻で，月と太陽を同時に見られると考えられる。

⑵　地球の北半球から見た月の形は図４と同じで，キのように見える。

問２　木星は，地球からはるか遠くはなれた外側で太陽のまわりを公転しているため，ほとんど満ち欠けしない。よって，太陽の光が届いていない暗い面(夜の側)を地球から観測することは難しい。

問３　太陽風が極地方に流れこみ，大気と衝突《しょうとつ》して発光する様子は，地上から見るとカーテンのような光の帯となって見える。これをオーロラという。

問４　たとえば，体積に対する表面積の割合を，１辺１cmの立方体と１辺２cmの立方体で比べてみると，１辺１cmの立方体の場合は，（１×１×６）÷（１×１×１）＝６となるのに対し，１辺２cmの立方体の場合は，（２×２×６）÷（２×２×２）＝３になる。体積に対する表面積の割合が大きいほど，内部の熱が逃《に》げていきやすいので，小さい天体ほど内部が冷える速度が速くなるといえる。

問５　カッシーニのすき間の位置を公転する氷粒の公転周期を１，土星中心とカッシーニのすき間までの距離《きょり》を１としたとき，{(周期)×(周期)}÷{(半径)×(半径)×(半径)}の値は，（１×１）÷（１×１×１）＝１になる。一方，公転周期が２の衛星ミマスでもこの値は１になるから，土星中心と衛星ミマスまでの距離を□とすると，（２×２）÷(□×□×□)＝１という式が成り立ち，□×□×□＝４となる。よって，1.6×1.6×1.6＝4.096より，□は約1.6とわかる。

問６　１cm^2あたり1.5kgの重さがかかっているとき，１m^2あたりでは，1.5×100×100＝15000(kg)の重さがかかる。１kgの重さは10Nに相当するので，これは150000Nにあたる。さらに，１m^2あたり100Nの重さがかかると１hPaとなるので，タイタンの大気圧は，150000÷100＝1500(hPa)である。

問７　信号が地球からボイジャー１号までの間を１往復するのにかかる時間を求める。地球からボイジャー１号までの距離は，240億÷1.5億＝160(天文単位)なので，かかる時間は，500×160×２＝160000(秒)となる。これは，160000÷60÷60＝44.4…より，約44時間である。

問８　日本の小惑星探査機「はやぶさ」は，2003年に打ち上げられ，2005年に目的地の小惑星イトカワに到着《とうちゃく》，採取した試料を2010年に地球へ持ち帰った。また，これに続いて「はやぶさ２」が2014年に打ち上げられ，2018年に小惑星リュウグウに到着し，ここで採取した試料は2020年に地球に届けられた。ほかに，アメリカの「オシリス(オサイリス)・レックス」が小惑星ベンヌの試料を採取し帰還《きかん》している。

国語　＜医進・サイエンス回入試＞（30分）＜満点：50点＞

解答

一 **問1**　①　こっく　②　かや　③　なごり　④　にんぴ　**問2**　下記を参照のこと。

二（ひらがな，語群の順で）　①　がち，オ　②　ろじ，ウ　③　ぶさ，ク　④　わか，カ　⑤　たむ，ア　三 **問1**　⑤　エ　⑥　ア　⑧　ア　**問2**「外界」に関する心的表象を共有していることを理解し合う(こと。)　**問3**（例）言葉で世界を描写することによって互いの思いを共有していることを確認し，さらに外界に対する働きかけの目的を共有することで共同作業を可能にする働き。　**問4**　ウ　**問5**　エ　**問6**　オ　**問7**　イ

●漢字の書き取り

一 **問2**　①　根幹　②　尽力　③　馬耳　④　絶(たない)　⑤　奮発　⑥　背教

解説

一　漢字の読みと書き取り

問1　①　身にこたえるような大変さや苦労。　②　蚊《か》などの虫が入らない空間をつくり出すための網《あみ》。　③　過去に何かが存在していた気配や影響《えいきょう》。　④　容疑を認めているかどうか。

問2　①　根底をなすもの。　②　精一杯《せいいっぱい》やること。　③「馬耳東風」は，何を言われても聞き流しているさま。　④　音読みは「ゼツ」で，「絶好」などの熟語がある。　⑤　思い切って高い金額を払《はら》うこと。　⑥　宗教の教えに背《そむ》くこと。

二　ことばの知識

①“あながち～ない”は，必ずしもそうとは言えないこと。　②「かろうじて」は，やっとのことで何かを達成するさま。　③「つぶさに」は，詳《くわ》しく，細部まで行き届いているさま。　④「にわかに」は，突然《とつぜん》であるようす。　⑤「ひたむきに」は，ぶれることなく一途《いちず》であるさま。

三　**出典：長谷川眞理子《はせがわまりこ》『進化的人間考』**。筆者は，人間が言語を使って思いを共有するしくみや効果について，人間の子どもやチンパンジーを例にあげながら論じている。

問1　⑤　筆者は，チンパンジーと人間の子どもの言葉の使い方を比較《ひかく》し，違《ちが》いを説明している。よって，それまで述べてきたことをいったん打ち切り，話題を変えるときに用いる「ところで」が合わない。　⑥　前後の部分では，外国でも意思疎通《そつう》できる状態について，言葉をかえて説明されている。よって，物事が最終的に行き着くところを表す「とどのつまり」がふさわしくない。

⑧　明らかに「何か探している」ようすの人に余計な世話を焼くさまが「おせっかい」と形容されている。よって，物事に不審《ふしん》に思われる点があることをさす「いぶかしいこと」が正しくない。

問2　筆者は，子どもと大人が同じものを見たうえで顔を見合わせ，大人が声をかけるなどして興味を共有していると確認《かくにん》することを，両者にとって「楽しいこと」だと説明している。続く部分ではそれが，「『外界』に関する心的表象を共有していることを理解し合う」ことだと言いかえられている。

問3　ぼう線⑤に続く部分では，「三項《さんこう》表象の理解」とは，言葉で「世界を描写《びょうしゃ》」し，自分と他者

が同じものを見ていることや，思いを共有していることを確認する行為《こうい》だと説明されている。さらに，ぼう線⑥の前の部分には，「三項表象の理解」があれば，自分が「外界に働きかけて何かしようとしている」とき，その「目的を共有」して「共同作業をすること」が可能になるとある。

問４　前の部分では言語について，ある動物に対しての呼び名は「イヌ」でも「dog」でも何でもよく，言語とは「対象をさし示す記号」であると書かれている。このような記号を組み合わせ，「イヌがヒトを噛《か》む」といった「さらなる意味」を持つ文章がつくられると筆者は述べているので，ウが正しい。

問５　続く部分では，人間の子どもと異なり，単語を覚えたチンパンジーが話す言葉の「九割以上」が「ものの要求」であることや，人間のように言葉で「世界を描写してうなずき合おうとはしない」こと，言葉を教えられたチンパンジーは「別に話したいとは思わない」ことが書かれている。また，人間のように「思いの共有」をしていけば，そこから「言語が進化するのは簡単」だと書かれており，裏を返せば，チンパンジーの言語が進化しない原因はこうした「思いの共有」がないためだと考えられる。筆者は，チンパンジーの「認知能力」は「非常に高度」だとしながらも，「時代を超《こ》えて蓄積《ちくせき》されていく文化」は持っていないと述べているので，エが正しくない。

問６　チンパンジーに「三項表象の理解」があるかを説明した部分である。まず，前提としてチンパンジーの「認知能力」の高さを主張するイがきて，その能力を具体的に説明するアが次になる。アの内容を受け，そのように認知能力が高くてもチンパンジーに「三項表象の理解はない」と打ち消すウが続く。さらに詳《くわ》しい説明として，「一頭一頭のチンパンジー」は高度に世界を理解しているがその理解の共有はしないと述べるオがその次にくる。最後に，オの内容を「高機能のコンピュータ」が多数あるが互《たが》いにつながってはいない状況《じょうきょう》にたとえたエがそれに続く。よって，四番目にくるのはオだとわかる。

問７　本文の最後のほうで筆者は，人間は外界についてそれぞれ「個人的表象」を持っており，それを言語で「公的表象」として表現することでコミュニケーションを取っていると説明している。一方で，「人の心」は本当のところは「計り知れないもの」であり，同じ思いを共有できているつもりでも「共同幻想《げんそう》」にすぎないとも述べている。よって，イが正しい。

2023年度 広尾学園中学校

【算　数】〈第１回入試〉(50分)〈満点：100点〉

1　次の問いに答えなさい。

(1)　次の $\square$ にあてはまる数を答えなさい。

$$\left\{11-7\times\left(\frac{11}{14}+\square\right)\right\}\times\frac{2}{7}-1\frac{1}{3}=\frac{2}{21}$$

(2)　$\frac{1}{7}$ を小数で表したとき，小数第1024位の数字を答えなさい。

(3)　100ページの本があります。この本を１日目に全体の $\frac{1}{5}$ を読み，２日目に残りのページの $\frac{3}{4}$ を読みました。あと残り何ページあるか答えなさい。

(4)　長さ250mの電車Ａが，長さ400mの電車Ｂに追いついてから追い抜くまでにかかった時間は65秒でした。また，電車Ａと電車Ｂが出会ってからすれ違うまでにかかった時間は13秒でした。電車Ａの速さは時速何km か答えなさい。

(5)　下の図は，長方形を６等分し，対角線を１本だけ引いたものです。このとき，斜線部分の面積の大きい方と小さい方の面積比を最も簡単な整数の比で答えなさい。

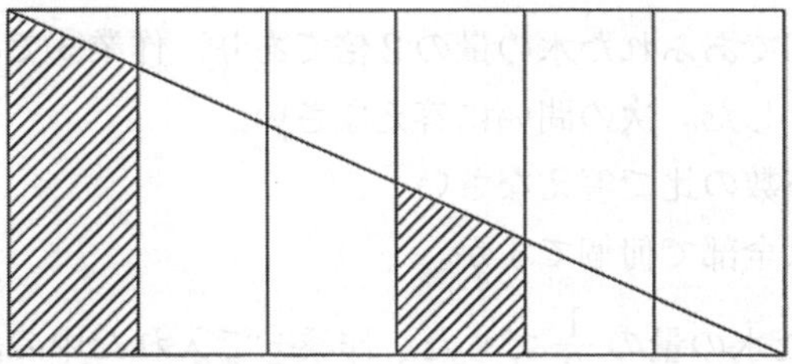

(6)　右の図のように表面積が294cm^{2}の大きい立方体の上に小さい立方体をのせたところ，組み合わせた立体の表面積が330cm^{2}になりました。小さい立方体の体積を答えなさい。

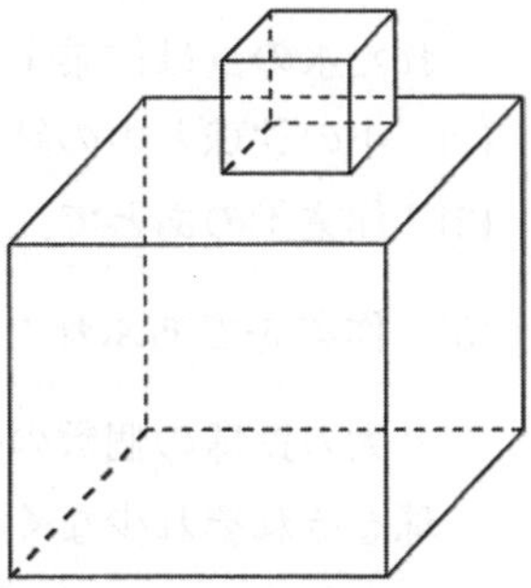

2　円卓に何人かの人が座ります。座る人は【正直者】か【嘘つき者】のどちらかで，両隣の人について「はい」か「いいえ」で答える質問をしたとき，【正直者】は必ず正しいことを言い，【嘘つき者】は必ず正しくないことを言います。質問は円卓に座る全員にします。次の問いに答えなさい。

(1)　円卓に【正直者】が２人と【嘘つき者】が１人の合計３人が座っています。「両隣の人はどちらも【嘘つき者】ですか？」という質問に対して「はい」と答える人は何人いるか答えなさい。

(2)　円卓に【正直者】が３人と【嘘つき者】が２人の合計５人が座っています。次の(ア)～(エ)のうち**正しいことを述べている**ものをすべて選び，記号で答えなさい。

(ア)「両隣はどちらも【正直者】ですか？」という質問に対して，どの座り方であっても「はい」

と答える人が少なくとも１人はいる。

(イ) 「両隣はどちらも【嘘つき者】ですか？」という質問に対して，どの座り方であっても「はい」と答える人が少なくとも１人はいる。

(ウ) 「両隣に【正直者】と【嘘つき者】が１人ずついますか？」という質問に対して，「はい」と答える人が４人となる座り方がある。

(エ) 「両隣に【正直者】と【嘘つき者】が１人ずついますか？」という質問に対して，「はい」と答える人が１人となる座り方がある。

(3) 円卓に【正直者】が７人，【嘘つき者】が３人の合計10人が座っています。「両隣に【正直者】と【嘘つき者】が１人ずついますか？」という質問に対して，「はい」と答える人は，最小で何人，最大で何人と考えることができますか。それぞれ答えなさい。

3 大・中・小の３種類の鉄球と，水がいっぱいに入っている容器が１つあります。この容器はさまざまな鉄球がたくさん入るほどの大きさです。この容器に対して次の作業を①から⑤まで順番に行います。ただし，容器から鉄球を取り出すときに水はこぼれないものとします。

作業①　小の鉄球を15個入れる。

作業②　小の鉄球をすべて取り出し，中の鉄球を15個入れる。

作業③　中の鉄球をすべて取り出し，小の鉄球10個と大の鉄球10個を入れる。

作業④　大の鉄球のみをすべて取り出し，水があふれないように小の鉄球をできる限り入れる。

作業⑤　小の鉄球をすべて取り出し，中の鉄球と大の鉄球をいくつか入れる。

このとき，作業②であふれた水の量は作業①であふれた水の量の２倍であり，作業③であふれた水の量は作業①であふれた水の量と同じでした。次の問いに答えなさい。

(1) 小の鉄球と中の鉄球の体積比を最も簡単な整数の比で答えなさい。

(2) 作業④のあとで，容器の中にある小の鉄球は全部で何個ですか。

(3) 作業⑤であふれた水の量は作業②であふれた水の量の$\frac{1}{3}$でした。作業⑤で入れた中の鉄球と大の鉄球の個数の組み合わせは何通り考えることができますか。ただし，中の鉄球と大の鉄球をそれぞれ少なくとも１個は入れるものとします。

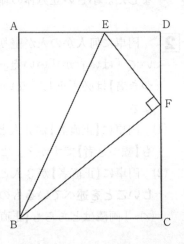

4 右の図のように，長方形ABCDの紙を直線BEを折り目として折ったとき，頂点Aが辺CD上の点Fと重なりました。次の問いに答えなさい。

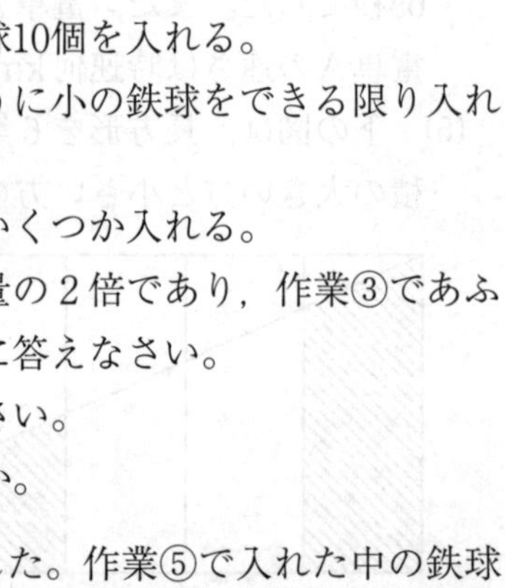

(1) AB＝10cm，BC＝８cm，ED＝３cmのとき，辺DFの長さを答えなさい。

(2) AB＝39cm，BC＝36cm，ED＝10cmのとき，辺DFの長さを答えなさい。

(3) AD＝2890cm，AE＝2023cmのとき，DF：FCを最も簡単な整数の比で答えなさい。

5　右の図のような立方体があり，辺BC，辺EHの中点をそれぞれＩ，Ｊとします。次の問いに答えなさい。

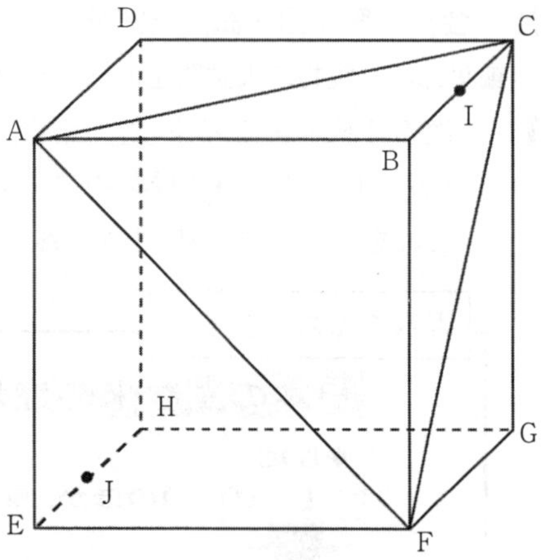

(1)　立方体を３点Ａ，Ｃ，Ｆを通る平面で切断したとき，点Ｈを含む立体の体積は，立方体の体積の何倍となるか答えなさい。

(2)　立方体を，３点Ａ，Ｃ，Ｆを通る平面と３点Ｄ，Ｉ，Ｊを通る平面で切断したとき，点Ｈを含む立体について，

①　切断面の辺を，解答らんの図に実線━━でかきいれなさい。

②　点Ｈを含む立体の体積は立方体の体積の何倍となるか答えなさい。答えに至るまでの考え方なども記述しなさい。

【社　会】〈第１回入試〉 (30分)〈満点：50点〉

〈編集部注：実物の入試問題では，グラフや図はすべてカラー印刷です。〉

1　次の３枚のスライドは，広尾学園の中学１年生の３人の生徒(青木くん，佐藤さん，中野くん)が「米」について授業中に発表するために準備したものです。

これを見て，あとの問いに答えなさい。

青木くんのスライド

日本の主な米の産地

◆産地
・【　①　】のほか，東北地方の諸県で栽培が盛ん

◆背景
・②大きな河川が流れていて，下流部に広い平野がある
・③田植え期に大量の水を確保・利用できる
・内陸部を中心に，夏の昼夜間の気温差の大きい地域がある

水稲の栽培に適した自然環境となっている！

佐藤さんのスライド

日本における米の流通

◆かつては…
収穫された米の全量を政府が買い上げて価格を統制

変化が生じた！

・④米不足の発生するリスクの低下
・消費者のニーズの多様化
・⑤非店頭販売・購入の活発化

◆今日では…
米の流通は原則自由化され、価格も多様化している。
また、【　⑥　】制度も導入されている。

中野くんのスライド

日本の稲作農家の課題

・就労者の高齢化や後継者不足への対応
・「米離れ」現象への対応
・日本国内の産地間競争への対応
・⑦安価な輸入米への対応

日本国内の稲作を持続可能なものとすることは容易ではない！

問１　「青木くんのスライド」の空欄【①】は，2020年に日本の都道府県別の米の収穫量で第１位

と第２位になっていた都道府県名が当てはまります。2020年に日本の都道府県別の米の収穫量で第１位と第２位になっていた都道府県名を，それぞれ漢字で答えなさい。なお，第１位，第２位の順に答える必要はありません。

問２　「青木くんのスライド」の下線部②について，次の文X・Yは，東北地方を流れる２つの河川について説明したものです。それぞれの河川の流路を示したものを右の図１中のア～エから１つずつ選び，記号で答えるとともに，各河川の名称を漢字で答えなさい。

X　岩手県中央部を南に流れたのち，宮城県東部で太平洋へ流入しています。宮沢賢治《みやざわけんじ》や石川啄木《いしかわたくぼく》の作品にも取り上げられるこの河川は，東北地方で最大の流域面積を有しています。

Y　山形県最大の河川で，日本海へ流入しています。「日本三大急流」のひとつとされているこの河川では，流域で生産された紅花《べにばな》や米などを上方(関西地方)へ輸送するための舟運《しゅううん》が盛んでした。

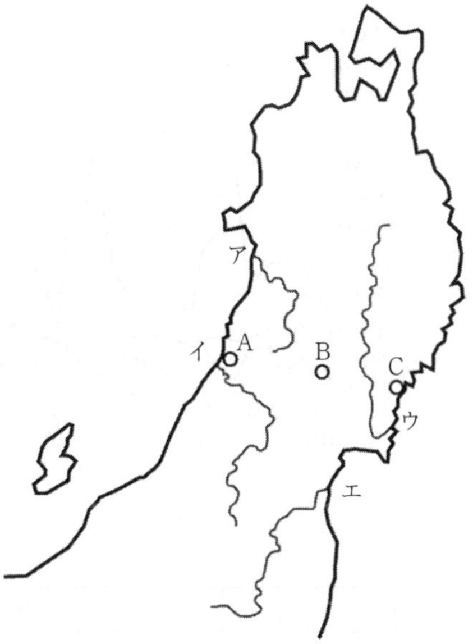

図１

問３　「青木くんのスライド」の下線部③について，次の図２中の雨温図(Ⅰ～Ⅲ)は，上の図１中の３地点(A～C)で観察される気候の特色を示したものです。Ⅰ～ⅢとA～Cの組み合わせとして正しいものを，下のア～カから１つ選び，記号で答えなさい。

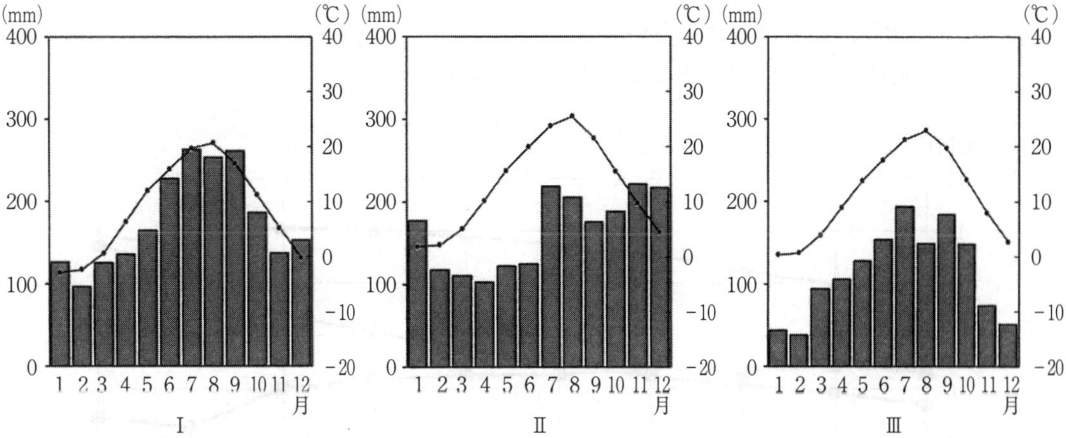

図２

気象庁の資料より作成

	ア	イ	ウ	エ	オ	カ
A	Ⅰ	Ⅰ	Ⅱ	Ⅱ	Ⅲ	Ⅲ
B	Ⅱ	Ⅲ	Ⅰ	Ⅲ	Ⅰ	Ⅱ
C	Ⅲ	Ⅱ	Ⅲ	Ⅰ	Ⅱ	Ⅰ

問４　「佐藤さんのスライド」の下線部④について，食生活の多様化の進行は，米不足が発生するリスクを低下させた背景のひとつです。次の図３は，日本の１世帯あたりの米，パン，め

ん類の購入量の推移を示したものです。米，パン，めん類と図3中のⅠ～Ⅲの組み合わせとして正しいものを，下のア～カから1つ選び，記号で答えなさい。

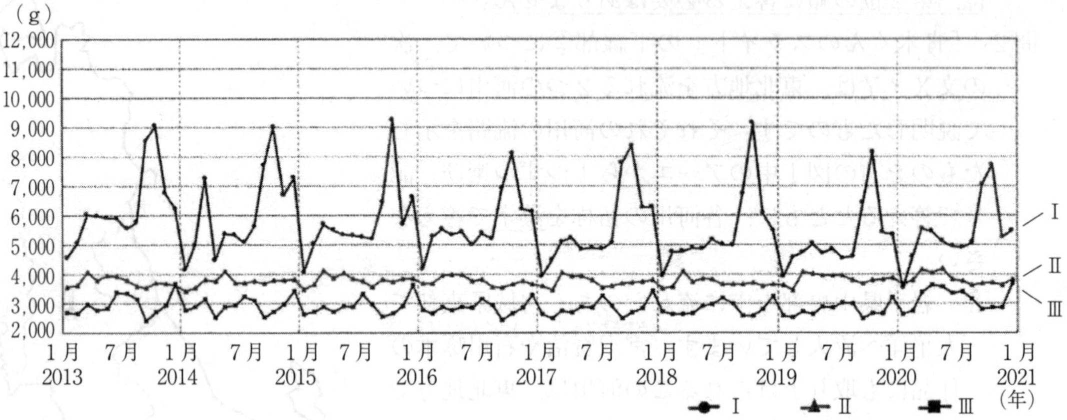

図3

農林水産省の資料より引用

	ア	イ	ウ	エ	オ	カ
米	Ⅰ	Ⅰ	Ⅱ	Ⅱ	Ⅲ	Ⅲ
パン	Ⅱ	Ⅲ	Ⅰ	Ⅲ	Ⅰ	Ⅱ
めん類	Ⅲ	Ⅱ	Ⅲ	Ⅰ	Ⅱ	Ⅰ

問5 「佐藤さんのスライド」の下線部⑤について，次の図4中のⅠ～Ⅲは，日本におけるコンビニエンスストア，※通販業，百貨店の売上高の推移を示したものです。コンビニエンスストア，通販業，百貨店とⅠ～Ⅲとの組み合わせとして正しいものを，次のページのア～カから1つ選び，記号で答えなさい。

※ 電話やインターネットなどを利用する商取引

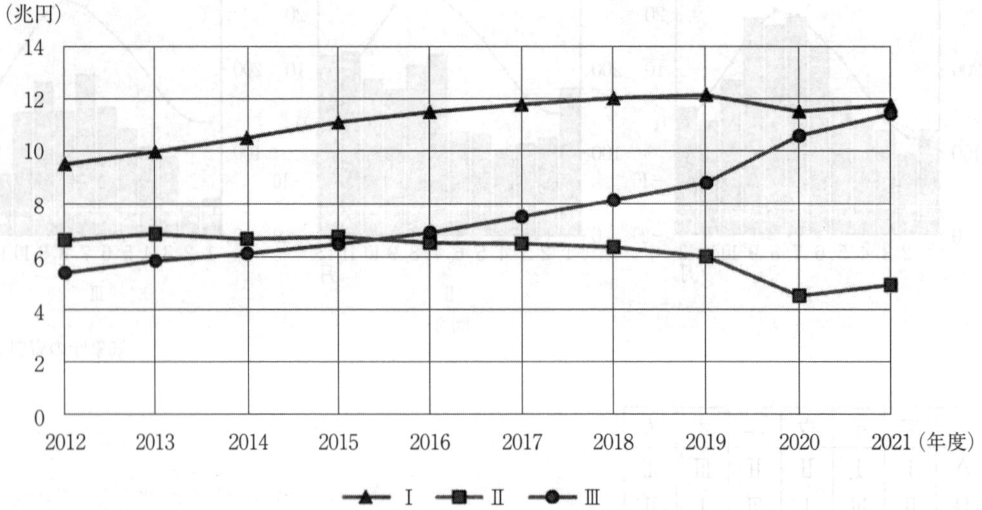

図4

通販業は推計値。日本通信販売協会と経済産業省の資料より作成

	ア	イ	ウ	エ	オ	カ
コンビニエンスストア	Ⅰ	Ⅰ	Ⅱ	Ⅱ	Ⅲ	Ⅲ
通販業	Ⅱ	Ⅲ	Ⅰ	Ⅲ	Ⅰ	Ⅱ
百貨店	Ⅲ	Ⅱ	Ⅲ	Ⅰ	Ⅱ	Ⅰ

問６　「佐藤さんのスライド」の空欄【⑥】は，生産段階から最終消費段階・廃棄段階まで産品の流通を追跡可能なものとする制度のことで，日本では米や牛肉などの食品分野を中心に導入されています。空欄に当てはまる語句を，カタカナで答えなさい。

問７　「中野くんのスライド」の下線部⑦について，貿易自由化の流れのなかで日本が輸入しなければならなくなった外国産の米は，基本的に政府が全量買い入れて，価格などの面で国産米では対応が難しい用途《ようと》に販売されています。次の図５は，このような米の販売先と販売量の推移を，※１援助用，※２加工用，主食用，※３飼料用に分けて示したものです。主食用に当てはまるものを，図５中のア～エから１つ選び，記号で答えなさい。

※１　海外への食料援助する用途

※２　米菓(せんべいなど)・みそなどを生産する用途

※３　家畜のえさとする用途

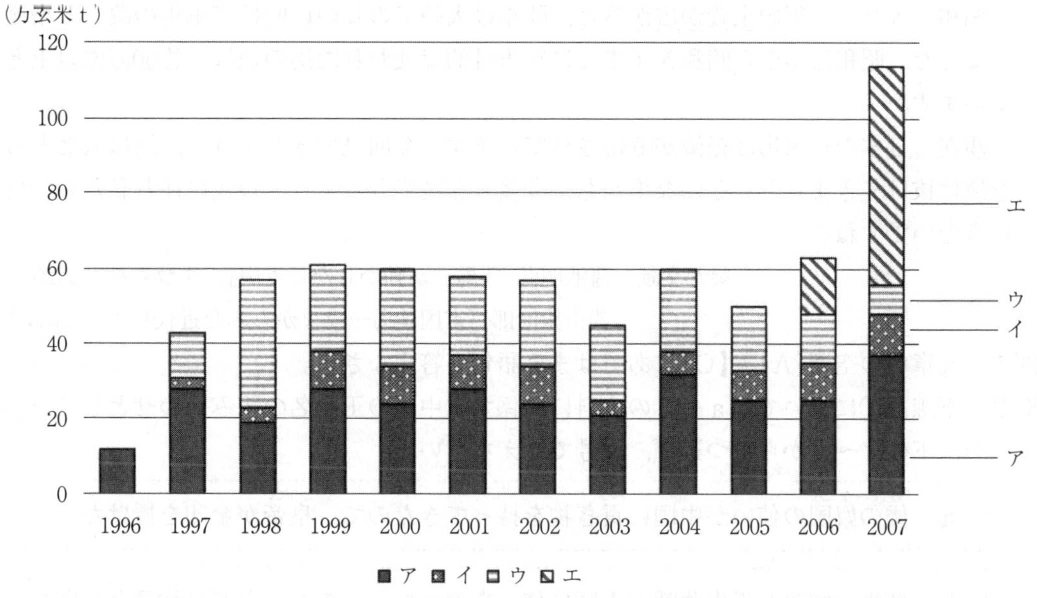

示された年次は米穀年度で，前年の11月から該当《がいとう》年の10月までのことである。つまり1996は，1995年11月～1996年10月のことである。

図５

農林水産省の資料より作成

2　馬の歴史に関する文章を読んで，あとの問いに答えなさい。

馬は，日本の歴史において最も活躍《かつやく》した動物と言えるでしょう。歴史ドラマなどで，武将が馬に乗って戦うシーンは印象に残っている人も多いのではないでしょうか。

日本の人々はいつ頃から馬を利用するようになったのでしょうか。日本の弥生時代を記録した①中国の歴史書には，日本には馬がいなかったと書かれています。その後，②古墳時代の中頃には古墳に馬具がおさめられるようになり，日本でも馬に乗るようになったことがわかります。

日本を支配するようになった朝廷は各地に牧《まき》という馬の生産地をつくりましたが，それは火山灰からできる③黒ボク土の草原地帯に多く分布していました。良質な馬を多く育てることは大きな軍事力を持つことを意味します。平安時代後半頃から各地で武士が出現しますが，東国武士や九州武士は馬の扱いを得意としていました。東国武士によって本格的な武家政権である鎌倉幕府がつくられ，鎌倉時代後半に九州武士の【 Ａ 】が作らせた『蒙古襲来《もうこしゅうらい》絵詞《えことば》』には，武士が馬に乗って元軍の兵士と戦う様子が描かれています。

戦国時代には，織田信長が新兵器である鉄砲を用いた【 Ｂ 】の戦いで武田勝頼《かつより》の騎馬軍団を打ち破ったとされていますが，この後も馬は合戦の主力でした。江戸時代，薩摩《さつま》藩は馬の生産に力を入れ，飼育頭数は④江戸幕府と同程度だったと言われています。薩摩藩の武士は武芸に力を入れており，⑤幕末には倒幕の中心となりました。

近代においても，馬は重要でした。例えば1914年の【 Ｃ 】事件をきっかけに起こった第一次世界大戦では，約590万頭の軍馬が徴発《ちょうはつ》されました。大砲やその他の軍需物資を運ぶのに馬は必須《ひっす》だったのです。日本政府は海外から馬を輸入し，日本の馬の大型化を目指しました。競馬が盛んになったのも，国内での馬の改良を促進《そくしん》しようとする狙《ねら》いがあったからです。

昭和に入り，⑥軍国主義が広がると，陸軍は大陸での戦いに向けて軍馬の改良と増産を目指しました。昭和12年から昭和20年までに軍事目的で使われた馬の数は，約60万頭以上と言われています。

現在，日本の在来馬は絶滅が危惧《きぐ》されています。今回見てきたように，馬は人とともに歴史を駆《か》け抜けてきました。そんな馬たちが今後も存続できるよう，現代に住む私たちで見守っていきたいですね。

参考文献　蒲池明弘『「馬」が動かした日本史』，文藝《ぶんげい》春秋，2020
武市銀治郎『富国強馬—ウマからみた近代日本』，講談社，1999

問１　文章中の空欄【Ａ】～【Ｃ】にあてはまる語句を答えなさい。

問２　下線部①について，ａ～ｃの史料に関係する中国の王朝名の組み合わせとして正しいものを，下のア～カから１つ選び，記号で答えなさい。

ａ．倭《わ》の奴国《なこく》の使いが中国に貢《みつ》ぎ物を持ってきたので，皇帝《こうてい》が金印を授けた。

ｂ．邪馬台国の女王卑弥呼が中国に使いを送ってきたので，皇帝は称号と金印を授けた。

ｃ．日が出るところの天子が，日がしずむところの天子に手紙をさしあげます。ごきげんいかがでございますか。……皇帝はこの手紙に激怒《げきど》したが，……

ア．ａ—隋　ｂ—魏　ｃ—漢　　イ．ａ—隋　ｂ—漢　ｃ—魏
ウ．ａ—漢　ｂ—魏　ｃ—隋　　エ．ａ—漢　ｂ—隋　ｃ—魏
オ．ａ—魏　ｂ—漢　ｃ—隋　　カ．ａ—魏　ｂ—隋　ｃ—漢

問３　馬は文章中の下線部②の時代にモンゴル高原から朝鮮半島を経由して日本に輸入されたと考えられています。古墳時代までに日本に伝えられたものとして誤っているものはどれですか。次のア～クからすべて選び，記号で答えなさい。

ア．養蚕《ようさん》　　イ．貨幣　　ウ．すえ器　　エ．絵巻物
オ．機織《はたお》り　　カ．儒教　　キ．二毛作　　ク．仏教

問４　下線部③について，次の文中［X］・［Y］にあてはまる語句をそれぞれ答えなさい。

次の地図を見ると，黒ボク土は関東地方や［X］地方に多く分布していることがわかります。平安時代になると朝廷は［X］地方に軍を送りましたが，そこに住んでいた［Y］に苦戦しました。その理由として，［Y］は馬の扱いに長《た》けており，高い戦闘《せんとう》能力を持っていたことが考えられます。

※地図の赤い部分(色の濃い部分)が黒ボク土の分布を示しています。

出典：農研機構　日本土壌《どじょう》インベントリー

問５　下線部④のしくみについて述べた文として誤っているものはどれですか。次のア～エから１つ選び，記号で答えなさい。誤っているものがない場合はオと答えなさい。

ア．将軍から１万石以上の領地を与えられた武士を大名と呼び，徳川氏の一族を親藩《しんぱん》，古くからの家臣を譜代《ふだい》，関ヶ原の戦いの頃から新たに従った大名を外様《とざま》と区別しました。

イ．三代将軍の時に参勤交代を制度として定め，大名に対して１年おきに江戸に住むことを命じ，大名は妻子を江戸に住まわせました。

ウ．京都に置かれた京都所司代が朝廷を監視し，禁中《きんちゅう》並《ならびに》公家諸法度《くげしょはっと》を制定して朝廷を統制しました。

エ．有力な商工業者が同業者ごとに株仲間を作ったので，幕府は彼らに営業税を納めさせるかわりに営業の独占を許可しました。

問6　下線部⑤について，次のア～オは幕末に起きた出来事です。これを時代の古い順に並べ替《か》えなさい。

ア．下関海峡を通る外国船を長州藩が砲撃《ほうげき》したため，翌年，イギリス・フランス・オランダ・アメリカの艦隊《かんたい》が下関の砲台を占領しました。

イ．アメリカのペリーが浦賀に来航した翌年に日米和親条約が結ばれ，下田と箱館(函館《はこだて》)を開港しました。続いて，イギリス・ロシア・オランダとも同じような条約を結びました。

ウ．明治天皇が即位《そくい》すると倒幕を目指す動きが高まったため，徳川慶喜《よしのぶ》が大政奉還《ほうかん》を行い，政権を朝廷に返しました。

エ．大老井伊直弼《なおすけ》は，幕府が独断で開国したことを批判した人々を安政の大獄《たいごく》で弾圧しましたが，反発した水戸藩の浪人《ろうにん》によって暗殺されました。

オ．長州藩や薩摩藩は欧米《おうべい》との戦いを経験して攘夷《じょうい》が不可能であるとわかり，坂本龍馬らのなかだちで，幕府を倒《たお》すための薩長同盟が結ばれました。

問7　下線部⑥に関して，次の資料Ⅰ・Ⅱの間に起きた出来事を説明したカードとして正しいものを，次のページのア～カからすべて選び，記号で答えなさい。

資料Ⅰ

今年の二月四日の国際連盟臨時総会での報告書は，日本が東洋の平和を確保しようとする他には何も意図を持たないということを考えず，また事実認識や判断に大きな誤りを犯しており，特に九月十八日の事件の際の日本軍の行動を自衛的行為《じえいてきこうい》ではないと確かな根拠もなく判断し，またそれ以前以後の日中間の状態の全責任が中国にあることを見逃し，そのため東洋の政局に新たな混乱の原因を作る一方，満州国成立の真相を無視し，同国を認めた日本の立場を認めず，東洋の事態安定の基礎を破壊しようとしている。

日本政府は，平和維持に対する方針，特に東洋の平和を確立しようとする根本方針が，国際連盟と全く相容れないことを確認した。そこで，日本政府は，これ以上連盟と協力する余地《よち》がないと信じ，連盟規約《きやく》により日本が国際連盟を脱退することを通告する。

資料Ⅱ

第一条　日本は，欧州新秩序建設についての，ドイツ・イタリアの指導的地位を認め，尊重する。

第二条　ドイツ・イタリアは，東洋新秩序建設についての，日本の指導的地位を認め，尊重する。

第三条　日独伊のうちどれか一国が，欧州戦争や日中紛争に参加していない国によって攻撃を受けたときは，三国はあらゆる政治的・経済的・軍事的方法で互いに援助することを約束する。

ア

北京《ぺきん》に近い盧溝橋《ろこうきょう》で日中両軍が衝突《しょうとつ》したことをきっかけに，日中戦争が始まった。

イ

柳条湖《りゅうじょうこ》事件が起こり，満州事変が勃発した。翌年関東軍は満州全土をほぼ占領した。

ウ

サイパン島を占領したアメリカ軍からの日本の各都市への空襲《くうしゅう》がはげしくなった。

エ

軍部中心の政権をつくろうとして，陸軍の青年将校らが反乱を起こした。

オ

海軍の青年将校らによって総理大臣が暗殺される事件が起きた。

カ

アメリカ・イギリス・中国の名でポツダム宣言を発表し，日本に無条件降伏を求めた。

3 次の文章を読んで，あとの問いに答えなさい。

18世紀後半にイギリスで起こった新たな技術の発明やその技術の生産現場への導入は，技術上の革新だけでなく，社会全体を大きく変えることになりました。生産性が飛躍的に向上し，消費需要も拡大したことから，①経済成長が加速し始め，それまで大きく変化してこなかった一人当たりの②GDPが増加していきました。これらにより，イギリスは「世界の工場」としての地位を確立していき，工業製品を積極的に輸出するなど，③国際経済が活発化していきました。また，当初，技術革新のにない手は現場の技術者でしたが，19世紀には，技術革新の主体は民間の研究所や大学に移っていき，④企業も自ら研究開発部門を設けて積極的に技術革新をおし進めていきました。これにより，より専門的な高度で知的な活動として，技術革新のスピードは加速していきました。

技術革新による社会の変化により，様々な問題も発生しました。例えば，バイオテクノロジー(「生物学」と「技術」による造語で「生命工学」とも訳される)の発展は，今までには存在しなかった“青いバラ”などを生み出すことに成功しましたが，遺伝子の組みかえなどは倫理《りんり》的な問題として議論になっています。また，IT革命と呼ばれる情報通信技術の発展は，世界中の人々をインターネットで直接的に結びつけ，情報のやりとりを高速で行えるようにしました。しかし，⑤情報の所有権(知的所有権)やプライバシーの権利の侵害については⑥訴訟《そしょう》になっており，信ぴょう性のない情報の拡散，インターネットに依存《いぞん》することによる心と体の健康面の問題など多くの課題が生まれています。さらに，新しい情報技術を利用する能力や機会を持つ者と持たない者との間に，受けられる利益の格差である [A] が深刻になってきており，これが経済格差へとつながっています。

現在の新型コロナウイルス感染症《しょう》の蔓延《まんえん》によって，情報通信技術の重要性とその課題がより一層注目されています。技術の利用環境の整備や課題解決のためには，個人や企業による努力だけではなく，⑦政治の役割も重要となってくるのではないでしょうか。

問１　空欄 A にあてはまる語句を，カタカナ８字で答えなさい。

問２　下線部①について，経済成長に伴《ともな》って，資源やエネルギーを大量に消費し，自然に存在しない化学物質を大量に作ったことなどにより地球規模で環境が汚染《おせん》され，破壊されてきました。環境問題について述べた文として誤っているものを，次のア～エから１つ選び，記号で答えなさい。

ア．工場や自動車の排煙《はいえん》に含まれる硫黄《いおう》酸化物や窒素《ちっそ》酸化物は，大気中の水蒸気と反応すると，硫酸《りゅうさん》や硝酸《しょうさん》に近い物質が生まれます。このような物質を含んだ雨を酸性雨と呼び，その影響を受けた森林が枯《か》れ，土や湖沼《こしょう》が酸性になって，農作物や魚介類に被害が出ています。

イ．オゾン層は，太陽からの強い紫外線《しがいせん》を吸収して，地上の生物を守っていますが，1980年代に南極付近でオゾン層の薄《うす》いところが発見されました。オゾン層を破壊している原因物質はフロンガスで，スプレーや冷蔵庫に大量に使われてきました。

ウ．多くの国々では，人口増加に伴って食料を増産するために，過度の森林資源の伐採《ばっさい》や焼き畑が行われ，熱帯林の減少につながっています。熱帯林の再生能力が失われ，砂漠化が進む原因にもなっており，熱帯林に吸収される二酸化炭素の量が減り，温暖化が進むことにもつながります。

エ．石油や石炭などの化石燃料を燃やすことによって発生する二酸化炭素は，温室効果をもたらし，地球温暖化につながります。気温が上昇すると，干ばつが増え，海水面が下降するといわれています。これにより，食糧不足や海の生態系が崩れるという影響があります。

問３　下線部②について，経済の規模を示す指標としてGDPがありますが，これは，以前に用いていた「GNP」に代わって使用されるようになりました。GNPではなくGDPを使用するようになった理由を述べた文として正しいものを，次のア～エから１つ選び，記号で答えなさい。

ア．働くことを希望しながら仕事につけない人が増えてきたため。

イ．経済成長より生活の豊かさを求めるように国民の意識が変化してきたため。

ウ．労働者や資本の移動が国際的になってきたため。

エ．高齢化が進んで自国内の生産活動が減少してきたため。

問４　下線部③について，国際経済において，異なる通貨を使用している国家間で，貿易を行う上で必要となる通貨を交換する市場のことを外国為替《かわせ》市場といいます。次のア～エのグラフは，この市場における，戦後日本の「円」と「ドル」の交換比率(為替レート)，つまり，「１ドル(アメリカのドル)が，日本円でいくらと交換されているか」の数値の推移を表したものです。グラフの横軸は西暦による時系列を示しており，縦軸の数値は円の値を表したものです。そのおおよその傾向を示しているグラフとして最も適当なものを，次のア～エから１つ選び，記号で答えなさい。

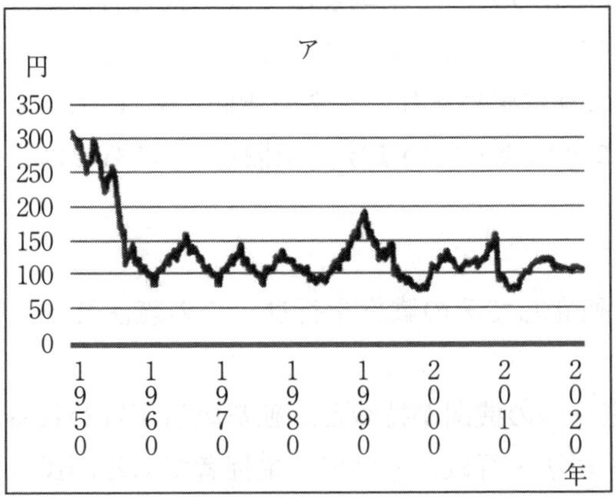

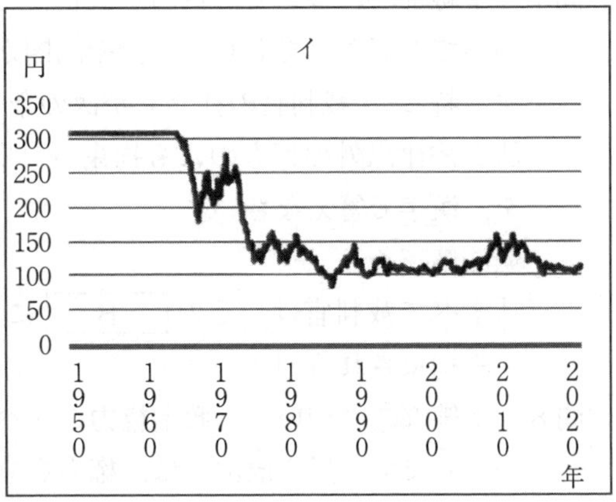

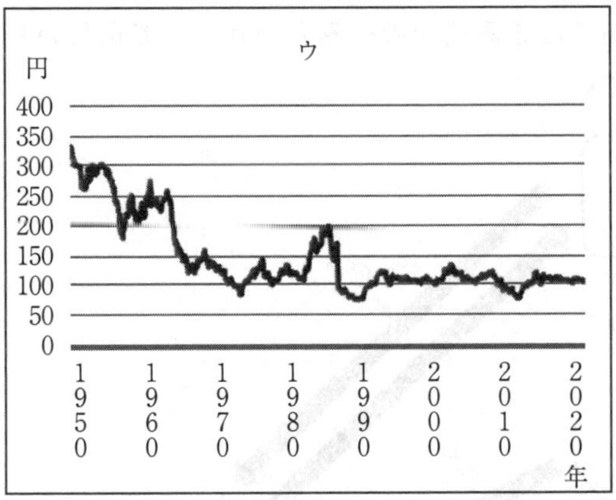

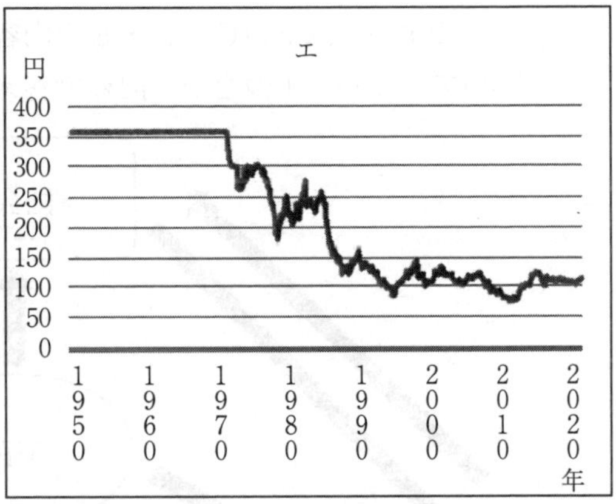

問５　下線部④について，企業が互いに競争をすることは，それによって技術革新が進み，適切な価格でものやサービスが消費者に販売されることにつながっています。企業間の自由な競争につながるものを，次のア～エから１つ選び，記号で答えなさい。

ア．親会社が子会社の株式を所有し，財閥によるつながりのように，多くの会社を支配すること。

イ．少数の大企業が，価格や生産量などについて協定を結ぶこと。

ウ．新たな企業が市場に参加するための免許制度を撤廃《てっぱい》すること。

エ．同じ業種で生産・販売活動をしている複数の企業が合併すること。

問６　下線部⑤について，様々な基本的人権に関する日本における現状の説明として，誤っているものを，次のア～エから１つ選び，記号で答えなさい。

ア．情報公開法は，プライバシーの権利を保障するために定められた法律で，一定の手続きによって政府に対して書類などの公開を請求できる。

イ．国や公務員の違法な権限の行使によって受けた損害に対して，国または地方公共団体に対して損害賠償を求めることができる。

ウ．日本国憲法では，国民の人権は最大限に尊重されることになっているが，社会全体の利益や幸福のために，人権が制限される場合がある。

エ．政治と宗教を切り離す政教分離《ぶんり》の原則があり，国などの公の機関はいかなる宗教的活動もしてはならず，いかなる宗教団体も国から特権を受けてはならない。

問７　下線部⑥について，裁判が公正に行われるように，日本国憲法では，裁判官の身分保障について明記されており，国会や内閣から独立して司法権を行使できるように定められています。特に，「裁判官の独立」が次の条文のように定められ，条文の空欄 B に入るものと憲法と法律以外の何ものにも拘束《こうそく》されないことになっています。空欄 B にあてはまる語句を，漢字で答えなさい。

憲法第76条

「すべて裁判官は，その B に従ひ独立してその職権を行ひ，この憲法及び法律にのみ拘束される。」

問８　下線部⑦について，政治権力のすべてを一つの機関が持つと，独裁政治が行われるおそれがあります。民主政治では，権力を立法・司法・行政に分けて，主権者である国民も含めて，独裁政治にならないように，抑制するしくみがあります。次の図は日本の三権分立を表したものですが，以下のＣ・Ｄ・Ｅの内容にあてはまる語句の組み合わせとして正しいものを，下のア～カから１つ選び，記号で答えなさい。

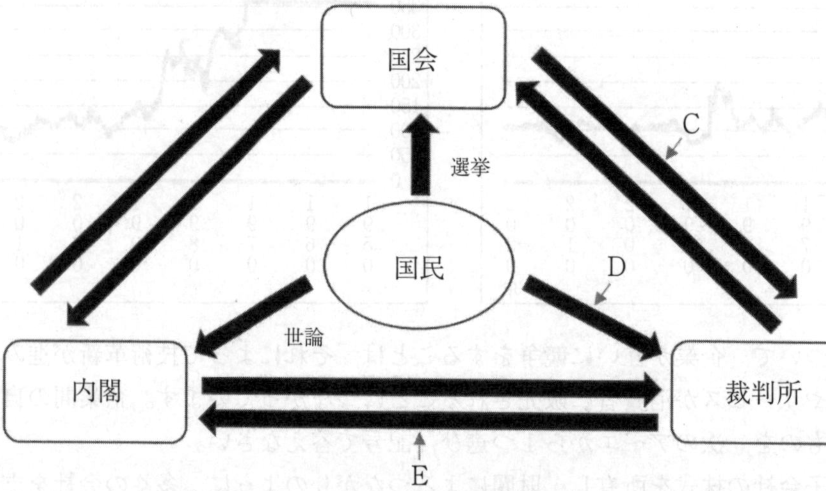

ア．Ｃ：違憲審査　Ｄ：弾劾裁判　Ｅ：国民審査
イ．Ｃ：違憲審査　Ｄ：国民審査　Ｅ：弾劾裁判
ウ．Ｃ：国民審査　Ｄ：違憲審査　Ｅ：弾劾裁判
エ．Ｃ：国民審査　Ｄ：弾劾裁判　Ｅ：違憲審査
オ．Ｃ：弾劾裁判　Ｄ：国民審査　Ｅ：違憲審査
カ．Ｃ：弾劾裁判　Ｄ：違憲審査　Ｅ：国民審査

4　―Ⅰ　「均衡」という言葉を辞書で調べると「二つ，またはそれ以上の物事の間に，力や重さのつりあいが取れていること」と書かれています。第二次世界大戦が終了した後の冷戦期には「恐怖の均衡」という表現が使用されました。冷戦期における「恐怖の均衡」とは米ソ間のどのような状態のことを指すのでしょうか。次のページのグラフを参考に，解答用紙の空欄の形式に合うように文章を入れなさい。

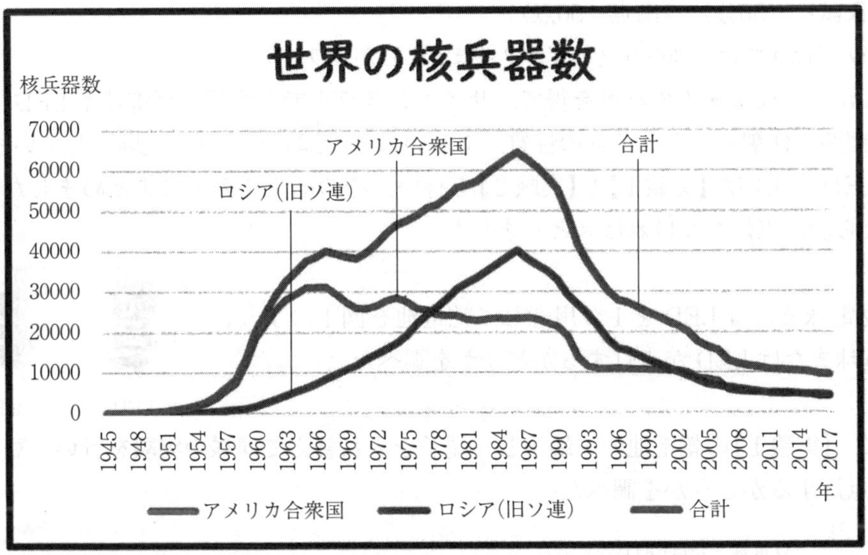

参考：朝日新聞デジタル「世界の核兵器，これだけある」

4―Ⅱ　みなさんは「応援消費」という言葉を知っていますか。これは，「物やサービスなどを購入する消費活動を通じて，対象となる人や組織を応援すること」を指しています。例えば，自分の地元への愛からその地域の名産品を購入することや好きな推《お》しのアイドルのグッズを買うことも応援消費の一つです。実際に日本で大きな自然災害があった時に，全国の人がその地域の特産物をたくさん購入したこともありましたし，コロナで苦しんでいる飲食店からネットを通じて商品をお取り寄せした，などという話もありました。これらも応援消費にあたります。また，特定の地域に税を納めて返礼品をもらうことのできる「ふるさと納税制度」もこの応援消費であると言われています。

現在，注目を集める応援消費ですが，困っている人を助けるための手段として「寄付」という行為も昔から行われています。寄付は，「社会のための事業や組織に募金などを通じてお金を渡す仕組み」です。困っている組織や人に，物などを介してではなく直接お金を渡すことができる点で優れた援助の仕組みと言えます。

では，応援消費が寄付と比べて優れているのはどのような点でしょうか。優れている点を2つ，それぞれ理由を含めて解答欄に書きなさい。

(注)「応援消費」「寄付」の意味や種類には幅《はば》がありますが，今回の問題では上の文章において説明した内容に基づいて，解答して下さい。

【理　科】〈第１回入試〉（30分）〈満点：50点〉

〈編集部注：実物の入試問題では，図や写真・グラフはほとんどがカラー印刷です。〉

1　広尾理花さんが，学校の先生の許可を得て，サイエンスラボで豆電球と豆電球型LED(以下，LED)を使った回路を作製し，それぞれの性質，あるいはその違《ちが》いを調べる実験をしています。

〔Ⅰ〕 豆電球とLEDを用いた【実験１】と【実験２】を行い，その結果を表１にまとめました。それぞれ点灯したら○，点灯しなければ×としました。

【実験１】

右のような豆電球またはLEDを１つ用意し，乾《かん》電池を図１のようにつないで，豆電球またはLEDが点灯するかどうかを調べた。

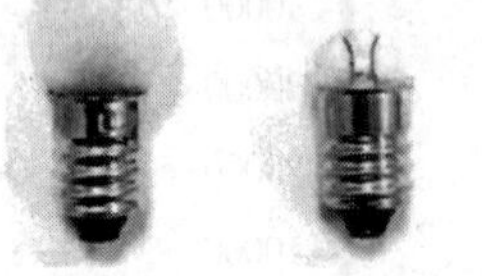

LED　　豆電球

【実験２】

図２のように，【実験１】の乾電池の＋端《たん》子と－端子を入れ替《か》えて同様の実験を行い，豆電球またはLEDが点灯するかどうかを調べた。

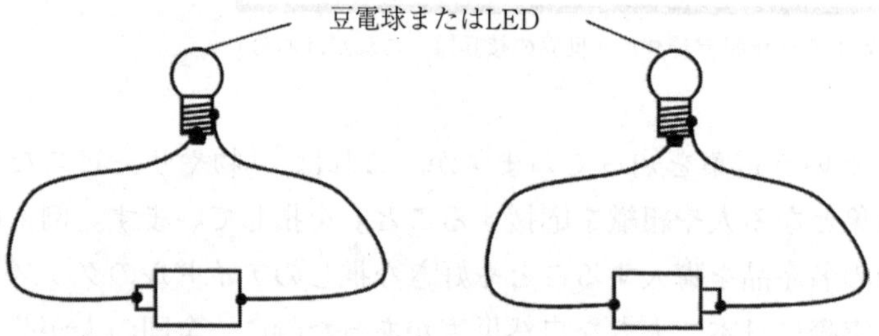

図１　　図２

表１

	図１	図２
豆電球	○	○
LED	○	×

←これは豆電球またはLEDを模式的に表したものである。

問１　図３のように２つの電球どうしを直接くっつけて，これに乾電池をつないだとき，どのような場合に両方とも点灯しますか。次のア～エから**すべて選び**，記号で答えなさい。

ア．ＡもＢも豆電球

イ．Ａが豆電球でＢがLED

ウ．ＡがLEDでＢが豆電球

エ．ＡもＢもLED

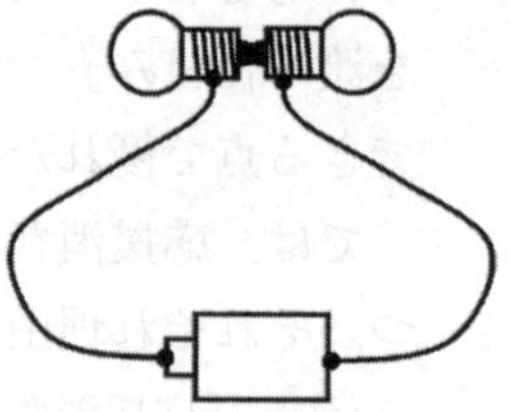

図３

〔Ⅱ〕 理花さんは，図４(1)～(5)の回路を黒と青の２色のコードを用いて作製し，次の【実験３】～【実験５】を行いました。このとき，【実験３】と【実験４】では，乾電池の＋端子が左側に，－端子が右側になるよう接続しました。また，コードの色による性能の違いはありません。

【実験３】

(1)～(5)の回路を豆電球だけで作製し，それぞれ乾電池をつないで豆電球ア～コが点灯するかどうか調べた。

【実験４】

(1)～(5)の回路をLEDだけで作製し，それぞれ乾電池をつないでLEDア～コが点灯するかどうか調べた。

【実験５】

【実験４】の(1)～(5)の乾電池の＋端子と－端子を入れ替えて，LEDの明るさの変化を調べた。

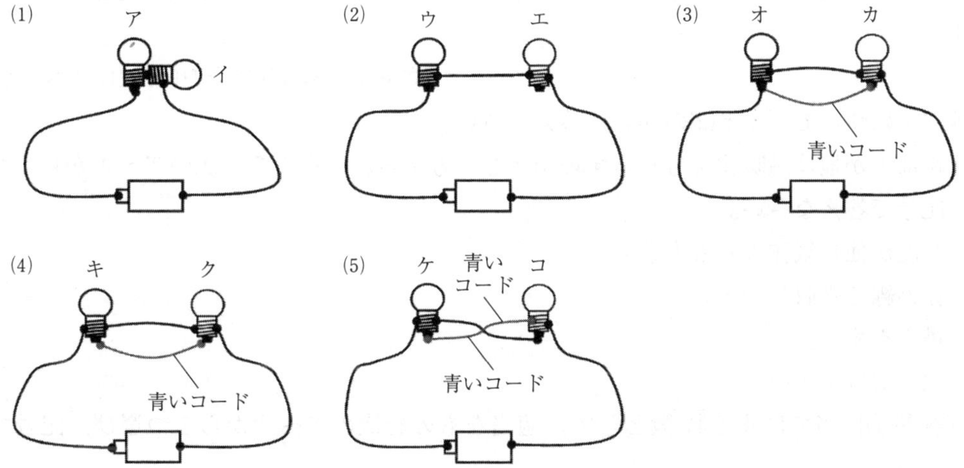

図４

問２　【実験３】において，豆電球ア～コの中で点灯するものを**すべて選び**，記号で答えなさい。

問３　問２で選んだ豆電球のうち，他の豆電球より暗く点灯しているものを**２つ選び**，記号で答えなさい。

問４　【実験５】において，２つのLEDのうち１つだけ点灯する回路を(1)～(5)から**すべて選び**，番号で答えなさい。

問５　理花さんが図４の(1)～(5)の回路を作製しているとき，それを見ていた先生が，「その回路は豆電球やLEDがつくか，つかないかが分かったら，なるべく早く乾電池を外しなさい。」と言われた回路があります。その回路を(1)～(5)から１つ選び，番号で答えなさい。

2　次の文を読み，以下の問いに答えなさい。

現代社会は，様々な環境《かんきょう》問題を抱《かか》えています。その一つとして挙げられているのが地球温暖化です。最も大きな原因とされているのは，人間の活動(化石燃料の利用)によって放出され続けている①気体です。最近，増え続けている大気中のこの気体が，海水へ大量に溶《と》け込むことで起こる環境問題が深刻化しています。

2020年にはJAMSTECが，北極海にて水深150mまでネットを沈《しず》め，生き物を採取することで異変を調査しました。その生き物は翼足類《よくそくるい》のミジンウキマイマイです。翼足類は，炭酸カルシウム(水に溶けにくく固体を形成しやすい)の殻《から》をもったプランクトンです。

②翼足類の殻をＸ線で撮影《さつえい》して，殻の様子を立体的に分析《ぶんせき》して殻の断面を見てみると，ところどころ薄《うす》くなっていたり，穴が開いていたりしていることが分かりました。

以下はこの原因が，北極海の海水の成分の変化によることを確認するための実験です。

【実験１】　正常な翼足類のプランクトンを用意して，北極海と同じ海水に入れると透《す》き通っていた殻が，24時間たつと溶け始めた。４日目には，プランクトンの殻の一部に穴が開き，５日目に死んでしまった。

【実験２】【実験１】で用いた北極海の海水の液性を③BTB 溶液で調べたところ，緑がかった青色になったことが確認できた。通常の海水の BTB 溶液は青色であった。

【実験２】より海水の液性の酸性化が進んでいることが分かりました。調査によると，北極海の翼足類の生息数は，2004年に比べて，2019年にはおよそ５分の１にまで減ったことも分かっています。

参考：日本放送協会 HP(NHK スペシャル)

問１　下線部①について，(1)と(2)の問いに答えなさい。

(1)　下線部①が地球温暖化をもたらす理由として考えられるものを，次のア～エから１つ選び，記号で答えなさい。

ア．密度が他の気体よりも大きい。

イ．赤外線を吸収しやすい。

ウ．燃えやすい。

エ．水に溶けやすい。

(2)　下線部①に当てはまる特徴《とくちょう》として，適当なものを次のア～オから１つ選び，記号で答えなさい。

ア．無色無臭《むしゅう》で地球の大気中に最も多く含《ふく》まれる気体である。

イ．助燃性をもつ気体である。

ウ．最も軽い気体である。

エ．この気体成分を固体にした物質は昇華《しょうか》性がある。

オ．刺激臭《しげきしゅう》をもつ気体である。

問２　プランクトンの殻の主成分である炭酸カルシウムは，水にも少量溶けます。炭酸カルシウムに塩酸(水に塩化水素が溶けている酸性の水溶液)を加えて反応させると，次の※のような反応が起こり，炭酸カルシウム100ｇはちょうど塩化水素73ｇと完全に反応して塩化カルシウム111ｇ，下線部①が44ｇ，水が18ｇ生成することが分かっています。

炭酸カルシウム＋塩化水素→塩化カルシウム＋下線部①＋水(液体)　※

炭酸カルシウム200ｇに何％か分からない塩酸584ｇを加えてちょうど完全に反応したとき，生成した下線部①の質量と，塩酸が何％(水溶液全体の質量に対する塩化水素の質量の割合)であるか答えなさい。ただし，割り切れない場合は小数第１位を四捨五入し，整数で答えなさい。

問３　下線部③より海洋の酸性化というのは，実際に海水が酸性になっているわけではないことが分かります。それでも下線部②の現象が起こる原因の一つとして，溶解度が関係していると考えられています。下記はその説明の文章です。空欄(あ)には整数を，(い)には当てはまると考えられる「炭酸カルシウム」の語句を用いた文を記述しなさい。

食塩水は水に塩化ナトリウムが溶けているが，その溶解度は30℃の水100ｇに対して36ｇである。飽和《ほうわ》食塩水に対して，10ｇの食塩の塊《かたまり》を入れても，食塩の塊は10ｇのままであった。30℃の水100ｇに，食塩30ｇを溶かした水溶液に10ｇの食塩の塊を入れると，食塩の塊は(　あ　)ｇになった。このように水に溶ける物質は，その温度の飽和に達するまでは必ず溶け，飽和に達すると溶け残りとして固体の結晶《けっしょう》となって存在する。すなわち，翼足類の殻が作られるためには，海水中の炭酸カルシウムが飽和に達している必要がある。以上のことから，海水の酸性化が進むと(　　い　　)ので，翼足類の殻が作られるどころか溶けだして薄くなったり，穴が開いてしまったりするということである。

問４　北極付近の海では，他の海域の海と比べて多くの下線部①が溶けこんでいることが分かっています。このことから，気体が水により多く溶けるための条件を答えなさい。

3　次の文を読み，以下の問いに答えなさい。

地球には多くの生物が，様々な関係を持ちながら生活しています。それらの関係は同種の個体同士だけでなく，異種の個体同士においても同様です。また，生物同士だけでなく，生物と無機的環境《かんきょう》(気温，湿度《しつど》や土壌《どじょう》環境など)との間にも，複雑な関係があることが分かっています。このように，生物は同じ地域に住む他の生物や無機的環境との間に様々な関係を結ぶことによって生態系を形成しています。生態系の中では，①個体同士が被食《ひしょく》-捕食《ほしょく》の関係にある場合，その個体数のバランスが生態系の維持《いじ》につながっています。

ある地域において，同種の個体が複数同時に生活している場合，それらの同種個体の集まりを個体群といいます。個体群の大きさは，生物量や個体数，もしくは密度などで表され，基本的に時間とともに変化していきます。

また，個体群内の同種の個体間で，他の個体を特定の空間から排除《はいじょ》する行動を示すことがあります。このような空間を②なわばりといい，個体群にとってその空間の密度の調整やエサ不足で全滅《ぜんめつ》するのを防ぐ効果があるとされています。一方，同種の個体間で③群れとよばれる手段をつくって生活しているものもあります。群れを形成することで，食料の確保や繁殖《はんしょく》がしやすくなったり，外敵から身を守りやすくなったりします。

問１　下線部①について，被食者と捕食者の関係を図１のグラフに表しました。

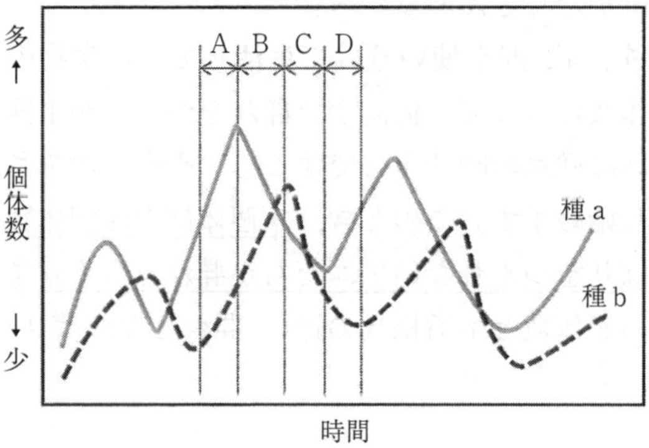

図１

(1)　図１の種ａと種ｂのどちらが捕食者か選び，図１を参考に理由を答えなさい。

(2)　図１の周期的な変動について，種ａの個体数を横軸《よこじく》，種ｂの個体数を縦軸にしてグラフにまとめました。このときのグラフ中の矢印は，種ａ，ｂの個体数変化を示しており，その変化は矢印あ・い・う・えの順に起こるとします。区間Ａ～Ｄの個体数の増減を適切に表しているものを，次のア～カから１つ選び，記号で答えなさい。

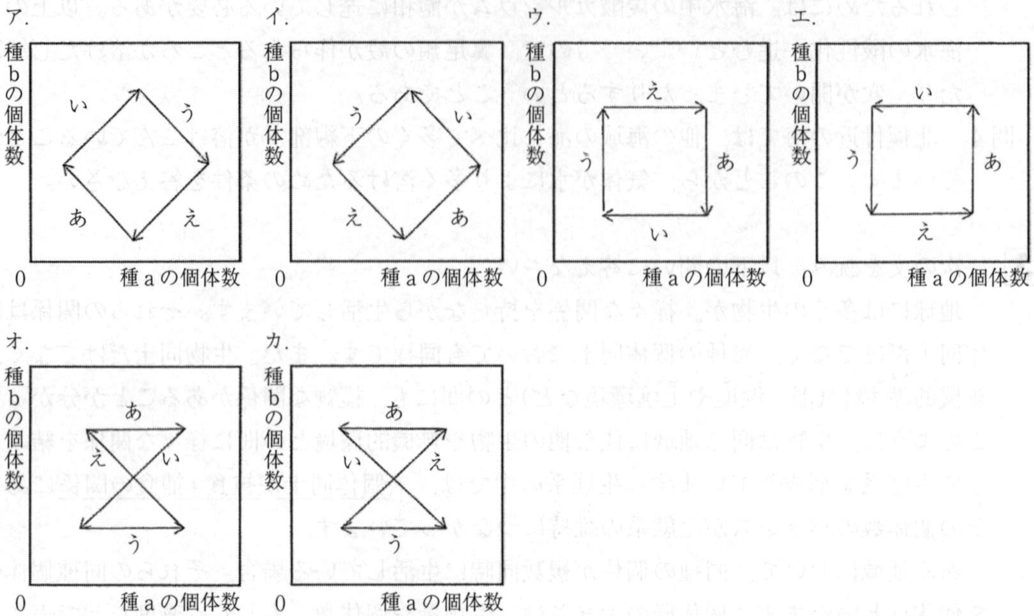

問２　自然界では種ａと種ｂのように，周期的に数は変動するもののどちらかの個体数が０になることはあまり起こりません。その理由として**適切でないもの**を，次のア～オから１つ選び，記号で答えなさい。

ア．自然界では，生活空間が広いから。

イ．自然界では，食物の種類が豊富にあるから。

ウ．自然界では，他に被食者となる生物がいるから。

エ．自然界では，異なる種の動物同士でも子孫を残せるから。

オ．自然界では，被食者が隠《かく》れられる場所がたくさんあるから。

問３　下線部②のなわばりと下線部③の群れを，状況《じょうきょう》を使い分けて生活している生物の１つとしてアユがいます。アユは個体群内の個体数によって，何匹《びき》かで群れをつくるか１匹でなわばりをつくるかを決定します。また，アユは稚魚《ちぎょ》の時期を海ですごし，やがて川をさかのぼりながら成長し６月頃《ごろ》に川の中流に生息し始めます。このとき，④個体群内の個体数が少ないとなわばりをつくり，多くなるとなわばりをつくれないアユたちが群れをつくります。図２はある河川において，アユの個体群内の個体数と生活様式の違い（群れとなわばり）の関係を示したものです。

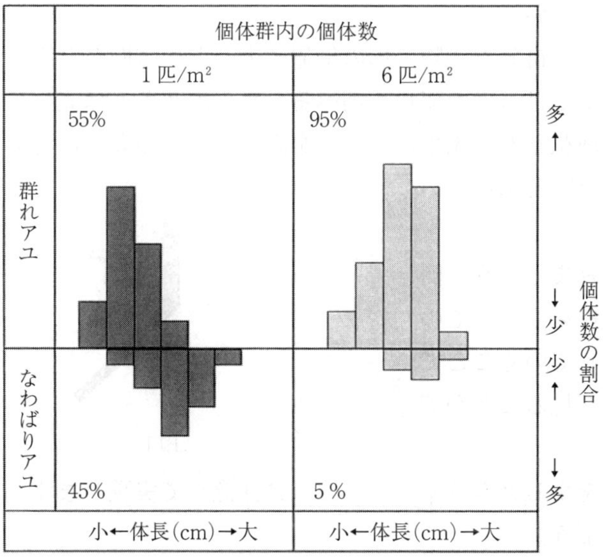

図２

(1)　図２から読み取れる群れアユとなわばりアユの体長の変化について，最も適当なものを次のア～オから１つ選び，記号で答えなさい。

ア．群れアユはなわばりアユよりも大きくなることはない。

イ．アユの個体群内の個体数が１匹/m^2のときは，群れアユよりも小さななわばりアユが多い。

ウ．アユの個体群内の個体数が６匹/m^2のときは，群れアユよりも大きいなわばりアユが多い。

エ．アユの個体群内の個体数が６匹/m^2のときは，なわばりアユと同じくらい大きい群れアユもいる。

オ．群れアユは個体群内の個体数が多くても少なくても大きさは変化しない。

(2)　図３は個体群内の個体数が１匹/m^2のときの，なわばりから得られる利益(生存に必要なエネルギー量)と，なわばり内に侵入《しんにゅう》した他個体を追い払《はら》うなどの労力にかかるエネルギー量との関係を示したものです。少ない労力でよりたくさんの利益を得るのに最も適したなわばりの大きさを，図３のア～オから１つ選び，記号で答えなさい。

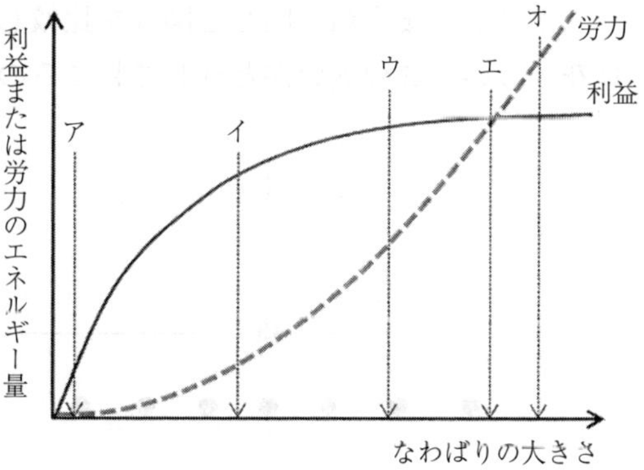

図３

(3)　問３の下線部④から，個体群内の個体数の違いが，なわばりをつくるか群れをつくるかを決める要因となっていることが分かります。個体群内の個体数が多くなると，なわばりアユが少なくなる理由を考えて答えなさい。

4　次の文を読み，以下の問いに答えなさい。

理花さんは１日外で遊んでいたとき，自分や建物の影《かげ》の位置や大きさが時間とともに変化していることに気が付きました。そこで１日の影の変化を調べるため，理花さんは先生に相談しながら実験をすることにしました。理花さんと先生との会話を読み，以下の問いに答えなさい。

理花「１日を通して，影の変化を調べたいと思っています。どんな方法がよいですか？」

先生「では，影の変化を一緒《いっしょ》に調べてみましょう。簡単に調べる方法は，図１のように棒を立ててその棒の影の先端の場所を地面に記録していくことです。そうすると，１日の影の変化を見ることができます。」

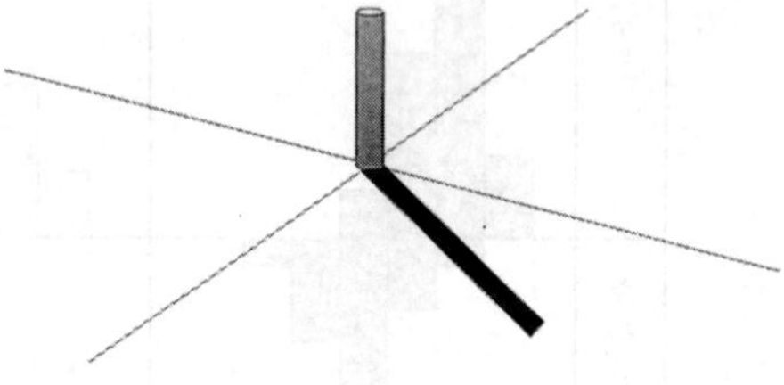

図１

理花「分かりました。では，この実験をするときは①(　　　　　)に注意して実験します。」

先生「そうですね。ではやってみましょう。」

理花「はい。明日の９時から15時まで１時間おきに観察して，そのときの棒の影の先端の場所に印をつけていきます。」

――――― 次の日 ―――――

先生「実験の結果を見ていきましょう。図２のように，棒を真上から見たとき，影の先端が直線に並んでいるように見えますね。実は今日は，１年の中でちょっと特別な日だったのです。また１か月後に実験をしてみましょう。」

理花「そうなんですか。今日は特別な日だったのですね。じゃあ１か月後にまた実験をして，結果を比較《ひかく》してみます。」

――――― 約１か月後 ―――――

理花「先生，面白い結果になりました。１か月前に実験したときとは違う結果になりました。」

先生「上手に観察できましたね。今回の結果は図３のように，少し影の先端がカーブしているのが分かりますね。図２と図３を比較してみましょう。」

理花「はい。この違いがどうして起こるのかを考えてみたいと思います。」

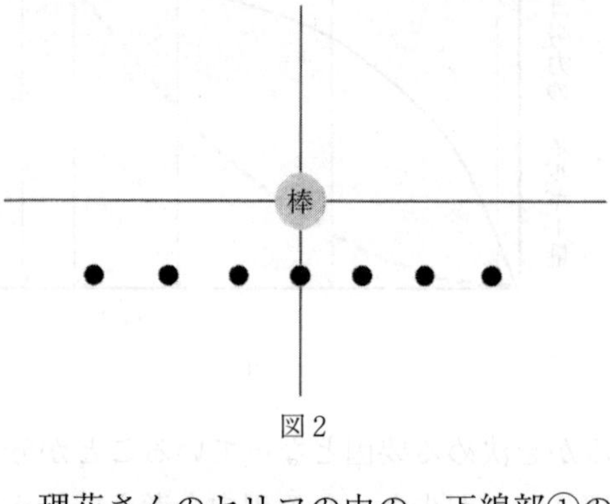

図２

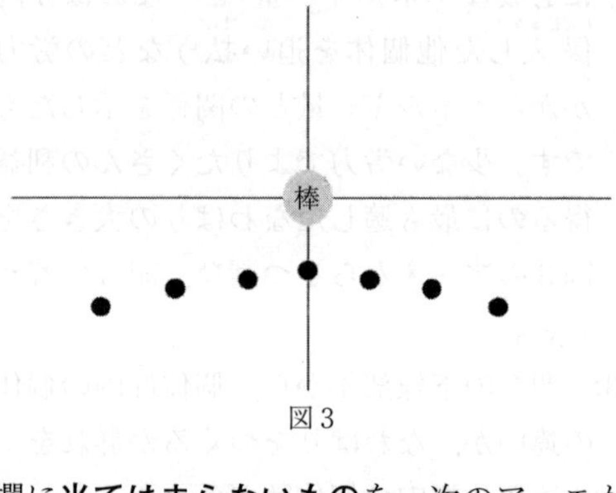

図３

問１　理花さんのセリフの中の，下線部①の空欄に**当てはまらないもの**を，次のア～エから１つ選び，記号で答えなさい。

ア．他の影で棒の影が見えなくならないような場所で行うこと

イ．できるだけ平らな場所で行うこと

ウ．気温25℃以上のときに行うこと

エ．ある程度の長さがある棒で，しっかり地面に固定させて行うこと

問２　２つの実験結果から，理花さんが初めに実験した日はいつか，次のア～クから１つ選び，記号で答えなさい。

ア．２月３日　　イ．３月21日　　ウ．４月29日　　エ．６月21日

オ．８月11日　　カ．９月23日　　キ．11月３日　　ク．12月22日

問３　図４は理花さんが実験した日の太陽が南中しているときの棒の影の様子です。このとき，太陽高度を示す角度は，図のＡ～Ｄのどれですか。また，この影はこの後どちらに動きますか。正しく組み合わせたものを次のア～クから１つ選び，記号で答えなさい。

	角度	動く方向
ア．	A	Ⅰ
イ．	A	Ⅱ
ウ．	B	Ⅰ
エ．	B	Ⅱ
オ．	C	Ⅰ
カ．	C	Ⅱ
キ．	D	Ⅰ
ク．	D	Ⅱ

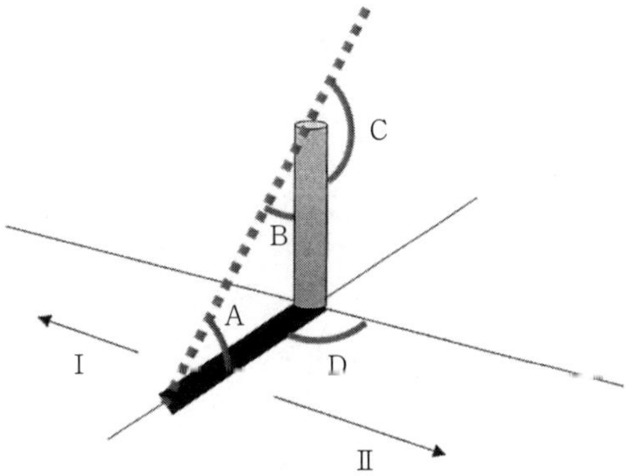

図４

理花さんは遠くに住む友達の広子さんに，オンラインでデータを共有しながら結果を話しました。理花さんと広子さんの会話を読んで以下の問いに答えなさい。

理花「久しぶり！　この間話していた実験の結果が出たから共有するね。」

広子「久しぶり！　私もこっちでやってみたよ。先生に聞きながら実験できたよ。」

理花「場所が違っても同じ結果になるのかな？　私が観察したのは，北緯《ほくい》35°で東経139°の広尾学園で実験したんだよね。」

広子「影の動きは大体一緒かな。私は北緯34°で東経131°の山口県下関市の学校で実験したよ。その実験の後，みんなで日時計を作ったんだよ。同じものがこの間遊びに行った公園にもあったんだ。今度遊びに来たら一緒に行こうね。」

理花「動きは大体一緒なんだね。日時計？　おもしろそうだね！　そういえば，影が一番短くなったのは何時だった？　同じ時刻かな？」

広子「記録を確認してみるね。」

問４　影が一番短くなった時刻は，理花さんと広子さんの記録で何分の差がありますか。また，どちらが先に影が短くなると考えられるか答えなさい。ただし，同じ時刻である場合は，解答欄の「時刻の差」を０分，「先に影が短くなる」を同時と答えること。また，時刻の計算のとき，割り切れない場合は小数第１位を四捨五入し，整数で答えなさい。

問５　理花さんは広子さんと話した後，日時計の作り方を調べたところ，日時計の中心の軸は地面に対して垂直ではなく，常に北極星を真っ直ぐ向くよう作られていることが分かりました。広尾学園で日時計を作成する場合，次のア～クのどの条件が適切か１つ選び，記号で答えなさい。ただし，角度は地面と日時計の中心の軸となす角度とします。

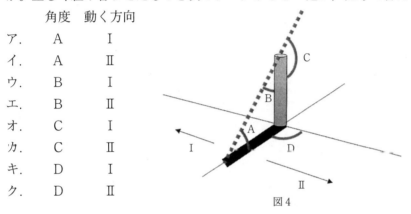

ア．棒の先端が北を向くようにして，角度を23.4°にする。
イ．棒の先端が北を向くようにして，角度を35°にする。
ウ．棒の先端が北を向くようにして，角度を55°にする。
エ．棒の先端が北を向くようにして，角度を66.6°にする。
オ．棒の先端が南を向くようにして，角度を23.4°にする。
カ．棒の先端が南を向くようにして，角度を35°にする。
キ．棒の先端が南を向くようにして，角度を55°にする。
ク．棒の先端が南を向くようにして，角度を66.6°にする。

として最もふさわしいものを次から一つ選び、記号で答えなさい。

ア　言葉の意味を分けるのは個人の主観であり、その個人の言語体系の中にないものは認識もできないということ。

イ　言葉の意味区分には明確な根拠というものはなく、使用する言語体系により見える世界が変化するということ。

ウ　言葉の意味を確定しているものは集団としての人間であり、個人が勝手に決められるものではないということ。

エ　言葉の意味を確定するものには普遍的な規則性があり、規則に従っていないものは認識もできないということ。

問五　――線④「言語や文化を超えた普遍性があることが見いだされた」とありますが、その意味として最もふさわしいものを次から一つ選び、記号で答えなさい。

ア　意味の区分に必然的な根拠はないとした従来の言説を、人間の遺伝的な差異による必然的な区分であるという言説で根底から覆した。

イ　使用する言語体系によって認識するものは違うものの、人間の身体構造は同じであるため見えているもの自体の違いはないと証明した。

ウ　色の見え方は言語体系や文化的価値観によって大きく異なるということはなく、多くの人間にとって共通したものであることがわかった。

エ　見えているものの優先度は文化的な価値観により大きく異なるということはなく、あくまでも錐体細胞の違いによる差異であると明らかにした。

問六　――線⑤「単に、日本では『虹は七色』というフレーズが流通しているだけ」とありますが、そう言えるのはなぜですか。六〇字以上八〇字以内で説明しなさい。

問七　文章について説明したA～Dのうち、内容が正しいものの組み合わせとして最もふさわしいものを後から一つ選び、記号で答えなさい。

A　色の見え方には物理的な必然性はないものの、生まれつき色の識別が難しい人もいるので、全体を考えるときにはそういった人々の影響も含めるべきだ。

B　人の目に見える光の波長はおよそ四〇〇ナノメートルから八〇〇ナノメートルと言われているが、使用する言語によってその範囲は大きく変化する。

C　他言語と自国の言語を比較することで、それぞれの言葉の表す動作の区分の違いが浮き彫りになり、言葉の指示する意味内容が人間によって決められているということがわかる。

D　イヌイットの人たちにとって、「降る雪」「どろどろの雪」など多くの雪の呼び方があるのは、地域の特性に応じた分類が生活の都合上求められるためである。

ア　AとB　イ　BとC　ウ　CとD　エ　AとD

に色を見ているというのは、考えてみれば当たり前です。色は、目の網膜にある錐体《すいたい》細胞で認識します。錐体細胞には、青の光にもっともよく反応するものと、緑にもっともよく反応するもの、赤にもっともよく反応するものの三種類があります。ある波長の光に対して、それら三種類の細胞がそれぞれどれぐらいの強度で反応したかによって、色が認識されます。このように、色の見え方は人間の目の遺伝的な、あるいは生物学的な構造に大きく依存しているのです。要するに、色の区別には物理学的な必然性はなく、その意味ではたしかに「恣意的」だが、人間の身体構造による必然性（いわば「生物学的な必然性」）はあるといったらよいかもしれません。

なお、錐体細胞には遺伝的な多様性があり、生まれつき赤と緑が識別できない人や識別が難しい人もいますが、そうした人は比較的少数なので、そうした人たちによる色の見え方は、言語における色の区分といった集団全体に関わることがらには通常は大きな影響を与えません。

このように、色の名前や見え方には普遍性があることが明らかになっているのですが、いまだに「日本では虹は七色だが、フランスでは五色、中国では三色」などといった言語相対主義のお話が一般の人々の間ではけっこう信じられているようです。しかし、実際に虹を見ているときに、日本人にはそれが七色に見えるがフランス人には五色に、中国人には三色に見えるなどということはありません。⑤単に、日本では「虹は七色」というフレーズが流通しているだけです。

［山口裕之『「みんな違ってみんないい」のか？
――相対主義と普遍主義の問題』（ちくまプリマー新書）による］

問一　――線Ⅰ「在野」・Ⅱ「包括的な」・Ⅲ「風靡」について、本文における意味として最もふさわしいものを後から一つ選び、それぞれ記号で答えなさい。

Ⅰ「在野」
ア　民間　イ　専門外　ウ　公式　エ　野生

Ⅱ「包括的な」
ア　相互的な　イ　くわしい　ウ　ひとまとめの　エ　部分的な

Ⅲ「風靡」
ア　流行し廃れる　イ　象徴する　ウ　噂される　エ　広く従わせる

問二　――線①「意味の恣意性」とありますが、その説明をした次の文の空欄にあてはまる十字を本文より書き抜きなさい。

言葉が示す意味には必然的な根拠がなく、［（十字）］ということ。

問三　――線②「納得するのがいささか難しい」とありますが、筆者がそう考えるのはなぜですか。その説明として最もふさわしいものを次から一つ選び、記号で答えなさい。

ア　命名することで現象世界からその対象が分離してくるとするウォーフの説では、知覚する前の混沌《こんとん》としている世界についての説明がないため理解しがたいから。

イ　名前を付けることができるのは対象を知覚できているということだと言えるので、命名以前の世界が混沌の状態であるとするウォーフの説は理解しがたいから。

ウ　命名以前の混沌の世界では意味の区分が存在しないとするウォーフの説は、世界を体系づける言語の働きを無視しているために賛成しがたいから。

エ　言葉の意味の区分には必然的な根拠はないとするウォーフの説は、極端な言語相対主義に偏っているため賛成しがたいから。

問四　――線③「サピア・ウォーフの仮説」とありますが、その説明新しい名前を知ったり覚えたりすることはできないということになってしまいます。雪を初めて見る人にも、雪は見えるはずです。見えるからこそ、その見えているものに「雪」という名前を付けることもできるのです。

これは、よく考えてみれば当たり前のことでしょうが、ウォーフの論文が広く読まれた結果、「言語がなければ世界はカオス状態である」とか、「言語が違えば世界が違って見える」といった極端な言語相対主義が、学者を含む多くの人によって信じられるようになってしまいます。こうした主張は、ウォーフと、彼の師匠であったエドワード・サピア（一八八四～一九三九）の名前を取って、③サピア・ウォーフの仮説と呼ばれることもあります。

第二次世界大戦前後から六〇年代の前半にかけて、「言語の意味の区分は恣意的である」というソシュールの主張や、「言語が違えば世界が違って見える」といったウォーフらの説が一世をⅢ風靡《ふうび》します。そこで、言語学者だけでなく、文化人類学者や心理学者たちも、そうした説が本当かどうかを実際に調査しようとしました。

その際、もっともよい調査対象は色の名前だと考えられました。色の違いは、物理学的には光の波長の違いです。そして、波長は連続的に変化していきますから、その中のどこに切れ目を入れて区別するべきかということについて、光の側に必然的な根拠があるわけではありません。人の目に見える光（可視光）の波長は、おおよそ四〇〇ナノメートルから八〇〇ナノメートルの間ですが、その中の特定の波長を境に光の性質が激変するなどといったことはない。にもかかわらず人間は、紫・青・緑・黄・赤などを区別します。つまり、そうした区分は人間の側が恣意的に入れるものだから、言語によって異なるはずだと考えられたのです。

ところが実際に調査してみると、驚いたことにというべきか、当たり前というべきか、色の名前や区分には、④言語や文化を超えた普遍性があることが見いだされたのです。

アメリカの人類学者ブレント・バーリン（一九三六～）と言語学者のポール・ケイ（一九三四～）が一九六九年に出版した『基本の色彩語――普遍性と進化について』（日高杏子訳、法政大学出版局）という本は、こうした研究の古典といってよいでしょう。

かれらは、二〇の異なる言語の話者にさまざまな色のついた紙片を見せ、そのなかから「もっとも基本的な色」だと思うものを選び、その名前を言うよう求めました。それから、その名前で呼ぶことのできる紙片をすべて選びだすように頼みました。こうした調査の結果明らかになったことは、「もっとも基本的な色」の例として選ばれた紙片はほぼ一定だということでした。ただ、その名前で呼ぶことのできる色の範囲には多少のばらつきがあるようでした。

そうした「基本的な色」は、白・黒・赤・緑・黄・青・茶・紫・ピンク・オレンジ・グレーの十一色だったそうです。かれらは、これらの色を「焦点色」と呼んでいます。

さらにかれらは、色の名前の進化についても論じています。つまり、色の名前が増える順番には規則性があるというのです。まず、ある言語において色名が二つしかないとき、それらは黒と白である。三語ある場合には、そこに赤が加わる。さらに、四語では緑または黄が加わるのですが、この場合の「緑」は青色を含みます。日本語では「青々とした畑」や「青信号」などのように、「あお」ということで緑色も指しますが、そういう青と緑を一緒くたにした名前は、日本語以外にも広くみられるのです。そのあとは、青、茶の順で増加し、八語以上の色名がある言語の場合には紫、ピンク、オレンジ、グレーが加わるといいます。

色の見え方には人類普遍性がある、つまり、人間は誰でも同じよういうことです。ちなみに、韓国語では「服を着る」と「ズボンをはく」が同じ動詞で、「靴をはく」はそれとは別の動詞で表現するそうです。

　このように、言葉の意味の区分には必然的な（あるいは自然な）根拠がないことを、ソシュール言語学の用語で恣意性と呼びます。「人間の意のままに決まる」というような意味です（念のために補足しておきますと、「人間の意のままに決まる」といっても、ある特定の個人が言葉の意味を勝手に決めることはできません。あくまで集団としての人間が決めるということです）。

　こうしたソシュールの恣意性の理論は、アメリカのⅠ在野の言語学者であったベンジャミン・ウォーフ（一八九七〜一九四一）によって、一般の人々にも広く知られることになります。みなさんは、「エスキモー語には雪を示すたくさんの単語がある」という話を聞いたことがありませんか。その話を広めたのがウォーフです。たとえば彼は、一九四〇年に発表した「科学と言語学」という論文のなかで、このように書いています。

　イヌイット〔＝エスキモー〕の人たちにとっては、このようなⅡ包括的な意味の語〔＝雪〕は考えも及ばない。エスキモーに言わせれば、降る雪、どろどろの雪、その他さまざまの雪は、感覚的に言っても、対処する仕方から言っても別なもので、別の扱いをしなければならないものなのである。イヌイットの人たちはそれら一つ一つに違った単語を使うし、それ以外の雪についても同様である。（池上嘉彦訳『言語・思考・現実』講談社学術文庫、一五九ページ）

　こうした主張は、基本的に妥当なものでしょう。北極圏ではさまざまな状態の雪に対処しながら生きていかなければなりませんから、対処の仕方に応じて雪の種類を細分化してそれぞれについて別の名前で呼ぶことは十分にありそうです。私たちが「砂」と「土」と「泥」を区別するのと同様でしょう。他方、雪があまり降らない地域では、雪は降ったとしてもいつも同じような仕方でパラパラと降るだけでしょうから、細かく呼び分けることもないでしょう。ついでに言えば、雪の降らない地域では「雪」に相当する言葉がないのも当然です。

　ところがウォーフは、同じ論文の別の箇所では、②納得するのがいささか難しいことを主張しています。

　われわれが現象世界から分離してくる範疇《はんちゅう》とか型が見つかるのは、それらが、観察者にすぐ面して存在しているからというのではない。そうではなくて、この世界というものは、さまざまな印象の変転きわまりない流れとして提示されており、それをわれわれの心――つまり、われわれの心の中にある言語体系というのと大体同じもの――が体系づけなくてはならないということなのである。（前掲書、一五三ページ）

　最初の部分は、言語の意味の区分には必然的な根拠がないという、ソシュールと同様の主張です。しかし、その後の「この世界はさまざまな印象の変転きわまりない流れである」とは、どういうことでしょうか。言語がなければ、私たちはこの世界を「変転きわまりない印象の流れ」として知覚するというのでしょうか。それなら、言語を持たない動物にとってこの世界ははっきりした輪郭もない、ぐちゃぐちゃの色の混合（カオス状態）として見えているのでしょうか。あるいは、「雪」という言葉を持たない人たちには、雪は見えないとでもいうのでしょうか。

　もしも、名前が付いていないものは見えないというのが本当なら、

エ　妹の病気の原因が自分にあると自責の念を一人で抱えて生きてきたが、そんな自分を認めるためにはじめた中学受験を周りの人たちに否定されることが続いたため、加地先生に肯定して欲しくて尋ねている。

問八　――線⑦「先生はそう言って微笑むと、そろそろ塾に戻るぞと立ち上がった」とありますが、加地先生のここまでの言動から読み取れるものとして、**ふさわしくないもの**を次から一つ選び、記号で答えなさい。

ア　俊介の元気がない理由が、周囲の人からの心ない言葉が原因だとわかり、俊介に寄り添って力強く励ましている。

イ　高い志望校を目標に掲げている俊介を否定することなく、受験本番まで俊介と一緒に歩むことを決意している。

ウ　塾講師として温かく俊介を元気づける一方で、妹の病気の責任を背負う俊介の気持ちを知り、不憫《ふびん》に感じている。

エ　俊介の様子がおかしいことを察して親身に話を受け止めながら、今までの俊介の努力を讃《たた》えて安心させようとしている。

四

次の文章を読み、後の問に答えなさい。

一八世紀の終わりごろ、古代インドの言語であるサンスクリット語が、西洋の古典語であるギリシア語やラテン語と似た文法構造を持っていることが注目されます。そこで、サンスクリット語と多くのヨーロッパ語は一つの語族をなしているのではないかという仮説が唱えられました。いわゆる「インド・ヨーロッパ語族」です。一九世紀には、この仮説にもとづき、ヨーロッパのさまざまな言語の語彙や文法の類似性を比較検討する比較言語学が盛んになります。そして、どの言語とどの言語がより近い類縁関係にあるのか、どの語彙の方がより古くから使われていたのかといったことが明らかになっていきました。

そうした比較言語学の研究から出発しながら、「そもそも言語とは何か」について考えを深め、言語学だけでなく哲学やその他の人文科学に大きな影響を与えたのが、スイス出身の言語学者フェルディナン・ド・ソシュール（一八五七～一九一三）です。彼は自分では本を書きませんでしたが、彼の講義を受けた学生たちのノートをまとめて出版した『一般言語学講義』は、日本語にも翻訳されています（小林英夫訳、岩波書店など）。

ソシュールの思想の中でも後世に強い影響を与えたのは、①意味の恣意性についての考察でした。一言でいうと、言葉が示す意味には必然的な根拠がないということです。

私たちにとって身近な外国語である英語と日本語とを比較してみましょう。たとえば、日本語では帽子は「かぶる」、上着は「着る」、ズボンや靴は「はく」と言いますが、英語ではすべて「put on」という同じ動詞で表現します。また、日本語で「かぶっている」「着ている」「はいている」などのように、「～ている」という言い方をするところを、英語では「wear」という別の動詞を用います（付言すると、「put on」を現在進行形にすると、「袖に手を通したりボタンを閉めたりといった着る動作を今まさに行っている」という意味になります）。

このように、日本語の話者であれば「かぶる」と「着る」と「はく」は別の動作だと思いますが、英語の話者はそれらをみな同じ動作だと思っているわけです。他方、英語では「身に着けている」という状態を、身に着けるための動作とは別のものだと考えるのです。

こうしたとき、日本語による動作の区分と、英語の動作の区分とで、どちらかがより正しいということはありません。つまり、どちらか一方が人間の動作の自然な区分に即していて、他方は即していないなどということはない。言葉の意味は、それが指示する対象の自然な区分によって必然的に決まっているのではなく、人間の側が区分を作ると

きないような気がして慌てて顔を伏せている。

エ　たいした理由もないのに塾を休もうと考えていたところで加地先生と出会ってしまい、罪悪感が湧いてきて今の自分の心境を話すべきかどうか迷って顔を伏せている。

問三　――線②「……うん」とありますが、このときの俊介の心情を説明しているものとして、最もふさわしいものを次から一つ選び、記号で答えなさい。

ア　自分の大好きなおかずが入ったお弁当を見て改めてお母さんへの感謝を感じる一方で、このあと塾に遅れてきたことを聞かれることがわかっているので気が重くなっている。

イ　お母さんが塾で食べやすいようにお弁当を工夫して作ってくれているのに、自分は塾に行かないで別のところで食べているので申し訳ない気持ちになっている。

ウ　真っ先に塾に遅れてきた理由を聞かれると思っていたのに、加地先生がそのことには触れないで優しく接してくれていることに戸惑いを感じている。

エ　気力が萎えて塾に足が向かず受験を諦めようと思っていたが、お母さんが手間をかけて作ってくれたお弁当を見ることで気力を取り戻している。

問四　――線③「なんで東駒なんだ？」とありますが、この質問に対する答えとして、俊介の本心が最も具体的に書かれている一文を探し、はじめの五字を書き抜きなさい。

問五　――線④「テーブルの隅に視線を落としたまま黙りこくっている」とありますが、このときの俊介の状態を説明しているものとして、**ふさわしくないもの**を次から一つ選び、記号で答えなさい。

ア　ずっと自分だけで抱えてきた悩みを打ち明けていく中で、加地先生の質問に対して自分の考えをうまく言葉にできなくなっている。

イ　勇気を出して妹の耳が聴こえない理由を加地先生に告白したが、結局は自分ではどうしようもできない状態につらい気持ちでいっぱいになっている。

ウ　両親が自分をかばって妹の耳が聴こえない原因を言わないことは理解できるが、知らないふりを続けることに疲れた現状に対する加地先生からの助言を待っている。

エ　加地先生に東駒に入学したい理由を意を決して伝えたものの、妹の耳が聴こえない原因を考えるとやはりすっきりせずに負い目を感じている。

問六　――線⑤「涙がまた溢れてきた」とありますが、なぜですか。八〇字以上一二〇字以内で説明しなさい。

問七　――線⑥「先生は……中学受験をすることに意味があると思いますか？」とありますが、この発言に至るまでの俊介の心情をまとめたものとして、最もふさわしいものを次から一つ選び、記号で答えなさい。

ア　自分と家族のために最難関の中学校を受験することははじめから心に決めていたが、もしも結果が不合格であっても中学受験をする意味があるのかどうか、加地先生の考えを知りたいと思っている。

イ　努力をすることで周りの人を見返そうと考えていたが、今になって自分の気持ちが揺らぎ、本当に意味があることなのかがわからなくなったため、加地先生に素直な疑問をぶつけている。

ウ　入塾テストの時の加地先生とお母さんのやりとりを聞き、今までの受験勉強の日々の努力を先生からもほめられたが、今のままで自分が合格できるのか不安があるため加地先生に聞いている。

「なあ俊介、その年でそんな大きなものを背負うなよ。……おまえの気持ちが、おれにはわかるよ。先生にも守らなきゃならない家族がいる。でもおまえはその年で、そんな大きなものを背負う必要はない」

先生の手がテーブルの向こう側から伸びてきて、俊介の頭をそっとつかむ。

「俊介は賢い。努力もできる。ただ東駒は最難関だ。あと半年でおまえの学力が東駒レベルまで上がるかどうか、正直なところおれにもわからない。でもこの受験がおまえを少しでも楽にしてくれるなら、おれも全力で教える。応援するんじゃなくて一緒に挑戦する」

俊介はテーブルの上に置いてあったおしぼりを手に取って、両目に強く押し当てた。

それからおしぼりで頬を拭い、鼻水を拭い、口元を拭ってから前を向いた。目を開くと、いままで涙で歪《ゆが》んでいた先生の顔がはっきり見えた。

「⑥先生は……中学受験をすることに意味があると思いますか？」

みんなに、ここまで過酷な受験勉強をさせることに納得できないの。だって六年生の夏休みは、人生で一度きりしかないんだから。

中学受験なんてなんの意味もないって言ってたぞ。

金と時間を使って塾に通っても、合格しなかったらどうせ広綾中に行くんだ。

勉強を頑張りたいなら、中学に入ってからでも遅くないって。

頭の中にこびりついて離れなくなっていた豊田先生や智也のお父さんの言葉を、俊介はもう一度口の中で唱えてみた。俊介の胸を刺す、小さな棘《とげ》がびっしりと付着した言葉。

「もちろんだ。じゃないと、中学受験の塾講師なんてやらないだろう？　おれは、中学受験には意味があると思ってる。人は挑むことで自分を変えることができるんだ。十二歳でそんな気持ちになれる中学受験に、意味がないわけがない」

⑦先生はそう言って微笑《ほほえ》むと、そろそろ塾に戻るぞと立ち上がった。

〔藤岡陽子『金の角持つ子どもたち』（集英社文庫）による〕

問一　――線Ⅰ「雑踏」・Ⅱ「豪語」について、本文における意味として最もふさわしいものを後からそれぞれ一つ選び、記号で答えなさい。

Ⅰ「雑踏」

ア　気持ちが折れかけること。
イ　様々な思いが入り組むこと。
ウ　たくさんの人がいること。
エ　知らない人の中にいること。

Ⅱ「豪語」

ア　自信にあふれて言うこと。
イ　実現不可能なことを言うこと。
ウ　根拠がないことを言うこと。
エ　物事を誇張して言うこと。

問二　――線①「顔を見られるのが嫌で、慌てて下を向く」とありますが、このときの俊介の状態を説明しているものとして、最もふさわしいものを次から一つ選び、記号で答えなさい。

ア　受験の厳しさを実感して後ろ向きな気持ちを抱え悩んでいるが、急に加地先生を前にしたところで本音を話すことができないので、今は我慢すべきだと顔を伏せている。
イ　塾に遅れた後ろめたさがある上に、弱っている今の自分の気持ちを加地先生につい吐露してしまいそうになったが、その気持ちを悟られないように顔を伏せている。
ウ　塾に行っていないことを加地先生にとがめられると感じ、言い訳をしようと思ったが、目を合わせるとうまく言い逃れがでプール遊びをしていて、全身から水滴を滴《したた》らせ、俊介は居間の縁側に上半身を乗り出していた。お母さん、水鉄砲取って。そう叫ぼうとしたら、征ちゃんのお母さんの言葉が、聞こえてきた。言っていることの意味はよくわからなかったのに、自分にとってとても怖ろしい話だということはわかった。「誰も悪くないのに」の「誰も」は、自分のことなのだと、なぜか直感で気づいた。「俊ちゃんは悪くないのに」と、おばさんは言いたかったのだ。

「おまえが入塾テストを受けた時、担当していたのはおれだったんだ。憶えてるか?」

④テーブルの隅に視線を落としたまま黙りこくっていると、と加地先生が聞いてきた。下を向いたまま、俊介は頷く。

「入塾テストの結果を、おれからおまえのお母さんに説明したんだ。何点だったかな? 点数ははっきりと憶えてないけど、あんまり良くはなかったな。それでお母さんもえらく恐縮してて、これじゃあ入塾は無理ですね、って帰ろうとしてたんだ」

その話はお母さんから聞いた気がする。でも帰ろうとしたことは、知らなかった。

「おれはおまえを合格にした。合格点には達してなかったけど、そんなことは正直なところさほど関係ない。成績が伸びるかどうかは、その時点の学力よりもむしろ、子どもの性質を重要視するところがあるんだ。それでおれは、おまえなら絶対に伸びると思った。こういう仕事をしていると、時々巡り合うんだ。黙っているのに顔から、全身から、負けん気が立ちのぼっているような子に出逢う。おまえはそんなやつだった。そういう子どもには必ず、金の角が生えてくる。だからおれはおまえに、勉強を教えてみたいと思った」

知らない間に頬《ほお》を伝っていた涙を手の甲で拭ってから、俊介はゆっくりと顔を上げる。

「先生はいつも……金の角って言うよね」

加地先生がそんなふうに見てくれていたなんて、全然知らなかった。人より遅れて塾に入った自分には、角も生えないだろうと諦めていたのだ。

「おれが合格だと伝えたら、お母さんすごく驚いてな。涙浮かべて、おまえのことを頑張り屋なんだって言ってたよ」

涙ぐむお母さんの顔が、俊介の頭の中にすぐに浮かぶ。お母さんは、俊介や美音が褒められるとすごく喜ぶ。自分が褒められているような、とても嬉《うれ》しそうな顔をする。

「お母さんの言葉は嘘《うそ》じゃなかったよ。四月に入塾してからこの半年間、おまえは本当によく頑張ってる。おまえの急成長は、Pアカ新宿校の講師陣の間でも話題になってるくらいだ。でも今日、おまえがどうしてこんなに頑張れるのかがわかったよ」

先生はいったん口をつぐみ、静かに息を吐き出した。

「俊介おまえ、しんどい人生だな」

先生の言葉を聞いたとたん、⑤涙がまた溢れてきた。抑えようとして、でもどうやっても泣き声が漏れ出てしまう。先生の言ったとおりだった。これまでずっとしんどかった。でもしんどいなんてことを口にしたらいけないと思っていた。自分が弱音を口にするなんて許されないと、怯えていた。先天性風疹症候群という病気を初めて知った時。幼稚園での記憶が、その病気と結びついた時。そこからほんとに……しんどくてたまらなかった。だから頑張るしかなかったのだ。必死に頑張って、美音を守れる強い兄ちゃんになって、それだけが自分のできる精一杯だと思って生きてきた。でもサッカーがだめになって、もうどうすればこれ以上頑張れるのかわからなくなった時に、東駒のことを倫太郎から聞いた。日本で一番難しい中学校に挑んで、もし合格したなら、自分を許せるかもしれないと思ったのだ。

加地先生がコーヒーのおかわりを頼むと、一緒にプラスチックのコップに入ったオレンジジュースが運ばれてきた。おばあさんが「あたしからのサービスだよ」と俊介の前に置いてくれる。

「おまえは、いまの自分が嫌なのか？」

困ったような顔をして加地先生が聞いてくる。加地先生がこんな顔をするのは珍しい。

「はい、おれは……自分が嫌いです」

加地先生が真剣に聞いてきたので、自分も真剣に答えた。誤魔化すことも流すこともできたけれど、それはしなかった。

「そうか……。理由を聞いてもいいか」

しばらく考えた後、俊介は頷いた。急に足が震えてきたので、両手で両膝を強くつかんだまま、加地先生の顔を見る。

「おれ、妹がいるんです。いま一年生で、同じ小学校に通ってるんだけど、生まれつき耳が聴こえないんです。先生は……先天性風疹《ふうしん》症候群って知ってますか？」

コップに浮かぶ氷がぶつかり、カランという小さな音を立てた。オレンジジュースは美音も大好きだ。ファミレスのドリンクバーでも、オレンジジュースばかり飲んでいる。

「いや、知らないな」

「赤ちゃんの病気です。妊婦さんが風疹に罹《かか》ったら、そういう病気の赤ちゃんが生まれてくることがあって……。心疾患とか白内障とか……難聴とかが、代表的な症状で……」

俊介の体に赤い発疹《ほっしん》が出ているのに気づいたのは、幼稚園の担任の先生だった。

――俊ちゃん、ここ痒《かゆ》くない？　ほら、小さな赤い点々があるでしょう。

先生は俊介の両袖をまくり上げ、首を傾《かし》げた。そしてそのまま園内の医務室に俊介を連れていき、他の先生にも、皮膚に散らばる赤い点々を見せた。発疹を見た先生たちは俊介の上着を脱がせて腹や背中も確認し、体温を測った。その日俊介は教室には戻してもらえず、迎えに来てくれたお父さんと一緒にいつも通っている小児科医院を受診した。お医者さんは俊介の首に触れ、耳の下に触れ、「風疹ですね。間違いないでしょう」と頷いた。風疹の症状に特徴的なリンパ節の腫《しゅ》脹《ちょう》がありますね、と。

「おれが四歳の時に風疹に罹って、それをお母さんに……」

うつしたんです、と言おうとして喉が詰まった。それ以上言葉が続かず、そのうちに声を出す力がなくなった。

「俊介が風疹に罹って、それを妊婦だったお母さんにうつした。そういうことか？　その話は誰から聞いたんだ、お父さんかお母さんがおまえに話したのか？」

俊介は俯《うつむ》いたまま、大きく首を横に振る。お父さんとお母さんが話したわけじゃない。

「おまえがこのことを、妹さんの耳が聴こえない原因を知ってるってことを、ご両親はご存知なのか？」

俊介はもう一度首を左右に振る。お父さんとお母さんはいまも、俊介がなにも知らないと思っている。だから自分もなにも知らないふりを続けている。話す勇気もない。

偶然、聞いてしまったのだ。

四年前の夏の日、家族で征ちゃんのおじいちゃんの牧場に遊びに行った時に大人たちが話をしているのを、耳にしてしまった。

――わかったわ。征にも厳しく言い聞かせとく。でも……美音ちゃんの難聴の原因が、幼稚園で流行《はや》った風疹だったってこと、誰が広めたのかしらね。幼稚園で風疹が流行ることなんてよくあることなのに……。誰も悪くないのに、本当に酷い噂話《うわさばなし》をする人がいるわね。

「うん」

「いつも思うけど、お母さんっていうのは偉大な存在だな。こうして子どものために手間暇かけて弁当を作ってくれて。あたりまえじゃないぞ、感謝しろよ、俊介」

「②……うん」

冷めても美味《おい》しいものを、とお母さんは毎日メニューを工夫してくれる。俊介の好きな肉料理は必ず一品入れてくれるし、お弁当を食べる休憩時間が十五分しかないので、食べやすいようにとご飯はおにぎりにしてある。

「俊介、今日はどうした？」

弁当を食べ終えると、加地先生が聞いてきた。この店に来た時から遅刻の原因を聞かれることはわかっていたが、なにをどう話せばいいかがわからず、俊介はしばらく口をつぐんだまま黙っていた。

「疲れたのか」

加地先生が口元に笑みを浮かべた。その笑顔に、頭の中で考えていたいくつもの言い訳が、ぱっとどこかに消えてしまう。

「わかんない。学校の先生にも、疲れて見えるって言われたけど」

体力的にはまだいける。でも気力が萎えている。

「俊介はサッカーやってたんだよな。何年間やってたんだ？」

運ばれてきたハムサンドを食べながら先生が質問を重ねてきた。一口が大きくて、もうすでに半分を食べ終えている。

「五歳の時に始めたから……七年間」

「ふごいな。七年間もシャッカーやってはのか」

口の中をいっぱいにしながら喋《しゃべ》るので、なにを言っているのかわからない。我慢できずに笑ってしまった。先生も笑い返しながら、五分もかけずにハムサンドを食べ切ってしまった。

「だからだな。おまえは本当に根性があるよ。どうだ俊介、東駒は遠いか？」

「……うん、遠い」

「あんな難しい学校、他にないな」

「うん……他にない」

東駒以外は受験するつもりはなく、落ちたら地元の公立中学校に行く。入塾の時に加地先生にはそう伝えたとお母さんが言っていた。東駒しか受けないなんて、現実をなにもわかっていない入塾前だから言えたことだ。サッカーを始めた五歳の時に「日本代表に入る」とⅡ豪語していたのと同じ。でも加地先生から志望校についてなにか言われたことは、一度もなかった。

「③なんで東駒なんだ？」

「……将来ロボットを作りたいからです」

「それだけが目的なら、他にもいろいろな学校があるだろ。中高一貫の優秀な国公立の中学が、都内にはたくさんある。東駒にそこまでこだわる理由はなんなんだ？」

そこまでこだわる理由、と言われ、俊介は下を向いた。自分の手をじっと見つめ、右手の中指に貼ってある絆創膏《ばんそうこう》に触れる。「ペンダコが痛そうだから」とお母さんが昨日の夜に巻いてくれた絆創膏……。

右手の親指でペンダコをなぞりながら、俊介は再び黙る。

でもいまのこの気持ちを誰かに話さないと、心が破裂しそうだった。

俊介はゆっくりと顔を上げ、口元にきゅっと力を入れる。

「生き方を変えたいからです」

長い沈黙の後、俊介がようやくそう答えると、加地先生は両目を大きく見開いた。口をすぼませ、ふいのパンチを食らったような表情で俊介を見返してくる。

「なんだ俊介、おまえ、えらく大人びたことを言うな」

「ほんとのことです」

は腕と背中に力を込めてリュックを背負った。

電車が新宿駅に着いた時、外の景色は夕暮れ色に染まっていた。仕事帰りらしい大人たちとすれ違いながら、俊介は重い足取りで改札を抜ける。

いま頃Ｂ組では二限目の理科が終わり、三限目の国語の漢字テストが始まっているだろう。こんな中途半端な時間に顔を出したら、漢字テストを避けるために遅刻したと思われるかもしれない。やっぱり今日はこのまま休んでしまおうか、とⅠ雑踏の中でふと足を止めた時だった。

「俊介」

人混みの中から自分を呼ぶ声が聞こえた。驚いて、行き交う人の中で立ち止まると、

「俊介、なにしてるんだ」

後ろから声がして、振り向くと加地先生が立っていた。いま一番会いたくない人に見つかってしまったことにみぞおちがきゅっと痛む。

「なんだ、どうした」

「ちょっと遅れてしま……って」

先生と目を合わせたとたん、ここまで必死に堪えていたものがいっきに溢《あふ》れ出そうになった。①顔を見られるのが嫌で、慌てて下を向く。

「俊介、飯食ったか？」

加地先生が俊介の腕をそっとつかみ、優しい声で聞いてきた。人の波から俊介を庇《かば》うように、すぐそばに立つ。俊介が顔を伏せたまま首を横に振ると、「おれいま空き時間なんだ。一緒に食いに行くか」と先生が背中を軽く押してきた。その力に素直に従う。

Ｐアカデミーの建物がある大通りから、一筋奥に入り込んだところにある小さなビルの前で、先生が立ち止まった。「ここでいいか？」と擦りガラスの嵌《は》まった古いドアを押し、慣れた様子で店の中に入っていく。スツールが五脚並ぶカウンター席と、四人掛けのテーブル席が二つあるだけの狭い店内には、加地先生と俊介以外に客はいなかった。

「いらっしゃい、今日もハムサンドとホットコーヒーでいいの？」

テーブル席に座ると、腰の曲がったおばあさんがテーブルまで水を持ってきてくれた。

「うん、おれはそれで。俊介……あ、おばさん、この子うちの生徒なんだけど、ここで弁当食っていいかな。悪いんだけど」

「ああいいよ。気にせずお食べ」

鷹揚《おうよう》に頷《うなず》くと、おばあさんがカウンターの奥に向かって「ホットとハムサンド一つ」としゃがれ声で叫ぶ。

「古い店だけど、居心地はなかなかいいんだ」

ゆっくりとした足取りで立ち去ろうとしていたおばあさんが、くるりと振り返り、

「加地くん、古いは余計だよ」

とコントのような間合いで言い返す。

「弁当、先に食っていいぞ。腹減っただろ」

「うん……」

床に置いたリュックから弁当を取り出すと、俊介はテーブルの上にそっと載せた。お母さんが朝早くに起きて作ってくれた弁当だったので、どこかで食べないと、と思っていたのだ。

「いただきます」

胸の前で手を合わせてから蓋を開けると、俊介の大好きな豚肉の野菜巻きがぎっしりと詰められていた。にんじんといんげんを豚肉で巻いて、甘辛い焼肉のタレをからめて炒めたものだ。

「お、うまそうだな。お母さんが作ってくれたのか」

2023年度 広尾学園中学校

【国　語】〈第一回入試〉（五〇分）〈満点：一〇〇点〉

《注意事項》問題で文字数が指定されている場合はカッコや句読点を文字数に含みます。

一

次の各問に答えなさい。

問一　——線の漢字の読みをひらがなで答えなさい。

①　研究の骨子をまとめる。
②　磁針を頼りに北へ向かう。
③　書類に氏名を自署する。
④　キリストの降誕を祝う。

問二　——線のカタカナを漢字に改めなさい。

①　敵のたくらみをカンパする。
②　ガクセイとして名を残すベートーベン。
③　この世のケンセイを誇る大企業。
④　少年のシャコウ心をあおるゲーム。
⑤　内閣のシュハンに指名される。
⑥　十を二でジョすると答えは五だ。

二

次の——線の□にひらがなを一字ずつ入れて言葉を完成させ、その言葉に最も近い意味の言葉を後の語群より選んで記号で答えなさい。

①　なか□□く秀でた教養をほこる。
②　人目を□□かって暮らす。
③　工事のはかどらないのが□□かしい。
④　□□どころない事情で欠席する。
⑤　さ□□め食べていくだけの持ち合わせはある。

【語群】
ア　とりあえず　　イ　とりわけ　　ウ　じれったい
エ　やむをえない　　オ　気にして遠慮する

三

次の文章を読み、後の問に答えなさい。

家族の暮らしが変わったのは、俊介が中学受験をしたいと言い出したからだ。俊介を塾に通わせるために大金を使っている。でももし受からなかったら……おれはどうすればいいのだろう。六年生という「人生で一度きりしかない」この時間がなんの意味もなく、まるごとすっぽり抜け落ちてしまうのだろうか。

東栄大学附属駒込中学校を目指す。そこしか受けない。塾に入る前、お父さんにそう宣言した。でもその時は、偏差値がなんのことかすら知らなかったのだ。でもいまはわかる。偏差値70以上の中学に合格することが、どれほど難しいことなのか。ずば抜けて頭のいい六年生が遊ぶ時間や睡眠時間を削って努力して、それでも合格できるかわからないのが現実なのだ。

気がつくとテーブルの上に突っ伏していた。毎晩十二時過ぎまで起きているので、油断するとすぐに眠ってしまう。気力をふりしぼって重いまぶたを開き、時計を見ると、六時になろうとしていた。電子レンジがまだ律儀に鳴り続けている。

「塾……行かなきゃ」

頭が重かったが、そう言い聞かせて立ち上がった。もうすっかり冷めたプラスチック製の弁当箱をレンジから出した時に、焼肉のタレで炒《いた》めた肉の匂いが鼻先をかすめ、折れそうだった心に少しだけ力が戻る。弁当と水筒、今日使うテキストとペンケースを詰め込むと、俊介

2023年度

広尾学園中学校　▶解　答

※　編集上の都合により，第１回入試の解説は省略させていただきました。

算　数　＜第１回入試＞（50分）＜満点：100点＞

解　答

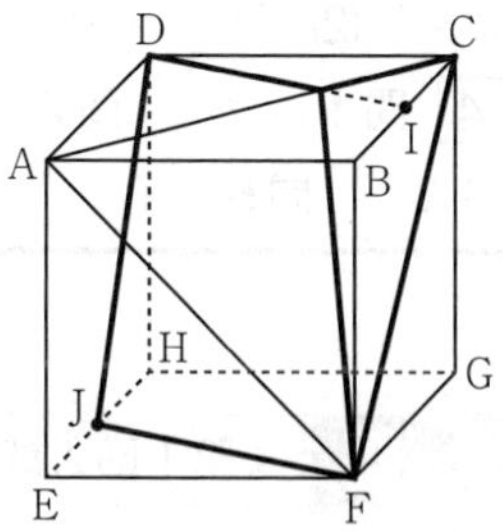

[1] (1) $\frac{1}{14}$　(2) 8　(3) 20ページ　(4) 時速108km　(5) 11：5　(6) 27cm³　[2] (1) 1人　(2) (イ)，(ウ)　(3) **最小**…3人，**最大**…9人　[3] (1) 1：3　(2) 60個　(3) 4通り　[4] (1) 4 cm　(2) 24cm　(3) 4：3　[5] (1) $\frac{5}{6}$倍　(2) ① 右の図　② $\frac{17}{36}$倍／**求め方**…（例）DIとACの交点をPとする。3点D，I，Jを通る平面で切断してできた立体DIC－JFGHから三角すいF－ICPを引く。立方体ABCD－EFGHの1辺を1cmとすると，この立方体の体積は1cm³となる。AP：PC＝2：1より，（立体DIC－JFGH）－（三角すいF－ICP）＝$1\times\frac{1}{2}-\frac{1}{2}\times\frac{1}{3}\times\frac{1}{2}\times1\times\frac{1}{3}=\frac{1}{2}-\frac{1}{36}=\frac{17}{36}$だから，立方体の$\frac{17}{36}$倍とわかる。

社　会　＜第１回入試＞（30分）＜満点：50点＞

解　答

[1] **問1**　新潟県，北海道　**問2**　**X**　ウ，北上(川)　**Y**　イ，最上(川)　**問3**　ウ　**問4**　ア　**問5**　イ　**問6**　トレーサビリティ　**問7**　イ　[2] **問1**　**A**　竹崎季長　**B**　長篠　**C**　サラエボ(サライェボ)　**問2**　ウ　**問3**　イ，エ，キ　**問4**　**X**　東北　**Y**　蝦夷(えみし)　**問5**　オ　**問6**　イ→エ→ア→オ→ウ　**問7**　ア，エ　[3] **問1**　デジタルデバイド　**問2**　エ　**問3**　ウ　**問4**　エ　**問5**　ウ　**問6**　ア　**問7**　良心　**問8**　オ　[4]-Ⅰ（例）米ソ間で展開された冷戦期に，たがいに核兵器の開発競争をすすめ軍拡(が進んだことで,)核兵器のきょういがふくらみ，核戦争を抑止する力として働いていた(状態。)　[4]-Ⅱ（例）寄付ではお金自体を渡すのでそれがどのように使われるのか(最終的に誰にわたるか)わかりにくいが，応援消費は商品やサービスにお金を出すため，お金が回る対象がはっきりしている点。／寄付はお金を渡すだけだが，応援消費は消費することができるため，楽しんで支払うことができる点。(寄付は使い道を選べないが，応援消費は自分で使い道を決めることができるため，お金を出した側に選択の幅がある点。／寄付はお金をあげるだけだが，応援消費は経済活動に払うお金のため，その産業の経済活動が再生する点。)

理　科　＜第１回入試＞（30分）＜満点：50点＞

解　答

1 **問１**　ア，イ　**問２**　ア，イ，ウ，オ，カ，ケ，コ　**問３**　ア，イ　**問４**　(5)　**問５**　(4)　2 **問１**　(1)　イ　(2)　エ　**問２**　**気体**…88 g　**塩酸**…25％　**問３**　**あ**　4　**い**　(例)　海水中に溶けている炭酸カルシウムが減って飽和に達さなくなる　**問４**　(例)　水の温度が低いと，気体はたくさん溶けこみやすい。　3 **問１**　(1)　**種**…b　**理由**…(例)　種 a が増えた後に，種 b が増えているから。　(2)　イ　**問２**　エ　**問３**　(1)　エ　(2)　イ　(3)　(例)　なわばりがせまくなり，エサが十分に確保できないから。　4 **問１**　ウ　**問２**　カ　**問３**　ア　**問４**　**時刻の差**…32分　**先に影が短くなる**…理花さん　**問５**　イ

国　語　＜第１回入試＞（50分）＜満点：100点＞

解　答

一 **問１**　①　こっし　②　じしん　③　じしょ　④　こうたん　**問２**　下記を参照のこと。　二（ひらがな，語群の順で）　①　んず，イ　②　はば，オ　③　もど，ウ　④　よん，エ　⑤　しず，ア　三 **問１**　Ⅰ　ウ　Ⅱ　ア　**問２**　イ　**問３**　イ　**問４**　日本で一番　**問５**　ウ　**問６**　(例)　自分は難関の学校に合格できるほど成績が伸びる可能性はないと半ば諦めていたが，加地先生が自分の可能性を信じてくれていたことを知って嬉しかったことに加え，自分自身が抱えてきた妹の病気に関わる事情を受け入れてくれたことに安堵感を覚えたから。　**問７**　エ　**問８**　ア　四 **問１**　Ⅰ　ア　Ⅱ　ウ　Ⅲ　エ　**問２**　人間の側が区分を作る　**問３**　イ　**問４**　イ　**問５**　ウ　**問６**　(例)　人間は誰もが生物学的に同じように色を見ていて，その見え方に違いはないが，言語体系によって色の見え方が異なるという言語相対主義の説が広く信じられているから。　**問７**　ウ

●漢字の書き取り

一 **問２**　①　看破　②　楽聖　③　権勢　④　射幸　⑤　首班　⑥　除(する)

2023年度 広尾学園中学校

【算　数】〈第２回入試〉（50分）〈満点：100点〉

1　次の問いに答えなさい。

(1)　次の計算をしなさい。

$$\left\{0.875+\left(1.25-\frac{1}{3}\right)\div\frac{2}{3}\right\}\div 1.125$$

(2)　次の □ に入る整数を答えなさい。□ にはすべて同じ整数が入ります。

□ × □ × (□ ＋2) × (□ ×５－１)＝630

(3)　ある小学校の６年生の人数は276人です。ある日の給食ではＡコースとＢコースのどちらかを選ぶことができました。Ａコースを選んだのは男子の $\frac{5}{6}$ と女子108人で，Ｂコースを選んだ男子と女子の人数は同じでした。この小学校の６年生の女子の人数を答えなさい。

(4)　10円玉と50円玉と100円玉がそれぞれたくさんあります。これらを使って200円のお菓子をおつりが出ないように支払う方法は何通りあるか答えなさい。ただし，使わない硬貨があってもかまいません。

(5)　次の図は，正方形の各辺の中点を結んで正方形をつくり，できた正方形の各辺の中点を結んで正方形をつくり，同じようにもう一度正方形をつくったものです。斜線部分の面積は最も大きい正方形の面積の何倍か答えなさい。

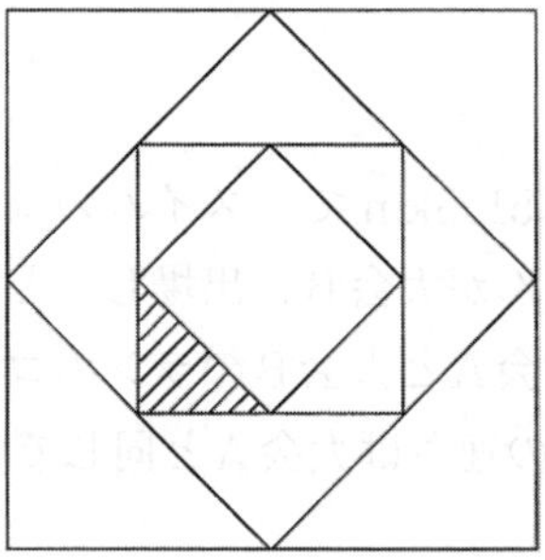

(6)　右の図は，側面がすべて二等辺三角形で，底面が正方形の四角すいです。高さ AO が６cm，BO が10cm のとき，直線 AO を軸として三角形 ABC を１回転させてできる立体の体積を答えなさい。ただし，円周率は3.14とします。

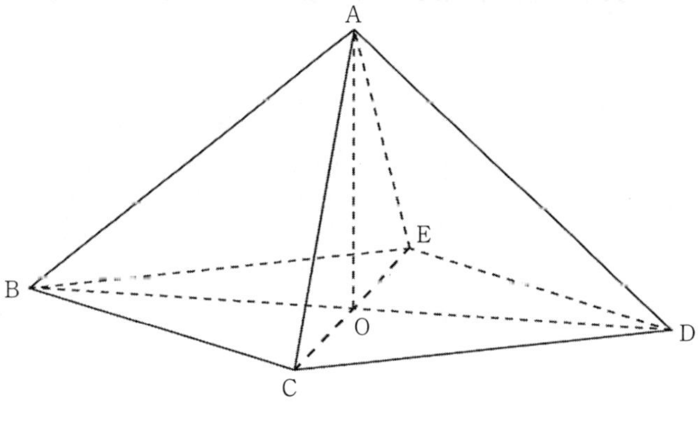

2　Ａ，Ｂ，Ｃ，Ｄ，Ｅの５人の中に，ある事件の犯人が１人だけいます。この５人に事情聴取を行ったところ，それぞれが次のように答えました。

Ａ「ＡとＢのどちらも犯人ではない。」

Ｂ「ＣとＤのどちらも犯人ではない。」

Ｃ「ＣとＥのどちらも犯人ではない。」

Ｄ「ＢとＤのどちらも犯人ではない。」

Ｅ「Ａは犯人ではない。」

このとき，次の問いに答えなさい。

(1)　全員が本当のことを言っているとすると，犯人は特定できますか。特定できる場合は，犯人をＡ～Ｅの記号で，特定できない場合は「×」で答えなさい。

ここからは，犯人以外の４人のうち，１人だけ犯人をかばうために嘘をついているとします。その人を共犯者と呼ぶことにします。

(2)　５人のうち，共犯者だけが嘘をつき，他の４人は本当のことを言っているとすると，犯人は特定できますか。特定できる場合は，犯人をＡ～Ｅの記号で，特定できない場合は「×」で答えなさい。

(3)　共犯者も犯人も嘘をついていて，残りの３人は本当のことを言っているとすると，考えられる犯人と共犯者の組み合わせは何通りあるか答えなさい。

3　広尾くんが，全51.5kmの距離をスイム(水泳)，バイク(自転車)，ラン(マラソン)の３種類の合計タイムで競うトライアスロンの大会Ａに出場しました。スイムでは時速３kmで泳ぎ，バイクでは時速30kmで走り，ランでは10kmのコースを１時間10分で走りました。その結果，３種類の合計タイムは３時間ちょうどでした。次の問いに答えなさい。

(1)　ランでの速さは時速何kmか求めなさい。

(2)　スイムのコースの距離は何kmか求めなさい。

(3)　別のトライアスロンの大会Ｂでは，大会Ａと同じ全体の距離は51.5kmで，スイムのコースの距離が短く，その分ランのコースが長くなっています。広尾くんが大会Ｂに出場したところ，３種類の合計タイムが大会Ａのときよりも10分短縮しました。大会Ａと大会Ｂのランのコースの長さの差は何kmか求めなさい。ただし，広尾くんの種目ごとの速さは大会Ａと同じです。

4　次の図で，BE：EC＝３：５，AD：DC＝５：３です。下の問いに答えなさい。

(1)　AB：BF を最も簡単な整数の比で答えなさい。

(2)　まっすぐな線で点Ｃと点Ｆを結ぶとき，三角形 CEF と三角形 CAF の面積の比を，最も簡単な整数の比で答えなさい。

(3)　四角形 ABED の面積が49cm^{2}のとき，三角形 EBF の面積を求めなさい。

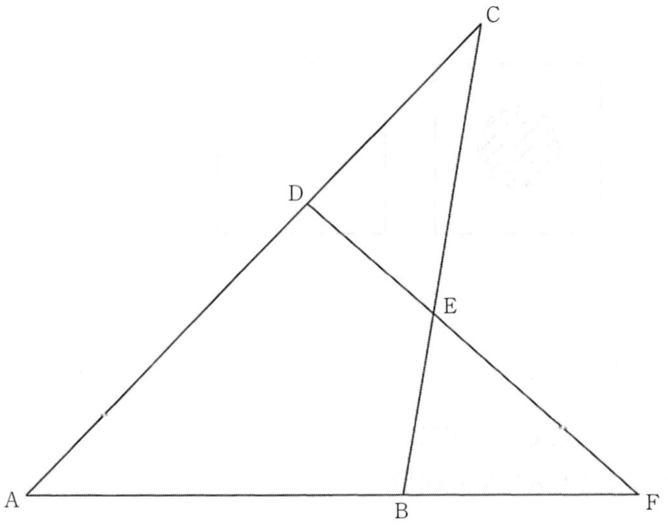

5　次の図のように，１辺の長さが４cm の正方形と正三角形があり，正方形の上に１辺が重なるように正三角形を置き，正三角形の頂点を中心として正方形の内側で正三角形を矢印の方向に回転していきます。下の問いに答えなさい。

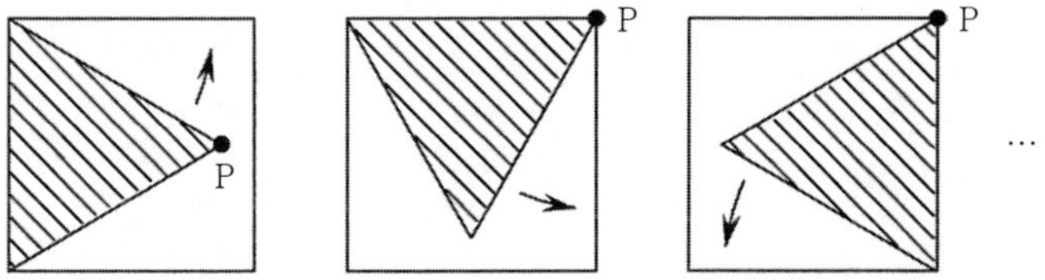

(1)　図の点Ｐがもとの位置にもどるまで正三角形を回転したとき，点Ｐが通ったあとの線を解答らんに作図しなさい。また，点Ｐが通ったあとの線の長さは何cm か，答えに至るまでの考え方なども記述して答えなさい。ただし，円周率は3.14とします。

(2)　正三角形を回転し続けたとき，いつでも正三角形の下になって見えない部分を考えます。その部分はどのような形をしているか，次の【図】と【図の説明】を見て最も適するものを選び，記号で答えなさい。

【図】

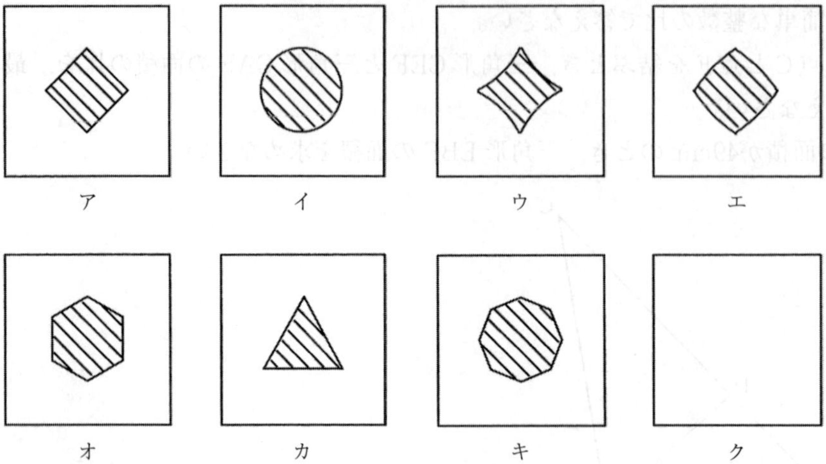

【図の説明】

ア　正方形

イ　円

ウ　正方形の各辺が円の弧のようにへこんでいる図形

エ　正方形の各辺が円の弧のようにふくらんでいる図形

オ　正六角形

カ　正三角形

キ　正八角形

ク　見えない部分はない

【社　会】〈第２回入試〉（30分）〈満点：50点〉

〈編集部注：実物の入試問題では，図やグラフ・写真のほとんどがカラー印刷です。〉

１　中学１年のヒロオくんたちは，宿泊研修で滞在《たいざい》する候補となっている５つの都道府県について調べて，各都道府県の特色をカードにまとめました。これを読んで，あとの問いに答えなさい。

＜Ａ＞
この都道府県は中部地方に位置しています。2015年には，新幹線でこの都道府県の都道府県庁所在都市へ東京駅から乗り換えなしに移動することができるようになりました。①この都道府県では，漆器《しっき》製家具の生産をはじめとする伝統工業が盛んです。

＜Ｂ＞
この都道府県は九州地方に位置しています。しかし，九州地方の他の都道府県と比べると，農業生産にしめる稲作の割合が著《いちじる》しく低くなっています。②この都道府県の電力供給は，そのほぼ100％を火力発電に依存しています。

＜Ｃ＞
この都道府県は中部地方に位置しています。現在，③この都道府県の都道府県庁所在都市付近を通るリニア中央新幹線の建設が進められています。この都道府県では，貴金属製品，ワイン，産業用ロボットの生産が盛んです。

＜Ｄ＞
この都道府県は中国地方に位置しています。この都道府県には複数の世界遺産が存在し，日本国内だけでなく，世界各国からも多くの旅行者がやって来ます。④この都道府県では，牡蠣《かき》や海苔《のり》の養殖に代表される水産業も盛んです。

＜Ｅ＞
この都道府県は関東地方に位置しています。この都道府県には世界遺産はありませんが，世界各国から多くの旅行者がやって来ます。⑤この都道府県の北部には，日本最大の貿易額（2020年）をほこる港が位置しています。

問１　次の表１はカードにある５つの都道府県（Ａ～Ｅ）の総面積，※1海岸線の総延長，※2都道府県庁所在都市の人口を示したものです。表１中のア～オからＥに該当するものを１つ選び，記号で答えなさい。また，あわせてその都道府県名を漢字で答えなさい。

※１　海岸線の長さを１本の直線として示した時の値。

※２　東京都の場合は東京23区の値。

表１

	総面積 (km^2)	海岸線の総延長 (km)	都道府県庁所在都市の人口 (千人)
ア	8,479	1,128	1,201
イ	5,157	534	975
ウ	4,465	0	189
エ	4,186	584	463
オ	2,282	2,037	318

統計年次は総面積が2022年，海岸線の総延長が2014年，都道府県庁所在都市の人口は2020年。

環境省と国土交通省の資料より作成

問２　下線部①について，次の写真(Ⅰ～Ⅲ)は，下の図１に示した３地域(X～Z)の伝統工業によって生産される産品を示したものです。X～ZとⅠ～Ⅲとの組み合わせとして正しいものを，下のア～カから１つ選び，記号で答えなさい。

Ⅰ

Ⅱ

Ⅲ

特許庁ウェブサイトより引用

	ア	イ	ウ	エ	オ	カ
X	Ⅰ	Ⅰ	Ⅱ	Ⅱ	Ⅲ	Ⅲ
Y	Ⅱ	Ⅲ	Ⅰ	Ⅲ	Ⅰ	Ⅱ
Z	Ⅲ	Ⅱ	Ⅲ	Ⅰ	Ⅱ	Ⅰ

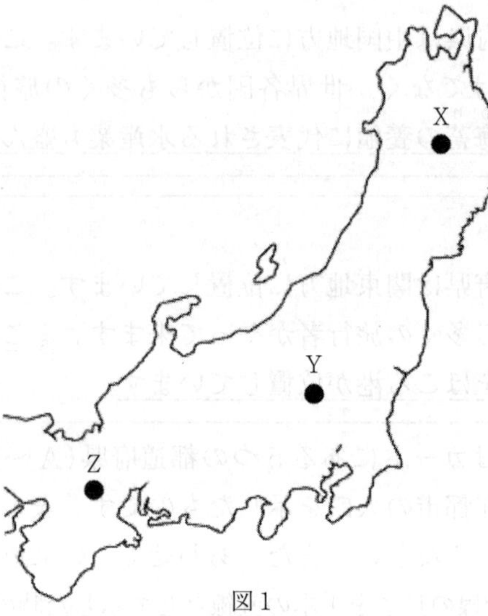

図１

問３　下線部②について，次の図２中のⅠ～Ⅲは，日本の火力発電に用いられるエネルギー源(原油・重油，石炭，液化天然ガス)の消費量の変化を，それぞれの1980年の値を100とする指数で示したものです。それぞれのエネルギー源とⅠ～Ⅲとの組み合わせとして正しいものを，下のア～カから１つ選び，記号で答えなさい。

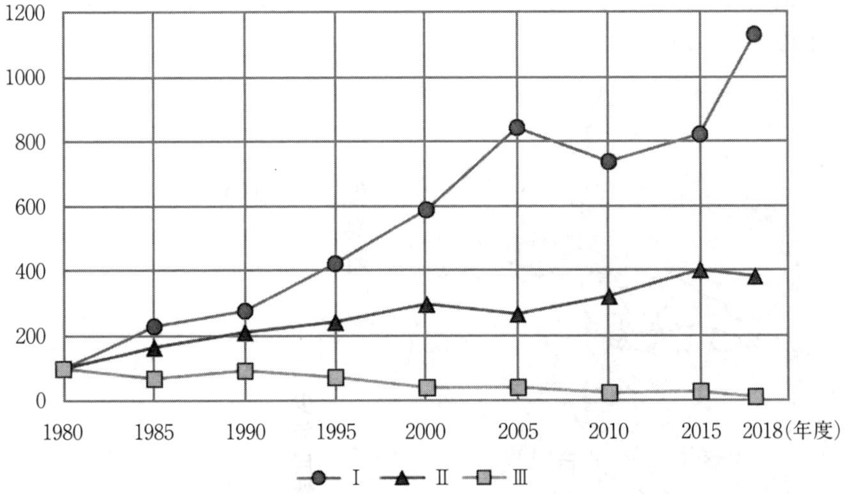

図２

「数字でみる日本の100年」より作成

	ア	イ	ウ	エ	オ	カ
原油・重油	Ⅰ	Ⅰ	Ⅱ	Ⅱ	Ⅲ	Ⅲ
石炭	Ⅱ	Ⅲ	Ⅰ	Ⅲ	Ⅰ	Ⅱ
液化天然ガス	Ⅲ	Ⅱ	Ⅲ	Ⅰ	Ⅱ	Ⅰ

問４　下線部③について，東京と名古屋を結ぶリニア中央新幹線の路線は，日本アルプスを地下トンネルで横断します。次の図３は，現在建設の進んでいるリニア中央新幹線の路線予定ルートを示したものです。図３中のＸ～Ｚのうち，日本アルプスの地下を通過するトンネルの位置として正しいものを１つ選び，記号で答えなさい。また，その付近に位置する日本アルプスを形成している山脈の名称を漢字で答えなさい。

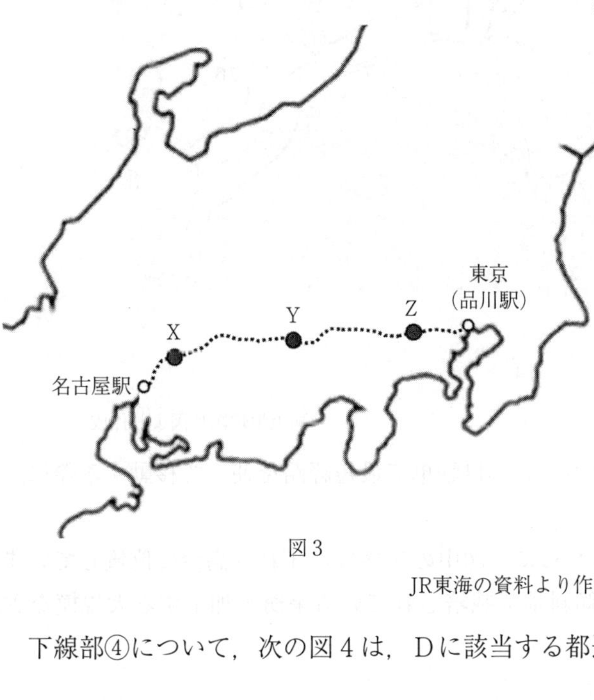

図３

JR東海の資料より作成

問５　下線部④について，次の図４は，Ｄに該当する都道府県において牡蠣や海苔の養殖が盛んに行われている地域の一部を示したものです。この図から読み取ることができることがらを述べた文を，下のア～エから１つ選び，記号で答えなさい。

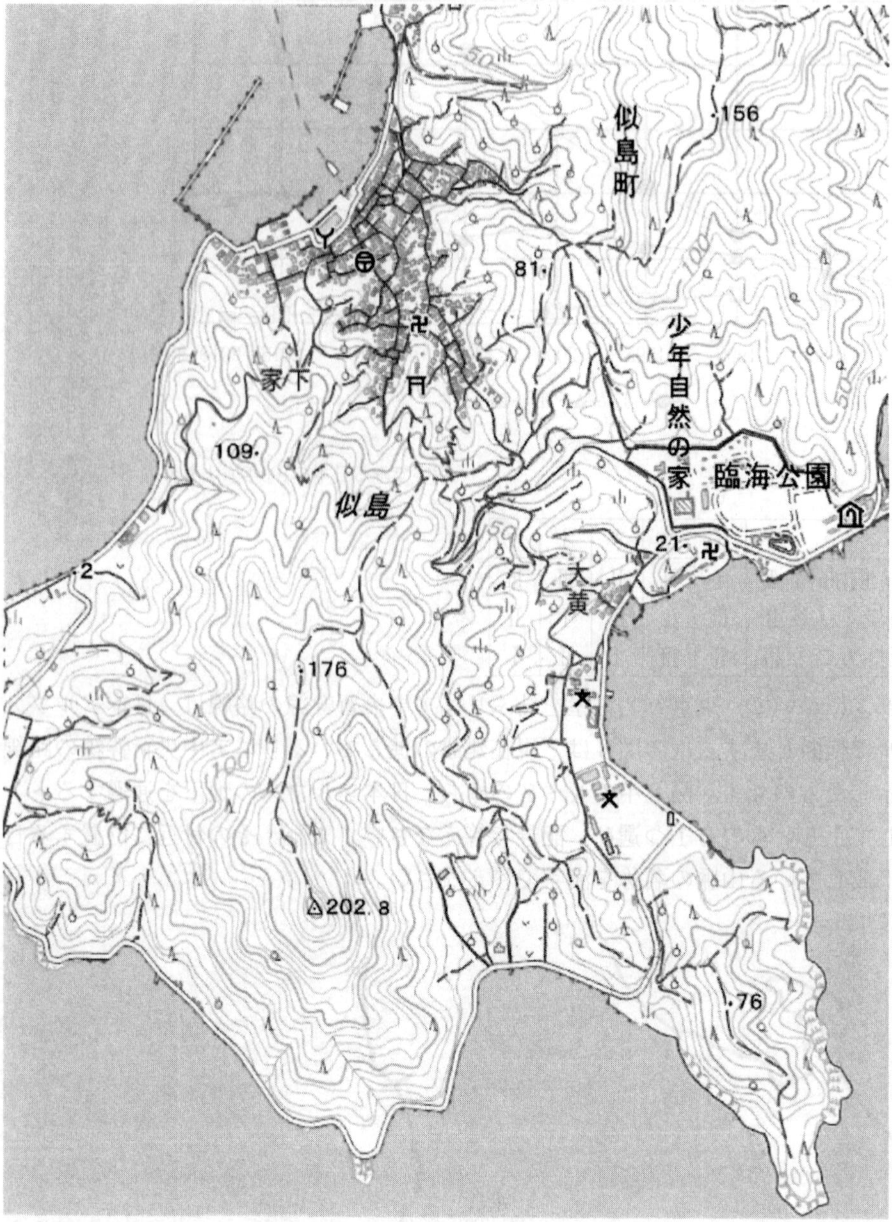

図４

国土地理院地図より作成

ア．図中の郵便局から「少年自然の家」へ自動車で最短経路を使って移動する際に，尾根を越えることになります。

イ．津波の被害を回避・軽減するために，図中の集落はいずれも高台に位置しています。

ウ．「大黄」の集落には，周囲の傾斜地で栽培されている果樹を加工する大規模な食品工場があります。

エ．図中の老人ホームからは，図中に存在するすべての小中学校と寺院の建物を眺めることができます。

問６　下線部⑤について，この貿易港の名称を漢字で答えなさい。また，この貿易港の主要輸出入品目とその構成比(2020年)を示したものとして正しいものを，次のア～ウから１つ選び，記号で答えなさい。

ア			
輸出品目	%	輸入品目	%
石油製品	20.8	石油	51.7
鉄鋼	20.7	液化ガス	15.7
有機化合物	18.4	自動車	8.9

イ			
輸出品目	%	輸入品目	%
半導体等製造装置	8.4	通信機	14.1
金(非貨幣用)	7.6	医薬品	13.5
科学光学機器	5.5	コンピュータ	9.8

ウ			
輸出品目	%	輸入品目	%
自動車	24.6	液化ガス	7.4
自動車部品	16.6	衣類	6.9
内燃機関	4.1	石油	5.8

「日本国勢図会 2022/23」より作成

問７　下線部⑤について，各都道府県を訪れる外国人観光客の国籍をみると，都道府県ごとに異なる特徴がみられます。次の表２中のⅠ～Ⅲは，Ｂ，Ｄ，Ｅの３都道府県に訪れた外国人客のうち，上位６か国・地域における※延べ宿泊数を示したものです。Ｄに当てはまるものを，表２中のⅠ～Ⅲから１つ選び，記号で答えなさい。また，その都道府県名を漢字で答えなさい。

※　１年間の各日の全宿泊者数を足し合わせた数のこと。

表２

	Ⅰ		Ⅱ		Ⅲ	
	国・地域	延べ宿泊数(人泊)	国・地域	延べ宿泊数(人泊)	国・地域	延べ宿泊数(人泊)
1	中国	1,889,020	台湾	1,789,360	アメリカ合衆国	135,430
2	台湾	575,140	中国	1,147,310	中国	91,490
3	アメリカ合衆国	346,740	韓国	950,110	オーストラリア	89,950
4	タイ	316,220	香港	606,540	台湾	81,760
5	韓国	192,670	アメリカ合衆国	277,240	イギリス	71,740
6	オーストラリア	148,500	シンガポール	94,950	フランス	58,790

統計年次は2019年。

日本政府観光局(JNTO)統計資料により作成

2　中学２年生のヒロコさんは，歴史の授業で「ヒトとモノの交流の歴史」というテーマでグループ学習をしました。Ⅰ～Ⅴはヒロコさんのグループがまとめた資料です。これを読んで，あとの問いに答えなさい。

＜Ⅰ＞　原始
・縄文時代の生活は自給自足でしたが，足りないものは物々交換で得ていました。
・弥生時代には，中国や朝鮮半島経由で稲作や金属器が伝わったとされています。
・ヤマト政権の時代には①渡来人によってさまざまな技術や文化がもたらされました。

＜Ⅱ＞　古代

・聖徳太子は，当時の中国を支配していた［　A　］に小野妹子を派遣《はけん》しました。

・中国から来日した［　B　］は，日本の僧の制度を整え，その後唐招提寺《とうしょうだいじ》を開きました。

・②シルクロードを経て日本に伝わったインドやペルシアなどの文化の影響を受けた「モノ」が，東大寺の正倉院などに収められました。

＜Ⅲ＞　中世

・③武士として最初の太政大臣となった平清盛は日宋貿易をさかんにし，大きな利益をあげました。

・15世紀には，中国との間で勘合貿易が行われるようになりました。また，中国・朝鮮・東南アジアなどとの中継《なかつぎ》貿易で栄えた琉球王国とも日本は貿易をしました。

＜Ⅳ＞　近世

・1543年にポルトガル人を乗せた中国船が九州の［　C　］に来航し鉄砲が伝わると，ポルトガルとの南蛮貿易がさかんに行われるようになりました。

・江戸時代に④鎖国政策が始まると，キリスト教の布教に関係のないオランダや中国と長崎で貿易を行うことになりました。

＜Ⅴ＞　近現代

・明治政府は富国強兵をかかげ，富岡製糸場などの官営工場を造って，輸出産業の育成に力を注ぎました。

・⑤第一次世界大戦が始まると，日本はヨーロッパへ軍事物資を，アジアには綿糸・綿織物を，アメリカには生糸を輸出し，好景気を迎えました。

・戦争中，軍需産業への物資の優先配分を目的とする［　D　］法が制定されると，民間企業が自由に貿易をすることができなくなり，輸出入ともに伸び悩みました。

・⑥1960年代，高度経済成長期の日本は輸出を増やしましたが，1980年代になると，アメリカ合衆国への貿易黒字が続いたため，日米間の貿易摩擦が激化しました。

参考：JFTC キッズサイト　貿易と日本　3．日本の経済発展と貿易
https://www.jftc.or.jp/kids/kids_news/trade/history.html

問１　資料中の空欄［　A　］～［　D　］に入る語句を漢字で答えなさい。

　※　Aは中国の当時の王朝名を漢字１文字で答えること。

問２　資料Ⅰの下線部①について，渡来人がもたらした技術や文化について述べた文として誤っているものを次のア～エから１つ選び，記号で答えなさい。

ア．蚕《かいこ》からまゆをとり，まゆから生糸をとって，絹織物を作る養蚕《ようさん》・機織《はたお》りの技術を伝えました。こま・くだら・はた・あやなどの地名が残っているところは渡来人と関係があると言われています。

イ．鉄を作ったり，加工したりする技術によって鉄製の農具や武器などが造られるようになりました。鉄製の農具は，田畑の耕作だけでなく，開拓《かいたく》にも使用されました。

ウ．山の斜面を利用したのぼりがまを用いて，すえ器と呼ばれる土器が作られるようになり

ました。すえ器は低温で焼いており，柔《やわ》らかくて壊れやすかったため，ろくろを使用して大量生産されました。

エ．漢字の本格的な使用は，５世紀頃から始まりました。朝廷の記録や外国への手紙を書く仕事は，最初の頃は渡来人が行っていました。

問３　資料Ⅱの下線部②に該当《がいとう》する写真として最も適当なものを，次のア～エから１つ選び，記号で答えなさい。

ア

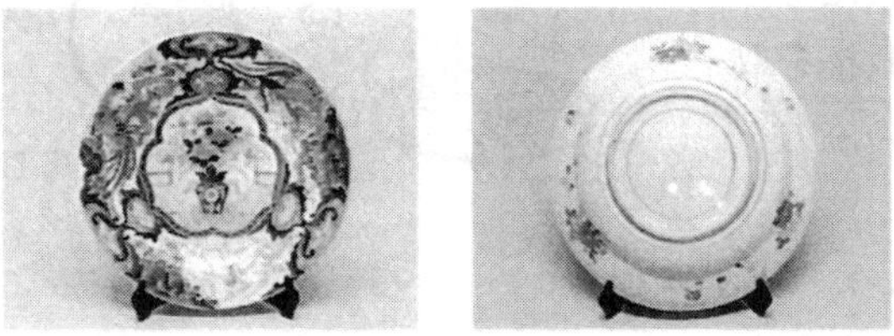

イ

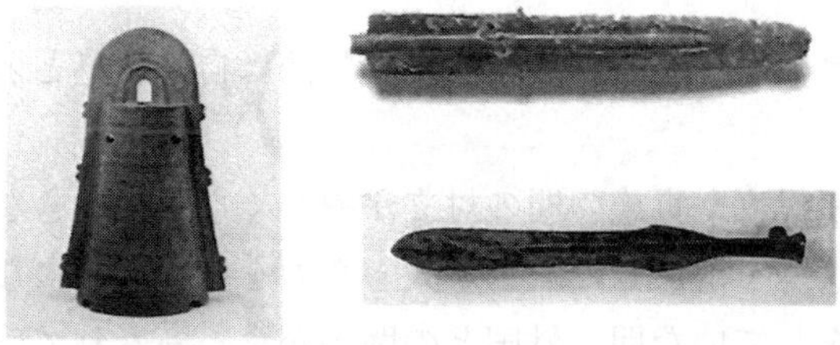

ウ

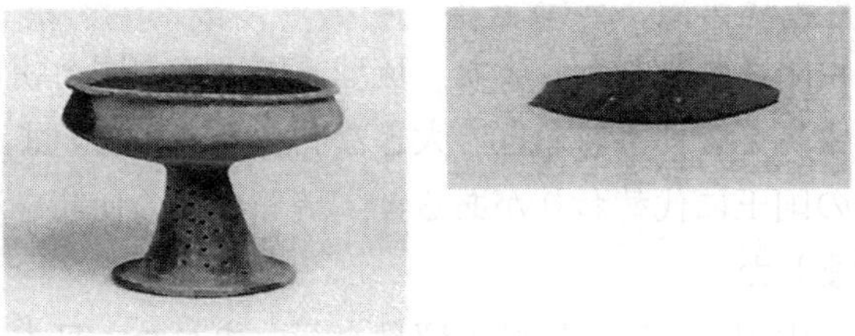

エ

出典：国立博物館所蔵品統合検索《けんさく》システム

問4　資料Ⅲの下線部③に関連して，10世紀半ば頃に，地図中の①，②の地域で起きた反乱について述べた文を，次のア～カからそれぞれ１つずつ選び，記号で答えなさい。

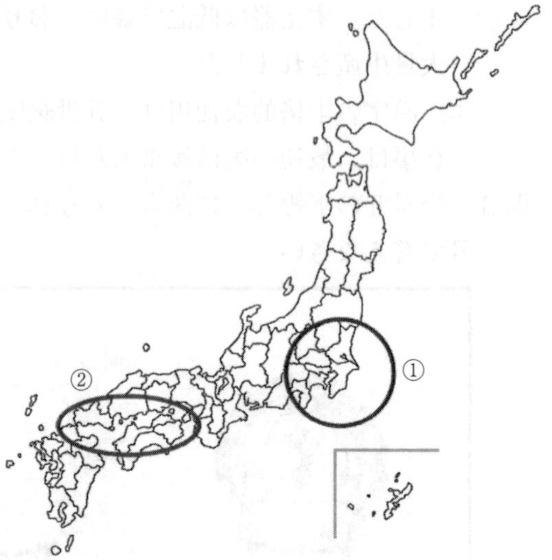

ア．源頼朝の弟源義経らは，各地で平氏を破り，最終的に壇ノ浦《だんのうら》の戦いで平氏一族を滅ぼしました。

イ．幕府への不満をつのらせる御家人たちの様子をみた後醍醐天皇は，朝廷に政権を取り戻すため，足利尊氏や新田義貞《よしさだ》の協力を得て，幕府を倒しました。

ウ．朝廷の勢力を回復しようとしていた後鳥羽上皇は，３代将軍源実朝が暗殺されると，幕府を倒そうと兵をあげました。

エ．伊予《いよ》国の国司であった藤原純友《ふじわらのすみとも》は海賊《かいぞく》を率いて政府の重要拠点や国府を攻め落としました。

オ．平将門は，一族の土地争いがもとで反乱を起こしました。将門は自ら新皇と名のり，新しい政府をつくろうとしました。

カ．鳥羽上皇の死後，天皇と上皇との対立や貴族の間の対立が激しくなり，大きな反乱が立て続けに起こりました。これらの反乱を解決した武士が大きな力を持つようになりました。

問5　資料Ⅳの下線部④について，鎖国をしていた間，外国との関係が全く断たれていたかのように考えられがちですが，江戸幕府が認めた範囲内では，国際交流や貿易が行われていました。鎖国下に行われていた国際交流や貿易について述べた文ア～エについて，誤っているものを１つ選び，記号で答えなさい。

ア．1609年，琉球王国は，薩摩《さつま》藩に侵略されました。また，琉球王国は，中国と朝貢貿易を行っていましたが，薩摩藩は朝貢貿易を管理下におき，大きな利益をあげていました。薩摩藩は，幕府の征夷大将軍や琉球の国王に代替《だいが》わりがあると，琉球からの使節を江戸に連れて行き，将軍にあいさつをさせました。

イ．長崎では，オランダとは出島で，中国とは唐人屋敷で貿易を行いました。日本からは生糸・絹織物・陶磁器・砂糖などが輸出され，日本には金・銀・銅・海産物などが輸入されました。オランダや中国の商船は毎年長崎に来航し，『オランダ風説書』・『唐船風説書』という報告書を幕府に提出しました。

ウ．朝鮮との国交は，豊臣秀吉の朝鮮侵略で途絶《とだ》えていましたが，徳川家康の命を受けた対《つし》馬《ま》藩によって回復されました。その後，ほぼ将軍が代わるごとに朝鮮通信使という使節団が将軍に会うために江戸に来るようになりました。また，朝鮮との貿易は，対馬藩が釜山《ぷさん》まで出向く形で行われました。

エ．松前藩は，徳川家康から蝦夷地《えぞち》でアイヌと交易することが認められました。あくどい方法で交易を行う松前藩に対して，アイヌの族長のシャクシャインが立ち上がりましたが，松前藩に殺されてしまいました。

問６　資料Ⅴの下線部⑤について，次のア～オの史料は，第一次世界大戦開始以降の出来事を示しています。史料ア～オを時代が古い順に並べ替《か》えなさい。ただし，ア～オの中には，第一次世界大戦開始以前の出来事が１つ含《ふく》まれています。第一次世界大戦開始以前の出来事は並べ替えに含める必要はありません。

ア．富山県中新川郡水橋町町民の大部分は出稼《かせ》ぎ業者であるが，……生活が窮乏《きゅうぼう》し，しかも最近の米価暴騰《ぼうとう》で困窮もいよいよ極限となっていたが，ついに三日午後七時，漁師町一帯の女房《にょうぼう》二〇〇人が海岸に集まり，三帯に分かれて海岸と町の有力者，海岸の米屋・米所有者を襲《おそ》い……

イ．第一条　天皇制や資本主義を否定する目的の結社を組織したり，またその内容を知って加入したりしたものは，十年以下の懲役《ちょうえき》または禁錮《きんこ》にする。

ウ．九月十八日午後十時から十時半の間に，線路上かその付近で爆発があったことは間違いないが，鉄道の損傷がもしあったとしても，実際に列車が定刻通り到着するのに支障がない程度で，それだけでは軍事行動を正当化するのに十分ではなく，その夜の日本の軍事行動は，合法的とは認められない。

エ．第一条　韓国皇帝《こうてい》は，韓国全体のすべての統治権を完全かつ永久に日本の天皇に譲《ゆず》り与《あた》える。

第二条　日本の天皇は，第一条を受け入れ，完全に韓国を日本に併合《へいごう》することを認める。

オ．第一号

第一条　中華民国政府は，ドイツが山東省において条約などで中華民国から獲得している一切の権利を日本政府に譲る。

第二号

第一条　日中両国は，旅順・大連の租借《そしゃく》期限と南満州鉄道の租借期限を九十九年延長することを約束する。

問７　資料Ⅴの下線部⑥について，次の説明文ア～オのうち，1960年代と1980年代のどちらにも明らかに当てはまらない時代の説明文をすべて選び，記号で答えなさい。

ア．日本の国民総生産(GNP)が，資本主義国の中でアメリカ合衆国に次いで第２位となり，日本は経済大国と呼ばれるようになりました。

イ．佐藤栄作内閣が，アメリカ合衆国と沖縄返還協定に調印し，沖縄が返還されました。

ウ．地中海に浮《う》かぶマルタ島で行われた会談で米ソ冷戦が終結する一方，日本では消費税の導入が始まりました。

エ．韓国との間に日韓基本条約が締結《ていけつ》されて国交が開かれたほか，小笠原諸島がアメリカより返還されました。

オ．朝鮮戦争の勃発《ぼっぱつ》後，連合国軍総司令部の指示により，日本は警察予備隊を組織しました。

これがのちの自衛隊になりました。

3 次の文章を読んで，あとの問いに答えなさい。

2022年6月，ドイツのエルマウにて①主要7か国首脳会議(サミット)が開催《かいさい》されました。サミットとは，②1975年から始まった国際会議で，国際社会が直面する様々な課題について意見交換を行うことを目的に，年に1回開催されています。2022年のサミットの期間，日本では③参議院議員選挙の期間中でしたが，日本からは岸田首相が出席し，様々な議題に関して意見交換を行いました。

今回の会議で特に問題となったのは，ウクライナとロシアの戦争に関連する内容です。サミット参加国は共同で，ロシアに対してウクライナ全域から撤退するよう求めました。さらに，ロシアへの経済制裁の強化や，原油などに関してロシア産のエネルギーを使わないようにすることも声明の中に盛り込まれました。この戦争に端《たん》を発し，④インフレーションや景気後退の懸念《けねん》が高まっています。また，世界有数の小麦の産地であるウクライナから輸出が難しくなっていることにより，世界的な食糧危機の可能性も高まっています。これらに対し，⑤途上国への資金援助を発表し，日本は中東やアフリカに対して約2億ドルの援助をすることが決まりました。

また，地球温暖化対策に向けて，「気候変動対策の迅速《じんそく》化」に関しても話し合われました。温室効果ガスである二酸化炭素を多く排出する⑥石炭火力発電の全廃《ぜんぱい》が求められましたが，ロシア産の原油や天然ガスが使えない状態にあって，石炭火力が使えないとすれば，エネルギー供給の確保は深刻な問題です。

2023年は広島でのサミットの開催が予定されています。日本政府は「G7として広島の地から，核兵器の⑦惨禍《さんか》を二度と起こさない，武力侵略は断固として拒否をする，との力強いコミットメント(約束)を世界に示したい」と表明しています。

問1　下線部①の主要7か国のうち，ドイツと日本以外の国名をすべて答えなさい。

問2　下線部②について，サミットは第1次石油危機などの世界の経済危機に対して国際協調をはかるために生まれた国際会議です。過去に起きた世界の経済危機に関する説明として正しいものを次のア～エから1つ選び，記号で答えなさい。

ア．1971年のニクソン＝ショックでは，それまでアメリカ合衆国が認めていなかったドルと金との交換に関し，これを急に認め，ドルと他の国の通貨との価値を固定させると発表をしました。この結果，世界経済はパニックになりました。

イ．1973年の第一次石油危機では，第四次中東戦争をきっかけに中東諸国が原油価格を引き上げることを発表しました。これに伴い日本でも物価が上昇し，スーパーでもトイレットペーパーがなくなるなど混乱が起きました。

ウ．1985年のプラザ合意では，当時のドルの価値が高すぎる水準であると考えられたため，アメリカ合衆国や日本などの世界5か国が円高に誘導する政策を行いました。その結果，円の価値が1ドル＝360円にまで上がりました。

エ．2008年のサブプライムローン問題では，アメリカ合衆国の大手金融機関リーマン・ブラザーズ社が倒産したことで，経済に深刻な影響を与えました。この結果，アメリカ合衆国は国内総生産(GDP)の額が世界1位から2位に転落しました。

問３　下線部③について，2022年度に実施された参議院議員選挙における投票として，有効な投票となるものを，次のア～オからすべて選び，記号で答えなさい。

ア．比例代表選挙に投票するために，立候補している政党の名簿《めいぼ》の中にある候補者名の中から１人選んで投票しました。

イ．選挙区選挙に投票するために，立候補している政党の名前を書いて投票しました。

ウ．国民審査に投票をするために，候補者となっている最高裁判所の裁判官の中で信頼できない人に×を書いて投票しました。

エ．比例代表選挙に投票するために，立候補している政党の名前を書いて投票しました。

オ．選挙区選挙に投票するために，立候補している候補者の名前を書いて投票しました。

問４　下線部④について，この言葉は「世の中における様々な物の値段の上昇」と「お金の価値の下落」を意味します。インフレーションが起きた際に一般的に起こりうることとして，正しいものを次のア～エから２つ選び，記号で答えなさい。

ア．借金を抱《かか》えている人の負担が実質的に上昇します。

イ．年金で生活している人の生活の負担が重くなります。

ウ．預金などの資産の価値が実質的に減少します。

エ．賃金の額自体が変わらない場合は生活の負担は軽くなります。

問５　下線部⑤について，次の枠内の文章は，国際支援に対する一つの考え方を示したものです。そして，選択肢《せんたくし》のア～オの文章は，日本が世界の国々に対して経済的な支援を行う理由について説明している文章です。次の枠内の考え方と最も合う理由は，どれでしょうか。下のア～オの中から正しいものを１つ選び，記号で答えなさい。

国際支援は見返りや貸し借りのために行われるのではなく，貧者の救済という善なる意思に基づいてこそ，行われるべきである。

ア．日本は食料や衣類，エネルギー資源などを海外からの輸入に頼っています。途上国からの輸出がなければ生活はできません。

イ．貧しい人たちが多く住む途上国の経済を発展させることは，国際社会の安定につながります。

ウ．日本も戦後に各国から援助を受け，東海道新幹線や東名高速道路などのインフラ整備にあたることができました。その恩を返す必要があります。

エ．途上国には十分な食料や安全な飲み水がない地域がたくさんあります。それらの恵《めぐ》まれない人々を救うことは日本の責務です。

オ．感染症など地球規模で取り組むべき課題も増えており，途上国を救うことは自らの国の恵まれない環境の人を救うことにもつながるのです。

問６　下線部⑥について，このような状態にもかかわらず日本は2023年１月段階で，石炭火力発電を使用し続けています。その理由として，次のグラフ１～３や本文中から読み取れないものを，下のア～エから１つ選び，記号で答えなさい。

グラフ１

可採年数

（採掘できる年数）

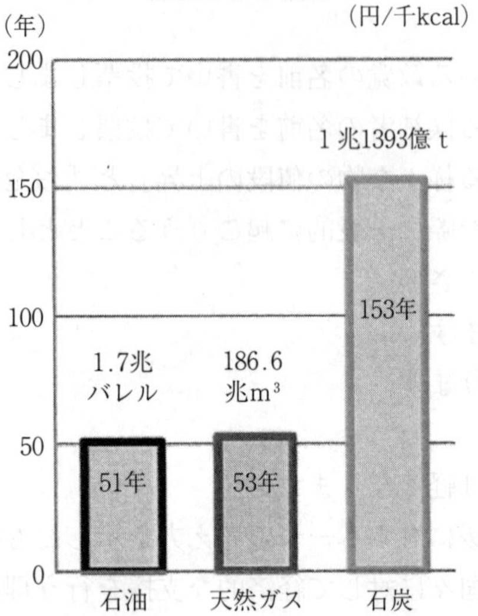

グラフ２

地域別資源埋蔵量

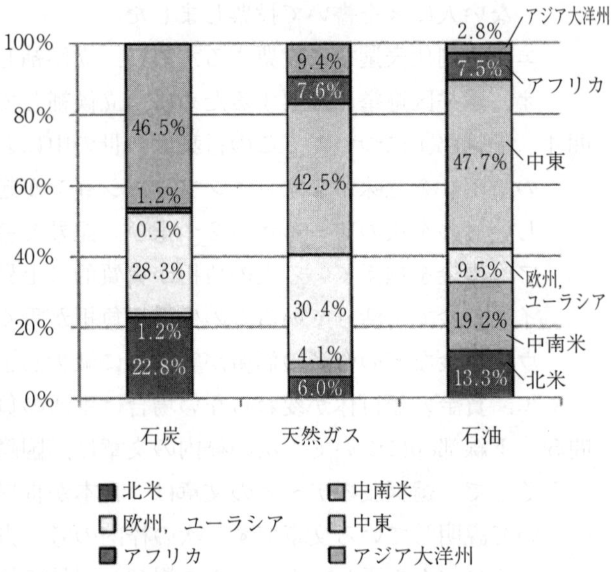

グラフ３

燃料価格（CIF）の推移

※LNGとは液化天然ガスのことを示しています。

資源エネルギー庁ホームページより引用

ア．他の資源に比べ埋蔵量《まいぞうりょう》が多く可採年数も長く，資源の利用を維持できる年数が長いため。

イ．地域別資源埋蔵量に占めるアジア大洋州の割合が高く，自国からでも発電に必要な量の資源を供給することができるため。

ウ．1000kcalに占める燃料価格が他の資源に比べて安価で，価格の変動幅も少なく，安定的に資源を確保できるため。

エ．ロシアからエネルギー資源を調達できなくなる可能性があり，資源の種類やその調達先を多く確保しておく必要があるため。

問７　下線部⑦について，この「惨禍」という言葉は，日本国憲法の前文の最初の１文目にも登場しています。次の日本国憲法の前文の１文中の空欄 [A]，[B] にあてはまる言葉を漢字で答えなさい。

> 前文　日本国民は，正当に選挙された国会における代表者を通じて行動し，われらとわれらの子孫のために，諸国民との協和による成果と，わが国全土にわたつて自由のもたらす恵沢《けいたく》を確保し，[A] の行為によつて再び戦争の惨禍が起ることのないやうにすることを決意し，ここに [B] が国民に存することを宣言し，この憲法を確定する。(以下略)

4　―Ⅰ　ヒロオ君は社会科の授業で，江戸幕府と朝廷(天皇)の関係について調べました。次の資料①～資料③を分析したところ，幕府は幕府を存続させるために，朝廷に対して異なる二つの方針を持って臨んでいることが分かりました。その二つの方針とは何ですか。そのような方針が必要だった理由も含めて説明しなさい。

資料①

1603年　徳川家康が，朝廷から征夷《せいい》大将軍に任命され，江戸幕府を開いた。

1605年　徳川秀忠《ひでただ》が，朝廷から征夷大将軍に任命された。

1615年　幕府が，※1禁中並公家諸法度《きんちゅうならびにくげしょはっと》を定めた。

1620年　徳川秀忠の娘和子が，後水尾天皇に入内《じゅだい》(天皇の妻になること)した。

1623年　徳川家光が，朝廷から征夷大将軍に任命された。

1627年　幕府が，大徳寺の僧などに出した※2紫衣《しえ》着用の※3勅許《ちょっきょ》を無効とした。

資料②　禁中並公家諸法度

第一条　天皇の主務

天皇が修《おさ》めるべきものの第一は学問である。

第十六条　紫衣の寺住持職

紫衣を許される住職は以前は少なかった。しかし，近年はみだりに勅許が行われていて，ひいては寺院の名を汚すこととなり，大変よろしくない。今後は(当人の能力をもって)紫衣を与えるべきかどうかを良く選別し，その住職が紫衣を与えるに相応しい住職であることを確かめた上で，紫衣を与えるべきである。

資料③　徳川家の朝廷対策

禁裏御領《きんりごりょう》(天皇の領地)は，徳川家康の時代に約１万石，のちに２代秀忠の時代に１万石，1705年に５代綱吉《つなよし》の時代に１万石が献上《けんじょう》され，合計約３万石になった。また，1687年に221年ぶりに※4大嘗祭《だいじょうさい》を，1694年には192年ぶりに※5葵《あおい》祭りを復活させるなど，中断していた朝廷の儀式《ぎしき》の復興にも尽力《じんりょく》した。

※１　禁中並公家諸法度…1615年に江戸幕府が定めた朝廷・公家に対する統制法。

※２　紫衣…位の高い僧に朝廷が勅許する最高の僧衣。幕府は禁中並公家諸法度において，紫衣の授受に関する許可規定を制定した。

※３　勅許…天皇の許可。

※４　大嘗祭…天皇が即位したあと，最初に行う大規模な新嘗《にいなめ》祭(収穫に感謝する祭)のこと。

※５　葵祭り…平安中期の貴族の間では，「祭り」と言えば葵祭りをさすほど有名で，「枕草子《まくらのそうし》」や「源氏物語」といった文学作品にも登場する。応仁の乱後，約200年間中断していた。

4　―Ⅱ　朝の通学中にお年寄りの方が多く乗った車をよく見かけませんか。これらの車の多くは，介護サービスを利用する人たちが福祉施設《ふくししせつ》へ移動するために利用されています。施設では体の不自由な高齢者が，介護福祉士によるサポートのもと，リハビリテーションや入浴をしています。また，施設ではなく，自宅でホームヘルパーによる介護サービス，たとえば食事の補助や買い物，排《はい》せつの介助などを受ける方もいます。介護が必要な人にとっては自分一人でこれらのことをするのは難しいため，介護サービスの利用は生活に欠かせないものです。

この利用には費用がかかりますが，お金がなくて受けられないことのないように，支援する仕組みが存在します。それが「介護保険制度」です。この制度では，40歳以上の人は原則，保険料を毎月支払う必要があります。65歳以上になり介護保険サービスの利用が必要になったときには，利用者はサービスにかかる料金のうち１割だけを負担すればよく，残り９割分の費用は保険料や私たちの税金から支払われます。この仕組みは医療保険や年金保険と似ていますが，異なる点もあります。図１を見てください。これは「要介護認定」と呼ばれるもので，介護が必要な方の状態を７段階に区別し，認定を行います。この認定のレベルが高ければ高いほど，受けられる介護サービスの種類が増え，その月に支給される金額の限度が高くなるという仕組みです。この介護認定の効力は半年から１年間程度となりますので，有効期限が切れたのちに保険の給付を受ける場合は，再度，認定を受けなければなりません。また，認定レベルが決まった後で体調が悪くなり認定のレベルを上げたい場合は，その都度申請をしなければなりません。

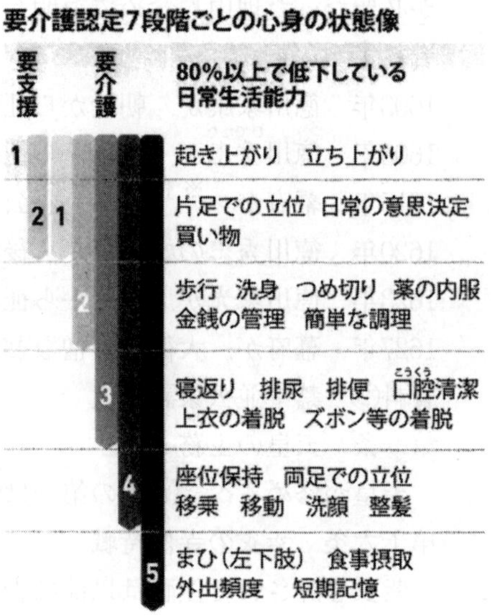

図１

※　2016年集計の厚生労働省資料より作成

介護保険制度では，なぜこのような要介護認定に基づく区別をしているのでしょうか。本文を参考に，その理由をわかりやすく説明しなさい。

【理　科】〈第２回入試〉（30分）〈満点：50点〉

〈編集部注：実物の入試問題では，図やグラフ・写真はほとんどがカラー印刷です。〉

１　次の文を読み，以下の問いに答えなさい。

〔Ⅰ〕 明るい照明のある部屋で，広尾太郎君が十分な大きさの鏡の前に立っています。このとき，太郎君は鏡の向こうに，そこにいるはずのない自分自身の姿を見ることができます。

照明が照らしている太郎君の足先の一点Ａから出た光を追ってみましょう。図１のように，Ａからは無数の光線が鏡に向けて出ていますが，鏡での入射光に対する反射光は「入射角＝反射角」の法則に従って進むので，太郎君の目に入るのは図の経路①で伝わってきた光線であり，経路①の光の鏡での反射点は，ちょうど太郎君の目の高さの半分の高さのＧとなります。このとき，太郎君はＧから目に入ってきた光線の延長線上Ａ′の位置から光が出たと認識《にんしき》します。同様に，腰《こし》の位置Ｂから出た光はＢ′の位置から，頭頂部Ｃの位置から出た光はＣ′から出たと，それぞれ認識します。

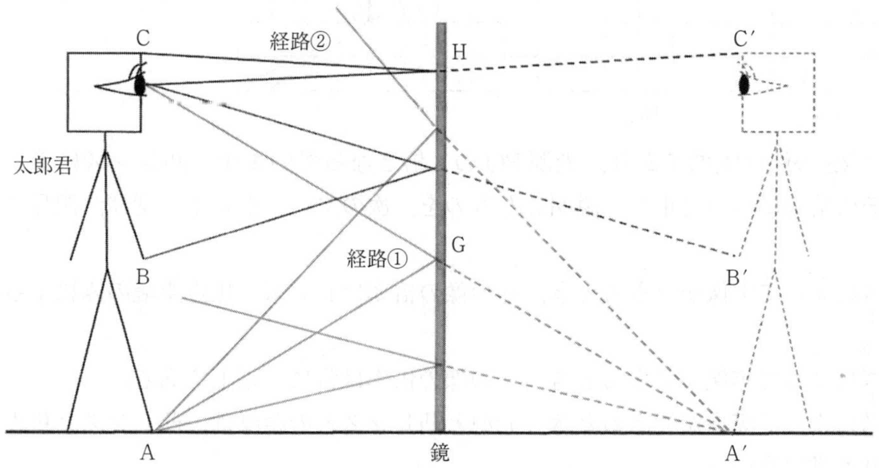

図１

問１　図１において，太郎君の足先Ａから出て鏡のＧで反射し目に入る光線(経路①)と，太郎君の頭頂部Ｃから鏡のＨで反射し目に入る光線(経路②)の様子から，太郎君の全身を映し出すための鏡の長さの最小値が分かります。それは何 cm ですか。また，その鏡の下端《かたん》は，床《ゆか》から何 cm の高さにあればよいですか。それぞれ整数で答えなさい。ただし，太郎君の身長を160cm，太郎君の頭頂部Ｃから目までの長さを12cmとします。また，太郎君の目，ＡとＣは，床に垂直な直線上にあるとします。

〔Ⅱ〕 一般《いっぱん》に，光軸《こうじく》(凸《とつ》レンズの中心を通り，凸レンズ面に垂直な直線)の近くにある光源から出て，凸レンズを通る無数の光線のうち，光軸と平行に凸レンズを通った光は反対側の凸レンズの焦点《しょうてん》を通り，また，凸レンズの中心を通った光は直進することが知られています。この２本の光線を作図することで，どの位置にどのような像ができるかを求めることができます。(実際には光線は凸レンズの左右の球面で屈折《くっせつ》しますが，作図上は全てレンズの中心線で進路が変わるものとします。)

図２は，凸レンズの光軸上にあり，凸レンズの焦点のやや外側に置かれた線状の小さな光源PQの像が，凸レンズの右側にできる様子を模式的に示したものです。点Ｑから光軸に平行に

凸レンズに入った光線１は凸レンズの右側にある焦点Ｆを通り，また，凸レンズの中心を通った光線２は直進して，それぞれの光は凸レンズ右側の点Ｓに集まることが分かります。

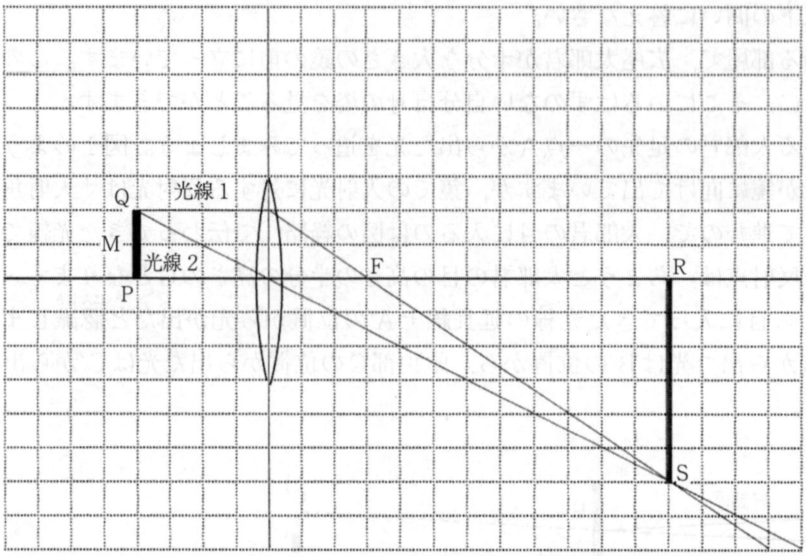

図２

問２　図２では，RSの像は実像であり，光源PQの３倍となっています。凸レンズによってできる実像とその倍率について正しく説明したものを，次のア～エから１つ選び，記号で答えなさい。

ア．凸レンズによって実像ができるとき，その像の倍率はレンズの焦点距離《きょり》のみによって決まる。

イ．凸レンズによって実像ができるとき，その像の倍率は常に１以上である。

ウ．凸レンズによって実像ができるとき，光源と凸レンズとの距離は，凸レンズと焦点までの距離よりも常に長い。

エ．凸レンズによって実像ができるとき，光源と凸レンズとの距離が大きくなるほど，その像の倍率は大きくなる。

問３　光源PQの先端Ｑから出た光線は，図２の２本の光線以外にも無数にあり，また，光線が出ているのはＱからだけではありません。次の図３には，光源のPQの中点Ｍから出て光軸に平行に凸レンズに入る光線３，同じくＭから出て凸レンズ中心に入る光線４，および，同じくＭから出て凸レンズの下端を通る光線５がかかれています。凸レンズ通過後の光線はある一点に集まるものとして，光線３～５の経路を解答欄《らん》の図の中にかき入れなさい。ただし，定規を使用せず丁寧《ていねい》にかきなさい。

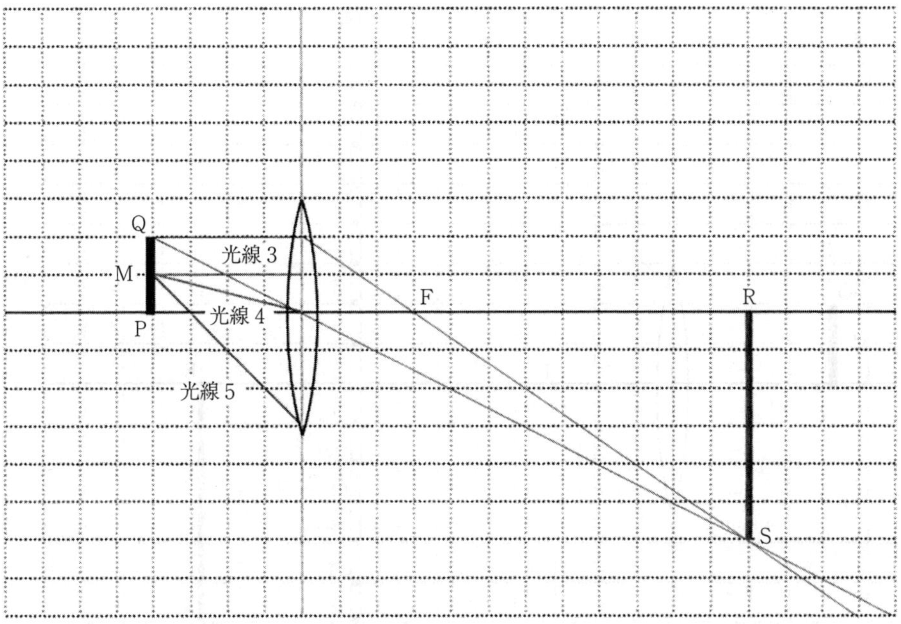

図３

問４　像ができているＲの位置に白板を光軸に垂直に立てると，白板表面には光源の像が映し出されます。しかし，この位置から白板を凸レンズ側に近づけると，白板上に光線は集まらなくなり，映し出されていた像はぼやけてしまいます。いま，図４のように白板を凸レンズから８マスの距離まで近づけたとき，光源PQの先端Ｑから出て凸レンズを通過した光線が白板上に届く範囲《はんい》はどこですか。図４のように白板上の点を①～⑮として，次の（a）と（b）内に①～⑮の番号を１つずつ入れて答えなさい。ただし，図４のように凸レンズの直径は６マスあるものとします。

(答)「Ｑから出た光が届くのは，白板上の（　a　）から（　b　）の間である。」

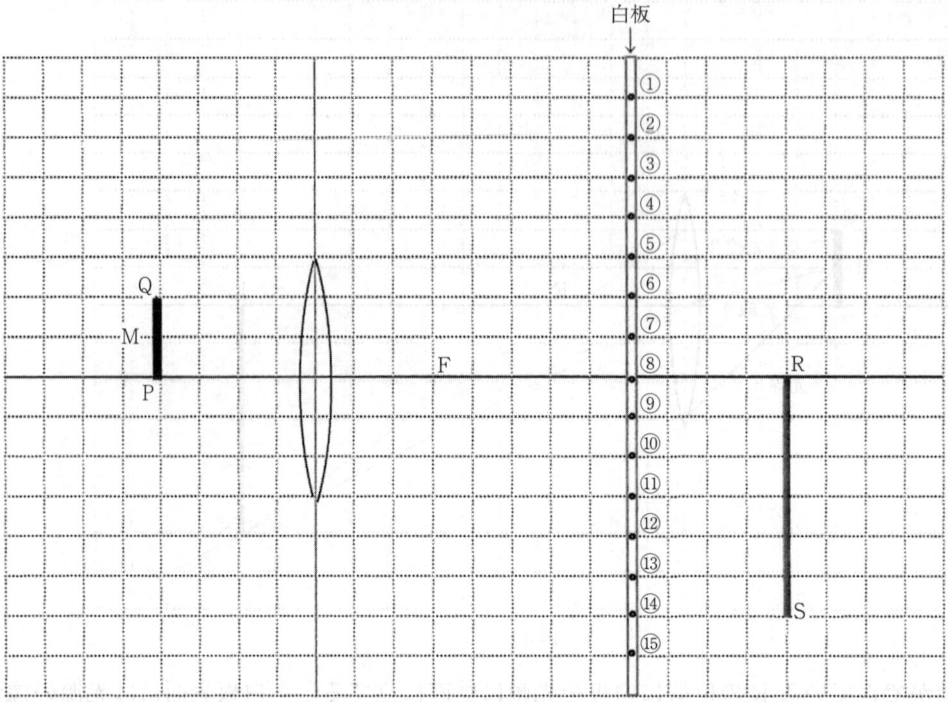

図４

〔Ⅲ〕　広尾学園では教室の天井に図５のようなプロジェクターが設置されており，授業中に静止画像や動画を映し出すなどして活用しています。そのプロジェクター内部には凸レンズが使われており，図６で示したような原理で，プロジェクター内の光源の画像を拡大して，ホワイトボード上に像を映し出しています。

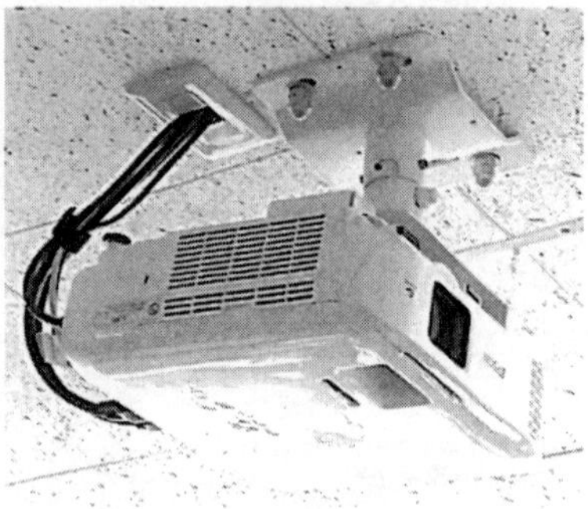

図５

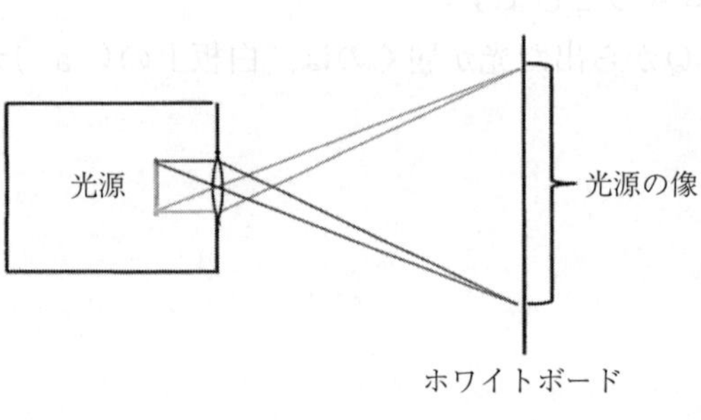

図６

問５　授業中に，ホワイトボード上で右のような文字が映し出されているとします。このとき，プロジェクター内部の光源を凸レンズを外して覗《のぞ》き込《こ》むとどのように見えるかを，次のア～クから１つ選び，記号で答えなさい。

広尾学園

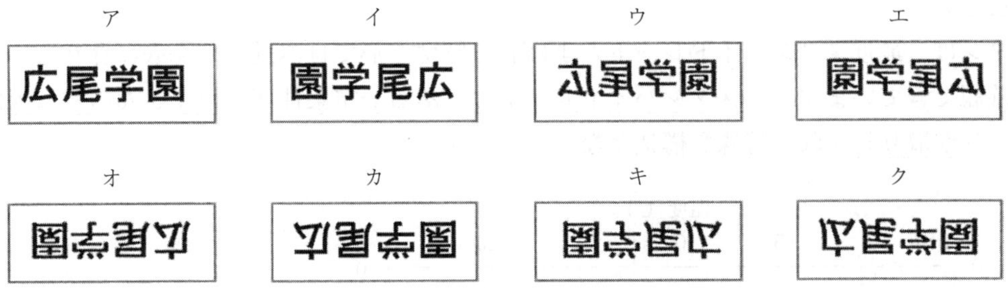

問６　プロジェクターで光源の文字を拡大するときは，大きな倍率で映し出す必要があります。図６の像の倍率を上げる方法として適当なものを，次のア～カから**すべて選び**，記号で答えなさい。ただし，プロジェクターとスクリーンまでの距離は自由に変えられるものとし，また，光源は常に凸レンズの焦点の外側にあるものとします。

ア．直径は同じだが，厚めで焦点距離の短い凸レンズに変える。
イ．直径は同じだが，薄めで焦点距離の長い凸レンズに変える。
ウ．焦点距離は同じだが，直径の大きな凸レンズに変える。
エ．焦点距離は同じだが，直径の小さな凸レンズに変える。
オ．光源を凸レンズに近づける。
カ．光源を凸レンズから遠ざける。

2　次の文を読み，以下の問いに答えなさい。

太古に生息していた動植物が，地中で長い年月の間に地熱や圧力の影響《えいきょう》を受け変化してできた可燃性の地下資源を化石燃料といい，その一つとして天然ガスがあります。天然ガスの主成分は炭化水素(炭素と水素だけからなる物質)です。炭化水素は燃やすと，※のような反応が起こり，二酸化炭素と水(液体)と熱が発生します。

炭化水素＋酸素→二酸化炭素＋水(液体)…※

※で発生する水(液体)の体積は，気体の体積と比較《ひかく》して非常に小さいので無視することができます。また反応は両方とも完全に反応するか，どちらか一方がなくなるまで行われるものとします。そこで，５つの容器(A～E)を用意し，炭化水素の一つであるメタンと酸素を燃焼させる実験を行いました。それぞれ異なる体積のメタンと酸素を反応させ，その結果を表１にまとめました。

表１

容器	A	B	C	D	E
メタンの体積[L]	10	5	10	20	20
酸素の体積[L]	20	20	10	40	50
燃焼後の気体の体積[L]	10	15	10	20	30
発生した熱量[kJ]	400	200	200	800	800

問１　メタンの燃焼後の容器に，スチールウールを入れて燃焼させるとスチールウールの質量が変化するものを，A～Eから**すべて選び**，記号で答えなさい。

問２　燃焼後の容器A～Eに，石灰水を入れると気体の体積が減りました。その理由を簡潔に答えなさい。

メタンは，最近メタンハイドレートとよばれる特殊《とくしゅ》な形で日本近海の海底に存在していることが確認できています。①メタンハイドレートは，ある一定条件下でたくさんの氷に天然ガスのメタンが取り込まれ，特殊な構造となっています。

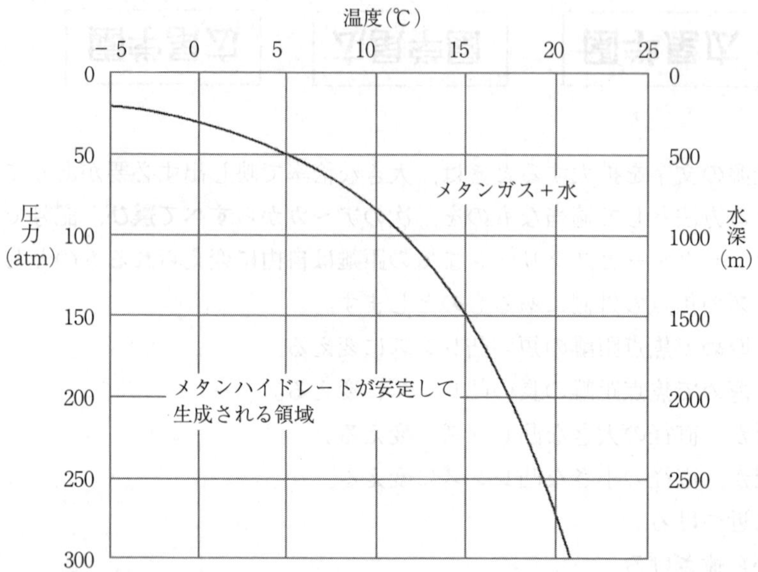

図１

問３　下線部①について，メタンと水が別々に存在するよりも，固化されたメタンハイドレートが安定して生成できる領域を図１に示しました。図１から読み取れるメタンハイドレートの説明として正しいものを次のア～オから１つ選び，記号で答えなさい。

ア．水深が500ｍの深海であれば，水温は10℃以下でメタンハイドレートは安定に生成される。

イ．低温・高圧の条件下ではメタンハイドレートは安定に生成される。

ウ．高温・低圧の条件下ではメタンハイドレートは安定に生成される。

エ．圧力の値に関係なく，低温であれば常にメタンハイドレートは安定して生成される。

オ．温度に関係なく，水深が深ければメタンハイドレートは安定して生成される。

問４　密封《みっぷう》された容器に16ｇのメタンを十分な酸素を加え完全に燃焼させると，44ｇの二酸化炭素と36ｇの水が発生することがわかりました。また密封された容器に50cm^{3}のメタンハイドレートを十分な酸素を加え燃焼させると，メタンハイドレートを構成している氷はすべてとけて水になり，メタンは完全に燃焼し，17.6ｇの二酸化炭素と54ｇの水が残りました。固体のメタンハイドレートの密度は0.92g/cm^{3}でした。

⑴　50cm^{3}のメタンハイドレート中のメタンの質量は何ｇか答えなさい。ただし，割り切れない場合は小数第２位を四捨五入し，小数第１位まで答えなさい。

⑵　メタンハイドレート中のメタンと氷の質量比を，最も簡単な整数比で答えなさい。

3　次の文を読み，以下の問いに答えなさい。

広尾理花さんの学校では，理科の授業でイネの栽培《さいばい》方法について学習しながら，イネの成長を観察することになりました。以下は先生と理花さんの会話です。

先生「これが種もみ(図１)です。これを田植えできる状態のイネにまで成長させるために，苗代《なわしろ》という場所にまいて田植えの準備をします。」

理花「先生，種もみを直接田んぼにまいてはいけませんか？」

先生「①田んぼに直接まくことを直まきといって，そうする場合もありますが，芽が出てこなかったりして，上手くいきません。なので，苗代で同じ大きさに成長させてから，田植えをした方がよいのです。」

図１

理花「なるほど。種もみは苗代にどうやってまくのですか？」

先生「苗代に種もみを均等にまいていきます。そして，田植えができるイネの大きさまで成長させていきます。」

理花「これで苗《なえ》の準備はばっちりですね。後はこれを田んぼに植えればいいですか？」

先生「そうですね。苗の高さが10cm くらいになったら，直接田んぼに植えていきましょう。田んぼに植えるときは，苗を３～４本くらいずつ植えていきましょう。また，一定の間隔《かんかく》をあけるのを忘れないようにしましょう。」

理花「３～４本くらいだとすぐ倒《たお》れてしまいそうだし，去年収穫《しゅうかく》したときにはすごくたくさんのイネの束を一度に刈《か》った記憶《きおく》があります。10～20本くらいまとめて植えなくても大丈夫《だいじょうぶ》ですか？」

先生「②(　　　　　)」

理花「そうだったんですね。じゃあ気を付けて植えなければならないんですね。」

先生「はい。実際に植えるときには，苗の根がきちんと根付くまでは，葉が水没《すいぼつ》しない５cm くらいの深さに水をはりましょう。その後，茎《くき》が枝分かれして成長を始めたら，水深を浅くしていきます。」

理花「大きく成長した方が水はたくさん必要なのではないですか？　なぜ，水深を変化させる必要があるのですか？」

先生「それは，③水の深さでイネの根元の(　　)を調整しているからです。イネの茎が成長してきたら，田んぼの水を抜《ぬ》いたり入れたりをくり返していきます。また，夏になると，イネには穂《ほ》ができ，一瞬《いっしゅん》だけ花を咲《さ》かせます。ただし，④イネの花はアサガオなどの花とは構造が少し違います。イネの穂がしっかりと成熟してきたら田んぼの水を全部抜き，イネへの栄養分の補給を停止し，イネの穂についたもみの成長を完了《かんりょう》させます。このタイミングがとても重要なんです。」

理花「イネにも花が咲くんですね。知らなかったです。最後は全部水を抜いてしまうのも初めて知りました。じゃあ，この段階まできたら稲刈《いねか》りまであと少しなんですね。」

先生「そうですね。稲刈りのときの田んぼは，田植えのときと違ってぬかるんではいなかったはずです。また，しっかりもみが成長したら，その重さでイネの先端が下を向き始め，イネの穂が緑色から黄色に変わってきたら稲刈りができます。稲刈りが終わったら，モミを乾燥《かんそう》させて脱穀《だっこく》し，精米していきます。そうしてようやく，理花さんが毎日食べているご飯になるのです。」

理花「イネが育つ様子がよくわかりました。今日もおいしくご飯を頂きたいと思います。」

問１　下線部①に関して，水をはった田んぼに種もみを直接まくと発芽しにくい理由を答えなさい。

問２　下線部②の先生の発言として最も適当なものを，次のア～オから１つ選び，記号で答えなさい。

ア．そうですね。途中《とちゅう》で枯《か》れてしまう可能性も考えて，10～20本ほどの束で植えていきましょう。

イ．そうですね。倒れてしまったり，虫に食べられてしまったりしてしまうので，10～20本ほどの束で植えていきましょう。

ウ．そうですね。たくさん植えてイネの数を多くした方が，強度が増し風などの影響を受けることなく成長することができます。

エ．大丈夫です。イネの茎は枝分かれをしながら成長していくので，多く植えてしまうと光が当たらなかったり，養分が偏《かたよ》って成長できなくなったりする可能性があります。

オ．大丈夫です。少ない本数の方が，植える間隔を狭《せま》くすることができるので，同じ面積の田んぼにイネをたくさん植えることができます。

問３　下線部③の（　）に当てはまる最も適当なものを，次のア～オから１つ選び，記号で答えなさい。

ア．湿度《しつど》　　イ．温度　　ウ．圧力　　エ．深さ　　オ．日射量

問４　下線部④について，開花したイネの花とアサガオの花の説明として，最も適当なものを次のア～オから１つ選び，記号で答えなさい。

ア．アサガオの花にはおしべとめしべがあるが，イネにはおしべしかない。

イ．アサガオの花には花弁があるが，イネは花弁がない。

ウ．アサガオの花とイネの花のおしべの数は同じである。

エ．アサガオの花は朝に開花するが，イネの花は夜に開花する。

オ．アサガオの花もイネの花も，秋に咲くことが多い。

問５　お米には「うるち米」と「もち米」の２種類があります。普段《ふだん》私たちが食べているお米はうるち米という種類で，お正月などに食べるもちはもち米からつくられます。もち米の特《とく》徴《ちょう》は柔らかく粘《ねば》り気があることですが，うるち米はもち米に比べて硬《かた》く，粘り気は少ないです。この２つの品種にはアミロースという物質とアミロペクチンと呼ばれる物質が両方存在していますが，２つの物質の存在比率が異なることが知られています。もち米はアミロペクチンの多いお米ですが，うるち米はアミロースの多いお米です。もち米は野生では存在しない品種で，人間の手によってうるち米を改良してつくられた品種です。⑤人工的に品種を改良するときは，受け継《つ》がせたい性質を持ったイネの花粉を，性質を変えたいイネのめしべに受粉させます。もち米のめしべにうるち米の花粉がついてできたお米は，例外なく全てうるち米の性質を持つようになり，うるち米のめしべにもち米の花粉がついてできたお米も，例外なく全てうるち米の性質を持つようになります。したがって，もち米を安定的につくるためには，うるち米をつくらずにもち米に限定して栽培することが重要になります。この２つの品種は精米すると見ただけではすぐに区別はつきませんが，ヨウ素液を使うと簡単に見分

けることができます。アミロースを多く含《ふく》むお米はヨウ素液をかけると青く染まり，アミロペクチンを多く含むお米はヨウ素液をかけると赤紫《あかむらさき》色に染まります。面白いことに，花粉にもアミロースとアミロペクチンが含まれており，お米でのアミロースとアミロペクチンの量の違いは花粉にも反映されることがわかっています。

⑴　問５の下線部⑤について，ある米の品種Ａのめしべに品種Ｂの花粉を人工的に受粉させて品種改良を行うとします。それぞれの栽培方法として**適切でないものを，次のア～オから２つ選び**，記号で答えなさい。ただし，品種Ａと品種Ｂは別々の場所で栽培します。

ア．品種Ａと品種Ｂは別々のビニールハウス内で栽培する。

イ．品種Ａのおしべを切り取って栽培する。

ウ．品種Ｂのおしべを切り取って栽培する。

エ．品種Ａのめしべをむき出しにして栽培する。

オ．品種Ａは25℃で栽培し，品種Ｂは４℃で栽培する。

⑵　次の文章ⅠとⅡを読み，それぞれの色の組み合わせとして正しいものを，下のア～クから１つ選び，記号で答えなさい。

Ⅰ　うるち米のめしべに，ヨウ素液で青く染まる米を持つイネの花粉を受粉させてできたイネがあるとします。さらに，このイネのめしべに，ヨウ素液で染めると，赤紫色に染まる花粉を持つイネの花粉を受粉させてできた米を，ヨウ素液で染めたときの色。

Ⅱ　ある米の品種Ｃの花粉を品種Ｄのめしべに受粉させてできた米を品種Ｅとします。品種Ｄの花粉をヨウ素液で染めると例外なく全ての花粉が赤紫色に染まりました。品種Ｅのめしべに，ヨウ素液で染めると赤紫色に染まる米を持つイネの花粉を受粉させてできた米を品種Ｆとします。この品種Ｆの花粉をヨウ素液で染めると例外なくすべての花粉が赤紫色になりました。品種Ｃと品種Ｅの米をヨウ素液で染めたときの色。

	Ⅰの色	Ⅱ品種Ｃの色	Ⅱ品種Ｅの色
ア	青色	青色	青色
イ	青色	青色	赤紫色
ウ	青色	赤紫色	赤紫色
エ	青色	赤紫色	青色
オ	赤紫色	赤紫色	赤紫色
カ	赤紫色	赤紫色	青色
キ	赤紫色	青色	赤紫色
ク	赤紫色	青色	青色

4　次の文章を読み，以下の問いに答えなさい。

宇宙には数多くの天体が存在しますが，今回は地球から観測できる身近な天体の見え方を考えていきたいと思います。身近な天体として，地球に最も近い恒星《こうせい》である太陽と，地球の衛星である月，そして地球と同様に太陽の周りを公転している惑星《わくせい》があります。これらの天体が，地球からどのように観測できるかを考えます。まず，それぞれの天体の位置関係を図１のように模式的に表しました。ただし，図１では天体間の距離や天体の大きさの比を正しく表してはいません。また，地球の北極側から見て作図されているため，それぞれの公転および地球の自転はすべて反時計まわりになっています。

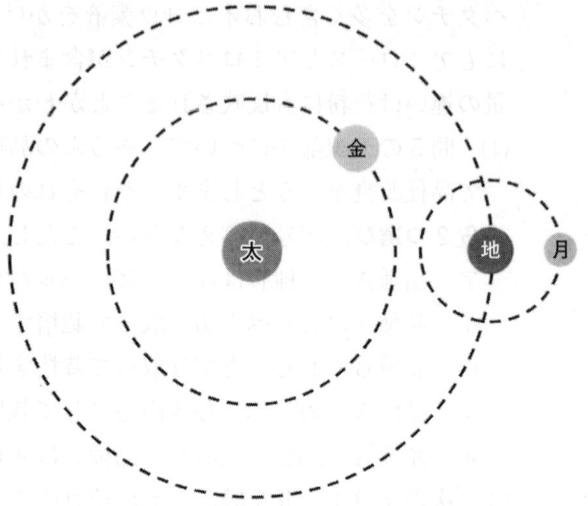

図１

問１　図２は，図１の太陽と地球，月の部分を表したもので，図２の点Oが観測地点だとすると，このとき太陽は真南にあり，月は見えない位置にあることが分かります。この図２を参考にして，次の(1)と(2)の状況《じょうきょう》のときの観測地点Oと月の位置をそれぞれ分かるように解答欄《かいとうらん》に図示しなさい。ただし，このときの観測地点Oは北半球とします。

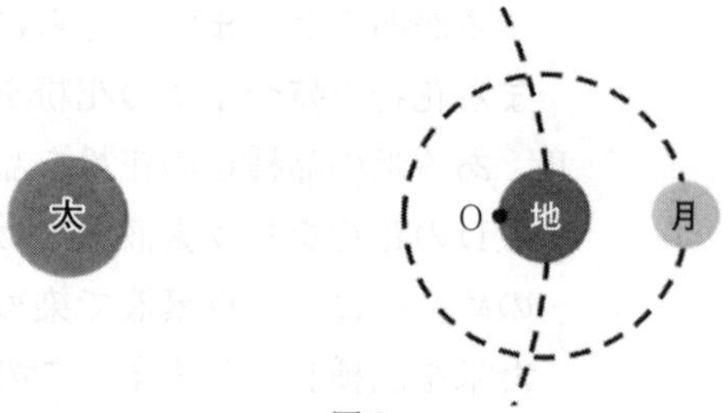

図２

(1)　点Oは日の入りであり，月が東の地平線近くに見える。

(2)　点Oは真夜中であり，月が西の地平線近くに見える。

問２　問１の(1)と(2)のときに観測できる月の形を，次のア～カからそれぞれ１つずつ選び，記号で答えなさい。ただし，アは新月を表しています。

ア．　イ．　ウ．　エ．　オ．　カ．

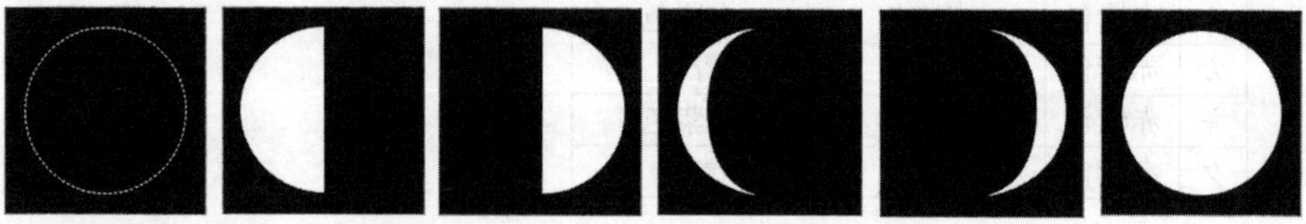

問３　日食や月食に関する文として正しいものを，次のア～キから１つ選び，記号で答えなさい。

ア．金環日食と同様に，周辺部がリング状に見える金環月食がある。

イ．一般的に皆既《かいき》月食の継続時間は皆既日食の継続時間よりも長い。

ウ．皆既日食は，太陽の南中高度が低い冬の間は見られない。

エ．日食が観測される地域は，時間とともに東から西へ移動していく。

オ．皆既日食において影《かげ》の部分が変化していく様子は，月の満ち欠けで見られる影の部分の変化と同じである。

カ．皆既月食において影の部分が変化していく様子は，月の満ち欠けで見られる影の部分の変化と同じである。

キ．日食が起こる日の前後の夜には月食が見られるのが一般的である。

問４　ある日の夕方，月を観測しようと空を見上げると，金星と月が同時に同じ方角に観測することができました。このように，月と金星が同時に同じ方角に見えるとき，その方角とそのときの月の形として適切なものを，方角はⅠ～Ⅳから，月の形は①～⑤からそれぞれ１つずつ選び，記号や番号で答えなさい。

方角：Ⅰ．北　　Ⅱ．東　　Ⅲ．西　　Ⅳ．南

月の形：①　②　③　④　⑤

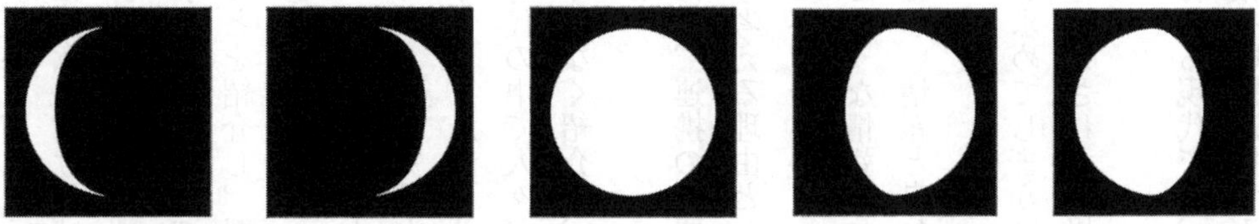

問５　金星が地球の内側を公転している惑星だと分かることとして，最も適当なものを次のア～オから１つ選び，記号で答えなさい。

ア．望遠鏡で観測すると，月のような満ち欠けが見られる。

イ．望遠鏡で観測すると，惑星の中で一番大きく見える。

ウ．見かけの大きさが変化する。

エ．惑星の中で最も明るい。

オ．大気が存在している。

で人々を自分の意のままに操ることができるということ。

問六　――線⑤「なにげなくこの三木説を紹介したことが、何度かあった」とありますが、その理由として最もふさわしいものを次から一つ選び、記号で答えなさい。

ア　戦争反対の意見が弾圧されてしまう時代の中では自分の意見が公にならないように注意しなければならないため、一般的な考え方として紹介しようとしたから。

イ　戦争反対の意見が弾圧される時代の中で三木だけが自由な物言いが許されていることを紹介し、輿論が国家に対して声を上げる機会を作ろうとしたから。

ウ　報道が統制されていた時代では正しい意見はすべて弾圧されてしまうので、三木の個人的な見解として人々に紹介し、田中自身は弾圧を免れようと考えたから。

エ　報道が統制された時代の中で人々が正しい視点を知るために、意図的に三木説をさりげなく紹介し、潜在的輿論が形成できるようにしようとしたから。

問七　――線⑥「今の時代ほど、連携の必要な時代はありません」とありますが、筆者がそう考える理由として最もふさわしいものを次から一つ選び、記号で答えなさい。

ア　人々をあおり立てるような情報をマスメディアが伝える時代の中では、ＳＮＳの正しい情報と自分とをつなげる必要があるから。

イ　ＳＮＳにつながりを求めてしまうほど孤独を抱えている人が多い現代においては、吟味された情報によるつながりが必要だから。

ウ　不確かな情報が横行する現代では、ＳＮＳ上のたくさんの情報の中から正しい情報を取捨選択する能力が求められているから。

エ　本当に正しい情報が見えにくい現代では独裁者が生まれやすいため、その危険をおさえるために人々は連帯する必要があるから。

問八　〰〰線「三木はこの噂について『有力な批評』だといっています」とありますが、このように言えるのはなぜですか。五〇字以上七〇字以内で説明しなさい。

B「伝播」

ア　広まること　　イ　普及させること

ウ　拡充すること　　エ　拾い集めること

C「流言蜚語」

ア　中身のまったくないくだらない噂

イ　多くの人が信じている噂

ウ　公言できないが、皆が知っている常識

エ　世間に広がる根拠のない常識

問二　――線①「このような依存関係にもとづく人と人との結びつきは、偽りのものといわなければなりません」とありますが、そのように言えるのはなぜですか。その説明として最もふさわしいものを次から一つ選び、記号で答えなさい。

ア　自分を理解してくれる人が身近にいないと感じている人は、ネット上の見えない相手を客観的に判断し、その人に依存するようになるが、それは一方的なものであるから。

イ　自分には生きる意味がないと思っている人は、ネット上の顔の見えない相手にのみ心を開き依存していく傾向が強いので、騙されることになりがちだから。

ウ　何か悩みを抱え苦しんでいる人は、ネットの世界に自分を助けてくれる存在がいると信じ込み、その相手に強いつながりを感じるが、それは一方的なものでしかないから。

エ　匿名性の高いネット上には嘘や虚飾があふれているが、心の弱い人は自分を支えてくれるものを求めるあまり、そういった嘘や虚飾に騙されてしまうから。

問三　――線②「そのような人たちは大勢いるように見えます」とありますが、その理由として最もふさわしいものを次から一つ選び、記号で答えなさい。

ア　誰かを叩くような書き込みをすることで正論を封じ込められる上、自分があたかも社会の多数派であるかのようにふるまうことで批判的なコメントをする人ばかりいるように見えるから。

イ　批判的なメッセージの方が正論に比べて人々の印象に残りやすい上、賛成や同意のコメントはあまり書き込まれることがないため、批判的なコメントをする人ばかりいるように見えるから。

ウ　賛成や同意するコメントが書き込まれることは少ない上、批判を目の当たりにすると周囲の人も正しい主張をすることをやめてしまい、批判的なコメントをする人ばかりいるように見えるから。

エ　正しいことを主張すると必ず他人から批判されてしまう上、それに賛成や同意をしてくれるコメントも書き込まれないため、批判的なコメントをする人ばかりいるように見えるから。

問四　――線③「批判的に読まなければ大勢に流されること」とありますが、「批判的に読」むとはどういうことですか。具体的に述べた三〇字程度の部分を文中より抜き出しなさい。

問五　――線④「独裁者は前面に出てこなくても人を動かすことができるのです」とありますが、その内容として最もふさわしいものを次から一つ選び、記号で答えなさい。

ア　独裁者は自らが手を下すことなく、意図的に不安をあおることで人々を自分の意のままに操ることができるということ。

イ　独裁者は自らが手を下すことなく、自分の部下たちを使うことで人民を強制的に操ることができるということ。

ウ　独裁者は人々の前に立つことなく、部下たちにデマを流させることで人民を不安にさせることができるということ。

エ　独裁者は人々の前に立つことなく、不安をあらわにすること先ほど引いた三木の言葉に戻《もど》ると、三木はこの噂について「有力な批評」だといっています。三木は次のようにいっています。

「(報道が統制されている場合)公然たる輿論《よろん》の材料として生きることのできぬ報道は自己を潜在的《せんざいてき》輿論のうちに生かせようとする。かような潜在的輿論がC流言蜚語にほかならない」

(「清水幾太郎著『流言蜚語』」書評、『三木清全集』第十七巻所収)

ここでは、ゴシップやデマとは違う噂のとらえ方がされています。輿論(世論)は今の時代も形成されます。戦前は、これが潜在的なものでしか存在しえませんでした。情報や意見は検閲《けんえつ》によって公にならず、戦争反対の輿論は弾圧《だんあつ》されたのです。

そのような時代に、輿論は潜在的なものとして伝えられました。哲学者の田中美知太郎は、戦争中、遠慮《えんりょ》のない時局談ができたのは三木一人しかいなかったといい、三木が話していたことを伝えています。

「独ソ戦開始のころ、うっとうしい梅雨空の日に、戦局の見通しを語り合って、この度《たび》の戦争はヒットラーの自殺をもって終《お》わり、いわゆる枢軸《すうじく》の惨敗《ざんぱい》となるというようなことが、多少は心からの希望をまじえて、ひょっこりと口に出たりした」

(「三木清の思い出」『田中美知太郎全集』第十四巻所収)

この「三木説」を人々は伝え合いました。これは三木自身が流した潜在的輿論としての噂といえます。

「これは三木氏のためには危険なことであったが、馬鹿《ばか》げた新聞記事に欺《あざむ》かれている人たちに、世界戦局の正しい見方を教えるのに有効なので、私自身も他人の説として、私自身の註釈《ちゅうしゃく》は加えず、⑤なにげなくこの三木説を紹介したことが、何度かあったように記憶する」

(前掲書)

SNSは、マスメディアが正しい情報を伝えない時、個人が発信した情報をもとにして潜在的輿論を形成することに役立っています。もちろん、SNS発の情報がすべて正しいわけではありません。大事なことは、それを書いた人が誰かではなく、書かれている内容をしっかり吟味《ぎんみ》し、決して鵜《う》呑《の》みにしないことです。

こうして、吟味された情報によって形成された潜在的輿論は、人と人とを結びつけます。声高に主張される多数派の考えは少数派の考えをかき消すことになりますが、潜在的輿論によって多くの人が連携《れんけい》していることがわかれば、自分たちが少数派ではなく、したがって孤独ではないことがわかります。

潜在的な輿論を「顕在的《けんざいてき》」輿論にすることは、まだ今の時代でも可能ですが、いつまでもそうあり続ける保証はありません。⑥今の時代ほど、連携の必要な時代はありません。

〔岸見一郎「孤独の哲学『生きる勇気』を持つために」(中公新書ラクレ)による〕

問一 ══線A「予断なく」B「伝播」C「流言蜚語」の文中での意味として最もふさわしいものを次から一つ選び、それぞれ記号で答えなさい。

A「予断なく」

ア 前もって推測することなく

イ 油断することなく

ウ あらかじめ判断することなく

エ 余計な情報をもつことなく

孤独を恐れ多数派の側につきたい人は、インターネット上でも批判的なコメントを書き込みます。②そのような人たちは大勢いるように見えますが、しかし実際には何ら声を上げない人たちの方が多いのです。メッセージを読んで賛成、同意する人がコメントを書き込むことはあまりありません。本当は書き込みをする人を支持する人も多いですが、あまり目立たないのです。そのため、批判的なメッセージが溢《あふ》れるようになると、SNSから遠ざかりたくなります。

正しいことを主張しても、批判的なメッセージがたくさん書き込まれると、正論を主張する気が失《う》せてしまいます。まさにそれが攻撃《こうげき》する人の目的です。誰かを叩《たた》くような書き込みによって、本人はもとより、悪質な書き込みを目撃した他の人までもが「こんな日に遭《あ》っては敵《かな》わない」と思って正論の主張をやめてしまうのです。

しかし、SNSにアクセスしなくなることのデメリットは大きいです。SNSの問題点は多々あるにせよ、この世で起きていることがおかしいと思った時に、それに対抗する有力な手段がSNSだからです。間違ったことを主張するメッセージも多く、③批判的に読まなければ大勢に流されることがあるものの、新聞やニュースでは知りえない情報もSNSには書き込まれ、それを読んだ多くの人が声を上げると政府も無視できません。

三木清が噂《うわさ》と批評の関係について、次のようにいっています。

「噂よりも有力な批評というものは甚だ稀《まれ》である」

（『人生論ノート』）

三木が生きていた戦前にはインターネットはありませんでしたが、何らかの仕方で「噂」は拡散《かくさん》しました。それが流言《りゅうげん》蜚語《ひご》として、関東大震災の時には多くの人が殺されました。東日本大震災の時にもいろいろなデマが流れ、被災地で外国人が犯罪を犯しているという噂がインターネットで瞬く間に広がりました。

噂は自然発生的で、大抵《たいてい》誰が言い出したのかわかりません。多くの場合、根拠のない虚報、誤報ですが、そのような噂が人を傷つけ、人を殺すことになります。

なぜこのような噂が広まるのか。

「あらゆる噂の根源が不安であるというのは真理を含《ふく》んでいる。ひとは自己の不安から噂を作り、受取り、また伝える」（前掲書）

噂は今の時代はインターネットで瞬時にB伝播《でんぱ》します。真実かどうかという検証もしないまま、不安な人はSNSで見かけたメッセージに「いいね」をつけ、リツイートします。

「不安は人間を焦燥《しょうそう》せしめ、そして焦燥は人間を衝動的《しょうどうてき》ならしめる。そのとき人間は如何《いか》なる非合理的なものにも容易に身を委《まか》せ得《う》るのである。かくて嘗《かつ》て多くの独裁者は、人民を先《ま》ず不安と恐怖とに陥《おとしい》れることによって彼等《かれら》を自己の意のままに動かそうとしたのである」

（「時局と学生」『三木清全集』第十五巻所収）

不安な人は焦燥し、衝動的になります。常は冷静な人でも、不安に駆《か》られ衝動的な行動に走ります。独裁者は人民を不安と恐怖に陥れることによって、意のままに動かそうとしたと三木はいっていますが、④独裁者は前面に出てこなくても人を動かすことができるのです。

ウ「佐喜子さん」の部屋での場面では、「燃えさかる町」を描いた「暗い夜空の絵」のある一方、「ベランダのあたりで鳩の鳴く声がした」ともあり、ひさんな戦争と穏やかな平和が対比的に描かれている。

エ「佐喜子さん」との場面で「皺だらけの小指」に「自分の小指をからめた」とあるように、「佐喜子さん」の年老いた様子を描きつつ、「佐喜子さん」との一時的な別れとその後の再会が暗示されている。

四 次の文章を読み、後の問に答えなさい。

何か悩《なや》みを抱え苦しんでいる人が、自分を助けてくれる人に依存《いそん》することがあります。①このような依存関係にもとづく人と人との結びつきは、偽《いつわ》りのものといわなければなりません。

「一緒に死のう」と誘われ、その誘った当の本人に多くの人が殺されるという事件がありました。殺された人たちは、本当に死にたかったわけではありませんでした。犯人は「会うと、本当に自殺したい人はいなかった。話し相手がほしいだけだったように感じた」と述べています。

殺されてしまった人たちは、「一緒に死のう」といった犯人に自分と同じ孤独《こどく》を見たのでしょう。初めて自分を受け入れてもらえたと思った人は、「死のう、死なせてあげる」といわれた時に断ることができなかったのでしょう。

自分には生きる意味がない、自分には何の価値もないと思っている人は、「一緒に死のう」と犯人にアプローチされた時、その犯人と結びついていると思ったのでしょうが、この結びつきも偽りのものだったわけです。

もしもこのような人たちの身近に自分を理解してくれる人がいれば、悲劇《ひげき》は避《さ》けられたかもしれません。ネット上には自分を受け入れてくれる人がいると思って、その人に依存してしまったわけです。似たような例として、若い詐欺師《さぎし》に騙《だま》されてしまう高齢者《こうれいしゃ》をあげることができます。家族から大事にされないのに自分に優しくしてくれたと若い人を信じ、高価な商品を買ってしまうようなケースです。

対面でなければ人と関係を築けないと考える人がいる一方で、ネット上で知り合った一度も会ったことがない人に対し、現実の生活で会う人よりも心を開くことがあります。

なぜそういう事態になるのか。これは難しい問題です。現実の生活では自分が関わる相手がどんな人なのかを判断する時に、外見や学歴などの外的な条件を考慮《こうりょ》に入れてしまいますが、ネット上では相手が何をいっているかということだけに注目して話を聞けるので、偏見やＡ予断なく理解できるからではないかと私は考えています。

もっとも、実際にはメッセージの中身だけを読むわけではありません。一体、これを書いた人はどんな人なのだろう、いい人なのかそうでないのかと想像すると、次第にどんな人かがわかってきます。どんな人かを判断する時に、外的な条件を考慮しないので客観的に判断できます。

一方で、学歴などが書いてあると（当人は尊敬されると思っているのでしょうが）、相手をメッセージのやり取りを通して知ることができる人格ではなく、世間的な価値観に引きずられて判断しかねませんし、厄介《やっかい》な問題が起きることもあります。ネット上であれば騙すことは、そして騙されることは容易だからです。

「この人は自分を助けてくれる人だ」と思ってしまうと、相手に依存することは必至です。依存する人は、相手と強く結びついていると感じるかもしれませんが、そのような結びつきは偽りのものといわなければなりません。

愛情を深めている。

ウ　想像を絶するほどひさんな空襲の話を困惑しながらも受け止めようとしている「僕」をけなげに思い、寄りそって落ち着かせようとしている。

エ　実母と別居し父親の愛情もうすい「僕」に、空襲で家族を失った自分の境遇を重ね合わせて、これからも「僕」のことを支えていこうと決意している。

問四　――線③「途中から涙が出てきてしまって、佐喜子さんの膝の上でひとしきり泣いた」とありますが、この時の「僕」の心情の説明として最もふさわしいものを次から一つ選び、記号で答えなさい。

ア　困っている自分を助けてくれたことへの感謝の気持ちを思い起こしながら、これから会えなくなってしまうことへのさびしさの気持ちでいっぱいになっている。

イ　「あなたにこのマンションで出会えて良かった」と「佐喜子さん」から言われ、家から閉め出されるような自分にも居場所があったことに感動している。

ウ　父親も母親も妹も亡くしたという「佐喜子さん」のつらい境遇を聞いて、「お母さん」と離れて暮らす自分自身の現在と重ね合わせて、共感する気持ちを強くしている。

エ　ただひとり自分を対等にあつかい優しく接してくれてきた「佐喜子さん」と別れてしまうため、今後どうしたら良いかとほうに暮れ、再び孤独になることを恐れている。

問五　――線④「父さんが僕の両足をぎゅっと握る。その手は佐喜子さんの小指よりずっと熱かった」とありますが、この時の「父さん」の思いはどのようなものだったと考えられますか。その説明として最もふさわしいものを次から一つ選び、記号で答えなさい。

ア　「僕」が家に入れなくてずっとつらい思いをしていたのを知りながら知らぬふりを続けてきた自分を責めており、これからは自分が周囲から「僕」を守っていかなければならないと決意している。

イ　「僕」が子どもながらにたくさんのことを辛抱し続けてきたことを真剣に受け止め、父親として「僕」としっかり向き合って一緒に家族として生きていこうという覚悟を強めている。

ウ　「僕」が本当は実の母親と暮らしたいのだと願っていることを知って、自分のわがままから「僕」につらい思いをさせてすまないと心でわび、実の母親との関係を戻そうと考えている。

エ　「僕」が家に居場所がなかったため「佐喜子さん」の家に出入りしていたことにとまどいつつ、もっと自分が信頼される父親になろうと反省して、今後は「僕」との関係を深めようとしている。

問六　――線⑤「星はもう僕のなかにある」とありますが、これは「僕」のどのような心情を表していますか。八〇字以上一二〇字以内で説明しなさい。

問七　本文の表現上の特徴として最もふさわしいものを次から一つ選び、記号で答えなさい。

ア　「海君」の泣く様子が「サイレンみたいな大きな声」「腕のなかで体をのけぞらせて泣きわめく」のようにくり返し描写されることによって、「海君」に対して一歩引いている「僕」の心情が示されている。

イ　「母さん」といっしょに過ごす場面では、「おなかが破裂しそうになるまで食べた」「僕のほっぺを優しくつねった」など、子どもらしい表現が多用されており、「僕」の母に甘える実感が表現されている。

好きだよ。僕を助けてくれたから」

言いながら、佐喜子さんのことを思った。あの日以来、佐喜子さんの姿は見ていない。もう、施設、と呼ばれるところに行ったのだろうか。

「父さんのことも好きだよ。僕のまわりには好きな人しかいないよ」

そう言うと、父さんの口からぐっ、と変な音がした。僕は慌てて下を向いた。父さんがぎゅっと目を閉じ、子どもみたいにぐいっと腕で目のあたりを拭《ふ》いた。僕はまた、慌てて言った。空を指さして。

「あ、あれだよ、父さん、あれがさ、きっとベガっていう星」

自信がなかったけれど僕は言った。

ベガはすぐに墨《すみ》色の雲が流れてきて見えなくなった。だけど、佐喜子さんが体験したあの日の夜のように、炎で溶かされていないでよかったと思った。中条君はコロナと戦争は同じだと言ったけれど、少なくとも、今はこの町に焼夷弾が降ってくることはない。雲に隠《かく》れていたって、星と星とは見えない糸でしっかりと結ばれて、星座の形を保っている。僕の家族だって、きっと同じだ。

「夏休み、どこかで星が見られたらいいなあ」

コロナで無理なことかもしれないけれど、僕は言った。

「男同士でたまにはいいよな。……よし、どこに行けるのか考えてみよう」

そう言って父さんは早歩きで歩き出した。その震動《しんどう》がくすぐったくて僕は笑った。

父さんに肩車されながら、僕は夜空に手を伸《の》ばした。

雲が途切《とぎ》れて、また、ベガが輝《かがや》き出す。僕はそれを掌《てのひら》でつかむようにして、口に運び、ごくりとのみ込んだ。⑤星はもう僕のなかにある。

そうしてまた、渚さんと、母さんと、海君と佐喜子さんのことを思った。渚さんが帰ってきたら大きな声で、

「母さん、お帰り」と言おう。僕は心のなかで秘《ひそ》かに誓《ちか》った。

〔窪　美澄「星の随《まにま》に」（文藝春秋『夜に星を放つ』所収）による〕

問一　――線①「まるで、わざと独り言のように言った」とありますが、「僕」はなぜそのように言ったのですか。その理由として最もふさわしいものを次から一つ選び、記号で答えなさい。

ア　なぜ自分が「母さん」と離れて暮らさなければならないのか、「海君」のように大切にしてもらえないのか、自分の置かれた状況に納得できない不満を理解してほしかったから。

イ　「父さん」と「渚さん」「海君」がいる家にはもう帰りたくないという切迫した気持ちを何とかして「母さん」に分かってもらい、自分をすぐに引き取ってほしかったから。

ウ　「母さん」の前では精いっぱい元気な様子を演じていたが、毎日夕方まで家から閉め出されている現状にがまんできなくなり、その辛さを何とかしてうったえたかったから。

エ　もっと「母さん」と一緒に過ごしたい気持ちがある一方、それを直接伝えると困らせてしまうことも分かっており、その複雑な気持ちを「母さん」に聞いてほしかったから。

問二　□の段落で示されている「僕」のあり方を簡潔に表現している比ゆを一語で抜き出しなさい。

問三　――線②「そんな僕の頭を佐喜子さんが撫で、僕の隣に座った」とありますが、この時の「佐喜子さん」の心情の説明として最もふさわしいものを次から一つ選び、記号で答えなさい。

ア　生々しい空襲の話を聞くには「僕」がまだ幼いことに気づき、「僕」の心を傷つけてしまったのではないかと心配してはげまそうとしている。

イ　「渚さん」から家を閉め出された「僕」をふびんに思うとともに、空襲で失ってしまった自身の妹と「僕」を重ね合わせて

ど同じだった。

その夜は海君の泣き声と共に、渚さんの引き摺《ず》るような泣き声がいつまでもしていた。夜更《よふ》けに渚さんがベッドで眠っている僕のところにやって来て、

「想君、本当にごめん、本当にごめんね……」

と、言ったような気もするけれど、それが夢なのか現実なのか、僕にはわからなかった。

その日から、父さんの店で作ったものが僕の塾での夕食になった。ドアガードがかかったまま、ということもなくなった。僕は部屋に帰るけれど、海君の顔をほんの一瞬見たあとは、塾に行くまで自分の部屋で過ごした。ある日、渚さんが僕の部屋に来て言った。

「想君、本当にごめん、本当にごめんね……」

今度はちゃんと現実だった。

「母さんは、なんにも、どこも悪くないよ」と僕が言うと、渚さんがわっと泣き出した。僕はどうしたらいいかわからなかった。渚さんのことを迷わずに母さんと呼べたのは、初めてだったかもしれない。

塾に行くときには、電車の中から母さんの暮らしている部屋を見た。やっぱり灯《あか》りはついていない。母さんと暮らす未来が来るかどうかはわからない。叶《かな》わない未来かもしれない。だけど、もしその未来が来なくても大丈夫なように、僕はもっともっと強くなりたかった。生きていればいいこともあるから。いつか佐喜子さんに言われたことが耳をかすめた。

塾の授業を終えて帰ると、改札口で父さんが立っている。父さんは何も言わず二人並んで商店街を歩いていたが、急に、

「肩車してやるよ」と言い出した。

「いやだよ」と言ったけれど、父さんはきかない。

同級生に見られたらいやだなあ、と思いながらも僕は父さんの肩にそっと乗った。商店街のすずらんの形をした灯りが僕の頭のすぐ上にあった。ひとつひとつの灯りはまるで空から落ちてきた月みたいだった。

ずっと黙っていた父さんの声が僕の下からする。今日は父さんからお酒のにおいがしない。この頃はずっとそうだった。

「渚は、母さんは、初めての赤ちゃんを産んで、体と心が少し疲れているみたいなんだ。……だから、少しの間、母さんのおばあちゃんのところで過ごす」

僕は下を向いて尋《たず》ねた。

「海君も？」

「海君も」

「少ししたら帰ってくるの？」

「少し休んだらすぐに帰ってくるよ……」

そう言ったまま父さんはまた黙った。僕も黙ったまま父さんの肩の上で揺れていた。

「離婚したことも、本当のお母さんと暮らせなくなったことも、渚のことも、なんにも気づいてやれなくてごめんな、想」

④父さんが僕の両足をぎゅっと握《にぎ》る。その手は佐喜子さんの小指よりずっと熱かった。

「父さん……」

「ん」

「僕、渚さんも、うん、母さんも、本当の母さんも、海君のことも大好きなんだ」

父さんの足が止まった。商店街のメインロードを過ぎて、線路を渡《わた》った小道に入った。人が急に少なくなる。

「あのおばあさん、佐喜子さんのことも

お母さんにあなたのことを話してあげる」

そう言って佐喜子さんが立ち上がり、僕がさっき目にした青空の絵のキャンバスを手にしてソファに戻《もど》ってきた。

「これは戦争が終わった日の絵なの。もう焼夷弾は降ってこなくなった。太陽がかっと照りつけていてね、蟬《せみ》が鳴いていることにその日、初めて気づいたのよ」

キャンバスの青空には、真昼の白い月とどこかに飛んでいこうとする小さな蟬の姿が描《えが》かれていた。

「私はあの暗い夜に、父も母も妹も亡くしたの。……だけどね、どんなにつらくても生きていればいいこともあるから」

佐喜子さんはそう言ってくれたが、それはなんとなく佐喜子さん自身に言い聞かせているようでもあった。

「約束してくれる？　どんなにつらくても途中《とちゅう》で生きることをあきらめては駄目《だめ》よ。つらい思いをするのはいつも子どもだけれどね。それでも、生きていれば、きっといいことがある。……私はあなたにこのマンションで出会えて良かった。いつか忘れてしまうかもしれないけれど、なるべくあなたのことは忘れないようにするね」

そう言って佐喜子さんは皺《しわ》だらけの小指を僕に差し出した。僕はその指に自分の小指をからめた。③途中から涙が出てきてしまって、佐喜子さんの膝《ひざ》の上でひとしきり泣いた。壁の時計は午後五時を指している。僕はティッシュペーパーを借りて鼻をかみ、

「帰ります」と佐喜子さんに言った。

うん、と佐喜子さんは声に出さずに頷《うなず》いた。

「想！」

父さんが僕の肩《かた》をつかんで揺さぶる。

「どこに行ってたんだ！　心配したんだぞ！」

「違う……僕、佐喜子さんの部屋で」

僕がそう言うと、僕の後ろに立っていた佐喜子さんが父さんの前に出た。

「坊《ぼっ》ちゃんがね、お部屋に入れなくて困っていたので、私の部屋で待っていただけですよ」

父さんが後ろを振り返る。海君を抱いた渚さんも父さんと同じくらい険しい顔をしていた。

「それは、すみません……ご迷惑をかけて申し訳ありませんでした」

父さんはそう言って僕の体を部屋に引きずり込む。父さんに佐喜子さんにもっとちゃんと御礼《おれい》を言ってほしかったけれど、父さんはすぐにドアを閉めてしまった。佐喜子さんのことをあやしい人だと、変な人だと思ってほしくなかった。

「僕がずっと困っているのをみて助けてくれたんだ」

「ずっと困ってるって、おまえ、いつから……」

「……」僕は口を噤《つぐ》んだ。父さんが渚さんの顔を見る。

「違う。父さん、渚さんはなんにも悪くないんだ。海君が夜に泣いて、それで、渚さん、昼間は起きていられなくて……」

僕は廊下の一角を見つめて言った。父さんと渚さんが見つめ合っている。二人のただならぬ気配を察したのだろうか、海君が渚さんの腕のなかで体をのけぞらせて泣きわめく。部屋の中には海君の泣き声以外はなくて、どんどん空気が重くなっていくようだった。僕はそれを大きな扇風機《せんぷうき》の風で吹き飛ばしたかった。

塾に行く時間になって、僕は部屋を出た。父さんが、

「今日の弁当は父さんの店のもので勘弁《かんべん》してな」

と僕に紙の包みを渡してくれた。

塾に行く前、僕は一階のいちばん端に行き、佐喜子さんの部屋のチャイムを鳴らしてみた。けれど、反応はない。幾度《いくど》も試してみたけれ

気にせず、一生懸命手を振った。母さんの腕が揺れているのがわかる。だけど、母さんの表情はいくら目を凝《こ》らしてみても見えなかった。

佐喜子さんの絵はどこが完成かわからなくなっているような気がした。

暗い夜空の黒だけが分厚く、分厚く塗《ぬ》り込《こ》められている。

僕はそんな絵に時折目をやりながら、ソファで『夏の星座の物語』を読んでいた。ギリシア神話のなかで英雄として活躍したヘラクレスの物語だった。ヘラクレスは太い棍棒《こんぼう》を持ち、腕で窒息《ちっそく》させて退治した人食いライオンの毛皮をまとっているそうだ。僕は本を閉じて佐喜子さんに聞いた。

「あの……」

「なあに」

佐喜子さんは絵筆の動きをとめない。

「あの夜は、東京大空襲の夜は、星座が見えたんですか？」

「………」

何も言わず、佐喜子さんは絵筆でキャンバスを指した。

「火の上にはきっと星座が光っていたんでしょうけど」そう言って佐喜子さんは紅茶茶碗《ぢゃわん》を片手で摑《つか》み、まるでお酒でも呑《の》むようにごくりと口にした。

「炎の熱と熱さで星座もほどけてしまったんじゃないかしら。こんなふうに」

真っ黒な夜空には所々に星が見えた。確かに星座の形を結んではいるが、その線はまるで溶《と》けているように、だらりとゆるみ、白い線が縦に走っていた。

「………」

そんな熱さでたくさんの人が焼かれたことを思うと僕は何も言えなかった。もし、あの夜、佐喜子さんが死んでいたら、目の前の佐喜子さんはいなくて、僕は渚さんに閉め出されて、どこで過ごしていたんだろ……長い時間の流れと、たくさんの人の苦しみと、世の中にある偶然みたいなものが、自分のなかに入り込んでくるようで、頭のなかがくらくらした。慌《あわ》てて甘い紅茶を飲んでビスケットを齧《かじ》った。

②そんな僕の頭を佐喜子さんが撫で、僕の隣に座った。二人で黙って佐喜子さんの絵を見た。暗い夜空、B29から落とされるたくさんの焼夷《しょうい》弾《だん》、燃えさかる町、そして、溶けてほどけてしまった星座。僕はこの絵を一生忘れないような気がした。

「さあ、これで完成した。……思い残すことなく施設に行けるわ」

「施設？」

「おじいさんとおばあさんがたくさん暮らしているところで生活するのよ」

「えっ……じゃあ、この絵はどうするんですか？」

「素人作家の絵なんて誰も見たいと思わないし、なんの価値もないし……」

僕は目の前にあるたくさんのキャンバスを見回した。そのほとんどが暗い夜空の絵だったが、端《はし》のほうに一枚、青空の絵が見えた。この部屋に来て初めて見る絵だった。

「じゃあ、なんで描いたんですか？」

「自分が忘れないためよ……私みたいなおばあさんになると、記憶が少しずつ薄れていくの……だから、これは自分だけのための絵」

「僕、もうここには来られないんですか？」

「………」

佐喜子さんはしばらくの間、黙っていた。部屋の外、多分、ベランダのあたりで鳩《はと》の鳴く声がした。

「私がいなくなってしまうからね。……だから、あなたのお父さんと言ったら母さんが心配する。でも、なんで僕が母さんではなくて、父さんと一緒に暮らさなくちゃいけないのか、母さんと離れて暮らさなくちゃいけないのか、その本当の理由を僕は知らない。父さんも母さんも何も話してはくれず、いきなり、父さんと渚さんとの三人暮らしが始まったのだった。でも、本当のことを言えば、その理由を聞くのは怖かった。もし、聞いたとしても、母さんも父さんも話してはくれない気がした。

「でも僕、母さんと暮らせないのなら、母さんともっとたくさん会いたいなあ……」

母さんが僕の頭を撫でる。僕はぬるくなってしまった麦茶を一口飲んだ。

「母さん、今、お仕事、一生懸命にしてて、週末もいないことが多いの。母さん、父さんと暮らして、想が生まれてからずっと家にいたでしょう。だから、まだうまく仕事に慣れないの。だから、ほかの人より、ずっとずっと頑張らないといけなくて……」

母さんが、父さんと結婚する前にしていた看護師という仕事をしていることは知っている。くわしい仕事の内容は知らないけれど、母さんと会うたび、疲れた顔をしていることも多いから、それがとっても大変な仕事なんだということはわかる。

「あのね……想、想が大学生くらいになったら、一緒に暮らせたらいいな、って思っているの。だから、今は寂しい思いをさせてごめんね……そういう日が来るまで母さん、仕事もっと頑張るから」

「えっ、僕、いつか母さんと暮らせるの？」

「……父さんがいい、って言ってくれたらだけど……」

母さんの声が急に小さくなった。僕は不安になった。僕が母さんと暮らしたら、父さんはどうなってしまうんだろう？　せっかく海君という弟もできたのに……。僕はさらに不安になった。僕は父さんと母さんとの間で揺《ゆ》れるやじろべえ、みたい。そのとき、ふいに中条君の「子どもとして当然の権利だよ」という声が耳をかすめた。難しいことは知りたくないけど、父さんと母さんが離れ離れになった理由はいつか聞かなくちゃいけない気がした。でも、それはずっと、ずっと、ずーっと先でいい。

「でも、僕、海君と離れるのはいやかも」

そう言うと、母さんの顔は泣き笑いの顔になった。母さんと暮らしたい、と言ってみたり、海君と離れるのは嫌だと言ってみたり、僕の本心を言えば言うほど、母さんが困るだけなのだ。母さんと離れて暮らすことが決まったとき、僕はそう悟ったはずだったのに。母さんの顔を見ると、つい本音が出てしまう。なぜだか母さんを困らせたくなる。あのときから、僕の本当の気持ちなんて、大人たちには絶対に話さないと心に決めたはずなのに。

母さんと暮らせる未来があるかもしれない。そのことはうれしいけれど、その未来が来なかったときのことを考えるのが怖かった。

「僕、もう、おうちに帰るね」

> おうち、という言葉だって、母さんの心を傷つけているのかもしれない。ううん、きっとそうだろう。おうちに帰りたいか、と聞かれればその答えは、いいえ、だ。だけど、家に帰らないと父さんが心配する。母さんは駅まで送る、と言ったけれど、僕は一人で帰ると伝えた。

「だけどさ、僕、電車の中から手を振るから、母さんもベランダから手を振ってよ」

そう言って母さんと別れた。母さんのマンションが見えるドアの傍《そば》に立った。すぐに電車は発車して、母さんのマンションが見えてきた。暗いベランダに母さんとパキラの輪郭《りんかく》が見えた。僕はほかの人の目もとに気づいたようだった。父さんが僕の頭を撫《な》でながら言う。
「今度の日曜日には会えるじゃないか……」
「もっとたくさん、もっとたくさん会いたいんだよう……」
　僕は子どもみたいに泣いた。
　父さんは困った顔をして僕の顔を見ている。だけど、それが僕の本当の気持ちだった。

「想！」
　いつもの公園の、スワンボートが浮《う》かぶ池のほとりに立っていると、遠くから白いブラウスの母さんが大きく手を振《ふ》っているのが見えた。
「母さん！」僕が叫ぶようにそう言うと、母さんも僕に駆《か》け寄ってくる。僕は母さんが広げた腕《うで》に飛びこんだ。いっしょに暮らしていたときと変わらない母さんの香りがした。
　僕は小さな子どもがそうするように、池の鯉《こい》にえさをやり、スワンボートに乗りたいとせがんだ。母さんと並んでボートを漕《こ》いだ。僕は中条君のことや、夏には中条君のお父さんがキャンプに連れて行ってくれるかもしれないことを息継《いきつ》ぎもせずに話した。渚さんや海君のことは話さない。もちろん、あの佐喜子さんというおばあさんの部屋で午後五時まで過ごしているということも。
「想、塾の勉強頑張ってるんだってね」
「えっ」
「父さんが言っていたよ電話で」
　父さんと母さんがそんな話をしているなんて、僕はぜんぜん知らなかったので驚いてしまった。
「うん、でも僕……普通の中学でいいんだよ。ほかの友だちも行くんだし……」
「勉強ができるのにもったいないよ」
　母さんはそう言って、ハンカチでおでこの汗を拭《ぬぐ》いながら、力をこめてボートを漕いだ。このボートには三十分だけしか乗れない。ずっとずっと母さんと池の上でボートを漕いでいたいなあ、と思ったら、もう母さんと別れる時間のことを想像して心が重くなった。
　それでもボートを降りて、母さんと手を繋《つな》ぎながら、線路向こうにある母さんの部屋に向かう。母さんは僕と父さんと離れてから、ワンルームマンションに一人で住んでいる。僕はすぐさまベランダに出て、パキラを見た。僕と父さんと暮らしているときより、電車の中から見るより、それはずっとずっと大きくなっていた。僕はベランダの隅《すみ》にあった如雨露《じょうろ》でパキラに水をあげた。
　キッチンからいい香りがしてくる。母さんが出来上がった料理を次々にテーブルに並べる。ハンバーグ、生姜《しょうが》焼き、唐揚げ……僕の好きなものばかりだった。そんなにたくさんは食べられないと思ったけれど、僕はおなかが破裂《はれつ》しそうになるまで食べた。
　夕飯が終わったあとは、母さんと一緒にトランプで遊んだ。いつもの神経衰弱。母さんの目が猫の目みたいに光る。僕とゲームをするときの母さんはいつも真剣だった。まるで子どもみたい。僕はちらりと壁の時計に目をやった。そろそろ、母さんの部屋から帰らないといけない。また、急に寂しくなって僕は思わず言った。
「僕、母さんと暮らしたいなあ……」
　①まるで、わざと独り言のように言った。母さんの手が止まる。母さんの手が伸びてきて、僕のほっぺを優しくつねった。母さんが座り直して僕に向き合った。
「想……父さんと母さんの勝手な都合でごめんね。……大変な思いしていない？」
「ううん……」
　僕が夕方まで家を閉め出されていることはどうしても言えなかった。

2023年度 広尾学園中学校

【国語】〈第二回入試〉（五〇分）〈満点：一〇〇点〉

《注意事項》問題で文字数が指定されている場合はカッコや句読点を文字数に含みます。

一　次の各問に答えなさい。

問一　――線の漢字の読みをひらがなで答えなさい。

① お祝いに寸志の品を贈る。
② 昔は蚕糸業が盛んだった。
③ 縦覧可能な工場の作業場。
④ 深窓で大切に育てられたプリンセス。

問二　――線のカタカナを漢字に改めなさい。

① 定員にまだジャッカンの余裕がある。
② 医はジンジュツ。
③ 盛況のうちにノウカイした。
④ マイキョにいとまがない。
⑤ 眼光シハイに徹す。
⑥ 助言が功をソウした。

二　次の――線の□にひらがなを一字ずつ入れて言葉を完成させ、その言葉に最も近い意味の言葉を後の語群より選んで記号で答えなさい。

① 軍隊の□□めしい様子に緊張する。
② 苦しまぎれにお□□りを言う。
③ □□ぜない子供のようなふるまいだ。
④ いつになく□□らしい態度を示す。
⑤ 親しい友人とた□□ない話をする。

【語群】

ア　ひかえめでいじらしい　　イ　その場限りの間に合わせ
ウ　とりとめのない　　エ　ものものしい
オ　道理がわからない

三　次の文章を読み、後の問に答えなさい。

実の母親と離れて暮らす小学四年生の「僕」（想）は、現在「父さん」と「渚《なぎさ》さん」、そして新しく生まれた「海君」と一緒に住んでおり、渚さんのことを素直に「母さん」と呼べずにいる。海君の世話に追われる渚さんは、最近では夕方までマンションの部屋のドアガードをかけたまま寝ており、家に入れない「僕」は、ふとしたことから同じマンションに住むおばあさん（佐喜子さん）の部屋で時間をつぶすようになる。佐喜子さんの描く空襲の絵を見た「僕」は、友達の中条君から東京大空襲の話を聞き、その夜、母親が火につつまれる夢を見た。

「母さん！　母さん！」
僕は涙《なみだ》をこぼしながら、叫《さけ》び、そして目を醒《さ》ました。
僕の声が大きかったのか、子ども部屋のドアが開かれ、父さんが僕のベッドに近づいた。
「どうした、想……」
父さんが僕のベッドに腰《こし》をかける。リビングのほうから海君の泣く声が聞こえる。まるでサイレンみたいな大きな声だった。
「僕、母さんに会いたい」
母さんというのはつまりは渚さんではない。父さんもすぐにそのこ

2023年度
広尾学園中学校　▶解説と解答

算　数　＜第２回入試＞（50分）＜満点：100点＞

解　答

1 (1)　2　(2)　3　(3)　132人　(4)　９通り　(5)　$\frac{1}{32}$倍　(6)　314cm^3　2 (1)　×　(2)　E　(3)　３通り　3 (1)　時速$8\frac{4}{7}$km　(2)　1.5km　(3)　$\frac{10}{13}$km　4 (1)　16：９　(2)　９：40　(3)　13.5cm^2　5 (1)　**図**…解説の図２を参照のこと。／**長さ**…$16\frac{56}{75}$cm　(2)　エ

解　説

1 四則計算，素数の性質，比の性質，場合の数，面積，体積

(1)　$\left\{0.875+\left(1.25-\frac{1}{3}\right)\div\frac{2}{3}\right\}\div1.125=\left\{\frac{7}{8}+\left(1\frac{1}{4}-\frac{1}{3}\right)\div\frac{2}{3}\right\}\div1\frac{1}{8}=\left\{\frac{7}{8}+\left(\frac{5}{4}-\frac{1}{3}\right)\div\frac{2}{3}\right\}\div\frac{9}{8}=\left\{\frac{7}{8}+\left(\frac{15}{12}-\frac{4}{12}\right)\div\frac{2}{3}\right\}\div\frac{9}{8}=\left(\frac{7}{8}+\frac{11}{12}\times\frac{3}{2}\right)\div\frac{9}{8}=\left(\frac{7}{8}+\frac{11}{8}\right)\div\frac{9}{8}=\frac{18}{8}\times\frac{8}{9}=2$

(2)　右の図１の計算から，630＝２×３×３×５×７となることがわかる。この中には３が２個含《ふく》まれているから，□＝３とすると，３×３×(３＋２)×(３×５－１)＝３×３×５×14＝３×３×５×(２×７)＝630となり，この式が成り立つことがわかる。よって，□＝３である。

図１

```
2 ) 630
3 ) 315
3 ) 105
5 )  35
      7
```

(3)　男子の人数を⑥とすると，Ａコースを選んだ男子の人数は，⑥×$\frac{5}{6}$＝⑤，Ｂコースを選んだ男子の人数は，⑥－⑤＝①となるので，右の図２のようにまとめることができる。すると，⑤＋①＋①＝⑦にあたる人数が，276－108＝168(人)とわかるから，①＝168÷７＝24(人)と求められる。よって，女子の人数は，108＋24＝132(人)である。

図２

	A	B	合計
男子	⑤	①	⑥
女子	108人	①	
合計			276人

(4)　右の図３のように，100円玉の枚数が０枚の場合は５通り，100円玉の枚数が１枚の場合は３通り，100円玉の枚数が２枚の場合は１通りある。よって，全部で，５＋３＋１＝９(通り)とわかる。

図３

10円玉(枚)	20	15	10	5	0	10	5	0	0
50円玉(枚)	0	1	2	3	4	0	1	2	0
100円玉(枚)	0	0	0	0	0	1	1	1	2

(5)　下の図４のように分けると，●印をつけた三角形は合同になるので，中点を結んでできる正方形の面積はもとの正方形の面積の$\frac{1}{2}$倍になることがわかる。これを次々とくり返すから，下の図５

図４

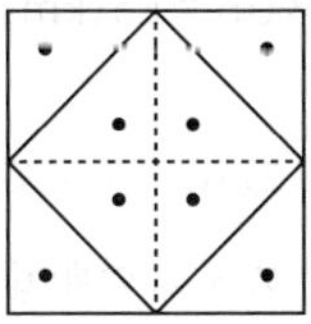

図５

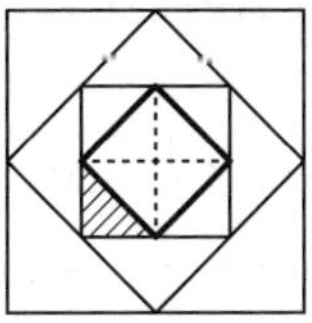

図６

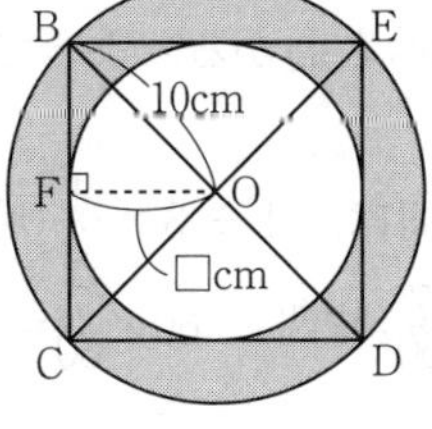

図７

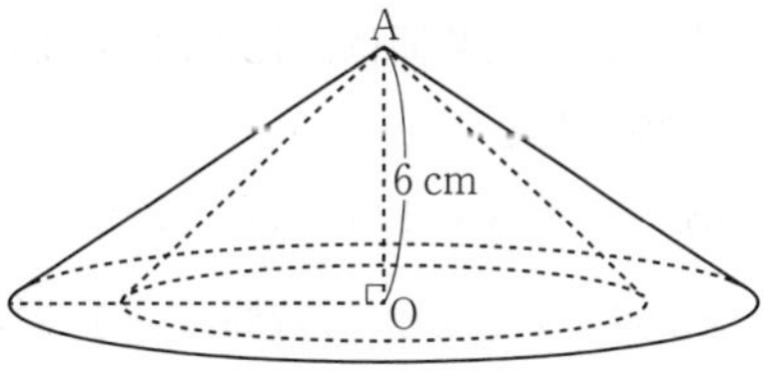

の太線で囲んだ正方形の面積は最も大きい正方形の面積の，$\frac{1}{2}\times\frac{1}{2}\times\frac{1}{2}=\frac{1}{8}$(倍)とわかる。さらに，太線の正方形を図５のように点線で分けると，斜線《しゃせん》部分と合同な三角形になるので，斜線部分の面積は最も大きい正方形の面積の，$\frac{1}{8}\times\frac{1}{4}=\frac{1}{32}$(倍)と求められる。

(6)　三角形ABCを１回転させてできる立体を真上から見ると上の図６のようになり，この立体の見取図は上の図７のようになる。図６で，OFの長さを□cmとすると，OFを１辺とする正方形の対角線の長さが10cmだから，□×□＝10×10÷２＝50となることがわかる。よって，この立体の体積は，$10\times10\times3.14\times6\times\frac{1}{3}-□\times□\times3.14\times6\times\frac{1}{3}=200\times3.14-50\times3.14\times2=(200-100)\times3.14=314$($cm^3$)とわかる。

2　推理

(1)　Ａが本当のことを言っているとＡとＢは犯人ではなく，Ｂが本当のことを言っているとＣとＤは犯人ではなく，Ｃが本当のことを言っているとＣとＥは犯人ではないことになる。すると犯人がいなくなってしまうから，犯人は特定できない。つまり×である。

(2)　Ａが嘘《うそ》をついているとすると，ＡとＢのどちらかが犯人になる。このとき，ＤとＥは本当のことを言っているので，ＡとＢのどちらも犯人ではないことになる。これは矛盾《むじゅん》するから，Ａは本当のことを言っている。同様に，Ｂが嘘をついているとすると，ＣとＤのどちらかが犯人になる。このとき，ＣとＤは本当のことを言っているので，ＣとＤのどちらも犯人ではないことになる。これも矛盾するから，Ｂは本当のことを言っている。次に，Ｃが嘘をついているとすると，ＣとＥのどちらかが犯人になる。このときＥを犯人とすると，ほかの４人の言っていることはすべて本当になる。よって，犯人はＥ(共犯者はＣ)と決まる。なお，ＤやＥが嘘をついている場合も，上と同様に矛盾することになる。

(3)　嘘をついている２人の組み合わせは，$\frac{5\times4}{2\times1}=10$(通り)ある。それぞれの場合について調べると右の図のようになるので，考えられる組み合わせは３通りある。

ＡとＢ	Ｂの発言からＣまたはＤが犯人になる→矛盾
ＡとＣ	ＢとＥの発言は本当→矛盾
ＡとＤ	ＢとＥの発言は本当→矛盾
ＡとＥ	犯人はＡ，共犯者はＥとすると成立
ＢとＣ	犯人はＣ，共犯者はＢとすると成立
ＢとＤ	犯人はＤ，共犯者はＢとすると成立
ＢとＥ	Ｅの発言から犯人はＡになる→矛盾
ＣとＤ	Ｂの発言は本当→矛盾
ＣとＥ	Ｅの発言から犯人はＡになる→矛盾
ＤとＥ	Ｅの発言から犯人はＡになる→矛盾

3　速さ，つるかめ算

(1)　ランでは１時間10分で10km走ったから，ランでの速さは時速，$10\div1\frac{10}{60}=\frac{60}{7}=8\frac{4}{7}$(km)である。

(2)　スイムとバイクは，時間の合計が，３時間－１時間10分＝１時間50分，距離《きょり》の合計が，51.5－10＝41.5(km)なので，右の図のようにまとめることができる。バイクで１時間50分走ると，$30\times1\frac{50}{60}=55$(km)進むから，実際よりも，55－41.5＝13.5(km)長くなる。バイクのかわりにスイムで泳ぐと，進む距離は１時間あたり，30－３＝27(km)短くなるので，スイムで泳いだ時間は，13.5÷27＝0.5(時間)とわかる。よって，スイムの距離は，３×0.5＝1.5(km)と求められる。

スイム(時速３km)｝合わせて
バイク(時速30km)｝１時間50分で41.5km

(3)　スイムで１km泳ぐのにかかる時間は，$1\div3=\frac{1}{3}$(時間)，$60\times\frac{1}{3}=20$(分)であり，ランで１km走るのにかかる時間は，$1\div\frac{60}{7}=\frac{7}{60}$(時間)，$60\times\frac{7}{60}=7$(分)である。よって，スイムの距離が

１km短くなり，かわりにランの距離が１km長くなると，合計タイムは，20－７＝13(分)短縮する。よって，短縮した時間が10分になるのは，ランのコースが，$1\times\frac{10}{13}=\frac{10}{13}$(km)長くなったときとわかる。

$\boxed{4}$ 平面図形―辺の比と面積の比，面積

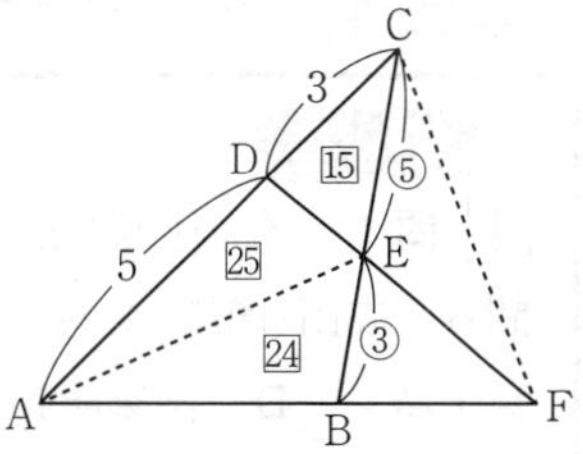

(1)　右の図のように，ＡとＥ，ＣとＦを結ぶ。三角形CDEと三角形DAEの面積の比はCD：DAと等しく３：５，三角形CAEと三角形EABの面積の比はCE：EBと等しく５：３だから，三角形CDEの面積を３と５の最小公倍数の$\boxed{15}$とすると，三角形DAEの面積は，$\boxed{15}\times\frac{5}{3}=\boxed{25}$となる。すると，三角形CAEの面積は，$\boxed{15}+\boxed{25}=\boxed{40}$になるので，三角形EABの面積は，$\boxed{40}\times\frac{3}{5}=\boxed{24}$とわかる。また，三角形FCEと三角形FEBの面積の比はCE：EBと等しく５：３，三角形FCEと三角形FEAの面積の比はCD：DAと等しく３：５だから，三角形FCEの面積を❺，三角形FEBの面積を❸とすると，❺：(❸＋$\boxed{24}$)＝３：５と表すことができる。ここで，$P:Q=R:S$のとき，$P\times S=Q\times R$となることを利用すると，❺×５＝(❸＋$\boxed{24}$)×３，㉕＝❾＋$\boxed{72}$，㉕－❾＝$\boxed{72}$，⓰＝$\boxed{72}$より，❶＝$\boxed{72}$÷16＝$\boxed{4.5}$と求められる。よって，三角形FEBの面積は，$\boxed{4.5}$×３＝$\boxed{13.5}$だから，AB：BF＝$\boxed{24}$：$\boxed{13.5}$＝16：９とわかる。

(2)　三角形CEFの面積は，$\boxed{4.5}$×５＝$\boxed{22.5}$，三角形CAFの面積は，$\boxed{15}+\boxed{25}+\boxed{24}+\boxed{22.5}+\boxed{13.5}=\boxed{100}$なので，三角形CEFと三角形CAFの面積の比は，$\boxed{22.5}$：$\boxed{100}$＝９：40とわかる。

(3)　四角形ABEDの面積は，$\boxed{25}+\boxed{24}=\boxed{49}$だから，$\boxed{1}$にあたる面積は，49÷49＝１(cm^2)となる。よって，三角形EBFの面積は，１×13.5＝13.5(cm^2)と求められる。

$\boxed{5}$ 平面図形―図形の移動，長さ

図１

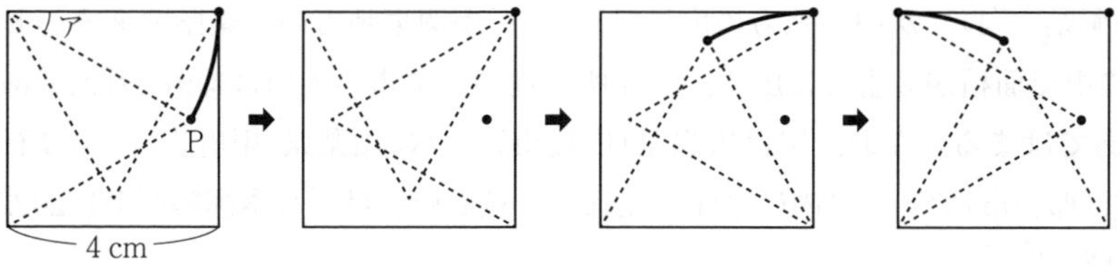

図２

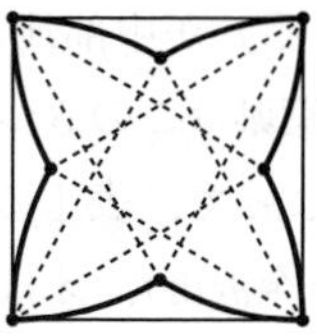

(1)　正方形の内側を１周転がしたときのようすは，上の図１のようになる。これを３回行うと点Ｐがもとの位置にもどり，このとき点Ｐが通ったあとの線は上の図２のようになる。次に，図１のアの角の大きさは，90－60＝30(度)であり，この部分と同じ中心角の弧《こ》が全部で８か所あるから，点Ｐが通ったあとの線の長さは，$4\times2\times3.14\times\frac{30}{360}\times8=\frac{16}{3}\times\frac{314}{100}=\frac{1256}{75}=16\frac{56}{75}$(cm)と求められる。なお，正三角形を作図するには，下の図３のように，正方形の１辺の長さと等しい円の一部を２つかき，これらの交点と正方形の頂点を結べばよい。

図３

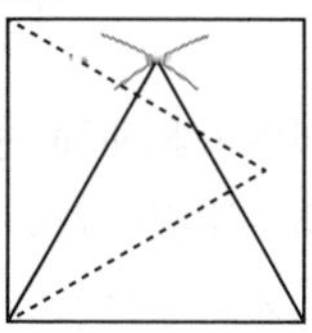

図４

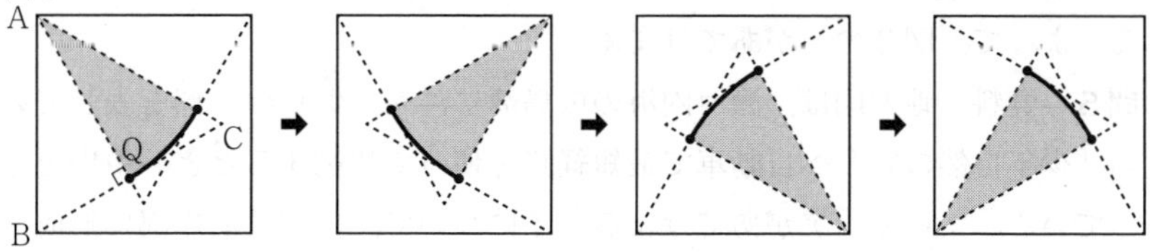

(2) 上の図４のように，ＡからBCに垂直に引いた線をAQとすると，かげをつけた部分は正三角形の下になって見えない。これを続けると，いつでも見えない部分は問題文中のエの形になる。

社　会　＜第２回入試＞（30分）＜満点：50点＞

解　答

[1] **問１**　イ，千葉(県)　**問２**　ア　**問３**　オ　**問４**　Ｙ，赤石(山脈)　**問５**　ア　**問６**　成田(国際)空港，イ　**問７**　Ⅲ，広島(県)　[2] **問１**　**Ａ**　隋　**Ｂ**　鑑真　**Ｃ**　種子島　**Ｄ**　国家総動員　**問２**　ウ　**問３**　エ　**問４**　①　オ　②　エ　**問５**　イ　**問６**　オ→ア→イ→ウ　**問７**　イ，オ　[3] **問１**　アメリカ合衆国・フランス・イギリス・イタリア・カナダ　**問２**　イ　**問３**　ア，エ，オ　**問４**　イ，ウ　**問５**　エ　**問６**　イ　**問７**　**Ａ**　政府　**Ｂ**　主権　[4]－Ⅰ　(例)　幕府は天皇から認められて成立するので，朝廷と友好関係を維持しようとした。／朝廷が幕府より強くならないように，朝廷に権力を持たせないようにしていた(政治に関与させないようにしていた)。　[4]－Ⅱ　(例)　介護認定をしないと，まだ元気な人がただ楽をしたいという理由だけで介護サービスを利用することになり，その結果，使われる税金の額が増え，財政が破綻してしまうから。(お年寄りの介護の状態は変化するので，健康な人には介護サービスを極力使わせないようにし，本当に必要になったときに利用しやすくするため。)

解　説

[1]　５つの都道府県の特色についての問題

問１　都道府県の特色を記したカード〈Ａ〉が中部地方の石川県，〈Ｂ〉が九州地方の沖縄県，〈Ｃ〉が中部地方の山梨県，〈Ｄ〉が中国地方の広島県，〈Ｅ〉が関東地方の千葉県である。Ｅの千葉県はこの５つの県の中で面積が２番目に広く，県庁所在地の千葉市の人口は約97.5万人である。よって，表Ⅰのイがあてはまる。なお，アは広島県(広島市)，ウは山梨県(甲府市)，エは石川県(金沢市)，オは沖縄県(那覇市)で，(　)内は県庁所在都市。統計資料は『日本国勢図会』2022／23年版などによる(以下同じ)。

問２　写真Ⅰは岩手県の「南部鉄器」，Ⅱは群馬県の「桐生《きりゅう》織」，Ⅲは滋賀県の「信楽《しがらき》焼」である。よって，正しい組み合わせはアになる。

問３　1980年を基準とした日本の火力発電に用いられる燃料の消費量は，石炭が最も大きく増加し，原油・重油が減少傾向《けいこう》にある。よって，正しい組み合わせはオになる。

問４　リニア中央新幹線は，東京都の品川駅から神奈川・山梨・静岡・長野・岐阜の５県を経由して愛知県の名古屋駅にいたるルートが設定されている(将来的には新大阪駅までのびる予定)。この間の山梨・静岡・長野の３県にまたがる赤石山脈(南アルプス)には，地下トンネルがつくられている。よって，図３のＹがあてはまる。

問５　資料の地形図は，瀬戸内海の広島湾《わん》に浮《う》かぶ似島《にのしま》の一部を表している。図中の郵便局(〒)から「少年自然の家」へ自動車で最短経路を使って移動するとき，中央を通る道路が尾根づたいになっている。よって，アがあてはまる。イについて，集落は沿岸部に形成されている。ウについて，

「大黄」の集落には工場がない。エについて，「臨海公園」に隣接《りんせつ》する老人ホームから，「家下」の東側にある寺院を見ることができない。

問６　千葉県北部にある成田国際空港は日本最大の貿易額をほこる空港で，貿易品目は航空輸送に適した小型軽量で高価なものが中心である。よって，イがあてはまる。なお，アは千葉港，ウは名古屋港の主要輸出入品。

問７　沖縄・広島・千葉の３県のうち，広島県を訪れる外国人観光客が最も少ない。よって，表２のⅢがあてはまる。なお，Ⅰは千葉県，Ⅱは沖縄県。

[2] ヒトとモノの交流の歴史についての問題

問１　**A**　聖徳太子(厩戸《うまやど》皇子)は小野妹子を遣隋使《けんずいし》として隋(中国)に派遣し，対等な立場で国交を結ぼうとした。　**B**　鑑真は唐(中国)の高僧《こうそう》で，日本の招きに応じて来日することを決意。５度の渡航失敗と失明という不運を乗り越え，753年，６度目の航海で念願の来日を果たした。日本に仏教の正式な戒律《かいりつ》(僧尼《そうに》が守るべききまり)を伝え，都の平城京に唐招提寺を建てるなど日本の仏教の発展につくした。　**C**　1543年，ポルトガル人の乗った中国船が種子島(鹿児島県)に流れ着き，日本に鉄砲を伝えた。日本はこのとき戦国時代であったこともあり，鉄砲はまたたく間に各地に広まった。新兵器の鉄砲は戦法や築城法に大きな変化をもたらし，天下統一を早めることになった。　**D**　日中戦争(1937～45年)が長期化すると，政府は議会の承認がなくても人や物資の調達ができるようにするため，1938年に国家総動員法を定め，戦時体制を強化した。

問２　古墳時代，朝鮮《ちょうせん》からの渡来人により，のぼりがまを用いて焼いた須恵器《すえき》がつくられた。須恵器は高温で焼くため硬《かた》くて壊《こわ》れにくい土器なので，ウが誤っている。

問３　奈良時代，遣唐使が唐(中国)から持ち帰ったペルシアやインドなど西域の文化の影響《えいきょう》を受けた文物は，東大寺の正倉院に収められており，写真エの螺鈿紫檀五絃琵琶《らでんしたんのごげんびわ》や漆胡瓶《しつこへい》がこれにあたる。アは陶磁《とうじ》器(作製時代などは不明)，イは弥生時代の青銅器，ウは弥生土器と石包丁。

問４　①　10世紀半ば，関東では平将門の乱(939～940年)が起こっているので，オがあてはまる。②　同じ頃《ころ》，瀬戸内では藤原純友《すみとも》の乱(939～941年)が起こっているので，エがあてはまる。なお，アは源平の合戦(1180～85年)，イは鎌倉幕府の滅亡(1333年)，ウは承久の乱(1221年)，カは保元の乱(1156年)・平治の乱(1159年)。

問５　江戸時代の鎖国《さこく》中，長崎を通じて行われた貿易では，生糸・絹織物・砂糖などが輸入され，銀・銅・海産物などが輸出された。よって，イが誤っている。

問６　史料アは1918年の米騒動《そうどう》を報じた新聞記事，イは1925年に制定された治安維持《いじ》法，ウは1932年に国際連盟《れんめい》に提出されたリットン調査団の報告書，エは1910年の日韓併合《にっかんへいごう》条約，オは1915年に中国(中華民国)に突きつけた二十一か条の要求である。よって，第一次世界大戦(1914～18年)の開戦前にあたるエを除いて年代順に並べると，オ→ア→イ→ウになる。

問７　アの日本の国民総生産(GNP)が世界第２位になったのは1968年，イの沖縄返還《へんかん》は1972年，ウの米ソ首脳による冷戦終結宣言と消費税導入は1989年，エの日韓基本条約は1965年，小笠原諸島返還は1968年，オの警察予備隊の創設は1950年のことである。よって，1960年代と1980年代以外のできごとは，イ，オの２つである。

[3] 2022年のサミットを題材にした問題

問１　サミット(主要７か国首脳会議)の７か国(Ｇ７)は日本とドイツを除くと，アメリカ合衆国・

フランス・イギリス・イタリア・カナダである。一時ロシアが入りＧ８だったときがある。

問２　1973年，第四次中東戦争が起こると，中東の産油国が原油の生産量削減《さくげん》と石油価格の大幅《おおはば》値上げを行ったことから「石油危機(オイル・ショック)」が起こり，日本経済は大きな打撃《だげき》を受けた。よって，イが正しい。なお，アの1971年の「ニクソン＝ショック」は経済面ではドル危機を指し，ドルの国際評価が下がったことでドルと金の交換《こうかん》を停止し，為替《かわせ》相場も変動相場制に移行することになった。ウの1985年のプラザ合意ではドル高を是正《ぜせい》するための対策がとられ，急速に円高が進んだ。ただし，１ドル＝360円という交換比率は1971年までの固定相場制のときで，「円高」はたとえば１ドル＝150円の交換比率が１ドル＝100円になるような場合をいう。エの2008年の「リーマン・ショック」はアメリカ合衆国から始まった世界的な金融《きんゆう》危機であるが，アメリカの国内総生産(GDP)は世界第１位を維持し続けている。

問３　参議院の通常選挙(定数248名の半数を改選)では，基本的に都道府県を単位とする選挙区(合区が２つある)においては有権者が候補者名を投票用紙に記入し，全国を一つとする比例代表選挙においては政党名と候補者名のどちらを記入してもよいことになっている。よって，ア，エ，オの３つがあてはまる。なお，イの選挙区で政党名を記入するのは無効。ウの国民審査《しんさ》は最高裁判所の裁判官(長官を含めて15名)が適任かどうか審査するもので，候補者ではない。また，国民審査は衆議院議員総選挙のときに行われる。

問４　「インフレーション」とは，物価が持続的に上昇《じょうしょう》し，貨幣《かへい》価値が下がる現象をいう。年金生活者は支給される年金の額が変わらないので，物価の上昇は負担となる。また，預金も元金は変わらないので，資産価値が下がることになる。よって，イ，ウの２つが正しい。なお，アの借金も元金が変わらないので，負担は実質的に下がる。エの賃金がそのままだと，生活の負担は重くなる。また，インフレーションと反対の現象は「デフレーション」という。

問５　枠《わく》内の文に，「国際支援《しえん》は見返りや貸し借りのために行われるのではなく」とある。つまり，国際支援は無償《むしょう》の行為《こうい》であり，途上国への支援は先進国の責務といえる。よって，エが正しい。

問６　グラフ２において，「アジア大洋州」は石炭の割合が高いが，日本の石炭資源の状況《じょうきょう》はわからない。よって，イがあてはまらない。

問７　**Ａ**　日本国憲法前文の最初には，まず代表民主制と憲法の三大原則の一つである「戦争放棄《ほうき》(平和主義)」について述べられている。「政府の行為によつて再び戦争の惨禍《さんか》が起《おこ》ることのないや《(よ)》うにすることを決意し」がその部分である。　**Ｂ**　続いて「ここに主権が国民に存することを宣言し」とあり，これも三大原則の一つである「国民主権」が示されている。この場合の「主権」とは，政治を決める最高権力をいう。

４－Ⅰ　江戸幕府と朝廷《ちょうてい》(天皇)の関係についての問題

資料①の年表を見ると，1603・05・23年に徳川家康・秀忠・家光がそれぞれ朝廷(天皇)から征夷《せいい》大将軍に任命されており，1620年には秀忠の娘が天皇に嫁《とつ》いでいる。また，資料③の徳川家の朝廷対策として，家康・第２代秀忠と第５代綱吉の代に，禁裏御領《きんりごりょう》としてそれぞれ１万石ずつを天皇に献上《けんじょう》し，中断していた朝廷の儀式《ぎしき》の復興にも尽力《じんりょく》している。このことから，幕府の存在が朝廷の権威《けんい》に裏打ちされていることを重視し，天皇と姻戚《いんせき》関係を結ぶことや朝廷に経済的な援助《えんじょ》をすることで，良好な関係を築こうとしたことがわかる。一方，資料①で1615年に禁中並公家諸法度《きんちゅうならびにくげしょはっと》を定め，1627年には朝廷が勅許《ちょっきょ》した紫衣《しえ》の着用を無効とした。資料②の禁中並公家諸法度の内容において，第一条で天皇は学問を修《おさ》めることを第一とし，第十六条では紫衣の勅許を乱発することのないようにクギを刺《さ》している。このことから，天皇(朝廷)にはいっさい政治に関与させないようにし，朝廷の権限に制限を加えていることがわかる。

4 -Ⅱ　要介護《かいご》認定についての問題

介護保険制度の適用を受けるとき，「要介護認定」が必要であり，本文の後半に「介護が必要な方の状態を７段階に区別し，認定を行います。この認定のレベルが高ければ高いほど，受けられる介護サービスの種類が増え，その月に支給される金額の限度が高くなるという仕組みです」とあり，図１に「要介護認定７段階ごとの心身の状態像」が示されている。ただし，本文の後半に，「介護認定の効力は半年から１年間程度」で，有効期限が切れたら再度認定を受けなければならず，介護のレベルを上げたいときは，その都度申請《しんせい》しなければならないとしている。介護サービスの必要経費の９割は保険料と税金でまかなわれているので，介護サービスを受ける人が増えると，その財政が圧迫《あっぱく》されることになる。そこで，まだ元気なのに介護サービスを受けようとする人の利用を防がなければならない。また，高齢《こうれい》者の介護の状態は変化するので，そのときには再び要介護認定を申請してもらい，本当に必要な人がレベルにあった介護サービスが受けられるようにすることが求められる。

理　科　<第２回入試>（30分）<満点：50点>

解　答

1 **問１**　**最小値**…80cm　**床からの高さ**…74cm　**問２**　ウ　**問３**　解説の図①を参照のこと。　**問４**　**a**　⑪　**b**　⑬　**問５**　ク　**問６**　イ，オ　**2** **問１**　B，E　**問２**　(例)　石灰水に二酸化炭素が溶けたから。　**問３**　イ　**問４**　(1)　6.4g　(2)　16：99　**3** **問１**　(例)　発芽に必要な酸素が不足するから。　**問２**　エ　**問３**　イ　**問４**　イ　**問５**　(1)　ウ，オ　(2)　ウ　**4** **問１**　(1)　下の図A　(2)　下の図B　**問２**　(1)　カ　(2)　ウ　**問３**　イ　**問４**　**方角**…Ⅲ　**月の形**…②　**問５**　ア

図A

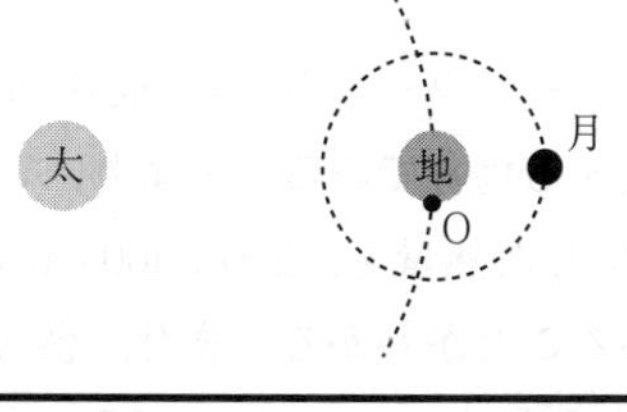

図B

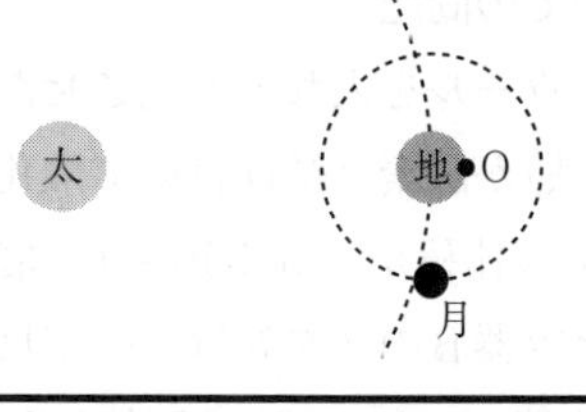

解　説

1　鏡や凸《とつ》レンズによってできる像についての問題

問１　鏡の長さが最も短いとき，図１のGHに鏡があればよい。(入射角)＝(反射角)となることから，目から床《ゆか》までの長さが，160－12＝148(cm)より，鏡の下端《かたん》(G)は床から，148÷２＝74(cm)の高さになる。また，図１のとき，頭頂部からHまでの高さは，12÷２＝６(cm)だから，鏡(GH)の長さは，160－(74＋６)＝80(cm)とわかる。なお，このとき鏡(GH)の長さは身長の半分になる。

問２　実像ができるのは，光源を焦点《しょうてん》よりも遠い位置に置いたときである。そのとき，光源を焦点距離《きょり》の２倍よりも遠い位置に置くと光源より小さい像が，焦点距離の２倍の位置に置くと光源と同じ大きさの像が，焦点距離の２倍の位置から焦点の間に置くと光源より大きな像ができる。なお，光源を焦点に置いたときには像はできず，焦点より近い位置に置くと虚像《きょぞう》ができる。

問３　光軸《こうじく》に平行な光は凸レンズを通過した後，焦点を通り，凸レンズの中心を通る光はそのまま直進し，凸レンズの手前の焦点を通る光は凸レンズを通過した後，光軸に平行に進む。よって，Ｍから出た光線３～５の光は，凸レンズで屈折《くっせつ》した後，右の図①のように進む。なお，ＭはPQの中点なので，Ｍから出る光はRSの中点に集まる。

図①

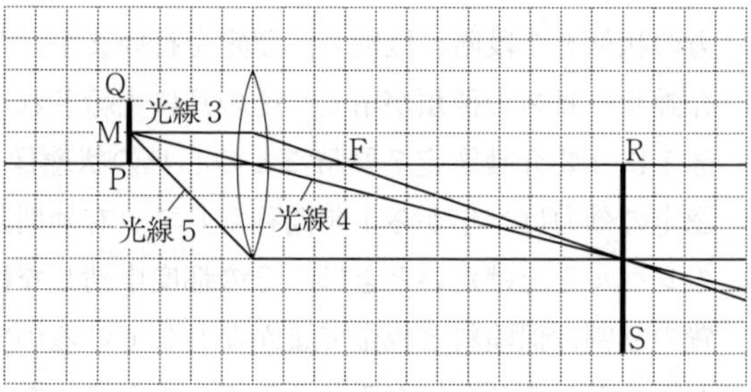

問４　図２より，Ｑから出た光はＳに集まるように進む。そのため，Ｑから出て凸レンズの上端と下端を通過する２本の光を考えると，これらの光は凸レンズ通過した後，Ｓの位置に集まる。よって，右の図②のように，Ｑから出た光が届くのは，白板上の⑪から⑬の間であることがわかる。

図②

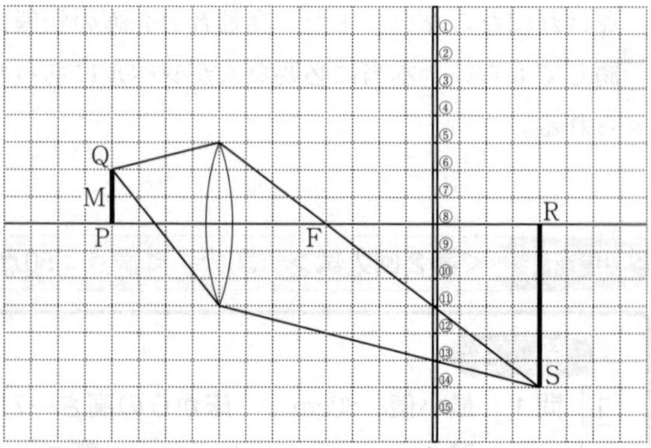

問５　問題文中の図のようにホワイトボードに映っているので，ホワイトボードの裏側から見たときには，エのように見える。凸レンズによって実像ができるときには，光源の画像は上下左右が反対になって映し出されるので，凸レンズを外すと，光源内の画像はエが上下左右になった，クのように見える。

問６　光源が凸レンズの焦点に近くなると，できる像は大きくなる。よって，焦点距離の長い薄《うす》い凸レンズに変えたり，光源を凸レンズ(焦点)に近づけたりすれば，大きな像ができる。

2　メタンについての問題

問１　スチールウールを入れて燃焼させたときにスチールウールの質量(重さ)が変化するのは，スチールウール(鉄)が酸素と結び付いて酸化鉄に変化する場合である。表より，容器Ａと比べると容器Ｂは，メタンの体積が，５÷10＝0.5(倍)で，発生した熱量も，200÷400＝0.5(倍)になっているので，容器Ａと容器Ｂのメタンはすべて反応していることがわかる。また，容器Ａと比べると容器Ｃは，酸素の体積が，10÷20＝0.5(倍)で，発生した熱量も，200÷400＝0.5(倍)になっているので，容器Ａと容器Ｃの酸素はすべて反応していることがわかるから，容器Ａにおいて，メタン10Ｌと酸素20Ｌが過不足なく反応し，このときに10Ｌの二酸化炭素が発生していると考えられる。よって，メタン５Ｌと過不足なく反応する酸素は，$20\times\frac{5}{10}=10$(Ｌ)，メタン20Ｌと過不足なく反応する酸素は，$20\times\frac{20}{10}=40$(Ｌ)である。したがって，容器Ｂと容器Ｅでは燃焼後に酸素が残っているので，スチールウールを燃焼させると，その質量が重くなる。

問２　二酸化炭素は石灰水に溶《と》けるので，溶けた分だけ容器内の気体の体積が減る。

問３　図１より，圧力が高く（水深が深く），温度が低いときには，メタンハイドレートが安定して生成され，圧力が低く（水深が浅く），温度が高いときには，メタンと水が別々に存在することがわかる。

問４　(1)　メタン16ｇを燃焼させると，二酸化炭素44ｇが発生するので，二酸化炭素17.6ｇが発生したときに燃焼したメタンの質量は，$16\times\frac{17.6}{44}=6.4$（ｇ）である。　(2)　50$cm^3$のメタンハイドレートの質量は，$0.92\times50=46$（ｇ）である。(1)より，このメタンハイドレート46ｇに含《ふく》まれるメタンの質量は6.4ｇなので，氷の質量は，$46-6.4=39.6$（ｇ）である。よって，メタンハイドレート中のメタンと氷の質量比は，6.4：39.6＝16：99となる。

３　イネの育ち方や品種についての問題

問１　種子の発芽には，水，空気（酸素），適当な温度が必要である。イネは水中に溶けた酸素を取り入れて発芽することができるが，水に溶けている酸素はわずかなので，水をはった田んぼに種もみを直接まくと，苗代《なわしろ》にまく場合に比べて発芽しにくい。

問２　多くのイネの苗《なえ》を束《たば》にした状態で植えると，成長したときにおたがいが日光をさえぎってしまい，成長が悪くなると考えられる。

問３　気温の変化に比べて，水温の変化は小さいので，水の深さを変えることでイネの根元の温度を調節することができる。

問４　アサガオの花には，５本のおしべ，１本のめしべ，５枚の花弁，５枚のがくがある。イネの花には，６本のおしべ，１本のめしべがあり，がくと花弁がないかわりに「えい」というつくりがある。

問５　(1)　品種Ｂのおしべを切り取ると，品種Ｂの花粉を得ることができなくなる。また，品種Ｂを４℃で栽培《さいばい》すると成長が悪くなり，花が咲《さ》かなくなると考えられる。　(2)　Ⅰ　米や花粉にヨウ素液をかけると，うるち米では青色に染まり，もち米では赤紫《あかむらさき》色に染まると述べられている。また，うるち米ともち米をかけ合わせると，うるち米ができる。よって，うるち米のめしべに，もち米の花粉をつけたことになるので，できた米はうるち米になりヨウ素液をつけると青色に染まる。
Ⅱ　品種Ｃ～Ｅのうち，ひとつでもうるち米があると，品種Ｆはうるち米（ヨウ素液で青色に染まる）になる。よって，最後にできた品種Ｆの花粉が赤紫色になったことから，品種Ｃ～Ｆはすべてもち米であることがわかる。よって，品種Ｃと品種Ｅの米はヨウ素液で赤紫色に染まる。

４　月と金星の満ち欠けについての問題

問１　(1)　点Ｏが日の入りで，月が東の地平線近くに見えるのは，下の図①のような位置のときで

図①

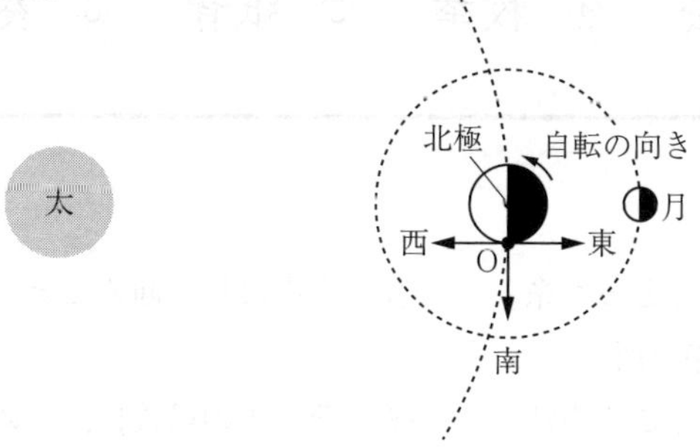

図②

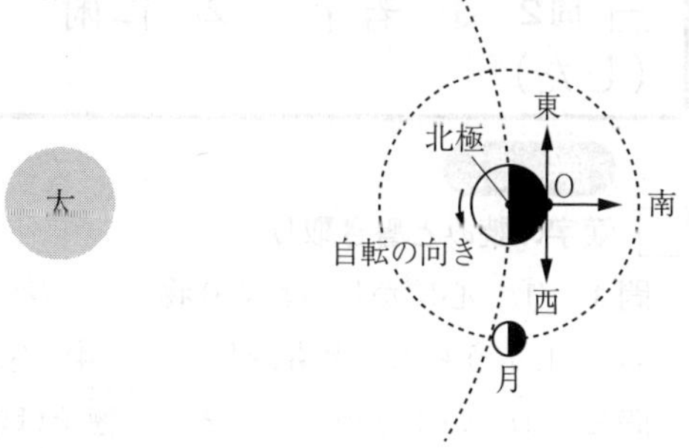

ある。　⑵　点Oが真夜中で，月が西の地平線近くに見えるのは，上の図②のような位置のときである。

問2　⑴　図①のとき，地球からは満月が見える。　⑵　図②のとき，地球からは右半分が光った上げんの月が見える。

問3　皆既《かいき》月食の継続《けいぞく》時間は1時間半程度だが，皆既日食の継続時間は数分である。これは，皆既日食では，月が，見かけの大きさがほぼ等しい太陽の前を横切るのに対し，皆既月食では，月が，月よりも大きい地球の影《かげ》の中を横切るためである。よって，イが正しい。

問4　夕方に，月と金星が同じ方位に見えるとき，右の図③のような位置関係になっている。このとき，金星と月は西の方角にあり，月は右側が細く光る三日月の形に見える。

図③

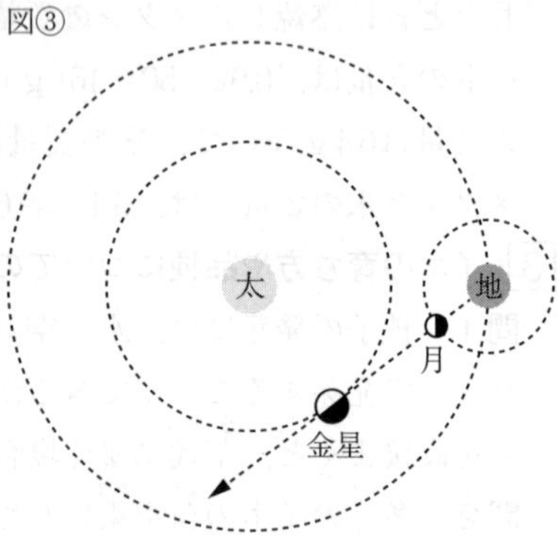

問5　地球の内側を公転している金星は，大きく満ち欠けして見えるが，地球の外側を公転している火星は，ほとんど満ち欠けをせず，常にほぼ円形に見える。よって，アが正しい。

国　語　＜第2回入試＞（50分）＜満点：100点＞

解　答

一　**問1**　①　すんし　②　さんし　③　じゅうらん　④　しんそう　**問2**　下記を参照のこと。　二　（ひらがな，語群の順で）　①　いか，エ　②　ざな，イ　③　がん，オ　④　しお，ア　⑤　わい(あい)，ウ　三　**問1**　エ　**問2**　やじろべえ　**問3**　ウ　**問4**　ア　**問5**　イ　**問6**　（例）　たとえ雲に隠れて見えなくても，星と星とが見えない糸でしっかりと結ばれて星座の形を保っているように，「僕」の家族も，たとえ今は一緒にいなくても家族のきずなを確かに保っていると信じていこうと決意している。　**問7**　イ
四　**問1**　A　ウ　B　ア　C　イ　**問2**　ア　**問3**　ウ　**問4**　書かれている内容をしっかり吟味し，決して鵜呑みにしないこと　**問5**　ア　**問6**　エ　**問7**　イ　**問8**　（例）　（ゴシップやデマのような）根拠のない噂ではなく，吟味された情報により形成された潜在的世論は，大勢にも対抗することができる大きな力となり得るから。

●漢字の書き取り

一　**問2**　①　若干　②　仁術　③　納会　④　枚挙　⑤　紙背　⑥　奏(した)

解　説

一　**漢字の読みと書き取り**

問1　①　心ばかりのおくり物。　②　蚕の繭《まゆ》からとった糸。　③　自由に見て回ること。なお，「しょうらん」とも読む。　④　家の中の奥《おく》深い所。

問2　①　いくらか。　②　仁徳《じんとく》をほかの人にほどこす方法。　③　その年の最後に，しめく

くりのためにもよおす会。　④　一つずつ数え上げること。　⑤「眼光紙背に徹《てっ》す」は，“目の光が紙の裏まで見通すほど，文章を読み取る力がするどい”という意味。　⑥　成果をもたらすこと。

二　ことばの知識

①「いかめしい」は，重々しく，威厳《いげん》があるようす。　②「おざなり」は，その場をしのぐためのいいかげんな言動。　③「がんぜない」は，幼くて，ものごとの善悪がわからないようす。　④「しおらしい」は，遠慮《えんりょ》深くて，奥ゆかしいようす。　⑤「たわいない」は，取るに足りないさま。

三　出典は窪美澄《くぼみすみ》の『夜に星を放つ』所収の「星の随《まにま》に」による。実の母親と離《はな》れて暮らす「僕《ぼく》」は，夕方までの時間を同じマンションの佐喜子さんというおばあさんの家で過ごしていたが，突然《とつぜん》別れがおとずれる。

問１　今は離れて暮らす母親が火につつまれてしまう夢をみた「僕」が，自分のなかにある母親への強い思慕《しぼ》の情をあらためて意識したことをおさえる。日曜日，久しぶりに会った母親との別れの時間が迫《せま》るなか，皆《みな》で一緒《いっしょ》に暮らせない何らかの難しい事情があることを知っていた「僕」は，(その事情の)当事者である母親に直接自分の思いを伝えてしまったならば，きっと苦しめてしまうとわかっていたものの，あまりの寂《さび》しさから「僕，母さんと暮らしたいなあ……」と口に出さずにはいられなかったのである。そのため，「僕」は「わざと独《ひと》り言のよう」な素振《そぶ》りを見せたのだから，エが合う。

問２　「僕」は，母親と一緒にいたいと思う反面，父親を心配させたくないとも思っており，実の両親の間で揺《ゆ》れている。その状態は，少し前で「やじろべえ」と表現されている。

問３　佐喜子さんに東京大空襲《くうしゅう》の日のことをたずねながら，「僕」は犠牲《ぎせい》になったたくさんの人たちと，偶然《ぐうぜん》ともいえる因果のめぐりあわせなどに思いをはせていたが，抱《かか》えきれないほどのその重さゆえ，「頭のなかがくらくら」して言葉を失っている。佐喜子さんは，そんな「僕」の心にやさしく寄りそおうとしたと考えられるので，ウがよい。

問４　「渚《なぎさ》さん」が部屋のドアガードをかけたことで家に入れなくなった「僕」は，同じマンションに住む佐喜子さんに助けられてから，たびたび彼女《かのじょ》の部屋で過ごしていたが，ふいに「思い残すことなく施設《しせつ》に行けるわ」と言われ，突然おとずれた別れに悲しみがこみあげている。自分を助けてくれたばかりか，交流を深めることもできたことへの感謝と，それゆえの強い寂しさから，「僕」は「ひとしきり泣いた」のである。よって，アがふさわしい。

問５　直前で父親が，「離婚《りこん》したことも，本当のお母さんと暮らせなくなったことも，渚のことも，なんにも気づいてやれなくてごめんな」と言った点に注目する。大人の事情に振《ふ》り回され，つらい思いを抱えていた「僕」に対し，これからは実の親としてしっかりと向き合わなくてはならないと心に決めているので，イが合う。その思いの強さは，「僕の両足をぎゅっと」握《にぎ》ったこと，そしてその手が「熱かった」ことからも読み取れる。なお，父親は「僕」のつらい思いを「知りながら知らぬふりを続けてきた」わけではないので，アは正しくない。

問６　少し前に，「雲に隠《かく》れていたって，星と星とは見えない糸でしっかりと結ばれて，星座の形を保っている。僕の家族だって，きっと同じだ」とあることに注目する。つまり，「星はもう僕のなかにある」とは，星と同様に，たとえ離れていたとしても，自分の家族はお互《たが》い強いきずなで結ばれていると「僕」が信じていることを表している。

問７　強い思慕の情を寄せる母親と過ごす場面で，「小さな子ども」のように，「池の鯉《こい》にえさをやり，スワンボートに乗りたいとせがんだ」ことからもわかるとおり，「僕」は母親に心から甘《あま》えている。このような，実際の行動やようすのほかにも，“頬《ほお》”ではなく「ほっぺ」とするなど，文章の表現上からも子どもらしく母親に接する「僕」の姿が強調されているので，イが合う。

四　**出典は岸見一郎《きしみいちろう》の『孤独《こどく》の哲学《てつがく》―「生きる勇気」を持つために』による。**筆者は，三木清《みききよし》氏の「噂《うわさ》」についての言葉を引用し，SNS上に人との結びつきを求める現代の人々が，情報に対してどうあるべきかを述べている。

問１　Ａ「予断」は，事前に判断すること。　Ｂ「伝播《でんぱ》」は，伝わって広まること。　Ｃ「流言蜚語《りゅうげんひご》」は，世の中で言いふらされている，根も葉もない噂。

問２　続く部分で具体的な例があげられた後で，「ネット上には自分を受け入れてくれる人がいる」と考えてしまう理由が説明されている。現実の生活で会う場合とちがって「ネット上では相手が何をいっているかということだけに注目して」話を聞き，「外的な条件を考慮《こうりょ》」せず「客観的に判断」するため，都合の悪いことは言わないうえでの結びつきなので，「偽《いつわ》りのもの」といえるのである。

問３　「そのような人たち」とは，「孤独を恐《おそ》れ多数派の側につきたい人」たちであり，インターネット上で「批判的なコメント」を書き込《こ》む人たちである。こうした人たちよりも，実際には「何ら声を上げない人たちの方が多い」のであるが，「賛成，同意する人がコメントを書き込むことはあまり」ないので，書き込みを支持する人が多くても目立たず，また「正しいことを主張しても，批判的なメッセージがたくさん書き込まれると，正論を主張する気が失《う》せて」しまうので，結果的に批判的なコメントをする人が大勢いるように見えるのである。

問４　「批判的に読」むというのは，SNS上のメッセージをそのまま受けいれるのでなく，本当にそうだろうかと考えながら読むということである。ぼう線部⑤の次の段落にある「書かれている内容をしっかり吟味《ぎんみ》し，決して鵜呑《うの》みにしないこと」がそれにあたる。

問５　同じ文に，「独裁者は人民を不安と恐怖《きょうふ》に陥《おとしい》れることによって，意のままに動かそうとした」とあるので，アが選べる。

問６　同じ文に，「馬鹿《ばか》げた新聞記事に欺《あざむ》かれている人たちに，世界戦局の正しい見方を教えるのに有効なので」とある。当時は報道が統制されていたため，新聞記事も世論の材料とすることはできなかった。そのようななかで，人々に正しい見方を教えるために，田中美知太郎は「潜在《せんざい》的輿《よ》論《ろん》」として「三木説」を伝えたのである。

問７　直前の段落に，「潜在的輿論によって～わかります」とある。本文の初めに，孤独であるがゆえにネット上に人とのつながりを求めてしまう人たちについて説明されており，今の時代は孤独な人の多い時代といえる。だからこそ，筆者はぼう線部⑥のように述べているのだと考えられる。

問８　ぼう線部⑤の後の二つの段落では，SNSが「人と人とを結びつけ」ることが述べられている。これは，三木氏の言う「噂」と同じことである。さらに，「潜在的輿論によって多くの人が連携《れんけい》していることがわかれば，自分たちが少数派ではなく，したがって孤独ではないことが」わかると述べられている。これをふまえ，「噂をもとに吟味された情報によって形成された潜在的世論は，多くの人を結びつけ，多数派に対抗《たいこう》できる大きな力となり得るから」のようにまとめる。

2023 年度

広尾学園中学校

【算　数】〈医進・サイエンス回入試〉（50分）〈満点：100点〉

1　次の問いに答えなさい。

(1)　図1の9個のマスの中に，1から9までのすべての整数を1つずつ入れます。たてに並ぶ3個も，よこに並ぶ3個も，対角線上に並ぶ3個も，その数の和が15になるように，解答らんにある図のマスの中に残りの数字を入れなさい。

	1	
7		
	9	

図1

(2)　図2の16個のマスの中に，1から16までのすべての整数を1つずつ入れます。たてに並ぶ4個も，よこに並ぶ4個も，対角線上に並ぶ4個も，その数の和が34になるように，解答らんにある図のマスの中に残りの数字を入れなさい。

			9
5		2	11
12		3	
	1		

図2

(3)　図3は，正三角形を2つ重ねて，各頂点と各辺の交点に，正方形をかいた図です。正方形の中に，1から12までのすべての整数を1つずつ入れます。各辺上に並ぶ4個の数の和も，中央の六角形の頂点にある6個の数の和も，すべて26となるようにすると，2つの正三角形の3つの頂点にある数の和はどちらも同じ値となります。次の問いに答えなさい。

①　２つの正三角形の３つの頂点にある数の和がどちらも同じ値となる理由について，以下のＡ，Ｂにあてはまる数を答えなさい。

【理由】　１つの正三角形について，各辺上に並ぶ４個の数の和が26となり，それぞれ頂点は２回足しているので，１つの正三角形において，その正三角形上に並ぶ９つの数と３頂点にある数，合わせて12個の数の総和は(　Ａ　)となる。中央の六角形の頂点にある６個の数の和も26となるので，正三角形の頂点にある数の和はどちらも(　Ｂ　)となる。

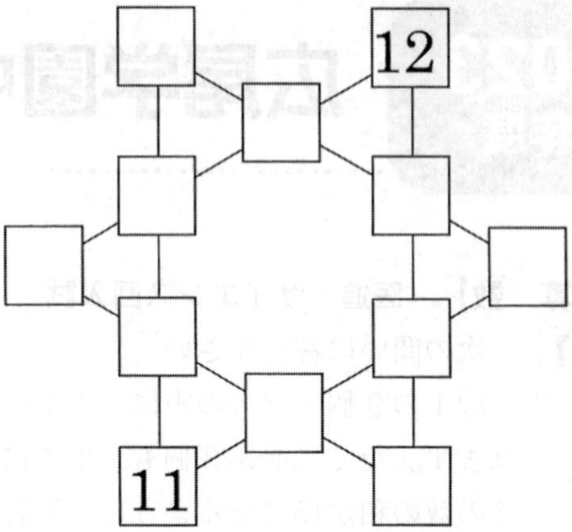

図３

②　解答らんにある図の正方形の中に残りの数字を入れなさい。

2　同じ３けたの数を２つ並べて６けたの数を作ります。例えば123123や909909などです。このようにしてできる６けたの数について，次の問いに答えなさい。

(1)　512671を超えるものの個数を求めなさい。

(2)　このようにしてできるすべての６けたの数は，同じ１けたの素数で割り切れます。この素数を求めなさい。

(3)　このようにしてできる６けたの数のうち，2023を引いて12の倍数となる数を考えます。150150以下の数で２番目に大きい数を求めなさい。答えに至るまでの考え方なども記述しなさい。

3　次の会話文を読んで，問いに答えなさい。

2022年に広尾博士はタイムマシーンを完成させ，広尾博士(以下Ｈ)と助手の学ちゃん(以下Ｍ)は2078年１月12日に行くことができ，なんとか無事に現代に戻ってきました。以下の会話は2023年２月１日の会話です。この年はうるう年ではありません。

Ｍ「博士，今日は何をしているのですか？」

Ｈ「うむ。タイムマシーンで次はどの時代に行こうかといろいろな年代のカレンダーを見ていたら，とても興味深い発見をしてな。その発見が正しいかどうか証明していたところじゃ。」

Ｍ「どんな発見をしたのですか？」

Ｈ「聞いて驚かないでくれよ？　なんと，①どの年のカレンダーを見ても，４月４日，６月６日，８月８日，10月10日，12月12日は同じ曜日になっておるんじゃ!!!」

Ｍ「あ，私それ知っていましたよ。」

Ｈ「じょ，助手よ！　これだけではないんじゃ！　なんと，②○月△日と△月○日(○と△は異なる数)の組で４月４日と同じ曜日になるものが存在しているんじゃ！」

Ｍ「ええ⁉　それは知らなかったです！」

Ｈ「そうじゃろそうじゃろ，すごい発見だと思わないかね？」

Ｍ「さすがですね，博士！」

H「では，早速タイムマシーンで行く年代を決めるかの。」

(1) 2023年2月1日は水曜日です。この年の3月1日，4月1日，…，12月1日の曜日をそれぞれ答えなさい。

(2) 下線部①のようになる理由を説明しなさい。

(3) 下線部②のようになる○と△の組を2つ，答えなさい。ただし，うるう年も含めて考え，○が1，△が2のときは(1，2)とかくこととし，答えに至るまでの考え方なども記述しなさい。

4 さいころは，すべての面の目の和が21になります。次の図1のようにさいころをすべて同じ向きになるように積み上げました。一つ一つのさいころは面と面がぴったりと重なっています。10個のさいころの見えているすべての面の目の和について考えます。ただし，机と接しているさいころの面も見えているものとします。下の問いに答えなさい。

矢印から見た図

図1

(1) 10個のさいころの見えているすべての面の目の和を答えなさい。

(2) さいころの向きを自由に変えると，見えているさいころの面の目の和が増えたり減ったりします。図1の状態から，1つだけさいころの向きを，見えているさいころの面の目の和が最大となるように変えました。このとき，(1)で求めた面の目の和からいくつ増えたか答えなさい。

(3) いくつかのさいころの向きを，見えているさいころの面の目の和が最大となるように変えました。このときの見えているさいころの面の目の和を答えなさい。ただし，向きを変えないさいころがあってもよいものとします。答えに至るまでの考え方なども記述しなさい。

【社　会】〈医進・サイエンス回入試〉（30分）〈満点：50点〉

〈編集部注：実物の入試問題では，写真や図表・グラフのほとんどはカラー印刷です。〉

1　中学1年のAくんとBくんは，社会科の授業で大都市圏《けん》と地方農村部の間の格差について学んだことを契機に，地方農村部の活性化について話し合いました。2人の話し合いをまとめた次の文章を読んで，あとの問いに答えなさい。

A「①地方農村部では大都市圏への人口流出やそれにともなう少子高齢化によって，経済の担い手の減少が深刻なんだね」

B「地方農村部の人口を増加させて，地域を活性化させることが急務だと思うな」

A「授業で先生が話していたように，伝統工芸品を用いて地域を活性化させる取り組みが行われている地域もあるんだね」

B「伝統工芸品というと，②佐賀県の伊万里《いまり》焼などの陶磁器，京都府の西陣織《にしじんおり》などの繊維製品，福島県の会津塗《あいづぬり》などの漆器《しっき》が有名だよ」

A「ただ，これらの生産においても，労働者不足が深刻化しているようだよ」

B「労働者不足の問題に対しては，眼鏡フレームの生産で有名な［　③　］県の鯖江《さばえ》市のように，地場産業をブランド化して世界に発信することで，若い人たちを惹《ひ》きつけようとする取り組みを行っているケースもあるよ」

A「伝統産業や地場産業に頼らず，自然環境や歴史的な街並みを活用して地域を活性化させる取り組みが行われているケースもあるんだね」

B「先生が④鯖江市と同じ北陸地方に位置する砺波《となみ》市では，散居村《さんきょそん》という独特な景観を活用して地域を活性化させる取り組みを行っていると話していたね」

A「政府の行っている『緑の分権改革』も，地域の活性化のための取り組みだと先生が話していたよ」

B「『緑の分権改革』は，［　⑤　］を推進することで⑥食料自給率の改善につながるかもしれないよ」

問１　下線部①について，次の図１は秋田県，千葉県，東京都における1960年から2015年の人口の※1自然増加率の推移を，図２は秋田県，千葉県，東京都における1960年から2015年の人口の※2社会増加率の推移を示したものです。Ａ～Ｃにあてはまる都県名の組み合わせとして適当なものを，下のア～カから１つ選び，記号で答えなさい。

※１　出生率と死亡率の差

※２　移入率と移出率の差

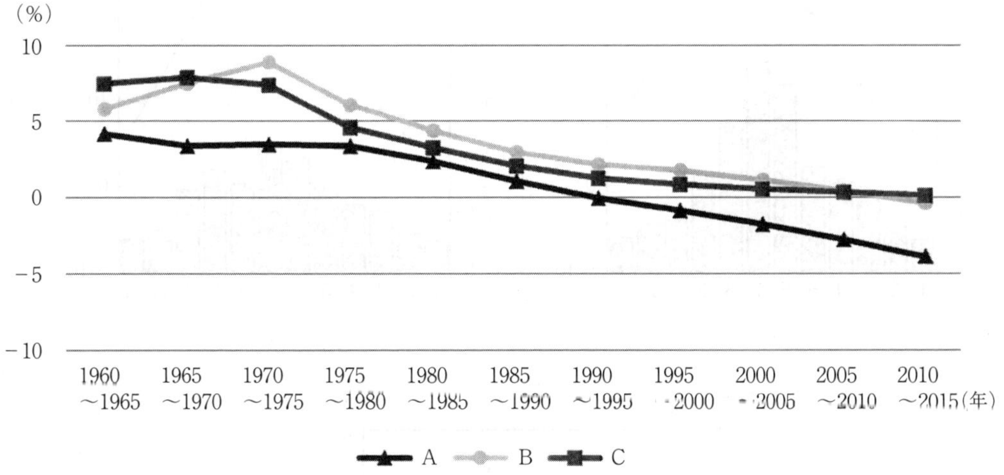

図１

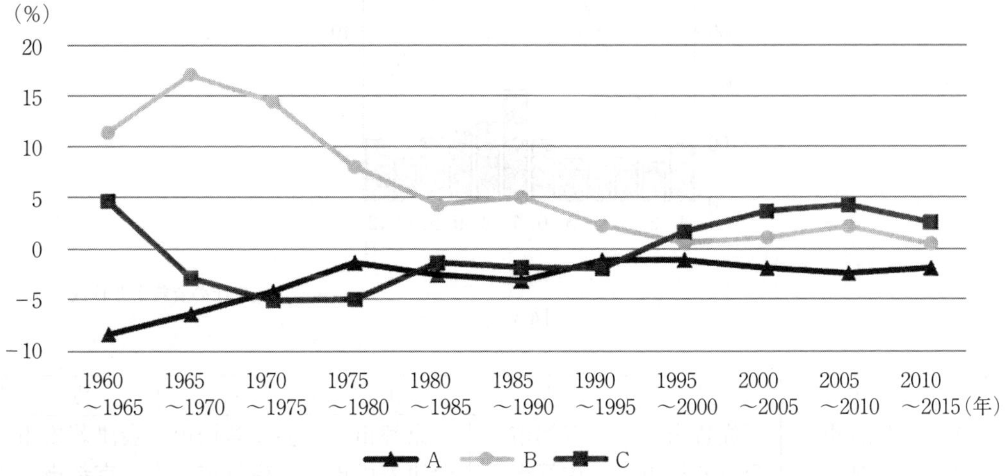

図２

国立社会保障・人口問題研究所の資料により作成

	ア	イ	ウ	エ	オ	カ
A	秋田県	秋田県	千葉県	千葉県	東京都	東京都
B	千葉県	東京都	秋田県	東京都	秋田県	千葉県
C	東京都	千葉県	東京都	秋田県	千葉県	秋田県

問2　下線部②について，次の図3（A～C）は，佐賀市，京都市，会津若松市の気候の特色を示した雨温図である。A～Cに該当する都市名の組み合わせとして正しいものを，下のア～カから1つ選び，記号で答えなさい。

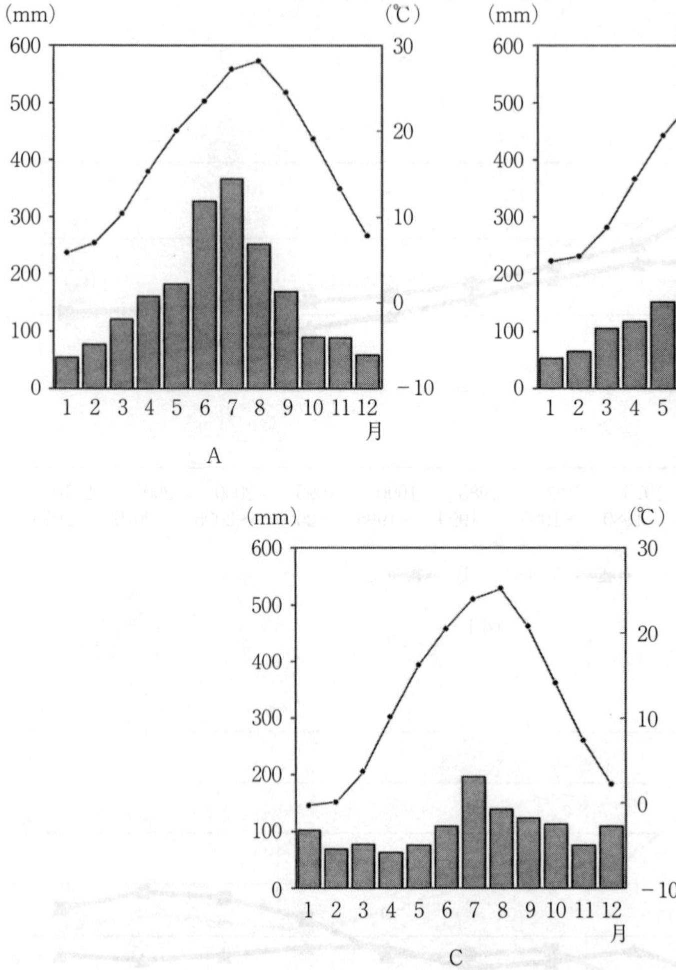

気象庁の資料より作成

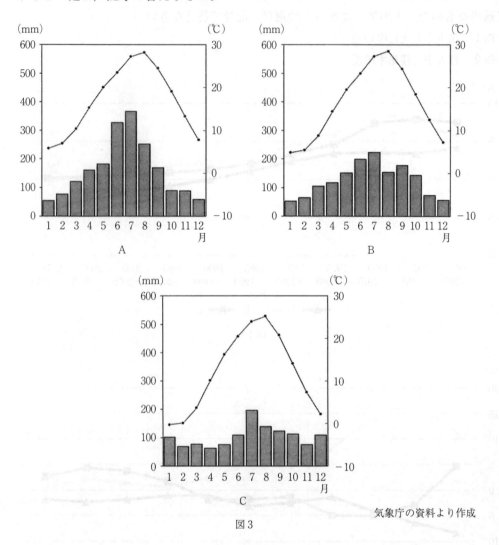

図3

	ア	イ	ウ	エ	オ	カ
A	佐賀市	佐賀市	京都市	京都市	会津若松市	会津若松市
B	京都市	会津若松市	佐賀市	会津若松市	佐賀市	京都市
C	会津若松市	京都市	会津若松市	佐賀市	京都市	佐賀市

問3　下線部②について，次の図4は，2万5千分の1地形図「伊万里」の一部を拡大して示したものです。この地形図から読み取れることとして適当でないものを，下の文ア～エから1つ選び，記号で答えなさい。

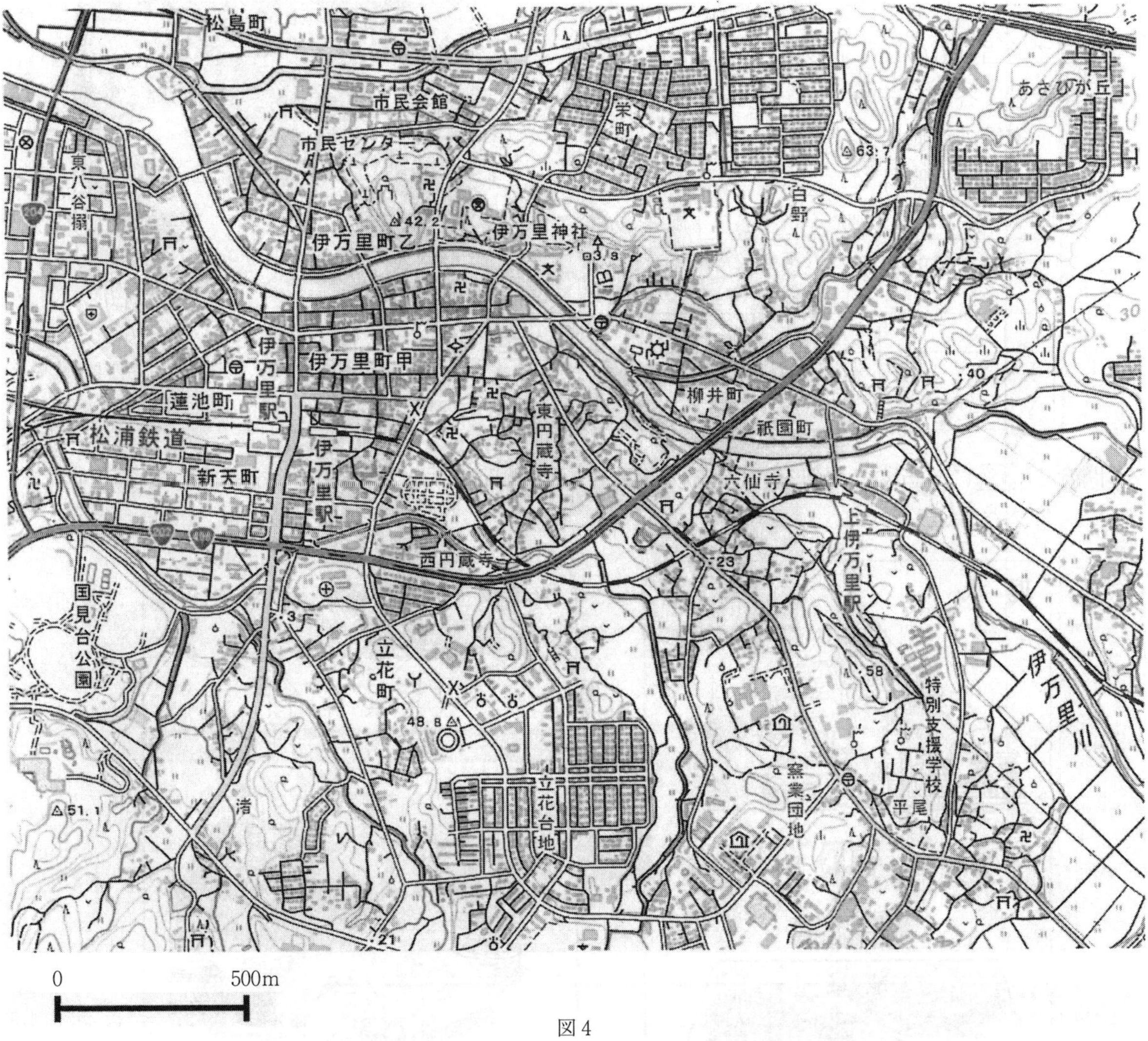

図4

ア．市役所は，水害の被害にあう危険が比較的低い台地の上に位置しています。

イ．「伊万里駅」の北に位置する「伊万里町甲」の集落は，「伊万里駅」の南に位置する「立花台地」の集落よりも早い時期に誕生した集落です。

ウ．「伊万里川」は，図4中の南東から北西に向かって流れています。

エ．南東部に位置する「窯《よう》業団地」付近に存在するため池では，周辺の工場に電力を供給するための水力発電が行われています。

問4　文章中の ③ にあてはまる県名を，漢字で答えなさい。

問5　下線部④について，砺波平野の散居村では，右の図5のような形態を示す家屋が見られます。図5について述べた次の文中の空欄(X・Y)にあてはまる語句の組み合わせとして適当なものを，下のア～エから1つ選び，記号で答えなさい。

家屋の南側に設けられた「カイニョ」と呼ばれる屋敷《やしき》林は，フェーン現象による［　X　］に吹く［　Y　］風を防ぐことを主な目的としています。

	ア	イ	ウ	エ
X	春から夏	春から夏	秋から冬	秋から冬
Y	乾いた	湿った	乾いた	湿った

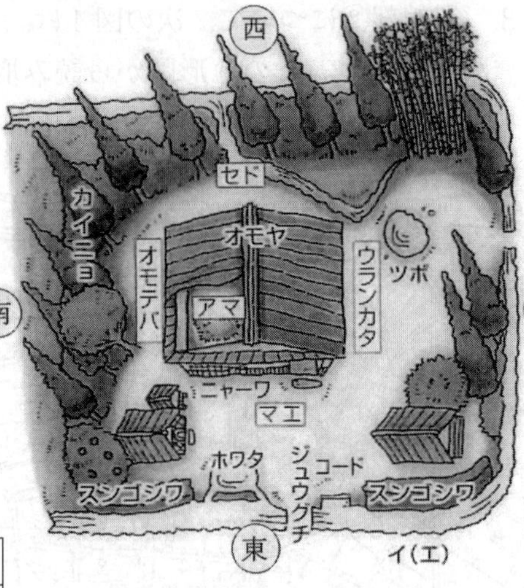

となみ散居村ミュージアムの資料より作成

図5

問6　［⑤］に該当する語句を，「緑の分権改革」の概略《がいりゃく》を示した次の図6を参照して漢字4字で答えなさい。

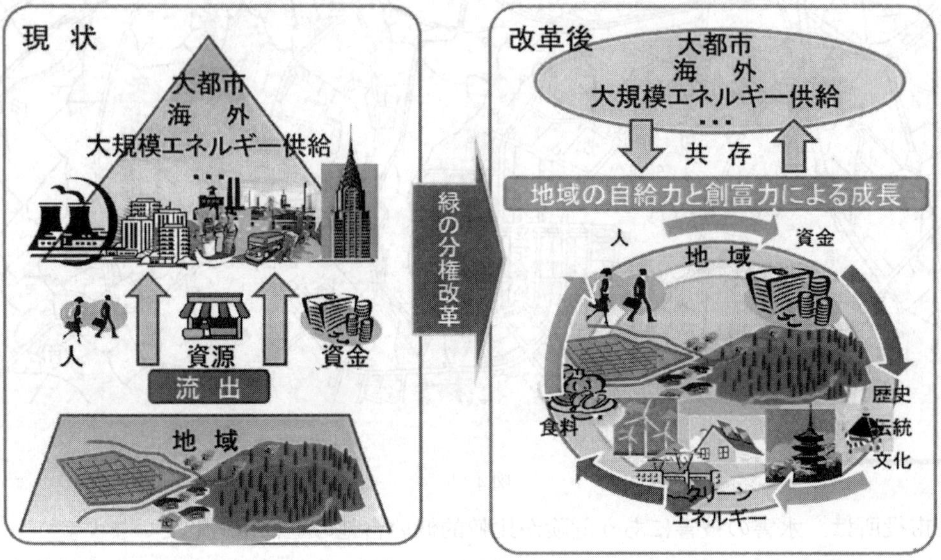

総務省　緑の分権改革資料より作成

図6

問７　下線部⑥について，次の図７中のＡ～Ｃは，日本における1950年から2018年までの果実，魚介類，野菜の自給率の推移を示したものです。Ａ～Ｃに該当するものの組み合わせとして適当なものを，下のア～カから１つ選び，記号で答えなさい。

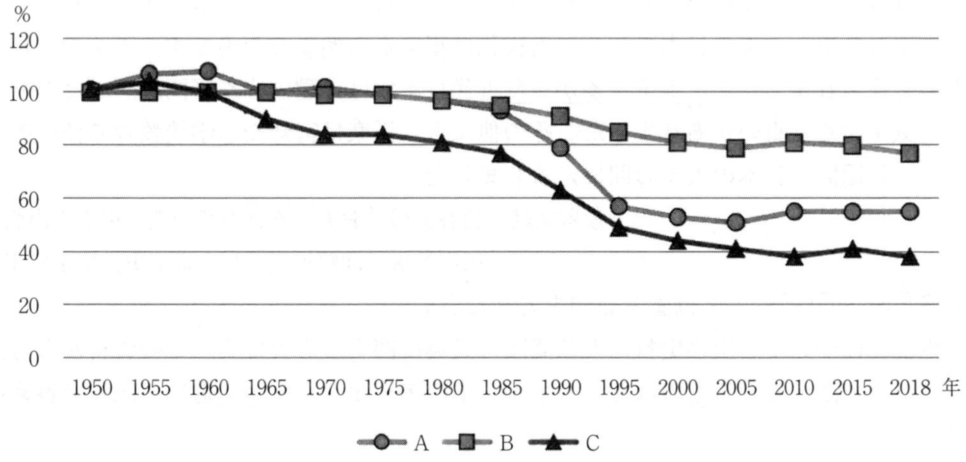

図７

「数字でみる日本の100年」より作成

	ア	イ	ウ	エ	オ	カ
A	果実	果実	魚介類	魚介類	野菜	野菜
B	魚介類	野菜	果実	野菜	果実	魚介類
C	野菜	魚介類	野菜	果実	魚介類	果実

2　日本の音楽の歴史に関する文章を読んで，あとの問いに答えなさい。

古代の日本にはアジア各地の音楽が入り込んできました。ただし，それらは現代のように誰しもが楽しめるものではなく，天皇や貴族，少数の専門家のみが触《ふ》れることができるというものでした。701年に制定された［　Ａ　］では，役所の一つとして雅《が》楽寮《がくりょう》が置かれ，楽人《がくにん》という音楽の専門家が所属していました。楽人は宮廷《きゅうてい》の儀式や①東大寺などの寺院のイベントに参加して音楽を奏《かな》でました。

平安時代には，貴族たちの宴会《えんかい》で，貴族個人が楽器を演奏するようになりました。当時の言葉として「詩歌管弦《しいかかんげん》」というものがあり，歌や楽器は貴族の大切な教養であり，②摂関政治の時期においては，天皇に気に入られて昇進するための一つの方法でした。貴族たちが楽器を奏でる様子は，③『源氏物語』などの平安文学にも描かれています。

平安時代の終わり頃になると，天皇や貴族，庶民の間で，楽器の演奏に合わせて歌う今様《いまよう》という音楽が流行しました。今様は白拍子《しらびょうし》と呼ばれる女性の芸能の代表的なもので，彼女たちは男装をして舞い歌ったのです。平氏の栄華と滅亡を描いた『［　Ｂ　］』を読むと，源義経の恋人として知られる静御前《しずかごぜん》ほか，多数の名手が登場します。

室町時代になると，室町幕府の三代将軍④足利義満に気に入られた観阿弥《かんあみ》・世阿弥《ぜあみ》父子によって，［　Ｃ　］という歌舞を重視する劇が大成され，武士や庶民の間に広まりました。

江戸時代には，庶民の娯楽《ごらく》として，人形浄瑠璃《じょうるり》という音楽と人形劇を組み合わせた芝居が人気を博しました。江戸時代の中頃に脚本家の［　Ｄ　］が現れ，『曽根崎心中《そねざきしんじゅう》』などの庶民の生活を描いた物語が上演されました。それまでの[C]などは歴史を題材としたものが多く，庶民が物語の中心にすえられたのは画期的なことでした。

幕末，来航したアメリカ合衆国のペリー率いる軍楽隊の様子に日本の人々はおどろき，近代軍隊における軍楽の重要性を知った幕府や大名は，一斉《いっせい》に軍楽導入に踏み切りました。日本における洋楽の歴史，つまり日本の音楽の近代化は軍楽から始まったのです。軍楽の一種である軍歌も多く作られました。⑤戦争が多かった近代日本では，愛国心や軍国思想などを歌にして戦意や士気を高める狙いがありました。その他にも，洋楽は宮廷や⑥学校教育で積極的に取り入れられ，短期間で日本の人々の間に定着しました。

参考文献　釣谷真弓『おもしろ日本音楽史』東京堂出版2000
田中健次『図解近現代日本音楽史』東京堂出版2022

問１　空欄[A]～[D]にあてはまる語句を答えなさい。

問２　下線部①について，次の史料は大仏開眼《かいげん》の式典に関するものです。この資料から考えられることとして誤っているものはどれですか。下のア～オからすべて選び，記号で答えなさい。

史料

天平勝宝四年(西暦752年)夏四月九日

東大寺の盧舎那《るしゃな》大仏の像が完成して，開眼供養《くよう》をした。この日，※1天皇は東大寺を訪れ，天皇みずから役人たちをひきつれて，盛大な※2法会《ほうえ》を行った。その儀式はまったく元日のそれと同じであった。官人たちは礼服を着用し，一万人の僧が招かれた。雅楽寮および諸寺のさまざまの楽人がすべて集められた。またすべての皇族・官人・諸氏族による※3五節《ごせち》の舞などが行われた。東西に分かれて歌い，庭にそれぞれ分けて演奏した。そのすばらしさは，全てを書きつくせないほどであった。

『続日本紀』

※１　孝謙《こうけん》天皇
※２　仏教における儀式
※３　雅楽において女性が演じるおどり

ア．式典には，多数の僧が参加していました。
イ．式典には，大仏造立《ぞうりゅう》を命じた天皇が参加していました。
ウ．式典では，女性によるおどりが行われました。
エ．式典では，雅楽寮や諸寺に所属する楽人が参加していました。
オ．式典が行われていた頃には，まだ荘園は出現していませんでした。

問３　下線部②の時期のできごとについて述べた文として誤っているものはどれですか。次のア～エから１つ選び，記号で答えなさい。また，誤っている語句を正しい語句に書き改めなさい。

ア．遣唐使になった菅原道真は，唐の勢力の衰《おとろ》えと往復の危険を理由に派遣の延期を訴えて認められ，これ以降，遣唐使の派遣は停止されました。
イ．地方の豪族たちは，開墾した土地を国司や他の豪族から守るために，都の有力な貴族や寺社に寄進し，保護してもらうようになりました。
ウ．律令制がゆるむにしたがって地方の政治は変わっていき，国司は決められた税だけを朝廷に納めれば良いとされ，その結果，国司の不正が増加して地方の政治が乱れていきました。

エ．有力な農民や豪族が武装するようになって武士が出現し，平清盛が関東地方で反乱を起こしました。

問４　下線部③と同じ時期の美術品として正しいものを，次の写真ア～エから１つ選び，記号で答えなさい。正しいものがない場合はオと答えなさい。

ア．

イ．

ウ．

エ．

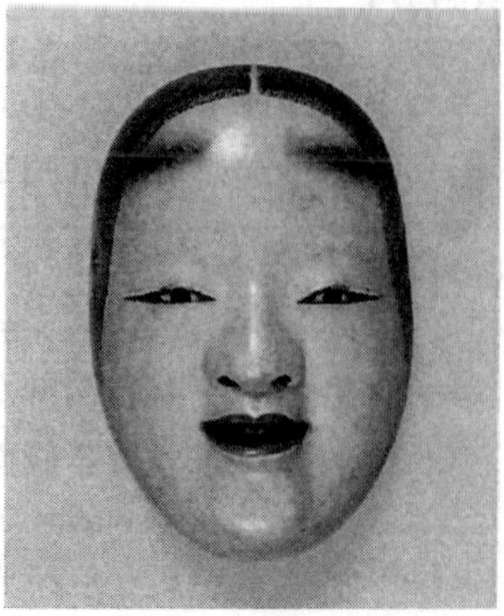

出典：国立博物館所蔵統合検索《けんさく》システム

問５　下線部④に関連して，足利義満の時代から室町幕府が滅亡するまでに書かれた史料として正しいものを，次のア～オからすべて選び，記号で答えなさい。

ア．山城国の国人(武士)が集まった。その国の土民(一般民衆)も集まった。畠山義就《はたけやまよしひろ》と畠山政長《はたけやままさなが》の山城国からの退去の時期を決めるためであるという。……これは下剋上の極みである。

イ．この国書を明の皇帝《こうてい》にお渡しします。私は，幸運にも国政を主導し，日本国内に敵はいません。昔からの決まりに従い使者を派遣して，友好な関係を結ぶために日本の産物をさしあげます。

ウ．犬ばかりにかぎらず，生きとし生けるものに，人々が慈悲《じひ》の心をもってあわれみをかけることが，最も重要なことである。

エ．種子島の入江に中国船が漂着した。……ポルトガルの商人が２人いて，手に何かを持っている。長さは２，３尺。形は空洞になっている長い棒であった。……領主の時《とき》堯《たか》は値段が高いにもかかわらず，鉄砲を２丁買い，家宝とした。

オ．領地の売買は，御家人の生活が苦しくなるもとなので，今後は禁止する。御家人以外の武士や一般の人々が御家人から買った土地は，売買から何年過ぎても，本来の持ち主に返さなければならない。

問６　下線部⑤に関連して，次の資料Ａ～Ｃは日本が関わった戦争の講和条約の一部です。資料Ａ～Ｃと戦争Ⅰ～Ⅳの組み合わせとして正しいものを，下のア～クから１つ選び，記号で答えなさい。なお，一部の国名は(※)で隠《かく》しています。

【資料Ａ】

第二条　（ ※ ）は，日本国の韓国への指導権を認める。
第三条　（ ※ ）は，旅順・大連を日本にゆずる。

【資料Ｂ】

第三条　沖縄・奄美《あまみ》・小笠原《おがさわら》諸島を，（ ※ ）が治めることに同意する。
第六条　協定により外国軍隊が日本にとどまることができる。

【資料Ｃ】

第一条　（ ※ ）は，朝鮮が独立国であることを認める。
第四条　（ ※ ）は，２億両《テール》の賠償《ばいしょう》金を日本に支払う。

Ⅰ．日清戦争　Ⅱ．日露戦争　Ⅲ．第一次世界大戦　Ⅳ．太平洋戦争

ア．Ａ―Ⅰ　Ｂ―Ⅲ　Ｃ―Ⅱ　イ．Ａ―Ⅰ　Ｂ―Ⅲ　Ｃ―Ⅳ
ウ．Ａ―Ⅰ　Ｂ―Ⅳ　Ｃ―Ⅱ　エ．Ａ―Ⅰ　Ｂ―Ⅳ　Ｃ―Ⅲ
オ．Ａ―Ⅱ　Ｂ―Ⅲ　Ｃ―Ⅰ　カ．Ａ―Ⅱ　Ｂ―Ⅲ　Ｃ―Ⅳ
キ．Ａ―Ⅱ　Ｂ―Ⅳ　Ｃ―Ⅰ　ク．Ａ―Ⅱ　Ｂ―Ⅳ　Ｃ―Ⅲ

問７　下線部⑥に関連して，ヒロオ君は，下の年表のできごとが義務教育就学率の推移に与えた影響について仮説を立ててみました。仮説として成り立たないものを，下のア～オの中から１つ選び，記号で答えなさい。

年表

年	できごと
1872～1876	福沢諭吉が『学問のすすめ』17編を発表し，ベストセラーとなる。
1879	学制が廃止され，就学《しゅうがく》要件をゆるめた教育令が公布される。
1881～1884	政府の財政政策により経済不況が発生して，物価が下落する。
1886	小学校令が発布され，小学校の義務教育を４年間とした。
1900	小学校令が改正され，授業料が原則として廃止される。
1907	小学校令が改正され，小学校の義務教育が６年に延長される。

男女別の義務教育就学率の推移

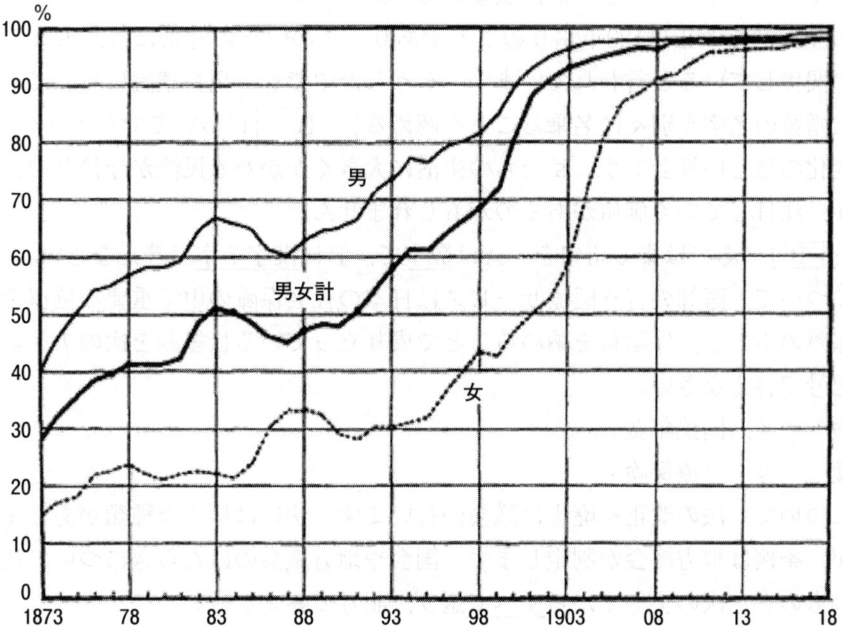

『日本の成長と教育』文部科学省より引用

ア．『学問のすすめ』は，男性の就学率の上昇に影響を与えたのではないか。
イ．教育令の公布は，女性の就学率の上昇に影響を与えたのではないか。
ウ．経済不況による危機感が，男性の就学率の上昇に影響を与えたのではないか。
エ．小学校の義務教育化は，女性の就学率の上昇に影響を与えたのではないか。
オ．小学校の授業料廃止は，女性の就学率の上昇に影響を与えたのではないか。

3 以下の文章を読んで，あとの問いに答えなさい。

2022年4月，成人年齢が満20歳から満［ A ］歳に引き下げられ，クレジットカードを作れたり，①医師免許などを取得できたりするようになりました。こうした背景には民法と呼ばれる②法律の改正が関係しています。

では民法とはどのような法律なのでしょうか。それを確認する前に「六法」という言葉を確認してみましょう。六法とは，数ある法律の中で，特に大切な6つの法律を指します。国民の権利や国の在り方を定める最も基本的で大切な法律が「③憲法」，犯罪と刑罰を決めた「刑法」，商売のルールを定めた「商法」，④裁判などの手続きを定める「民事訴訟法」と「刑事訴訟法」です。

そして，市民同士の関係についての最も基本的な内容を定めているのが「民法」です。この市民同士の関係は多くの分野にわたります。たとえば，コンビニでモノを売ったり買ったり，何かの試験に申し込んだりするなどの⑤お金に関するやりとりであったり，⑥性別や名字，⑦家族などに関する規定であったりと，これらは全て民法で規定されています。こうした身近な生活に関わるルールを定めているのが民法なのです。

今回の民法の全面的な改正は120年ぶりのことであり，この改正の背景には，人々の生活や価値観の変化が関係していると言われています。そうした中でも，現在議論になっている代表的なものが，結婚後の名字を別々に名乗ることを認める［ B ］についてでしょう。

現代社会は変化の激しい社会です。私たちの生活に大きくかかわる民法が今後どのように変わっていくのか，注目していく価値があるのかもしれません。

問1　空欄［A］・［B］にあてはまる語句を，Aは数字で，Bは漢字7字で答えなさい。

問2　下線部①について，医師の行う医療サービスは日本の社会保障の中で重要な位置をしめますが，社会保障の中でも，保険料を納めることで成り立っている仕組みを次のア～エからすべて選び，記号で答えなさい。

ア．介護保険　　イ．国民年金

ウ．生活保護　　エ．医療保険

問3　下線部②について，法の改正や廃止は議会が行います。法には様々な種類がありますが，法律は国会が，条例は地方議会が制定します。国会や地方議会のはたらきについて述べた文として正しいものを，次のア～オからすべて選び，記号で答えなさい。

ア．国会は内閣に対して不信任決議をする権限を持っていますが，地方議会は首長に対して不信任決議をする権限を持っていません。

イ．地方自治体の住民は，一定数の署名を集め，条例の制定や改正などをするよう首長を通じて地方議会に求める直接請求権を持っていますが，国民は一定数の署名を集め法律の制定や改正を国会に求める直接請求権を持っていません。

ウ．国会は内閣総理大臣を指名することができ，地方議会は首長を指名することができます。

エ．市町村や都道府県などの地方議会も国会も二院制を採用しています。

オ．衆議院議員の任期と地方議会の議員の任期は両方とも4年間です。

問4　下線部③について，次の文章は日本国憲法のある条文です。(ア)～(ウ)にはそれぞれ数字が入ります。(ア)から(ウ)をすべて足した合計を数字で答えなさい。

・参議院議員の任期は，(ア)年とし，(イ)年ごとに議員の半数を改選する。

・内閣は，衆議院で不信任の決議案を可決し，又は信任の決議案を否決したときは，（ ウ ）日以内に衆議院が解散されない限り，総辞職をしなければならない。

問５　下線部④について，日本の裁判所について述べた文として正しいものを，次のア～エから１つ選び，記号で答えなさい。

ア．裁判所は，最高裁判所・高等裁判所・地方裁判所・家庭裁判所の４種類のみです。

イ．国会の弾劾《だんがい》裁判によって辞めさせられた裁判官はこれまでに一人もいません。

ウ．最高裁判所の裁判官について，裁判官としてふさわしいかどうかを判断する国民審査が，参議院議員選挙ごとに行われています。

エ．裁判官の独立とは，だれからも指図されず，自分の良心や，憲法と法律に従って裁判を行うことです。

問６　下線部⑤に関連して，日本銀行について述べた文として正しいものを，次のア～エから１つ選び，記号で答えなさい。

ア．日本銀行は，不景気のときに金利を引き下げて，世の中に出回るお金の量を減らします。

イ．日本政府は，日本銀行に預金口座を持っており，税金などのお金を管理してもらっています。

ウ．日本国民は，日本銀行に預金口座を開設することができます。

エ．日本銀行と一般の銀行は，紙幣を発行することができます。

問７　下線部⑥について，下記の表は「世界各国の男女格差がどのくらいあるかを，政治・経済・教育・健康の４分野について評価した」統計(2022年版)のランキングを一部抜粋したものです。一番左の数字は順位を，（　）内はどれくらいの評価かを表わしています。この統計は「（ Ａ ）・ギャップ指数」と呼ばれています。(Ａ)に入る言葉をカタカナで答えなさい。

1　アイスランド(0.908)	115　ブルキナファソ(0.659)
2　フィンランド(0.860)	116　日本(0.650)
3　ノルウェー(0.845)	117　モルディブ(0.648)

問８　下線部⑦について，育児をする際，下の【観点】のような考え方があるとします。育児に関する取り組みとして，この考え方に基づくものを，下のア～ウからすべて選びなさい。１つも当てはまるものがない場合は，解答欄にエと記入しなさい。

【観点】
育児は自分たちの責任だけで行うものではなく，社会全体で協力して取り組むものだと考えるべきです。

ア．待機児童の解消のために，保育所や学童保育を増やしたり，小児医療の充実を進めたりして，仕事と育児が両立しやすい環境をつくること。

イ．企業で働く人同士のコミュニケーション不足を解消するために，コロナ禍《か》で普及したテレワークを廃止して，全従業員が職場に出勤しなければならないようにすること。

ウ．国と民間企業が協力して，男性の育児休業取得率を高める仕組みを導入したり，育児のために短時間勤務の制度を導入したりすること。

4 ―Ⅰ　以下の文章を読んで，あとの問いに答えなさい。

「林野庁の資料」により作成。

右の写真は，バイオマス発電に使われる木質ペレットです。木質ペレットを利用するバイオマス発電は，一般に「カーボンニュートラル」であると言われています。「カーボンニュートラル」は，日本語では「炭素中立」と訳され，地球温暖化につながる温室効果ガスの排出量と吸収量が均衡していることを意味しています。しかし，実際のところ，日本における木質ペレットを利用するバイオマス発電は，完全に「カーボンニュートラル」であるとは言い切れません。

問１　木質ペレットを利用するバイオマス発電が，一般に「カーボンニュートラル」であると言われる理由を答えなさい。

問２　日本における木質ペレットを利用するバイオマス発電が，完全に「カーボンニュートラル」であるとは言い切れない理由を，次の資料を参考にして答えなさい。

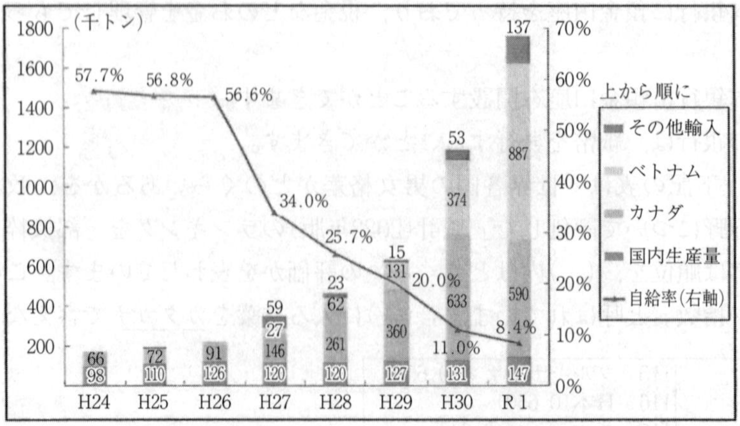

日本における木質ペレットの輸入と自給率の状況

「林野庁の資料」により作成。

4 ―Ⅱ　次の文章を読んで，あとの問いに答えなさい。

働いている人が休日や退勤後に会社や取引先と連絡をとらない「つながらない権利」の保障が世界的に注目されています。日本でもこの権利は注目されるようになりました。次の表「就業者の通勤時間の変化」を参考にして，特にコロナ下の日本において「つながらない権利」が注目されるようになった理由(背景)を説明しなさい。また，それに伴って，「つながらない権利」が主張されている理由を，説明しなさい。

表 「就業者の通勤時間の変化」

質問 今回の感染症の影響下において，１週間の中で通勤にかける時間はどのように変化しましたか。

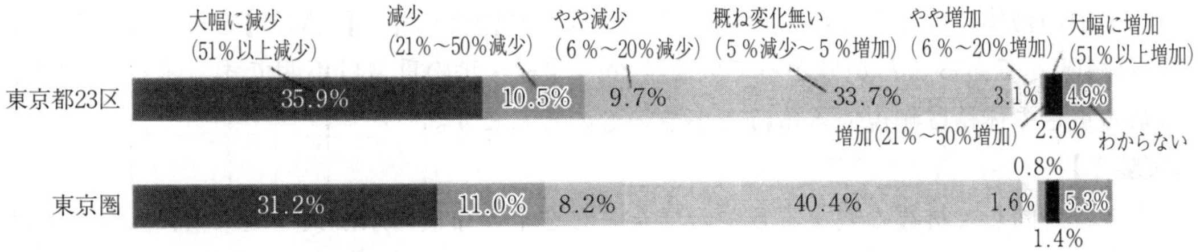

内閣府「新型コロナウイルス感染症の影響下における生活意識・行動の変化に関する調査」2020年６月より一部抜粋

【理　科】〈医進・サイエンス回入試〉（50分）〈満点：100点〉

〈編集部注：実物の入試問題では，写真，図，グラフのほとんどがカラー印刷です。〉

1　浮力《ふりょく》について，以下の問いに答えなさい。

〔Ⅰ〕 水中の物体にはたらく浮力をテーマに，以下の【実験１】～【実験３】を行いました。球Ａの重さは100ｇであることが分かっていますが，球Ｂ～Ｅの重さは不明です。また，実験で用いる糸の重さや体積は無視できるほど小さいものとします。

【実験１】

大きさが同じで材質の異なる５つの球Ａ～Ｅを十分な量の水が入った水槽《すいそう》に入れ，しばらく放置すると，図１のように球Ｅだけ球のちょうど上半分が水面から出た状態で浮き，球Ａ～Ｄはすべて水面下にあった。このとき，球Ａの上部は水面に接し，球ＢとＣの下部は水槽の底に接し，また，球Ｄは水中に浮いた状態にあった。

【実験２】

図２のように球ＢとＣを，同じばねにそれぞれつり下げ，静かに水面下に沈《しず》めていくと，ばねの伸《の》びの比は１：２となった。

【実験３】

球ＣとＥを糸でつないで静かに水中に沈め，しばらく放置すると，図３のように球ＣとＥが水中に浮いた状態になった。

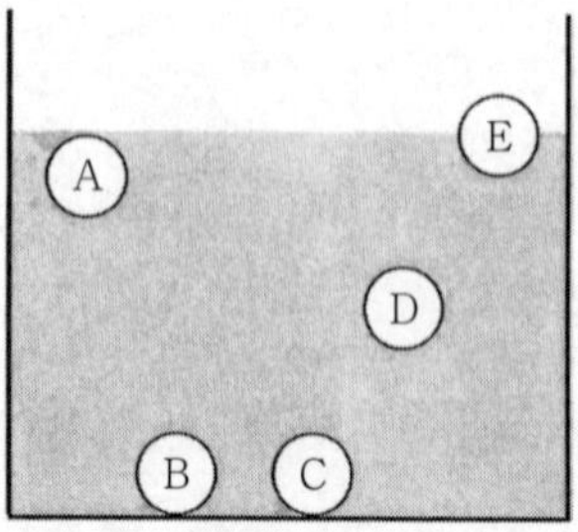

図１

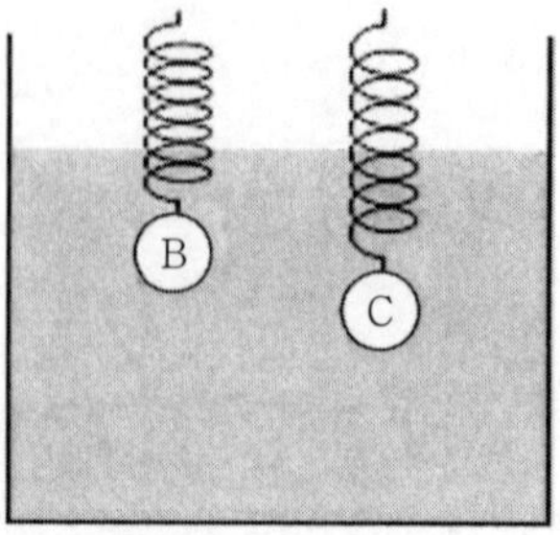

図２

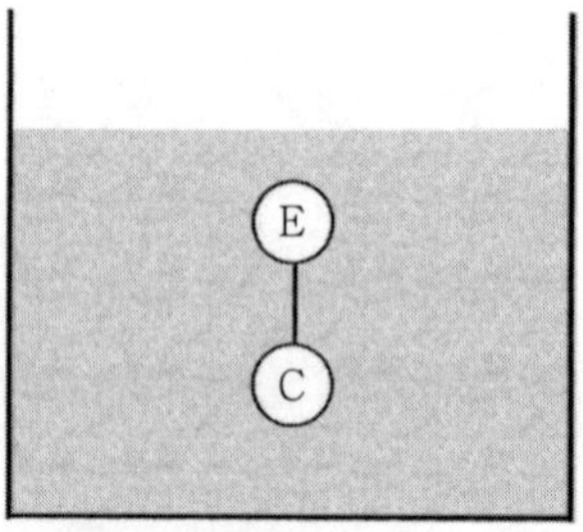

図３

問１　球Ａ～Ｅのうち，重さが等しいと考えられる球が２つあります。その球を**２つ選び**，記号で答えなさい。

問２　図１において，球Ｂ，Ｄ，Ｅに加わっている浮力の大きさについて述べた文章として正しいものを，次のア～オから**すべて選び**，記号で答えなさい。

ア．球Ｂに加わっている浮力が最も小さい。

イ．球Ｄに加わっている浮力は，球Ｂに加わっている浮力よりも大きい。

ウ．球Ｅに加わっている浮力が最も大きい。

エ．球Ｂに加わっている浮力は，球Ｅに加わっている浮力の２倍である。

オ．球Ｄに加わっている浮力は，球Ｅに加わっている浮力の２倍である。

問３　【実験１】～【実験３】の結果から，球Ｂの重さは何ｇと考えられますか。ただし，割り切れない場合は小数第１位を四捨五入して，整数で答えなさい。

〔Ⅱ〕 空気中にある物体には，水中の場合と同様に，その物体が押《お》しのけた空気の重さと同じ大きさの浮力がはたらきます。ここでは，飛行船の形をしたゴム風船（以下風船）を用意し，この風船におもりをつるして，この中に最も軽い気体である水素ガスを入れて，風船とおもりが浮く条件を調べました。以下，風船以外の物体にはたらく浮力は小さく，無視できるものとします。

【実験４】

水素ガスを入れる前の風船(おもりを除く)の重さをはかると6.4ｇであった。この風船内を水素ガスで満たすと，風船内の容積は20Ｌとなり，図４のように風船は浮いたが，おもりは床《ゆか》の上から動かなかった。

【実験５】

風船につるしてあるおもりを少しずつ軽いものに変えていくと，（　Ｘ　）ｇよりも軽いおもりのときに，風船といっしょにおもりも浮いた。

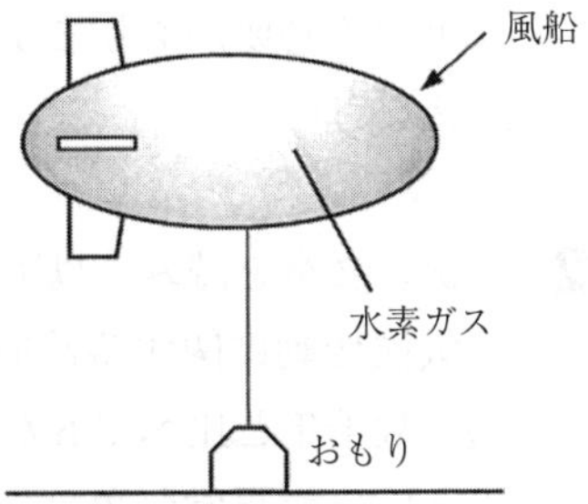

図４

問４　【実験４】と【実験５】を行ったときの気温と気圧のもとで，空気と水素の１Ｌあたりの重さを調べると，空気は1.2ｇ，水素は0.08ｇでした。風船のゴムの厚さは無視できるものとします。

(1)　風船部分にはたらく浮力の大きさは何ｇですか。

(2)　風船内の水素ガスと，風船の重さの合計は何ｇですか。

(3)　上の文章の(Ｘ)に入る値を答えなさい。

問５　現在のような旅客機の無かった20世紀の初めには，旅客用の大型飛行船が活躍《かつやく》していましたが，1937年５月６日に発生したヒンデンブルグ号の事故で多数の犠牲者《ぎせいしゃ》を出したことをきっかけに，飛行船を浮揚《ふよう》させるための水素ガスは使われなくなり，ヘリウムガスが使われるようになりました。なぜ最も軽い気体である水素ガスでなく，ヘリウムガスが使われるようになったのでしょうか。水素とヘリウムの化学的性質のちがいをもとに，その理由を答えなさい。

〔Ⅲ〕　最後に，熱気球が浮き上がる条件を計算で求めてみましょう。気球内の気体は，周囲の大気の成分と同一ですが，気体は温めれば温めるほど体積が膨張《ぼうちょう》して密度が小さくなるので，内部の空気の重さが軽くなり，気球内に空気よりも軽いガスを入れたのと同じ状態になります。図５のように，体積2000m^{3}の球皮(気球部分)を持ち，球皮とバーナー，およびゴンドラの重さの合計が300kgの熱気球に人を乗せて浮き上がることを考えます。空気を温めると空気の密度(空気１m^{3}あたりの重さ)は図６のように変化するものとします。

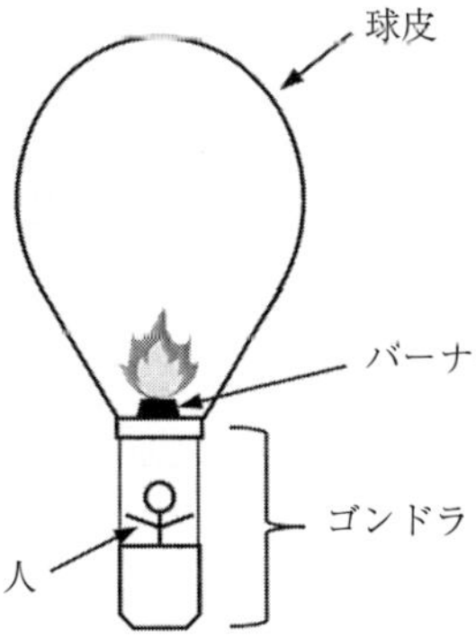

図５

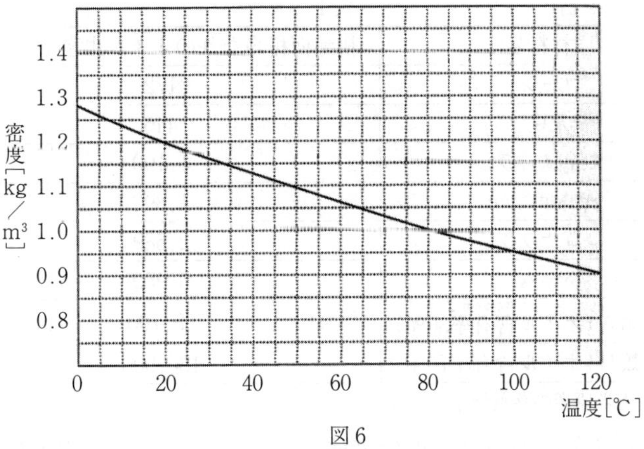

図６

問6　ゴンドラに3人乗り込《こ》み，その3人の体重の合計が200kgであったとします。気球外の気温が20℃の条件下で，この熱気球を浮き上がらせるためには，気球内の気温を何℃以上まで上げる必要がありますか。ただし，割り切れない場合は小数第1位を四捨五入し，整数で答えなさい。

2　次の文章を読み，以下の問いに答えなさい。

気候変動に関する政府間パネル(IPCC)第6次評価報告書(2021年8月)によると，地球では過去数千年と比べてもかつてないほどの気候系の変化が生じており，熱波，大雨，干ばつ，台風といった異常気象は人間活動の影響《えいきょう》である可能性が非常に高いとされています。また，これから10年でどのような手を打つかは地球の持続可能性にとって極めて重要であると述べられています。

現在行われている対策として，2015年に開かれたCOP21では，世界の平均気温の上昇《じょうしょう》を工業化前と比べて2℃よりも十分低く保ち，1.5℃に抑制《よくせい》するよう努力すること，そして21世紀後半には二酸化炭素をはじめとする温室効果ガスの人為《じんい》的排出《はいしゅつ》と人為的吸収のバランスをとり，排出量を実質ゼロにする「カーボンニュートラル」を目標にするパリ協定が合意されました。

そこで注目されているのが，①再生可能エネルギーであるバイオ燃料です。②バイオ燃料とは，化石を除く動植物などの生物資源(バイオマス)から作り出された燃料のことをいいます。バイオ燃料の原料となるバイオマスは表1に示すようにきわめて多岐《たき》にわたり，そこから生成される燃料もバイオエタノール，バイオディーゼル，バイオジェットなど用途《ようと》によって様々です。これらはガソリンや軽油などの代替《だいたい》として運送用燃料に使用できるため，世界の国々で研究され，実用化も進んでいます。ただし，バイオ燃料は従来のエネルギーよりも加工プロセスが多く，生産にかかるコストが高いことが課題です。普及《ふきゅう》を進めるには，生産効率の良いバイオ燃料を開発するための研究が欠かせません。

現在，低コストで生産できるバイオ燃料として，ブラジルでサトウキビから作られるバイオエタノールが知られています。一方で，サトウキビの利用には別の問題もあり，これらを解決する新しい手段として，③微細藻類《びさいそうるい》(植物プランクトン)を原料とするバイオ燃料に注目が集まっています。

表1

原材料名	耕地面積当たりのオイル生産量(L/ha)
コーン	172
大豆	446
キャノーラ	1,190
※ヤトロファ	1,892
ココナッツ	2,689
パーム	5,950
微細藻類A(オイル含有率《がんゆうりつ》30%)	58,700
微細藻類B(オイル含有率70%)	136,900

※　中南米原産の落葉低木の一種。

問1　下線部①について，再生可能エネルギーとして利用可能なものに，常にあてはまるものとして，適当なものを次のア～カから**すべて選び**，記号で答えなさい。

ア．原子力発電　　イ．太陽光発電　　ウ．地熱発電

エ．水力発電　　オ．風力発電　　カ．水素による発電

問２　下線部②について，化石燃料はバイオ燃料と同様に，二酸化炭素を吸収して育った植物やプランクトンなどが長い年月をかけて変性した，生物由来のエネルギーです。また，バイオ燃料も化石燃料と同じように，燃焼すると二酸化炭素を排出します。なぜ化石燃料と異なり，バイオ燃料がカーボンニュートラルの達成に貢献《こうけん》するとされているか，説明しなさい。

問３　表１は，１haの耕地面積にバイオ燃料となるバイオマスを栽培《さいばい》したときに，そこから生産できるオイル生産量をまとめたものです。もし，等しい量のオイルを生産するとしたとき，コーンは微細藻類Ｂの何倍の耕地面積が必要か答えなさい。ただし，割り切れない場合は小数第２位を四捨五入し，小数第１位まで答えなさい。

問４　下線部③について，他の作物と比較して微細藻類をバイオ燃料に使用するメリットとして**適当でないもの**を次のア～オから１つ選び，記号で答えなさい。

ア．高い生産性を持つ。

イ．幅広《はばひろ》い土地で生産可能である。

ウ．育てたバイオマスだけを回収するのが容易である。

エ．食料価格の高騰《こうとう》に繋《つな》がらない。

オ．生産量拡大のための森林伐採《ばっさい》を避《さ》けられる。

バイオ燃料の研究では，バイオマスやその抽出物《ちゅうしゅつぶつ》に何がどれくらい含《ふく》まれているかを評価するため，様々な分析《ぶんせき》装置が用いられます。その一つ，分光光度計は，試料となる溶液《ようえき》に様々な波長の光を当てて，光の吸収や散乱の度合いを測る装置です。

例えば，専用の透明《とうめい》な容器に微細藻類の培養《ばいよう》液を入れて，分光光度計で分析したとします。微細藻類の細胞《さいぼう》は光の多くを散乱して一部を吸収するため，図１のように細胞数が多いほど培養液は濁《にご》り，まっすぐ通過する光は弱くなります。分光光度計はこの光をセンサーで検出し，光の弱まった度合いを値で示します。これを「光学密度(OD)」といい，ODの値が大きいほど通過した光が弱く，試料中の細胞の密度が高いことが分かります。

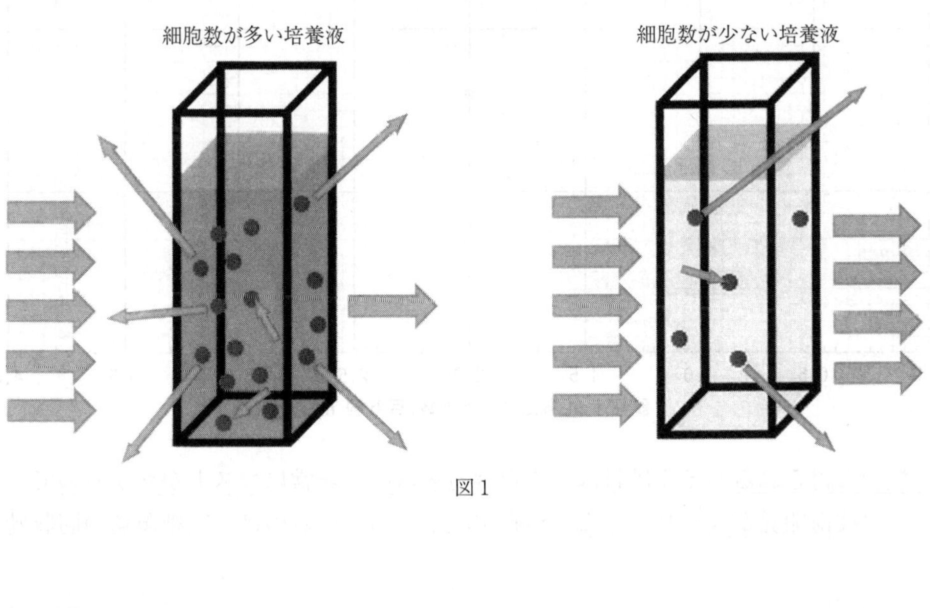

図１

分光光度計で得たODだけでは，単位体積あたりにいくつ細胞があるか，細胞密度の具体的な値を知ることはできません。そこで，あらかじめ顕《けん》微鏡《びきょう》などで細胞密度を測定した標準試料(基準となる試料)を複数用意し，分光光度計にかけてODを調べます。次に，**試料ごとの細胞密度(試料1mLあたりの細胞数)を横軸《じく》，得られたODを縦軸に**，細胞密度とODの関係を表すグラフである「検量線」を作ります。これで未知の試料に関しても，分光光度計でODを測定して検量線と照らし合わせることで，細胞密度を求めることができます。

問5　分光光度計を用いて，ある微細藻類Cの培養液の細胞密度を調べたいとします。下準備として検量線を作成するために標準試料を分析した結果，表2の通りになりました。このデータを＜解答例＞にならって解答用紙に点を記入しなさい。

表2

細胞密度(試料1mLあたりの細胞数)［百万個/mL］	光学密度(OD)
0.0	0.00
1.0	0.24
2.5	0.60
4.2	1.00

<解答例(点の書き方，点の大きさ)>

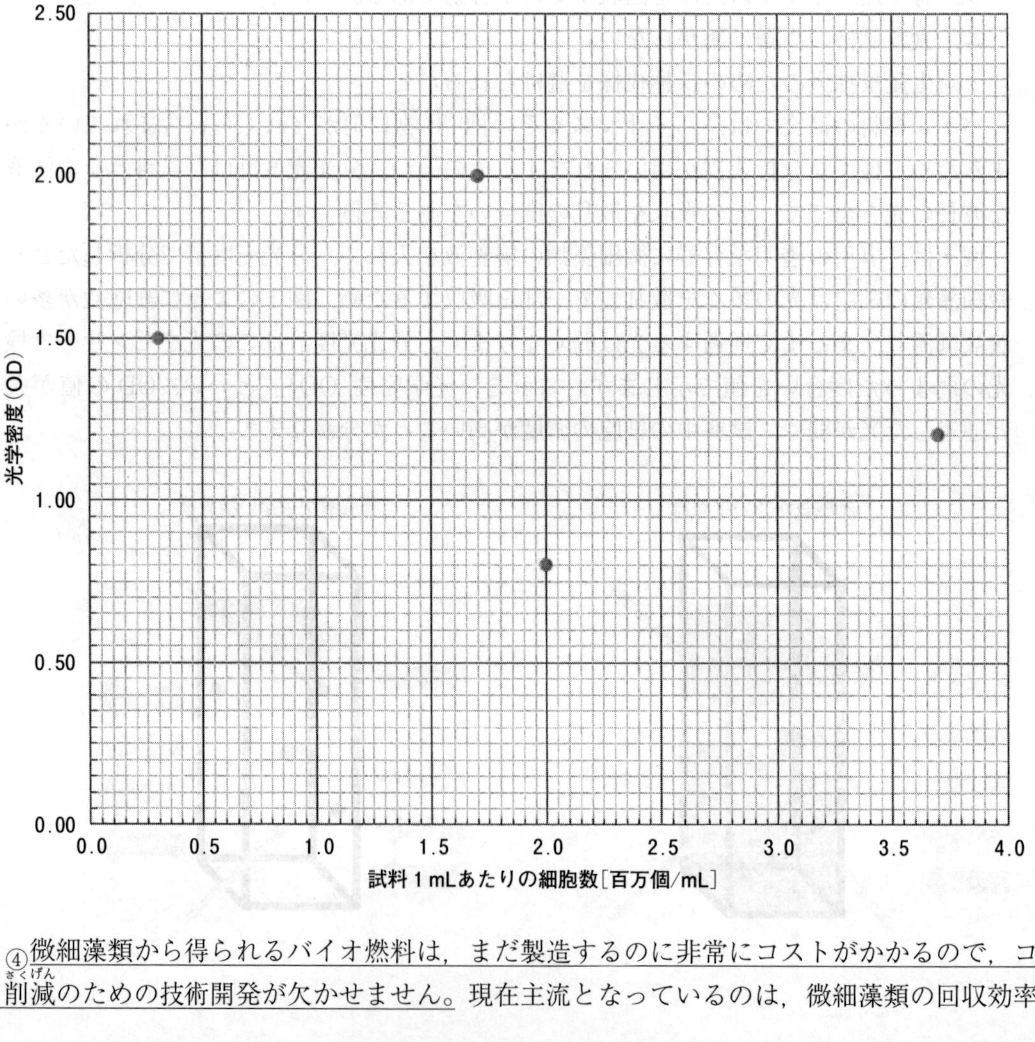

④微細藻類から得られるバイオ燃料は，まだ製造するのに非常にコストがかかるので，コスト削減《さくげん》のための技術開発が欠かせません。現在主流となっているのは，微細藻類の回収効率を

上げるため，自然の池ではなくフォトバイオリアクターと呼ばれる装置内で培養する方法です。別の生物が混入して繁殖しないための薬品も使用しており，これらには費用がかかります。また，バイオ燃料の原料を取り出すために，微細藻類を脱水《だっすい》して細胞を壊《こわ》すのにも時間とエネルギーがかかります。

微細藻類Cを効率よく育てる方法を調べるために，次の実験を行いました。

【実験】

微細藻類Cの培養液を２つに分け，光・温度などの条件を揃《そろ》え，次の方法で100時間培養した。

(a)　そのまま培養液の中で育てる。

(b)　培養液をイクラのようなカプセルに包んでから育てる。

その後，(b)をカプセルから取り出してから両者を分光光度計にかけたところ，表３に示す結果となった。

問６　表３の(ア)，(イ)に当てはまる値を，問５で作成した図を用いて小数第１位まで答えなさい。ただし，割り切れない場合は小数第２位を四捨五入し，小数第１位まで答えなさい。なお，培養液はODに影響を与えないものとします。

表３

条件	細胞密度(試料１mLあたりの細胞数)［百万個 /mL］	光学密度(OD)
(a)	(ア)	0.36
(b)	(イ)	0.48

問７　下線部④について，バイオ燃料を生成するコストを削減するため，実際に問６の【実験】のような，微細藻類をカプセル化して培養する研究が行われています。削減が期待できるコストとして**当てはまらないもの**を次のア～エから１つ選び，記号で答えなさい。

ア．微細藻類を培養する装置の費用

イ．微細藻類を外敵から守るための薬品の費用

ウ．ろ過などで微細藻類から水を分離《ぶんり》するために必要な時間

エ．バイオ燃料の原料を取り出すために，微細藻類の細胞を壊すためのエネルギー

3　次の文章を読み，以下の問いに答えなさい。

私たち動物は植物とは異なり，食べ物を食べその中に含まれている養分と水を体内に取り入れ，生命活動に重要なエネルギーを作り出しています。できるだけ多く体内に栄養分を吸収するため，食べ物は細かく分解していく必要があります。すりつぶしたりするだけでは十分に細かく分解することができないので，消化液の成分である酵素《こうそ》を使って，食べ物をより体内に吸収されやすい物質に分解していきます。まずはだ液に含まれる酵素(以下アミラーゼ)と胃液に含まれる酵素(以下ペプシン)の性質を調べるために，実験を行いました。

【実験１】

１．でんぷん水溶液が入った試験管に，アミラーゼとペプシンをそれぞれ加えた試験管を，それぞれ３本ずつ用意し，水を加えて０℃，40℃，80℃の温度で数分間反応させてから，ヨウ素液を加えでんぷんの有無を調べた。

2．でんぷん水溶液が入った試験管に，アミラーゼとペプシンをそれぞれ加えた試験管をそれぞれ３本ずつ用意し，塩酸，純水，アンモニア水を加えて40℃の条件で数分間反応させ，ヨウ素液を加えでんぷんの有無を調べた。

3．１の実験をでんぷん水溶液のかわりに，卵白溶液を使い同様の実験を行い反応させたのち，卵白タンパク質を検出すると赤紫《あかむらさき》色に変化する試薬を使って，卵白タンパク質の有無を調べた。

4．２の実験をでんぷん水溶液のかわりに，卵白溶液を使い同様の実験を行い反応させたのち，卵白タンパク質を検出すると赤紫色に変化する試薬を使って，卵白タンパク質の有無を調べた。

＜【実験１】の結果＞

・１の結果

温度条件	0℃	40℃	80℃
アミラーゼ	紫色に変化	変化なし	紫色に変化
ペプシン	紫色に変化		

・２の結果

水溶液の種類	塩酸	水	アンモニア水
アミラーゼ	紫色に変化	変化なし	紫色に変化
ペプシン	紫色に変化		

・３の結果

温度条件	0℃	40℃	80℃
アミラーゼ	赤紫色に変化		
ペプシン	赤紫色に変化		

・４の結果

水溶液の種類	塩酸	水	アンモニア水
アミラーゼ	赤紫色に変化		
ペプシン	変化なし	赤紫色に変化	

【実験１】で，酵素の性質について調べることができました。まとめると以下のような性質があることがわかりました。

＜酵素の性質＞

Ⅰ．酵素は決まった物質しか分解できない。

Ⅱ．酵素は40℃くらいの温度でよくはたらく。

Ⅲ．酵素によっては酸性ではたらくものもあれば，中性ではたらくものもある。

問１　酵素でばらばらに分解された物質が，最も吸収される場所はどこか，適当なものを次のア～ケから１つ選び，記号で答えなさい。

ア．舌　　イ．食道　　ウ．胃

エ．小腸　　オ．大腸　　カ．肝臓《かんぞう》

キ．心臓　　ク．すい臓　　ケ．腎臓《じんぞう》

問２　問１で吸収された物質は，血液によってある器官に運ばれていきます。ある器官は，一時的に養分を蓄《たくわ》えておくことができます。その器官として最も適当なものを，問１の選択肢《せんたくし》ア～ケから１つ選び，記号で答えなさい。

問３　ペプシンが分解できるものとその条件は何か，【実験１】の結果をもとに下の文章中の(①)～(③)に当てはまる語句をそれぞれ答えなさい。

「ペプシンは，(　①　)℃で(　②　)を加えると，(　③　)を分解することができる。」

酵素の性質は，【実験１】でわかったこと以外にもいくつか存在します。その一つとして，酵素自身は変化することなく，酵素と結合した物質を変化させる手伝いをすることができる性質があります(図１)。このはたらきを触媒《しょくばい》作用といいます。酵素と結合し変化する物質を基質といい，新しく生成された物質を生成物といいます。酵素自身が変化しないため，酵素は熱などで壊されない限り，何度でも繰《く》り返し反応の手伝いをすることができます。基質は酵素がなくても反応することができますが，酵素があった方がはるかに速く反応することができるようになります。中には基質によく似た物質が混じってしまう事で，基質のかわりに酵素にくっついてしまい，基質の反応が遅《おそ》くなってしまう場合もあります(図２)。ただし，基質に似た物質よりも，基質の方が多ければ邪魔《じゃま》されにくくなり反応が進みます。また，この基質に似た物質は酵素と結合しても変化することなく外れていきます。他の酵素の性質として，基質と結合する場所と別の場所にちがう物質が結合することで，酵素の基質と結合する部分が変形し基質と結合することができなくなることがあります(図３)。図２の物質とちがい，この図３の酵素に結合する物質は一度結合すると離《はな》れなくなります。そのため，この物質に結合された酵素は，基質と結合することができなくなります。

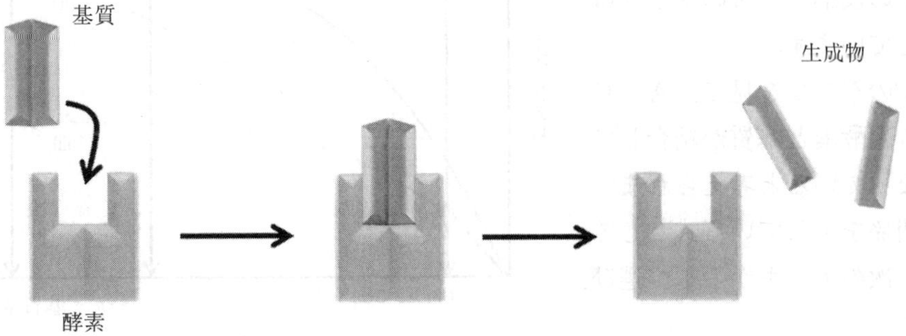

図１

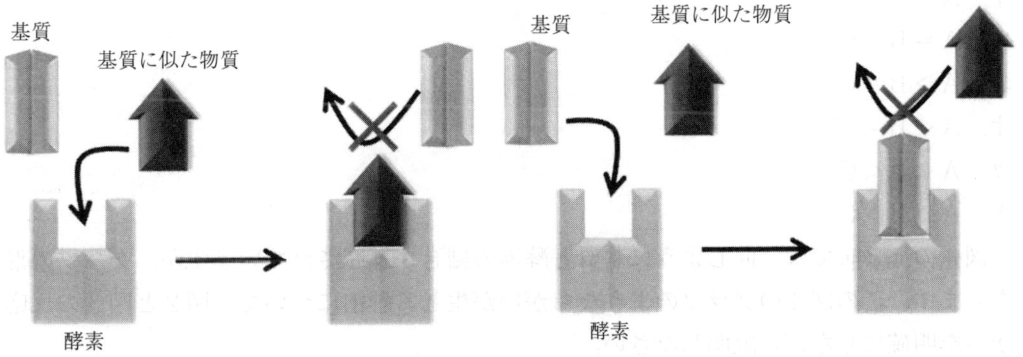

※　基質の量が増えれば，基質に似た物質と酵素が結合する量が減り，基質と酵素が結合できる量が増える。

図２

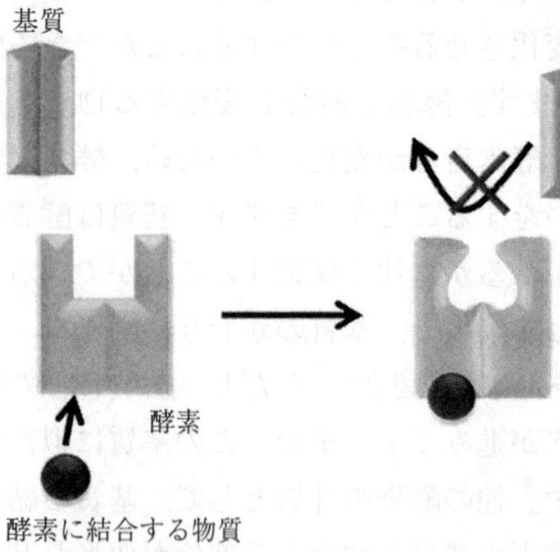

図3

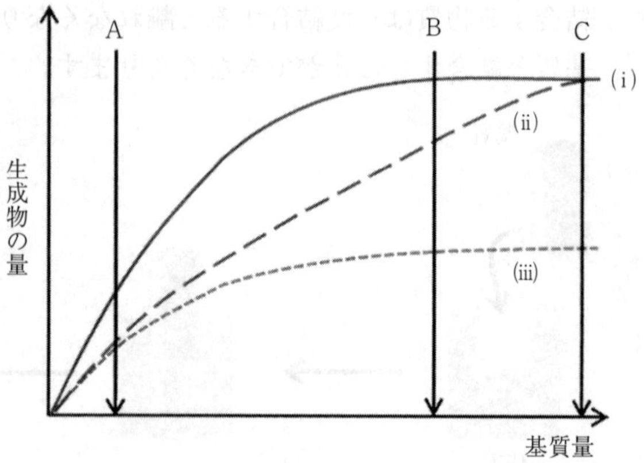

図4

酵素と基質の反応を，図4のグラフにまとめました。(i)のグラフは図1の反応を，(ii)のグラフは図2の反応を，(iii)のグラフは図3の反応を示しています。

問4　図4の中の(i)のグラフを見て，A～Cの基質量のときに酵素と基質が結合している数はどうなっていると考えられますか。それらの関係を示している式として正しいものを，次のア～キから1つ選び，記号で答えなさい。

ア．A＝B＝C
イ．A＝B＜C
ウ．A＝B＞C
エ．A＞B＝C
オ．A＜B＝C
カ．A＜B＜C
キ．A＞B＞C

問5　図4の(ii)と(iii)では，同じように基質と酵素の結合が邪魔されていますが，グラフの形が異なります。この図4のグラフのようなちがいが生じる理由について，図2と図3の反応のちがいを明確にしながら説明しなさい。

図2や図3のような酵素と基質の反応を邪魔する物質があることで，生成物の量がどのように変化するかを確かめる実験を行いました。お米に含まれるでんぷんはマルトースに分解された後，さらにグルコースに分解されます。【実験1】では，アミラーゼを用いてでんぷんを分解しましたが，今回はマルターゼを用いたマルトースの分解を，マルトースとよく似た物質Xを加えることで，生成されるグルコース量に変化が生じるかを確認するため，【実験2】と【実験3】を行いました。

【実験２】

　ある一定量のマルターゼを含む液に，マルトースを加えて37℃で保温した。マルトースを加えてから10分間，反応液中のグルコース量を測定し，その結果を図５のグラフに示した。

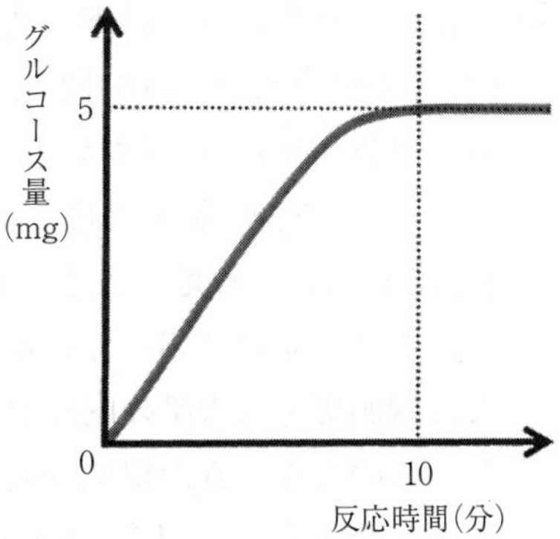

図５

【実験３】

　【実験２】と同じ量のマルターゼを含む液に，【実験２】と同じ量のマルトースと物質Xを同時に加えた。その後，37℃で10分間保温し，反応溶液中のグルコース量を測定した。この実験を，物質Xの量を変えて何度か行った。

問６　【実験３】の結果として，加えた物質Xの量に対する生成したグルコース量はどのようなグラフになりますか。最も適切なグラフを，次のア～ケから１つ選び，記号で答えなさい。ただし，物質Xは実験の間分解されることはないものとします。

ア．

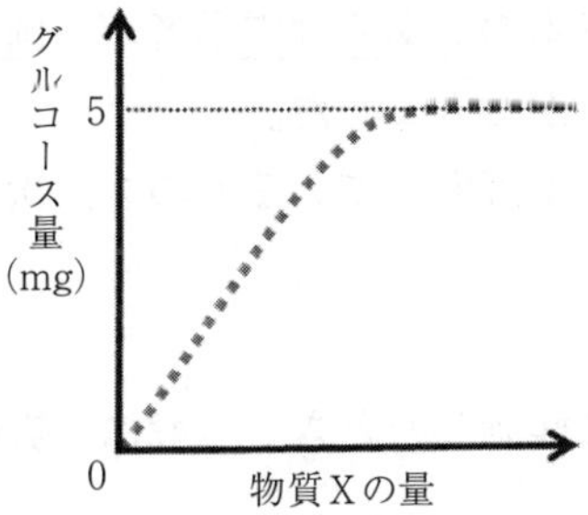

イ．

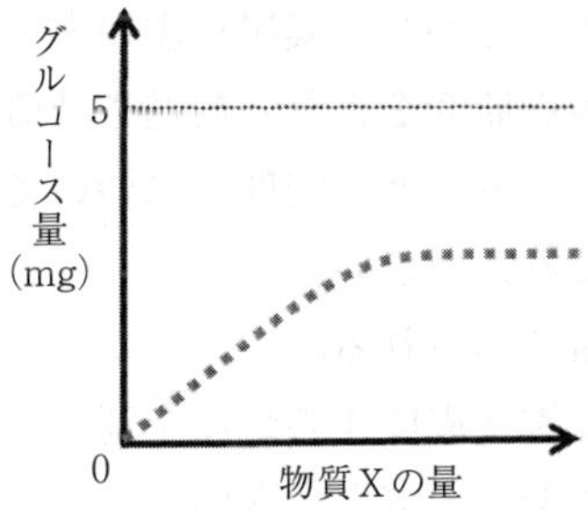

ウ．

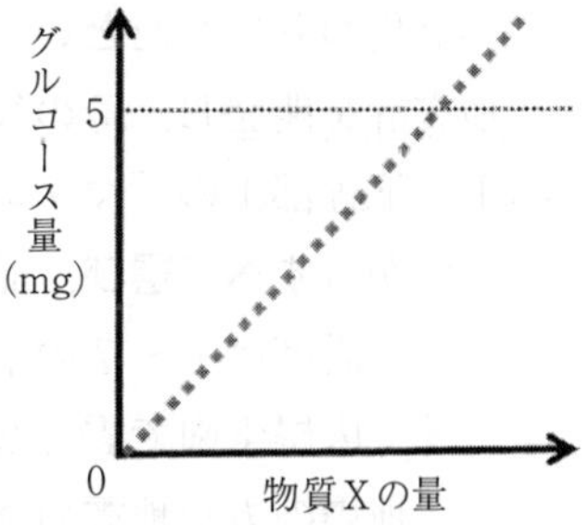

エ．

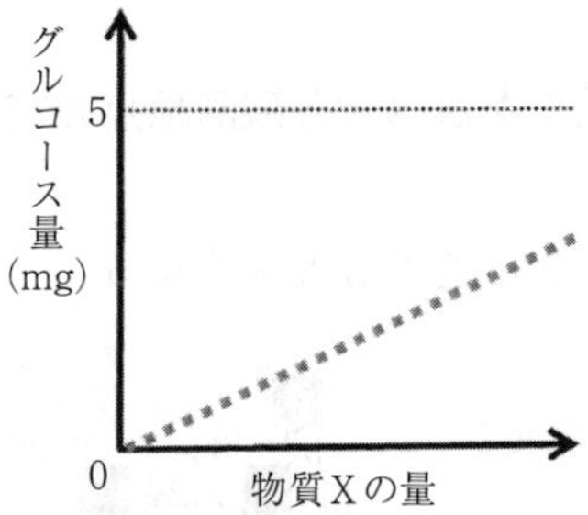

オ．

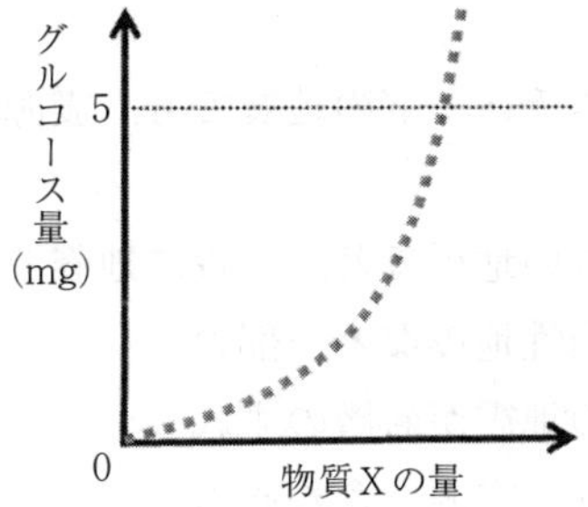

カ．

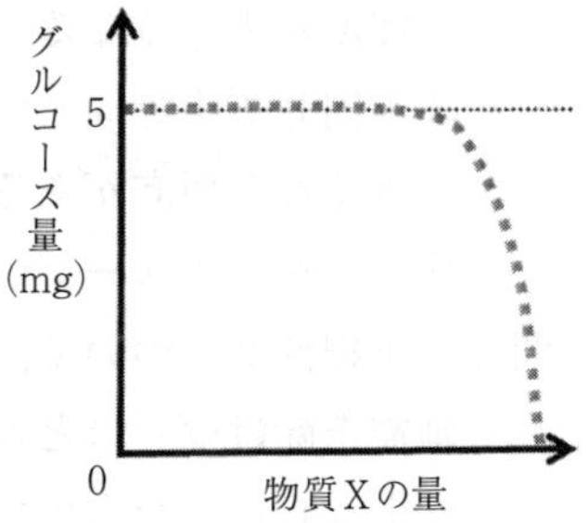

キ．

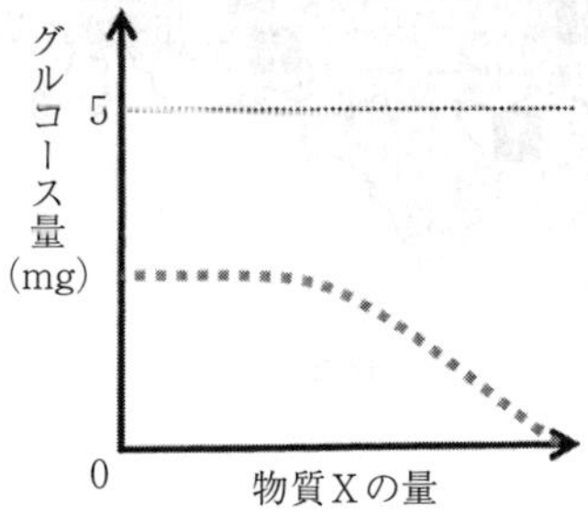

ク．

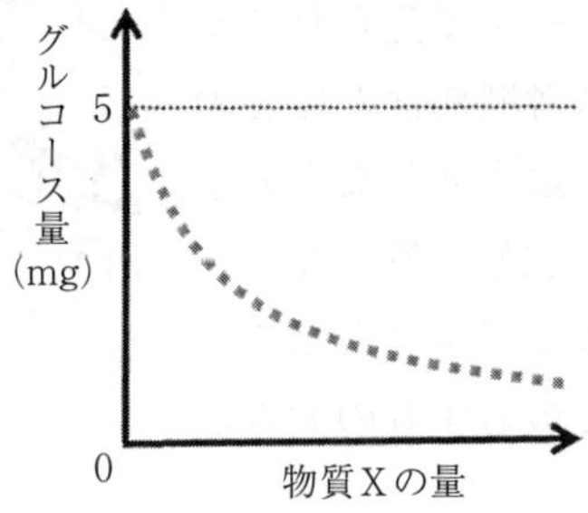

ケ．

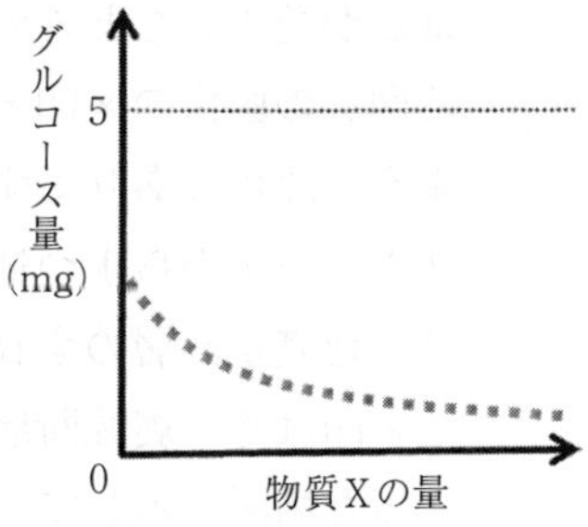

4 次の文章を読み，以下の問いに答えなさい。

〔Ⅰ〕 1891(明治24)年10月28日午前6時38分，岐阜県本巣郡西根尾《にしねお》村(現本巣市)を震源《しんげん》とした①マグニチュード8.0，最大震度7の大きな地震(濃尾《のうび》地震)が発生し，各地に大きな被害《ひがい》をもたらしました。これは記録に残っている日本の内陸域で発生した観測史上最大級の内陸直下型地震であり，また，このときできた根尾谷断層(図1)は，地表面に現れたものだけで全長80kmにおよび，垂直に最大で6mのずれが生じ，当時の研究者たちに②地震と断層との関係を強く意識させるものとなりました。

図1　根尾谷断層
(理科年表2015より)

当時の日本の地震の研究者たちは，災害から人々を守るため，地震の起こる仕組みを何とか解き明かそうとして，地震が起こるたびにその地方の墓地へ行き，墓石の倒れ具合を調べて地震計代わりにしたといいます。しかし，濃尾地震のあと，日本の③ある地震学者が④画期的な地震計を開発し，その後の地震研究を大きく前進させることができました。

問1　下線部①の「マグニチュード」と「震度」について正しく説明しているものを，次のア～オから**すべて選び**，記号で答えなさい。

ア．震度は1～7の7段階で示される。

イ．広尾学園で震度2の地震と震度4の地震を別々の日に観測したとき，一般《いっぱん》に，震度4の地震の方が地震のマグニチュードは大きい。

ウ．同じ震源で地震が発生した場合，一般にマグニチュードの大きい地震ほど各観測地点の震度が大きくなる。

エ．同じ震央で同じマグニチュードの地震でも，震源が浅くなるほど各観測地点の震度が大きくなる傾向《けいこう》がある。

オ．マグニチュードの大きい地震ほど，一般に地震波の伝わる速さも大きくなる。

問2　下線部②について，火山性地震など一部の地震を除けば，ほとんどの地震が断層のずれが引き起こしたものであり，震源を含むそのずれの範囲を震源断層面と呼びます。では，地震が発生したときのニュースで送られてくる図2の画像の×印と，震源断層面とはどのような関係にありますか。最も適当なものを，次のア～エから1つ選び，記号で答えなさい。

図2

ア．地震が断層のずれによって生じたとき，×印はその震源断層面で最もずれの大きかった場所を示している。

イ．地震が断層のずれによって生じたとき，×印はその震源断層のずれが始まった場所を示している。

ウ．地震が断層のずれによって生じたとき，×印はその震源断層面中央の位置を表している。

エ．地震が断層のずれによって生じたとき，×印はその震源断層面の最も深い位置を表している。

問３　下線部③の，明治時代に活躍した日本の「ある地震学者」とは誰のことですか。下のア～オの中から１人選び，記号で答えなさい。

ア．大森房吉　　イ．野口英世　　ウ．中谷宇吉郎　　エ．湯川秀樹　　オ．竹内均

問４　下線部④について，図３は問３の学者が開発した地震計の模式図で，地面がゆれたときに，そのゆれに連動して動くものと動かないものがあることで地震のゆれを記録できるという工夫がなされています。地面がゆれても動かないものを，次のア～オの中から**すべて選び**，記号で答えなさい。

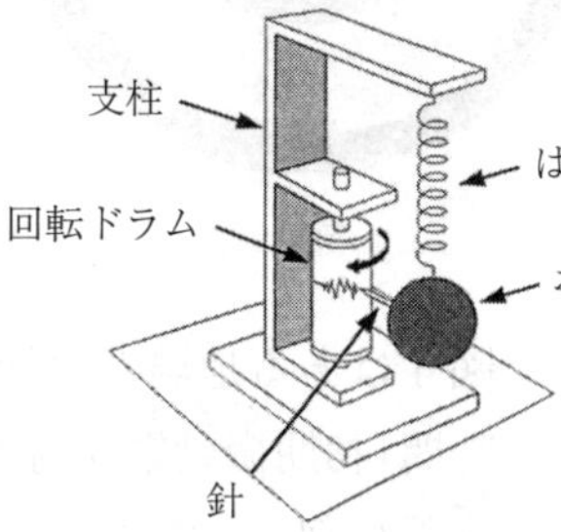

図３

ア．回転ドラム　　イ．おもり　　ウ．針　　エ．ばね

オ．支柱

〔Ⅱ〕図４は前述の地震計で，地震のゆれを回転ドラムの記録用紙に記録したものです。一般に，最初に小さく細かいゆれがあって，その後に大きなゆれがくるので，地震波(地震を伝える波)は少なくとも２種類あることが分かります。最初に到達する地震波はＰ波，次に到達する波はＳ波と呼ばれます。Ｓ波に比べてＰ波は1.7倍ほど伝わる速度が大きいことが知られています。

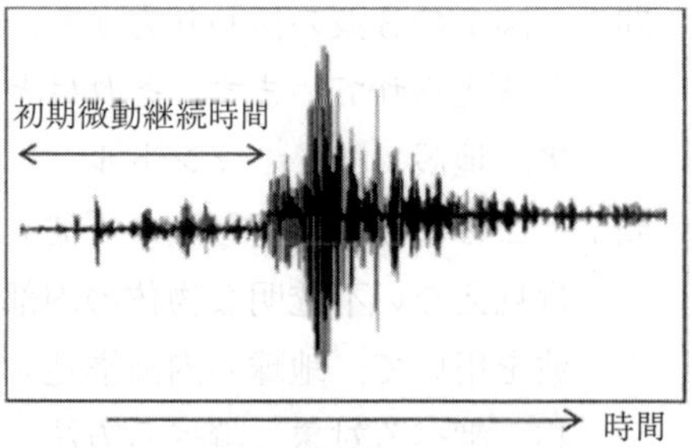

図４

ここで，Ｐ波とＳ波のちがいにふれてみましょう。我々が立っている固い地面は，ばねやゴムのような弾《だん》性《せい》(変形しても元の形に戻《もど》る性質)があり，周囲からの圧力によって膨張・圧縮して密度が変化する体積変形と，密度が変わらないままずれる「せん断変形」という２種類の弾性があります(図５)。

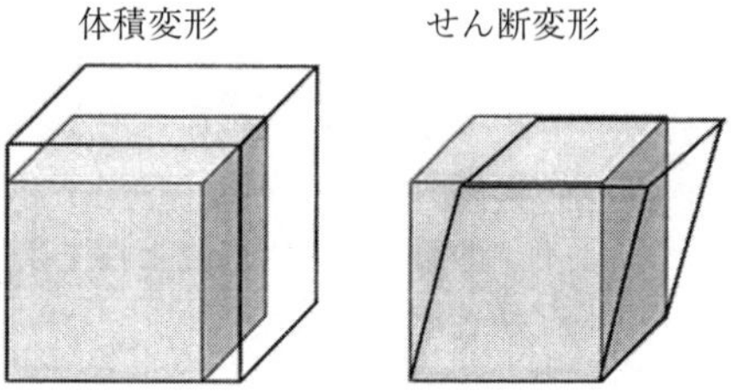

図５

このとき，密度変化が伝わる地震波がＰ波，せん断変形が伝わる地震波がＳ波であることが分かっています。このＰ波は「縦波」の一種で，固体だけでなく液体中も伝わりますが，Ｓ波は弾性の無い液体中を伝わらないという特徴があります。地球内部へ伝わるＰ波やＳ波の伝わり方を調べることで地球の内部構造が解明されてきたことも，地震研究による大きな成果の一つといえます。図６のように，地球内部は一様ではなく，いくつかの不連続面があり，外側から地殻《ちかく》，マントル，外核《がいかく》，内核の層に分かれていることが知られています。また，図７は星のところを震源として，地球内部の地震波の伝わり方を示しています。

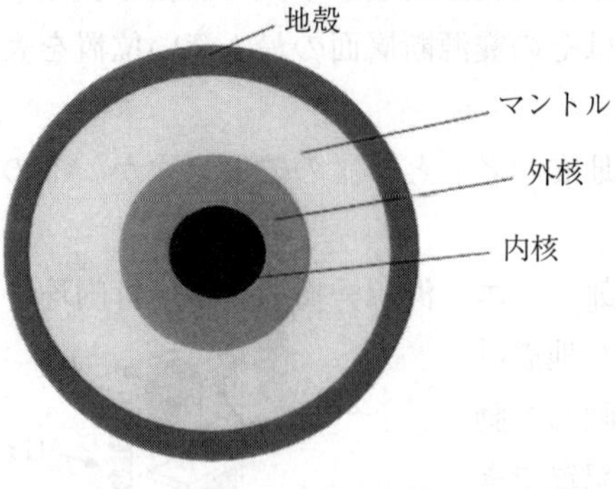

図6

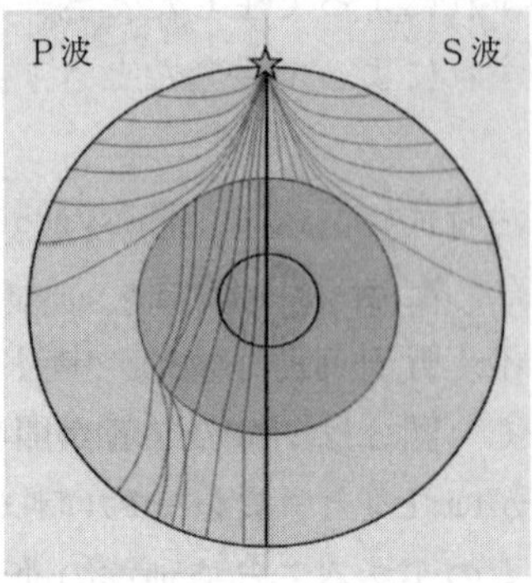

図7

問5　図4はある地震の記録であり，初めの小さなゆれが始まってから大きなゆれが起こるまでの時間(初期微《び》動《どう》継《けい》続《ぞく》時間)が4秒でした。このとき，この地震が記録された場所と震源までの距離《きょり》は何kmですか。この地域ではP波の伝わる速さを毎秒5km，S波の伝わる速さを毎秒3kmとします。

問6　図7のS波の伝わり方から，地球内部には液体の性質を持つ層が確実に1つ存在していると考えられています。それはどこですか。次のア～エから1つ選び，記号で答えなさい。

ア．地殻　　イ．マントル　　ウ．外核　　エ．内核

問7　このように，何らかの「波」を送り，その波の伝わった様子を調べることで，人間の目では見えない不透明な物体の内部の構造，あるいは，周囲の環境を知ることができます。地震波を用いて，地球の内部構造を調べる以外にどのようなものがありますか。使用する波の名称，調べる対象，調べる方法の名称などを具体的に示し，分かりやすく説明しなさい。

可能であるということ。

問六　⑧・⑨・⑩に入る最もふさわしい語をそれぞれ次の中から選び、記号で答えなさい。

ア　また　　イ　もちろん　　ウ　つまり

エ　そこで　　オ　けれども

問七　――線⑪「現実の物を見る見方」とありますが、これを言いかえた表現を、【文章Ⅰ】より十字以内でぬき出しなさい。

問八　――線⑫「そのような意味」とはどういうことですか。三〇字以内で説明しなさい。

問九　□内のa～dの四つの文を正しい順番に並べ替えたものとしてふさわしいものを次から一つ選び、記号で答えなさい。

ア　a→c→d→b　　イ　a→c→b→d

ウ　b→a→d→c　　エ　b→a→c→d

問十　【文章Ⅰ】冒頭の～～線「見えない人が『見て』いる空間」とはどういうことですか。【文章Ⅱ】で論じられている「環世界」という語を必ず用い、七〇字以上九〇字以内で説明しなさい。

ら一つ選び、記号で答えなさい。

ア　通るべき場所として定められ、目的地に向かって方向性を持つ「道」を、空間全体の広がりのあるイメージに振り回されずに移動することのできる存在であるということ。

イ　道を通行するたびに、道の左右にある様々な人工的な景色のもたらす情報に興味を引かれてしまうことで、自由に寄り道をして空間全体を楽しむことを忘れてしまっている存在であるということ。

ウ　目的地に到達するということだけを最優先に考えて行動してしまうことで、道々の様々な有益な情報やすれ違う知人に気づくことができず大切なものを見逃してしまっている存在であるということ。

エ　空間的にも意味的にも他の空間や道から分離された場所を目的地に向かうために通過していくだけで、空間全体を何にもとらわれずにイメージして行動することができない存在であるということ。

問三　――線③「彼らは『道』から自由だと言えるのかもしれません」とありますが、どういう意味ですか。その説明として最もふさわしいものを次から一つ選び、記号で答えなさい。

ア　目が見える人のように道を歩いていてたくさんの情報が入ってくるわけではないので、情報の欠けている部分を想像で補うしかない反面、道そのものが示す方向性や情報に縛られずに済むということ。

イ　目が見える人とは違って視覚だけを頼りにすることがなく、音や感触で把握できる範囲を限りなく広げることができるため、「道」に対する想像力を豊かに育むことができるということ。

ウ　「道」そのものから得られる情報はごくわずかしかないため、「道」という空間的・意味的に他の空間から切り離された場所が自分の世界のすべてであると実感できるということ。

エ　人は、物理的な空間を歩きながら、実は脳内に作り上げたイメージの中を歩いているに過ぎないため、目が見えない人は、目が見える人のイメージする「道」にとらわれることなく前進できるということ。

問四　④・⑤・⑥に入る最もふさわしい語をそれぞれ次の中から選び、記号で答えなさい。

ア　自然　イ　物理　ウ　受動　エ　人工
オ　固定　カ　部分　キ　本質　ク　比喩《ひゆ》

問五　――線⑦「空間の問題が単語の意味にかかわる」とありますが、どういう意味ですか。その説明として最もふさわしいものを次から一つ選び、記号で答えなさい。

ア　もともと平面的に構成されたものを立体的に表現する際に、目の見える人よりも目の見えない人の方が想像力で様々な部分を補うことができるため、上手に言語化できるということ。

イ　目の見えない人にとっては、二次元のものと三次元のものを区別してとらえることは難しいように、人は視覚を用いることによって、平面的な存在を立体的なものとして言葉にすることができるということ。

ウ　目の見える人は立体的なものを平面的に受けとってしまうことが多いが、目の見えない人は視覚によるイメージに左右されないため、ものそのものの姿でとらえていることが言葉にも表れるということ。

エ　富士山は元来「八の字の末広がり」という立体感をともなった表現で表されていたが、目の見えない人にとっても「上が欠けた円すい形」という同様の三次元的なとらえ方をすることがそれが大事なのだと、ユクスキュルはいう。ユクスキュルはこの世界のことを「環世界」、ウムヴェルト(Umwelt)と呼んだ。ウムは周りの、ヴェルトは世界である。つまり、彼らの周りの世界、ただ取り囲んでいるというのではなくて、彼ら主体が意味を与えて作りあげた世界なのであるということを、ユクスキュルは主張した。

したがって、客観的環境というようなものは、存在しないことになる。それぞれの動物が、主体として、周りの事物に意味を与え、それによって自分たちの環世界を構築しているのである。そして、彼らにとって存在するのは、彼らのこの環世界であり、彼らにとって意味のあるのはその世界なのであるから、一般的な、客観的環境というものは存在しない。つまり、いわゆる環境というものは、主体の動物が違えばみな違った世界になるのだというのである。

たとえば、このいわゆる客観的な環境であるちょっとした林の中に、一羽のトリがいたとする。トリから見ると、どの木が、なんという名前の木か、いつ頃実がなるかということは、その時点にしてみると意味がない。なぜならこのトリは、木の実を食べない。虫を食べる。虫を食べるトリにとって、存在するもので意味のあるのは、ひとつは敵であるが、もうひとつは自分の食べ物である。その食べ物は虫である。しかも、このトリは生きた虫を食べる。そのため、動いているものにのみ意味がある。

a　動かないものは意味がない。
b　それは生きているからである。
c　そうすると、動いていなければだめだということになる。
d　それは石ころかもしれないし、死んだ虫かもしれないし、そんなものはそのトリは食べない。

その小さな虫は、動いているときにだけ、このトリの目に見える、存在するものとして認識される。そして、そのトリは、それをつついて食べようとする。そうやってそのトリは生きている。周りには動かないものはいっぱいあるけれど、そのトリにとっては意味がない。彼らにとってそのような世界は存在していないに等しいということになる。つまり、主体の動物にとって意味のあるのは、その主体の動物の世界を構築しているものだということである。

〔日髙敏隆『動物と人間の世界認識』(ちくま学芸文庫)による〕

注1　ユクスキュル：ドイツの生物学者。「環世界」という概念を提示し、さまざまな学問領域に影響を与えた。

問一　――線①「私はそれを聞いて、かなりびっくりしてしまいました」とありますが、「私」はどのようなことに驚いたのですか。その説明として最もふさわしいものを次から一つ選び、記号で答えなさい。

ア　「大岡山」は地名であり「山」の呼び名ではないはずなのに、初めて来た木下さんは「山」という呼び名からその場所を山と受け止めていたこと。
イ　「私」がただの坂道だと思って通勤時に通っていた道路を、木下さんは空間全体をイメージとしてとらえてその場所を「山」と表現したこと。
ウ　目の見えない人は目の見える人とは違って、ささいな障害物や困難な環境に対して警戒心を抱いてしまい、大げさに表現してしまうということ。
エ　「大岡山」はただの地名ではなく地形的には「山」と呼ぶべき場所であることを、ほかでもない目の見えない木下さんから教えられたこと。

問二　――線②「私たちはまさに『通行人』なのだ」とありますが、どういう意味ですか。その説明として最もふさわしいものを次かこうした月を描くときのパターン、つまり文化的に醸成《じょうせい》された月のイメージが、現実の月を見る見方をつくっているのです。私たちは、まっさらな目で対象を見るわけではありません。「過去に見たもの」を使って目の前の対象を見るのです。

富士山についても同様です。風呂屋の絵に始まって、種々のカレンダーや絵本で、デフォルメされた「八の字」を目にしてきました。そして何より富士山も満月も縁起物です。その福々しい印象とあいまって、「まんまる」や「八の字」のイメージはますます強化されています。

見えない人、とくに先天的に見えない人は、目の前にある物を視覚でとらえないだけでなく、私たちの文化を構成する視覚イメージをもとらえることがありません。見える人が物を見るときにおのずとそれを通してとらえてしまう、文化的なフィルターから自由なのです。

〔伊藤亜紗『目の見えない人は世界をどう見ているのか』（光文社新書）による〕

注1　木下路徳さん：生まれつき弱視で現在は全盲。視覚障害者向けのワークショップを開催。

注2　俯瞰的（ふかんてき）：高い場所から物事を見渡すように、広い視野で全体を把握する様子。

注3　難波さん：バイク事故で失明し、全盲。視覚障害者向けのワークショップを開催。

【文章Ⅱ】　ダニを取り囲んでいる巨大な環境の中で、哺乳類の体から発する匂いとその体温と皮膚の接触刺激という三つだけが、ダニにとって意味をもつ。いうなれば、ダニにとっての世界はこの三つのものだけで構成されているのである。

これがダニにとってのみすぼらしい世界であると、注1ユクスキュルはいう。そしてダニの世界のこのみすぼらしさこそ、ダニの行動の確実さを約束するものである。ダニが生きていくためには、豊かさより確実さのほうが大切なのだとユクスキュルは考えた。

つまり、それぞれの動物、それぞれ主体となる動物は、まわりの環境の中から、自分にとって意味のあるものを認識し、その意味のあるものの組み合わせによって、自分たちの世界を構築しているのだ。

たとえば、イモムシであれば、今、自分が乗っている葉は、自分が食べるべき植物である。したがって、その存在は重要な意味をもつものと認識されている。しかし、そのほかの植物はこのイモムシにとって意味がない。食べられるものではないからである。そしてそれ以外に空気とかいうものは何ら認識する意味はない。結局、その葉っぱというものにだけ意味があるのであって、他のものは存在していないに等しい。

しかし、イモムシにもやはり敵がいる。ハチとかがこのイモムシを食べにくる。それは彼らにとって意味がある。そういうものがきたとき、彼らが落とす影や彼らの翅《はね》の動きが起こる。その空気の動きにイモムシたちが重大な意味を与えている。それは何ということのない、そよ風が起こす空気の動きとはちがい、自分の命にかかわるものである。⑫そのような意味をもつ空気の動きに対しては、彼らは身体をくねらして逃げようとする。あるいは、地面に落ちる。そうやって敵を避けようとする。

そういう意味のある存在を彼らは認識できるようになっている。彼らの世界はほとんどこれらのものから成り立っている。たとえば、美しい花が咲いていようと、それは彼らにとっては意味がない。食物としても敵としても意味のないそのようなものは、彼らの世界の中に存在しないのである。彼らにとって大切なのは、客観的な環境といわれているようなものではなくて、彼らという主体、この場合にはイモムシが、意味を与え、構築している世界なのである。

ね。きっと、まわりの風景、空が青いだとか、スカイツリーが見えるとか、そういうので忙しいわけだよね」。

まさに情報の少なさが特有の意味を生み出している実例です。都市で生活していると、目がとらえる情報の多くは、④ 的なものです。大型スクリーンに映し出されるアイドルの顔、新商品を宣伝する看板、電車の中吊《なかづ》り広告……。見られるために設《しつら》えられたもの、本当は自分にはあまり関係のない＝「意味」を持たないかもしれない、純粋な「情報」もたくさんあふれています。視覚的な注意をさらっていくめまぐるしい情報の洪水。確かに見える人の頭の中には、木下さんの言う「脳の中のスペース」がほとんどありません。

それに比べて見えない人は、こうした洪水とは無縁です。もちろん音や匂いも都市には氾濫《はんらん》していますが、それでも木下さんに言わせれば「脳の中に余裕がある」。さきほど、見えない人は道から自由なのではないか、と述べました。この「道」は、⑤ 的な道、つまりコンクリートや土を固めて作られた文字通りの道であると同時に、⑥ 的な道でもあります。つまり、「こっちにおいで」と人の進むべき方向を示すもの、という意味です。

（中略）

見える人と見えない人の空間把握の違いは、単語の意味の理解の仕方にもあらわれてきます。⑦空間の問題が単語の意味にかかわる、というのは意外かもしれません。けれども、見える人と見えない人では、ある単語を聞いたときに頭の中に思い浮かべるものが違うのです。

たとえば「富士山」。これは注3難波さんが指摘した例です。見えない人にとって富士山は、「上がちょっと欠けた円すい形」をしています。いや、実際に富士山は上がちょっと欠けた円すい形をしているわけですが、見える人はたいていそのようにとらえていないはずです。見える人にとって、富士山とはまずもって「八の字の末広がり」です。⑧ 「上が欠けた円すい形」ではなく「上が欠けた三角形」としてイメージしている。平面的なのです。月のような天体についても同様です。見えない人にとって月とはボールのような球体です。では、見える人はどうでしょう。「まんまる」で「盆のような」月、つまり厚みのない円形をイメージするのではないでしょうか。

三次元を二次元化することは、視覚の大きな特徴のひとつです。「奥行きのあるもの」を「平面イメージ」に変換してしまう。とくに、富士山や月のようにあまりに遠くにあるものや、あまりに巨大なものを見るときには、どうしても立体感が失われてしまいます。⑨ 、富士山や月が実際に薄っぺらいわけではないことを私たちは知っています。⑩ 視覚がとらえる二次元的なイメージが勝ってしまう。このように視覚にはそもそも対象を平面化する傾向があるのですが、重要なのは、こうした平面性が、絵画やイラストが提供する文化的なイメージによってさらに補強されていくことです。

私たちが⑪現実の物を見る見方がいかに文化的なイメージに染められているかは、たとえば木星を思い描いてみれば分かります。木星と言われると、多くの人はあのマーブリングのような横縞《よこじま》の入った茶色い天体写真を思い浮かべるでしょう。あの縞模様の効果もありますが、木星はかなり三次元的にとらえられているのではないでしょうか。それに比べると月はあまりに平べったい。満ち欠けするという性質も平面的な印象を強めるのに一役買っていそうですが、なぜ月だけがここまで二次元的なのでしょう。

その理由は、言うまでもなく、子どものころに読んでもらった絵本やさまざまなイラスト、あるいは浮世絵や絵画の中で、私たちがさまざまな「まあるい月」を目にしてきたからでしょう。紺色の夜空にしっとりと浮かびあがる大きくて優しい黄色の丸――月を描くのにふさわしい姿とは、およそこうしたものでしょう。

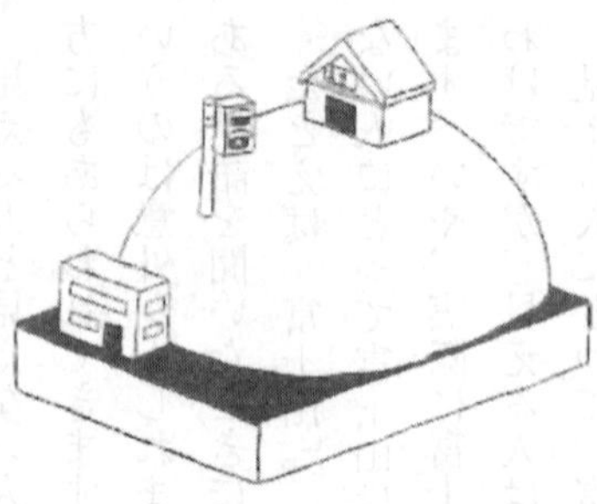
見えない人が見た大岡山

つまり私にとってそれは、大岡山駅という「出発点」と、西9号館という「目的地」をつなぐ道順の一部でしかなく、曲がってしまえばもう忘れてしまうような、空間的にも意味的にも他の空間や道から分節化された「部分」でしかなかった。それに対して木下さんが口にしたのは、もっと注2俯瞰的で空間全体をとらえるイメージでした。

確かに言われてみれば、木下さんの言う通り、大岡山の南半分は駅の改札を「頂上」とするお椀《わん》をふせたような地形をしており、西9号館はその「ふもと」に位置しています。その頂上からふもとに向かう斜面を、私たちは下っていました。

けれども、見える人にとって、そのような俯瞰的で三次元的なイメージを持つことはきわめて難しいことです。坂道の両側には、サークル勧誘の立て看板が立ち並んでいます。学校だから、知った顔とすれ違うかもしれません。前方には混雑した学食の入り口が見えます。目に飛び込んでくるさまざまな情報が、見える人の意識を奪っていくのです。あるいはそれらをすべてシャットアウトしてスマホの画面に視線を落とすか。そこを通る通行人には、自分がどんな地形のどのあたりを歩いているかなんて、想像する余裕はありません。

そう、②私たちはまさに「通行人」なのだとそのとき思いました。「通るべき場所」として定められ、方向性を持つ「道」に、いわばベルトコンベアのように運ばれている存在。それに比べて、まるでスキーヤーのように広い平面の上に自分で線を引く木下さんのイメージは、より開放的なものに思えます。

物理的には同じ場所に立っていたのだとしても、その場所に与える意味次第では全く異なる経験をしていることになる。それが、木下さんの一言が私に与えた驚きでした。人は、物理的な空間を歩きながら、実は脳内に作り上げたイメージの中を歩いている。私と木下さんは、同じ坂を並んで下りながら、実は全く違う世界を歩いていたわけです。

③彼らは「道」から自由だと言えるのかもしれません。道は、人が進むべき方向を示します。もちろん視覚障害者だって、個人差はあるとしても、音の反響や白杖《はくじょう》の感触を利用して道の幅や向きを把握しています。しかし、目が道のずっと先まで一瞬にして見通すことができるのに対し、音や感触で把握できる範囲は限定されている。道から自由であるとは、予測が立ちにくいという意味では特殊な慎重さを要しますが、だからこそ、道だけを特別視しない俯瞰的なビジョンを持つことができたのでしょう。

全盲の木下さんがそのとき手にしていた「情報」は、私に比べればきわめて少ないものでした。少ないどころか、たぶん二つの情報しかなかったはずです。つまり「大岡山という地名」と「足で感じる傾き」の二つです。しかし情報が少ないからこそ、それを解釈することによって、見える人では持ち得ないような空間が、頭の中に作り出されました。

木下さんはそのことについてこう語っています。「たぶん脳の中にはスペースがありますよね。見える人だと、そこがスーパーや通る人だとかで埋まっているんだけど、ぼくらの場合はそこが空いていて、見える人のようには使っていない。でもそのスペースを何とか使おうとして、情報と情報を結びつけていくので、そういったイメージができてくるんでしょうね。さっきなら、足で感じる『斜面を下っている』という情報しかないので、これはどういうことだ？と考えていくわけです。だから、見えない人はある意味で余裕があるのかもしれないね。見えると、坂だ、ということで気が奪われちゃうんでしょう

2023年度

広尾学園中学校

【国　語】〈医進・サイエンス回入試〉（三〇分）〈満点：五〇点〉

《注意事項》　問題で文字数が指定されている場合はカッコや句読点を文字数に含みます。

一

次の各問に答えなさい。

問一　——線の漢字の読みをひらがなで答えなさい。

① 創立百周年の学校の沿革。

② 物価高で生活に困苦する。

③ 寺社に財産を喜捨する。

④ 傷心を抱いて帰省する。

問二　——線のカタカナを漢字に改めなさい。

① 気体が空気中にカクサンした。

② 世論にツイジュウしない態度。

③ やりくりサンダンで急場をしのぐ。

④ カンケンの目はあざむけない。

⑤ 言葉のゴヨウに気をつける。

⑥ 熱で糸がチヂれる。

二

次の——線の□にひらがなを一字ずつ入れて言葉を完成させ、その言葉に最も近い意味の言葉を後の語群より選んで記号で答えなさい。

① 他人をあ□□さまに非難する態度をつつしむ。

② □□くな人柄に魅力を感じた。

③ 祖父はす□□る元気そうで何よりだ。

④ 猫が□□ぬけに跳び上がった。

⑤ 努力が□□がしろにされたようで不快だ。

【語群】

ア　たいそう　　イ　うちとけやすい　　ウ　軽んじる

エ　おおっぴらに　　オ　不意に

三

次の【文章Ⅰ】と【文章Ⅱ】を読み、後の問に答えなさい。

【文章Ⅰ】　見えない人が「見て」いる空間と、見える人が目でとらえている空間。それがどのように違うのかは、一緒に時間を過ごす中で、ふとした瞬間に明らかになるものです。

たとえば、先ほども登場していただいた注1木下路徳さんと一緒に歩いているとき。その日、私と木下さんは私の勤務先である東京工業大学大岡山キャンパスの私の研究室でインタビューを行うことになっていました。

私と木下さんはまず大岡山駅の改札で待ち合わせて、交差点をわたってすぐの大学正門を抜け、私の研究室がある西9号館に向かって歩きはじめました。その途中、一五メートルほどの緩やかな坂道を下っていたときです。木下さんが言いました。「大岡山はやっぱり山で、いまその斜面をおりているんですね」。

見える人が見た大岡山

①私はそれを聞いて、かなりびっくりしてしまいました。なぜなら木下さんが、そこを「山の斜面」だと言ったからです。毎日のようにそこを行き来していましたが、私にとってはそれはただの「坂道」でしかありませんでした。

2023年度

広尾学園中学校　▶解説と解答

算　数　＜医進・サイエンス回入試＞（50分）＜満点：100点＞

解　答

1 ⑴　解説の図❸を参照のこと。　⑵　解説の図❻を参照のこと。　⑶　①　A…78，B…26　②（例）　解説の図❽を参照のこと。　**2** ⑴　487個　⑵　7　⑶　131131　**3** ⑴　**3月1日**…水，**4月1日**…土，**5月1日**…月，**6月1日**…木，**7月1日**…土，**8月1日**…火，**9月1日**…金，**10月1日**…日，**11月1日**…水，**12月1日**…金　⑵（例）　すべて63日ずつ離れており，63は7の倍数であるため。　⑶（5，9），（7，11）　**4** ⑴　126　⑵　8　⑶　162

解　説

1　条件の整理，調べ

⑴　下の図❶で，ウ＝15－（1＋9）＝5，エ＝15－（7＋5）＝3だから，下の図❷のようになる。すると，ア＋イ＝15－1＝14，ア＋オ＝15－7＝8であり，残りの数は{2，4，6，8}なので，（ア，イ）の組は（6，8），（ア，オ）の組は（2，6）とわかる。よって，ア＝6と決まり，下の図❸のようになる。

図❶

ア	1	イ
7	ウ	エ
オ	9	カ

図❷

ア	1	イ
7	5	3
オ	9	カ

図❸

6	1	8
7	5	3
2	9	4

図❹

ア	イ	ウ	9
5	エ	2	11
12	オ	3	カ
キ	1	ク	ケ

図❺

ア	イ	ウ	9
5	16	2	11
12	オ	3	カ
キ	1	ク	ケ

図❻

7	4	14	9
5	16	2	11
12	13	3	6
10	1	15	8

⑵　上の図❹で，エ＝34－（5＋2＋11）＝16だから，上の図❺のようになる。すると，ア＋ケ＝34－（16＋3）＝15なので，（ア，ケ）の組は（7，8）となる。また，ア＋キ＝34－（5＋12）＝17だから，（ア，キ）の組は（4，13）または（7，10）とわかる。よって，ア＝7と決まり，上の図❻のようになる。

⑶　①　下の図❼のかげをつけた9個の数について，各辺上に並ぶ4個の数の和はすべて26なので，かげをつけた9個と，その頂点にある3個の数の総和は，26×3＝78（…A）となる。このとき，頂点にある3個の数は2回足しているから，頂点にある3個の数の和をX，それ以外の6個の数の和をYとすると，X×2＋Y＝78となる。また，Yの値も26なので，X＝（78－26）÷2＝26と求められる。もう一方の正三角形についても同様だから，正三角形の頂点にある数の和はどちらも26（…B）となる。　②　①より，a＋b＝26－11＝15とわかるので，（a，b）の組は（5，10），（6，9），（7，8）のいずれかとなる。また，c＋d＝26－12＝14だから，（c，d）の組は（4，10），（5，9），（6，8）のいずれかである。これらのことをもとにして調べると，たとえば下の図❽のような入れ方が考えられる。

図❼

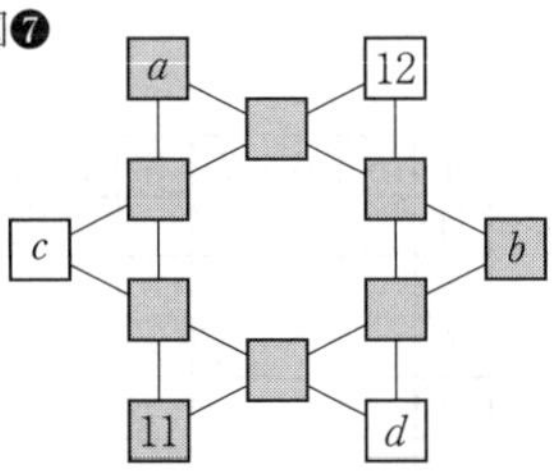

図❽

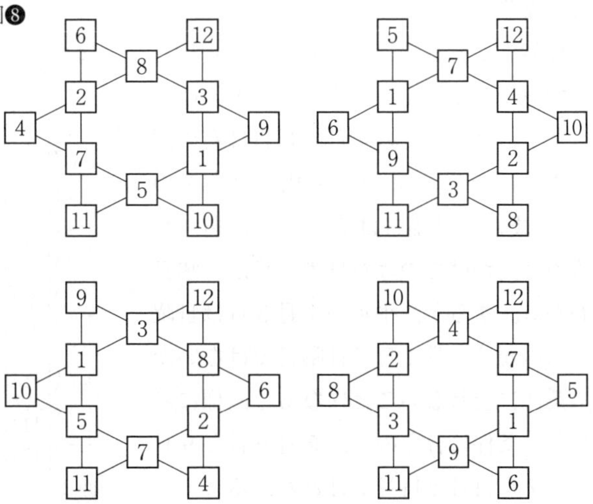

2 条件の整理，整数の性質

(1)　3けたの数をAとすると，Aを2つ並べた数が512671より大きくなるのは，Aが513以上のときである。よって，Aとして考えられる数は513以上999以下だから，$999-513+1=487$(個)ある。

(2)　Aを2つ並べた数は，$A\times1000+A=A\times1000+A\times1=A\times(1000+1)=A\times1001$と表すことができる。また，$1001=7\times11\times13$なので，この数は，$A\times7\times11\times13$と表すことができる。よって，この数は{7，11，13}で割り切れるから，求める1けたの素数は7である。

(3)　$A\times7\times11\times13-2023$が12の倍数になればよい。ここで，$2023=7\times17\times17$なので，この数は，$A\times7\times11\times13-7\times17\times17=7\times(A\times11\times13-17\times17)=7\times(\underline{A\times143-289})$と表すことができる。よって，この数が12の倍数になるとき，＿部分が12の倍数になる。また，$289\div12=24$余り1より，289は12で割ると1余る数だから，＿部分が12の倍数になるとき，$A\times143$も12で割ると1余る数になる。さらに，$A\times143=A\times144-A$と表すことができ，$A\times144$は12で割り切れるので，$A\times143$が12で割ると1余る数のとき，Aは12で割ると，$12-1=11$余る数になる。したがって，$(150-11)\div12=11$余り7より，150以下で1番大きいAの値は，$12\times11+11=143$，2番目に大きいAの値は，$12\times10+11=131$となるから，求める数は131131である。

3 周期算，調べ

(1)　2023年はうるう年ではないから，2月は28日までである。よって，$28\div7=4$より，3月1日は2月1日のちょうど4週間後とわかるので，2月1日が水曜日のとき，3月1日も水曜日になる。また，30日まである月は4週間よりも2日多いから，次の月の1日の曜日は後ろに2つずれる。同様に，31日まである月は4週間よりも3日多いので，次の月の1日の曜日は後ろに3つずれる。よって，各月の1日の曜日は右の図1のようになる。

図1

3月1日	水曜日	＋3
4月1日	土曜日	＋2
5月1日	月曜日	＋3
6月1日	木曜日	＋2
7月1日	土曜日	＋3
8月1日	火曜日	＋3
9月1日	金曜日	＋2
10月1日	日曜日	＋3
11月1日	水曜日	＋2
12月1日	金曜日	

(2)　4月は30日まで，5月は31日まであるから，6月6日は4月4日の，$(30-4)+31+6=63$(日後)となる。$63\div7=9$より，これは9週間後とわかるので，4月4日と6月6日の曜日は同じになる。同様に，8月8日は6月6日の，$(30-6)+31+8=63$(日後)，10月10日は8月8日の，$(31-8)+30+10=63$(日後)，12月12日は10月10日の，$(31-10)+30+12=63$(日後)だから，これらの日付の曜日はすべて

同じになる。

(3) 可能性があるのは各月の１日から12日までである。４月４日の曜日をたとえば日曜日とすると，各月の４日の曜日は右の図２のようになる(うるう年の場合は右下の図３)。また，日曜日は７日ごとにあらわれるので，かげをつけた日の曜日が日曜日とわかる。すると，平年の１月３日は日曜日であるが，３月１日は日曜日ではないから，条件に合わないことになる。同様に考えると，条件に合うのは，５月９日と９月５日，７月11日と11月７日とわかるので，(５，９)，(７，11)と求められる。なお，図２からも，４月４日，６月６日，８月８日，10月10日，12月12日の曜日は同じになることがわかる。

図２

		1	2	3	4	5	6	7	8	9	10	11	12
	1月				月								
−３	2月				木								
−０	3月				木								
−３	4月				日								
＋２	5月				火								
＋３	6月				金								
＋２	7月				日								
＋３	8月				水								
＋３	9月				土								
＋２	10月				月								
＋３	11月				木								
＋２	12月				土								

図３

	1月				日								
−３	2月				水								
−１													

4 立体図形—構成，調べ

(1) 真上から見ると１の目が６個，真下から見ると６の目が６個見える。また，側面の４つの方向から見ると{2，３，４，５}の目が６個ずつ見える。よって，見えているすべての目の和は，(１＋２＋３＋４＋５＋６)×６＝21×６＝126である。

(2) 右の図Ⅰのように，上の段から順に①～⑩の番号をつける。③のさいころは{5，６}の２つの目がかくれていて，これらの和は，５＋６＝11である。このさいころの向きを変えて{1，２}の目がかくれるようにすると，かくれている目の和は，１＋２＝３になるから，見えている目の和は，11－３＝８増える。この場合が最も大きく，増える数は８である。

図Ⅰ

①

②④
③

⑤⑦⑩
⑥⑨
⑧

(3) それぞれのさいころについて調べると右の図Ⅱのようになる。よって，増える数の合計は，５＋２＋８＋７＋１＋４＋６＋３＝36なので，このとき見えている目の和は，126＋36＝162となる。

図Ⅱ

番号	見えている目(変更前)	見えている面(変更後)	増える数
①	１，２，３，４，５	２，３，４，５，６	5
②	４，５	５，６	2
③	１，２，３，４	３，４，５，６	8
④	１，２，３，５	３，４，５，６	7
⑤	４，５，６	そのまま	0
⑥	４，６	５，６	1
⑦	５，６	そのまま	0
⑧	１，２，３，４，６	２，３，４，５，６	4
⑨	１，２，３，６	３，４，５，６	6
⑩	１，２，３，５，６	２，３，４，５，６	3

社会 ＜医進・サイエンス回入試＞（30分）＜満点：50点＞

解答

1 **問１** ア　**問２** ア　**問３** エ　**問４** 福井(県)　**問５** ア　**問６** 地産地消　**問７** エ　**2** **問１** A 大宝律令　B 平家物語　C 能　D 近松門左衛門

問2　イ，オ　**問3**　エ，(平)清盛→(平)将門　**問4**　オ　**問5**　ア，イ，エ　**問6**　キ　**問7**　イ　**3**　**問1**　**A**　18　**B**　選択的夫婦別姓　**問2**　ア，イ，エ　**問3**　イ，オ　**問4**　19　**問5**　エ　**問6**　イ　**問7**　ジェンダー　**問8**　ア，ウ

4-Ⅰ　**問1**　(例)　植物の生育時に光合成によって，二酸化炭素を吸収するため。　**問2**　(例)　国外から原料(木質ペレット)を輸入する際に温室効果ガスが生じるため。　**4**-Ⅱ　(例)　コロナ禍の日本で在宅勤務・テレワークの導入が進んだことにより，自宅における仕事の時間と休みの境目があいまいになって労働時間が長くなることが心配されたから。

解説

1　地域の活性化を題材にした問題

問1　資料のグラフは2つとも1960年から2015年までの推移で，図1は人口の自然増加率(人口に対する出生率と死亡率の差)，図2は人口の社会増加率(人口移動による増加率)である。Aを見ると，自然増加率も社会増加率も低い水準にあり，自然増加率が後半でマイナス，社会増加率はほぼマイナスで推移しているのがわかる。そこから，Aは過疎《かそ》化が進んでいる秋田県と判断できる。次にCを見ると，自然増加率の動きはBとあまり変化はないが，社会増加率がいったんマイナスに転じてその後回復し，後半ではBを抜《ぬ》いていることがわかる。これはドーナツ化現象(都市の中心部で地価の上昇《じょうしょう》や生活環境《かんきょう》の悪化により人口が減少し，周辺部の人口がドーナツ状に増加する現象)で都心から人口が郊外に流れたが，その後，都心回帰の動きが高まったためと考えられるので，Cは東京都である。よって，組み合わせはアがあてはまる。

問2　会津盆地に位置する会津若松市は，夏は太平洋側の気候になるため暑く，冬は日本海側の気候となって降水量(積雪量)も多いので，雨温図はCになる。また，佐賀市は日本海に面しているが，太平洋側の気候の特徴《とくちょう》が強く，夏の降水量が多いので，雨温図はAになる。よって，組み合わせはアがあてはまる。

問3　地形図の「窯業《ようぎょう》団地」付近に見られるため池は，周囲に水田が広がっているので，農業用の貯水池と考えられる。よって，エが適切でない。

問4　鯖江《さばえ》市は福井県中北部の都市で，眼鏡《めがね》フレームの製造が地場産業になっており，眼鏡フレームの生産額は福井県が全国の約95%を占《し》める。統計資料は『データでみる県勢』2023年版による。

問5　富山県西部の砺波《となみ》平野には多くの農家が点在する散居村があり，「カイニョ」と呼ばれる屋《や》敷《しき》林に囲まれていて，図5を見ると，南と西に樹木が植えられていることがわかる。説明文にあるように，南側に樹木が植えられているのは，「フェーン現象による」春から夏にかけて吹《ふ》く乾《かわ》いた強風を防ぐためと考えられる。また，西側に樹木が植えられているのは冬の季節風を防ぐためである。よって，ここでは組み合わせのアがあてはまる。散居村は，集落が火事で類焼して全滅するのを防ぐなどのため，家を分散させたことがその由来とされる。

問6　資料の図6が示すように，「緑の分権改革」により地域資源を活用した循環《じゅんかん》型社会が目指されている。また，会話文の最後に「食料自給率の改善につながる」とあるので，「地産地消」があてはまる。これは，地元で生産された農産物や水産物などを地元で消費することを指し，食料自給率を高めることはもとより，物資の輸送による二酸化炭素の排出《はいしゅつ》量を減らすことなど，地球温暖化の防止にも役立つ。

問７　果実・魚介類・野菜のうち，野菜の自給率は高い水準で推移しているが，年を経るにつれて果実は自給率が低くなっている。よって，組み合わせはエがあてはまる。現在，自給率は野菜が80％，魚介類が57％，果実が38％となっている（2020年概算）。統計資料は『日本国勢図会』2022／23年版による。

2 **日本の音楽の歴史をもとにした問題**

問１　**Ａ**　701年，文武《もんむ》天皇が刑部《おさかべ》親王・藤原不比等らに命じてつくらせた大宝律令が完成し，これにより律令制度が確立した。　**Ｂ**　『平家物語』は鎌倉時代に成立した軍記物語で，平氏が栄え滅《ほろ》んでいくさまを琵琶《びわ》法師が琵琶（弦《げん》楽器）をひき語りながら多くの人々に伝えた。　**Ｃ**　室町時代，第３代将軍足利義満の保護を受けた観阿弥《かんあみ》・世阿弥《ぜあみ》父子によって能（能楽）が大成された。　**Ｄ**　近松門左衛門は江戸時代前半の元禄文化を代表する文人で，人形浄瑠璃《じょうるり》や歌舞伎《かぶき》の脚本を多く手がけた。代表作に『曽根崎心中《そねざきしんじゅう》』『国性爺合戦《こくせんやかっせん》』などがある。

問２　東大寺の大仏は聖武天皇が命じてつくらせたもので，開眼供養《くよう》の式典には譲位《じょうい》した聖武太《だい》上《じょう》天皇と，光明皇太后《こうみょうこうたいごう》らも参加していたが，この資料からは読み取れない。また，743年に墾田《こんでん》永年私財法が制定されており，大仏開眼供養は752年のことなので，貴族・寺社などの私有地（のちの荘園）は存在していたと考えられる。よって，イ，オの２つが誤っている。

問３　藤原氏が摂政・関白となって政治の実権をにぎった10世紀後半から11世紀後半までの政治を，摂関政治という。その前に，関東地方では平将門の乱（939～940年）が起こっているので，エが誤っている。，また，「平清盛」を「平将門」に書き直す必要がある。平清盛は平安時代末期に武士としてはじめて政治の実権をにぎった人物。

問４　資料のアは「蒙古襲来絵詞《もうこしゅうらいえことば》」で鎌倉時代，イは葛飾北斎《かつしかほくさい》の「富嶽《ふがく》三十六景」の中の「神奈川沖浪裏《なみうら》」で江戸時代，ウは菱川師宣《ひしかわもろのぶ》の「見返り美人図」で江戸時代，エは「能面」で，能の始まりは室町時代のことである。『源氏物語』は平安時代後半に紫式部が著した長編小説なので，正しいものがない。よって，オとなる。

問５　足利義満が第３代将軍となったのは1368年，室町幕府が滅亡したのは1573年のこと。アは山城の国一揆（1485～93年），イは足利義満が明（中国）に送った国書で，1401年のこと，ウは江戸幕府の第５代将軍徳川綱吉が出した生類憐《しょうるいあわれ》みの令で，1685年ごろのこと，エは鉄砲伝来で1543年のこと，オは鎌倉幕府が出した永仁の徳政令で，1297年のことである。よって，ア，イ，エの３つがあてはまる。

問６　【資料Ａ】は日露戦争（1904～05年）のポーツマス条約，【資料Ｂ】は太平洋戦争（1941～45年）のサンフランシスコ平和条約，【資料Ｃ】は日清戦争（1894～95年）の下関条約である。よって，組み合わせはキが正しい。なお，Ⅲの第一次世界大戦は1914～18年で，講和条約はベルサイユ条約。

問７　年表において，教育令は1879年に公布されているが，グラフを見ると，この年以降も女子の就学率は上がっていない。よってイが仮説として成り立たない。

3 **民法改正についての問題**

問１　**Ａ**　民法が改正され，2022年４月から成人年齢《ねんれい》が満20歳から満18歳に引き下げられた。　**Ｂ**　結婚《けっこん》した後もそれぞれが名字を別々に名乗ることができる「選択的夫婦別姓」が以前から議論になっていたが，今回の民法改正では従来のままで，どちらかの姓を名乗ることになる。

問２　介護《かいご》保険・国民年金保険・医療《いりょう》保険（健康保険）は基本的に保険料を納めることで成り立っ

ているが，生活保護は生活に困っている人の生活を支えるため国庫から支出されるので，ウがあてはまらない。

問３　衆議院議員と地方議会議員の任期はどちらも４年で，被《ひ》選挙権は満25歳以上である。よって，オは正しい。また，住民は有権者の50分の１以上の署名を集めて条例の制定・改廃《かいはい》を首長に請求《せいきゅう》をすることができ，首長が地方議会に議案として提出し，地方議会で審議される。よって，イは正しい。なお，アについて，地方議会にも首長の不信任決議をする権限がある。ウについて，首長は住民の直接選挙で選ばれる。エについて，地方議会は一院制である。

問４　参議院議員の任期は６年で，３年ごとにその半数を改選する。また，衆議院が内閣不信任案を可決(信任案を否決)したとき，内閣は10日以内に衆議院が解散されない限り総辞職しなければならない。よって，数字の合計は(６＋３＋10＝)19になる。

問５　「裁判官の独立(司法権の独立)」とは，他人(他の機関)からいかなる干渉《かんしょう》も受けず，自分の良心に従い，憲法と法律にのみ拘束《こうそく》されるということである。よって，エが正しい。アの裁判所の種類は簡易裁判所を含《ふく》めて５つ。イについて，国会の弾劾《だんがい》裁判によって辞めさせられた裁判官は複数名いる。ウの国民審査は，衆議院議員総選挙のときに行われる。

問６　日本銀行は日本の中央銀行で，政府の資産も管理している(政府の銀行)。よって，イが正しい。アの日本銀行の金融《きんゆう》政策において，不景気のときは金利を引き下げて，市場に出回るお金の量を増やす。ウについて，日本銀行は一般銀行を取引対象にしている(銀行の銀行)。エについて，日本銀行は紙幣を発行できるが(発券銀行)，一般銀行はできない。

問７　男女格差についての指標を「ジェンダー・ギャップ指数」という。資料にある数値は高いほど格差が小さく，低いほど格差が大きいことを表す。日本は世界で116位になっており，男女格差が著しい国とみなされている。

問８　【観点】は，育児は自分たちの責任だけで行うものではなく，社会全体で支えるものだという考え方である。よって，ア(仕事と育児の両立)，ウ(育児休業制度の充実《じゅうじつ》)の２つがあてはまる。イは育児ではなく，仕事のやり方についての考え方。

４-Ⅰ　バイオマス発電に使う「木質ペレット」についての問題

問１　「木質ペレット」は，原木・樹皮・枝葉や製材時に発生する端材《はざい》・おがくずなどを乾燥《かんそう》させて粉砕《ふんさい》したものである。木質ペレットは燃やすと二酸化炭素を排出《はいしゅつ》するが，樹木は生長する過程で光合成により二酸化炭素を吸収しているので，排出量は実質的にゼロとみなされる。これをカーボンニュートラルという。

問２　資料のグラフを見ると，木質ペレットの自給率はわずか8.4％に過ぎず，その大部分を外国から輸入している。そのため，木質ペレットを外国から船などで日本に輸入するとき燃料を使うので，二酸化炭素などの温室効果ガスを発生させることになる。

４-Ⅱ　「つながらない権利」についての問題

コロナ禍《か》で通勤時間がどう変化したかを表したグラフを見ると，「大幅《おおはば》に減少」「減少」「やや減少」の合計は東京都23区が56.1％，東京圏が50.4％と，半分以上になっている。これは在宅勤務やテレ(リモート)ワークが普及《ふきゅう》したことによる。コロナ禍では，「三密」(密集・密閉・密接)を避《さ》けることが推奨《すいしょう》されたことで，三密になる通勤電車を避けようという人々が多く，大企業も積極的にテレワークを進めたことが，その背景にある。また，「つながらない権利」は，個人の自由や権利を尊重することを第一に考えたもので，フランスやイタリアでは法制化もされている。在宅勤務やテレワークは，通勤の苦痛から解放され，自由な働き方ができるという利点がある。ところが，実際は同僚や上司と休日や退勤後にもつながっていることが多く，自宅における仕事の時間とプライベートの時間の境目があいまいになり，かえって労働時間が長くなるという問題が生じた。そうしたことから，改めて「つながらない権利」が主張されるようになったと考えられる。

理 科 ＜医進・サイエンス回入試＞（50分）＜満点：100点＞

解 答

[1] 問1 A，D　問2 エ，オ　問3 125g　問4 (1) 24g　(2) 8.0g　(3) 16　問5 (例) 水素は引火して爆発する危険性があるから。　問6 100℃　[2] 問1 イ，ウ，エ，オ　問2 (例) 化石燃料よりもバイオ燃料の方が生産にかかる時間が短く，生産にともなう二酸化炭素の吸収が速く行われるため。　問3 795.9倍　問4 ウ　問5 解説の図を参照のこと。　問6 ア 1.5　イ 2.0　問7 エ　[3] 問1 エ　問2 カ　問3 ① 40　② 塩酸　③ (卵白)タンパク質　問4 オ　問5 (例) 解説を参照のこと。　問6 ク　[4] 問1 ウ，エ　問2 イ　問3 ア　問4 イ，ウ　問5 30km　問6 ウ　問7 (例) X線を用いて，体を傷つけることなく人体の内部のようすを調べることができる。

解 説

[1] 浮力《ふりょく》についての問題

問1 実験1(図1)で，全体が水中にあって，かつ底に沈《しず》んでいない大きさ(体積)が同じ球Aと球Dは，球の重さと加わっている浮力が等しい。つまり，この2つはともに重さが100g，体積が100cm^3とわかる。

問2 全体が水中にある球A～Dは，大きさが100cm^3なので，加わっている浮力は100gで等しい。しかし，球Eは，ちょうど上半分が水面から出た状態で浮《う》いているので，水面下の体積が，100÷2＝50(cm^3)だから，加わっている浮力は，$100\times\frac{50}{100}$＝50(g)である。

問3 問2より，球Eに加わる浮力は50gなので，重さも50gとわかる。実験3(図3)で，糸でつないだ球Cと球Eは，水中にあって，かつ底に沈んでいないので，2つの球に加わっている浮力の合計と2つの球の重さの合計は等しい。2つの球に加わっている浮力の合計は，100×2＝200(g)だから，球Cの重さは，200－50＝150(g)である。よって，実験2(図2)で，球Cをつり下げたばねには，150－100＝50(g)がかかっており，球Bと球Cをつり下げたばねの伸《の》びの比が1：2となったことから，球Bをつり下げたばねには，50÷2＝25(g)がかかっている。したがって，球Bの重さは，100＋25＝125(g)と求められる。

問4 (1) 風船はまわりの空気を20L押《お》しのけているので，風船にはたらく浮力の大きさは，1.2×20＝24(g)になる。　(2) 風船内の水素ガスの重さは，0.08×20＝1.6(g)，風船の重さは6.4gなので，これらの合計は，1.6＋6.4＝8.0(g)となる。　(3) 風船にはたらく浮力の大きさが24gなので，おもりが，24－8.0＝16(g)より軽ければ，風船といっしょにおもりも浮く。

問５　水素は非常に燃えやすく，引火すると爆発《ばくはつ》するように燃える。1937年のヒンデンブルグ号事故では，飛行船にたまった静電気が放電したさいに外皮に火がつき，さらに中の水素が爆発するように炎上《えんじょう》したと考えられている。現在，風船や飛行船に入れる気体には，空気より軽くて害がなく，水素ガスとちがって燃えないヘリウムガスが使用されるようになっている。

問６　気球によって20℃の空気$2000m^3$が押しのけられ，図６より，20℃の空気の密度は$1.2kg/m^3$なので，気球にはたらく浮力の大きさは，1.2×2000＝2400(kg)である。一方，気球内の空気以外の重さの合計は，300＋200＝500(kg)になる。よって，気球内の空気$2000m^3$の重さが，2400－500＝1900(kg)より軽くなると，気球が浮き上がる。したがって，空気の密度が，1900÷2000＝0.95(kg/m^3)より小さくなればよいから，図６より，温度が100℃以上のときとわかる。

2　バイオ燃料についての問題

問１　自然界にずっと存在し続け，利用しても絶《た》えず自然に補充《ほじゅう》されるエネルギーのことを再生可能エネルギーといい，イの太陽光，ウの地熱，エの水力(流水)，オの風力のほか，波力や潮力，バイオマスなどがあげられる。なお，アの原子力は限りあるウランなどを燃料とするため，当てはまらない。カの水素は，再生可能エネルギーで作り出す場合のほかに，そうではない化石燃料(石油など)から作り出す場合もあるので，常に当てはまるものではない。

問２　解答の例以外には，バイオ燃料は，現在の地球環境《かんきょう》から二酸化炭素を取りこんだ生物に由来するので，利用して二酸化炭素が排出《はいしゅつ》されても，現在の地球環境にもどるだけと考えることができることなどがあげられる。化石燃料が排出する二酸化炭素は，大昔に取りこんだものなので，現在の地球環境から見ると二酸化炭素を増加させる原因となる。

問３　コーンと微細藻類《びさいそうるい》Ｂで，耕地面積当たりのオイル生産量の比は172：136900だから，オイル生産量が等しいときの耕地面積の比は，$\frac{1}{172}:\frac{1}{136900}=136900:172$になる。したがって，136900÷172＝795.93…より，795.9倍と求められる。

問４　微細藻類は肉眼で見えないほど小さいので，それだけを回収するのが容易とはいえない。

問５　１目盛りの値に注意して，表２にしたがって，(横軸《よこじく》の値，縦軸の値)＝(0.0，0.00)，(1.0，0.24)，(2.5，0.60)，(4.2，1.00)の４か所に点を記入すると，右の図のようになる。

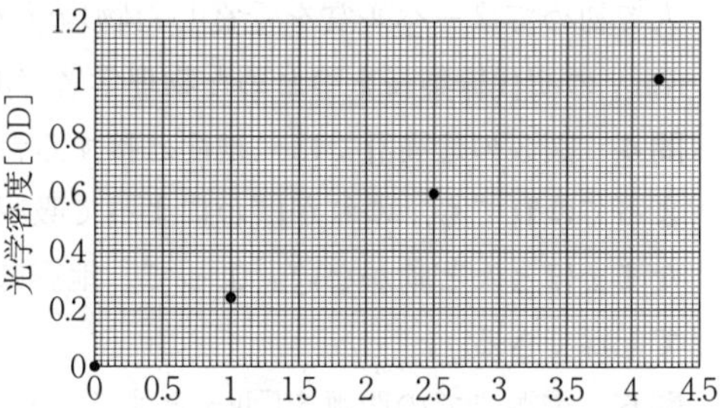

問６　問５で記入した４つの点は，ほぼ一直線上に並んでいる。よって，細胞《さいぼう》密度の値と光学密度の値は比例の関係にあるといえる。したがって，アは，0.36：0.24＝1.5，イは，0.48÷0.24＝2.0とそれぞれ求められる。なお，問５には直線をかく指示がないので，問題用紙のグラフを用いてかく必要がある。

問７　バイオ燃料の原料を取り出す過程は，カプセル化していてもしていなくても微細藻類の細胞を壊《こわ》すという作業を行うので，カプセル化の効果が期待できない。

3　消化のはたらきについての問題

問１　小腸は，最終的な消化を行うとともに，ばらばらに分解された物質(養分)を吸収する器官である。

問2　小腸で養分を取り入れた血液は，門脈を通って肝臓《かんぞう》に流れる。肝臓は血液中の養分の一部を一時的に蓄《たくわ》えるなどして，血液中の養分の濃度《のうど》を調節する。

問3　実験１の４より，温度が40℃で，塩酸が加えられたときに，ペプシンは卵白タンパク質を分解して別の物質に変化させていることがわかる。

問4　酵素《こうそ》と基質の結合が多くなるほど，生成物の量も増えていくため，Ａの基質量のときは結合している数が少なく，Ｂ，Ｃの基質量のときは結合している数はほぼ同数となっている。

問5　図２の反応では，酵素自体が変化するわけではないので，基質量が増えれば反応が進み，生成物の量も増加していく。しかし，図３の反応では，酵素に結合する物質により酵素が変形し，基質と反応できなくなるため，基質量が増えても生成物の量はほとんど増加しなくなる。したがって，図２と図３の反応ではグラフの形が異なると考えられる。

問6　物質Ｘの量が０のときは，実験２より，グルコース量は５mgとなる。そして，マルトースとよく似た物質Ｘの量が増えるほど，マルトースとマルターゼの結合が邪魔《じゃま》されて，生成されるグルコース量が少なくなる。このことから，クのようなグラフになる。

4　**地震《じしん》についての問題**

問1　アについて，震度は０～４，５弱，５強，６弱，６強，７の10段階ある。イについて，はるか遠方で発生した規模(マグニチュード)の大きい地震ではゆれを感じないのに，ごく近くで発生した規模の小さい地震ではゆれを感じる。この例のように，ある地点の震度だけで地震の規模を推測することはできない。オについて，地震の規模に関係なく，地震波の伝わり方はおよそ同じである。

問2　図２で，震央(震源の真上に当たる地上の地点)を示す×印は，震源断層のずれが始まった出発点である。

問3　大森房吉《ふさきち》は，明治時代から大正時代にかけて活躍《かつやく》した地震学者で，初期微動継続《けいぞく》時間と震源からの距離《きょり》の関係を公式で表すなど，日本における地震学の基礎《きそ》を築いた。なお，野口英世は千円札の肖像《しょうぞう》で知られる細菌《さいきん》学者，中谷宇吉郎《なかやうきちろう》は雪の結晶《けっしょう》の研究で有名な物理学者，湯川秀樹は日本人で初めてノーベル賞を受賞した物理学者，竹内均《ひとし》は東京大学で教鞭《きょうべん》をとり，科学雑誌「Newton」の初代編集長をつとめた物理学者である。

問4　図３の地震計では，地面と接する台座や，それとつながる支柱，回転ドラム，ばねが地震によってゆれても，ゆれがばねによって吸収されるため，おもりとその先についた針は空中で静止したままほとんど動かない。よって，地震によって生じる回転ドラムと針のずれを，地震のゆれとして記録できる。

問5　震源までの距離を□kmとする。初めの小さなゆれが始まるのは，震源からＰ波が到達《とうたつ》したときで，地震発生時刻から(□÷５)秒後である。また，大きなゆれが起こるのは，震源からＳ波が到達したときで，地震発生時刻から(□÷３)秒後になる。そして，これらの差が初期微動継続時間であり，それが４秒なので，(□÷３)－(□÷５)＝４と表せる。したがって，□×$\frac{1}{3}$－□×$\frac{1}{5}$＝４，□×$\frac{2}{15}$＝４より，□＝４÷$\frac{2}{15}$＝30(km)と求められる。

問6　図７において，地球の中心から２つ目の層である外核《がいかく》には，液体中を伝わることができないＳ波が伝わっていないことから，外核は液体だと考えられる。

問7　たとえば，臓器や骨など人体内部に異常がないかどうかを確かめる方法としてレントゲン検査がある。これは調べたい部分にX線（エックス線）を照射して画像化するものである。また，人体の検査には超《ちょう》音波も利用されていて，母体の中にいる胎児《たいじ》の診断《しんだん》などに活用されている。この超音波は，機械や建築物の損傷を調べる非破壊《はかい》検査や魚群探知機にも使われている。

国　語　＜医進・サイエンス回入試＞（30分）＜満点：50点＞

解　答

一　**問1**　①　えんかく　②　こんく　③　きしゃ　④　しょうしん　**問2**　下記を参照のこと。　二　（ひらがな，語群の順で）　①　から，エ　②　きさ，イ　③　こぶ，ア　④　だし，オ　⑤　ない，ウ　三　**問1**　イ　**問2**　エ　**問3**　ア　**問4**　④　エ　⑤　イ　⑥　ク　**問5**　ウ　**問6**　⑧　ウ　⑨　イ　⑩　オ　**問7**　文化的なフィルター　**問8**　（例）　イモムシの命をねらう敵がそばにきたことを知らせる意味。　**問9**　ウ　**問10**　（例）　見えない人は空間にある事物をまったく感じ取れないのではなく，周りの事物から得た情報を解釈することで主体として周りの空間に意味を与えて環世界を構築しているということ。

●漢字の書き取り

一　**問2**　①　拡散　②　追従　③　算段　④　官憲　⑤　誤用　⑥　縮（れる）

解　説

一　漢字の読みと書き取り

問1　①　ものごとの歴史。　②　困り苦しむこと。　③　自ら望んで寺社などに金品を寄付すること。　④　悲しみによって傷ついた心。

問2　①　散らばって広がること。　②　ほかの人の意見に従うこと。　③　いろいろと工夫《くふう》して金銭を確保すること。　④　官庁や役所。　⑤　誤って使うこと。　⑥　音読みは「シュク」で，「縮小」などの熟語がある。

二　ことばの知識

①　「あからさまに」は，感情などをかくさずありのまま見せるようす。　②　「きさくな」は，人がらがさっぱりしていて，親しみやすいさま。　③　「すこぶる」は，程度がはなはだしいようす。　④　「だしぬけに」は，突然《とつぜん》であるさま。　⑤　「ないがしろにする」は，“あるのに，ないもののように軽く見る”という意味。

三　【文章Ⅰ】の出典は伊藤亜紗《いとうあさ》の『目の見えない人は世界をどう見ているのか』，【文章Ⅱ】の出典は日髙敏隆《ひだかとしたか》の『動物と人間の世界認識《にんしき》―イリュージョンなしに世界は見えない』による。前者では，目が見える人と見えない人の，空間のとらえ方の違《ちが》いについて説明されている。後者では，いろいろな動物にとって，自分の命にかかわるものだけが意味を持つと述べられている。

問1　木下さんが，大岡山駅からの坂道を「山の斜面《しゃめん》」と表現したことに，筆者は「かなりびっくり」している。この坂道を，「出発点」（大岡山駅）と「目的地」（西9号館）をつなぐ道順の一部（部分）としか認識していなかった自分に対し，木下さんが「俯瞰《ふかん》的で空間全体をとらえるイメージ」

を持っていたことに筆者は驚《おどろ》かされたのだから，イがふさわしい。

問２　視界に飛びこんでくるさまざまな情報に意識を奪《うば》われがちな目の見える人たちは，「自分がどんな地形のどのあたりを歩いているか」など，「想像する余裕《よゆう》」もないと述べられている。つまり，目的地にたどり着くまでの過程は単なる「通るべき場所」とされ，人々は「方向性を持つ『道』」にしたがってただ進むだけの，文字通りの「通行人」だというのである。

問３　問２で見たように，目の見える人たちは，目に飛びこんでくるさまざまな情報に意識を奪われがちだが，目の見えない人たち（視覚障害者）は，きわめて少ない情報を「解釈《かいしゃく》」することで，「見える人では持ち得ないような空間」を脳内につくり出すことができる。道そのものが示す方向性や情報に左右されない，という意味で，筆者は視覚障害者を「『道』から自由だ」と表現しているので，アが合う。

問４　④「大型スクリーンに映し出されるアイドルの顔，新商品を宣伝する看板，電車の中吊《なかづ》り広告」などを，筆者は「見られるために設《しつら》えられたもの」と表現している。よって，エの「人工」が選べる。なお，「設える」は，“あるものを備えつける”という意味。　⑤　直後で「コンクリートや土を固めて作られた文字通りの道」と言いかえられているので，イの「物理」がふさわしい。⑥「『こっちにおいで』と人の進むべき方向を示すもの，という意味」で使われている「道」なので，クの「比喩《ひゆ》」があてはまる。空らん⑤の内容と対比されていることも参考になる。

問５　「空間の問題が単語の意味にかかわる」とは，「見える人と見えない人の空間把握《はあく》の違い」が「単語の意味の理解の仕方」にもあらわれることをいう。続く部分で筆者は「富士山」を例にあげ，「見える人と見えない人」のとらえ方の差を説明している。これまでみてきたとおり，目の見えない人たちは限られた情報を「解釈」することで脳内に俯瞰的な，空間全体をとらえるイメージをつくり出すため，「富士山」を立体的に，「上がちょっと欠けた円すい形」と表現する。一方，目の見える人たちは，視覚の特徴《とくちょう》によって「『奥行《おくゆ》きのあるもの』を『平面イメージ』に変換《へんかん》してしまう」ため，「上が欠けた三角形」と言い表すのだから，ウがふさわしい。

問６　⑧　直前で述べた「八の字の末広がり」を「上が欠けた三角形」と言いかえているので，前に述べた内容を言いかえるときに用いる「つまり」が合う。　⑨，⑩「富士山や月が実際に薄《うす》っぺらいわけではないこと」を，私たちは知っているにもかかわらず，視覚による「二次元的なイメージが勝ってしまう」，という文脈である。よって，空らん⑨には，“言うまでもなく”という意味の「もちろん」が，空らん⑩には，前に述べたことと対立することがらを後に続けるときに使う「けれども」が入る。

問７　続く部分で筆者は，「現実の物を見る見方」が「文化的なイメージに染められている」と指《し》摘《てき》したうえで，目の見える人たちによる月や富士山のイメージは，幼いころに見た「絵本」や「イラスト」，「カレンダー」といったものから強く影響《えいきょう》を受けていると述べている。このように，目の見える人は「過去に見たもの」，つまり「文化的なフィルター」を通して目の前の対象をとらえるのである。

問８　「そのような」とあるので前の部分に注目する。イモムシは，「命にかかわる」空気，つまり自らを食べる敵が迫《せま》ってくる気配を感じたとき「身体をくねらして逃《に》げようとする」のだから，「イモムシを食べようとする敵が近づいていることを知らせる意味」のようにまとめる。

問９　ある「トリ」にとって，「動いているものにのみ意味がある」といえるのは，その「トリ」

が「食べ物」とするものが「生きている」虫だからであって，当然「動かないもの」は無意味なので，ｂ→ａが最初になる。これを受け，「石ころ」や「死んだ虫」といった「動かないもの」などは，その「トリ」は「食べない」ので，「動いていなければだめだ」と筆者があらためて説いた，ｄ→ｃが続く。すると，直後で述べられている，「動い」た小さな虫はそのときだけ「トリ」に認識され，食べられる，という話に自然につながる。

問10　【文章Ⅰ】のぼう線部③の段落とその次の段落で，見えない人は音や感触《かんしょく》で把握できる範囲《はんい》から得られる情報を解釈することによって，空間を頭の中につくり出していると述べられている。それは，【文章Ⅱ】のぼう線部⑫の四つ後の段落で述べられた「それぞれの動物が，主体として，周りの事物に意味を与《あた》え，それによって自分たちの環世界《かんせかい》を構築している」ということと同じことである。よって，「見えない人は，音や感触で把握できる範囲から得られる情報を解釈することによって，主体として周りの空間に意味を与え，環世界を構築しているということ」のようにまとめる。

Dr.福井の

入試に勝つ！ 脳とからだのウルトラ科学

睡眠時間や休み時間も勉強!?

みんなは寝不足になっていないかな？　もしそうなら大変だ。睡眠時間が少ないと，体にも悪いし，脳にも悪い。なぜなら，眠っている間に，脳は海馬《かいば》という部分に記憶をくっつけているんだから。つまり，自分が眠っている間も頭は勉強しているわけだ。それに，成長ホルモン（体内に出される背をのばす薬みたいなもの）も眠っている間に出されている。昔から言われている「寝る子は育つ」は，医学的にも正しいことなんだ。

寝不足だと，勉強の成果も上がらないし，体も大きくなりにくく，いいことがない。だから，睡眠時間はちゃんと確保するように心がけよう。ただし，だからといって寝すぎるのもダメ。アメリカの学者タウブによると，10時間以上も眠ると，逆に能力や集中力がダウンしたという研究報告があるんだ。

睡眠時間と同じくらい大切なのが，休み時間だ。適度に休憩するのが勉強をはかどらせるコツといえる。何時間もぶっ続けで勉強するよりも，50分勉強して10分休むことをくり返すようにしたほうがよい。休み時間は，散歩や体操などをして体を動かそう。かたまった体をほぐして，つかれた脳を休ませるためだ。マンガを読んだりテレビを見たりするのは，頭を休めたことにならないから要注意！

頭の疲れに関連して，勉強の順序にもふれておこう。算数の応用問題や理科の計算問題，国語の読解問題などを勉強するときには，脳のおもに前頭葉という部分を使う。それに対して，国語の知識問題（漢字や語句など）や社会などの勉強では，おもに海馬《かいば》という部分を使う。したがって，それらを交互に勉強すると，１日中勉強しても疲れにくい。

Dr.福井（福井《ふくい》一成《かずしげ》）…医学博士。開成中・高から東大・文Ⅱに入学後，再受験して翌年東大・理Ⅲに合格。同大医学部卒。さまざまな勉強法や脳科学に関する著書多数。

Memo

Memo

2022年度　広尾学園中学校

〔電　話〕 (03) 3444－７２７１
〔所在地〕 〒106-0047　東京都港区南麻布５－１－14
〔交　通〕 東京メトロ日比谷線─「広尾駅」４番出口よりすぐ

【算　数】〈第１回入試〉（50分）〈満点：100点〉

1　次の問いに答えなさい。

(1)　次の□にあてはまる数を答えなさい。

①　$\left\{\frac{1}{3}+\left(\frac{2}{3}-\frac{1}{4}\right)\times\square\right\}\div1\frac{1}{3}=\frac{2}{3}$

②　１，２，３，４，５，１，２，３，４，５，１，…のように，１から５までの数がくり返し並んでいます。左から数えて１番目から111番目の数の和は□です。

(2)　ある６人の身長の平均は142cmです。この６人にＡさんを加えた７人の身長の平均は144cmでした。Ａさんの身長を求めなさい。

(3)　濃度が２％の食塩水100ｇがあります。この食塩水を熱して35ｇの水を蒸発させたあと，食塩５ｇを入れてかき混ぜました。食塩水の濃度は何％になるか求めなさい。

(4)　右の図のような面積が120cm^{2}の平行四辺形ABCDがあります。対角線BDを３等分する点をE，Fとし，直線AE，AFを延長した直線が辺BC，CDと交わる点をそれぞれG，Hとします。五角形EGCHFの面積を求めなさい。

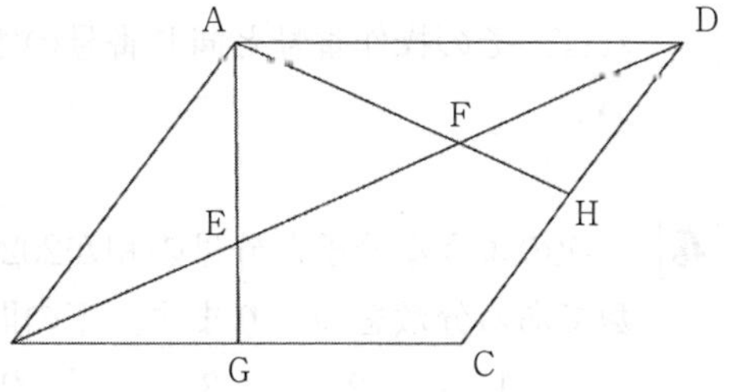

(5)　下の図のような立方体ABCD-EFGHがあります。三角すいB-DEGと三角すいA-CFHが重なった部分の立体の面の数はいくつあるか求めなさい。

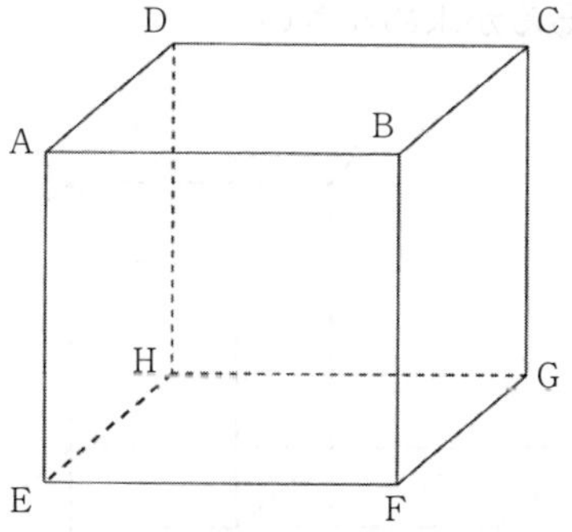

2　３から６までの整数が書かれた４枚のカード $\boxed{3}$，$\boxed{4}$，$\boxed{5}$，$\boxed{6}$ があります。この中から３枚のカードを取り出して，３けたの整数を作ります。次の問いに答えなさい。

(1)　全部で何通りありますか。

(2)　３の倍数であるものは何通りありますか。

(3)　作った３けたの整数を残りのカードに書かれた整数で割ったとき，割り切れるものは何通りありますか。

3　電球が200個あり，それぞれの電球に１，２，３，…，200と番号がついています。すべて消灯しており，点灯したり消灯したりするためのボタンがついています。このボタンは消灯しているときに押すと点灯し，点灯しているときに押すと消灯します。これらの電球に対して

操作１　１の倍数の番号が書かれた電球のボタンを押す。
操作２　２の倍数の番号が書かれた電球のボタンを押す。
操作３　３の倍数の番号が書かれた電球のボタンを押す。
⋮
操作200　200の倍数の番号が書かれた電球のボタンを押す。

という操作を行います。次の問いに答えなさい。

(1)　１から10の番号がついている電球に対して，この操作を行いました。点灯している電球の個数を求めなさい。

(2)　１から100の番号がついている電球に対して，この操作を行いました。点灯している電球の個数を求めなさい。

(3)　200個すべての電球に対してこの操作を行ったところ，操作１から操作200のうち，あるひとつの操作を忘れてしまったため，点灯している電球は18個となりました。操作を忘れていなければ，その操作番号と同じ番号の電球は点灯しているはずでした。忘れた操作番号を求めなさい。

4　次のような分子と分母の和が2022となるような分数を考えます。分子が１から2021までの整数である分数をつくります。下の問いに答えなさい。

$$\frac{1}{2021},\ \frac{2}{2020},\ \frac{3}{2019},\ \cdots,\ \frac{2019}{3},\ \frac{2020}{2},\ \frac{2021}{1}$$

(1)　これらの分数のうち，約分すると５になる分数の分母を答えなさい。

(2)　これらの分数のうち，約分すると整数になる分数はいくつあるか求めなさい。

(3)　これらの分数のうち，整数部分が１となる分数はいくつあるか求めなさい。

5　右の図のように，１辺が６cmの立方体を３つ重ねた立体があります。次の問いに答えなさい。

(1)　３つの頂点Ａ，Ｂ，Ｃを通る平面でこの立体を切断したとき，切断面の切り口を解答らんにある図にかき込みなさい。ただし，頂点以外を通る線の位置は正確でなくても構いません。

(2)　(1)で切断してできる２つの立体のうち，体積が大きい方の立体の体積を求めなさい。答えに至るまでの考え方なども記述しなさい。

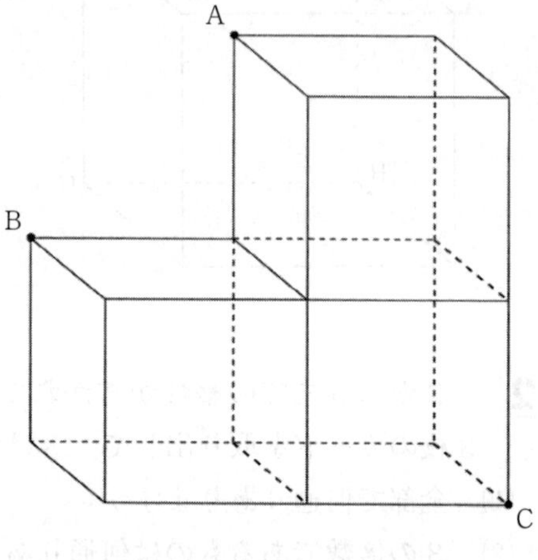

【社　会】 〈**第１回入試**〉（30分）〈満点：50点〉

〈編集部注：実物の入試問題では，写真や図の大部分はカラー印刷です。〉

1　次の文章は，中学１年生のつよし君が書いた「アジアと日本の気候」に関するレポートです。これを読んで，あとの問いに答えなさい。

アジアには，世界に分布する５つの気候帯のすべてがみられます。赤道付近には年中高温な熱帯がみられます。緯度が高くなるにしたがって，温帯，夏が短く冬の長い【 Ａ 】帯，年間を通じて気温が低い寒帯へと変化していきます。また，西アジアから中央アジア一帯には，降水量の少ない【 Ｂ 】帯が広がっています。

日本の気候は，上記の気候帯のうち，北海道および東北地方の一部が【 Ａ 】帯，本州の大部分と九州・四国が温帯に属しています。日本の気候は四季がはっきりしていることが特徴ですが，これは季節風が日本列島に大きな影響を及ぼしているからです。また，地球の【 Ｃ 】が傾いているために，夏と冬では日照時間の長さが違うということも，日本で四季がはっきりしている理由の一つです。また，日本列島の中央部には山地や山脈が連なっているため，太平洋側地域と日本海側地域では，降水量の特色に違いが見られます。さらに，梅雨前線の活動，台風の襲来なども影響して，日本は世界でも降水量の多い地域の一つとなっています。このような気候の特徴は，日本の農業や人々の生活に大きな影響をおよぼしています。

問１　文章中の空欄【A】〜【C】にあてはまる語句を漢字で答えなさい。

※アルファベットが同じ空欄には同じ語句が入ります。

問２　次の図１中のＡ〜Ｃは秋田・東京・那覇の３つの都市のうち，いずれかの都市の各月における平均気温，図２中のＤ〜Ｆは秋田・東京・那覇のうち，いずれかの都市の各月における平均降水量を示したものです。図１，図２のＡ〜Ｆのうち，東京に該当するものの組み合わせとして正しいものを，あとのア〜ケから１つ選び，記号で答えなさい。

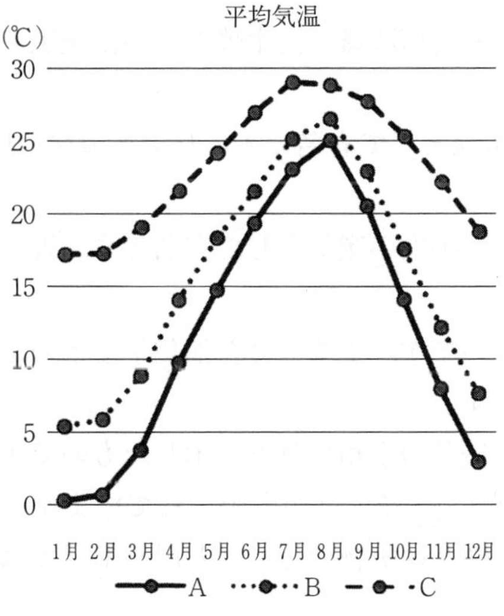

図１

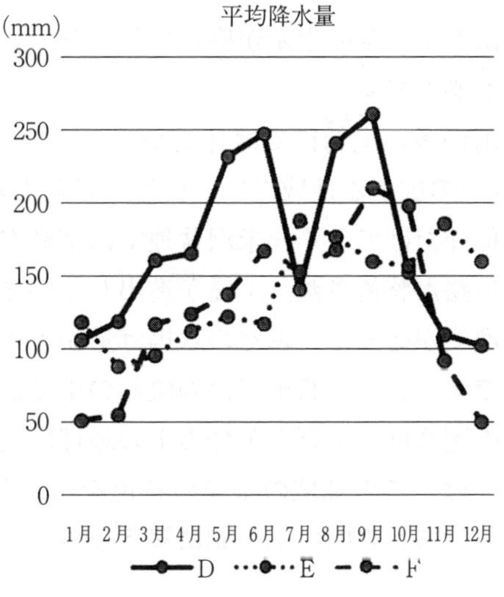

図２

出典：データブック オブ・ザ・ワールド2021

	図1	図2
ア	A	D
イ	A	E
ウ	A	F
エ	B	D
オ	B	E
カ	B	F
キ	C	D
ク	C	E
ケ	C	F

問3　日本列島の日本海側地域に関する，あとの問い(i)，(ii)に答えなさい。

(i)　以下の文章は「日本海側に雪が降るメカニズム」について説明したものです。空欄【A】・【B】にあてはまる語句を漢字で答えなさい。

> 冬のシベリアで発達した高気圧から吹く冷たい北西の季節風は，ユーラシア大陸上では乾燥していますが，日本海を通過するときに暖流の【 A 】海流から水蒸気の供給を受けて湿潤《しつじゅん》な状態に変化します。これが日本列島の中央部に位置する山脈にぶつかると，【 B 】気流が生じ温度を低下させて雪雲をつくり，日本海側に雪を降らせます。

(ii)　日本海に面していない都道府県について説明しているものを次のア～エから1つ選び，記号で答えなさい。

ア．南部では茶の生産が盛んに行われています。また西陣織，清水焼などの伝統工芸品の生産も盛んです。

イ．雨の多い尾鷲《おわせ》市では林業が盛んでひのきの産地として有名です。リアス海岸(リアス式海岸)の広がる地域では，真珠の養殖も盛んです。

ウ．稲作だけでなく，米沢盆地では畜産が盛んで，牛肉の産地として有名です。近年では高速道路が整備され，工場が進出しています。

エ．漁業が盛んで，ふぐの水揚げ量が多くなっています。工業では石油化学などの工業が盛んです。また，萩《はぎ》市では陶磁器の生産が盛んです。

問4　次の図3は，2万5千分の1の地理院地図で愛媛県の宇和島付近を示したものです。山地斜面では，この地域の気候の特色を生かしておもに[X]が生産されています。これについて，あとの問い(i)，(ii)に答えなさい。なお，図3は実物の地形図と同じ縮尺ではありません。

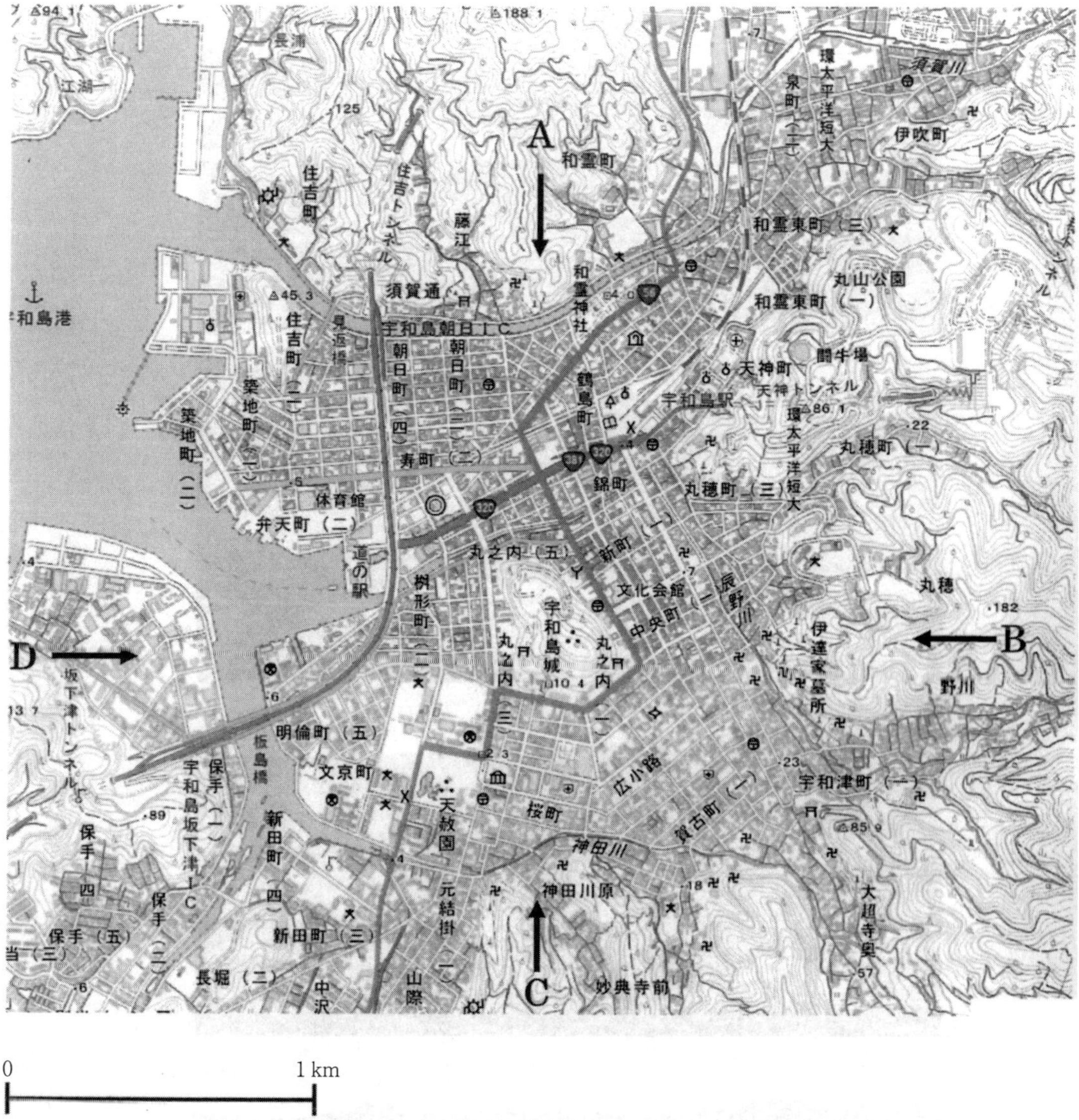

図３

(i)　文中の空欄 X にあてはまる農産物の名称を答えなさい。

(ii)　次の図４中のア～エは，図３中の地点Ａ～Ｄの上空250m付近から矢印の方向を眺めたときの風景画像です。地点Ａの上空250m付近から眺めたものとして，最も適当なものを，次の図４中のア～エから１つ選び，記号で答えなさい。

ア

イ

ウ

エ

出典：Google Earth

図４

問５　次の図５中の①～③は，日本国内における肉用牛の飼育頭数，小麦の生産量，さけ・ます類の漁獲高がそれぞれ多い上位３都道府県をぬり示したものです。また，あとの図６中のＡ～Ｃは，日本が輸入する牛肉，小麦，さけ・ます類の輸入額が多い相手先国上位５か国を示したものです。小麦に該当する組み合わせとして最も適当なものを，あとのア～ケから１つ選び，記号で答えなさい。

①

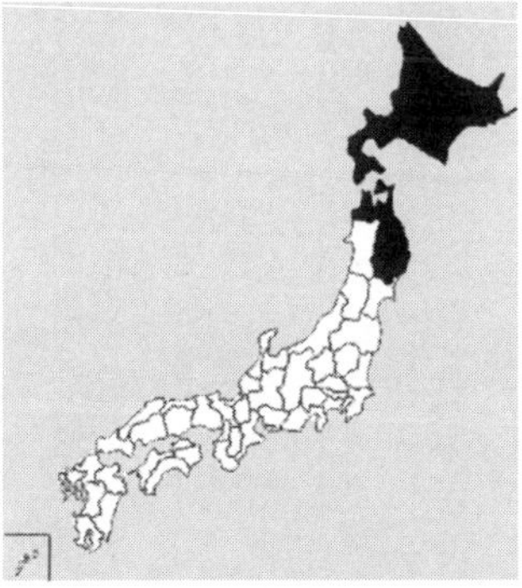

②

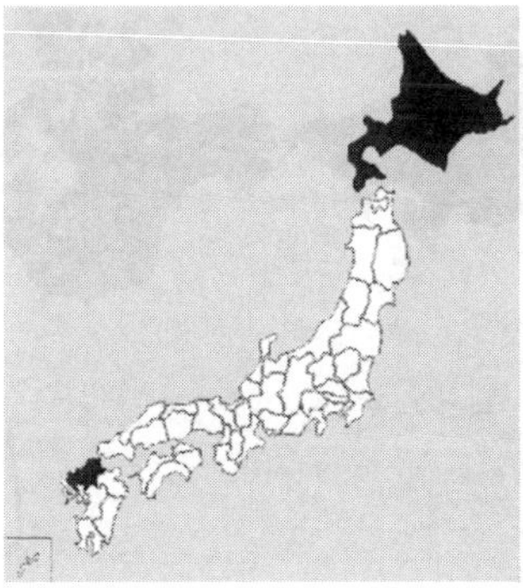

③

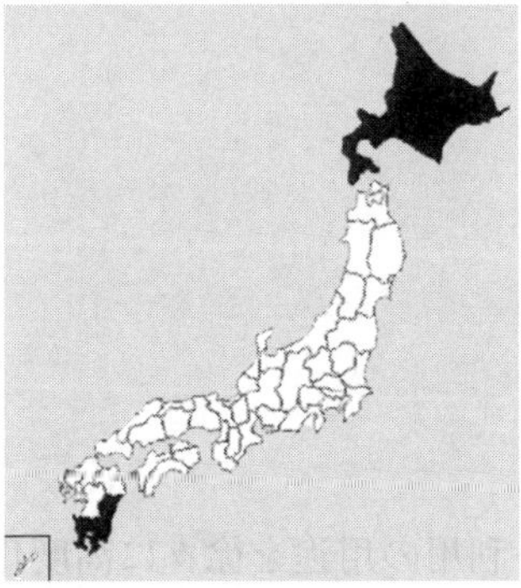

※①～③は，日本国内すべての島嶼《とうしょ》(島々のこと)を含めたものではありません。

図５

A

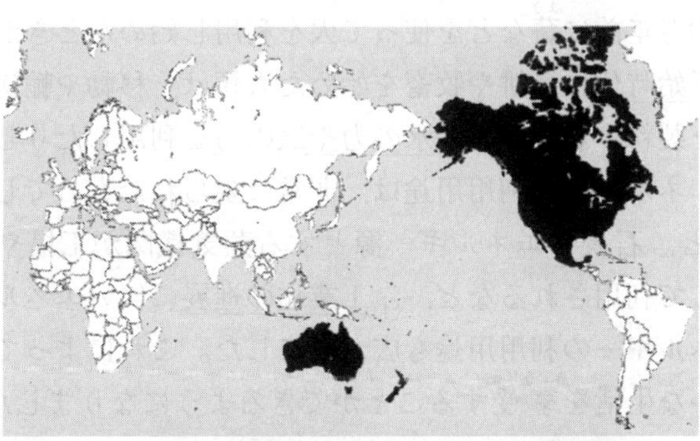

B

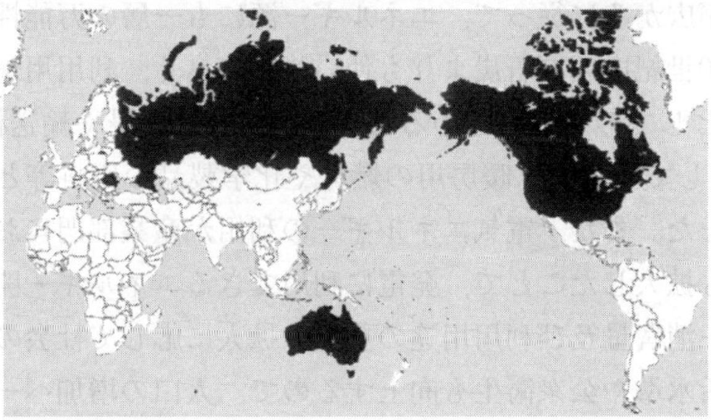

C

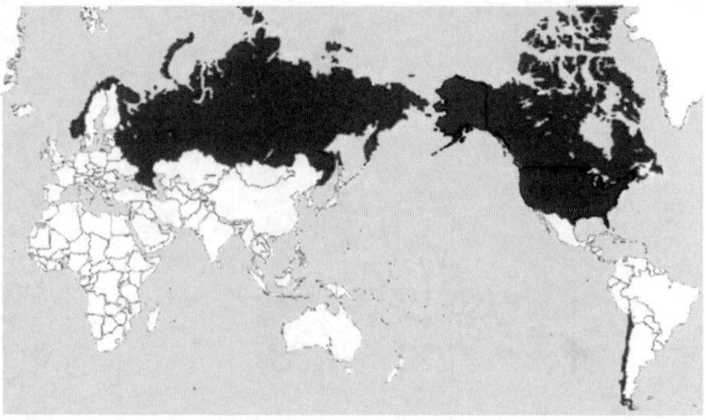

図６

出典：データブック オブ・ザ・ワールド2021および農林水産省資料
統計年次は，小麦の生産量・肉用牛の飼育頭数は2018年，さけ・ます類の漁獲高は2019年，輸入額の多い国・地域は2019年。

ア．①―A　　イ．①―B　　ウ．①―C
エ．②―A　　オ．②―B　　カ．②―C
キ．③―A　　ク．③―B　　ケ．③―C

2　次の文章を読んで，あとの問いに答えなさい。

人類は，生活スタイルの発展段階に応じて，エネルギー利用の用途を徐々に高度化・多様化させてきました。エネルギー消費量も，エネルギーの利用用途の拡大に加え，石炭や石油，天然ガスなど使い勝手の良いエネルギー源の普及により，一貫して上昇してきました。

人類とエネルギーの関係は，約50万年前に薪《まき》などを使って火を利用し始めたときから始まったといわれています。その後，①原始時代に農耕や牧畜を始めた人類は，移動や輸送に家畜や風力(帆船《はんせん》)を利用したり，②穀物を製粉するために③水の力や風の力を利用したりしていましたが，そのエネルギー消費量及びエネルギーの利用用途は，非常に限られたものでした。

18世紀に入り産業革命が起こると，石炭をエネルギー源とする蒸気機関が工場や輸送機器(蒸気機関車等)において動力源として利用されるなど，④工業化の進展に伴《ともな》いエネルギー消費量が急速に増加するとともに，エネルギーの利用用途も広がりました。これによって社会の生産力が上昇し，より便利でより豊かな生活を享受《きょうじゅ》することができるようになりました。

さらに，エネルギーの利用用途が広がるに従って，エネルギー源にも一層の万能性が求められるようになります。このため，20世紀中頃に石炭よりも使い勝手が良く，利用用途を拡大しやすい石油が主要なエネルギー源としての地位を占めるようになると，工場や輸送機器(船舶，自動車，航空機)，発電用の燃料として，また，暖房用の燃料や化学製品の原料等として石油が大量に消費されるようになりました。また，電気エネルギーの利用が産業部門においても家庭部門においても普及して消費量も拡大したことで，発電に利用できるエネルギー開発も進められました。このようなエネルギー消費量及び利用用途の更なる拡大に応じて社会の生産力もまた大きくなり，それに伴って生活水準や公衆衛生も向上するので，人口の増加ペースも急速に伸び，それがまた一層のエネルギー消費量の増加をもたらすようになると考えられます。

また，今後も世界人口は増加する見込みであり，加えて新興国におけるエネルギー消費量も工業化やモータリゼーションの進展等により増加しています。このため，2030年の世界のエネルギー消費量は1990年の約２倍に達するなど，エネルギー消費量はこれからも増加し続けていくものと考えられています。

参考：「人類の歴史とエネルギー」経済産業省　資源エネルギー庁 HP サイト　一部改変

問１　下線部①について，以下は原始時代に関するカードです。縄文時代について説明したカードを，次のア～カからすべて選び，記号で答えなさい。

ア.
この時代は，住居のつくりや大きさ，死者の葬《ほうむ》り方にあまり差がないため，貧富の差や身分の違いがほとんどない社会であったと考えられています。

イ.
この時代は，飲み水を得やすい水辺に，地面を掘り下げて柱を立て，その上に屋根をかけた住居が全国で作られるようになりました。

ウ.
この時代は，石包丁で収穫した穀物が倉庫に蓄えられました。その倉庫には，ネズミなどが入れないように階段や柱の上の板は工夫がほどこされていました。

エ.
この時代の三内丸山遺跡からは大量の土器や土偶のほか，新潟県産のひすい，北海道産の黒曜石が出土しました。

オ.
この時代は，金属器が大陸から伝えられました。鉄器は武器や道具として，青銅器は祭りの道具として用いられました。

カ.
この時代の日本列島は大陸と陸続きであったことが，大陸にいたマンモスなどの化石が日本列島の各地から発見されていることから分かります。

問２　下線部②について，過去の歴史において，米などの穀物が税として徴収されていましたが，税の徴収に関して述べた文として誤っているものはどれですか。次のア～エから１つ選び，記号で答えなさい。また，選んだ文から誤っている語句を抜き出し，正しい語句に書き改めなさい。

ア．律令制度の下で課された「租」は，収穫の３％の稲を地方の役所に負担する税で，女性にも負担義務がありました。

イ．鎌倉時代，将軍と主従関係を結んだ御家人は守護に任命されました。守護は荘園などにおかれ，土地の管理や年貢の取り立てを行いました。

ウ．江戸時代，幕府や藩は，農民から取り立てた年貢を大阪の蔵屋敷に送り，ここで現金に交換して幕府や藩の財政をまかなっていました。

エ．明治時代，政府は地租改正を実施し，土地所有者に地価を基準とした地租を納めさせることにしました。

問３　下線部③について，古来より水の力や風の力は，戦いの際の防御や，時に交易の後押しなど様々な場面で利用されてきました。以下の資料Ａ～Ｄを見ながらあとの問い(i)，(ii)に答えなさい。

【資料Ａ】

　白村江の戦いに敗れた中大兄皇子は，唐や［ (い) ］が再び攻撃してくることに備えて，九州の拠点である大宰府の守りを固めました。九州の博多湾の近くに，山に石垣をめぐらせた山城や堀を用いた水城《みずき》を築きました。また，防人と呼ばれる兵士を九州北部に配置しました。

【資料Ｂ】

　朝廷は，中国を統一した王朝のすぐれた政治の仕組みや文化・制度を取り入れるため，小野妹子を［ (ろ) ］として派遣しました。この当時の中国への帆船《はんせん》での航海は命がけのものでした。

【資料Ｃ】

　風神雷神図とは，風袋から風を吹き出し風雨をもたらす風神と，太鼓《たいこ》を叩いて雷鳴と稲妻をおこす雷神の活動の姿を描写《びょうしゃ》する絵画です。俵《たわらや》屋宗達《そうたつ》筆の屏風《びょうぶ》画《が》が有名で，模写《もしゃ》も多数あります。

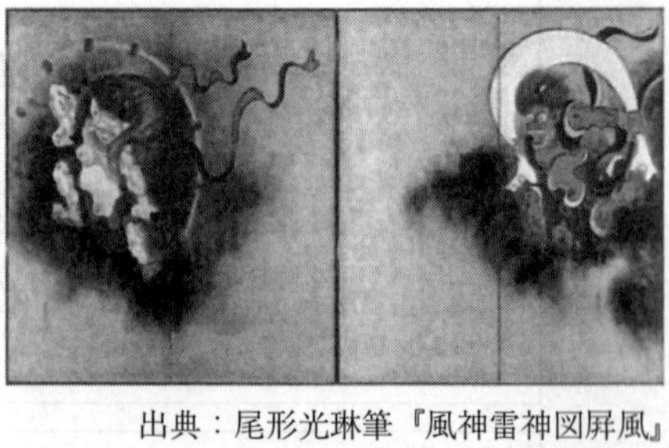

出典：尾形光琳筆『風神雷神図屏風』
（東京国立博物館所蔵）

【資料Ｄ】

　二度にわたる元の襲来《しゅうらい》は暴風雨によって難を逃れましたが，命がけで戦った御家人たちは困窮《こんきゅう》してしまいました。そこで幕府は永仁の［ (は) ］を出し，御家人を救済しようとしました。以下は［ (は) ］の一部です。

　領地の売買は，御家人の生活が苦しくなるもとなので今後は禁止する。…御家人以外の武士や一般の人々が御家人から買った土地は，売買から何年過ぎても，本来の持ち主に返さなければならない。

(i)　前の資料中の空欄［ (い) ］～［ (は) ］に入る適切な語句を漢字で答えなさい。※［ (い) ］は国名を答えること。

(ii)　前の資料Ａ～Ｄを年代の古い順に並べ替えたものとして正しいものを，次のア～カから１つ選び，記号で答えなさい。

ア．【資料Ａ】→【資料Ｂ】→【資料Ｃ】→【資料Ｄ】
イ．【資料Ａ】→【資料Ｂ】→【資料Ｄ】→【資料Ｃ】
ウ．【資料Ａ】→【資料Ｃ】→【資料Ｂ】→【資料Ｄ】
エ．【資料Ｂ】→【資料Ａ】→【資料Ｄ】→【資料Ｃ】
オ．【資料Ｂ】→【資料Ａ】→【資料Ｃ】→【資料Ｄ】
カ．【資料Ｂ】→【資料Ｄ】→【資料Ａ】→【資料Ｃ】

問4　下線部④について，広尾君は日本の工業が大きく発展した幕末から明治時代までを年表にまとめました。以下の年表を見ながらあとの問い(ⅰ)，(ⅱ)に答えなさい。

できごと		結果・影響
1858	A日米修好通商条約を結ぶ	関税自主権の欠如・領事裁判権の承認など条約の内容は不平等だった。
1868	明治政府ができる	五箇条《ごかじょう》の御誓文《ごせいもん》を公布して，公議世論の尊重と開国和親など新政府の方針を示した。
1871～73	B岩倉使節団が外国を訪れる	条約改正の目的は果たせず，欧米を視察して帰国した。
1883	【(い)】が建てられる	欧米の人々を招いて舞踏会《ぶとうかい》などが開かれた。
1886	【(ろ)】号事件がおこる	条約改正を求める声が強まった。
1889	大日本帝国憲法が発布される	憲法を持つ東アジアでただ1つの国となった。
1880年代	日本の産業は繊維産業を中心に急速に発展する	大阪紡績会社が設立された。
1894	Cイギリスと条約を結ぶ	領事裁判権の廃止を実現した。
1894～95	日清戦争	清に勝利したが，三国干渉により遼東半島を清に返還した。
1902	【(は)】を結ぶ	日本は対等な国家として認められたが，ロシアとの対立を深めた。
1904～05	日露戦争	ロシアに勝利し，国際的地位が向上した。
1910	韓国併合	韓国を日本の植民地とした。
1911	Dアメリカ合衆国との条約を改正	関税自主権の回復を実現した。

(ⅰ)　上の年表中の空欄【(い)】～【(は)】に入る適切な語句を答えなさい。※【(い)】と【(は)】は漢字で，【(ろ)】はカタカナで答えること。

(ⅱ)　広尾君は年表中の下線部A～Dに関わった重要な人物をピックアップしてみました。A～Dにあてはまる組み合わせとして最も正しいものを，次のア～オから1つ選び，記号で答えなさい。

ア．A：伊藤博文　B：陸奥宗光　C：小村寿太郎　D：井伊直弼
イ．A：井伊直弼　B：伊藤博文　C：小村寿太郎　D：陸奥宗光
ウ．A：井伊直弼　B：陸奥宗光　C：伊藤博文　D：小村寿太郎
エ．A：伊藤博文　B：井伊直弼　C：陸奥宗光　D：小村寿太郎
オ．A：井伊直弼　B：伊藤博文　C：陸奥宗光　D：小村寿太郎

3 次の文章を読んで，あとの問いに答えなさい。

2022年４月１日より，日本における①成人年齢が18歳に引き下げられます。これにより，2022年４月１日時点で18歳に達している人，つまり2002年４月２日生まれから2004年４月１日生まれの人は，４月１日に同時に成人を迎えることになります。これらの人が一斉に成人になるなんて不思議な感じがしますね。

この成人年齢を定めているのは「民法」という法律です。民法は，物の所有権や契約，②家族・親戚《せき》関係，遺産などについて扱う法律です。今回の成人年齢引き下げに伴い，男女における結婚開始年齢もこれまでは男子18歳以上，女子16歳以上と男女で異なっていましたが，男女とも18歳以上に変更されました。このように，民法は私たちの生活にとても身近な法律です。最近では民法で定められた「結婚した後は夫婦同姓《せい》でなければならない」という規定が，③憲法に違反しているのではないか，という訴えが出されました。最高裁判所はその訴えを退けましたが，その一方，判決でこの件に関する④国会での議論を促《うなが》しています。

この成人年齢の引き下げですが，この引き下げよりも前の2014年に，⑤憲法改正の国民投票の投票開始年齢が18歳以上に引き下げられました。その後，2016年からは⑥公職選挙法における選挙の投票開始年齢が18歳に引き下げられ，最後に成人年齢の引き下げとなりました。なぜ，成人年齢や選挙の開始年齢が引き下げられたのでしょうか。⑦政府の法制審議会はこの引き下げが「若年者が将来の国づくりの中心であるという国としての強い決意を示すことにつながり，若年者及び社会にとって大きな活力をもたらすことにつながる」と述べています。この法律の改正が，単に制度上の年齢の引き下げだけにとどまらず，若い人の意識の変化につながるといいですね。

問１　下線部①について，成人年齢引き下げに伴う変更点に関する説明(あ)～(う)の正誤の組み合わせが正しいものを，あとのア～クから１つ選び，記号で答えなさい。

(あ)　これまで18歳が契約を行う際は，親などの親権者の同意が必要でしたが，今後は同意なしにクレジットカードの契約や，ローンを組むことができます。

(い)　これまで18歳がたばこを吸うことやお酒を飲むことは認められていませんでしたが，今後はこれらが18歳から認められることになります。

(う)　これまで18歳が罪を犯した場合には少年法が適用されていましたが，少年法の改正により今後は18歳では一切，適用されなくなります。

ア．(あ)　○　(い)　○　(う)　○　　イ．(あ)　○　(い)　○　(う)　×
ウ．(あ)　○　(い)　×　(う)　○　　エ．(あ)　○　(い)　×　(う)　×
オ．(あ)　×　(い)　○　(う)　○　　カ．(あ)　×　(い)　○　(う)　×
キ．(あ)　×　(い)　×　(う)　○　　ク．(あ)　×　(い)　×　(う)　×

問２　下線部②について，家族に関しては日本国憲法の条文でも定められています。以下の憲法の条文の空欄［A］，［B］にあてはまる言葉を漢字で答えなさい。

> 第24条　①　婚姻は，［　A　］の合意のみに基いて成立し，夫婦が同等の権利を有することを基本として，相互の協力により，維持されなければならない。
> ②　配偶者の選択，財産権，相続，住居の選定，離婚並びに婚姻及び家族に関するその他の事項に関しては，法律は，［　B　］の尊厳と［　A　］の本質的平等に立脚して，制定されなければならない。

問３　下線部③について，憲法違反かどうかを裁判所が審議・判断する権限は違憲立法審査権と呼ばれます。この違憲立法審査権に関する説明として正しいものを，次のア～オから２つ選び，記号で答えなさい。

ア．この権利は法律を審査するための権利であり，内閣の政令や行政処分などには適用されません。

イ．この権利は「憲法の番人」と呼ばれる最高裁判所だけが持つ権利であり，その他の裁判所は行使することはできません。

ウ．この権利は裁判で実際に訴えられた時にだけ行使できるため，法律が制定される前の法案段階で，裁判所が違憲判断を下すことはできません。

エ．この権利は具体的な事件における訴えを通じて行使されるため，裁判所の独自の判断で法律の違憲審査を始めることはできません。

オ．この権利は裁判官の全員一致で行われるため，裁判に出席している裁判官の内，違憲と考える人が過半数であったとしても，違憲の判決は下せません。

問４　下線部④について，国会にはある特定の事項に関して衆議院の優越が認められています。このことに関する説明として正しいものを，次のア～エから２つ選び，記号で答えなさい。

ア．衆議院と参議院で与党と野党の議席数が逆転しているねじれ状態になった場合，国会が物事を決められなくなることを避けるためにこの制度があります。

イ．衆議院は参議院と比べて任期が長く解散があり，国民の意思を反映させやすいため，衆議院の優越が定められています。

ウ．予算の議決で衆議院と参議院が異なる議決をした場合，衆議院の議決が国会の議決となりますが，予算を先に議論する権利は参議院にあります。

エ．内閣総理大臣の指名で衆議院と参議院で異なる議決をした場合，必ず両院協議会を開き，議論が一致しなければ，衆議院の議決が国会の議決となります。

問５　下線部⑤について，以下は憲法改正に関する手続きの流れを示したものになります。空欄［C］と［D］にあてはまる言葉を漢字２字で答えなさい。

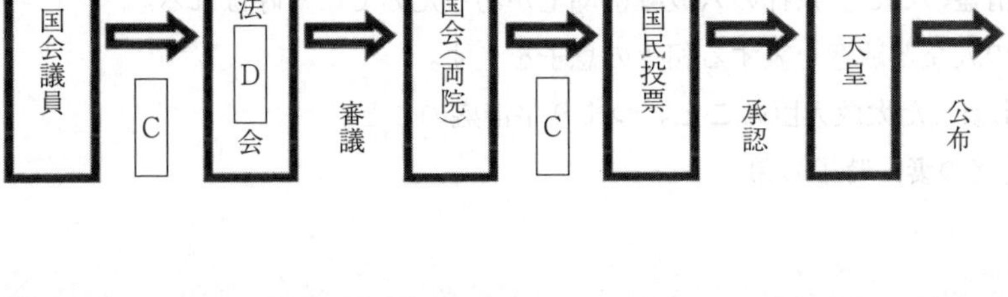

問６　下線部⑥について，衆議院議員総選挙のルールとして正しいものを，次のア～カからすべて選び，記号で答えなさい。

ア．１回の選挙で決まる議席数(定数)は245名です。

イ．大選挙区制と比例代表制の２つの選挙制度が採用されています。

ウ．比例代表選挙では，全国を11のブロックに分けています。

エ．比例代表選挙では，政党だけでなく個人への投票も有効です。

オ．比例代表選挙では，政党への得票数に応じドント式で議席が配分されます。

カ．候補者は，選挙区と比例代表の両方に重複して立候補できます。

問７　下線部⑦について，「政府」という言葉は細かく分けると，国を表す中央政府と，地方公共団体を表す地方政府の２つに分かれます。次のア～オの実際に行われたことのある政策や施策の中から，地方政府(都道府県または市町村)が実施の主体となるものを２つ選び，記号で答えなさい。

ア．感染症への対策として緊急事態宣言やまん延防止等重点措置を発令しました。

イ．地方の活性化に向け，ふるさと納税制度を作りました。

ウ．原子力発電所に関し，住民投票の結果に基づき建設の可否を判断しました。

エ．食中毒が出た飲食店に対して，営業停止の行政処分を行いました。

オ．地元企業の国際競争力を高めるため，法人税の減税を行いました。

4　―Ⅰ　次の史料を読んで，あとの問いに答えなさい。

※史料は読みやすいように現代語に改めています。

①六波羅殿《ろくはらどの》のご一家の②ご子息達といえば，……名門の貴族でも対等にはりあう人はいない。だから③入道相国《にゅうどうしょうこく》の妻の弟の④平時忠《たいらのときただ》は「平家一門でない者は人ではない」と言われた。それほどの勢いが盛んなので，誰もが何とか工夫をして平氏に繋《つな》がろうとした。……

(平清盛が)一身の栄華をきわめただけでなく，平家一門がともども繁栄し，⑤嫡子《ちゃくし》重盛《しげもり》は内大臣・左大将，次男宗盛《むねもり》は中納言・右大将，三男知盛《とももり》は三位の中将，⑥嫡孫《ちゃくそん》維盛《これもり》は四位の少将と，全部で一門の⑦公卿《くぎょう》十六人，⑧殿上人《てんじょうびと》三十余人，諸国の国司や役人などを合わせると六十余人に達し，世の中には平家の他に人がいないように思われた。……

そのほかに⑨ご息女が八人おられた。……そのうち一人は皇后《こうごう》になられた。二十二歳で皇子がお生まれになり，皇太子に立ち，即位されたので，……

日本全国は六十六か国であるが，平家の⑩知行国《ちぎょうこく》は三十余か国で全国の半数を超えている。その他に(平家所有の)荘園や田畑はどれほどあるかわからない。(邸宅には)華やかな服装の人々が大勢いて，まるで花が咲いたようである。門前には車馬がたくさん集まって大変なにぎわいである。⑪中国(宋)の揚州《ようしゅう》の金《こがね》，荊州《けいしゅう》の珠《たま》，呉郡《ごきん》の綾《あや》，蜀工《しょっこう》の錦《にしき》，などめったに手に入らない宝物が集まり，何ひとつ欠けたものがない。

(平家物語)

注①　六波羅殿《ろくはらどの》：平清盛のこと。京都の六波羅に邸宅があったのでこう呼ばれる。

注②　ご子息：目上の人など敬意を表する相手の息子をさす。

注③　入道相国《にゅうどうしょうこく》：出家した太政大臣のこと。つまり平清盛のこと。

注④　平時忠《たいらのときただ》：平清盛の妻，時子の弟。

注⑤　嫡子《ちゃくし》：長男。

注⑥　嫡孫《ちゃくそん》：清盛の長男の子ども。

注⑦　公卿《くぎょう》：日本の律令の規定に基づく太政官の最高幹部として国政を担う職。

注⑧　殿上人《てんじょうびと》：天皇の日常生活の場である清涼殿の殿上間に昇ること(昇殿)を許された者。

注⑨　ご息女：目上の人など敬意を表する相手の娘をさす。

注⑩　知行国《ちぎょうこく》：貴族や寺社などに支配権が与えられた国のこと。

注⑪　中国(宋)の揚州《ようしゅう》の金《こがね》，荊州《けいしゅう》の珠《たま》，呉郡《ごきん》の綾《あや》，蜀工《しょっこう》の錦《にしき》：揚州・荊州・呉郡・蜀工はいずれも中国の都市。それらの名産物をあげている。

問い　史料中の波線部にもあるように，平清盛は「平家一門でない者は人ではない」と言われるほど絶大な力を持っていました。上の『平家物語』を読むと，それが良く分かります。この『平家物語』を読んで平清盛が権力や経済力を確立できた4つの要因を分かりやすく説明しなさい。

4 ―Ⅱ　みなさんは一日にインターネットをどのくらい使っていますか。インターネットには様々な使い道がありますが，情報を得るために使うという人が多いようです。YAHOO《ヤフー》ニュースやLINE《ライン》，はたまたFacebook《フェイスブック》やInstagram《インスタグラム》など，私たちは様々なインターネットサービスから情報を得る時代に入っています。これらのサービスはその場ですぐに欲しい情報が調べられますし，多くの人が注目しているニュースもすぐにわかります。新聞社もインターネットを用いて情報を提供しており，新聞が発行されるよりも前に情報を知ることもできます。さらにインターネットでは，利用している人が普段よく見ている情報をもとに，サーチエンジンなどの学習機能によって，利用者が好むと思われる情報が優先的に表示されます。これは探さなくても知りたい情報が入ってくるため大変便利です。一方で，このような状況は「フィルターバブル」と呼ばれています。この言葉は，私たちがバブル(泡《あわ》)の膜《まく》に包まれているような状態をたとえた言葉ですが，情報が自動的に提示されることにより，自分の興味のない情報が入ってこないことを表しています。このような状態は，私たちの民主主義社会において，大きな問題があると言われています。

民主主義社会において，このフィルターバブルという状態は，なぜ問題なのでしょうか。民主主義社会がどのような社会かを述べた上で，なぜ問題なのか，説明しなさい。

【理　科】〈第１回入試〉（30分）〈満点：50点〉

〈編集部注：実物の入試問題では，図や写真はほとんどがカラー印刷です。〉

1　電熱線の長さや乾《かん》電池の個数，そのつなぎ方と，電熱線に流れる電流，および発熱量との関係を調べるため，次の【実験１】～【実験３】を行いました。電熱線は，図１のように耐《たい》熱性の白い樹脂《じゅし》（図１①）のケースの中に細長いニクロム線がらせん状に折りたたまれた構造（図１②）をしていますが，ここでは，そのニクロム線を引き延ばし，円柱状（実際はもっと細長い）に模式化（図１③）して考えることにします。これを電熱線Ａとして，以下の問いに答えなさい。

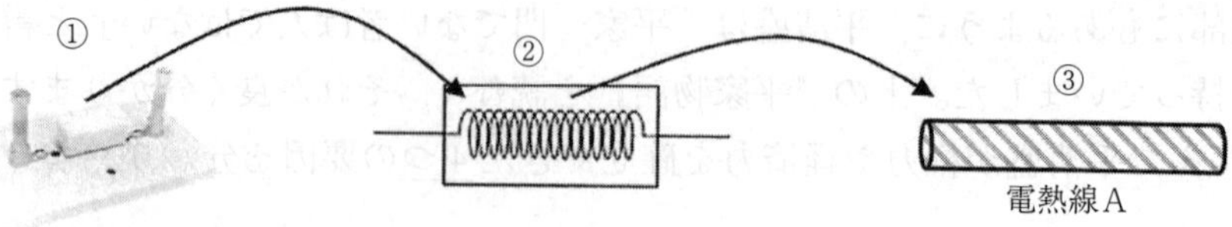

図１

【実験１】　はじめに電熱線Ａと乾電池を１個ずつ使って図２の回路をつくり，電流計に流れる電流を測定した。次に，下の(1)～(4)のように電熱線Ａ，あるいは乾電池の個数やつなぎ方を変えて，電流計を流れる電流の変化を調べた。

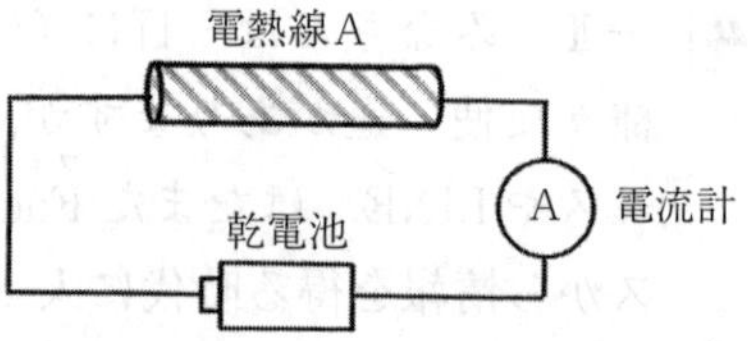

図２

(1)　電熱線Ａを１本に固定して，乾電池を直列に２個，３個…と増やした。

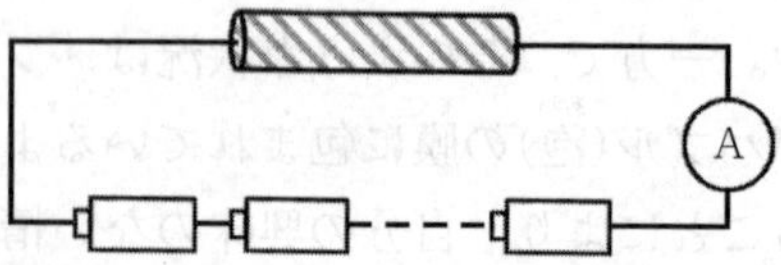

(2)　電熱線Ａを１本に固定して，乾電池を並列に２個，３個…と増やした。

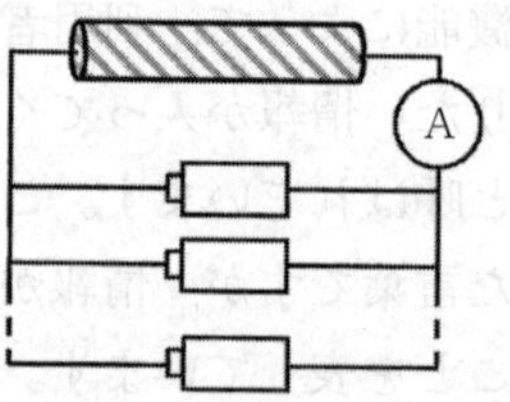

(3)　乾電池を１個に固定して，電熱線Ａを直列に２本，３本…と増やした。

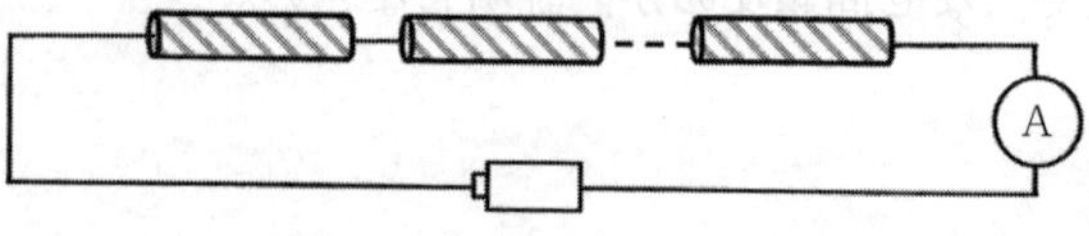

(4)　乾電池を１個に固定して，電熱線Ａを並列に２本，３本…と増やした。

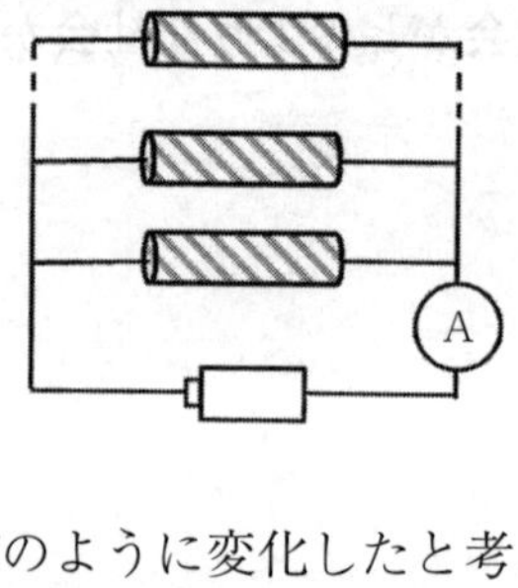

問１　(1)～(4)の実験操作によって，電流計を流れる電流はどのように変化したと考えられますか。縦軸《じく》に電流計を流れる電流の値，横軸に乾電池または電熱線の個数をとって表したグラフとして，最も適当なものを次のア～エから１つずつ選び，記号で答えなさい。ただし，同じ記号を２回以上選んでも良いものとします。

ア

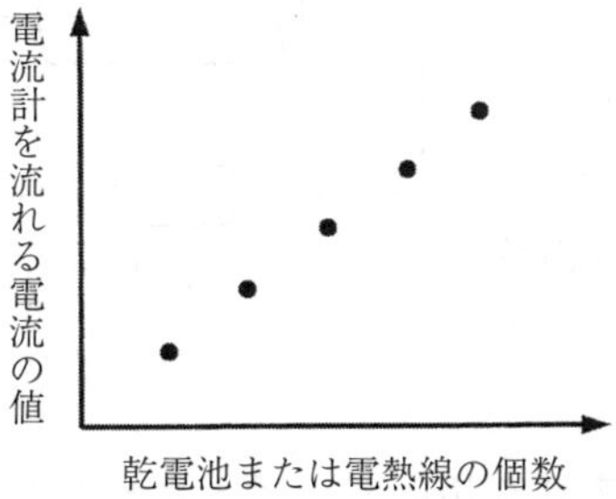

イ

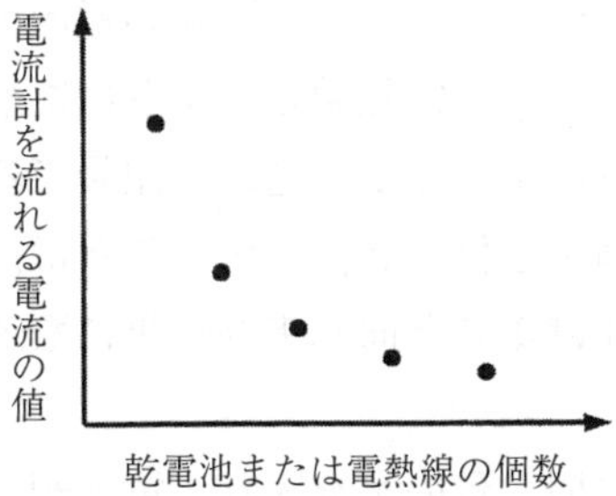

ウ

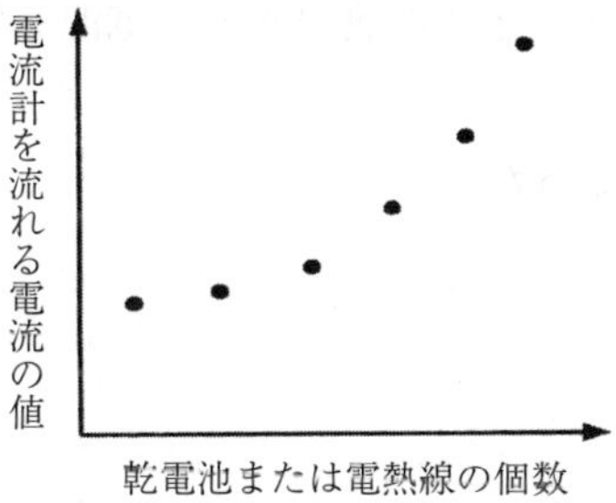

エ

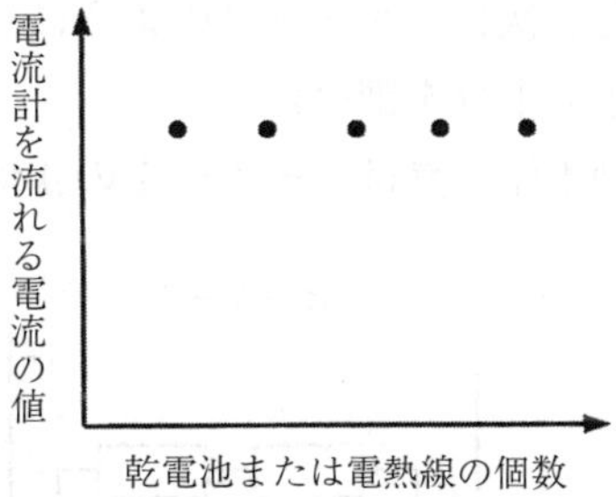

【実験２】　図３のように，電熱線Ａの長さを三等分して電熱線Ｂを３本作成した。ただし，図では電熱線ＡとＢの色を変えている。この電熱線Ｂと，【実験１】で用いた乾電池１個をつなぎ合わせ，下の(5)と(6)のような回路をつくり，電流計を流れる電流を測定した。

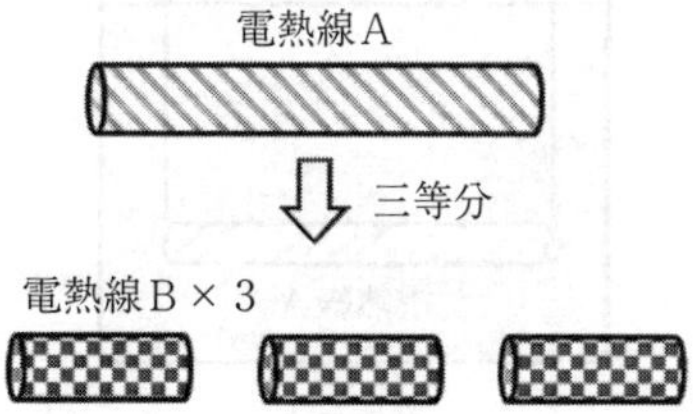

図３

(5)　電熱線Ｂの３本を並列につないだ。

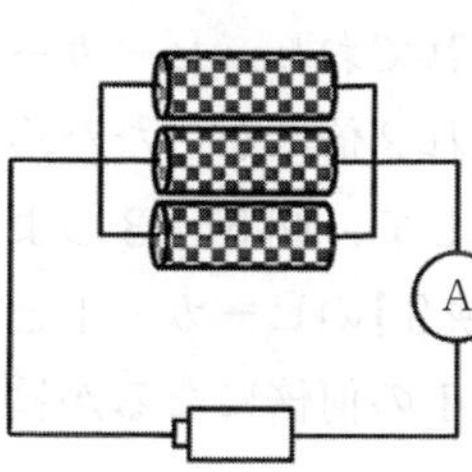

(6)　電熱線Ｂの２本を直列にし，１本を並列につないだ。

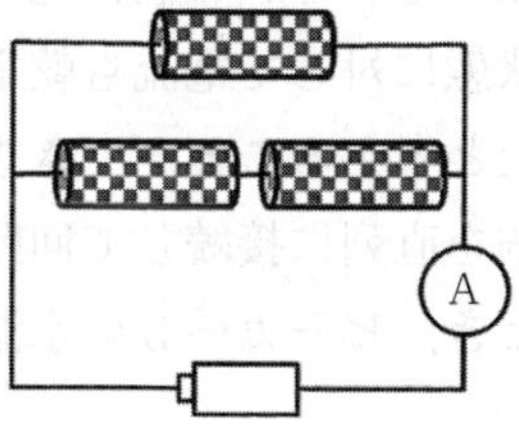

問２　(5)の電流計を流れる電流は，(6)の電流計を流れる電流の何倍ですか。次のア～キから１つ選び，記号で答えなさい。ただし，電熱線の長さを２倍，３倍にすることは，電熱線を直列に２本，３本とつなげるのと同じ実験結果になるものとします。

ア．３　　イ．２　　ウ．$\frac{3}{2}$　　エ．１　　オ．$\frac{2}{3}$　　カ．$\frac{1}{2}$　　キ．$\frac{1}{3}$

問３　電熱線Ａや電熱線Ｂと同じ材質で，断面積が３倍の電熱線Ｃを用いて，図４の回路をつくったとき，図４の電流計は，(6)の電流計と同じ値になりました。電熱線Ｃの長さは電熱線Ａの何倍ですか。問２のア～キの中から１つ選び，記号で答えなさい。ただし，電熱線の断面積を２倍，３倍にすることは，電熱線を並列に２本，３本とつなげるのと同じ実験結果になるものとします。

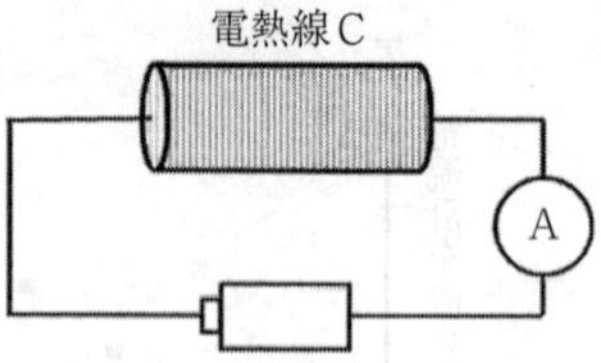

図４

【実験３】　２つのビーカーに同じ量の水を入れ，電熱線と乾電池を用いて，ビーカーの水の３分間の水温上昇《しょう》を調べた。はじめに，図５－１のようにビーカー１に電熱線Ａと乾電池１個だけを用いて水温上昇を調べた。次に，図５－２のようにビーカー２に電熱線Ａと乾電池２個を直列につなげて同じ時間の水温上昇を調べた。

その結果，ビーカー２の水温上昇はビーカー１の４倍になった。

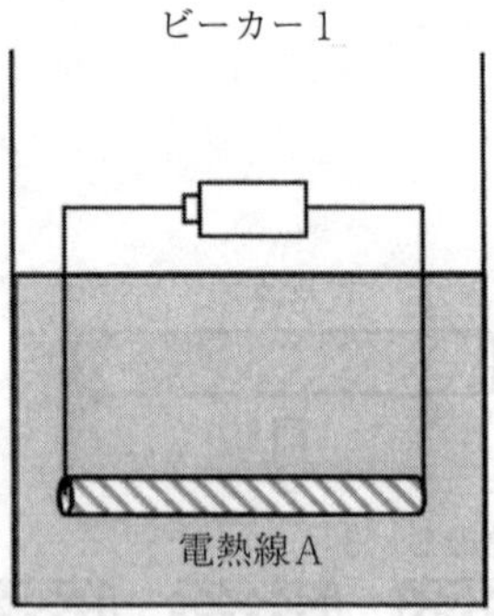

図５－１

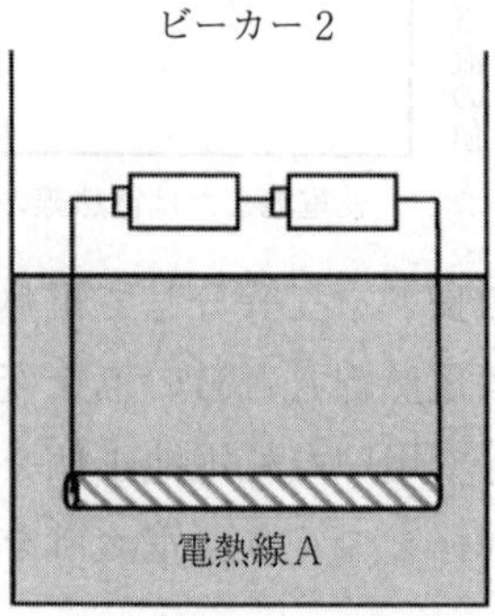

図５－２

問４　一般《ぱん》に，１本の電熱線から発生する熱量は，電熱線を流れる電流，および電熱線に直列につながった乾電池の個数のそれぞれの値に比例することが知られており，ビーカー２の水温上昇は，ビーカー１の状態に対して電流も乾電池の数もそれぞれ２倍になったため，発熱量が２×２＝４倍になったと考えることができます。以上を考慮《こうりょ》して，図５－３のように電熱線Ｂを１本と乾電池２個を直列に接続して回路をつくり，【実験３】のビーカー１と同じ水量と時間で実験を行ったとき，ビーカー３の水温上昇はビーカー１の何倍になるか答えなさい。

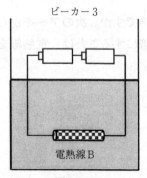

図５－３

問５　【実験３】のビーカー１と同じ回路をつくり，乾電池の＋の端子《たんし》とつながった導線を電熱線Ａの途《と》中に接続し，ビーカー１と同じ水温上昇になるまで電流を流しました。その接点をＰとして電熱線上を移動させたとき，横軸にPQ間の長さ，縦軸に電流を流した時間をとったグラフとして最も近いものを，次のア～カから１つ選び，記号で答えなさい。また，そのグラフを選んだ理由も合わせて答えなさい。ただし，PQ間の長さを０にすることは無いものとします。

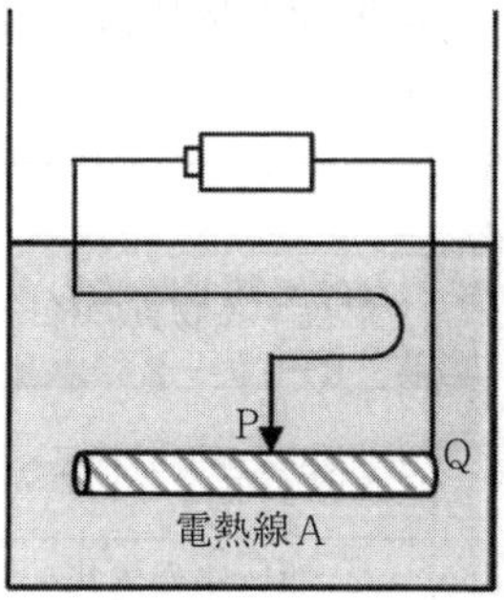

図５－４

ア
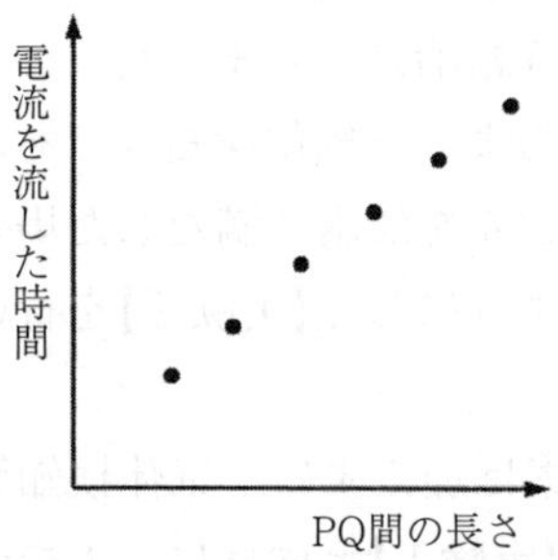

イ
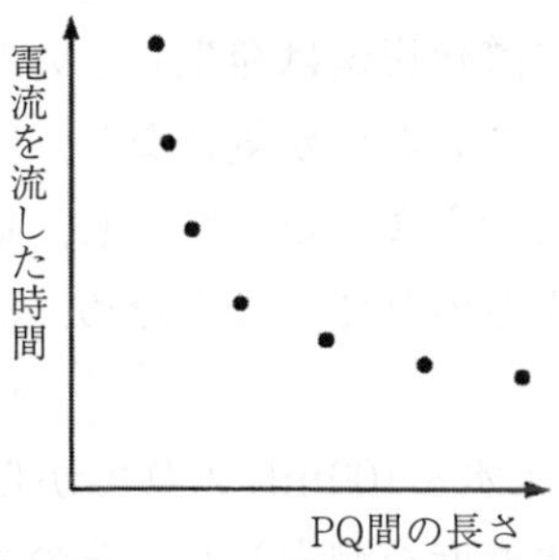

ウ
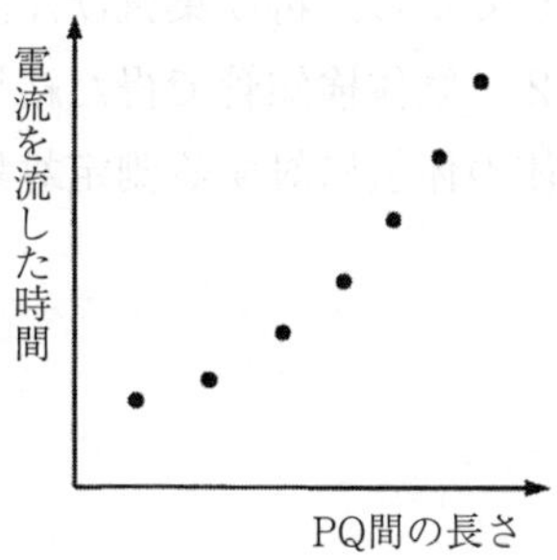

エ
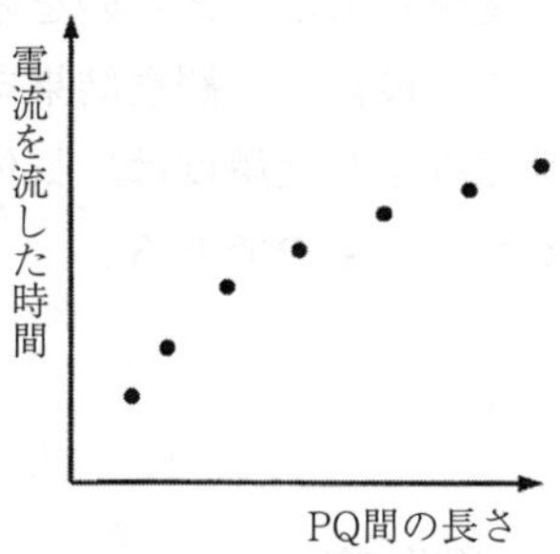

オ
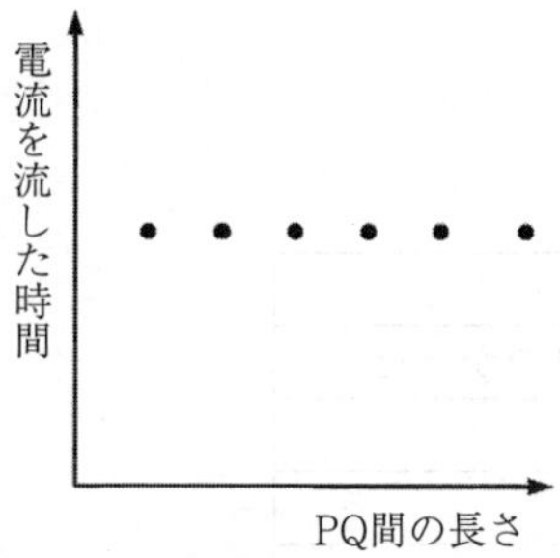

カ
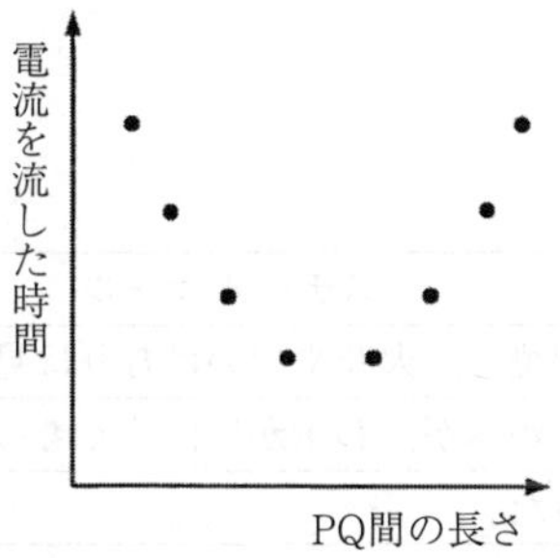

2　次の文を読み，以下の問いに答えなさい。

広尾君は授業でスチールウールとろうそくの燃焼の違《ちが》いを調べるために，【実験１】を行い，表１のような結果を得ました。スチールウールは，鉄を羊毛のように繊維《せんい》状にしたものです。

【実験１】　600mLの集気びんに，石灰水を100mL入れてから酸素ボンベで完全に酸素を満たしてふたをしたものを２つ用意した。また，燃焼さじも２本用意し，片方にはスチールウール３ｇを巻き付け，もう片方にはろうそくをさしてそれぞれ火をつけ，集気びんに素早く入れてふたをした。燃えたときの様子を観察した後，集気びんをふって石灰水の様子を調べた。最後に，燃焼前と燃焼後のスチールウールとろうそくの様子を比べ，それぞれの結果を表１にまとめた。

表１

	スチールウール	ろうそく
燃焼する物質の様子	はげしく火花を散らして燃えた。白いけむりは見られなかった。	はげしく炎を上げて燃えた。火が消えた後，白いけむりが少し出た。
集気びんの様子	燃焼中内側のかべが，わずかに白くくもった。	燃焼中内側のかべが白くくもった。
石灰水の変化	変化はなかった。	白くにごった。

表１より，スチールウールを入れた集気びんの中にあった石灰水に変化がなかったことから，授業ではスチールウールの燃焼で二酸化炭素は発生しないという結論になりました。しかし広尾君は，本当に二酸化炭素が発生していないか気になり，図１のような気体検知管であれば精密な結果が得られるのではないかと考えました。ただし，集気びんを酸素で満たした場合，酸素用気体検知管の測定可能な濃度《のうど》から外れてしまうため，次のようにして【実験２】を行いました。

【実験２】　600mL の集気びんに，石灰水を100mL 入れてから酸素は加えずに，気体検知管で集気びん内部の二酸化炭素濃度と酸素濃度を測定した。その後，【実験１】と同様に，火をつけたスチールウールを集気びんに入れ，完全に火が消えたのを確認してから，再び集気びん内部の二酸化炭素濃度と酸素濃度を測定した。最後に，観察結果を表２，気体検知管で得た結果を表３にまとめた。ただし，気体検知管で測定した濃度は，気体全体の体積に対する測定対象の気体がしめる体積の割合を％の単位で示したものである。

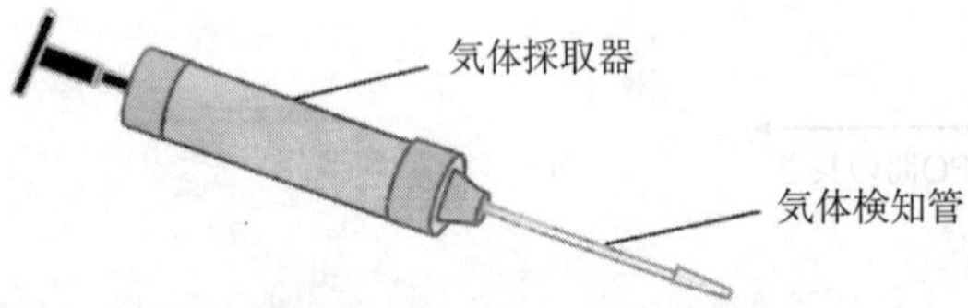

図１　気体採取器に取り付けた気体検知管

表２

	スチールウール
燃焼する物質の様子	おだやかに燃焼し，火花や白いけむりは見られなかった。
集気びんの様子	燃焼中内側のかべが，わずかに白くくもった。
石灰水の変化	変化はなかった。

表３

	二酸化炭素(0.03～1.0％用)	酸素(６～24％用)
燃焼前	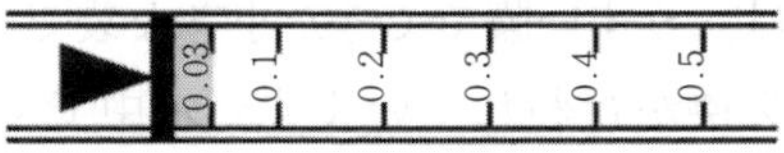	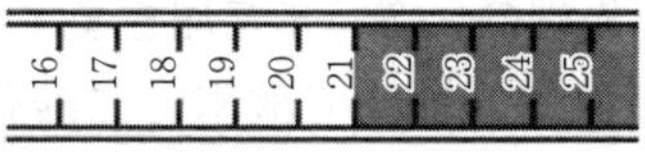
燃焼後	燃焼前の値と比べてほとんど変化が見られなかった。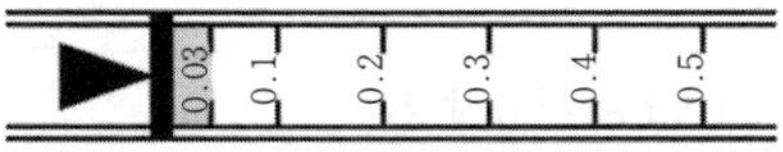	X

※　図の数値の単位は％とします

問１　気体検知管を使う際に注意することとして，最も適当なものを次のア～エから１つ選び，記号で答えなさい。

ア．気体検知管は，使う前にチップホルダーで片側の先端のみを折る。

イ．気体検知管に表示された，吸入する空気の向きをさす矢印を確認し，矢印が向く方向の先端には気体採取器を取り付け，逆側にはゴムのカバーを付ける。

ウ．気体採取器のハンドルを引いたあとすぐに気体検知管をはずし，目盛りを読み取る。

エ．気体検知管の変色部分がななめになっていたりうすくなっていたりする場合は，変色部分のうち最も大きな値を読み取る。

問２　表３のXに当てはまると考えられる図として，最も適当なものを次のア～ウから１つ選び，記号で答えなさい。

ア．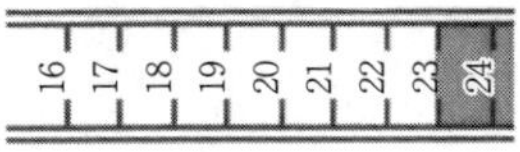

イ．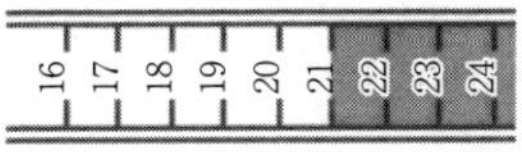

ウ．

問３　純粋《じゅんすい》な二酸化炭素１Lの質量を1.98ｇとすると，燃焼後の集気びんに入っていた二酸化炭素は何mgか，【実験２】の結果を用いて求めなさい。また，実験結果では燃焼前と燃焼後の二酸化炭素濃度は，同じ値として考えます。ただし，水蒸気の影響は無視することとし，割り切れない場合は小数第２位を四捨五入し，小数第１位まで答えなさい。

問４　集気びん中の気体は酸素・二酸化炭素・窒素《ちっそ》の３種類しか存在しないとし，燃焼後の窒素の１Lあたりの質量を1.25ｇとすると，燃焼後の集気びんに入っていた窒素は何mgか，【実験２】の結果を用いて求めなさい。ただし，割り切れない場合は小数第１位を四捨五入し，整数で答えなさい。

問５　広尾君は【実験１】と【実験２】の結果から，スチールウールの燃焼でも「集気びんのかべが白くくもった」ことについて気になり調べたところ，その原因は水(水蒸気)であることが分かりました。スチールウールの燃焼で水(水蒸気)が発生した原因は何か，考えられることを答えなさい。また，それを調べるための追加の実験方法を説明しなさい。

3　次の〔Ⅰ〕と〔Ⅱ〕の文章を読み，以下の問いに答えなさい。

〔Ⅰ〕　ヒトのからだは，呼吸をして生きていくために必要な物質を取り込《こ》みます。口や鼻から取り入れた空気は（ ① ）を通り，肺に入ります。肺の内部では（ ① ）が枝分かれしていて，空気はその先端の（ ② ）まで届きます。（ ② ）は，うすい膜《まく》でできた小さな袋《ふくろ》で，その袋を包み込む毛細血管との間で酸素と二酸化炭素の交換《かん》が行われています。水中でくらす魚などでは（ ③ ）で酸素を体内に取り込み，（ ② ）と同じように酸素と二酸化炭素の交換を行っています。

問１　文章中の(①)～(③)に当てはまる語を**すべてひらがなで**答えなさい。

問２　呼吸をするときの肺の動きの説明として，最も適当なものを次のア～オから１つ選び，記号で答えなさい。

ア．肺自身の動きにより肺がふくらんだりしぼんだりする。

イ．息を吸うときに横隔膜《おうかくまく》が下がり，肺がふくらむ。

ウ．息を吸うときに横隔膜が上がり，肺がふくらむ。

エ．息を吐《は》いたときに横隔膜が下がり，肺がふくらむ。

オ．息を吐いたときに横隔膜が上がり，肺がふくらむ。

問３　魚では(③)がヒトの(②)と同じはたらきをしています。②と③の**構造的な類似点**を**２つ**答えなさい。

〔Ⅱ〕　血球の１つであるA赤血球は酸素を運ぶはたらきをしています。酸素は赤血球中に含《ふく》まれるヘモグロビンという色素に結合して，全身へと運ばれていきます。ヘモグロビンは，B肺の中のように酸素がたくさんあるところでは，結合している酸素を離《はな》しにくく，他の器官(脳や筋肉など)のように酸素が必要なところでは，結合している酸素を離します。血球には他にも，白血球と血小板があり，それぞれ別のはたらきをして私たちのからだを守っています。

問４　下線部Aにあるヒトの赤血球の特徴《とくちょう》について，適当なものを次のア～カから**２つ選び**，記号で答えなさい。

ア．血球の中で，数が最も少ない。

イ．血球の中で，数が最も多い。

ウ．血球の中で，大きさが最も小さい。

エ．血球の中で，大きさが最も大きい。

オ．血球の中で，寿命《じゅみょう》が最も長い。

カ．血球の中で，寿命が最も短い。

問５　下線部Bについて，肺ではすべてのヘモグロビンのうち97％が酸素と結合していますが，活発に酸素をつかう筋肉ではすべてのヘモグロビンのうち30％が酸素と結合しています。肺にある酸素と結合したヘモグロビンのうち，筋肉に酸素を渡《わた》したヘモグロビンは何％か答えなさい。ただし，割り切れない場合は小数第１位を四捨五入し，整数で答えなさい。

4　日本列島には，約100の火山があり世界の火山の約７％を占《し》めています。火山の形も噴《ふん》火の様式も様々で，場所によっていろいろな特徴があることがわかります。東京都大島にある三原山は，図１のように黒っぽい岩肌《はだ》でなだらかな傾斜《けいしゃ》をしており，北海道にある昭和新山は，図２のように白っぽい岩肌で溶《よう》岩ドームを形成しています。

火山の地下深くに発生したマグマが上昇を始めてから噴火するまでの現象は，大きく２つに分けて考えることができます。１つは，Aマグマが岩石を溶《と》かしながら上昇し，ある一定の場所でマグマだまりを形成することです。もう１つは，なんらかの要因によって地表に通じる穴が生じると，Bマグマに一番多く溶け込んでいる水が発泡《ぼう》して水蒸気となり，マグマの体積が急激に大きく変化して地表から吹《ふ》き出してくることです。

また，マグマが冷えて固まった岩石を火成岩といいます。その中でも，地下でゆっくりと冷えて固まったものを深成岩といい，地表付近で急速に冷えて固まったものを火山岩といいます。これらの岩石は，成分が同じでもマグマの冷やされ方が違うことにより，粒《つぶ》の大きさや岩石の見た目に違いが生じてきます。

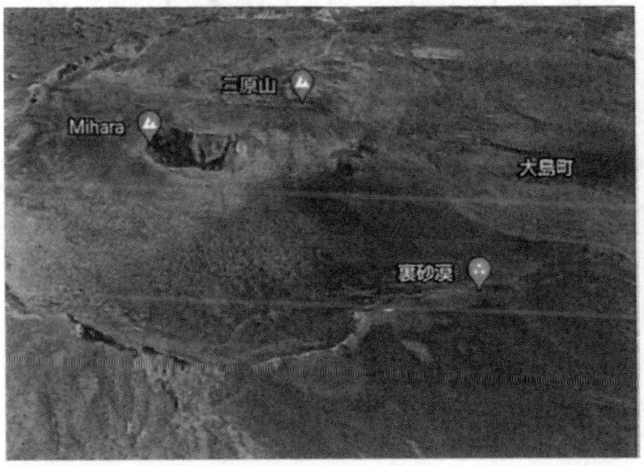

図１

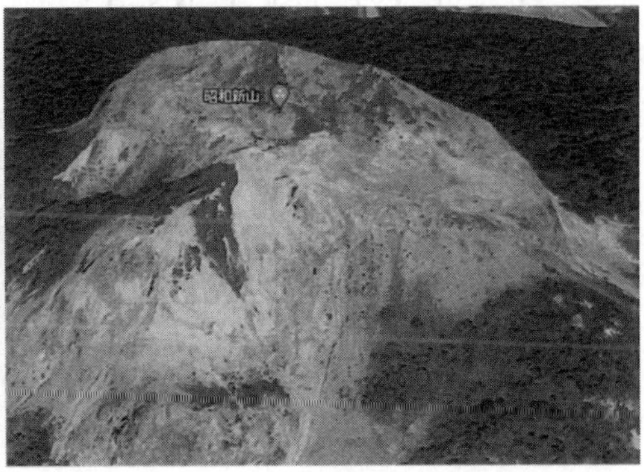

図２

Google Earth より

問１　三原山と昭和新山の特徴として，適当なものを次のア～クから**２つ選び**記号で答えなさい。

ア．三原山はマグマの粘《ねん》性が弱く，主にリュウモン岩からなる火山である。

イ．三原山はマグマの粘性が弱く，主にゲンブ岩からなる火山である。

ウ．三原山はマグマの粘性が強く，主にリュウモン岩からなる火山である。

エ．三原山はマグマの粘性が強く，主にゲンブ岩からなる火山である。

オ．昭和新山はマグマの粘性が弱く，主にリュウモン岩からなる火山である。

カ．昭和新山はマグマの粘性が弱く，主にゲンブ岩からなる火山である。

キ．昭和新山はマグマの粘性が強く，主にリュウモン岩からなる火山である。

ク．昭和新山はマグマの粘性が強く，主にゲンブ岩からなる火山である。

問２　下線部Aについて，ある程度の高さまでマグマが上昇するという現象からわかる説明として最も適当なものを，次のア～エから１つ選び，記号で答えなさい。

ア．深いところでは，マグマの密度に比べ周りの岩石の密度が大きいため，マグマにはたらく浮《ふ》力が大きくなる。

イ．深いところでは，マグマの密度に比べ周りの岩石の密度が小さいため，マグマにはたらく浮力が大きくなる。

ウ．深いところでは，マグマの温度に比べ周りの岩石の温度が高いため，マグマにはたらく浮力が大きくなる。

エ．深いところでは，マグマの温度に比べ周りの岩石の温度が低いため，マグマにはたらく浮力が大きくなる。

問３　下線部Bについて，次の(1)と(2)の問いに答えなさい。

⑴　水蒸気以外にマグマに溶けている気体にはどんなものがありますか。次のア～オの中で最も多く溶けていると考えられる気体を１つ選び，記号で答えなさい。

ア．窒《ちっ》素　　イ．酸素　　ウ．アルゴン　　エ．二酸化炭素　　オ．メタン

⑵　図３はある圧力において，マグマに水がどれくらい溶けるか(溶存水)を表しています。約３％の水を含むようなマグマが上昇してきたとすると，どれくらいの深さで発泡が始まるか整数で答えなさい。ただし，圧力と深さの関係は図４のように与《あた》えられるものとします。

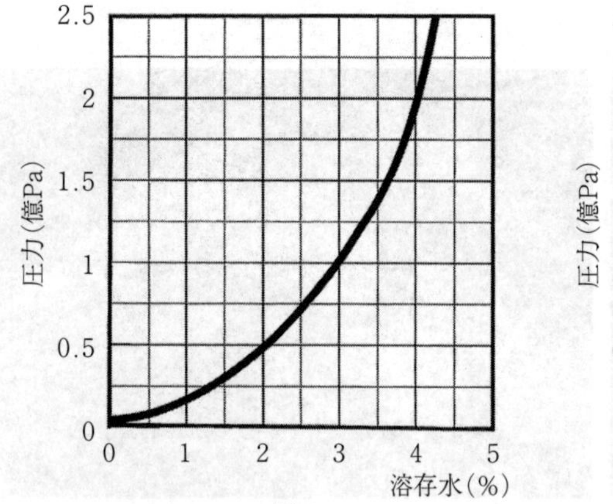

図３

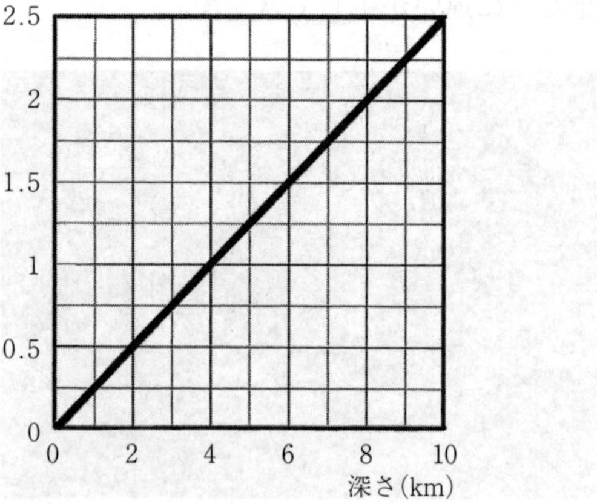

図４

問４　火成岩は，そこに含まれている鉱物によって色合いや特徴が変化します。鉱物は，マグマの中で溶けていますが，マグマが徐々《じょじょ》に冷えてくると順番に結晶《しょう》になって出てきます。これを「晶出《しょうしゅつ》」といいます。鉱物が晶出する温度は，図５のように鉱物の種類によって異なります。一番早く晶出した鉱物は，他の鉱物がまだ液体状のため，邪魔《じゃま》されることなく形を形成することができます。

ある地域に分布する，カコウ岩とハンレイ岩の中に含まれている鉱物について調べると，表１のような結果になりました。

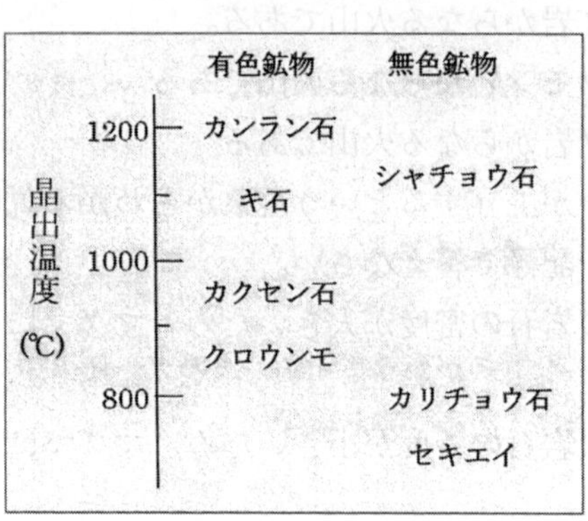

図５

表１

岩石名	カコウ岩	ハンレイ岩
含まれている鉱物	セキエイ シャチョウ石 カリチョウ石 クロウンモ	シャチョウ石 カンラン石 キ石

岩石の薄片《はくへん》をプレパラートにして顕微鏡《けんびきょう》で観察した後，スケッチをかくとカコウ岩は図６のように，ハンレイ岩は図７のようになりました。図６のＸおよび，図７のＹにあてはまる鉱物を，次のア～カからそれぞれ１つずつ選び，記号で答えなさい。ただし，このスケッチは鉱物の色はかいていません。

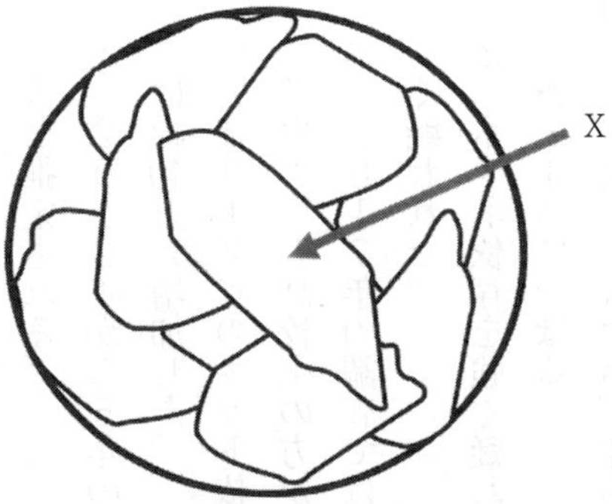

図６

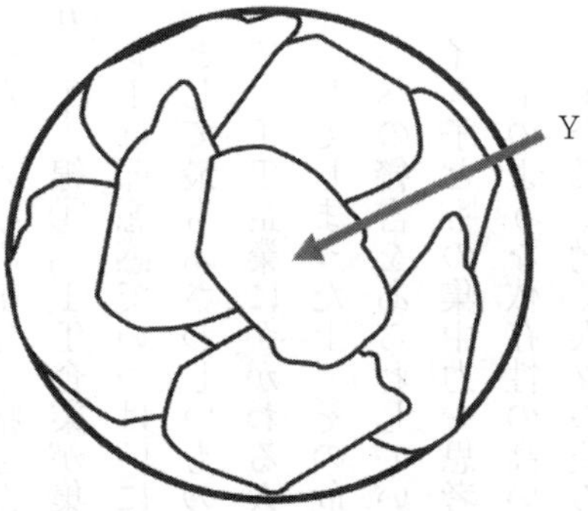

図７

ア．セキエイ　　イ．シャチョウ石　　ウ．カリチョウ石
エ．クロウンモ　　オ．カンラン石　　カ．キ石

で答えなさい。

ア　ネット依存を強く疑われる中高生は全体の８割にあたる52万人と推定される。

イ　２０１２年から5年の間にネット依存を強く疑われる中高生は約40万人増加した。

ウ　２０１２年のネット依存を強く疑われる推定人数の内訳は中学生よりも高校生の方が多い。

エ　２０１７年の調査では対象の高校生の16％がネット依存を強く疑われた。

オ　ネット依存を強く疑われる中高生は93万人と推定され全体の28・４％にのぼる。

問四　――線③「スマホが知的発達に及ぼす害」について具体的に述べた二六字の部分を抜きだし、はじめの五字を答えなさい。

問五　――線④「ＩＴ企業が集中する地域として知られるシリコンバレーは罪悪感でいっぱいになっている」とありますが、その説明として最もふさわしいものを次から一つ選び、記号で答えなさい。

ア　ＩＴ企業にかかわる人が後悔するような技術が世の中に普及してしまった上、その危険性に一般人は気づいてもいないことへの警告をあらわしている。

イ　子どもの集中力や思考力の低下につながるスマホやタブレットのような依存性の高いものを開発してしまったことへの、ＩＴ企業で働く人々の後ろめたさをあらわしている。

ウ　ＩＴ技術が発展しているシリコンバレーにおいては、主体的に考える力を失った子どもたちが社会問題となっており、その開発者たちが後悔していることをあらわしている。

エ　利便性を追求して生まれたスマホやタブレットには強い依存性があり、その事を見ずして評価されてしまっている悲しみをあらわしている。

問六　――線⑤「子どもの将来を考えるなら、親自身が科学的知見を踏まえてしっかり考えて、守ってあげる必要があるだろう」とありますが、筆者は具体的にどのようにすべきだと述べていますか。文章全体を踏まえて八〇字以上一〇〇字以内で答えなさい。

ここからわかるのは、いくら勉強しても、スマホをしょっちゅういじっていると、それが帳消しになってしまうということである。ちゃんと長時間勉強しているから大丈夫と安心し、スマホ使用を容認していると、取り返しのつかないことになりかねない。

　では、なぜスマホを長時間使うと勉強した効果がなくなってしまうのか。

　それには、第1に、すでに説明したように、ゲームをすることにより脳の発達上の問題が生じていることが関係していると考えられる。ゲームで長時間遊んだ後の30分～1時間ほどは、前頭前野が十分働かない状態にあり、その状態で本を読んでも理解力が低下してしまうことがデータによって示されている。ゆえに、勉強をしても頭に入らない。

　第2に、ゲームだけでなく、ＬＩＮＥなどの通信アプリの問題もある。川島・横田たちは、同じ調査を1年後にも行い、データを比較しているが、その結果、ＬＩＮＥなどの通信アプリを使っていると成績に悪影響が出ることがわかったのだ。

　その理由として、ＬＩＮＥ等をやっている子は、勉強しようと机に向かっても、頻繁にメッセージが来てしまうため、勉強に対する集中力が切れてしまうこと、さらには相手から返事が来ないと、なぜ来ないのかが気になってしまい集中力がなくなることがあげられている。

　最近は、小さい子にスマホをいじらせている親をよく見かける。プログラミング教育を文科省が推奨しているため、タブレットやスマホに慣れさせておくのも良いだろうと思う親も少なくないのだろうが、そうした政策には企業の思惑や景気振興が強く関係しており、残念ながら教育的配慮は二の次になりがちだ。

　⑤子どもの将来を考えるなら、親自身が科学的知見を踏まえてしっかり考えて、守ってあげる必要があるだろう。

〔榎本博明『読書をする子は○○がすごい』（日経プレミアシリーズ）による〕

注　「ヘロイン」…脳を刺激して、一時的に眠気や疲れを感じさせなくする薬品。中毒を起こしやすいため、使用などについては法により規制されている。

問一　[A]～[D]に当てはまる語を後からそれぞれ選び、記号で答えなさい。（同じ記号は一度しか使えません。）

ア　しばしば　　イ　まるで　　ウ　あえて　　エ　なかなか

問二　――線①「ゲームは脳の発達にとってどれくらい有害なのだろうか」とありますが、その害として適当でないものを次から一つ選び、記号で答えなさい。

ア　ゲームを長時間するほど語彙力や言語的推理力に関連する言語性知能の発達に悪影響をもたらしてしまう。

イ　ゲームをすることによって記憶、自己コントロール、やる気を司る脳の領域に発達の遅れが生じてしまう。

ウ　ゲームを長時間するほどドーパミンが過剰に放出され、そのことで言語性知能に発達の遅れが顕著にでてしまう。

エ　ゲームをすることによって思考したり行動をコントロールしたりする前頭前野が十分に機能しなくなってしまう。

問三　――線②「２０１２年に中高生を対象に実施した調査では、ネット依存を強く疑われる者が中学生６・０％、高校生９・４％であり、合わせて52万人と推定された。それでも相当高い数値となり注目されたものだが、それから5年後の２０１７年に実施された調査では、中学生12・４％、高校生16・０％であり、93万人と推定された。5年間で、ネット依存を強く疑われる中高生が8割近くも増えているのである」から導き出せることとして**正しいものには○、間違っているもの、もしくは判断できないものには×**

パターンを完成させる画像を1つ選ぶという作業を行わせた。

作業を行うにあたって、スマホの音やバイブレーション機能をオフにしてもらった上で、つぎの3つの条件のいずれかを選ばせた。

①スマホを目の前に置く(机の上に伏せて置く)

②スマホをポケットかバッグにしまう

③スマホを別の部屋に置く

結果をみると、スマホを別の部屋に置いたグループが最も作業成績が良く、つぎに成績が良いのはポケットかバッグにしまったグループ、スマホを机の上に置いたグループは最も成績が悪かった。この差は、統計的に有意なものであった。スマホの電源を完全に切っていた場合でも、同じ結果になった。

スマホを使うことの弊害はよく指摘されているが、この実験結果から言えるのは、スマホをいじらなくても、ただそばにあるだけで認知能力が低下してしまうということである。認知能力が低下するということは、思考力や想像力が低下し、問題解決や発想の質が低下することを意味する。

実験を行ったデュークたちのデータによれば、スマホとの心理的なつながりが強い人物ほど、こうしたスマホの悪影響を受けやすいことが示されたという。つまり、「スマホなしでは1日だって過ごせない」「1日でもスマホを使えないのはつらい」という人ほど、スマホがそばにあるだけで認知能力が低下し、仕事の質が落ちてしまうというわけだ。

この他にも、スマホがあるだけで認知能力が低下し、課題遂行能力が落ちることが、多くの研究によって証明されている。

たとえば、スマホを教室の外に置いた学生は、スマホをサイレントモードにしてポケットにしまった学生よりも、課題遂行の成績が良かったという実験結果もある。スマホを机の上に置いた場合より、ノートを机の上に置いた場合の方が、課題遂行の成績が良かったという実験結果もある。

そこで、アメリカ小児科学会では、子どもにはスマホやタブレットの使用を制限すべきであるとしている。

結局、スマホを使わなくても、スマホの存在を意識するだけで認知能力が低下するというのは、どうにも否定できない事実と言ってよいだろう。スマホのせいで気が散って集中力がなくなるだけでなく、気にしないようにしようといった努力に心のエネルギーが費やされ、本来は課題に費やすはずのワーキングメモリの一部がその努力のために消費される。その結果、本来の課題に振り向けることができるワーキングメモリが足りなくなる。これでは、勉強にしろ仕事にしろ支障が出てきてしまう。

ワーキングメモリというのは、ごく短時間、情報を記憶しながら、同時に何らかの課題遂行などの処理をする知的機能のことである。暗算をするときを思い浮かべればわかりやすい。数字を記憶しつつ、計算処理をする際に、ワーキングメモリがフル稼働している。

聞こえてくる話し声が気になって宿題に集中できず、計算間違いや書き間違いをした経験がある人も少なくないのではないか。宿題に割くべきワーキングメモリの一部が話し声に聴き入ることに費やされてしまったわけだ。

日本でも、川島と横田の研究グループは、小学校5年生~中学校3年生を対象に、スマホの使用時間と学業成績の関係についての調査を行っている。

その結果、スマホの使用時間が長いほど成績が悪いことが判明した。恐るべきことには、1日2時間以上勉強していても、スマホ使用が4時間以上になると、スマホをやらないけれども勉強時間が30分未満の子より成績が悪いのだ。

親自身がスマホ依存的な心理状態に陥っていては、［B］子どもをスマホの害から守ってあげることはできない。

そこで［C］子どものために頑張るには、③スマホが知的発達に及ぼす害について、きちんと知っておく必要がある。

スマホの弊害を訴える精神科医のハンセンは、④IT企業が集中する地域として知られるシリコンバレーは罪悪感でいっぱいになっているとして、IT企業のトップや著名な技術者がスマホやタブレットの弊害を認識し、自分の子どもにはスマホやタブレットを与えないようにしていることを伝えている。

アップルの創業者のスティーブ・ジョブズは、ニューヨーク・タイムズの記者から、自宅はiPadだらけなのでしょうかと聞かれた際に、iPadを自分の子どものそばに置くことすらしていないと言い、記者を驚かせたという。自分たちが開発したからこそ、その弊害に気づいており、自分の子どもは守ってやらねばと思っているのだろう。

マイクロソフトの創業者のビル・ゲイツも、自分の子どもに関しては、14歳になるまでスマホはもたせなかったという。

フェイスブックの「いいね」機能の開発者であるジャスティン・ローゼンスタインは、スマホの依存性は注ヘロインに匹敵するとして、自分のフェイスブックの利用時間を制限するために、本来は保護者が子どものスマホ使用を制限するために用いるアプリをインストールしたという。

iPodやiPhoneの開発に携わったアップルの幹部トニー・ファデルは、スクリーンが子どもたちを夢中にさせることの弊害を感じているようで、自分たちはいったい何というものをつくってしまったのだろうと、夜中に冷や汗をびっしょりかいて目を覚ますことがあると言う。自分の子どもたちからスクリーンを取り上げたときも、［D］自分の一部を奪われるような感じで激しく感情的になり、それから数日間は放心状態になったという。

日米比較研究のデータ等をみても、アメリカの親は、日本の親と違って、子どもに対して毅然《きぜん》とした態度を取り、子どもに対して親は権威をもたねばならないといった意識が強いが、日本では、そこまで強く子どもを管理できない親が多い。

ゆえに、毅然とした態度で子どもをスマホの害から守るには、その弊害についてしっかり理解しておく必要がある。そうでないと覚悟が中途半端になってしまう。

では、スマホ(タブレットも含め)にはどのような実害があるのだろうか。

経験的に考えても、スマホをもつことで絶えず人とつながっている感覚になり、何をしていてもスマホが気になり、物事に集中できなくなる。また、検索するのが癖になり、何かというと反射的に検索してしまい、自分の頭でじっくり考える習慣が奪われる。スマホをもつことで、ものを考える時間が奪われていく。そんな感じがあるのではないだろうか。集中力の欠如も、検索習慣も、いずれも思考力の低下につながっていく。そのような弊害は非常に深刻だと思われるが、実証研究の結果をみてみよう。

意思決定についての研究者であるデュークたちは、スマホを使うことが私たちの認知能力にどのような影響を及ぼすかについての実験的研究を行っている。

その結果は、スマホを使わなくても、ただそばに置くだけで認知能力が低下することを証明するものとなった。

1つ目の実験では、数学の問題を解きながら、無作為な文字列を記憶する、といった作業を行わせた。複雑な認知作業を行いながら、記憶しなければならない。

2つ目の実験では、複数の画像を見てパターンを見つけ出し、その

れる。

実際、ゲーム依存で治療を受ける者も非常に多くなっており、２０１８年にＷＨＯがゲーム依存を治療が必要な精神疾患と認定し、ゲーム障害として国際疾病《しっぺい》分類に追加した。大人も依存症に陥《おちい》るほどなのだから、まだ自己コントロール機能を担う脳の部位の発達途上にある子どもが依存症に陥るリスクは非常に大きい。

10歳から17歳の青少年を対象に内閣府が２０１９年に実施した「青少年のインターネット利用環境実態調査」によれば、小学生の81・７%、中学生の76・４%、高校生の78・７%が、スマホやタブレットなどでゲームをしている。つまり、青少年の約８割がゲームをしている。もしゲームが知的発達を阻害《そがい》するとしたら、これは無関心ではいられないはずだ。

ゲーム依存というほどでなくても、ゲームをすることが脳の発達に悪影響をもたらすことは、[A]指摘されている。そうした情報が広まったせいか、子どもの将来を考えてゲームやインターネットの利用を制限する親が多くなっており、８割の親が何らかの制限をしているといった調査データもあるが、ゲームをやりたがる子どもとのやりとりが面倒で、つい根負けしてしまう親もいる。

では、①ゲームは脳の発達にとってどれくらい有害なのだろうか。

脳科学的手法で認知機能の発達を研究している前出の川島と横田たちの研究グループは、５歳から18歳の子どもや若者を対象に、３年間の間隔を空けて脳の画像を撮影し、知能も測定して、ゲームをする時間が脳の形態や認知機能に与える影響について検討している。

その結果、ゲームをする時間が長いほど、語彙力や言語的推理力に関連する言語性知能が低いことが明らかになった。

また、驚くべきことに、長時間ゲームをする子どもの脳は、脳内の各組織の発達に遅れがみられることがわかった。脳画像からは、記憶や自己コントロール、やる気などを司《つかさど》る脳の領域における細胞の密度が低く、発達が阻害されていることが明らかになった。

さらには、ゲームで長時間遊んだ後の30分～１時間ほどは、前頭前野が十分に働かない状態にあり、その状態で本を読んでも理解力が低下してしまうということを示すデータも報告されている。ゲーム中には、物事を考えたり自分の行動をコントロールしたりするのに重要な役割を担う前頭前野の血流量が少なくなり、機能が低下してしまうようなのだ。

読書によって語彙力や読解力が高まり知的発達が促進されるということや、読書することによって神経繊維の発達や言語性知能の向上がみられることが実証されているものの、ゲームを長時間してしまうと、その後に読書をしても、その効果が減ってしまうというのである。

このように、ゲームが知的発達を阻害することが、脳画像によっても実証されているのである。言語性知能が低くなり、記憶、自己コントロール、やる気などと関係する脳領域の発達に遅れがみられるのでは、学習がスムーズに進むとは思えない。

厚生労働省の研究班が②２０１２年に中高生を対象に実施した調査では、ネット依存を強く疑われる者が中学生６・０%、高校生９・４%であり、合わせて52万人と推定された。それでも相当高い数値となり注目されたものだが、それから５年後の２０１７年に実施された調査では、中学生12・４%、高校生16・０%であり、93万人と推定された。５年間で、ネット依存を強く疑われる中高生が８割近くも増えているのである。

ネット依存にはゲームをする者が多く含まれていると思われるが、ゲームばかりでなくスマホをいじること自体の弊害についても、世の親は耳にする機会が多いことと思う。

子どものためにはスマホを使わせないようにしなければと思っても、

と考え、自分が良かれと思うことならたとえ本人の意思に反してもやるべきだと覚悟したから。

イ　「わたし」のやりたいようにさせてきたために病気が悪化したので、今後は「わたし」の自由にはさせずに母親の自分が全て対応しようと判断したから。

ウ　「わたし」の病気が悪化したのは気付かなかった自分の責任だと深く後悔して、「わたし」のためになることならば母親としてやり抜こうと決心したから。

エ　「わたし」に対して何もできなかった無力な自分を反省し、これからは多少強引ではあっても自分の思う通りに行動するのが自分の使命だと確信したから。

問四　――線③「やなこと」・④「いやなこと」はそれぞれどのようなことを指していますか。簡潔に説明しなさい。

問五　――線⑤「ママは先生に、ちゃんとわたしの気持ちを伝えてくれたんだろうか」とありますが、「わたし」はなぜこのように思ったのか、その理由として最もふさわしいものを次から一つ選び、記号で答えなさい。

ア　先生の提案は、病気のことをだれにも知られたくない自分の思いとはかけ離れている見当違いのものだったので、「わたし」の気持ちが伝わっているとは思えなかったから。

イ　先生の優しい話し方や態度は、病気になったからといってひとりだけ特別あつかいをして欲しい訳ではない「わたし」には、余計なお節介だとしか感じられなかったから。

ウ　先生の提案は、「わたし」が期待している以上に気配りが行き届いているものだったが、「ママ」との話の内容とは異なっていたので違和感を抱いたから。

エ　先生の話の内容は、確かに「ママ」からの話をふまえたものであったが、「わたし」の学校生活に関わることを先生と「ママ」の二人だけで決めるべきではないと思ったから。

問六　――線⑥「わたしの態度は礼を失しているんだろう。だけど、ここにいたくない」とありますが、この場面での「わたし」の心情について、八〇字以上一二〇字以内で説明しなさい。

問七　本文の表現上の特徴として最もふさわしいものを次から一つ選び、記号で答えなさい。

ア　会話の一部をカタカナで表現したり一文の長さを短くしたりして作品にユーモアをそえ、「わたし」の心配がいずれ解決することを暗示している。

イ　地の文と会話文ともに接続詞を多用することで登場人物の思考の筋道や心情の変化を明らかに示しており、作品の世界に読者を導く工夫がされている。

ウ　比喩表現や擬態語、情景描写を用いることで、「わたし」が病気を受け止めていく心情の過程を丁寧に書きこみ、作品全体の印象を強めている。

エ　他の登場人物との会話とともに語り手である「わたし」の内心が地の文でえがかれ、「わたし」のゆれ動く心情を読者に効果的に伝えている。

四

次の文章を読み、後の問に答えなさい。

子どもたちの知的発達にかかわる問題として、ゲームも取り沙汰されることが多い。電車に乗っていると、スマホでゲームに熱中している人をよく見かける。それも、子どもではなく大人を見かけることも多い。子ども時代、あるいは若い頃から習慣になっているのかもしれない。ゲームには、神経伝達物質ドーパミンを放出させ脳を興奮させる効果があるため、中毒性が高く、依存症を引き起こしやすいと言わら、いまのままがいちばんいい。

「このままがいいです」

「ほんとうに、いいのか」

「はい」

「まあ、席替えはいつでもできるからな。困ったことがあったらいってくれ。なんでもいいからな。遠慮するなよ」

下を向いた。なぜだか先生と顔をあわせたくなかった。

わたしの態度が頑《かたく》なに見えたのか、先生は教え諭《さと》すようにいった。

「なあ山口、片方の耳だけでよかったじゃないか。そうだろ。日常生活には問題がないんだろ。いまだって、こうやって問題なく会話ができている。わるいほうにだけ考えるな。もっとゆったり構えて、明るいほうを見ろ」

いらっとした。どうしようもなく、いらっとした。先生のいっていることは正しいんだろう。先生はわたしを励《はげ》ますためにいってくれているんだろう。だけど、たまらない。よかったじゃないか、片耳でって。そんなこと、簡単にいわないでほしい。先生は、片耳が聞こえないということがどういうことか、知っていますか。知らないくせに、それなのにそんなに簡単に、ことばにしないでほしい。

「すみません。もういいですか」

立ち上がった。

先生はあっけにとられたようだった。憮然《ぶぜん》ともしていた。

⑥わたしの態度は礼を失しているんだろう。だけど、ここにいたくない。相談室をでた。

〔森埜こみち『蝶の羽ばたき、その先へ』(小峰書店)による〕

問一　文中の［　］内の会話から、「ママ」のどのような心情がうかがえますか。その説明として最もふさわしいものを次から一つ選び、記号で答えなさい。

ア　黙ったままの「わたし」の様子から、今後どうなるか分からず途方に暮れている「わたし」の不安を見いだし、自分がいる限りは大丈夫だと安心させようとしている。

イ　黙ったままの「わたし」の様子から、「わたし」の病気に全く気付いていなかった家族への静かな怒りを感じて、なんとか許してもらいたいと願って機嫌をとっている。

ウ　黙ったままの「わたし」の様子から、思いがけない診断結果に落ち込んでいる「わたし」のやるせない気持ちを察して、少しでも元気づけようと明るくふるまっている。

エ　黙ったままの「わたし」の様子から、病気にひとりで立ち向かおうとする「わたし」の決意を見て取り、自分も母親として一緒に病気に立ち向かう意志を示している。

問二　――線①「みんなに、なんていっていいかわからない」とありますが、その理由として最もふさわしいものを次から一つ選び、記号で答えなさい。

ア　みんなに説明しようにも、自分自身が病気のことを理解しておらず、現実として受け止められていないから。

イ　みんなに説明したところで、周囲から面倒に思われるだけで、つまはじきにされるのが分かっているから。

ウ　みんなに説明しようにも、どのように説明すれば理解してもらえるのか、言い方をまだ考えていないから。

エ　みんなに説明したところで、みんながどのように受け止めてくれるのか見当もつかず、不安でしかないから。

問三　――線②「結、これは別」とありますが、「ママ」はなぜこのように言ったのか、その理由として最もふさわしいものを次から一つ選び、記号で答えなさい。

ア　「わたし」の病気を治してやれるのは母親の自分しかいない

「うん、そうね。そうするわね」

終業式の日。帰りのホームルームが終わると、石川先生に声をかけられた。

「山口、帰る前に職員室にきてくれ」

なんのことかはすぐにわかった。

机の中のものをすべて鞄《かばん》に入れていると、真紀がやってきた。

「通知表、親に見せずにすむ方法ってないかなあ」

「ない」

「即答《そくとう》、冷たくない？」

「だって親の好物だもん」

「おばさんも見せろって要求すんの？」

「晩ごはんのときに何気にね。絶対に覚えてるよ」

「ふうん。あのおばさんにしてそうなのか……。しゃあないな。③やなことはさっさとすますか」

「ソレシカナイノダ、ワレワレニハ」

異星人をまねてみた。

「いま、われわれ、といったな」

「イイマシタ」

「結、健闘《けんとう》を祈《いの》る！」

なにをどう考えたのか、真紀はにやりとすると、片手をあげて教室からでていった。

異星人ならワープという手があるかもしれないけれど、わたしは地球人。とんずら不可能。真紀にならって、④いやなことはさっさとすませてしまおう。

職員室にいくと、石川先生はすぐに立ち上がり、ついてこいというように職員室をでた。いった先は相談室だった。先生に続いて中に入り、引き戸をしっかり閉めた。

「まあ、すわれや」

先生はどっかと腰《こし》をおろし、腕組《うでぐ》みをした。

「お母さんがこられて、耳のことを話していかれた。たいへんだったな」

どう答えたらいいんだろう。わからなくて黙った。

「二学期になったら席替《せきが》えをしなけりゃならんと思っていた。前の席にするか？　お母さんは、山口はほとんど右の耳だけで聞いているはずだといっていた。教壇《きょうだん》の前の席にするか？」

それはいやだ。わたしは背が高い。背が高いわたしがいちばん前の席になるのは、しかも真ん中だなんて、絶対いやだ。

「席はこのままでいいです」

「遠慮《えんりょ》しなくてもいいんだぞ。なにも山口だけが席替えをするわけじゃない。クラス全員席替えをするんだ。ただ、おまえの席だけは決めておくということだ」

先生、みんなには、そのことをなんて説明するんですか。

⑤ママは先生に、ちゃんとわたしの気持ちを伝えてくれたんだろうか。

「な、山口、そうしないか。そのほうがいいだろ」

たしかに前の席なら、先生の声は聞きやすいだろう。だけどいやだ。この気持ちをどういったらわかってもらえるだろう。

「後ろの席のほうが……、後ろの席なら、だれが手を上げて、だれが当てられたかわかります。だから、後ろの席のほうがいいです」

苦しまぎれにでたことばだったけれど、うそではなかった。見てわかるほうがいい。いちばん前の席にすわり、後ろがまったく見えなかったらと考えると怖《こわ》い。それに、右耳で聞くから窓際《まどぎわ》の席がいい。なし、いちばん高いアイスクリームも買った。ふたつのかごにいっぱいになったから、わたしも両手にレジ袋《ぶくろ》を持つことになった。

その日、ママがつくってくれたハンバーグはおいしかった。ポテトのマッシュも、ニンジンのグラッセも手を抜《ぬ》いてなかった。わたしは、ごはんをおかわりして、ママはすごく喜んだ。

「ごちそうさまでした」

「おそまつさまでした」

ママが頭をさげた。さげたまま、あげなかった。

「結、ごめんね。気づいてあげられずに、ごめん。すぐに治療すれば、こんなことにならなかったのに。ほんとうにごめん」

ママの声がふるえていて、どきりとした。泣くのを見たくない。

「ママのせいじゃない」

わたしがわるい。いわなかったわたしがわるいのだ。だけどこんなことになるなんて、あのときはまったく考えていなかった。耳鳴りなんか大したことない、そのうち消えてなくなると思っていた。ある日突然《とつぜん》聞こえなくなることがあるなんて、知りもしなかった。

ママは顔をあげ、指で涙《なみだ》をぬぐった。

「月曜日、学校にいくね。石川先生に伝えておかなくちゃ」

なんで？

「わたし、こっち聞こえるから、だいじょうぶだよ」

日常生活はふつうに過ごすことができる。

「でも、困ることがあるでしょ。こういうことは早いほうがいい。早く知ってもらって、きちんと対応してもらうほうが、結だって楽になる」

きちんと対応？　いったい、どんな対応をしてもらえるんだろう。バスケのことを考えた。山口の左の耳は聞こえない。どこから声をかけられたかわからない。だから配慮《はいりょ》しろ。いいか、チームワークが大事だぞ。そう体育の先生がいったなら、みんなはどうするだろう。どうしていいかわからず困惑《こんわく》する顔が浮かんだ。

山口が聞き返したなら、めんどくさがらず答えてやれ。右耳しか聞こえないんだ。石川先生がそういったなら、みんなはどう思うだろう。かわいそうだと思うかもしれない。かわいそうだけれど、何度も聞き返されるのは、やっぱりめんどくさいと感じるだろう。そんな顔を見たくない。

「①みんなに、なんていっていいかわからない。だから学校にいわないで」

でもママはうんといわなかった。

「なんで？　わたしのことはわたしが決めてもいいでしょ」

「②結、これは別」

ママはゆずらなかった。

無性《むしょう》に腹が立った。

「きょういわれて、きょう認めなくちゃいけないの。治るって信じてきた。かならず治るって信じて、毎日病院に通ったんだよ。それなのに、もういわなくちゃいけないの。わたしの耳は聞こえなくなりましたって、みんなにいわなくちゃいけないの。なんで？　わけわかんない！」

ヒステリーを起こしたみたいに叫んでいた。

「わかった。わかったから。結の気持ちはわかったから。みんなに話すのはあとにしてもらおう。結の気持ちがいいって思えるときまで待ってもらおう。でも、石川先生にだけは伝えておかなきゃ。わかっておいてもらわなきゃ」

「なら終業式の日にして」

それなら、つぎの日から夏休みだ。顔をあわせずにいられる。

二〇二二年度 広尾学園中学校

【国　語】 **〈第一回入試〉**（五〇分）〈満点：一〇〇点〉

《注意事項》問題で文字数が指定されている場合はカッコや句読点を文字数に含みます。

一 次の各問に答えなさい。

問一 ――線の漢字の読みをひらがなで答えなさい。

① 素手でさわるとやけどする。
② 課題が山積する。
③ 国の感染対策に承服できない。
④ 横綱に推挙される。

問二 ――線のカタカナを漢字に改めなさい。

① イガイな事実と向き合う。
② 再任の依頼をコジした。
③ 手厚いカンゴを受ける。
④ 有能な人材をキヨウする。
⑤ 会議でイギを唱える。
⑥ マフラーを首にマく。

二 次の――線の□にひらがなを一字ずつ入れて言葉を完成させ、その言葉に最も近い意味の言葉を後の語群より選んで記号で答えなさい。

① 友達が□□すけにものを言う。
② 機械をいじりまわし、□□のつまりはこわしてしまった。
③ 負けたチームが□□を落として帰っていく。
④ 夜道が暗くて足もとが□□つかない。
⑤ 部屋の中を□□なく探す。

〈語群〉
ア 心もとない　イ うなだれる
ウ つぶさに　エ 挙げ句の果て
オ ざっくばらん

三 次の文章を読み、後の問に答えなさい。

中学二年になった「わたし」（山口結《ゆい》）は、病院での検査の結果、突発性難聴という病気のために左耳の聴力を失っており、今後の回復も難しいとの診断を受けた。

帰り道、ママもわたしも黙《だま》ったままだった。
駅の改札を通って空の下に立ったとき、ママがわたしの手をにぎり大きくふった。
「結、おいしいもの食べよう。なに食べる？　なんでもいいわよ」

思い浮《う》かばなかった。
「ステーキにしようか」
「ステーキよりハンバーグのほうがいい」
「安上がりねえ。そんなんでいいの？　あとは？」
「おいしいトマトも」
「おいしいトマトか。高いのにしようね」

駅前のスーパーに入って買い物をした。ママはハンバーグに必要なものだけじゃなく、いろいろ買った。いちばん高いコーヒーも買った

2022年度

広尾学園中学校　▶解　答

※　編集上の都合により，第１回入試の解説は省略させていただきました。

算　数　＜第１回入試＞（50分）＜満点：100点＞

解　答

1　(1)　①　$1\frac{1}{3}$　②　331　(2)　156cm　(3)　10％　(4)　40cm^2　(5)　８面　2　(1)　24通り　(2)　12通り　(3)　10通り　3　(1)　３個　(2)　10個　(3)　操作番号25　4　(1)　337　(2)　７個　(3)　337個　5　(1)　右の図　(2)　360cm^3

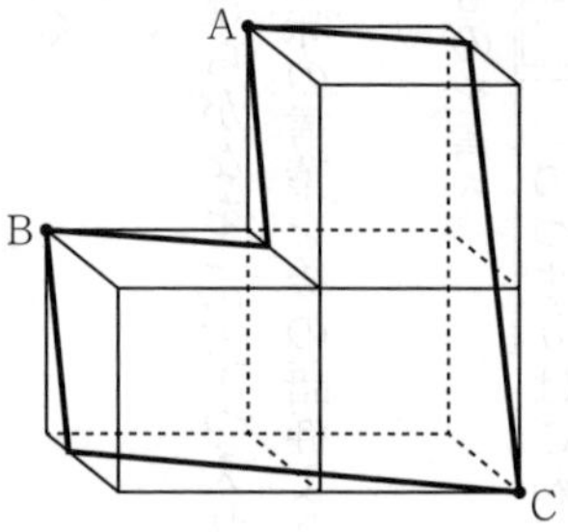

社　会　＜第１回入試＞（30分）＜満点：50点＞

解　答

1　**問１**　**A**　冷（亜寒）（帯）　**B**　乾燥（帯）　**C**　地軸　**問２**　カ　**問３**　(i)　**A**　対馬　**B**　上昇　(ii)　イ　**問４**　(i)　みかん　(ii)　ウ　**問５**　オ　2　**問１**　ア，イ，エ　**問２**　**記号**…イ　**誤っている語句**…守護　**正しい語句**…地頭　**問３**　(i)　**い**　新羅　**ろ**　遣隋使（大使）　**は**　徳政令　(ii)　エ　**問４**　(i)　**い**　鹿鳴館　**ろ**　ノルマントン　**は**　日英同盟　(ii)　オ　3　**問１**　エ　**問２**　**A**　両性　**B**　個人　**問３**　ウ，エ　**問４**　ア，エ　**問５**　**C**　発議　**D**　審査　**問６**　ウ，オ，カ　**問７**　ウ，エ　4－Ⅰ　（例）　平清盛は，娘を天皇のきさきにして，勢力を強めていき，また一族は，朝廷の重要な役職を独占して，西日本を中心に，多くの荘園を持つようになった。さらに，日宋貿易をさかんにし，大きな利益を上げたため，権力や経済力を確立できた。　4－Ⅱ　（例）　民主主義社会では多数決をへて物事を決めることが多いが，フィルターバブルの状態では自分が誤った情報に接しているかどうかの判断がつかなくなってしまうため。

理　科　＜第１回入試＞（30分）＜満点：50点＞

解　答

1　**問１**　(1)　ア　(2)　エ　(3)　イ　(4)　ア　**問２**　イ　**問３**　オ　**問４**　12倍　**問５**　**記号**…ア　**理由**…（例）　電池の数は同じなので，流れる電流の大きさはPQの長さに反比例する。よって，発熱量もPQの長さに反比例するので，同じ水温上昇までの時間はPQの長さに比例するから。　2　**問１**　イ　**問２**　ウ　**問３**　0.3mg　**問４**　519mg　**問５**　**原因**…(例)　燃焼時の熱で蒸発した石灰水の中の水が，集気びんの内側の壁についたこと。
実験方法…(例)　石灰水を入れずに同様の実験をし，集気びんの内側がくもるか確かめる。
3　**問１**　①　きかん　②　はいほう　③　えら　**問２**　イ　**問３**　(例)　表面積が大きくなるような構造をしている。／毛細血管が集中している。　**問４**　イ，オ　**問５**　69%
4　**問１**　イ，キ　**問２**　ア　**問３**　(1)　エ　(2)　4 km　**問４**　**カコウ岩**…イ　**ハンレイ岩**…オ

国 語　＜第１回入試＞（50分）＜満点：100点＞

解 答

一　**問１**　①　すで　②　さんせき　③　しょうふく　④　すいきょ　**問２**　下記を参照のこと。　二　(ひらがな，語群の順で)　①　あけ，オ　②　とど，エ　③　かた，イ　④　おぼ，ア　⑤　くま，ウ　三　**問１**　ウ　**問２**　エ　**問３**　ウ　**問４**　③**「やなこと」**…(例)　親に通知表を見せること。　④**「いやなこと」**…(例)　耳のことを先生と職員室で話すこと。　**問５**　ア　**問６**　(例)　先生が対応してくれていることは分かっているが，片方の耳が聞こえるから良かったという言葉からは「わたし」の不安な気持ちに対する理解が感じられないため受け入れることができず，これ以上先生とは話をしたくないと思っている。　**問７**　エ　四　**問１**　**A**　ア　**B**　エ　**C**　ウ　**D**　イ　**問２**　ウ
問３　**ア**　×　**イ**　○　**ウ**　×　**エ**　○　**オ**　×　**問４**　思考力や想　**問５**　イ
問６　(例)　子どもの健全な知的発達のために，親自身がスマホやタブレットによる認知能力の低下という弊害を理解した上で，子どものそれらの利用の仕方を毅然とした態度で管理するべきである。

●漢字の書き取り

一　**問２**　①　意外　②　固辞　③　看護　④　起用　⑤　異議　⑥　巻(く)

2022年度　広尾学園中学校

〔電　話〕(03) 3444－７２７１
〔所在地〕〒106-0047　東京都港区南麻布５－１－14
〔交　通〕東京メトロ日比谷線－「広尾駅」４番出口よりすぐ

【算　数】〈第２回入試〉(50分)〈満点：100点〉

1　次の問いに答えなさい。

(1)　次の□にあてはまる数を答えなさい。

①　$3\frac{2}{3}\div\left(2\frac{1}{3}-\frac{6}{7}\right)-1\frac{1}{2}\div\left(4\frac{1}{2}-1\frac{2}{5}\right)=$ □

②　5＋7＋9＋11＋…と奇数を５から順に□まで足すと，117になります。

(2)　$\frac{3}{7}$を小数で表したとき，小数第2022位の数字を求めなさい。

(3)　ある列車が650mの鉄橋を渡り始めてから渡り終わるまでに20秒かかり，同じ速さで970mのトンネルに入り始めてから通り抜けるまでに28秒かかりました。この列車の長さは何mか求めなさい。

(4)　下の図のように，半径10cmの円周上に円周を10等分する点があります。斜線部分の面積を求めなさい。ただし，円周率は3.14とします。

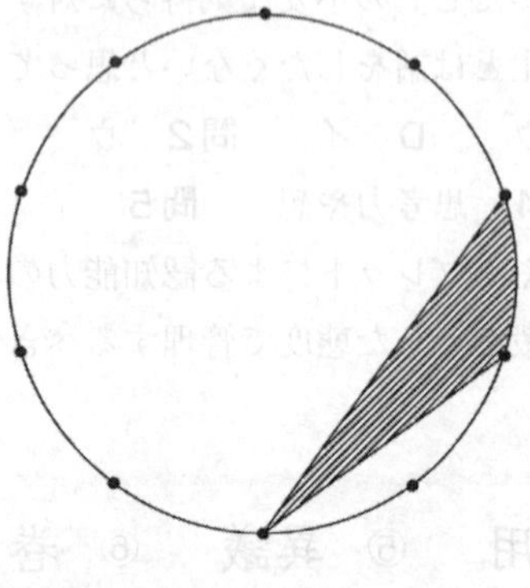

(5)　下の図のように，水の入った三角すいの容器を水平の台に置きました。この容器は底面積が$15cm^2$で高さが８cmです。水の深さが４cmのとき，この容器に入っている水の量は何cm^3か求めなさい。

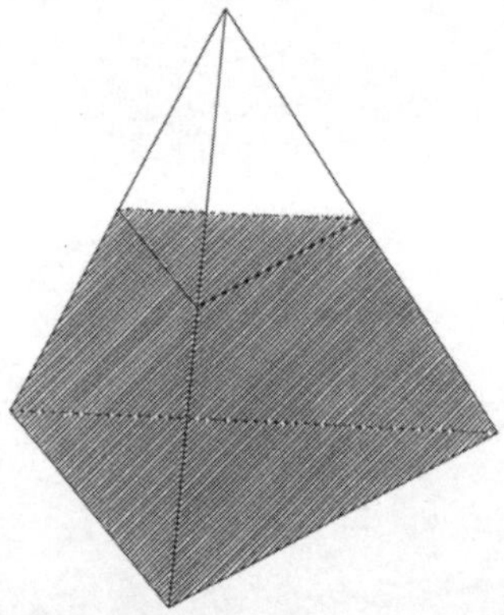

2 A地点からB地点まで，東西南北にはしる道があり，下の図1，図2，図3は，その道を線で表しています。A地点からB地点へ行く最短経路を考えます。次の問いに答えなさい。ただし，図2と図3のC地点は線の交点，図3のD地点は線の交点ではない線上の点です。

(1) 図1において，最短経路は何通りありますか。

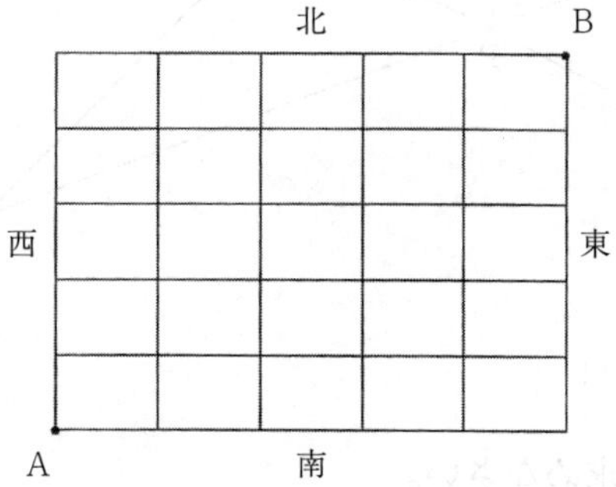

図1

(2) 図2において，C地点を通る最短経路は何通りありますか。

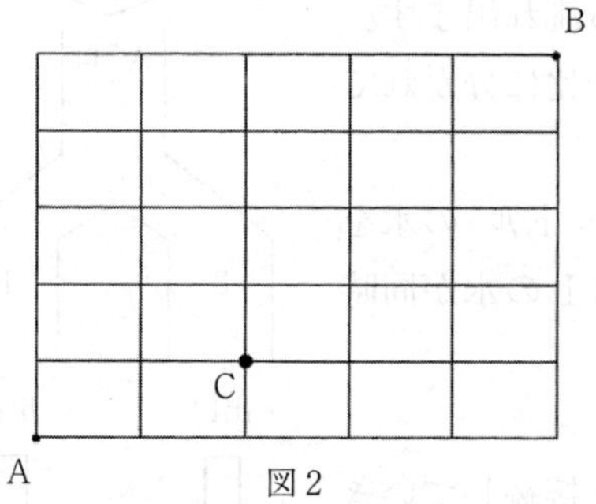

図2

(3) 図3において，C地点を通りD地点を通らない最短経路は何通りありますか。

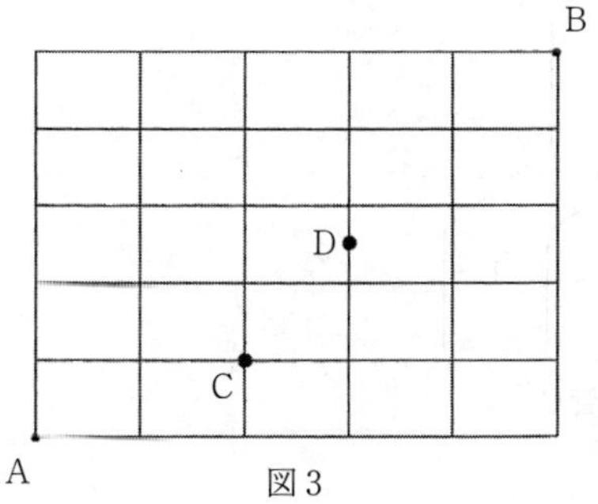

図3

3 右の図のように，三角形ABCの外部に点Pをとり，辺ABを延長した直線と直線CPを延長した直線の交点をDとし，辺BCと直線APの交点をEとし，辺ACを延長した直線と直線BPを延長した直線の交点をFとします。三角形ABPの面積が12cm^2，三角形BCPの面積が4cm^2，三角形ACPの面積が10cm^2であるとき，次の問いに答えなさい。

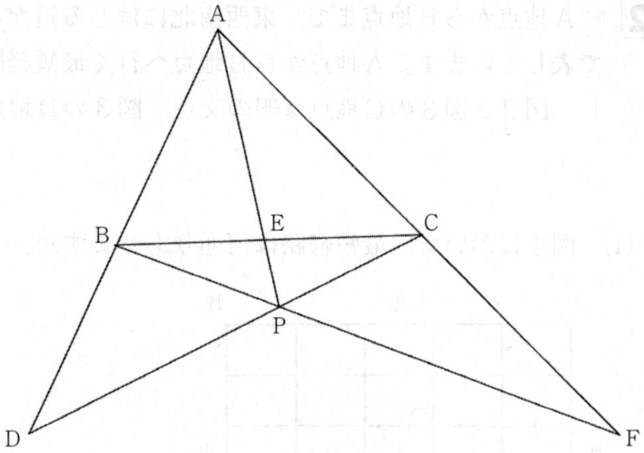

(1) BE：ECを最も簡単な整数の比で表しなさい。

(2) AF：CFを最も簡単な整数の比で表しなさい。

(3) ２点D，Fを直線で結びます。三角形ADFの面積を求めなさい。

4 以下のような水道管を考えます。

・上の入り口から水を流し入れると，下の２つの出口から流れ出ます。

・流れてきた水は，２つの出口にそれぞれ書いてある数の比に分かれて流れ出ます。

(例) 右の図のような水道管だと，入り口から６Ｌ(リットル)の水を流し入れると，左右の出口からそれぞれ４Ｌ，２Ｌの水が同時に流れ出ます。

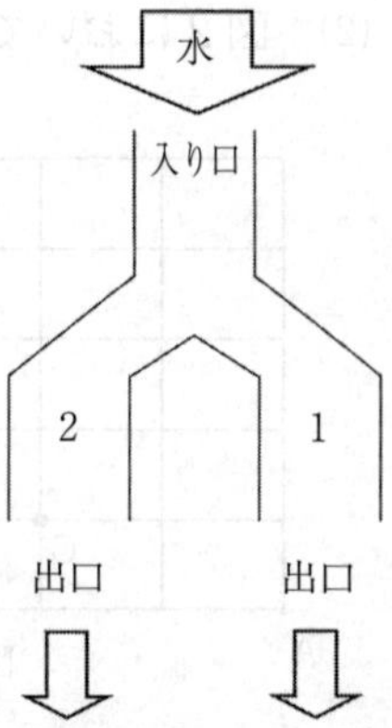

・２つの水道管は，入り口と出口で接続ができます。

次に，３種類の水道管Ａ，Ｂ，Ｃをたくさん用意して，接続していきます。

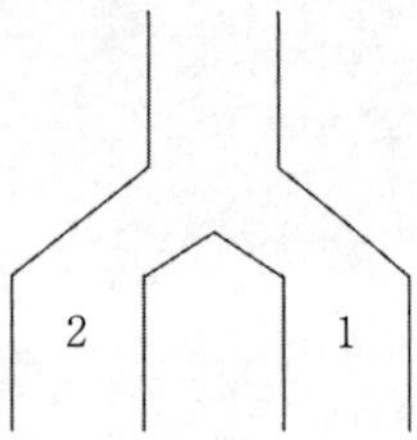

水道管A

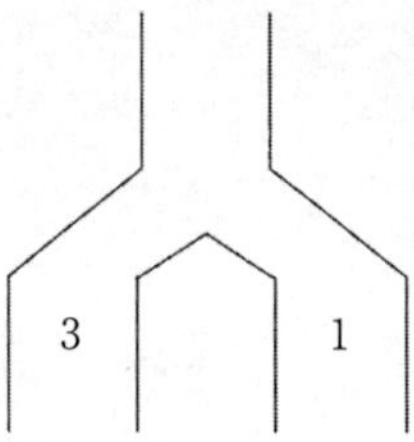

水道管B

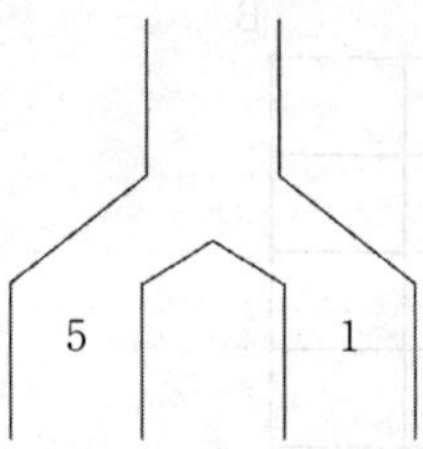

水道管C

図1は，水道管Aの出口にそれぞれ水道管BとCを接続したものです。これを，図2のように表すことにします。次の問いに答えなさい。

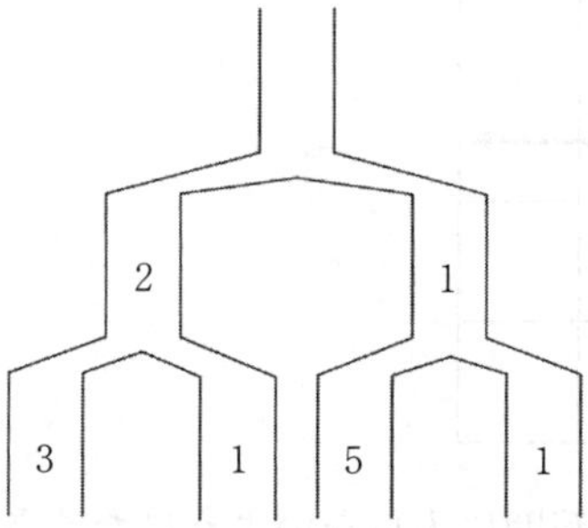

図1

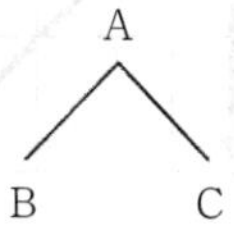

図2

(1) 図3のような水道管を作り，上の入り口から12Lの水を流し入れました。出口から流れ出る水の量はそれぞれ何Lですか。一番左の出口から順に4つの水の量を求めなさい。

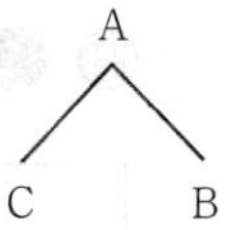

図3

(2) 図4のような水道管を作り，上の入り口からある量の水を流し入れたところ，出口から流れ出る水の量(単位はL)はすべて整数の値となりました。流し入れた水の量として考えられる最も少ない量を求めなさい。

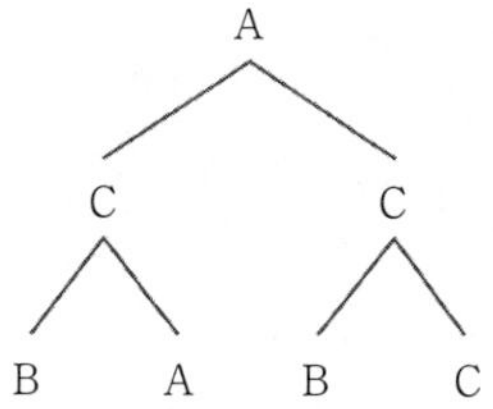

図4

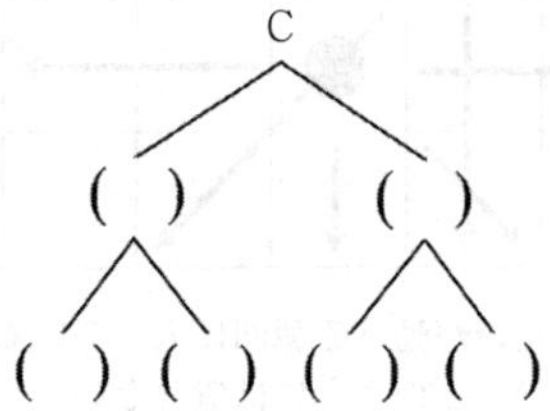

図5

(3) 図5の(　)にAかBかCを入れて，水道管を作ります。上の入り口から72Lの水を流し入れたところ，出口から流れ出る水の量(単位はL)がすべて整数の値となりました。(　)に入る水道管の組は何通りあるか求めなさい。

5 日本には将棋(しょうぎ)というゲームがあります。使用するものとして，たてに*N*マス，よこに*N*マスの将棋盤を使います。以下，これを「*N*×*N*の将棋盤」と呼ぶことにします。本来将棋にはない駒ですが，「女王」という駒を作ります。「女王」はたて，よこ，ななめにどこまでも動けるものとします。

(例)　５×５の将棋盤における「女王」の動ける範囲

●：「女王」の駒

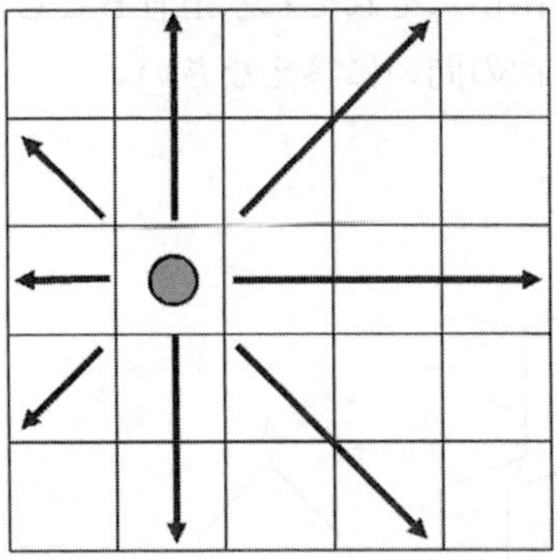

ある将棋盤において，この「女王」の駒をお互いが動ける範囲に入らないようにたくさん置いてみます。以下は5×5の将棋盤における例です。

●●：「女王」の駒(見やすいように色を分けていますが，駒に区別はありません)

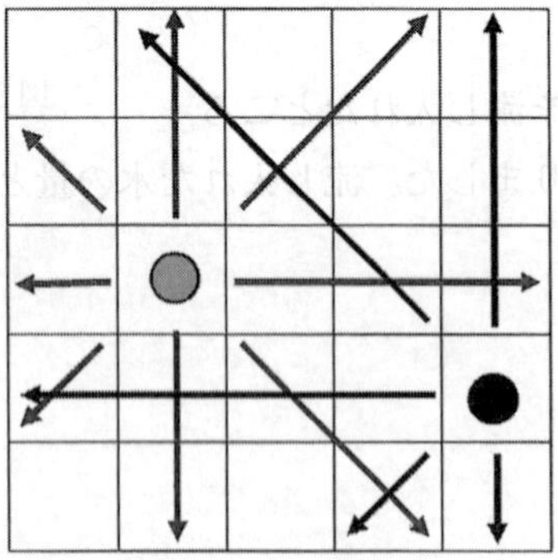

※　お互いが動ける範囲に入らない正しい例

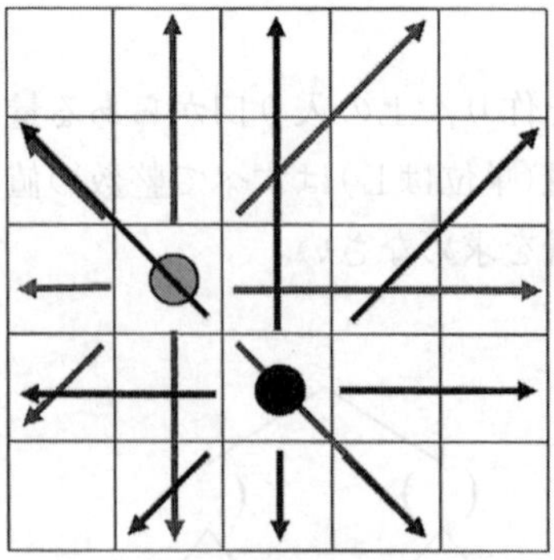

※　お互いが動ける範囲に入っているので，このようには置けない

次の問いに答えなさい。

(1)　5×5の将棋盤に置くことのできる「女王」の駒の数は最大何個ですか。

(2)　下の図１，図２，図３は8×8の将棋盤にいくつかの「女王」の駒を置いたものです。駒の数が最大となるように，解答らんの図に駒を置きなさい。ただし，「女王」の駒は○で表し，３つの将棋盤に置く置き方は，回転させたり裏返したりしても同じ置き方にならないものとします。

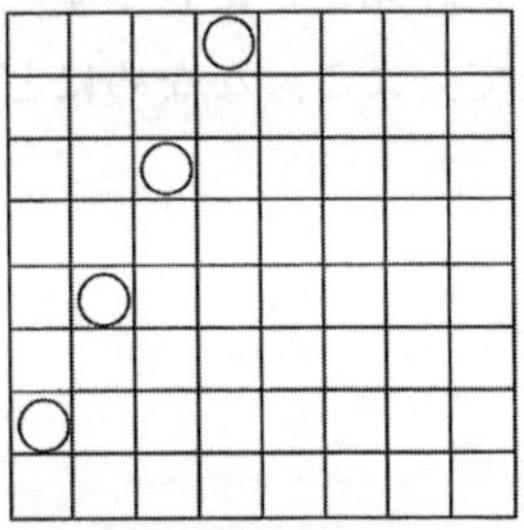

図１

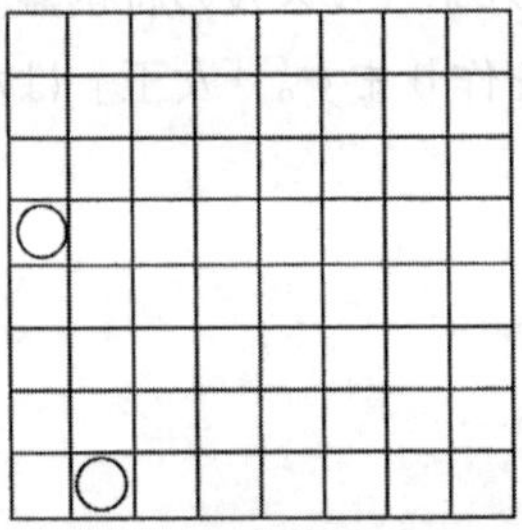

図２

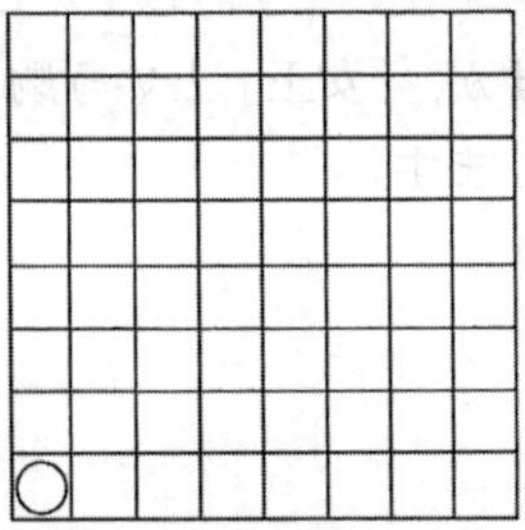

図３

【社　会】〈第２回入試〉（30分）〈満点：50点〉

〈編集部注：実物の入試問題では，図やグラフのほとんどがカラー印刷です。〉

1　次の文章は，中学１年生のユウタさんが書いた「日本の農業の特徴」に関するレポートです。これを読んで，あとの問いに答えなさい。

日本の農業は，個人農家が多く，農地面積が非常に小さい零細経営が中心となっています。また，多くの農家において，小型農業機械，農薬，化学肥料などが利用されており，アメリカ合衆国と比較して土地生産性(１ヘクタールあたりの収穫量など単位面積あたりの収穫量のこと)は【　Ⅰ　】なっていますが，労働生産性(農家１人あたりの収穫量など単位時間あたりの収穫量のこと)は【　Ⅱ　】なっています。そのため，日本の農産物は，輸入農産物と価格面で競争することが難しくなっています。また，高度経済成長期以降は，農村部から都市部への人口流出が活発化し，農業就業人口は激減しました。このような状況を背景として，今日，日本の食料自給率は低下しています。

問１　文章中の【Ⅰ】と【Ⅱ】にあてはまる言葉の組み合わせとして，最も適当なものを次のア～エから１つ選び，記号で答えなさい。

ア．Ⅰ―高く　Ⅱ―高く　　イ．Ⅰ―高く　Ⅱ―低く

ウ．Ⅰ―低く　Ⅱ―高く　　エ．Ⅰ―低く　Ⅱ―低く

問２　次の表は青森県，神奈川県，香川県，宮崎県の農産物出荷額に占める品目別の割合と林野面積を示したものです。神奈川県にあたるものを，表中のア～エから１つ選び，記号で答えなさい。

	農産物出荷額に占める品目別の割合(%)					林野面積(千 ha)
	米	野菜	果実	畜産	その他	
全国	19.2	25.4	9.2	35.7	10.5	24,802
ア	15.4	28.6	7.8	41.2	7.0	87
イ	5.2	51.6	11.8	20.9	10.5	94
ウ	5.2	19.5	3.8	64.4	7.1	589
エ	17.2	25.9	25.7	28.1	3.1	628

※ha：ヘクタール

統計年次は，農産物出荷額割合は2018年，林野面積は2015年。

出典：データブック オブ・ザ・ワールド 2021

問３　次の地図は２万５千分の１地形図「東京西南部」の一部を示したものであり，図１は平成27年発行のもの，また，次ページの図２は昭和46年発行のものです。図１と図２を比較して読み取れることとして最も適当なものを，あとのア～エから１つ選び，記号で答えなさい。なお，地形図は紙面の関係で横向きに示しており，実物の地形図と同じ縮尺ではありません。

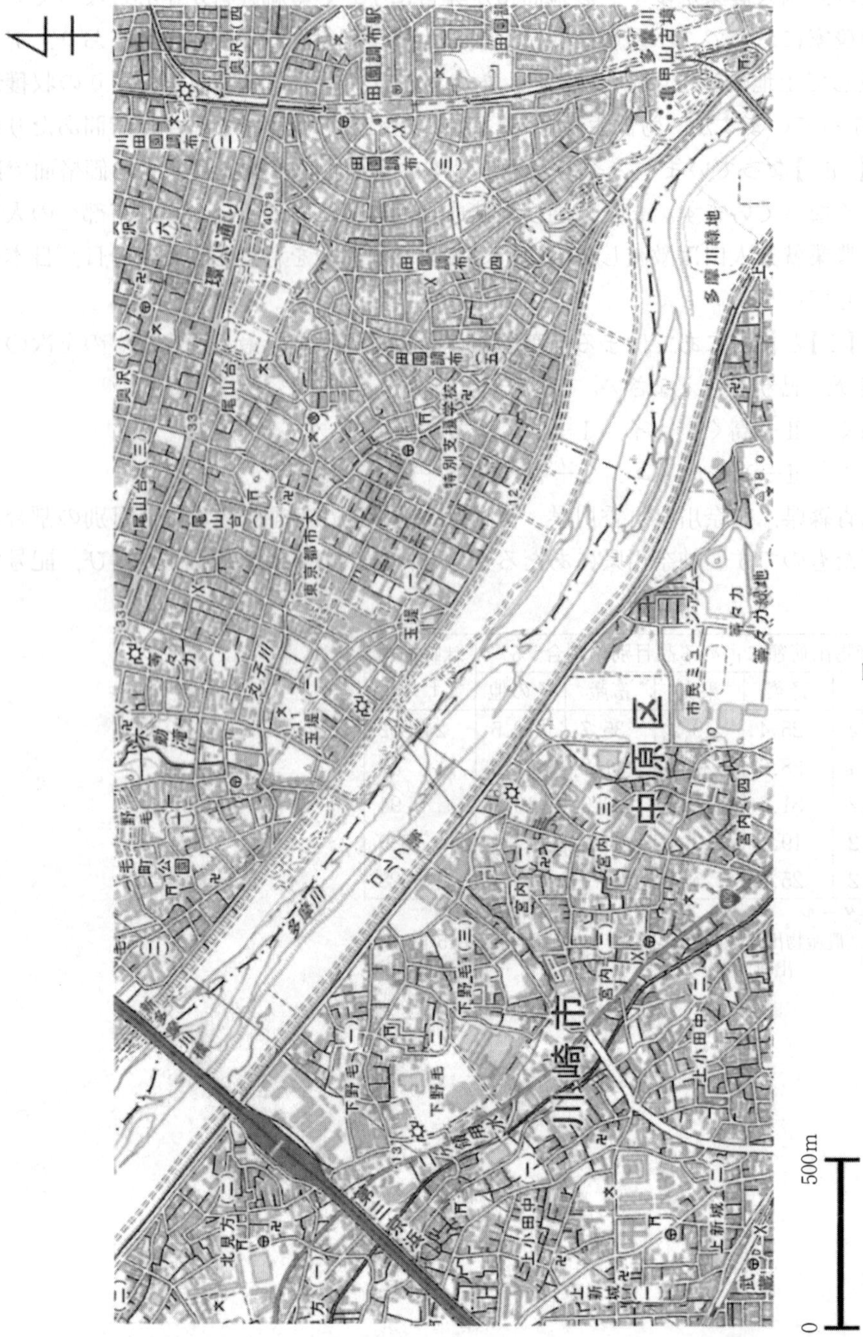

図１

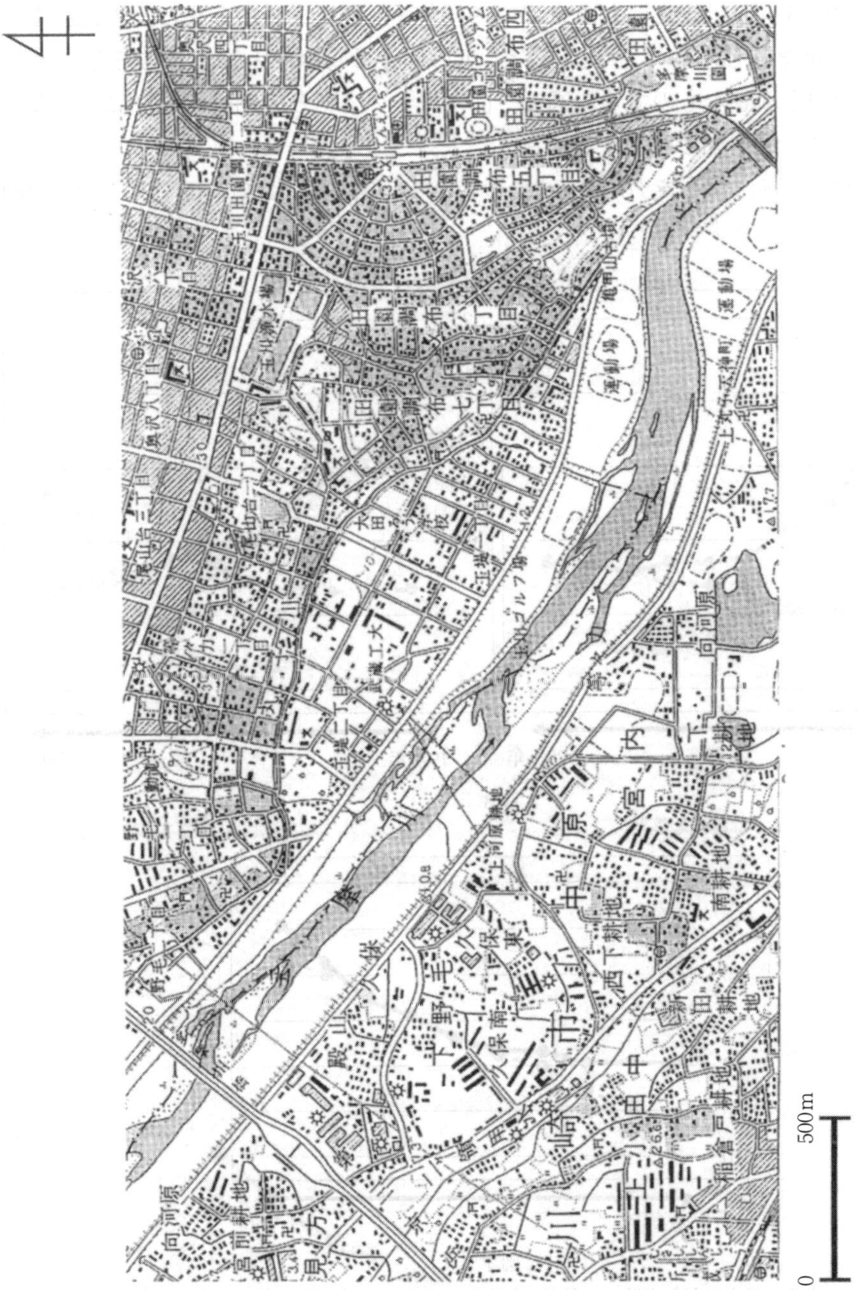

図2

ア．田園調布駅の西側は，昭和46年には放射同心円状の道路網が広がっていましたが，駅周辺の再開発により，平成27年には格子状の道路網に変化しました。

イ．昭和46年に地形図中の多摩川右岸に見られた水田は，平成27年にはほぼ見られなくなっています。

ウ．多摩川の支流である丸子川は，市街地拡大の影響で，昭和46年から平成27年の間に図中のほとんどの区間で河道が直線化しています。

エ．昭和46年から平成27年の間に地形図中に見られる発電所・変電所の数は半減しています。

問４　次の図３中のＡ，Ｂは青森県と東京都の1970年～2015年までの５年ごとの死亡率，※1出生率のいずれかを示したものです。また，下の図４は青森県と東京都の５年ごとの人口の※2自然増減率を示したものです。図３，図４についてあとの問い(i)，(ii)に答えなさい。

※１　人口千人あたりの値を示す。

※２　出生児数から死亡者数を引いた値をその年の人口で割った値。（人口千人に対する値）

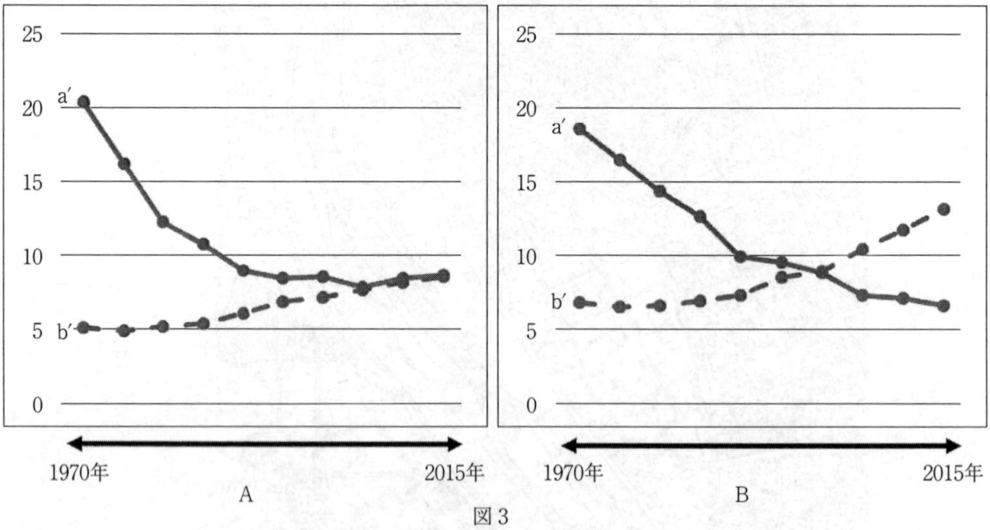

図３

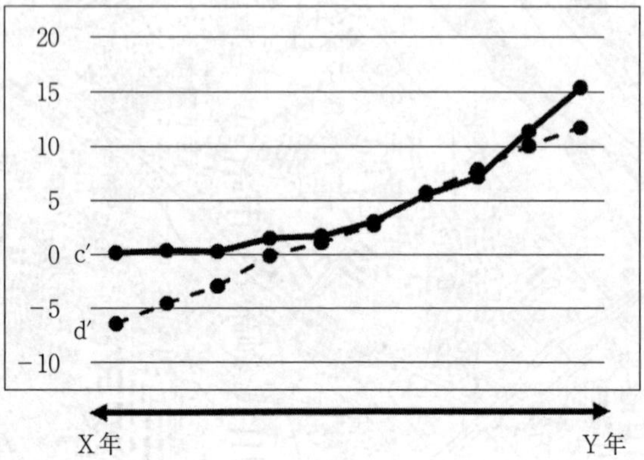

図４

出典：平成30年青森県人口統計（確定数）の概況，東京都福祉保健局人口動態統計令和元年

(i)　図３中のＡに該当する都県とａ′に該当する指標の組み合わせとして最も適当なものを，次のア～エから１つ選び，記号で答えなさい。

	ア	イ	ウ	エ
Ａ	青森県	青森県	東京都	東京都
ａ′	死亡率	出生率	死亡率	出生率

(ii) 図4中のc′に該当する都県とXに該当する年次の組み合わせとして最も適当なものを，次のア～エから1つ選び，記号で答えなさい。

	ア	イ	ウ	エ
c′	青森県	青森県	東京都	東京都
X	1970	2015	1970	2015

問5　ユウタさんは，日本の食料輸入相手先として重要なアメリカ合衆国，オーストラリア，ブラジル，フランスと日本との間の貿易について調べて，次の表を作成しました。Ⅰ～Ⅳにあてはまる国名をそれぞれ解答欄に答えなさい。

上段…日本からの輸出／下段…日本の輸入

国名	輸出入額（億円）	主要輸出入品上位5品目（%）
Ⅰ	7,435	一般機械25.9　乗用車15.9　電気機器10.5　オートバイ5.1　自動車部品4.2
	13,127	医薬品11.4　ワイン8.4　一般機械7.0　香料と化粧品6.5　バッグ類5.6
Ⅱ	4,102	一般機械23.6　自動車部品19.9　電気機器13.7　有機化合物7.3　乗用車6.9
	8,723	鉄鉱石38.4　鶏肉10.8　飼料用トウモロコシ10.6　コーヒー豆4.9　有機化合物4.7
Ⅲ	152,545	乗用車27.5　一般機械23.7　電気機器13.0　自動車部品5.5　航空機類2.8
	86,402	一般機械13.8　電気機器12.5　航空機類5.8　医薬品5.6　科学光学機器5.3
Ⅳ	15,798	乗用車36.4　軽油16.5　一般機械10.1　バスとトラック8.1　タイヤ類3.6
	49,576	液化天然ガス35.4　石炭30.0　鉄鉱石12.4　牛肉3.7　銅鉱3.5

統計年次は2019年。

出典：データブック オブ・ザ・ワールド 2021

2　次の日本の綿業の歴史に関する文章を読んで，あとの問いに答えなさい。

綿が日本で広まりを見せたのは室町時代からと言われています。室町時代に綿花が①朝鮮から大量に輸入され，貴族や僧，②武士などが使用する高級な衣服に使われるようになりました。16世紀には国内でも三河などで綿花が栽培されるようになり，③江戸時代になると，問屋が農民に原料や道具・お金を貸して品物をつくらせ，それを引き取る［　A　］が農村を中心に広がり，綿織物は江戸時代を代表する商品作物になりました。綿は，肌触《はだざわ》り，夏場の吸収性や冬場の保湿性《ほしつせい》，丈夫さ，染色の容易さなどの点で日本人の好みに合致したため，中世以前の麻に代わり，庶民衣料の素材として大流行しました。

④幕末になると，イギリス製の綿製品が輸入されるようになります。これにより国内の綿花の栽培や綿糸・綿織物の生産は一時衰えました。しかし，綿織物の生産ではイギリスのジョン＝ケイが18世紀に発明した飛《と》び杼《ひ》の技術を取り入れ手《て》織機《おりばた》を改良し生産する方法が，農村の［　A　］を中心に広がったことで，しだいに生産量が上向きになりました。ただし，原料の糸は輸入した綿糸が主に用いられていました。

このような綿織物業の回復が，原料の糸を供給する紡績業の発展につながりました。⑤明治政府を退官後，日本で最初に銀行を作り，鉄道・製糸などの数多くの会社を創立し，近代日本経済の基礎を築いた［　B　］らが1882年に大阪紡績会社を設立しました。この会社は綿糸の生産を飛躍的に拡大させ，アジア市場へ輸出を拡大しました。1890年，綿糸の生産量が輸入量を上まわり，日清戦争頃からは綿糸の輸出が急増し，1897年には，綿糸の輸出量が輸入量を上まわりました。

綿織物業では，日露戦争後，輸入した大型の力織機《りきしょっき》でさかんに綿織物を生産しました。農村では豊田佐吉が考案した小型の国産の力織機を導入して，家での生産から小工場に転換する動きが進みました。⑥1909年には綿布の輸出額が輸入額を越えました。こうして綿糸・綿織物の輸出は増加しました。ただ，綿糸の原料である綿花そのものは⑦中国・インド・アメリカ合衆国などからの輸入に頼っており，綿業貿易全体では輸入超過でした。

問1　文章中の空欄［A］・［B］にあてはまる語句を漢字で答えなさい。

問2　下線部①について，朝鮮について述べた文として誤っているものを次のア～エから1つ選び，記号で答えなさい。誤っているものがない場合は「オ」を記入しなさい。

ア．663年，日本は百済の復興を助けるために大軍を送りましたが，唐と新羅の連合軍に敗れました。中大兄皇子は，唐や新羅からの攻撃に備えるため，大津宮に都を移しました。ここで，即位して天智天皇となり，全国規模の戸籍を初めて作りました。

イ．室町時代の初め，高麗《こうらい》に代わって朝鮮が成立しました。朝鮮は日本に倭寇の取り締まりを求めてきたため，足利義満はこれに応じて，対等な貿易を始めました。朝鮮からは木綿の他に，綿織物やお経などが輸入され，日本からは銅・硫黄・香料などが輸出されました。

ウ．江戸時代，朝鮮との国交は徳川家康によって回復され，将軍が代わるごとに朝鮮通信使という使節団が江戸に来るようになりました。朝鮮との貿易は，毎年，薩摩藩が朝鮮半島南部の釜山《ぷさん》まで出向く形で行われました。

エ．1950年，北朝鮮は武力で朝鮮半島を統一しようと，北緯38度線をこえて南下し，朝鮮戦争が始まりました。これは，日本にも大きな影響を与え，連合国軍総司令部は，日本の防衛が手薄になるとして，日本政府に警察予備隊をつくらせました。

問3　下線部②について，以下の【ア】～【エ】は武士が関わった争いに関する史料です。これらの争いが行われた場所を東から順に並べ替えなさい。

※「○○・△△・□□」は問題の構成上，あえて伏《ふ》せています。

なお，同じ図形には同じ言葉が入ります。

【ア】……音が非常に大きく，日本の馬は驚いて動けなくなった。動かせたとしても敵に向かおうとしなくなってしまった。○○軍は矢は短いが，矢じりに毒が塗ってあるので，当たった者は皆その毒にやられてしまう。……日本の戦いでは，お互いに名乗り出て一対一の勝負をするが，この合戦では○○軍は大勢が一度に集まって戦う。このため，一人で駆け入ってくる日本人はだれでもやられてしまう。

【イ】……奥六郡《おくろくぐん》(陸奥北部の六郡をさす)の首領に安倍頼良《あべよりよし》という者がいた。……祖父の忠頼《ただより》は蝦夷《えみし》の首領であった。……奥六郡を我が物顔で横行しては，村人たちを脅《おど》し，その子孫たちも，その勢いに乗って，田畑に課せられた税は納めず，定められた労役も果たそうとしなかった。……朝廷では協議の結果追討《ついとう》将軍を選ぶことになった。皆が一致したのは源義家であった。性格は沈着冷静《ちんちゃくれいせい》で，武芸に優れ，将軍にふさわしい人物であった。

【ウ】（一四七四年十一月一日）一，加賀国の一向宗の信者の土民（一般庶民）が武士達と争った。その結果，武士達はすべて土民の勢力によって国の中央部から追い払われてしまった。……一向宗側は二千人ほどが討たれた。加賀国の中央部は焼けてしまった。……富樫政親《とがしまさちか》は加賀国の中央部に攻め込んだけれども，自力では支配を維持できないということだ。多くの土民が武装して立ち上がるというのは驚くべきことだ。

【エ】△△元年，天下は大いに乱れ，以後，長い間，全国が戦乱となっていった。その原因というのは，将軍足利尊氏から数えて七代目の将軍□□が天下の支配を有能な管領に任せず，ただ夫人やものごとの道理も分からず裁判も政治も知らない若い女性や尼たちと相談して，酒宴や遊びの最中に命令されたり，また，判決により被告に与えるべき土地を，賄賂《わいろ》に心を動かされて原告に与えられたりした。

問４　下線部③について，次のグラフから，江戸時代の大名の改易《かいえき》（領地没収）・減封《げんぽう》（領地削減）に関する下のＸ・Ｙのような特徴があることが分かった。Ｘの時期の江戸幕府の動向をａ・ｂから，Ｙの時期の江戸幕府の動向をｃ・ｄから選ぶ場合，その組み合わせとして正しいものを，あとのア～エから１つ選び，記号で答えなさい。

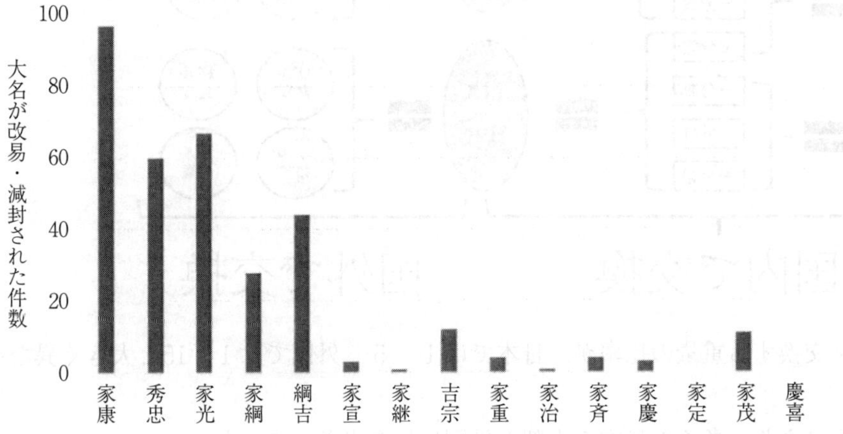

出典：藤野　保『新訂幕藩体制史の研究』

特徴

Ｘ　初代家康から３代家光までは，改易・減封された大名の数が多くなる。

Ｙ　18世紀以降は，改易・減封された大名の数が少なくなる。

幕府の動向

ａ．大名を一年ごとに江戸と領地に往復させ，妻子は人質として江戸におく参勤交代の制度が大名に義務付けられました。

ｂ．幕府の財政が苦しくなったため，幕府は，質を落とした貨幣を大量に発行したため，経済が大きく混乱しました。

ｃ．老中松平定信は，商人の経済力を利用して財政を立て直そうとして，株仲間を積極的に認める代わりに，商人から税を取りました。

d．大阪町奉行の元役人であった大塩平八郎は，ききんで苦しんでいる人々を救おうと，大阪で反乱を起こしました。

ア．X―a　Y―c　　イ．X―a　Y―d
ウ．X―b　Y―c　　エ．X―b　Y―d

問５　下線部④について，以下の資料は，貿易開始後に起こったある問題について図で示したものです。この問題について説明した文として，誤っているものをあとのア～エから１つ選び，記号で答えなさい。

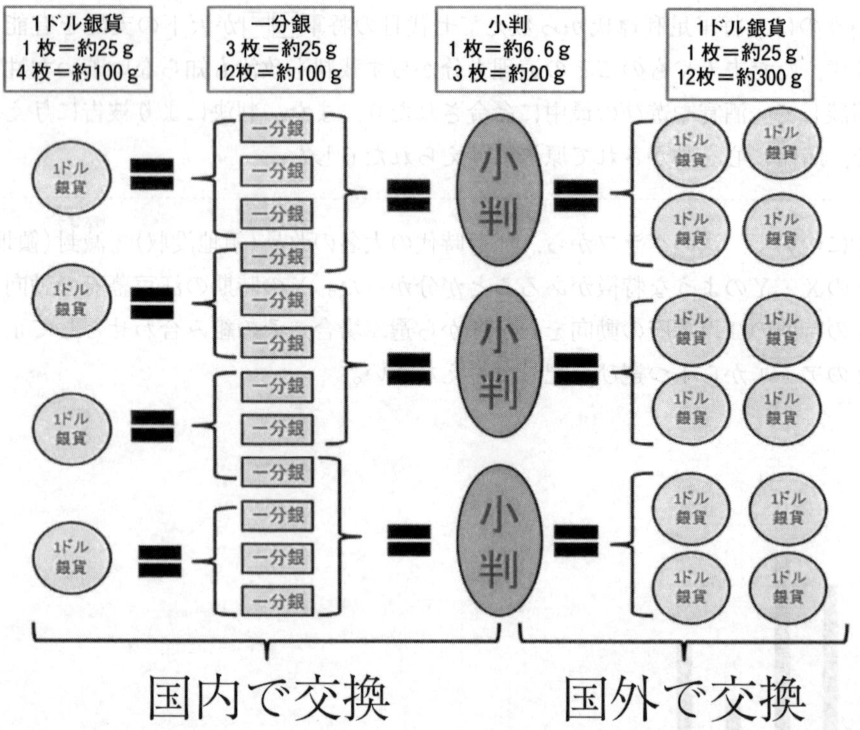

ア．金と銀を交換する重量の比率が，日本では１：５，外国では１：15と大きく異なっていました。

イ．この問題により，多くの日本の小判が外国に持ち出されました。

ウ．この問題により，幕府は質を落とした小判を発行してこれに対応しようとしました。

エ．質を落とした小判を発行したため，物価が大幅に下落し，商人たちは混乱しました。

問６　下線部⑤について，次のカードは明治政府の政策についてまとめたものです。当時の明治政府の政策について述べたカードとして正しいものを，次のア～エより１つ選び，記号で答えなさい。

カード　ア

戊辰戦争終結後，五か条の御誓文を発表し，民衆に対しては五榜《ごぼう》の掲示を掲げ，江戸幕府の民衆政策を引き継いだ。

カード　イ

廃藩置県を実施し，その後の版籍奉還の実施により天皇中心の中央集権体制の土台が構築された。

カード　ウ

地租改正を実施したことで，国の財政は安定し，農民の税負担も軽減された。

カード　エ

徴兵令では家の主人や長男などは兵役を免除されたため，農家の次男，三男などが兵役についた。

問７　下線部⑥に関連して，20世紀に入り，日本の不平等条約の改正が達成されましたが，諸外国が条約改正を認めた理由として明らかに誤っているものを，ア～エから１つ選び，記号で答えなさい。

ア．大日本帝国憲法や民法・刑法などの法律が制定されたことで，近代的な立憲国家が成立したと考えたから。

イ．日清戦争，日露戦争の勝利で，日本の国際的地位が向上したと考えたから。

ウ．近代産業が発達し，日本がイギリスやアメリカ合衆国などの先進国なみの経済国に達したと考えたから。

エ．吉野作造の民本主義が発表され，普通選挙制を求めるデモ行進が行われるなど民主主義が実現されていると考えたから。

問８　下線部⑦に関連して，2022年は日中国交正常化50周年になります。日中国交正常化を果たした総理大臣は誰ですか。姓名を漢字で答えなさい。

3　次の文章を読んで，あとの問いに答えなさい。

人々が豊かな生活を求めるにつれて，①工業製品や食料の生産が活発になり，結果として人類は，大量の資源やエネルギーを消費しています。また，それに伴う二酸化炭素の排出や環境の破壊・汚染も地球的規模で急増しています。近年では，地球環境問題への関心の高まりを背景に，国際社会，②国，③企業，市民など，さまざまなレベルにおいて，環境保護の取組みが行われています。

地球規模のレベルにおける環境問題に対処すべく，1972年に「かけがえのない地球」をスローガンに④国連人間環境会議が開かれ，「人間環境宣言」が採択されるとともに，国連環境計画(UNEP)が設立されました。さらに1992年には，⑤国連環境開発会議(地球サミット)が開かれ，「持続可能な開発」という考えのもと，1987年に「環境と開発に関する世界委員会」が提言した基本理念にもとづき，環境保全のためにとるべき行動計画「アジェンダ21」が採択されました。

このような理念のもと，現在，世界全体で取り組みを始めているものの１つに，プラスチックごみを減らすというものがあります。捨てられたプラスチックが海にただよい，紫外線や波などで風化し，細かく砕《くだ》かれると A と呼ばれる5mm以下の粒になったものが生まれます。これは，発がん性のある有害物質がつきやすい性質のため，体内に取り込んだ魚介類を人間が食べると，人間の体内にも有害物質が入ることが問題となっています。そのため，日本でも，2020年7月からレジ袋を有料化することが義務化され，自治体や店ではエコバッグなどの持参を勧めています。

日本では，経済成長とともに公害と呼ばれる問題を引き起こしてきました。第二次世界大戦後の⑥高度経済成長期には，裁判で企業の責任を問う動きが始まりました。四大公害訴訟といわれる大規模な公害事件です。このため，1967年に公害対策基本法が制定され，1971年には環境を守るための専門の⑦行政機関として環境庁が設置されました。公害問題では，発生した生命身体の損害に関する賠償金の支払いを求める訴訟のほか，空港の騒音が問題となって，空港への飛行機の夜間離着陸の差し止め請求について⑧最高裁判所まで争われたものもありました。環境破壊による人間の生命や健康への被害に対しては，⑨憲法上の人権保障を根拠に，その損害賠償とともに，事前に予防する差し止め請求権が，主張されるようになっています。

問1　文章中の下線部①について，世界では，自分の国で生産しきれない商品を貿易することで補う国際分業が行われています。世界の貿易の説明として正しいものを，次のア～エから1つ選び，記号で答えなさい。

ア．自由貿易を目指す取り組みは国際機関を通して行い，経済的に立場の弱い発展途上国が取り残されてしまうことを防ぐために，特定の国や地域同士が独自に協定を結ぶことは禁止されています。

イ．自由貿易を目指して，関税を引き下げたり，輸入制限をやめるようにするなどの貿易に関する取り決めをしたり，貿易についての国際紛争を解決したりするために国連貿易開発会議(UNCTAD)が設立されました。

ウ．世界の貿易では，工業化を進めようとする発展途上国は，価格の低い工業製品を先進国に輸出し，高品質の原材料を先進国から輸入するため，貿易赤字をかかえる国が多く，発展途上国と先進国の経済格差が広がっています。

エ．国際競争力にすぐれた外国の商品の輸入が急増すると，その商品を生産する国内産業が打撃を受けてしまうため，輸入国は一定の条件のもとで，一定期間だけ関税を引き上げる対策が認められています。

問2　文章中の下線部②について，国と国の約束を文書にしたものを「条約」といいます。日本における，条約を結ぶ機関と承認をする機関の組み合わせとして正しいものを，次のア～カから1つ選び，記号で答えなさい。

ア．条約は，内閣総理大臣が結び，天皇が承認します。

イ．条約は，内閣総理大臣が結び，国会が承認します。

ウ．条約は，内閣総理大臣が結び，裁判所が承認します。

エ．条約は，内閣が結び，天皇が承認します。

オ．条約は，内閣が結び，国会が承認します。

カ．条約は，内閣が結び，裁判所が承認します。

問3　文章中の下線部③について，企業は互いに競争しながら経済活動を行っています。企業の競争により商品の品質が向上したり，価格が低下したりして，消費者が利益を受けることができます。逆に，競争が行われなくなると，消費者が不利益を受けます。企業同士の自由な競争を確保するために，1947年に制定された法律の名称を漢字５字で答えなさい。

問４　文章中の下線部④と下線部⑤について，それぞれの「会議が開催された場所」の組み合わせとして，正しいものを次のア～クから１つ選び，記号で答えなさい。

ア．国連人間環境会議：１　国連環境開発会議：５
イ．国連人間環境会議：１　国連環境開発会議：６
ウ．国連人間環境会議：２　国連環境開発会議：７
エ．国連人間環境会議：２　国連環境開発会議：８
オ．国連人間環境会議：３　国連環境開発会議：５
カ．国連人間環境会議：３　国連環境開発会議：６
キ．国連人間環境会議：４　国連環境開発会議：７
ク．国連人間環境会議：４　国連環境開発会議：８

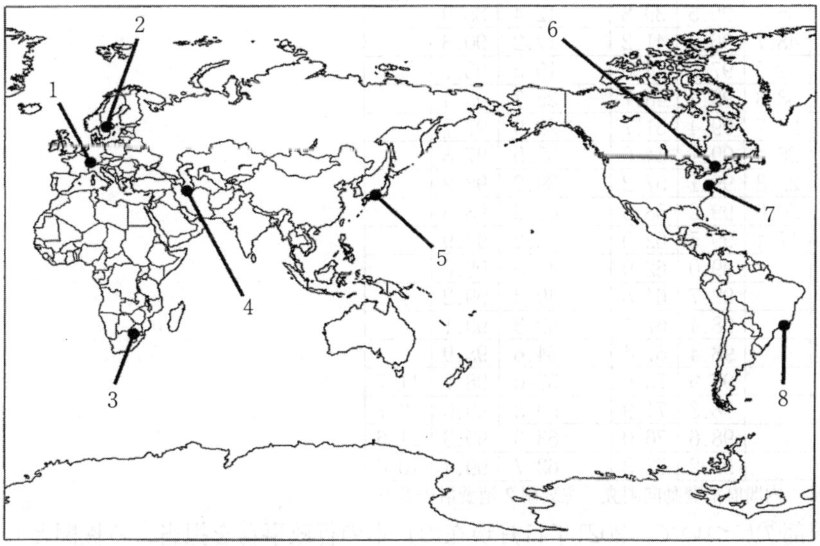

問５　文章中の空欄 A にあてはまる語句をカタカナで答えなさい。

問６　文章中の下線部⑥について，国民の所得が上昇して生活水準が向上するとともに，家庭電気製品などが各家庭に普及していきました。次の表は，全世帯における主要な耐久消費財の普及率(%)をあらわしたものです。表中Ａ～Ｅは，カラーテレビ，白黒テレビ，パソコン，乗用車，電気冷蔵庫のどれかがあてはまります。「乗用車」と「電気冷蔵庫」にあたるものを表中Ａ～Ｅから選び，記号で答えなさい。

	電気洗濯機	A	B	C	ルームエアコン	D	E
1958年	24.6	10.4	3.2				
1959年	33.0	23.6	5.7				
1960年	40.6	44.7	10.1				
1961年	50.2	62.5	17.2	2.8	0.4		
1962年	58.1	79.4	28.0	5.1	0.7		
1963年	66.4	88.7	39.1	6.1	1.3		
1964年	61.4	87.8	38.2	6.0	1.7		
1965年	68.5	90.0	51.4	9.2	2.0		
1966年	75.5	94.4	61.6	12.1	2.0	0.3	
1967年	79.8	96.2	69.7	9.5	2.8	1.6	
1968年	84.8	96.4	77.6	13.1	3.9	5.4	
1969年	88.3	94.7	84.6	17.3	4.7	13.9	
1970年	91.4	90.2	89.1	22.1	5.9	26.3	
1971年	93.6	82.3	91.2	26.8	7.7	42.3	
1972年	96.1	75.1	91.6	30.1	9.3	61.1	
1973年	97.5	65.4	94.7	36.7	12.9	75.8	
1974年	97.5	55.7	96.5	39.8	12.4	85.9	
1975年	97.6	48.7	96.7	41.2	17.2	90.3	
1976年	98.1	42.2	97.9	44.0	19.5	93.7	
1977年	97.8	38.3	98.4	48.7	25.7	95.4	
1978年	98.7	29.7	99.4	51.7	29.9	97.7	
1979年	99.0	26.9	99.1	54.6	35.5	97.8	
1980年	98.8	22.8	99.1	57.2	39.2	98.2	
1981年	99.2	20.0	99.2	58.5	41.2	98.5	
1982年	99.3	17.4	99.5	62.0	42.2	98.9	
1983年	98.2		99.0	62.9	49.6	98.8	
1984年	98.4		98.7	64.8	49.3	99.2	
1985年	98.1		98.4	67.4	52.3	99.1	
1986年	99.6		98.4	67.4	54.6	98.9	
1987年	99.2		97.9	70.6	57.0	98.7	11.7
1988年	99.0		98.3	71.9	59.3	99.0	9.7
1989年	99.3		98.6	76.0	63.3	99.3	11.6
1990年	99.5		98.2	77.3	63.7	99.4	10.6

出典：内閣府消費動向調査「主要耐久消費財の普及」

問７　文章中の下線部⑦について，2021年11月現在の日本の行政事務を担当する機関として，誤っているものを次のア～キからすべて選び，記号で答えなさい。

ア．物価庁　　イ．観光庁　　ウ．デジタル庁　　エ．復興庁

オ．スポーツ庁　カ．消費者庁　　キ．こども家庭庁

問８　文章中の下線部⑧について，最高裁判所の裁判官を，任命後初めて実施される衆議院議員総選挙の時と，以後10年が経過した後に実施される総選挙ごとに，裁判官としてふさわしいか判断する制度があります。この制度の名称を漢字４字で答えなさい。

問９　文章中の下線部⑨について，良い環境のもとで生活をする権利は，憲法第25条の「生存権」などを根拠に主張されています。日本国憲法に定められている基本的人権を分類した場合，「生存権」と同じ分類となる権利を次のア～オから１つ選び，記号で答えなさい。

ア．職業や居住する場所を自由に選択する権利

イ．裁判を受ける権利

ウ．教育を受ける権利

エ．プライバシーの権利

オ．法の下に平等であり，差別されない権利

4―Ⅰ　次の年表と資料文について，あとの問いに答えなさい。

年代	出来事
1792	ロシアのラクスマンが根室に来航
1804	ロシアのレザノフが長崎に来航
1808	フェートン号事件が起こる
1825	外国船打払令が出される
1840	※1 アヘン戦争(～1842年)が起こる
1842	天保の※2 薪水給与令が出される

＊1　アヘン戦争：中国の清とイギリスとの戦い。

＊2　薪水：燃料と水のこと。

資料文①

文政《ぶんせい》八年二月十八日

外国船来航のときの取り扱い方については，前々から数回の命令が出されている。ロシア船については，文化三年に改めて命令が出されたが，イギリス船(フェートン号)が先年(1808年)，長崎に侵入して乱暴をはたらき，（中略）以後いずれの海岸の村々においても，外国船が入港したことを発見すれば，そこに居合わせた人々で，ためらうことなく直ちに打払い，逃げたときは追跡する船などは出さないでそのままにしておき，もし強引に上陸して来たならば逮捕し，または打ち殺してもかまわない。

資料文②

天保《てんぽう》十三年七月二十三日

外国船が我国へ来航したとき，まようことなく打払うことを文政八年命令された。しかしながら現在すべての事が改革中(天保の改革)で，（中略）そこで文化三年に出された外国船来航時の処置に対する命令に復帰するように命令されたから，外国船と見うけたならば，念を入れて事情を調査し，食料や薪《まき》や水が不足して帰国できないようであれば，相手が望む品々を適当に与え，帰国するように説得せよ，ただし，上陸させてはならない。

問い　江戸幕府の外交政策は，1820年代と1840年代では大きく変化しました。年表と資料文①・②を参考に，江戸幕府の外交姿勢はどのように変化したか，変化した理由を含めて説明しなさい。

4―Ⅱ　2021年10月に衆議院議員総選挙が行われました。日本では，私たち国民による選挙を通じて民主主義が実現されていますが，このような社会がはじめからあったわけではありません。長い歴史の中で，少しずつ実現してきたものです。

以下のグラフを見てください。これは「ポリアーキー指標」と呼ばれるものです。ポリアーキーとは政治学の用語で，「多数による支配」ということを意味しています。この指標の値が高ければ高いほど民主主義が実現していることを意味しています。

以下のグラフのＡとＢの時期に，日本のポリアーキー指標がそれ以前と比べて上昇しています。それぞれの時期にこの指標が上昇した理由を，下記の「ポリアーキー指標の見方」を参考にした上で，説明しなさい。なお，グラフには日本以外の国のポリアーキー指標も出ていますが，それらの国との比較は行わなくて構いません。

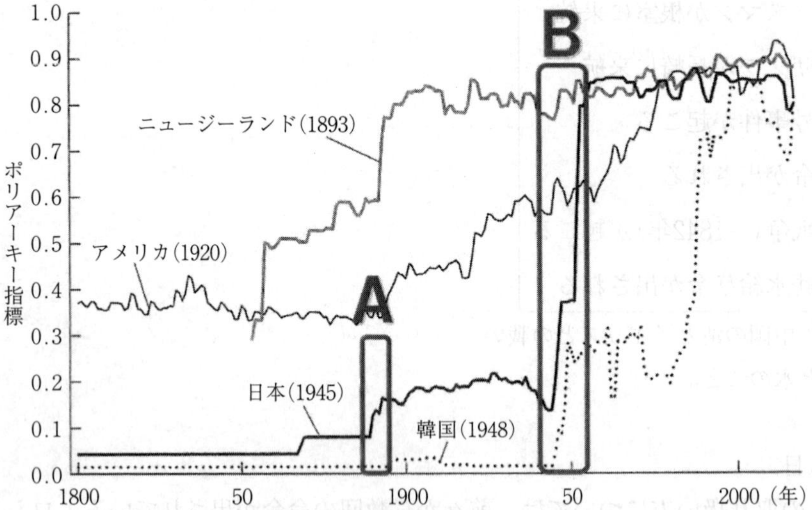

出典：『女性のいない民主主義』 前田健太郎 著(V-Dem Version9 より作成)

ポリアーキー指標の見方

縦軸：値が高ければ高いほど，「ある国の選挙の公正さや参政権を有する市民の割合」が高くなり，「結社の自由や表現の自由といった権利」が幅広く認められ，民主主義が実現していることを示しています。

横軸：西暦を表しています。

※カッコ内の数字は，女性参政権が初めて認められた年度を示しています。

【理　科】〈第２回入試〉（30分）〈満点：50点〉

〈編集部注：実物の入試問題では，図やグラフは多くがカラー印刷です。〉

１　救急車のサイレンや電車の警笛など，動きながら音を出している乗り物が，自分に対して近づくときと遠ざかるときとで，音の高さが変化する現象を我々はよく経験します。この「ドップラー効果」という現象について，〔Ⅰ〕～〔Ⅲ〕の文章を読み，以下の問いに答えなさい。

〔Ⅰ〕　ドップラー効果の理解を容易にするため，「空気中の音速が秒速100m」という世界を考えます。図１のＯ地点に広尾太郎君が静止し，Ｏ地点から70m離《はな》れたＡ地点から広尾理花さんがカスタネットを１秒間に等間隔《かんかく》で２回ずつ叩《たた》きながら，秒速５ｍの速さで太郎君のいるＯ地点へ真っすぐに向かうものとします。

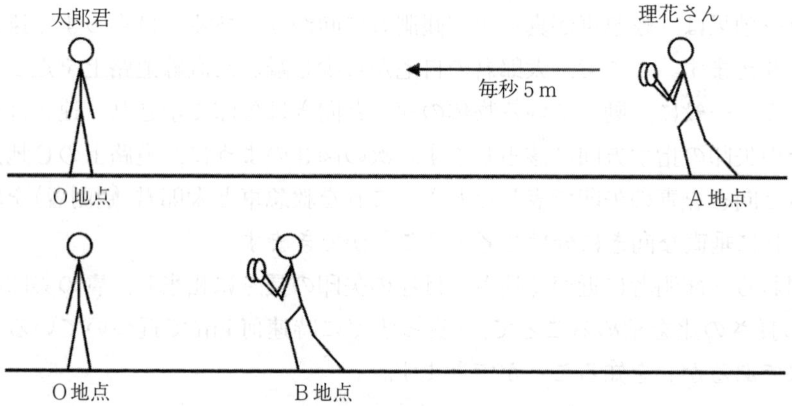

図１

問１　理花さんがＡ地点でカスタネットを叩き始めてから，Ｏ地点にいる太郎君が最初のカスタネットの音を聞くまでの時間は何秒か答えなさい。ただし，割り切れない場合は小数第２位を四捨五入し，小数第１位まで答えなさい。

問２　10秒後に理花さんはＢ地点に到《とう》着し，その瞬間《しゅんかん》に叩いたカスタネットを最後に叩くのをやめました。理花さんがＡ地点でカスタネットを叩き始めてから，Ｏ地点にいる太郎君が最後のカスタネットの音を聞くまでの時間は何秒か答えなさい。ただし，割り切れない場合は小数第２位を四捨五入し，小数第１位まで答えなさい。

問３　理花さんがＡ地点からＢ地点へ移動する間に叩いたカスタネットの音を，太郎君は問１と問２の間の時間に聞いています。太郎君はこの間に，スタートの合図のために叩いた最初の音を除く20回カスタネットの音を聞いたとして，太郎君が平均して１秒間に聞いたカスタネットの回数を答えなさい。ただし，割り切れない場合は小数第２位を四捨五入し，小数第１位まで答えなさい。

〔Ⅱ〕〔Ⅰ〕の方法を用いて，図２のように道路わきに立っている太郎君へ一定の速さで近づき，太郎君の前を通過して遠ざかる救急車のサイレンの振《しん》動数を求めることができます。ここでは，救急車のサイレンの音の振動数は440Hz（ヘルツ）で一定であるものとし，空気中の音速を秒速340mとして，太郎君に近づくときと遠ざかるときのサイレンの音を計算した結果を表１にまとめました。ただし，440Hz の振動数の音は，１秒間に空気が440回振動していることを表します。

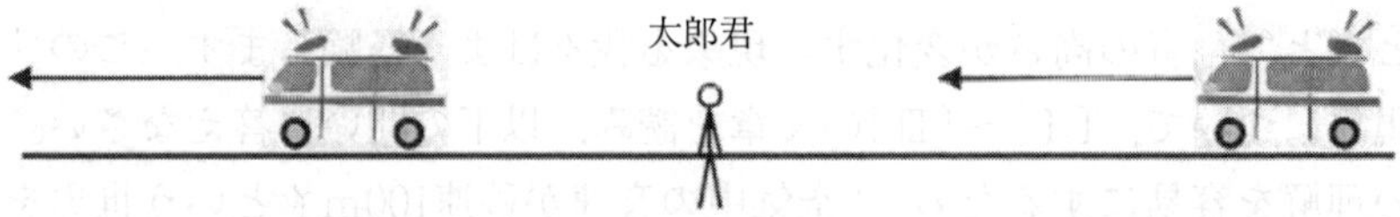

図２

表１

救急車の時速(km/ 時)	0	20	30	40	60
救急車が近づくときに聞く音[Hz]	440	447	451	455	463
救急車が遠ざかるときに聞く音[Hz]	440	433	429	426	419

ところで，ドップラー効果は，救急車が真っすぐ観測者に向かう，あるいは真っすぐ遠ざかる場合でなくても起こりえます。ここで，太郎君の自宅から少し離れた直線道路上を走っている救急車を考えましょう。一般《ぱん》に，動いている物体の速さと向きは矢印で示され，速さはその矢印の長さ，向きはその矢印の指す方向に該《がい》当します。次の図３のように，道路上のＣ地点を通過中の救急車の速さと向きを青の矢印で表したとき，これを救急車と太郎君(観測者)を結ぶ直線COの向きと，それに垂直な向きに分けて考えることができます。

ドップラー効果に関わる「観測者に近づく速さ」は赤の矢印の長さに相当し，青の矢印の長さに対する赤の矢印の長さの比を求めることで，「真っすぐに時速何 km で近づいているときと同じドップラー効果であるか」を知ることができます。

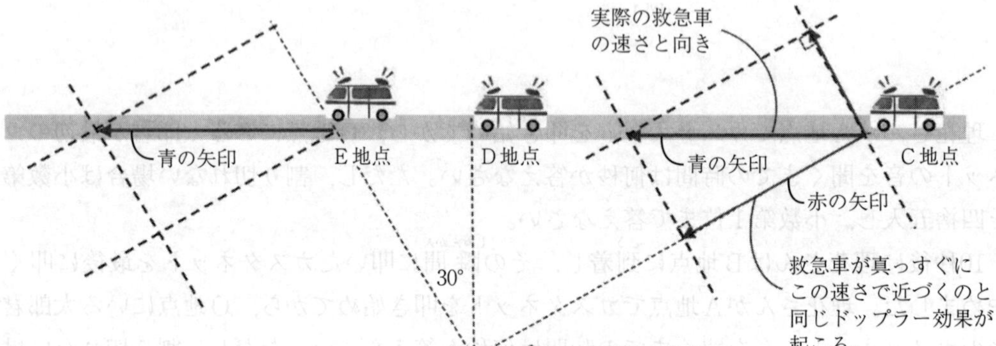

図３

問４　図３において，自宅にいる太郎君(Ｏ地点)が聞く救急車のサイレンの音は，どのように変化すると考えられますか。縦軸《じく》にサイレンの振動数，横軸に時刻をとったグラフとして正しいものを次のア～カから１つ選び，記号で答えなさい。ただし，救急車がＤ地点を通過した時刻を０とし，∠ ODC ＝90°とします。

ア

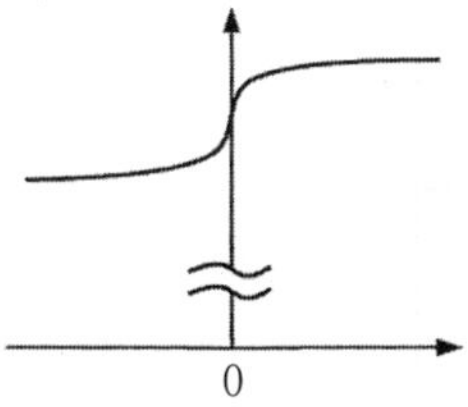

イ

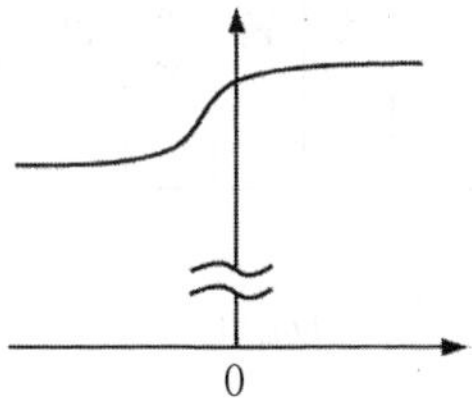

ウ

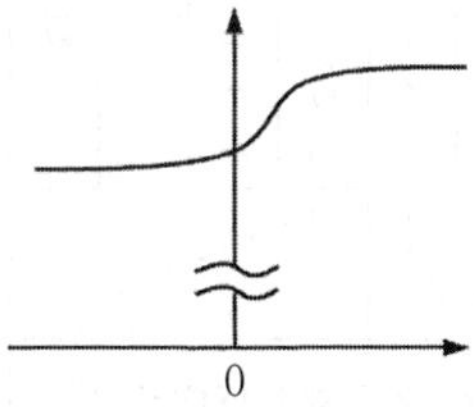

エ

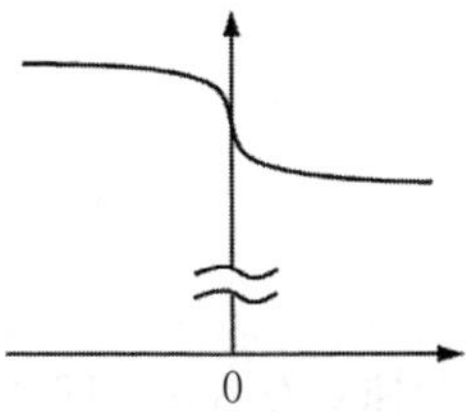

オ

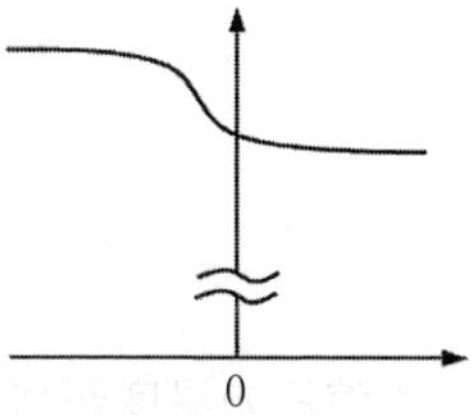

カ

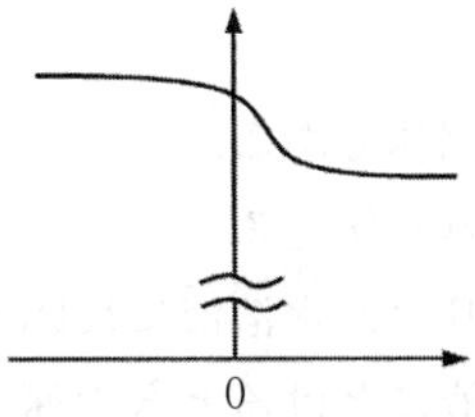

問5　図3において，救急車が一定の振動数(440Hz)のサイレンを鳴らしながら，時速60kmの一定の速さで走っている場合を考えます。図3のE地点で発した救急車のサイレンが，太郎君のいる自宅(O地点)に届いたとき，太郎君が聞くサイレンの振動数は何Hzか答えなさい。ただし，∠DOE＝30°とします。

〔Ⅲ〕図4のように，救急車が半径340mの円形道路を時計回りにサイレンを鳴らしながら一定の速さで周回し，太郎君(観測者)は円形道路の中心Fから680m離れたO地点で，救急車から届くサイレンの振動数の変化を観測しています。太郎君は，ある時刻にサイレンの振動数が瞬間的にドップラー効果のない440Hzとなり，それが周期的に起こることに気づき，それを調べて表2のようにまとめました。音速を秒速340mとします。

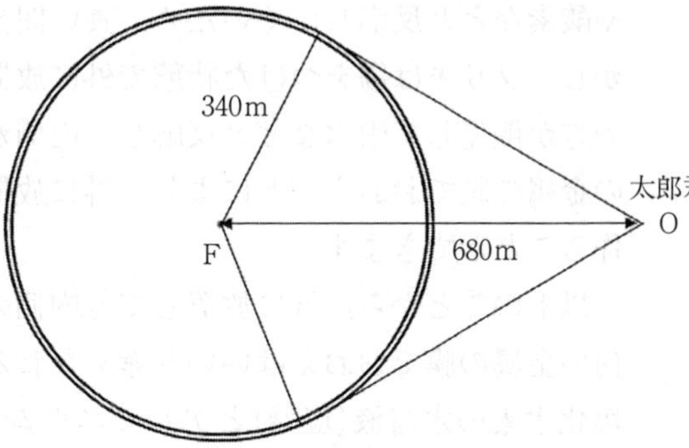

図4

表2

1回目	2回目	3回目	4回目	5回目
0秒	103秒	210秒	313秒	420秒

問6　救急車が周回する間，ドップラー効果によって救急車のサイレンの振動数が最も大きく聞こえるときと，振動数が最も小さく聞こえるときも周期的に起こりました。太郎君が，最も振動数の大きいサイレンを聞いた時刻から，最も振動数の小さいサイレンを聞いた時刻まで何秒かかるか答えなさい。

2　代表的な金属として金・銀・銅・アルミニウム・鉄などがあります。これらの金属には特有の性質があります。いろいろな金属の反応性をまとめたものを表1に示しました。

表１

<table>
<tr><td>金属の種類</td><td>カリウム</td><td>カルシウム</td><td>ナトリウム</td><td>マグネシウム</td><td>アルミニウム</td><td>あえん</td><td>鉄</td><td>ニッケル</td><td>スズ</td><td>なまり</td><td>銅</td><td>水銀</td><td>銀</td><td>白金</td><td>金</td></tr>
<tr><td rowspan="2">水との反応</td><td colspan="3">水と激しく反応する</td><td colspan="4"></td><td colspan="8" rowspan="2">反応しない</td></tr>
<tr><td colspan="7">高温の水蒸気と反応する</td></tr>
</table>

問１　すべての金属に当てはまる特徴《ちょう》として，適当なものを次のア～オから**２つ選び**，記号で答えなさい。

ア．常温では，固体である。

イ．熱や電気を良く伝える。

ウ．水酸化ナトリウム水溶液《すいようえき》に反応する。

エ．金属が水溶液にとけるときの速さは，水溶液の温度が高いほど速くなるが，同じ量の金属を細かい形にしても反応の速さは変わらない。

オ．固体のとき細くのばしたり，うすい板状に広げたりすることができる。

問２　表１の種々の金属は，右から左に行くほど水との反応性が高くなっていくことが分かります。これは酸素との反応性でも同様です。例えば，おもちゃに使われているブリキは，金属の鉄の表面に，金属のスズの薄《うす》い膜《まく》を形成した材料です。そのため，スズの方が鉄よりも水や酸素などと反応しにくいため，長い間光沢《たく》を維持《いじ》したおもちゃを作ることができます。しかし，ブリキは傷をつけた状態で外に放置しておくと，表面のスズには反応せず，内部の鉄の方が優先して雨水などと反応し，内側から腐食《ふしょく》しボロボロになります。このように鉄を他の金属の膜でおおうことにより，外に放置しても中の鉄を反応させず丈夫《じょうぶ》かつ安全な材料を作ることができます。

以上のことから，外に放置しても内側の鉄が腐食しないようにするためには，鉄の表面を何の金属の膜でおおえばいいと考えられるか，使用できる金属を表１より**すべて選びなさい**。

塩化水素の水溶液(塩酸)とアルミニウムの反応を調べるため，広尾君は次の【実験１】～【実験３】をすべて同じ温度で行いました。その反応は以下のような式で表すことができます。

アルミニウムの粉末＋塩化水素→ 気体 ＋塩化アルミニウム

【実験１】　電子てんびんを用いて，アルミニウム粉末をそれぞれ異なる重さにはかりとった。同じ濃《こ》さの塩酸を150ｇずつ入れたビーカーＡ～Ｄに，はかりとったアルミニウムの粉末をそれぞれ入れてよくかき混ぜた。十分に時間が経ち反応が終わるまで発生した気体をすべて捕《ほ》集し，その重さを測定した。

【実験２】　【実験１】のビーカーＡ～Ｄをしばらく放置した後，電子てんびんを用いて各ビーカーの重さをはかった。

【実験３】　【実験２】のビーカーＡ～Ｄの水溶液中の水をすべて蒸発させた後に，電子てんびんを用いて各ビーカーの重さをはかった。

【実験１】～【実験３】の実験結果を表２に示しました。ただし，【実験２】と【実験３】の重さは，ビーカー自体の重さを除き，水溶液や析《せき》出した固体のみの重さとしました。

表２

ビーカー	A	B	C	D
【実験１】 アルミニウムの粉末の重さ[g]	2.7	8.1	13.5	18.9
【実験１】 発生した気体の重さ[g]	0.3	0.9	1.0	③
【実験２】 水を蒸発させる前の重さ[g]	152.4	②	162.5	④
【実験３】 水を蒸発させた後の重さ[g]	①	40.5	49.5	⑤

問３　表２の①～⑤に当てはまる数値を答えなさい。ただし，【実験２】の測定までの間における水の蒸発は無視してよいものとします。また，割り切れない場合は小数第２位を四捨五入し，小数第１位まで答えなさい。

問４　【実験１】のビーカーA～Dの水溶液にフェノールフタレイン溶液を加えてうすい赤色になるものを次のア～エから**すべて選び**，記号で答えなさい。ただし，当てはまるものがない場合は，×と答えなさい。

ア．ビーカーA　　イ．ビーカーB　　ウ．ビーカーC　　エ．ビーカーD

問５　【実験１】で用いた塩酸の重さに対する塩化水素の重さの割合は何％か答えなさい。ただし，割り切れない場合は小数第２位を四捨五入し，小数第１位まで答えなさい。

3　植物の中には，一日の日の長さの変化を感じとり，開花するかどうかを決めるものがあります。夏によく観察されるアサガオも，その１つです。アサガオがどのような光条件で開花するか，【実験１】と【実験２】を行い観察しました。実験はすべて同一種のアサガオで行い，光条件以外の生育条件はすべて同じにしました。また，図１と図２では，明るい時間を ，暗い時間を ，人工的に光を当てた時間を  で表しました。

【実験１】　次の３つの条件でアサガオを育て，その結果をまとめた。

①　明期を18時間，暗期を６時間の条件で育てた。　　［結果］　開花しなかった。

②　明期を15時間，暗期を９時間の条件で育てた。　　［結果］　開花した。

③　明期を12時間，暗期を12時間の条件で育てた。　　［結果］　開花した。

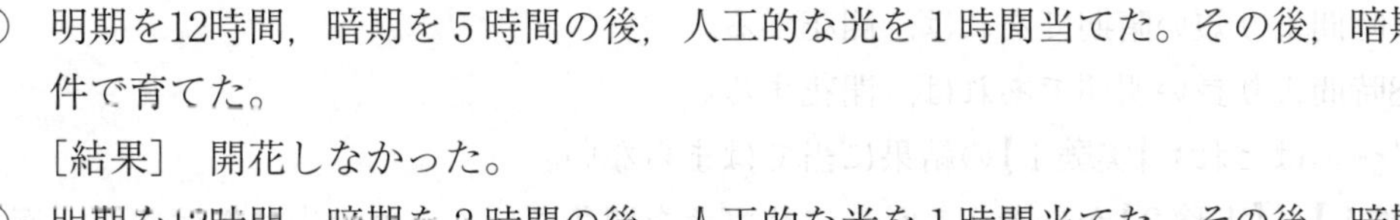

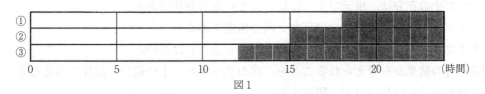

図１

【実験２】　次の４つの条件でアサガオを育て，その結果をまとめた。

④　明期を12時間，暗期を５時間の後，人工的な光を１時間当てた。その後，暗期６時間の条件で育てた。

［結果］　開花しなかった。

⑤　明期を12時間，暗期を２時間の後，人工的な光を１時間当てた。その後，暗期９時間の条件で育てた。

［結果］　開花した。

⑥　明期を２時間の後，人工的に１時間光が当たらないようにした。その後，明期を12時間，暗期を９時間の条件で育てた。

［結果］　開花した。

⑦　明期を３時間の後，人工的に１時間光が当たらないようにした。その後，明期を12時間，暗期を８時間の条件で育てた。

［結果］　開花しなかった。

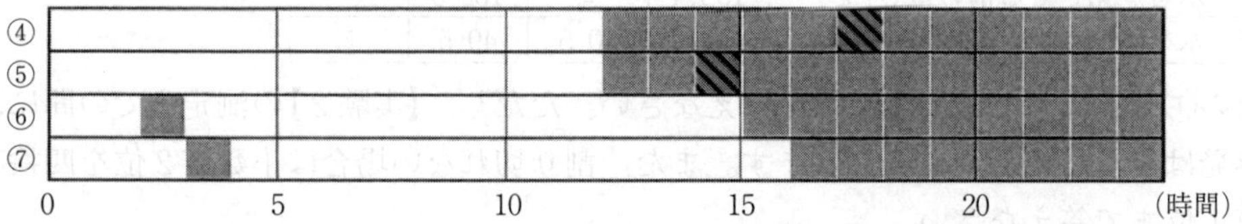

図２

問１　アサガオの種子はどれか，適当なものを次のア～コから１つ選び，記号で答えなさい。写真の種子の大きさは，実際のものと同じ大きさにしています。

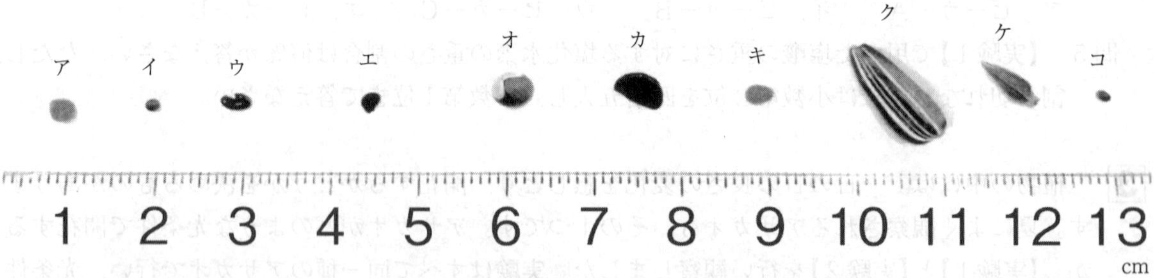

問２　発芽させて最初に出てくる葉の特徴がアサガオと似ているものを，次のア～オから１つ選び，記号で答えなさい。

ア．イネ　　イ．トマト　　ウ．トウモロコシ　　エ．ススキ　　オ．ゼンマイ

問３　アサガオの花の特徴として適当なものを次のア～オから**すべて選び**，記号で答えなさい。

ア．アサガオの花は，めしべのみからなる花とおしべのみからなる花に分かれている。

イ．アサガオの花のめしべとおしべの数は同じ数である。

ウ．アサガオの花弁は，根元で１つに結合している合弁花である。

エ．アサガオの花弁は，ヘチマの花弁と同じ構造である。

オ．アサガオの花は，一度開花したら花弁を閉じることはない。

問４　【実験１】の結果から考えられることを，次のア～オから１つ選び，記号で答えなさい。

ア．明期が長ければ長いほど，開花する。

イ．暗期が９時間以上12時間以下であれば，開花する。

ウ．９時間より短い暗期であれば，開花する。

エ．18時間より長い明期であれば，開花する。

オ．ア～エはどれも【実験１】の結果に当てはまらない。

問５　【実験１】と【実験２】から考えられるアサガオを開花させるための光条件は何か，適当なものを次のア～カから１つ選び，記号で答えなさい。

ア．９時間以上の連続した暗期が必要である。

イ．合わせて９時間以上の暗期が必要である。

ウ．12時間以上の連続した明期が必要である。

エ．合わせて12時間以上の明期が必要である。

オ．暗期の途《と》中で光を当てる時間が必要である。

カ．９時間以上の連続した暗期と途中で光を当てる時間が必要である。

問６　アサガオと同じように，菊《きく》にも日の長さを感知して開花するしくみがあります。菊は１日の日の長さを感知して，開花するかどうかを決めます。菊の多くは，夏至以降の昼が短く夜が長い環境《かんきょう》になると開花します。菊は様々なイベントで用いられ，年末年始や春にも需要《じゅよう》があります。日が短くなる時期に開花することを防がなければ，一年中菊を使うことができません。そこで，日が短くなる時期の真夜中に，人工的に光を照射します。すると，菊の開花を遅《おく》らせ，出荷時期の調整をすることができます。一方，基礎《きそ》研究によって菊の開花するしくみが明らかにされつつあります。菊の花が開花するしくみには，物質Ａ，物質Ｂそして物質Ｃが関わっていることがわかっています。図３のグラフにあるように，日の長い夏のような条件のときには物質Ａの量が増え，物質Ｂの量は減ります。日が短くなる秋のような条件では物質Ｂの量が増え，物質Ａの量が減ります。物質Ｃの量は日の長さによって変化はしません。また，物質Ａ，物質Ｂそして物質Ｃの関係を図４に示します。図４のように，物質Ｃは単独では開花を促進《そくしん》せず，物質Ｂと結合した場合のみ開花を促進します。そして，物質Ａの量が多いときには，物質Ｃは物質Ａと結合してしまい，物質Ｂと結合できなくなります。そのため，物質Ａが多く合成されているときは，開花することができません。

ここに日が短くなる時期の真夜中に光を照射しても，開花してしまう菊があったとします。この菊に起きている異常として考えられることを，下のア～クから**２つ選び**，記号で答えなさい。

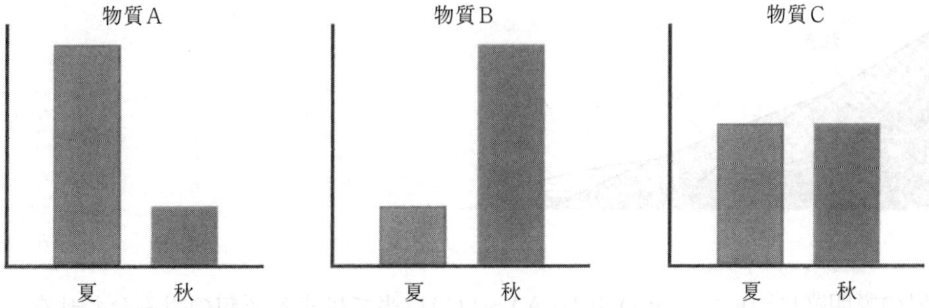

図３

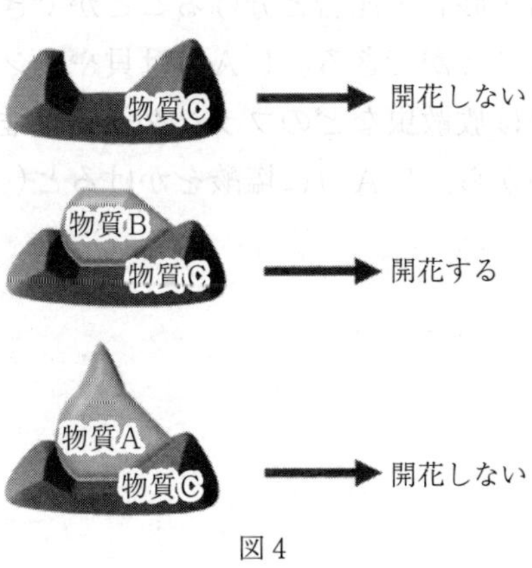

図４

ア．光を照射されることで，正常な菊よりも多くの物質Ａがつくられる。
イ．光を照射されることで，正常な菊よりも多くの物質Ａと物質Ｃがつくられる。
ウ．光を照射されることで，正常な菊よりも物質Ｃの量が減る。
エ．光を照射されることで，正常な菊よりも物質Ａの量が減る。
オ．光を照射されることで，物質Ｂの形が変化して物質Ｃと結合できなくなる。
カ．光を照射されることで，物質Ａの形が変化して物質Ｃと結合できなくなる。
キ．光を照射されることで，物質Ａの形が変化してより強く物質Ｃと結合する。
ク．光を照射されることで，物質Ｃの形が変化して物質Ｂと結合できなくなる。

4 〔Ⅰ〕と〔Ⅱ〕の文章を読み，以下の問いに答えなさい。

〔Ⅰ〕 海や川，湖などに土砂などが堆《たい》積してできた層を地層といいます。下にある層は上に重なった堆積物の重さで押《お》しつぶされていき，隙間《すきま》に含《ふく》まれていた水が押し出されてさらに圧縮され，堆積物が押し固められ堆積岩ができます。また，地層が形成されていくときは，そこに生息していた生物の死がいが一緒《いっしょ》に堆積するため，その地層を調べることで当時の環境や年代を特定することができます。他にも，地層を観察することで，その地域ができた当時からどう動いて今の状態になっているかなど，わかることがたくさんあります。図１はある河口付近に運ばれてきた，れき・砂・泥《どろ》が堆積した様子を表しています。

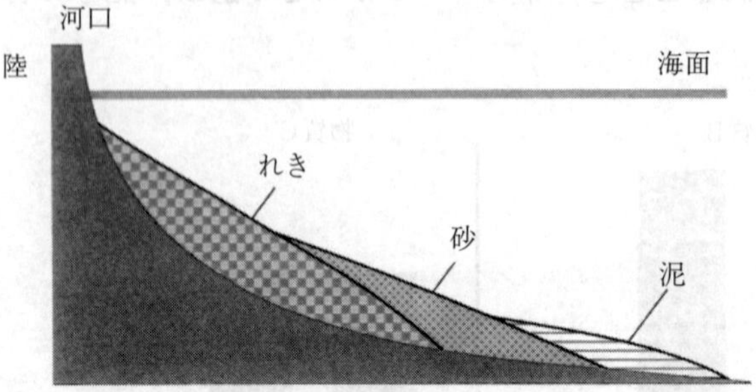

図１

問１ 堆積岩の説明文について，文章中の(Ａ)～(Ｃ)に当てはまる語句の組み合わせを，下のア～カから１つ選び，記号で答えなさい。

堆積岩は，堆積した粒《つぶ》の大きさの違いで，れき岩・砂岩・泥岩と分けることができ，堆積した生物の種類の違いから(　Ａ　)と(　Ｂ　)に分けることができる。(　Ａ　)は貝やサンゴが堆積し，炭酸カルシウムが多く含まれている。(　Ｂ　)は放散虫などのプランクトンが堆積し，二酸化ケイ素が多く含まれている。この成分の違いから，(　Ａ　)に塩酸をかけると(　Ｃ　)が発生するが，(　Ｂ　)に塩酸をかけても反応しない。

	A	B	C
ア．	チャート	石灰岩	二酸化炭素
イ．	チャート	石灰岩	酸素
ウ．	チャート	石灰岩	水素
エ．	石灰岩	チャート	二酸化炭素
オ．	石灰岩	チャート	酸素
カ．	石灰岩	チャート	水素

問2　図1のときから，何らかの原因で陸に対して海面の位置が低下したとします。その後，この上にはどのように土砂が堆積していくと考えられるか，最も適当なものを次のア～カから1つ選び，記号で答えなさい。

ア．
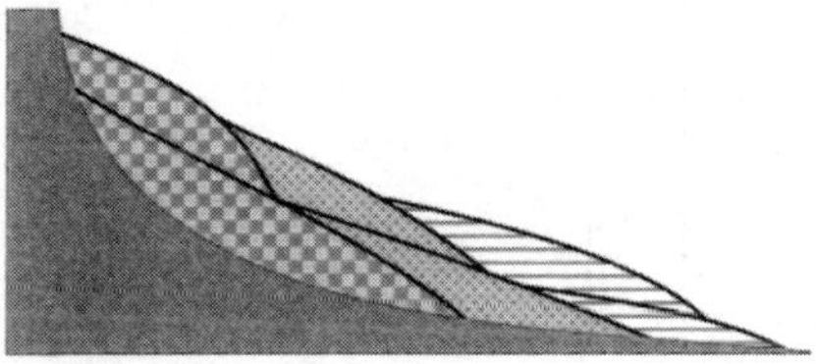

イ．
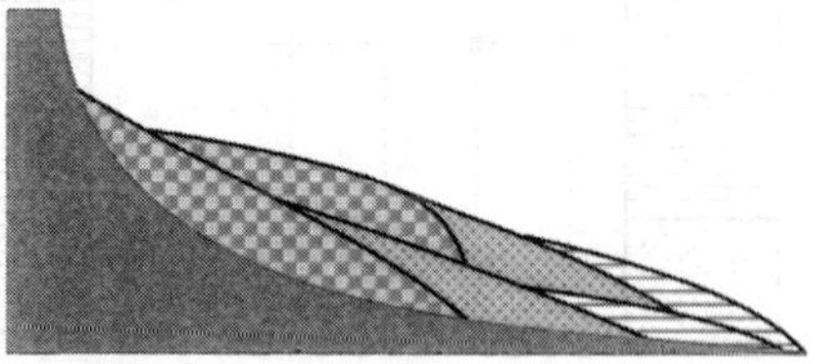

ウ．
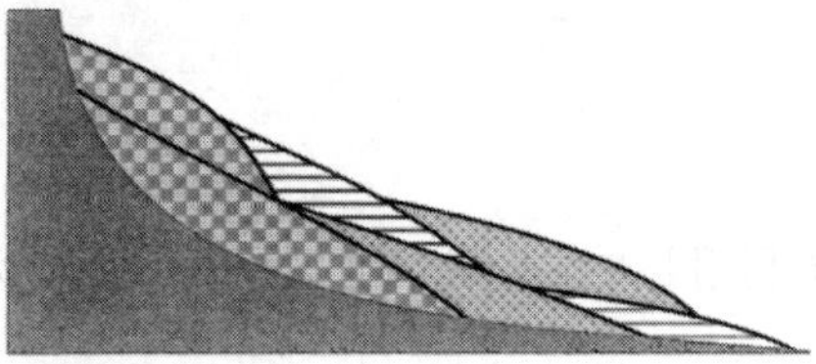

エ．
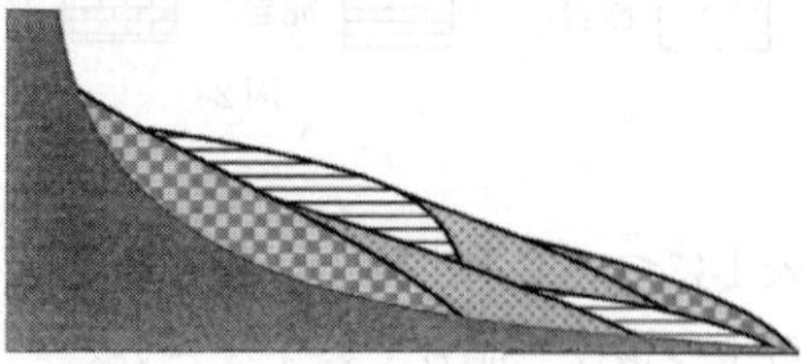

オ．
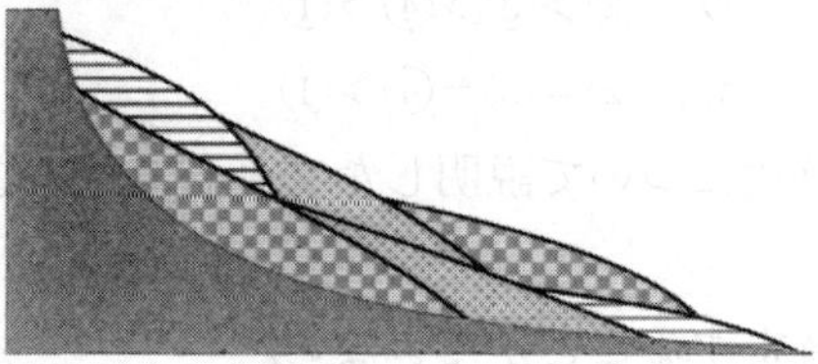

カ．
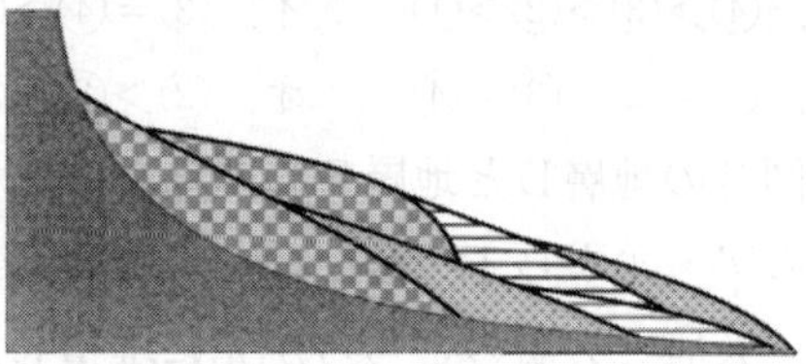

問3　問2の海面が低下した原因として考えられることを，次のア～カから**2つ選び**，記号で答えなさい。

ア．地球の平均気温が上昇《しょう》したことで，南極の氷がとけたから。

イ．地球の平均気温が低下したことで，南極の氷が増えたから。

ウ．隕《いん》石が衝突《しょうとつ》したことで，陸にクレーターができたから。

エ．地震《しん》が起こったことで，地面が隆《りゅう》起したから。

オ．月の引力により，潮が引いたから。

カ．太陽活動が活発になり，海水温が上昇したから。

〔Ⅱ〕　図2はある地域の2地点DとEに分布する地層の柱状図と，生物①～④の化石の産出状《じょう》況《きょう》を示しています。また，この2地点には，同じ凝《ぎょう》灰岩が堆積しています。凝灰岩とは堆積岩の1つで，火山が噴《ふん》火したときに舞《ま》い上がる火山灰が堆積してできます。そして，表1のように，生物①は時代Ⅰ～Ⅲ，生物②は時代Ⅱ，生物③は時代Ⅲ～Ⅳ，生物④は時代Ⅳ～Ⅴの期間に生息したことが分かっています。また，これらの化石はすべて広い地域に分布し，この地域の地層はゆがんだり，ねじれたりはしていないものとします。

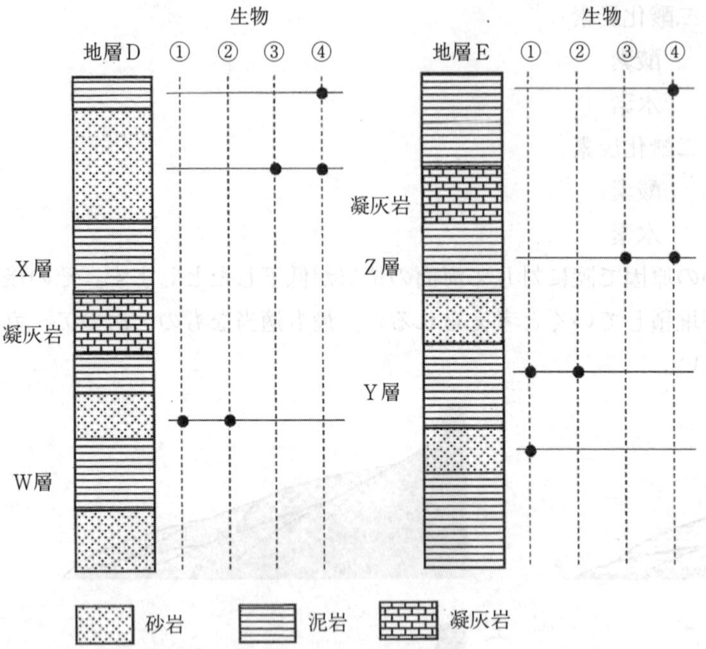

図2

表1

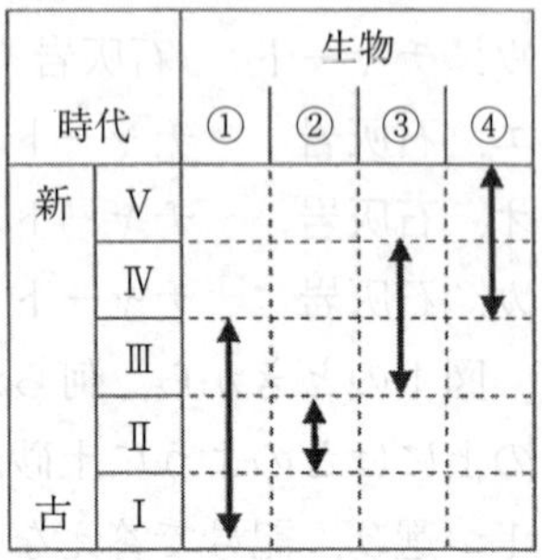

問4　表1について，生物①～④を示準化石として利用しやすい順に並べたものを，次のア～カから1つ選び，記号で答えなさい。

ア．④＞③＞②＞①　　イ．③＝④＞②＞①　　ウ．②＞③＞④＞①

エ．①＝②＞③＝④　　オ．②＞③＝④＞①　　カ．②＝③＝④＞①

問5　図2の地層Dと地層Eの関係や，堆積した時代について説明した文として適当なものを，次のア～エから1つ選び，記号で答えなさい。

ア．X層とZ層のどちらが先に堆積したかを特定することができない。

イ．W層とY層は同じ時代に堆積したと特定できる。

ウ．Y層は時代Ⅱに堆積したと特定できる。

エ．Z層はどの時代に堆積したか特定することができない。

問6　X層がどの時代に堆積したかⅠ～Ⅴから1つ選び，記号で答えなさい。また，その時代を選んだ理由を説明しなさい。

でいう「親しみ」を具体的に述べた部分を文中より二〇字以上二五字以内で抜き出しなさい。

問六　――線⑤「それは社会学や心理学でも同じです」とありますが、その説明として最もふさわしいものを次から一つ選び、記号で答えなさい。

ア　社会学や心理学においても、得た知識をつなぎ合わせることで対象の背景にある法則を見つけ出していくということ。

イ　社会学や心理学においても、属性を知ることで新たな言葉と結びつけ、背景にある法則を見つけ出していくということ。

ウ　社会学や心理学においても、多くの名前や言葉を知ることで新しい知識を増やすことが学問の特徴であるということ。

エ　社会学や心理学においても、対象の属性を知ることで興味が喚起され、背景に隠された法則に気づいていくということ。

問七　二重傍線部「わかる」とありますが、筆者の考える「わかる」について文章全体を踏まえて四〇字以上六〇字以内でまとめなさい。

のですが、その背景にある法則を見つけるためには、Ｃ特化した思考やつながっていないものをつなげる努力が必要になります。その対象に関する専門性と言ってもいいでしょう。

⑤それは社会学や心理学でも同じです。たとえば自殺は、自らの命を断つことですが、本人だけが原因で行う行為ではありません。同じ条件に見えても、この国は自殺者が多く、あの国は自殺者が少ないということが起こります。人生にはさまざまな困難が起こりますが、あまりに過酷な状況に陥ったとしても、自殺するかどうかは別の問題です。「死にたい」と思ったときに救ってくれるシステムがあるか、宗教によって自殺してはいけないと定められているかなど、その人の暮らす社会や文化、環境も大きく影響します。そこに法則性を見出《みいだ》すことで学問になっていくのです。

〔汐見稔幸『教えから学びへ　教育にとって一番大切なこと』（河出書房新社）による〕

問一　――線Ａ「紐づけて」・Ｂ「派生」・Ｃ「特化した思考」の文中での意味として最もふさわしいものを後から一つずつ選び、それぞれ記号で答えなさい。

Ａ「紐づけて」

ア　吸収して　　イ　因果を明確にして

ウ　関連付けて　　エ　制御して

Ｂ「派生」

ア　元のものから離れること

イ　元のものから枝分かれすること

ウ　元のものから新しく生みだすこと

エ　元のものから飛躍すること

Ｃ「特化した思考」

ア　より一般的な考え　　イ　より柔軟な考え

ウ　より発展的な考え　　エ　より重点化した考え

問二　――線①「一定の基準」とありますが、その基準となっているものを本文中から五字で書き抜きなさい。

問三　――線②「言語相対性（サピア＝ウォーフの仮説）」とありますが、その例としてふさわしくないものを次から一つ選び、記号で答えなさい。

ア　虹の色を何種類ととらえるかについては、使用する言語によって変わる。

イ　犬に名前をつけるという行為も、無意識にその国の文化や慣習に縛られている。

ウ　同じ鳥の鳴き声を聞いても使用する言語によって表現の仕方が異なっている。

エ　日本語では雨といっても降り方、量などによって細かく呼び方が分かれている。

問四　――線③「世界を認識していくための最も初歩的な方法であると同時に、その対象と自分の距離を近づける入り口に立つ行為だと言えるでしょう」とありますが、その説明として最もふさわしいものを次から一つ選び、記号で答えなさい。

ア　言葉や名前を知ることは世界を切り分けることであり、そのことで周囲の世界を認識できるようになるということ。

イ　言葉や名前を知ることはその国の文化と自分とをつなげていくことであり、世界を区切ることでもあるということ。

ウ　言葉や名前を知ることが、その対象に関するさらなる知識を得ていくためには肝要になってくるということ。

エ　言葉や名前を知ることで対象を認識し、その特徴を知ることでさらなる対象への興味につながるものになるということ。

問五　――線④「自分にとって親しみが持てる」とありますが、ここ前をつけ、そして認識するという最も初歩的な体験を個人でしていることになります。

幼い子どもが話し始めた頃、乗り物全てを「ブーブー」と呼ぶことがあるかと思います。違いを認識し始めると、大きなものは「バス」小さなものは「ブーブー」と分かれるかもしれません。さらにそれぞれの特徴が見分けられるようになると、「救急車」「トラック」などと種類も増えていきます。車に興味がある子どもは小さな違いを見分け、メーカーや車種まで言えるようになるかもしれません。

あなたの目の前に何本か木が生えていたとしましょう。木に全く興味のない人にとっては、どれも「木」ですが、木に興味のある人にとっては、違うものに見えます。

「これはケヤキ。これはブナ。こっちはミズナラかな」

存在している木の世界に区切りを入れ、一定に分ける基準を知ることで違いを認識できる。言葉や名前を知って見分けることは、世界の分節の特徴を知ることと同じです。言葉や名前と分節の特徴をＡ紐《ひも》づけて見分けられるようになったとき、その対象についての理解が深まっていきます。

言葉や名前を知ることは、「学び」の第一歩として、実はとても大きな意味があるのです。③世界を認識していくための最も初歩的な方法であると同時に、その対象と自分の距離を近づける入り口に立つ行為だと言えるでしょう。

言葉・名前を知ると、次に、その対象の属性に興味が湧きます。属性というのは、備わっている性質や特徴のことです。これが「わかる」の第二のレベルです。

「この木はマユミ。とてもしなやかな木で、昔はこの木でつくった弓が一番いい弓だとされていた。そのため真弓と呼ばれるようになった」

その対象が持つ属性を知ることで、いろいろな知識が紐づけられてくると、④自分にとって親しみが持てるものになっていきます。

たとえば、「鳥居」について属性を知りたいと思ったとき、その色が気になったとします。「なぜ朱色なんだろう」と調べてみると、その朱色は硫化水銀でできた鉱物で毒性もあり、魔除《まよ》けや防腐剤として使われてきたことがわかります。太陽のイメージを持つ朱色に願いを込めていたのかもしれない。属性を知ると、「鳥居」についてさらに深く興味が湧きますし、Ｂ派生して「魔除け」について興味が湧くかもしれません。

なぜそうなっているのか、それがどういういきさつでできたのかなど、物事の裏にあるそのものの属性に興味を持ち、知れば知るほど、そのものに対する思いが深まっていき、その対象の背後にある属性、隠れている属性を少しずつ明らかにしていくことになります。それが喜びとなって、関連することを「もっと知りたい」という気持ちも生まれます。

言葉・名前を知り、その属性を知ると、現象の背景にある法則にも気づけるようになっていきます。これが「わかる」の第三のレベルです。

たとえば、近年、台風や大雨による水害が増えています。台風や大雨についてその属性を知った上で現象について考えるとき、背景に、ある程度の法則を見つけることができます。天気予報はその法則を使っています。

知識を並べて、一見つながりのないものも、実はつながっているのではないかと仮定し、それまで見えなかった法則が見えるようにつなげていく。このようにして現象の背景にある法則を明らかにすることは、学問と言われている行為そのものです。

言葉・名前、その属性を知るところまでは、知識を増やせばできる

ウ　大輝の言動に不満があるものの、自分のことを思って良かれと思って行動してくれたことだと感じているから。

エ　大輝に対してどのように反応しようか考えているうちに謝られてしまったので、どう接すればいいかわからないから。

問七　――線⑤「返す言葉がない」とありますが、それはなぜですか。雪乃がそう感じた理由を八〇字以上一二〇字以内で説明しなさい。

問八　――線⑥「かろうじて首を横に振ってみせる」とありますが、このときの雪乃の心情を説明しているものとして、最もふさわしいものを次から一つ選び、記号で答えなさい。

ア　詩織の言葉に嫌味がないことはわかっているが、女子に対する昔の嫌な記憶が蘇り、ぎこちない対応になっている。

イ　今すぐにでも逃げ出したいが茂三の提案をむげにできず、自分の本心とは異なる行動にやるせなさを感じている。

ウ　詩織たちに失礼な対応をしたのに、何事もないように接してくれるため、申し訳なさでいっぱいになっている。

エ　まだ今日の出来事に対する気持ちの整理がついてはいないが、なんとか詩織たちに今の自分の思いを示そうとしている。

四　次の文章を読み、後の問に答えなさい。

「わかる」は、言葉・名前を知るところから始まります。これが第一のレベルです。

言葉や名前は、人間が編み出した認識のためのツールです。この世の中にあるものは、名前がないままでは、その対象を切り分けて認識することができません。名前がない世界は無限の情報でしかないのです。五感で世界を感じていても、その感じが何かさえわからず、ただぼんやりと何かを感じるだけです。

存在している世界に区切りを入れ、分節し、それぞれに命名してはじめて、私たちはその対象を認識できるようになります。そして、「これから、いつもこの名前で呼ぼう」と誰かと共有することで言葉が生まれていきます。

私たち人間は、長い歴史の中で「動いているあれを○○と言おう」「この動物を△△としよう」「これはウサギかな。いや、ウサギに似ているけどここが少し違うからネズミと呼ぼう」などと、①一定の基準で世界をどんどん分け、それぞれに名前をつけて共有してきました。

特定の対象の世界に区切りを入れて、「ここは××」と名付けて分けていく。

「こういうのを重いと言う。こういうのは軽いと言う」

「このような動きは、歩く。このような動きは、走る」

「この感覚は、かゆい。この感覚は、痛い。この感覚は、くすぐったい」

区切りを入れ、分節するとはどのようなことでしょうか。

たとえば、色の名前を見ると、その区切りのつけ方がよくわかります。世の中に存在している色はグラデーションになっていて明確な区切りはありませんが、「ここからここまでは黄色、ここからここまでは黄緑、ここからは緑色」と、視覚的な特徴によって、人間の都合で区切りを入れて名付けているのです。

日本には、浅《あさ》葱《ぎ》色や藍色など、外国にはない色の名前がたくさんあります。このことから、色に対する感性の違いや、色の区切りを自然と関連させていることがわかります。同様に、イヌイットは、雪を表す言葉を複数持つと言われますが、言語が違えば、同じ雪を見ても、世界の認識のしかたが異なってくる可能性があるのです。これを②言語相対性（サピア＝ウォーフの仮説）と言います。人の思考は、母語の言語に影響を受けるのです。

また、個人が新しい言葉を覚えていくときも、世界を切り分けて名

B「こともなげに」

ア　いい加減なさま　　イ　平然としたさま

ウ　気配りがないさま　　エ　疑いがないさま

問二　本文中の□に入るふさわしい言葉をひらがな四字で答えなさい。

問三　――線①「ああもう、と雪乃は下唇を嚙みしめた」とありますが、このときの雪乃の心情を説明しているものとして、最もふさわしいものを次から一つ選び、記号で答えなさい。

ア　男子だけなら受けいれる準備が整っていたのに、大輝が予定外に女子を連れてきたことをどうしても許せないでいる。

イ　大輝が急に友達を連れてきたことにとまどいを感じ、またその場の雰囲気に疎外感を感じて我慢できなくなっている。

ウ　大輝と幼なじみたちが楽しそうに話している様子を見て、居間にまっすぐに向かった自分の行動を後悔している。

エ　女子に話しかけられて昔の嫌な記憶を思い出すと同時に、自分勝手にふるまう大輝に対してあきれかえっている。

問四　――線②「自分の話しているいわゆる標準語が、体温を持たない言葉のように思える」とありますが、このときの雪乃の心情を説明しているものとして、最もふさわしいものを次から一つ選び、記号で答えなさい。

ア　自分の話している言葉に田舎特有のあたたかみが感じられず、都会育ちの自分は田舎育ちの子とわかり合えないのではないかと思っている。

イ　自分の話している言葉が全く人間味のない標準語であるため、世代で変化する生きた言葉を使っている田舎の人たちをうらやましく感じている。

ウ　自分の話している言葉が平板で個性が感じられず、この地で生活していると時には周囲から孤立しているような気持ちになることがある。

エ　自分の話している言葉が母の英理子と同じだと言われたことは嬉しいが、同時に個性がないものと感じられてこの土地で生活していく自信を失っている。

問五　――線③「大輝が、首を大きく上下させてうなずく」とありますが、このときの大輝を説明しているものとして、最もふさわしいものを次から一つ選び、記号で答えなさい。

ア　雪乃と接しているうちに雪乃が普通の子であると感じて、学校に登校しない理由はよくわからないものの、学校に来てほしいということを素直に伝えている。

イ　頑《かたく》なに学校に行くことを渋っている雪乃の気持ちが全く理解できないが、何とか学校に連れて行くには少し強引な提案が必要だと感じ、勢いで乗り切ろうとしている。

ウ　学校に行かない意志を明確に示す雪乃の胸中を察する一方で、何とかして学校に来て欲しいと思っている自分の気持ちを伝えることができて満足している。

エ　雪乃が学校に登校できるように自分なりに考えて準備をしてきたため、いつまでも煮え切らない雪乃がこれで学校に来られるようになると確信している。

問六　――線④「雪乃は黙っていた」とありますが、それはなぜですか。その理由を説明しているものとして、ふさわしくないものを次から選び、記号で答えなさい。

ア　大輝が自分の味方でいてくれると信頼していたのに、結局何もわかってくれていなかったことに不信感を抱いたから。

イ　大輝の身勝手さに苛立《いらだ》ちを感じるが、一方でずっと自分に配慮してくれていたこともよくわかっているから。

「涙が出るほど嬉しくって、ほんっとうにありがたかったからだわ。ああして大輝が、仲良くなったおめえを心配してわざわざ友だちまで引っぱって来てくれたってことが――それも、誰かに言われたとかじゃねえに。自分の頭で考えてそうしてくれたってことが、この爺やんは、ほー、そりゃあもう嬉しくってない。それだもの、家に上げたのはよけいなことでも何でもねえ。あの子たちへの、せめてもの気持ちだわ」

⑤返す言葉がない。

膝をきつく抱えて黙りこくっていると、納屋の大きな梁《はり》のどこかで、みしりと木の軋《きし》む音がした。西側の出入口の向こうのほうから、キョッケーイ、とキジの鳴く甲高い声が聞こえる。オスがメスを呼んでいるのだろうか。

と、母屋《おもや》の土間のあたりが少し騒がしくなった。子どもたちの話し声に、航介の声と、そしてヨシ江の笑い声が入り混じる。父親はあれからずっと彼らの相手をしていたらしい。

たたっ、と運動靴の足音がして、入口から大輝の顔が覗いた。

「じゃあな、雪っぺ。宿題あるし、帰るわ」

すごい。いつもと態度が変わらない。何て返せばいいのだろう。〈ごめん〉や〈ありがとう〉はもちろんのこと、おんなじ〈じゃあね〉すらうまく出てこない。

「雪乃」

びっくりして、茂三をふり返る。いま、雪坊じゃなく、雪乃、と呼ばれた。

「そのへんまで、みんなを送ってけ」

「え」

「わざわざ訪ねてきてくれた相手に礼を尽くすのは、人としてあたりまえのことじゃあねえだかい」

そう言われてしまうと、ますます反論できない。

雪乃は、抱えていた膝をほどき、のろのろと立ちあがった。お尻に付いた藁屑を払い、大輝のほうを見ると、彼のほうは話の成り行きが見えないせいで、きょとんとこっちを見ている。

思いきって近づいて行き、そばをすり抜けるようにして納屋から出る。冷えた身体を蒸し暑い空気が包み、キチがじゃらじゃらと鎖を鳴らすと同時に、玄関の土間から子どもらが出てきた。

ばう、ばう、とキチが吠《ほ》える中、賢人も豊も何やら微妙な顔で雪乃のほうを見る。わずかに遅れて、詩織も出てきた。

「あ、島谷さん。おじゃましましたー」

おじゃま、というのが嫌味なんかでないことは、雪乃にもわかる。⑥かろうじて首を横に振ってみせると、詩織はほっこりと笑った。

「そこまで一緒に行くってさ」

と、大輝が言う。

それこそ勝手なのに、ほっとした。

［村山由佳『雪のなまえ』（徳間書店）による］

注1 「キチ」…飼っている犬の名前。
注2 「しょう」…ここでは人という意味。
注3 「広志」…大輝の父親の名前。

問一 ――線A「厚かましい」・B「こともなげに」について、本文における意味として最も適当なものを後から選び、記号で答えなさい。

A「厚かましい」

ア 曖昧でつかみどころがないこと
イ 堂々として緊張がないこと
ウ 落ち着いて物事に動じないこと
エ ずうずうしく遠慮がないこと

「ごめん」

今日初めて、大輝が謝った。

「俺……なんかやっぱちょっと、間違えちゃったのかな」

④雪乃は黙っていた。気まずさに顔を上げられない。

すぐ目の前で、泥で汚れた運動靴が向きを変える。納屋を出ていく後ろ姿を、膝を抱えたまま、目の端で見送る。

あんなふうに言われてしまうと、悪いのはこちらであるかのような――あの子たちに申し訳ないことをしたような気がしてくる。いったいなんだって、こんな気持ちにさせられなくてはいけないんだろう。腹立たしさと寂しさ、戸惑いや後悔や、何もかもが入り混じって、どうすればいいかわからない。

大輝が入ってきてまた出ていった納屋の入口が、すっきりと明るい。西陽の射す反対側の開口部ほど眩《まぶ》しくはないけれど、中が暗いぶんだけ穏やかに光って見える。

その四角な光がふと半分くらい遮られ、誰か人が立ったのがわかった。長靴を引きずるようにして近づいてくる。

「せっかく心配して来てくれた友だちを、追い返しちまっただかい」

茂三が低い声で言った。

「大ちゃんがそう言ったの？」

「だれぇ、あいつがそんな泣きごと言うもんかい。ちょっと見りゃわかる」

「どうして」

「玄関入ってく肩が、がくーんとしょげて下がってたに」

雪乃の脳裏に、その姿がありありと浮かぶ。勝手なことをするからいけないのだ。こちらは悪くない。

お尻がだんだん冷えてくる。藁の上に座っていても、その下の地面が冷たいからだ。

「今朝、あいつが畑へ来たのはこういうことだっただな」

よっこらせ、とシゲ爺《じい》がすぐそばの青いトラクターの前輪に腰を下ろす。

「ランドセルしょって息切らして走ってくっから、いったい何があったかと思ったらほー、わざわざお前の都合を訊きに来たってわけかい。律儀なやつだに」

「知らないよ。都合なんか訊かれてない」

雪乃は口を尖らせた。

「だけんが雪坊、学校の帰りに寄りたいなら好きにすればいいって、おめえが言ったんだに」

「それは、大ちゃん一人だって思ってたからで……友だち連れてくるなんてひと言も言わなかったじゃん。なのに、ヨシばぁばとブドウ畑から帰ってみたらもう勝手に上がり込んでてさ。家に上げたのだってあたしじゃないもん」

「そうだな。家に上げたのは、俺だ」

驚いて見やる。ごつごつとしたタイヤに腰かけた茂三が、真顔で雪乃をじっと見おろす。

「勝手に上がり込んだんじゃねえだよ。大輝のやつは、みんなして外の縁側で待ってるっつっただわ。それを、いいからまあ上がっておやつでも食っててくんなって勧めたのはこの俺だに」

「なんでそんなよけいなこと」

「よけいな、こと？」白っぽい眉が、ぎゅっと真ん中に寄る。

「なんでって、雪乃。そんなこともわかんねえだか」

「……だって」

茂三が、ふーっと、深くて長いため息をつく。

「嬉《うれ》しかったからだわ」

雪乃は、どきっとした。

「うそ、どこが？　おんなじだよ」

「違うんだって。どこがどうって言えないけど、こっちの駅前の〈やまむら〉とかには絶対置いてない感じじゃん。なんか雪っぺ、時々モデルみたいに見えるし」

「はあ？」

「服のせいだとは思うんだけど」

「……あ、うん」

「冬の間ずっと着てたダウンの上着なんかもそうだよ。最初に見た時は、何だよ金持ちなんじゃん、って思ったりした」

「わかんない。なんで？」

「ダウンの腕についてるマークが、東京からスキーしに来る大人の人が着てるのとおんなじとこのやつだったから。なのに、喋ってみたら中身は全然ふつうなんだもん」

律儀に話を元へ戻すと、大輝は、ひとつ洟《はな》を啜《すす》った。

「今日連れてきたあいつらも、初めのうちだけはそういう感じかもしんない。たぶん、クラスのみんなもさ。けどほんと、すぐだから。俺の最初ん時とおんなじで、ほんとにすぐ、雪っぺが全然ふつうだってわかるから。だからさ、それまでの間だけは、大目に見てやってよ」

雪乃は、ぽかんとした。また不思議な言葉が飛び出したものだ。

「……大目に、見る？」

「そう」

大輝がふと、複雑な面持ちで笑う。

「今はもうそんなでもないけど、前はさ。俺がガッコで何かやらかすたんびに、じいちゃんや父ちゃんがそう言って先生に謝ってたんだ。『男手ばっかで育ててるもんで行き届かないところはあるでしょうが、どうか大目に見てやって下さい』って」

雪乃は、大輝の母親のことを思った。彼が〈ガッコで何かやらかす〉子どもだったのは、実際、寂しさのせいもあったのかもしれない。

「雪っぺもさ。クラスのみんなが雪っぺのことをわかるまで、ちょっとだけ大目に見てやってよ。それまでは、俺らがちゃんとついてる。だからさ……」

大輝は、ひときわ思いきったように言った。

「だから、明日から一緒にガッコ行こうよ」

雪乃は、ぎょっとなって目を上げた。

「明日から？」

思わず声が裏返る。

③大輝が、首を大きく上下させてうなずく。自分がどんな無茶なことを言ったかなんて、全然わかっていない感じだ。

雪乃は茫然《ぼうぜん》と目を落とした。ひんやりとした納屋の地べたには、さっきの藁屑《わらくず》。大輝が運動靴の先でいじりたおしたせいで、泥だらけのよれよれだ。

「そんな……無理だよ、明日からなんて」

「なんでさ。ランドセルしょったらすぐ行けるじゃん」

「そういうことじゃなくて。だって、いくらなんでも急っていうか」

「急じゃないよ。時間はめちゃくちゃあったじゃんか。去年の秋ぐらいから行ってないんだろ？　ガッコ休んだの、夏休みでいったら何回ぶんだよ」

大人なら□に触るみたいにして言わずにおくことを、大輝は遠慮の欠片《かけら》もなくずばずばとぶつけてくる。

――いや、そうじゃない。雪乃は思い直した。大輝は、ずっと遠慮していた。何か訊きたそうにすることはあっても、めったに口に出さなかった。なのに、それこそ急に、こちらの知らない友だちを連れてきて、明日から学校へ来いなんて言う。むちゃくちゃだ。

心の中が見えたのだろうか。

んないけど……ほんとは俺も、六年生になったら雪っぺは学校に来るもんだと思ってた」

運動靴の先が、地面に落ちている藁の切れ端をつつく。

「これまでは休みの日しか遊べなかったけど、四月からは学校行ったら会えるんだなあって。今日連れてきた賢人と豊と詩織にも、ずっと前からそういうふうに話してあったし」

「……話してあったって、何を」

「だから、雪っぺのことをだよ。せっかくガッコ来るようになっても、いきなりクラスのみんなからあーだこーだ訊《き》かれんの、うざいじゃん。けど、俺ら四人が休み時間とかに雪っぺの周り固めてたら、そういうのもだいぶマシじゃん。や、クラスのみんなだってさ、初めはめずらしがっていろいろ訊きたがるかもしんないけど、雪っぺのこと知ったらすぐおさまるよ」

「あたしの、こと?」

「うん」

「あたしの、何を?」

「雪っぺが全然ふつうだってこと」

ゼンゼンフツウ、などという言い方、母親の英理子が耳にしたらすぐに直されそうだが、今はどうでもいい。

「あたしが……ふつう?」

「ふつうじゃん」

「なんで? それこそ、ずっと学校へも行ってないのに」

「そうだけどさ、雪っぺの中身はふつうじゃん」

Bこともなげに言う。

「俺だって最初はさ、東京から来たなんていうからこう、しゃらっつねえ感じで、あたしは特別なのよ、みたいなふうなんだろうなって思ってたんだよ。けど、喋《しゃべ》ってみたらほんっと全然ふつうなんだもん」

「それって……いつ?」

「いつもだよ」

「じゃなくて、最初に思ったのは?」

「うーん」大輝が、納屋の天井を見上げて唸《うな》った。「たぶん、初詣ン時じゃないかな。鐘撞《つ》いた時」

あたりは夏の温気《うんき》でむんむんしているのに、つかの間、キーンと澄み渡った厳冬の夜の記憶が蘇《よみがえ》ってくる。

「鐘撞き堂ンとこに並んでる間、英理子おばさんが、何だっけかな、忘れたけど、ガッコの先生みたいな感じで話しててさ。あー、こういう人がお母さんなんだったら、東京の注2しょうがみんな頭いいのも当たり前だよなーとか思って……」

それはちょっと違う、うちのお母さんは中でも特別だから、と思ったが、それも今は関係ない。

「英理子おばさんがまた、テレビの人が喋ってるのとマジでおんなじ喋り方するからびっくりしてさ。俺、生まれて初めて自分が訛《なま》ってんのかなって……。なあ、俺って訛ってる?」

「え。べつに、そんなことないよ」

雪乃はびっくりして言った。大輝が気にするとは意外だった。

訛りに関しては、上の世代へ行くほど強い。茂三やヨシ江はいまだにとことんお国言葉だが、注3広志くらいになると端々にちょこちょこ表れる程度になるし、当の大輝に至っては、単語や語尾のイントネーションがいくらか違う程度だ。

でも、それがいいのだと雪乃は思う。ここに暮らしていると、②自分の話しているいわゆる標準語が、体温を持たない言葉のように思えることがある。

「あとさ、ふだんから着てるもんとかも全然ちがくてさ」

大輝がぼそぼそと続ける。

「あ、雪っぺ！」

大輝の慌てた声がする。かまわず、廊下を戻って土間で運動靴に履き替え、外へ出た。

さっき畑から連れて帰ってつないだばかりの注1キチが、また散歩に行けるのかと小屋から顔を覗かせる。庭先の井戸端では茂三がまだ農具か何かを洗っていて、

「あれ、どしたぁ」

びっくりしたように声をかけてくる。

雪乃は、返事もせずに茂三に背を向けた。

家の横手へまわるかっこうで納屋《なや》のほうへ行く。前庭を横切ったりして、こちらの姿が居間にいる皆から丸見えになるのが嫌だ。頼むからほうっておいてほしい。

いったん薄暗い納屋の中に入ると、向こう側から再び明るい外へ出るのが嫌になった。ちょうど真ん中あたりの暗がり、トラクターの陰に藁束《わらたば》が積んである。雪乃はその藁の山にもたれるようにして腰を下ろし、ぎゅっと小さく丸まって膝を抱え込んだ。

湿った空気がひんやりと肌に冷たい。自分の膝におでこを押しつけて、土と藁の匂いを吸い込む。

つぶった目の奥に、詩織のおっとりとした笑顔が浮かぶ。

あれは、きっと、いい子だ。そういうのは勘でわかる。人の嫌がることを言ってきたり、日によって気分が大きく変わったり、もちろん、わけもなく誰かを苛《いじ》めたりなんてことは絶対しそうにない子だ。ああいう子と友だちになったら楽しいだろう。仲良くなったら、お互いに内緒の話だってできるようになるのかもしれない。

でも、今日みたいなかたちで知り合いたくなかった。大輝がわざわざ選んで連れてきた子が、よりによってあんなに可愛《かわい》くて気立ての良さそうな、見た目も性格も自分とは正反対の子だなんて……。

痛い。心臓が、ぎゅううっと縮んで引き攣《つ》れる。

ヨシ江の言っていたように、大輝がこちらのことを心配してくれているのはわかる。なんとかして学校へ引っ張り出そうと考えてのことで、きっとありがたいと思わなくちゃいけないんだろう。

だけど、嫌だ、って言ったのに。よけいなことをしないでほしいと、あれほど言ってあったのに――大輝はその信頼を裏切った。

ざり、と立ち止まる足音に、雪乃は、はっとなって顔を上げた。

きつく目をつぶっていたせいで視界はぼやけているが、誰が来たのかは見る前からわかっていた。

納屋の入口、まぶしい四角形の中に、大輝が立っている。ためらうようなそぶりを見せたのはほんのいっときで、彼はすたすたとまっすぐ近づいてくると、雪乃の正面で立ち止まった。

ごめん、とか何とか言われるのだと思った。ほんとうは、そう、ほんとうは何も悪いことなどしていない大輝のほうから謝られたりしたら、こちらの身の置きどころがなくなってしまう。

何か先に言わなければと、雪乃が口をひらきかけた時だ。

「俺はさあ」

両のつま先に力の入った感じで、大輝が言った。

「はっきり言って、ガッコ終わった夕方とか、休みの日とかしか会えないのが、やだくてさ」

「……誰と」

「誰とって、いま誰と話してんだよ」

怒ったように口を尖《とが》らせている。少しかすれた声が、思うよりも高いところから降ってくる。

いつのまにかずいぶん背が伸びたみたいだ。見おろしてくる大輝と視線がぶつかり、雪乃は慌てて目をそらした。

「こういうのって、みんなからおんなじこと言われて耳にタコかもし

笑った。
「こんにちは。おじゃましてますー」
一瞬で毒気を抜かれてしまうような、おっとりとした物言いだった。
「ほら、お前たちも何か言えよ」
大輝に言われて、残る二人の男子が顔を見合わせる。
「何かって?」
「人んち来たら、まず挨拶だろ挨拶」
「あそっか。えっと、どうもー」
「こんちはぁ」
上目遣いのまま、あごを突き出すような仕草をしてよこす。雪乃もまた、どうも、と同じように返すほかなかった。出鼻をくじかれて、怒るタイミングを逸してしまっていた。
何なのだろう、この子たちのつかみどころのなさは。初めて上がり込んだ家だというのに、妙にリラックスして見える。雪乃自身だって、そう、五年生の夏休みより前は友だちと一緒に誰かの家に集まったものだけれど、こんなにダラッとした感じでくつろぐ子たちは見たことがない。これまでは大輝が特別A厚かましいのかと思っていたが、もしかして、こちらではそれがふつうなんだろうか。
「そっちのデカいのが、ユタカ」
大輝が遠慮なく指さす。お相撲さんみたいな体型の、優しい顔立ちの男の子だ。その隣にいるひょろっとしていていかにも勉強ができそうな子は、
「こっちはケント」
名前はそれぞれ、西田《にしだ》豊と、湯浅《ゆあさ》賢人。さっき土間で見た靴の中に黒マジックで書いてあった。
「そんでそっちが……」
「ナカムラ、シオリっていいます」
ただ一人の女子がまたおっとりと言った。
「いい名前だなあ」
と、航介が褒める。
「ありがとうございます」
「どういう字を書くの」
「ポエムの詩に、鶴が機を織る時の、糸へんの織るです」
「詩織んとこはさあ、婆ちゃんがほんとに機を織るんだよな。足で踏んでギッコンバッタンいうやつ。俺、ちっちゃい頃はあの音がおっかなかったっけ」
「あ、俺も俺も。覗《のぞ》いたりしたら、こう、ふり返って『見～た～な～?』とか言われそうでさ」
「わかる!」
「ひどいよー、あんたたち。わたしもそうだったけど」
大輝を含めた四人が、おばけみたいな仕草をしながらげらげら笑っている。小さな居間が、なおさら狭苦しく感じられる。
雪乃は、突っ立ったまま黙っていた。部屋は賑《にぎ》やかなのに、頭の後ろのあたりだけがシンと静かだ。
そうか。この子たちはみんな、幼なじみ同士なのだ。小学校に上がるよりもっと前から、きょうだいみたいに近しく育ってきた。互いの親は顔見知りで、それどころか親同士も幼なじみかもしれない。
いいやつばっかりだから、という大輝の言葉をまた思い出す。要するに学校の中でも特に仲のいい、気心の知れた友だちだけを選んで引っぱってきたのだろう。その中に女子がいるのだって、べつにどうってことはない、ふつうの話だ。なのに、それがどうしてこうも引っかかるんだろう。
①ああもう、と雪乃は下唇を噛《か》みしめた。鼻から大きく息を吸い込み、ゆっくりと吐き出す。そうして、くるりと踵《きびす》を返した。

二〇二二年度 広尾学園中学校

【国語】〈第二回入試〉（五〇分）〈満点：一〇〇点〉

《注意事項》問題で文字数が指定されている場合はカッコや句読点を文字数に含みます。

一 次の各問に答えなさい。

問一 ――線の漢字の読みをひらがなで答えなさい。

① 一度流布した情報は完全に消すことはできない。
② 衆目を集めるところとなる。
③ 丁重な応対に恐縮する。
④ 近年の作品では出色のできだ。

問二 ――線のカタカナを漢字に改めなさい。

① 受け入れの方向でタイセイが決した。
② キショウを観測する衛星。
③ シジョウのピアニストの演奏を聴く。
④ シカクには危険が潜んでいる。
⑤ 喜びのあまり顔がジョウキした。
⑥ 休日はモッパら料理をして過ごす。

二 次の□にひらがなを一字ずつ入れてことわざを完成させ、そのことわざと反対の意味のことわざを後の語群より選んで記号で答えなさい。

① 坊主憎けりゃ□□まで憎い
② 泥棒を見て□□をなう
③ 虎穴に入らずんば□□を得ず
④ □□は野となれ山となれ
⑤ まかぬ□□は生えぬ

《語群》
ア 転ばぬ先の杖《つえ》
イ 君子危うきに近寄らず
ウ 棚からぼた餅
エ 立つ鳥跡を濁さず
オ あばたもえくぼ

三 次の文章を読み、後の問に答えなさい。

都会で生活をしていた雪乃《ゆきの》は友人関係がうまくいかずに学校に通わなくなった。そのこともあり、父親である航介《こうすけ》と共に父親の故郷に移り住んで、曽祖父の茂三《しげぞう》と曽祖母のヨシ江と生活をはじめた。しかし移り住んだあとも雪乃は学校に通うことができていなかった。次の場面は、近所に住む同い年の少年の大輝《だいき》が学校の友達を連れて雪乃の家に上がりこんでいたところである。

雪乃は、目を上げた。足を乱暴に振って長靴を脱ぎ捨て、廊下をずんずん歩いて居間の入口に立つ。

いつもの食卓の周りに、見知らぬ男子が二人と、女子が一人座っている。丸顔にショートヘアの小柄な女の子だ。

反射的に身構えてしまった。男子より女子のほうが、嫌な記憶に直結している。

雪乃の不機嫌さを感じ取ったのだろう、大輝がちょっと狼狽《うろた》えたように何か言おうとしたが、それより先に、少女が顔を上げてニコッと

2022年度

広尾学園中学校

▶解説と解答

算　数　＜第２回入試＞（50分）＜満点：100点＞

解　答

1 (1) ①　2　②　21　(2)　1　(3)　150m　(4)　31.4cm²　(5)　35cm³　**2** (1)　252通り　(2)　105通り　(3)　69通り　**3** (1)　6：5　(2)　3：1　(3)　45cm²　**4** (1)　$6\frac{2}{3}$L，$1\frac{1}{3}$L，３L，１L　(2)　216L　(3)　４通り　**5** (1)　５個　(2)　（例）　解説の図⑨〜⑪を参照のこと。

解　説

1　四則計算，数列，周期算，面積，水の深さと体積，相似

(1)　①　$3\frac{2}{3}\div\left(2\frac{1}{3}-\frac{6}{7}\right)-1\frac{1}{2}\div\left(4\frac{1}{2}-1\frac{2}{5}\right)=\frac{11}{3}\div\left(\frac{7}{3}-\frac{6}{7}\right)-\frac{3}{2}\div\left(\frac{9}{2}-\frac{7}{5}\right)=\frac{11}{3}\div\left(\frac{49}{21}-\frac{18}{21}\right)-\frac{3}{2}\div\left(\frac{45}{10}-\frac{14}{10}\right)=\frac{11}{3}\div\frac{31}{21}-\frac{3}{2}\div\frac{31}{10}=\frac{11}{3}\times\frac{21}{31}-\frac{3}{2}\times\frac{10}{31}=\frac{77}{31}-\frac{15}{31}=\frac{62}{31}=2$　②　あたえられた式の最初の部分に１と３を足すと，１＋３＋５＋７＋９＋11＋…の値が，117＋１＋３＝121になる。ここで，１から連続する奇数《きすう》の和は，(個数)×(個数)で求めることができるから，121＝11×11より，このようになるのは１からかぞえて11番目の奇数までを足したときとわかる。よって，最後に足した奇数は，２×11－１＝21である。

(2)　$\frac{3}{7}$＝３÷７＝0.42857142…なので，小数点以下には{4，2，8，5，7，1}の６個の数字がくり返される。よって，2022÷６＝337より，小数第2022位の数字は，小数第６位の数字と同じであり，１とわかる。

(3)　下の図１で，列車の最後尾《さいこうび》が走った距離《きょり》の差に注目すると，この列車は，28－20＝８(秒)で，970－650＝320(m)走ることがわかる。よって，この列車の速さは毎秒，320÷８＝40(m)だから，この列車が20秒で走る距離は，40×20＝800(m)と求められる。したがって，この列車の長さは，800－650＝150(m)である。

図１
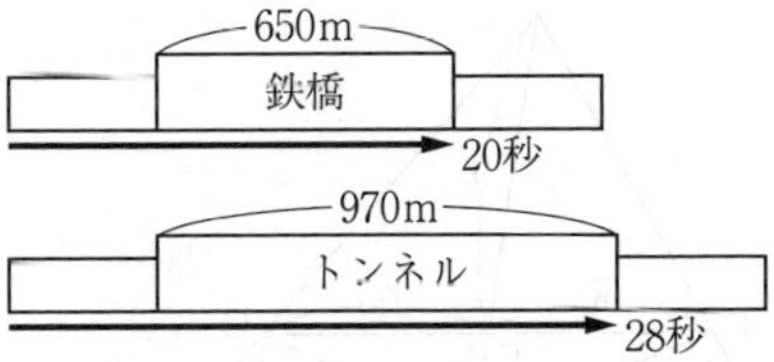

図２
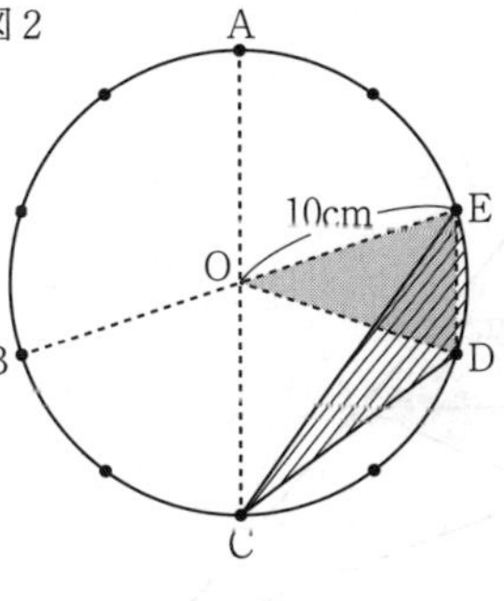

図３
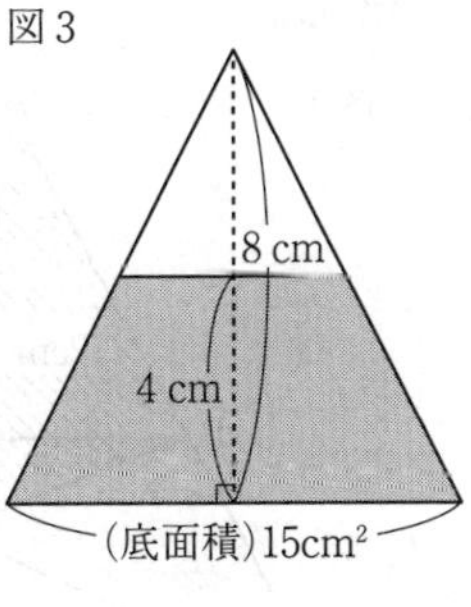

(4)　上の図２のように，ＡとＣ，ＢとＥを結んだ直線が交わる点をＯとすると，Ｏは円の中心になる。ここで，ACとEDは平行なので，三角形CDEと三角形ODEは高さが等しく，面積も等しい。

よって，斜線《しゃせん》部分の面積はおうぎ形ODEの面積と等しくなることがわかる。つまり，斜線部分の面積は半径が10cmの円の面積の$\frac{1}{10}$だから，$10\times10\times3.14\times\frac{1}{10}=31.4(\mathrm{cm}^2)$と求められる。

(5)　正面から見ると上の図３のようになる。図３で，水が入っていない部分と容器全体は相似であり，相似比は，$(8-4):8=1:2$なので，体積(容積)の比は，$(1\times1\times1):(2\times2\times2)=1:8$となる。よって，水の体積は容器全体の容積の，$(8-1)\div8=\frac{7}{8}$(倍)とわかる。また，容器全体の容積は，$15\times8\div3=40(\mathrm{cm}^3)$だから，水の体積は，$40\times\frac{7}{8}=35(\mathrm{cm}^3)$とわかる。

2　場合の数

(1)　交差点ごとに最短経路の数を足していくと，下の図①のようになる。よって，全部で252通りとわかる。

図①

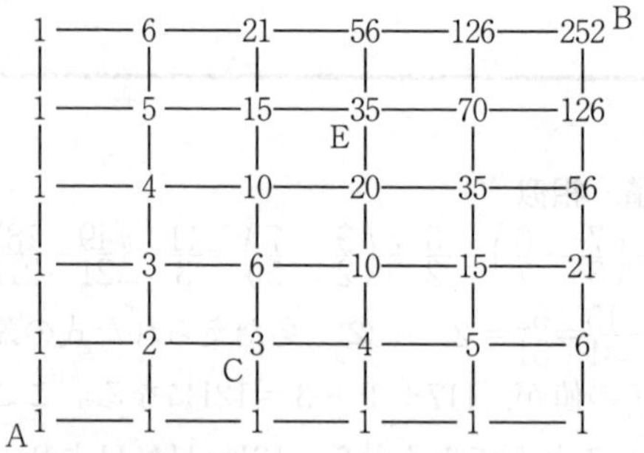

図②

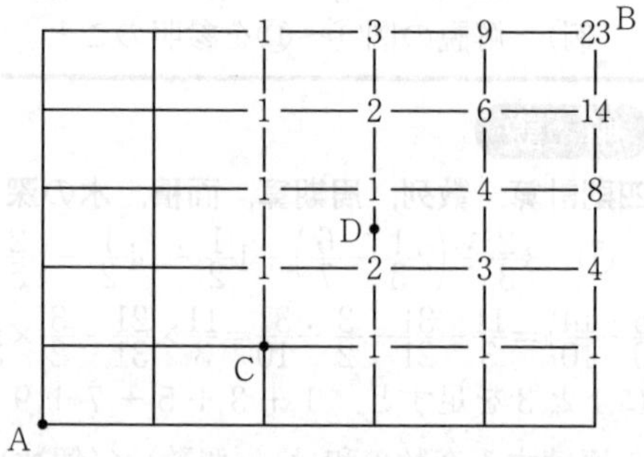

(2)　図①から，Ａ地点からＣ地点までの最短経路は３通りとわかる。また，Ｃ地点からＢ地点までの最短経路の数は，Ａ地点からＥ地点までの最短経路の数と同じだから，35通りとわかる。よって，Ａ地点からＣ地点を通ってＢ地点まで行く最短経路は，$3\times35=105$(通り)と求められる。

(3)　Ａ地点からＣ地点までの最短経路は３通りである。また，上の図②から，Ｃ地点からＤ地点を通らずにＢ地点まで行く最短経路は23通りとわかる。よって，Ａ地点からＣ地点を通り，Ｄ地点を通らずにＢ地点まで行く最短経路は，$3\times23=69$(通り)と求められる。

3　平面図形─辺の比と面積の比，相似，面積

(1)　下の図１で，三角形ABPの底辺をAP，三角形ACPの底辺をAPと考えると，この２つの三角形の底辺は共通だから，高さの比は面積の比と等しくなる。よって，BE：EC＝12：10＝６：５とわかる。

図１

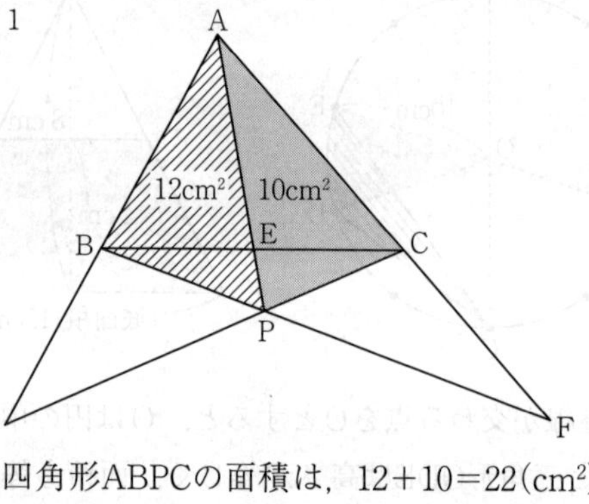

図２

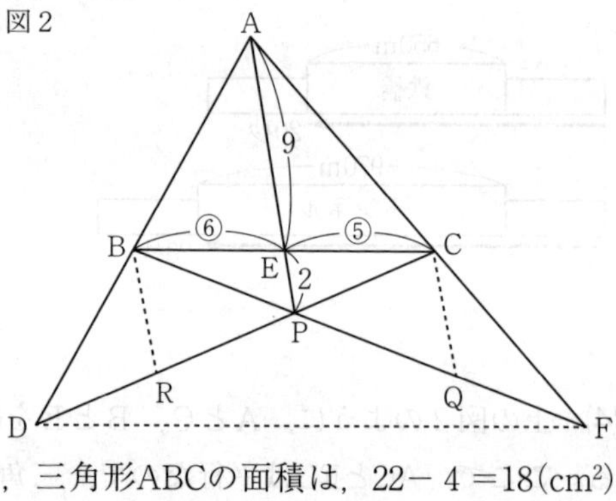

(2)　四角形ABPCの面積は，$12+10=22(\mathrm{cm}^2)$なので，三角形ABCの面積は，$22-4=18(\mathrm{cm}^2)$で

ある。よって，三角形ABCと三角形BCPの面積の比は，18：4＝9：2だから，BCを底辺として考えると，(1)と同様に，AE：EP＝9：2とわかる。次に，上の図2のように，Cを通りAPに平行な直線CQを引くと，三角形BQCと三角形BPEは相似になる。このとき，相似比は，BC：BE＝(6＋5)：6＝11：6なので，EPの長さを2とすると，CQ＝$2\times\frac{11}{6}=\frac{11}{3}$と求められる。さらに，三角形FAPと三角形FCQも相似であり，相似比は，AP：CQ＝(9＋2)：$\frac{11}{3}$＝3：1だから，AF：CF＝3：1とわかる。

(3) 三角形ABCの面積は18cm^{2}であり，AC：AF＝(3－1)：3＝2：3なので，三角形ABFの面積は，$18\times\frac{3}{2}=27$(cm^2)とわかる。また，Bを通りAPに平行な直線BRを引き，(2)と同様に考えると，EP：BR＝5：(5＋6)＝5：11より，BR＝$2\times\frac{11}{5}=\frac{22}{5}$となり，AD：BD＝(9＋2)：$\frac{22}{5}$＝5：2より，AB：AD＝(5－2)：5＝3：5とわかる。よって，三角形ADFの面積は，$27\times\frac{5}{3}=45$(cm^2)と求められる。

4 割合と比，整数の性質，調べ

(1) 右の図①で，ア＝$12\times\frac{2}{2+1}$＝8(L)，イ＝12－8＝4(L)となる。よって，ウ＝$8\times\frac{5}{5+1}=\frac{20}{3}=6\frac{2}{3}$(L)，エ＝$8-\frac{20}{3}=\frac{4}{3}=1\frac{1}{3}$(L)，オ＝$4\times\frac{3}{3+1}$＝3(L)，カ＝4－3＝1(L)とわかる。

図①

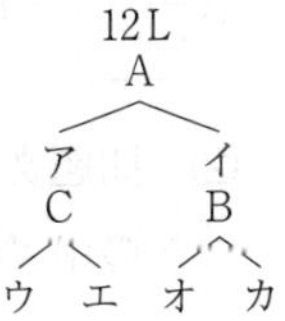

(2) 下の図②のように，Aに入れた水の量を1とすると，ア～セの水の量はそれぞれ下の図③のようになる。また，下の図④から，ア～セの分母の最小公倍数は，3×3×3×2×2×2＝216と求められるから，Aに入れた水量は最も少なくて216Lである。

図②

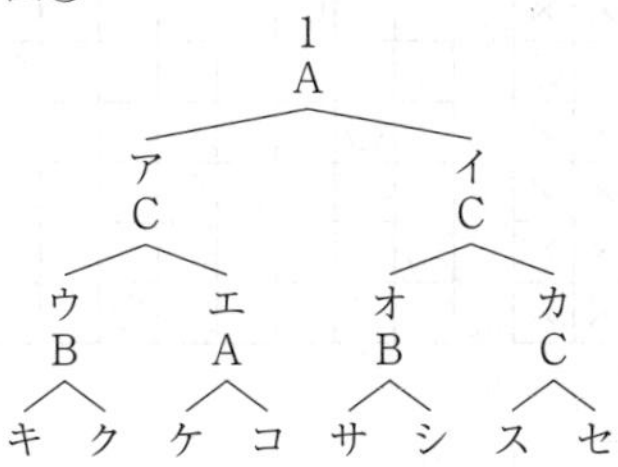

図③

ア　$1\times\frac{2}{2+1}=\frac{2}{3}$　　イ　$1-\frac{2}{3}=\frac{1}{3}$

ウ　$\frac{2}{3}\times\frac{5}{5+1}=\frac{5}{9}$　　エ　$\frac{2}{3}-\frac{5}{9}=\frac{1}{9}$

オ　$\frac{1}{3}\times\frac{5}{5+1}=\frac{5}{18}$　　カ　$\frac{1}{3}-\frac{5}{18}=\frac{1}{18}$

キ　$\frac{5}{9}\times\frac{3}{3+1}=\frac{5}{12}$　　ク　$\frac{5}{9}-\frac{5}{12}=\frac{5}{36}$

ケ　$\frac{1}{9}\times\frac{2}{2+1}=\frac{2}{27}$　　コ　$\frac{1}{9}-\frac{2}{27}=\frac{1}{27}$

サ　$\frac{5}{18}\times\frac{3}{3+1}=\frac{5}{24}$　　シ　$\frac{5}{18}-\frac{5}{24}=\frac{5}{72}$

ス　$\frac{1}{18}\times\frac{5}{5+1}=\frac{5}{108}$　　セ　$\frac{1}{18}-\frac{5}{108}=\frac{1}{108}$

図④

3	12	24	27	36	72	108
3	4	8	9	12	24	36
3	4	8	3	4	8	12
2	4	8	1	4	8	4
2	2	4	1	2	4	2
2	1	2	1	1	2	1
	1	1	1	1	1	1

(3) $72\times\frac{5}{5+1}$＝60(L)，72－60＝12(L)より，右の図⑤のようになる。❶がAの場合，ア＝$60\times\frac{2}{2+1}$＝40(L)，イ＝60－40＝20(L)なので，ウ～カを整数にするためには，❷と❸をBにすればよい。また，❶がBの場合，ア＝$60\times\frac{3}{3+1}$＝45(L)，イ－60－45－15(L)だから，❷と❸をAにすればよい。さらに，❶がCの場合，ア＝$60\times\frac{5}{5+1}$＝50(L)，イ＝60－50＝10(L)なので，ウ～カを整数にすることはできない。同様に考えると，❹がAの場合，キ＝$12\times\frac{2}{2+1}$＝8(L)，ク＝12－8＝4(L)だから，❺と❻をBにすればよく，❹がBの場合，キ＝$12\times\frac{3}{3+1}$＝9(L)，

図⑤

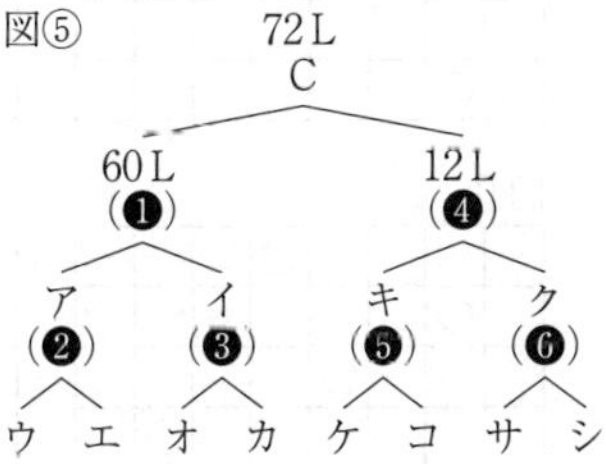

ク＝12－９＝３（Ｌ）なので，❺と❻をＡにすればよい。さらに，❹がＣの場合，キ＝$12\times\frac{5}{5+1}$＝10（Ｌ），ク＝12－10＝２（Ｌ）なので，ケ～シを整数にすることはできない。よって，全部で，２×２＝４（通り）と求められる。

5 条件の整理

(1) 下の図①のように，左上のマスに１個目の女王の駒《こま》を置くと，このマスのたて，横，ななめの位置にある×をつけたマスには，２個目を置くことはできない。次に，図①の★のマスに２個目を置くと，このマスのたて，横，ななめの位置にあるマスには，３個目を置くことはできない。よって，下の図②のようになる。以下同様に考えると図③～図⑤のようになり，最大で５個置けることがわかる。なお，１個目に置く位置を変えても，同じ結果になる。

図①
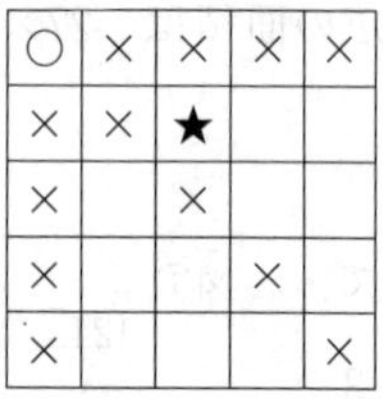
図②
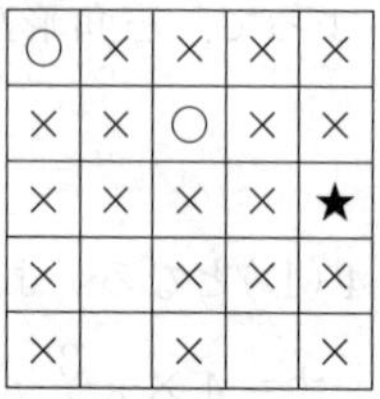
図③
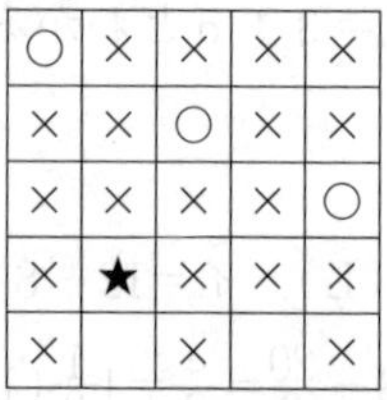
図④
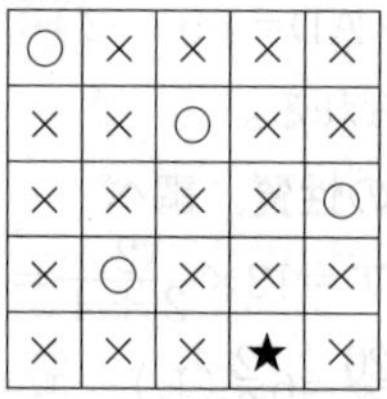
図⑤
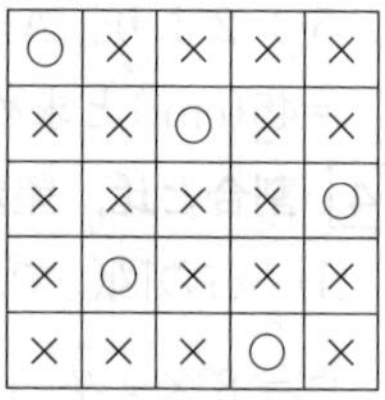

(2) 問題文中の図１の場合，駒を置けないマスに×印をつけると，下の図⑥のようになる。残りのマスの中で駒を置くことができるのは，横に並んだ★，☆，◆，◇のうち，最大でもそれぞれ１個

図⑥
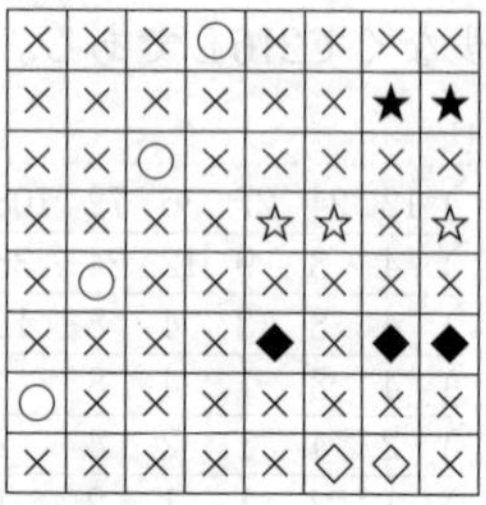
図⑦
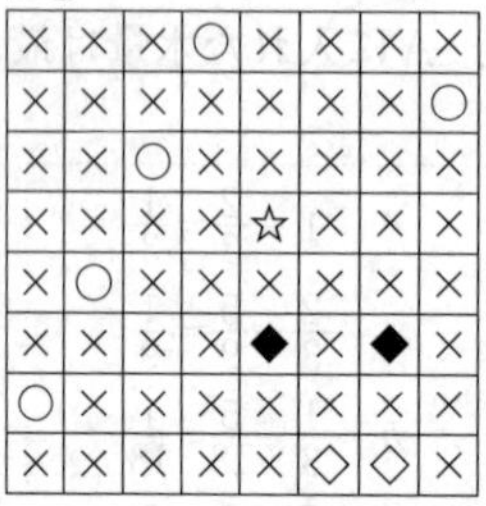
図⑧
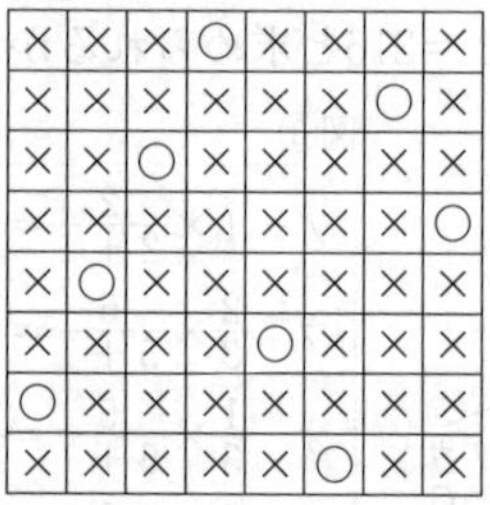
図⑨
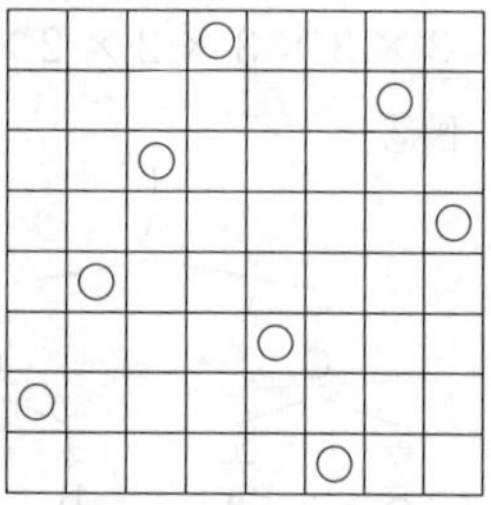
図⑩
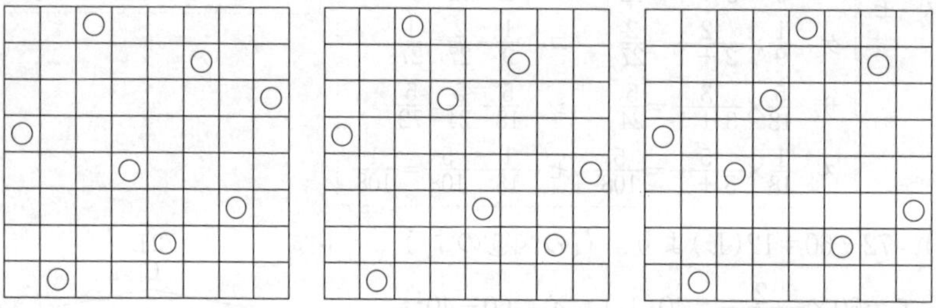
図⑪
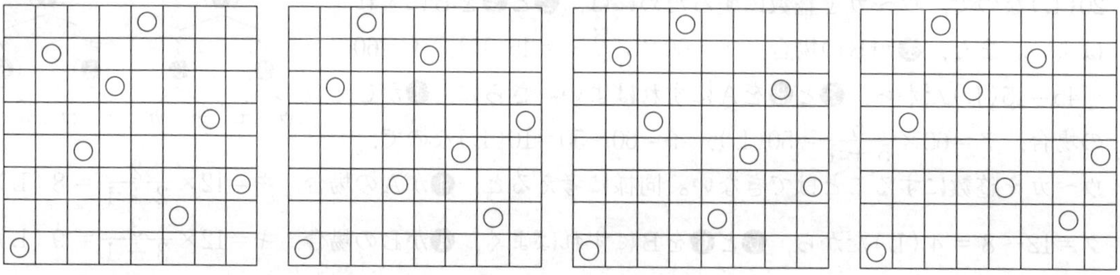

だけである。もし，右側の★のマスに置いたとすると上の図⑦のようになるから，☆と◆の両方に置くことができなくなってしまう。そこで，左側の★のマスに置き，☆，◆，◇も同様に考えると，上の図⑧のようになったとき最も駒が多くなり，全部で４個の駒を置けるようになる。よって，駒の数が最大となる置き方は上の図⑨のようになる。同様に，問題文中の図２の場合は最大で６個，図３の場合は最大で７個置くことができ，それぞれ上の図⑩，図⑪のような置き方が考えられる。

社　会　＜第２回入試＞（30分）＜満点：50点＞

解　答

1 **問１**　イ　**問２**　イ　**問３**　イ　**問４**　(i)　エ　(ii)　エ　**問５**　Ⅰ　フランス　Ⅱ　ブラジル　Ⅲ　アメリカ合衆国　Ⅳ　オーストラリア　**2** **問１**　**A**　問屋制家内工業　**B**　渋沢栄一　**問２**　ウ　**問３**　【イ】→【ウ】→【エ】→【ア】　**問４**　イ　**問５**　エ　**問６**　エ　**問７**　エ　**問８**　田中角栄　**3** **問１**　エ　**問２**　オ　**問３**　独占禁止法　**問４**　エ　**問５**　マイクロプラスチック　**問６**　**乗用車**…Ｃ　**電気冷蔵庫**…Ｂ　**問７**　ア，キ　**問８**　国民審査　**問９**　ウ　**4**－Ⅰ　（例）　1820年代は，外国船打払令を出すなど外国船に対して強硬な姿勢を示していたが，アヘン戦争が起こり，清が敗れて危機感を持った幕府は，1840年代になると，外国船に対して水や薪などを与えて帰国させるようにするなど強硬な姿勢を緩和した。　**4**－Ⅱ　（例）　Ａの時期は，国会開設にともない制限はあるものの初の選挙が実施され，大日本帝国憲法制定にともない臣民としての自由権が認められたため。Ｂの時期は，初めて女性参政権が認められ，さらに日本国憲法の制定により旧憲法よりも広く自由権が認められたため。

解　説

1 **日本の産業や地形図の読み取りなどについての問題**

問１　「個人農家が多く，農地面積が非常に小さい」ということは，せまい農地を家族で手間ひまかけて耕し，収穫《しゅうかく》を得るということになる。この場合，アメリカ合衆国のように広大な農地で大型の機械を使って耕作を行う農業と比べて，土地生産性は高くなるが，労働生産性は低くなる。

問２　畜産の割合が60％を上回るウは，肉用若鶏《わかどり》の飼養羽数が全国第１位で，肉用牛と豚の飼養頭数でも全国で上位に入る宮崎県だとわかる。また，果実の割合が25％を上回るエは，リンゴの生産量が全国第１位の青森県である。残るアとイのうち，野菜の割合が50％を超《こ》えるイに，近郊農業がさかんな神奈川県があてはまる。アは香川県である。統計資料は『日本国勢図会』2021／22年版による(以下同じ)。

問３　ア　田園調布駅の西側には，図１，図２とも放射同心円状の道路網《もう》が見られる。　イ　図２では，多摩川右岸の川崎市に水田(ıı)があるが，図１には見られないので，正しい。　ウ　図１，図２で，多摩川から分かれて北西に向かう丸子川の流路には変化が見られない。　エ　図１は，図２よりも発電所・変電所(☼)の数が多い。

問４　(i)　青森県と東京都に限らず，日本では少子高齢化がすすんでいるので，減少傾向《けいこう》にあるa'が出生率だとわかる。また，東京都と青森県を比べた場合，働く世代(生産年齢人口)が多く，高齢化率がより低い東京都のほうが全体的に出生《しゅっしょう》率が高く，死亡率は低いと推測できるので，Ａが東京都，Ｂが青森県のグラフと判断できる。　(ii)　東京都を表す図３のＡを見ると，2005年から2015年にかけて出生率と死亡率がほとんど変わっていないので，自然増減率は０になる。青森県は図３のＢにおいて，死亡率が出生率を上回っているので，自然増減率はマイナスになる。よって，図４のＸは2015年，Ｙは1970年で，2015年の値が０のｃ'に東京都，ｄ'に青森県があてはまる。

問５　Ⅰ～Ⅳ　日本はフランスから，ワインや高級ブランドの衣服やバッグ，香水などを輸入しているので，これらが上位に入っているⅠがフランスになる。日本の輸入品目の上位にコーヒー豆が入っているⅡには，世界最大のコーヒー豆の産地であるブラジルがあてはまる。４つの中で最も輸出額が多く，輸入品目に航空機類が入っているⅢはアメリカ合衆国で，日本の貿易相手ではアメリカ合衆国への輸出額が世界で最も大きい。液化天然ガス・石炭・鉄鉱石という天然資源が輸入品目の上位を占《し》めるⅣはオーストラリアで，オーストラリアはこれら３品目の最大の輸入先である。

２　各時代の歴史的なことがらについての問題

問１　**Ａ**　江戸時代には，問屋が原料・道具などを農民や町人に貸して製品をつくらせ，それを引き取る問屋制家内工業が発達した。　**Ｂ**　渋沢《しぶさわ》栄一は埼玉県の豪農の家に生まれ，江戸幕府や明治政府で働いた。その後，1873年に日本初の銀行である第一国立銀行を設立したのをはじめ，1882年には大阪紡績《ぼうせき》会社を設立するなど，数多くの会社や銀行の設立にかかわったことから，「日本資本主義の父」ともよばれる。

問２　江戸時代，朝鮮との貿易の窓口になったのは，対馬《つしま》藩(長崎県)の宗氏である。薩摩《さつま》藩(鹿児島県)は島津氏が治め，琉球《りゅうきゅう》王国との貿易の窓口となった。

問３　【ア】は鎌倉時代の1274年(文永の役)と1281年(弘安の役)の二度にわたる元寇《げんこう》(元軍の襲来《しゅうらい》)のようすを記した史料で，元寇の主戦場は博多湾(福岡県)であった。【イ】は，平安時代に東北地方で起こった前九年の役(1051～62年)について記した史料である。【ウ】は室町時代の1474年に起こった加賀の一向一揆《いっき》についての史料で，1488年には守護の富樫政親《とがしまさちか》を倒し，1580年まで農民らによる自治が行われた。加賀は，現在の石川県南部にあたる。【エ】は室町時代の1467年に始まった応仁の乱についての史料で，1477年まで続いた戦乱で，主戦場となった京都の街は荒廃した。よって，東から順に【イ】→【ウ】→【エ】→【ア】となる。

問４　ａは江戸幕府の第３代将軍徳川家光，ｄは第11代将軍徳川家斉《いえなり》のときのできごとで，参勤交代が義務づけられたのは1635年，大塩平八郎の乱は1837年のことである。ｂのようなことは，特に江戸時代後半の19世紀に入ってからたびたび起こったが，17世紀末に第５代将軍徳川綱吉が行ったことがよく知られる。ｃは「松平定信」ではなく「田沼意次《おきつぐ》」であれば，第10代将軍徳川家治の時代のできごとになる。

問５　一般に，貨幣《かへい》の質を落としてその量を増やすと，貨幣の価値が下がって物価の上昇を招くことになる。江戸時代末にはこれに加え，輸出の開始による品不足も起こり，経済が混乱した。

問６　ア　五か条の御誓文《ごせいもん》と五榜《ごぼう》の掲示《けいじ》は，1868年３月に出された。戊辰《ぼしん》戦争は1868年１月の鳥《と》羽《ば》・伏見《ふしみ》の戦い(京都府)で始まり，翌69年の五稜郭《ごりょうかく》の戦い(北海道)で終結した。　イ　明治政府は中央集権体制を確立するため，1869年に版籍奉還を実施し，1871年に廃藩置県を行った。
ウ　税収を安定させるため，明治政府は1873年に地租改正を行った。税は地価の３％を土地所有者が現金で納めることとされたが，農民の負担は変わらず，各地で地租改正反対一揆が起こった。

エ　1873年に出された徴兵《ちょうへい》令の説明として正しい。

問７　不平等条約の改正は，明治時代後半の1911年に達成された。吉野作造が民本主義を発表したり，普通選挙運動が広がったりしたのは大正時代のことで，こうした動きは大正デモクラシーとよばれる。

問８　田中角栄は新潟県出身の政治家で，1972年に内閣総理大臣に就任すると間もなく，中国の首都北京《ペキン》を訪れて日中共同声明を発表し，中国との国交を正常化した。「日本列島改造論」を打ち出して地方経済の振興をめざしたが，1973年の石油危機(オイルショック)や自身の汚職事件などにより，1974年に総辞職した。

３　日本の政治，経済と国際社会についての問題

問１　ア　各国・地域がそれぞれ話し合って貿易協定を結ぶことは禁じられておらず，日本も東南アジア諸国と経済連携《れんけい》協定(EPA)を結んだり，環太平洋経済連携協定(環太平洋パートナーシップ協定)に参加したりしている。　イ　「国連貿易開発会議(UNCTAD)」ではなく「WTO(世界貿易機関)」が正しい。UNCTADは，南北問題の是正《ぜせい》などをめざして設置された国際機関である。

ウ　発展途上国の多くは，価格の安い原材料を輸出し，先進国から工業製品を輸入している。

エ　世界の貿易について正しく説明している。なお，エにあるような対策は「セーフガード」とよばれる。

問２　条約は内閣が外国と結び，事前または事後に国会が承認する。

問３　独占禁止法は私的な独占を禁じ，自由な商取引を確保することを目的に1947年に制定された。独占禁止法を運用する行政機関として，内閣府の下に公正取引委員会が設けられている。

問４　国連人間環境会議は，1972年にスウェーデンのストックホルム(地図中の２)で開催された。また，国連環境開発会議(地球サミット)は，1992年にブラジルのリオデジャネイロ(地図中の８)で開催された。なお，１はスイス，３は南アフリカ共和国，４はイラン，５は日本，６はカナダ，７はアメリカ合衆国の都市を表している。

問５　海に流れこんだプラスチックは自然の力で簡単には分解されず，長期間海を漂《ただよ》う。そうしているうちに波や紫外線《しがいせん》の作用で細かく砕《くだ》かれ，小さな粒《つぶ》になったものはマイクロプラスチックとよばれる。魚介《ぎょかい》類を通して人体にも入るおそれがあるため，国際的な問題になっている。

問６　乗用車は，高度経済成長期の後半にあたる1960年代後半から，クーラー(ルームエアコン)，カラーテレビとともに「３Ｃ(新三種の神器)」として普及《ふきゅう》し始めた。普及率は上がっているが100％にせまるほどではないので，Ｃにあてはまる。電気冷蔵庫は，1950年代後半から始まった高度経済成長期の前半に，電気洗濯《せんたく》機，白黒テレビとともに「三種の神器」として普及し始め，ほぼすべての家庭に普及しているので，Ｂにあてはまる。なお，Ａは白黒テレビ，Ｄはカラーテレビ，Ｅはパソコン。

問７　物価庁は1946年から1952年まで置かれた行政機関で，こども家庭庁(仮称)は2023年４月の発足が予定されている。なお，観光庁は国土交通省，デジタル庁・復興庁・消費者庁は内閣府，スポーツ庁は文部科学省に属する行政機関。

問８　国民審査は，最高裁判所の裁判官(長官をふくめて15人)が適任かどうかを国民が審査する制度で，任命後初めて行われる衆議院議員総選挙のときと，その後10年を経過して初めて行われる衆議院議員総選挙のときに行われる。投票の過半数が不適任としたとき，その裁判官は辞めなければならない。

問９　日本国憲法が保障する社会権には生存権のほか，教育を受ける権利や労働三権がふくまれる。なお，アは自由権，イは請求権，オは平等権にあたる。エのプライバシーの権利は，環境権や知る権利などとともに，「新しい人権」として主張されている。

4 -Ⅰ　江戸時代後半の外交政策の変化についての問題

資料文①は江戸幕府が1825年に出した外国船打払令の一部で，「外国船が入港したことを発見すれば」「ためらうことなく直《ただ》ちに打払い」，「もし強引に上陸して来たならば逮捕《たいほ》し，または打ち殺してもかまわない」としている。一方，アヘン戦争(1840～42年)後の1842年に出された天保の薪水《しんすい》給与令の一部である資料文②では，「外国船と見うけたならば，念を入れて事情を調査し，食料や薪《まき》や水が不足して帰国できないようであれば，相手が望む品々を適当に与え，帰国するように説得せよ」としている。アヘン戦争で清(中国)がイギリスに敗れたことを知った江戸幕府は，欧米列強の力をおそれるようになり，それまでの強硬《きょうこう》な姿勢を緩和《かんわ》して争いになるのを避《さ》けようとしたのである。

4 -Ⅱ　選挙権の拡大についての問題

ポリアーキー指数は「値が高ければ高いほど民主主義が実現していることを意味」しているとある。民主主義の実現が国民の政治参加によって達成されると考えると，選挙権が拡大することによってポリアーキー指数も上がることになる。Aの時期に値が上がっているのは，1889年に衆議院議員選挙法が出され，翌90年，直接国税15円以上を納める満25歳以上の男子による選挙が行われたためである。また，この年には大日本帝国憲法が発布され，法律の範囲《はんい》内という制限つきながら，臣民(国民)の自由権が認められたことも，値の上昇に関係していると考えられる。Bの時期に値が上がっているのは，第二次世界大戦後にすすめられた民主化政策の中で，1945年12月に衆議院議員選挙法が改正され，初めて女性参政権が認められたためである。また，1947年に日本国憲法が施行され，国民の基本的人権が保障されたことが，ポリアーキー指数の急上昇につながっている。

理　科　＜第２回入試＞（30分）＜満点：50点＞

解　答

1　**問１**　0.7秒　**問２**　10.2秒　**問３**　2.1回　**問４**　カ　**問５**　429Hz　**問６**　70秒
2　**問１**　イ，オ　**問２**　マグネシウム，アルミニウム，あえん　**問３**　①　13.5　②　157.2　③　1.0　④　167.9　⑤　54.9　**問４**　×　**問５**　24.7％　**3**　**問１**　カ　**問２**　イ　**問３**　ウ，エ　**問４**　イ　**問５**　ア　**問６**　エ，カ　**4**　**問１**　エ　**問２**　イ　**問３**　イ，エ　**問４**　オ　**問５**　ウ　**問６**　**時代**…Ⅳ　**理由**…(例)　生物の化石から凝灰岩より上の砂岩層が時代Ⅳに，凝灰岩層の下のＺ層も時代Ⅳに堆積したことがわかる。地層ＤのＸ層は時代Ⅳに堆積した層にはさまれているため，時代Ⅳに堆積したと考えられる。

解　説

1　**ドップラー効果についての問題**

問１　空気中の音速を秒速100ｍとすると，Ａ地点で叩《たた》いたカスタネットの音が70ｍ離《はな》れたＯ地点にいる太郎《たろう》君に伝わるまでの時間は，70÷100＝0.7(秒)である。

問２　理花さんが10秒間に進む距離《きょり》は，５×10＝50(ｍ)なので，Ｂ地点からＯ地点までの距離は，70－50＝20(ｍ)となる。Ｂ地点で叩いたカスタネットの音がＯ地点にとどくまでにかかる時間は，20÷100＝0.2(秒)なので，理花さんがＡ地点でカスタネットを叩き始めてからＯ地点にいる太郎君が最後のカスタネットの音を聞くまでの時間は，10＋0.2＝10.2(秒)とわかる。

問３　太郎君がスタートの合図の音を聞いたのは，理花さんがＡ地点でカスタネットを叩いてから0.7秒後，太郎君が最後のカスタネットの音を聞いたのは，理花さんがＡ地点でカスタネットを叩いてから10.2秒後なので，太郎君がカスタネットの音を聞いた時間は，10.2－0.7＝9.5(秒間)である。したがって，太郎君が平均して１秒間に聞いたカスタネットの回数は，20÷9.5＝2.10…より，2.1回となる。

問４　表１より，440Hzのサイレンの音を出しながら救急車が近づいてくるときは振動《しんどう》数が440Hzよりも大きくなり，440Hzのサイレンの音を出しながら救急車が遠ざかっているときは振動数が440Hzよりも小さくなる。救急車がＣ地点からＤ地点に移動する間は，救急車が太郎君に近づいているので，振動数は440Hzよりも大きい。救急車がＤ地点に着いた瞬間《しゅんかん》は，太郎君に近づきも遠ざかりもしていないので，振動数は止まっているときと同じ440Hzである。救急車がＤ地点からＥ地点に移動しているときは，太郎君から遠ざかっているので，振動数は440Hzよりも小さい。ただし，救急車がＤ地点に着いた瞬間に出した音が太郎君に届くのは，救急車がＤ地点を通過したあとになる。よって，カが選べる。

問５　Ｅ地点を時速60kmの速さで通過する救急車のようすを下の図①のように考えると，三角形XEYは正三角形を半分にした直角三角形なので，XE：EY＝２：１である。このとき，救急車が矢印EYの向きに時速，60÷２＝30(km)で遠ざかるのと同じドップラー効果が起こるので，表１より，太郎君が聞く音の振動数は429Hzとわかる。

図①

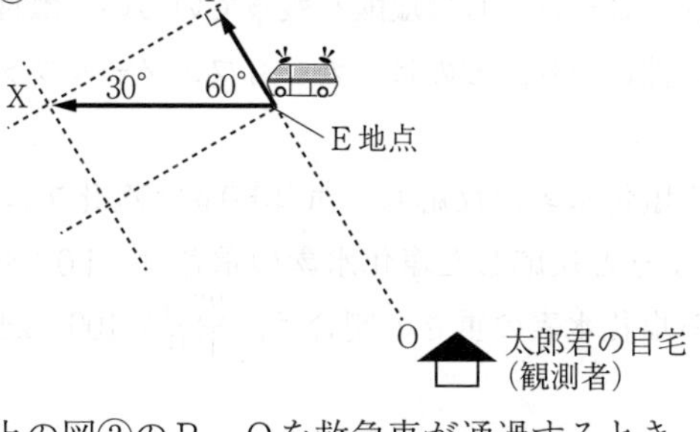

図②

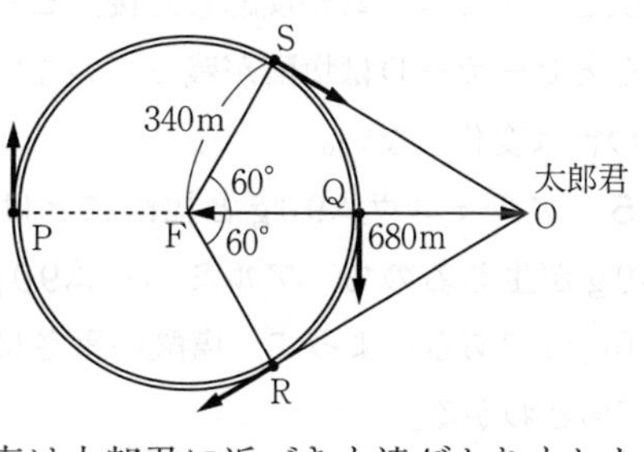

問６　上の図②のＰ，Ｑを救急車が通過するとき，救急車は太郎君に近づきも遠ざかりもしないので，ドップラー効果のない440Hzの音になるのは１周する間に２回とわかる。よって，救急車が円形道路を１周するのにかかる時間は，表２より210秒である。また，救急車がＳを通過するとき，救急車が最も速く太郎君に近づくことになるため振動数が最も大きく聞こえ，救急車がＲを通過するとき，救急車が最も速く太郎君から遠ざかることになるため振動数が最も小さく聞こえる。角FSO＝角FRO＝90(度)，FS：FO＝FR：FO＝340：680＝１：２より，三角形FSOと三角形FROは，どちらも正三角形を半分にした直角三角形なので，角SFO＝角RFO＝60(度)となり，角SFR＝60×２＝120(度)となる。Ｓ，Ｒとも太郎君からの距離が同じであることから，最も振動数の大きい

サイレンを聞いた時刻から最も振動数の小さいサイレンを聞いた時刻までのかかる時間は，$210\times\frac{120}{360}=70$(秒)である。

2 金属の性質，アルミニウムと塩酸の反応についての問題

問１　ア　水銀は常温で液体の金属である。　イ　金属は熱や電気をよく伝える性質がある。ウ　水酸化ナトリウム水溶液《すいようえき》と反応するのはアルミニウムのような一部の金属だけである。エ　金属を細かい形にすると，水溶液にふれる面積が大きくなるので，反応の速さは速くなる。オ　固体の金属を叩いたり引っ張ったりすると，広がったりのびたりする。

問２　水と反応しない金属でありながら，鉄よりも水や酸素との反応性が高いマグネシウムやアルミニウム，あえんの膜《まく》で鉄をおおうと，この膜が鉄のかわりに先に腐《ふ》食《しょく》することで中の鉄を守ることができると考えられる。

問３　①　ビーカーＡとビーカーＢを比べると，アルミニウムの粉末の重さと発生した気体の重さが比例しているので，水を蒸発させた後の重さも比例している。よって，$40.5\times\frac{2.7}{8.1}=13.5$(ｇ)と求められる。　②　ビーカーＢでは，塩酸150ｇにアルミニウム8.1ｇを加え，気体0.9ｇが空気中に出ていくので，水を蒸発させる前の重さは，$150+8.1-0.9=157.2$(ｇ)となる。　③　ビーカーＣとビーカーＤでは，ビーカーＡとビーカーＢのようにアルミニウムの粉末の重さと発生した気体の重さが比例していないことから，ビーカーＣとビーカーＤでは，反応しなかったアルミニウムの粉末が残っていることがわかる。よって，ビーカーＤで発生した気体の重さはビーカーＣと同じ1.0ｇである。　④　③が1.0ｇであることから，水を蒸発させる前の重さは，$150+18.9-1.0=167.9$(ｇ)とわかる。　⑤　気体1.0ｇを発生させるために必要なアルミニウムの重さは，$2.7\times\frac{1.0}{0.3}=9.0$(ｇ)，このときにできる塩化アルミニウムの重さは，$13.5\times\frac{9.0}{2.7}=45.0$(ｇ)である。ビーカーＤに入れた18.9ｇのアルミニウムのうち，反応せずに残ったアルミニウムの重さは，$18.9-9.0=9.9$(ｇ)なので，水を蒸発させた後の重さは，$45+9.9=54.9$(ｇ)と求められる。

問４　フェノールフタレイン溶液は，酸性と中性では無色だが，アルカリ性ではうすい赤色になる。塩酸とアルミニウムが反応した後，ビーカーＡとビーカーＢは塩酸が残っているので酸性，ビーカーＣとビーカーＤは塩酸が残っていないので中性となり，どのビーカーもフェノールフタレイン溶液の色は変化しない。

問５　アルミニウム9.0ｇと塩酸にとけている塩化水素が反応し，気体1.0ｇと塩化アルミニウム45.0ｇが生じるので，アルミニウム9.0ｇとちょうど反応した塩化水素の重さは，$1.0+45.0-9.0=37.0$(ｇ)である。よって，塩酸の重さに対する塩化水素の重さの割合は，$\frac{37.0}{150}\times100=24.66\cdots$より，24.7％とわかる。

3 アサガオの開花条件についての問題

問１　アサガオの種子の大きさは約５mm，黒っぽい色で球を放射線状に６等分したような形をしている。

問２　双子葉《そうしよう》類であるアサガオやトマトは子葉(発芽して最初に出てくる葉)が２枚で，葉脈がもう状脈である。一方，単子葉類であるイネ，トウモロコシ，ススキは子葉が１枚で，葉脈が平行脈になっている。なお，ゼンマイはシダ植物で，うず巻き状で表面が綿毛でおおわれた茶っぽい色の芽が出てくる。

問３　アサガオやヘチマは，５枚の花弁（花びら）が根元で１つに結合している合弁花である。また，アサガオは，１つの花にめしべが１本，おしべが５本あり，朝早く開花するが午後にはしぼみ，再び開くことはない。

問４　実験１の結果から，明期が12時間以上15時間以下のとき，または，暗期が９時間以上12時間以下のときに，アサガオの花が開花するといえる。

問５　④では，暗期の合計が11時間だが開花しておらず，暗期の合計が同じ時間でも⑤では開花している。このことから，開花の条件は，暗期の合計の時間ではなく，連続した暗期の時間であると考えられる。つまり，⑤，⑥のように，連続した９時間以上の暗期が必要である。

問６　ふつうは日が長くなるような条件では物質Ａの量が増え物質Ｂの量が減るはずだが，光を照射されることで正常な菊《きく》よりも物質Ａの量が減ってしまう異常が起こると，日が短くなる時期の真夜中に光を照射しても開花する。また，光を照射されることで，物質Ａの形が変化して物質Ｃと結合できなくなり，物質Ｂと物質Ｃが結合しやすくなって開花することも考えられる。

4　地層のでき方についての問題

問１　貝やサンゴの死がいが堆積《たいせき》してできた石灰岩には炭酸カルシウムが多く含《ふく》まれており，塩酸をかけると二酸化炭素が発生する。一方，放散虫などのプランクトンの死がいが堆積し，二酸化ケイ素が多く含まれているチャートに塩酸をかけても，気体は発生しない。

問２　海面の位置が低下すると，れき，砂，泥《どろ》が堆積するところが沖の方に移動するので，イのように堆積するようになる。

問３　地球の平均気温が低下すると南極の氷や氷河が増えるので，海水の量が減り海面が低下すると考えられる。また，地震《じしん》が起こって地面が隆起《りゅうき》すると，陸に対して海面が低下することになる。

問４　短い期間に広い範囲《はんい》に生息していた生物の化石を示準化石といい，地層ができた年代を知る手がかりとなる。その生物が生息していた期間が短いほど地層ができた年代を特定しやすくなるので，時代Ⅱにのみ生息していた生物②が示準化石として最も利用しやすく，時代Ⅰ～Ⅲに生息していた生物①は最も利用しにくい。

問５　Ｙ層からは，時代Ⅰ～Ⅲに生息していた生物①と，時代Ⅱに生息していた生物②が産出されているので，Ｙ層は時代Ⅱに堆積したと特定できる。

問６　Ｘ層の上の砂岩の層と，凝灰岩の下のＺ層からは，生物③と生物④の化石が産出されているため，この２つの層にはさまれているＸ層も，生物③と生物④の両方が生息していた時代Ⅳに堆積したと考えられる。

国語　＜第２回入試＞（50分）＜満点：100点＞

解答

一　**問１**　①　るふ　②　しゅうもく　③　ていちょう　④　しゅっしょく　**問２**　下記を参照のこと。　二　（ひらがな，語群の順で）①　けさ，オ　②　なわ，ア　③　こじ，イ　④　あと，エ　⑤　たね，ウ　三　**問１**　Ａ　エ　Ｂ　イ　**問２**　はれもの　**問３**　イ　**問４**　ウ　**問５**　ア　**問６**　ア　**問７**　（例）大輝が勝手に友だちを連れてきたことに腹を立て，また，茂三がその子たちを家に上げたことに驚きつつ不満を感じたが，雪乃のことを思う大輝の自発的な行動をとても嬉しく感じている茂三の言葉を聞き，自分の思いの至らなさを痛感したから。　**問８**　エ　　**四**　**問１**　**A**　ウ　**B**　イ　**C**　エ　**問２**　人間の都合　**問３**　イ　**問４**　エ　**問５**　関連することを「もっと知りたい」という気持ち　**問６**　ア　**問７**　（例）　世界を分節する名前を知ることで，その対象の性質や特徴を知り，それらの知識をつなぎ合わせて背景にある法則を見つけ出すこと。

●漢字の書き取り

一　**問２**　①　**大勢**　②　**気象**　③　**至上**　④　**死角**　⑤　**上気**　⑥　**専(ら)**

解説

一　漢字の読みと書き取り

問１　①　世間に広まること。　②「衆目を集める」で，“大勢に注目される”という意味。　③　丁寧《ていねい》な態度。　④　ほかより際立ってすぐれていること。

問２　①　だいたいの成り行き。　②　天候，気温，風速といった大気の状態や現象。　③　このうえもないこと。　④　ある角度からはどうしても見えない範囲《はんい》。　⑤　顔に血が上って赤くなること。　⑥　音読みは「セン」で，「専門」などの熟語がある。

二　ことわざの知識

①「坊主憎《ぼうずにく》けりゃ袈裟《けさ》まで憎い」は，その人を憎むあまり，その人にかかわるすべてが憎くなるさま。「袈裟」は，僧侶《そうりょ》の衣服。「あばたもえくぼ」は，好きな相手なら短所も長所に見えること。「あばた」は，天然痘《とう》が治った後の皮膚《ひふ》に残る小さなくぼみ。　②「泥棒《どろぼう》を見て縄《なわ》をなう」は，“事が起きてからあわてて準備する”という意味。「なう」は，何本かの糸やひもをより合わせて一本にすること。「転ばぬ先の杖《つえ》」は，万一に備えて用意しておくこと。　③「虎穴《こけつ》に入らずんば虎子を得ず」は，“危険を冒《おか》さなければ大きな成功は得られない”という意味。「君子危うきに近寄らず」は，“教養と品格を備えた人物は危険なものごとに近づかず行動を慎《つつし》む”という意味。

④「後は野となれ山となれ」は，“当面のことさえ済んだら結果や先のことはどうでもいい”という意味。「立つ鳥跡《あと》を濁《にご》さず」は，“立ち去る者は跡が見苦しくならないよう始末すべきだ”という意味。　⑤「まかぬ種は生えぬ」は，“努力もせずに良い結果は得られない”という意味。「棚《たな》からぼた餅《もち》」は，思いがけない幸運を得ること。

三　**出典は村山由佳《むらやまゆか》の『雪のなまえ』による。**友人関係がうまくいかずに学校へ行けなくなった雪乃《ゆきの》は祖父母の住む地方へ移り住んだが，登校しないまま六年生になった。そんななか，近所の大輝《だいき》が友だちを連れて家にやってくる。

問１　**A**「厚かましい」は図々しいようす。家に上がりこんでいた子たちの遠慮《えんりょ》のないさまを見て，そのようにふるまうのが大輝だけではなかったことに雪乃はとまどっている。　**B**「ことなげに」は，特別なことではないかのように軽々と行うさま。「ずっと学校へも行ってない」雪乃のことを，大輝が平然と「ふつうじゃん」と言ってのけたことを指す。

問２　少し前で，大輝に「明日から一緒《いっしょ》にガッコ行こうよ」と言われた雪乃が，あまりにも唐突《とうとつ》なその提案に驚《おどろ》き戸惑《とまど》ったことをおさえる。学校を休む自分の事情を知っている大人ならば，遠慮して学校へ行けとは言わずにおくだろうが，容赦《ようしゃ》なく「ずばずばとぶつけてくる」大輝のようすに雪乃は「むちゃくちゃだ」と感じたのである。よって，気をつかってこわごわ接するようすを表す「はれものに触《さわ》るみたい」とするのがよい。

問３　いつの間にか家に上がりこまれていたその状況《じょうきょう》に戸惑ったばかりか，大輝が，勝手に連れてきた友だちと小さいころの話で盛り上がっているのを見たことで，「幼なじみ」の彼《かれ》らと自分との間にへだたりを感じた雪乃は「あああもう」と苛立《いらだ》ち，耐《た》えきれずに家から逃《に》げ出している。よって，イが選べる。なお，「疎外《そがい》感」は，のけものにされ，周囲から孤立《こりつ》しているような感覚。

問４　この土地に暮らす大輝たちみんなの言葉と「標準語」を比べた雪乃が，自分の言葉に「体温」を感じられずにいることをおさえる。少し前で，「とことんお国言葉」を話す祖父母の世代や，それが「端々《はしばし》にちょこちょこ表れる」次の世代，そして「語尾《ごび》のイントネーションがいくらか違《ちが》う」大輝たちの世代を思い浮《う》かべながら，雪乃はそのよさをしみじみと感じている。つまり，世代間で異なる個性を持ち，味わいのある，その土地に根ざした言葉の持つ温かみ(体温)が自分の話す「標準語」には欠けているようで雪乃は寂《さび》しさを感じているのだから，ウが合う。なお，大輝と親しくしており，祖父母との暮らしになじんでいるので，アとエは正しくない。また，「標準語」を「全く人間味のない」ものとは思っていないので，イもふさわしくない。

問５　少し前で，大輝は六年生になったら学校でも会えるのを待ち遠しく思っていたことや，ほかの子たちから色々言われないように，今日連れてきた仲間で周りを固めようとしていたことを雪乃に話している。クラスのみんなから「ふつう」の子だとわかってもらえるまで自分たちがちゃんとついているので，「大目に」見てほしいと言ったうえで，大輝は「明日から一緒にガッコ行こうよ」と率直《そっちょく》な気持ちを雪乃に伝え，「明日から？」と驚かれても迷わず「首を大きく上下させてうなず」いたのだから，アがふさわしい。なお，大輝は自分の思いを正直にすべて雪乃に伝え，学校に来てもらいたいとお願いしているので，「勢いで乗り切ろうとしている」とは考えにくい。よって，イは合わない。また，一方的に自分の思いだけを伝えて「満足」しているわけではないので，ウも正しくない。そして，自分の率直な思いを伝えた後，雪乃が学校に来ることを「確信」する大輝のようすは描《えが》かれていないので，エもふさわしくない。

問６　「知らない友だちを連れてきて，明日から学校へ来い」などと言うのは「むちゃくちゃだ」と思っていたさなか，心を見透《みす》かされたかのように大輝から突然「ごめん」と謝られた雪乃が，どうしたらよいのかわからない「気まずさ」で黙《だま》ってしまったことをおさえる。確かに，急に友だちを連れてきた大輝に「腹立たしさ」は感じていたものの，それは自分の状況を考えてくれたうえでの行動だろうし，自分が学校に行けるようさまざまな配慮をしてくれていたことへのありがたみも感じるので，急に謝られたことでかえって自分が悪いような思いになり，雪乃は何も言えなくなったのである。よって，イ～エは正しい。アは，逃げ出した直後の気持ちであり，ここでの雪乃の心情を言い表したものとは言えない。

問７　大輝が勝手に友だちを連れてきただけでも不満だったのに，彼らを家に上げたのが祖父だと知った雪乃は，「なんでそんなよけいなこと」と文句を言っている。それを聞いた祖父から，孫(雪乃)を心配しただけでなく友だちまで連れてきて，学校に来られるよう色々と考えてくれた大輝の自発的な行動は涙《なみだ》が出るほど嬉《うれ》しく，感謝すべきものであって，決して「よけいなこと」などとは言えないはずだと諭《さと》された雪乃は，自らの考え違《ちが》いに気づき，「返す言葉」を失ったのだろうと想像できる。これをもとに，「大輝が友だちを連れてきたこと，その子たちを祖父が家に上げたことを，雪乃はよけいなことと思って文句を言ったが，大輝たちが雪乃を心配して来てくれたのはよけいなことどころか，嬉しくありがたいことだと祖父に言われ，自分の考え違いを思い知ったから」のような趣旨《しゅし》でまとめる。なお，「返す言葉がない」とは，自分の失敗や誤った考え方などを指摘《してき》され，弁解や反論の余地がないようす。

問8　「わざわざ訪ねてきてくれた相手に礼を尽《つ》くすのは，人としてあたりまえ」なのだから，ちゃんと見送りをするよう祖父に言われた雪乃は，問7で検討したような，自分の未熟な言動を思い知らされていることに加え，先ほど，みんなとのへだたりを感じて思わず逃げ出してしまった後ろめたさなどで気持ちの整理がついていなかったはずである。そんななか，ふいに大輝の友だちである詩織《しおり》から「おじゃましましたー」と言われ，弱々しくはあるものの「首を横に振《ふ》ってみせ」たことで，かろうじて「じゃま」などではなかったとの思いを表したのだから，エがよい。なお，「かろうじて首を横に振ってみせ」た雪乃のしぐさには，家に来てくれた詩織たちに対し，今伝えうる最大限の感謝の気持ちがこめられているものと想像できるので，ウの「申し訳なさでいっぱいになっている」という解釈《かいしゃく》では足りない。

四　**出典は汐見《しおみ》稔幸《としゆき》の『教えから学びへ　教育にとって一番大切なこと』による。**「わかる」とはどういうことか，学びの第一歩である「名前」を知るところから三つの段階に分けて説明されている。

問1　**A**　「言葉や名前と分節の特徴《とくちょう》」を結びつけて見分けられるようになれば，そのものに対する理解が深まるというつながりなので，ウが選べる。　**B**　「鳥居」における「属性」を知るため「鳥居」の「色」に注目すると，「魔除《まよ》けや防腐剤《ぼうふざい》として使われてきたこと」がわかるほか，「太陽のイメージを持つ朱色《しゅいろ》に願い」がこめられていたのかもしれないと想像も広がる。このように，「属性」を知るとさまざまに興味が広がっていくのだから，イが合う。　**C**　直後で，「その対象に関する専門性と言ってもいい」と述べられていることに注目する。つまり，「言葉・名前，その属性を知るところ」までは知識を増やせばよいが，「その背景にある法則」を見つけるためには，より専門化した思考やつながりのないものをつなげる努力が必要だと筆者は述べているので，エがよい。

問2　続く部分で，身体に受けた感覚を「かゆい」「痛い」「くすぐったい」と分けたり，色を「黄色」「黄緑」「緑色」と分けたりするのは，「人間の都合」によるものだと述べられている。

問3　「言語相対性(サピア＝ウォーフの仮説)」とは，「言語が違えば」同じものを見ても「世界の認識のしかたが異なってくる」ことを指す。同じ段落で，「感性の違い」や「自然と関連させ」ることからさまざまな表現が生み出されていると述べられているとおり，その地域の環境《かんきょう》によって，言語表現は多様なものになるといえるので，ア，ウ，エはふさわしい。なお，イの「犬に名前をつける」行為《こうい》はあくまで個人の問題であり，言語が違えば世界の認識のしかたも変わるという「言語相対性」の問題ではない。

問4　「世界を認識していくための最も初歩的な方法」とは「言葉や名前を知ること」だが，名前を知った後，「対象の属性」に湧《わ》いた興味は，さらにその対象にかかわる別の物事へと「派生」していく。つまり，興味から得られた対象への知識が次々と結びつけられることで「親しみが持てる」ようになるのだから，エがよい。

問5　問4でも検討したが，「対象」の名前を知った後で「属性」に湧いた興味は，ほかの関連する物事にも「派生」していく。そんなふうに，次々に興味が広がり深まっていくのが「親しみが持てる」ということの説明にあたる。このことは，ぼう線④の少し後で「関連することを『もっと知りたい』という気持ち」と表現されている。

問６　「それ」とあるので，直前の段落に注目する。対象の名前や属性を知るのは「知識」の段階であって，「背景にある法則を見つける」ためには，知識をつなげる努力が必要になる。社会学や心理学も同様で，知識をつないで「法則」を見つけることで学問になっていくのだから，アがふさわしい。

問７　「わかる」については，第一，第二，第三のレベルに分けて説明されている。第一のレベルは，「世界に区切りを入れ」てつけられた「名前を知る」段階，第二のレベルは，名前を知った後で「その対象の属性」に興味を持ち，関連することを知っていく段階，第三のレベルは，関連することがらを「つなげる」ことで「現象の背景にある法則」に気づく段階だと述べられている。これをもとに，「世界を区切った名前を知ることで名づけられた対象の属性に関心を持ち，得た知識をつなぎ合わせて背景にある法則を見つけること」のようにまとめる。

2022年度　広尾学園中学校

〔電　話〕(03) 3444－7271
〔所在地〕〒106-0047　東京都港区南麻布5－1－14
〔交　通〕東京メトロ日比谷線―「広尾駅」4番出口よりすぐ

【算　数】〈医進・サイエンス回入試〉（50分）〈満点：100点〉

1　一周が400mである円の形をした道があります。この道のある地点Ｐから，Ａさんは時計回りに進み，Ｂさんは反時計回りに進みます。ＡさんとＢさんの２人が同時にＰを出発したところ，はじめて出会うまでに40秒かかりました。ＡさんとＢさんの速さの比は３：２です。ＡさんとＢさんのいる場所をそれぞれ地点Ａ，Ｂとします。次の問いに答えなさい。

(1)　ＡさんとＢさんが出発してから地点Ｐではじめて出会うのは何秒後ですか。

(2)　地点Ａ，Ｂ，Ｐを結んだ三角形ABPについて，角APBの大きさがはじめて90°になるのは出発してから何秒後ですか。

(3)　ＡさんとＢさんが30分だけ進んだとき，地点Ａ，Ｂ，Ｐを結んでも三角形にならないことが何回あったか求めなさい。ただし，出発したときのＡさんとＢさんが地点Ｐにいるときは数えません。答えに至るまでの考え方なども記述しなさい。

2　１辺が９cmの立方体があります。この立方体について，次の問いに答えなさい。

(1)　立方体のすべての辺に，辺の長さを３等分する点をとり，図１のように３等分した点を通る平面で各頂点を含む三角すいを切り取ります。残った立体について，頂点の数を求めなさい。

(2)　(1)の立体のすべての辺に，辺の長さを３等分する点をとり，各頂点を含む三角すいを切り取ります。図２は切り取ったあとの立体の一部です。残った立体について，頂点の数を求めなさい。

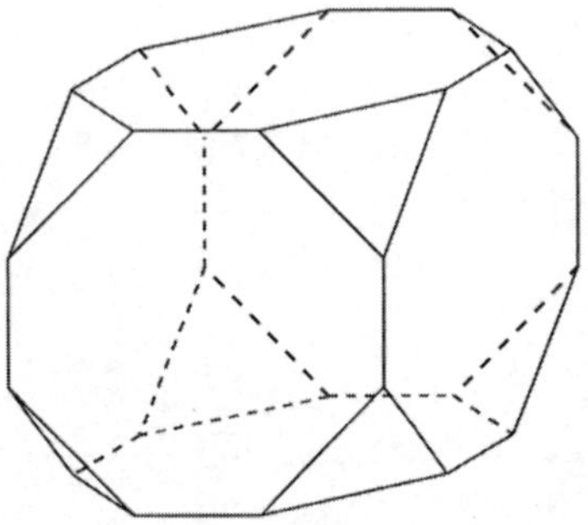
図１

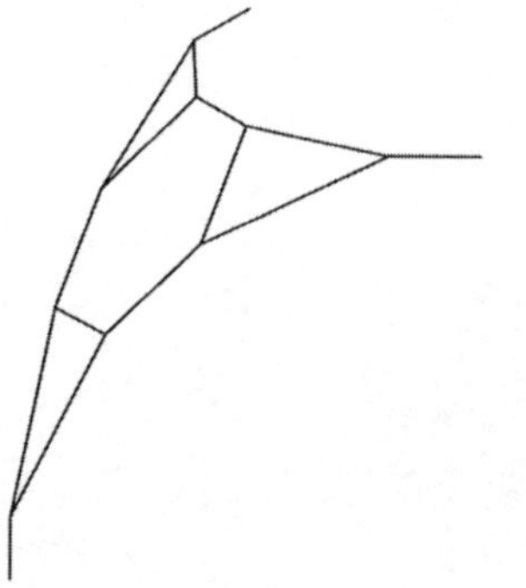
図２

(3)　(2)の立体の体積を求めなさい。答えに至るまでの考え方なども記述しなさい。

3　次の会話文を読んで，問いに答えなさい。ただし，この世界は１年が365日であり，うるう年はないものとします。

2022年２月１日。広尾博士はついにタイムマシーンを完成させた。広尾博士(以下Ｈ)と助手の学ちゃん(以下Ｍ)の会話は次の通りである。

Ｈ「ついに！　タイムマシーンを完成させたぞ！」

Ｍ「博士，おめでとうございます！」

Ｈ「ただし，まだ試作段階のため，１回しか使えず，しかも過去に戻れないのじゃ。」

Ｍ「未来に行ったきりになってしまうのですね。実は事情がありまして，父が100歳まで生きているかどうか知りたいので2078年１月12日に行ってみたいと考えていました。博士，私はこのタイムマシーンを使って未来に行きたいです！」

H「ふむ。このタイムマシーンは日付を入力するのではなく，行きたい日までの日数を入力するようになっておる。たとえば，１と入力すると１日後の2022年２月２日に行くことができるということじゃ。」

M「そうすると，2078年１月12日に行きたいので，［　①　］と入力すればいいのですね。」

H「正解じゃ。」

M「では早速入力して…」

H「ちょっと待つのじゃ！　完成させたと言ったが，まだ試作品なので何がおこるかわからないのじゃ。もう少し待ってもらえるかな。」

～２か月後の2022年４月１日～

H「助手よ！　タイムマシーンについて重大なミスを発見してしまったぞ！」

M「どうしたのですか，博士。」

H「入力する数が３の倍数または４の倍数または５の倍数だとエラーが出てタイムマシーンが動かないことが判明したのじゃ！」

M「そんな重大なミス，なんで今まで気付かなかったのですか。」

H「すまない助手よ…。たとえば，１から10000までの整数のうち，３の倍数でも４の倍数でも５の倍数でもない整数は［　②　］個あるということだから，入力してもエラーの出ない数が限られてしまったのぉ。」

M「では博士，私が2078年１月12日にいくためにはどうしたらいいのでしょうか。」

H「2078年１月12日までの日数を計算して，３の倍数でも４の倍数でも５の倍数でもない日にタイムマシーンを使うことになるのぉ。」

M「なるほど。今年中に行きたいけど，何回チャンスがあるだろう…。」

(1)　［①］に入る数を答えなさい。

(2)　［②］に入る数を答えなさい。

(3)　助手の学ちゃんが2022年４月１日から2022年12月31日の間で，タイムマシーンで2078年１月12日に行ける日は何日あるか，答えなさい。答えに至るまでの考え方なども記述しなさい。

4　下の図形１，図形２は，正方形の辺と辺をぴったりとくっつけて作ったものです。同じようにして，これらの図形をいくつかくっつけて，新しい図形を作ります。ただし，回転させたり裏返したりして重なった図形は同じ図形とします。

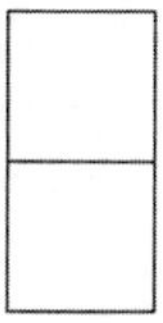

図形１

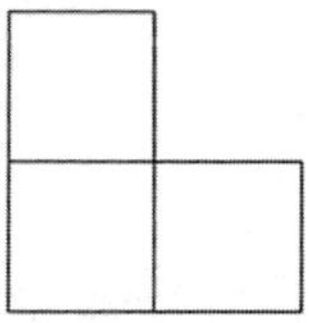

図形２

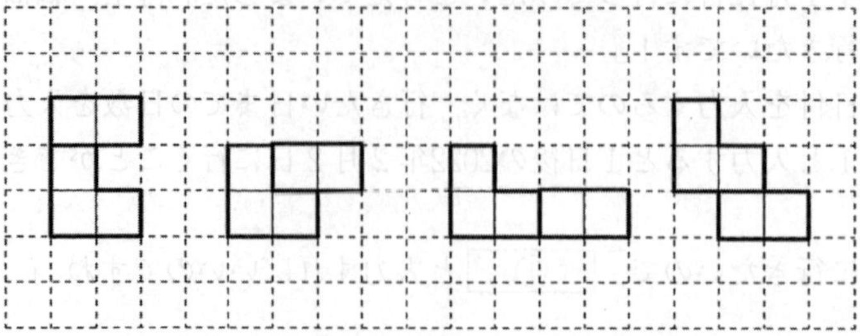

（例）　図形１と図形２の辺と辺をくっつけて作った図形

次の問いに答えなさい。

(1)　図形１を２個用意して，辺と辺をくっつけて作ることのできる図形は何通りありますか。

(2)　図形１と図形２を１個ずつ用意して，辺と辺をくっつけて作ることのできる図形は全部で８通りあります。上の(例)はそのうちの４通りの図形です。解答らんに図形２が４個かいてあるので，それぞれに図形１をくっつけて残りの４通りの図形を作りなさい。ただし，図形は解答らんのマス目にかき，作った図形どうしの辺が重ならないようにしなさい。

(3)　図形１を３個用意して，辺と辺をくっつけてできる図形を作ります。作ることのできる異なる図形を解答らんにかけるだけかきなさい。ただし，図形は解答らんのマス目にかき，作った図形どうしの辺が重ならないようにしなさい。

【社　会】〈医進・サイエンス回入試〉（30分）〈満点：50点〉

〈編集部注：実物の入試問題では，**4**―Ｉの写真の他，図表やグラフのほとんどはカラー印刷です。〉

1　次の文章は，中学１年生のともこさんが書いた「日本の山地・河川・平野」についてのレポートです。これを読んで，あとの問いに答えなさい。

○日本の山地

日本列島は，【 Ａ 】造山帯にふくまれ，国土の中央には山脈が連なっています。本州の中央部には標高3,000ｍを超える山が連なり，「日本アルプス」とよばれています。このうち，長野県や岐阜県一帯に連なる飛驒《ひだ》山脈は北アルプスとよばれています。また，長野県・岐阜県一帯に連なる【 Ｂ 】山脈は中央アルプスとよばれています。さらに，長野県・山梨県一帯に連なる赤石山脈は南アルプスとよばれています。

○日本の河川

日本は国土の約４分の３が山地や丘陵地《きゅうりょうち》となっています。このため，日本の河川は世界の河川と比べて流路が短く，流路の傾斜が急となっています。このような河川は，降った雨をすぐに海へ流出させてしまいます。このため，日本は世界的な多雨地域のひとつであるものの，利用できる水資源は豊富とはいえません。

○日本の平野

日本の国土には石狩，越後，関東，濃尾，筑紫，宮崎などの平野が点在しています。しかし，これらはいずれもアメリカ合衆国やヨーロッパなどの平野と比べると小規模です。これらの平野と山地の境界部のうち，河川が山地から流出する場所には，粒形の粗い砂やれきの堆積《たいせき》によって【 Ｃ 】がつくられている場所もあります。また，これらの平野と海との境界部のうち，河川が海へ流入する場所には砂や泥の堆積によって【 Ｄ 】がつくられている場所もあります。

問１　文中の空欄【Ａ】～【Ｄ】にあてはまる語句を答えなさい。

問２　次の図１中のＡ～Ｃは鹿児島市，長野市，横浜市の月平均気温が最も高かった月の平均気温と，最も低かった月の平均気温を示したものです。また，下の表１中の①～③は鹿児島県，神奈川県，長野県の製造品出荷額の上位３業種の名称と，各県の製造品出荷額等の総計を示したものです。横浜市と神奈川県の組み合わせとして最も適当なものを，下のア～ケから１つ選び，記号で答えなさい。

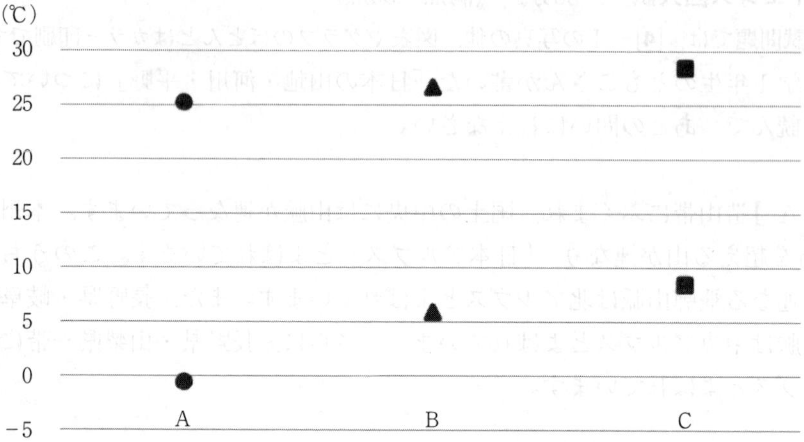

図1

出典：データブック オブ・ザ・ワールド 2021

表1

	製造品出荷額の高い業種			製造品出荷額等の総計(十億円)
	1位	2位	3位	
①	輸送用機械器具	石油製品・石炭製品	化学工業	17,956
②	情報通信機械器具	電子部品・デバイス・電子回路	生産用機械器具	6,168
③	食料品	電子部品・デバイス・電子回路	電気機械器具	2,068

統計年次は2017年。

出典：データブック オブ・ザ・ワールド 2021

ア．A—①　イ．A—②　ウ．A—③　エ．B—①　オ．B—②

カ．B—③　キ．C—①　ク．C—②　ケ．C—③

問3　日本の水資源に関する説明として適当でないものを，次のア～エから1つ選び，記号で答えなさい。

ア．今から約350年前，江戸(今の東京)では人口が急激に増えたため，飲み水が不足していました。そこで，江戸川の水を利用できるようにするため，約40kmもの距離を掘って，玉川上水をつくりました。

イ．琵琶湖の水は，水道水として利用されていますが，住宅や工場からの排水が湖に流れ込み，水の汚れが深刻になりました。このため，合成洗剤の利用・販売が禁止されたり，住民が湖岸に「ヨシ」(水辺に分布する植物)を植えたりするなど，汚染を防ぐ努力が続けられています。

ウ．東海工業地域の東部に位置する富士市や富士宮市は，富士山の山麓《さんろく》部にあり，水資源に恵まれています。このため，両市が位置する静岡県では，豊かな水や広い用地を利用した製紙・パルプ工業が発達しています。

エ．京浜・中京・阪神などの工業地帯では，地盤沈下が深刻な問題になっていました。地盤沈下とは，地下水のくみ上げなどが原因で地面が沈下することで，これにより建築物の沈下やひび割れなどの被害が生じてきました。

問4　次の文章は，関東地方を流れるある河川について述べたものです。文中の空欄【Ⅰ】・【Ⅱ】にあてはまる地名や語句を答えなさい。

越後山脈から流れ出し，関東平野を真南に流れているこの河川は，かつては東京湾に注いでいましたが，江戸時代に大工事が行われ，現在は千葉県の【 Ⅰ 】市から太平洋に注いでいます。この河川の下流域では，米のなかでも【 Ⅱ 】米とよばれるものの栽培が盛んに行われています。【 Ⅱ 】米とは台風の被害を避けるため，特に早い時期に収穫される米のことです。

問5　次の図2は，2万5千分の1地形図「牛屋」(佐賀県)の一部を示したものです。この地域では干満差が大きい海域が広がっていて，図2中の凡例《はんれい》に示された薄く採色されている箇所は干潮時には海面上へあらわれます。図2について，あとの問い(i)，(ii)に答えなさい。なお，図2は実物の地形図と同じ縮尺ではありません。

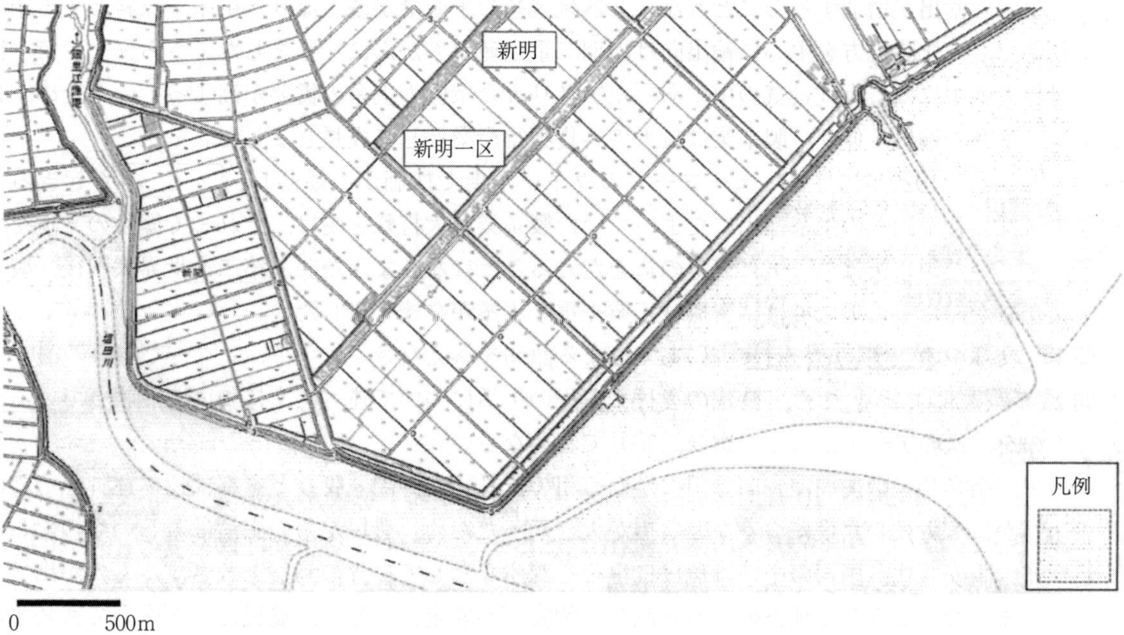

図2

(i)　図2中に示された新明や新明一区などの地域は，かつては図2の凡例で示された場所と同じ特色を示していましたが，今日では人工的に改変されて水田等に利用されています。このような場所のことを何と言いますか。漢字で答えなさい。

(ii)　次の表2中のア～エは，佐賀県，静岡県，広島県，宮城県におけるうなぎ(t)，かき(百t)，のり類(百t)の生産量を示したものです。佐賀県に該当するものを，ア～エから1つ選び，記号で答えなさい。

表2

	うなぎ	かき	のり類
ア	1,457	3	4
イ	0	1,040	30
ウ	0	3	682
エ	0	261	131

統計年次は2018年。
統計資料がない場合や，秘匿されている場合も，0としています。
出典：データブック オブ・ザ・ワールド 2021

2　次の日本の製糸業の歴史に関する文章を読んで，あとの問いに答えなさい。

[A]とよばれる蛾《が》の幼虫を育て，その繭《まゆ》を原料に生糸(絹糸)を生産する産業を製糸業といいます。日本では江戸時代に①農村で広く普及し，生糸の生産も農家の副業として広まりました。1858年，アメリカ合衆国と②江戸幕府との間で[B]条約が締結されて③貿易が始まると，生糸は最大の輸出品となり，輸出産業として急速に発展しました。幕末には，座繰《ざくり》製糸と呼ばれる簡単な手動装置が普及しましたが，明治時代に入り，フランスやイタリアの技術を導入した器械製糸が普及すると，長野県や山梨県などの農村地帯に小さな工場が次々と生まれ，これらの農家も増加しました。

生糸の輸出が増加するのにともない，器械製糸の生産量が多くなり，生糸を原料とする絹織物業でも，北陸地方を中心に輸出向けの羽二重《はぶたえ》生産がさかんになりました。さらに，④第一次世界大戦中には，大戦景気の中にあったアメリカ合衆国の生糸の需要が高まっていたため，日本の生糸の輸出が伸び，製糸業は最大の外貨獲得産業として成長しました。

しかし，1929年10月，ニューヨークのウォール街で株価が大暴落し，[C]が起きると，アメリカ合衆国への生糸輸出にたよっていた製糸業は大打撃を受け，それまで繁栄の一途をたどっていた製糸業は，一気に衰退の道をたどることになりました。⑤第二次世界大戦後，製糸業がさかんだった地域では精密機械工業や電子工業が発達しました。

問1　文章中の空欄[A]～[C]にあてはまる語句を答えなさい。

問2　下線部①について，各時代の農村や農民の生活について述べた文について，誤っているものを，次のア～エから1つ選び，記号で答えなさい。

ア．奈良時代の農民は，口分田にかかる租の支払いや，調・庸などを都に運ぶ運脚，そのほかにも労役や兵役につくなど負担が大きかったため，農民たちの生活は苦しいものでした。

イ．平安時代，国司の中には農民に重税を課すなどして自分の利益をむさぼるものが出てきました。こうして地方の政治が乱れ，治安が不安定になると，農民たちを率いて武装するものがあらわれました。

ウ．鎌倉時代の農民は，荘園領主と地頭による二重の税負担に苦しめられました。このため，農民の中には，地頭の乱暴を集団で訴えたり，村からいっせいに逃げたりして抵抗するものもいました。

エ．室町時代には，団結を強めた農民たちが，自らの利益を守ろうと年貢の減免を領主に求めたり，徳政を求めて蔵屋敷や土倉などをおそったりしました。正長の土一揆では，農民たちが徳政を求めて加賀国の馬借を襲いました。

問3　下線部②について，以下の図は江戸幕府の組織図です。この組織図には誤りが2か所あります。その誤りを指摘して，正しく改めなさい。

※誤りがあるのは[　]の語句です。

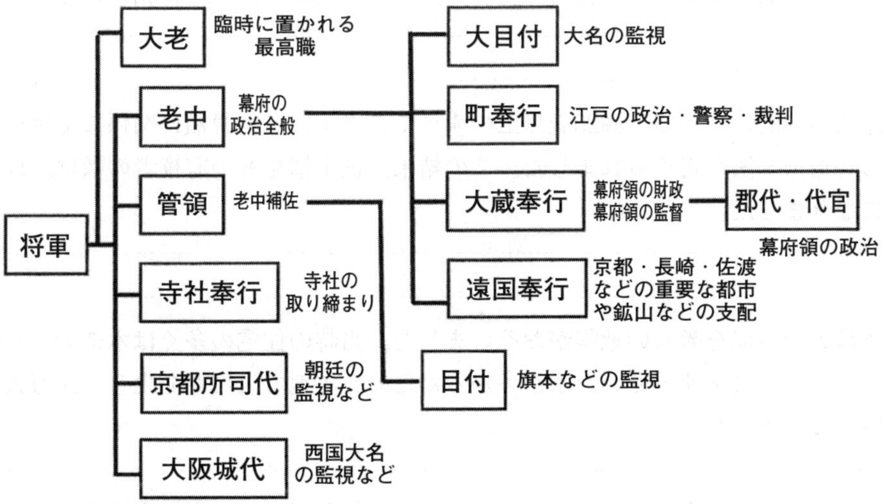

問４　下線部③について，以下の資料は室町時代に行われた日明貿易に関する説明が書かれたカードです。このカードａ～ｄについて，正しい説明が書かれたカードの組み合わせをあとのア～エから１つ選び，記号で答えなさい。

ａ
明は，元の支配に対して漢民族が反乱を起こし，14世紀の中頃に成立した国家です。

ｂ
日明貿易は朝貢形式で行われたため，日本にとって貿易の利益はまったくありませんでした。

ｃ
明との貿易では，正式な貿易船と倭寇の船を区別するために勘合符という合い札を用いました。

ｄ
産業の発展から貨幣の必要性が増したため，明から銀でできた明銭が輸入されました。

ア．ａ・ｃ　　イ．ａ・ｄ　　ウ．ｂ・ｃ　　エ．ｂ・ｄ

問５　下線部④について，次のア～エはいずれも第一次世界大戦開戦後の出来事です。これらを年代の古い順に正しく並べ替えなさい。

ア　富山県の漁村の主婦たちが，米の安売りなどを求めて米屋などに押し掛けました。これが報じられると，騒ぎはたちまち全国に広がりました。政府は軍隊を出動させて鎮圧に当たりましたが，責任を追及する世論の前に当時の総理大臣は辞職しました。

イ　これまでの役人や軍人を中心とする内閣と違い，立憲政友会という政党を中心とした最初の本格的な政党内閣が成立し，立憲政友会の党首だった原敬が総理大臣に就任しました。原敬は華族以外で初めて総理大臣になったので，平民宰相《さいしょう》とよばれました。

ウ　加藤高明内閣のもとで，満25歳以上のすべての男子に，納税額に関係なく選挙権を与える普通選挙法が定められました。この結果，選挙権をもつ有権者の数は，以前の4倍になりました。

エ　関東地方の南部を激しい地震がおそいました。当時の住宅の多くは木造で，しかも昼食のしたくで火を使っていた家が多かったため，各地で火災が発生し，10万人以上が犠牲になりました。

問6　下線部⑤について，日本は1945年7月26日に発表されたポツダム宣言を8月14日に受け入れて降伏しますが，この宣言を発表した3か国の組み合わせとして正しいものを，次のア～カから1つ選び，記号で答えなさい。

ア．アメリカ合衆国・イギリス・中華民国
イ．アメリカ合衆国・イギリス・ソ連
ウ．アメリカ合衆国・ソ連・中華民国
エ．イギリス・フランス・ソ連
オ．アメリカ合衆国・イギリス・中華人民共和国
カ．イギリス・フランス・中華人民共和国

3　次の文章を読んで，あとの問いに答えなさい。

国会が決めた法律や予算にもとづいて政治を行うことを行政といいます。日本国憲法では，「行政権は，内閣に属する。」(第65条)と定められており，内閣は，法律の定めるところにより，その首長である内閣総理大臣およびその他の国務大臣で組織されます。内閣総理大臣も国務大臣も［　A　］でなければなりません。内閣は国会の信任にもとづいて成立し，国会に対し連帯して責任を負っています。このように，内閣が国会の信任の下にある制度を①議院内閣制といい，国会と内閣は互いに干渉し協調をすることで密接な関係を築いています。

行政の仕事は，租税を集めて，国民の生活を支えていく②社会保障の仕組みを整備し，景気対策を行うほか，道路や上下水道，港湾といった産業基盤，学校や公園，公営住宅などの生活基盤を作っています。近年では，③環境保護や情報通信など行政の仕事が拡大していくとともに，行政の権限も拡大して，行政機関で働く公務員の数や行政にかかる費用が増大してきました。最近では，④新型コロナウィルス感染拡大に伴って，緊急事態宣言を発令し外出自粛や休業要請を行うなど，行政の存在感が増しています。

このような行政の拡大に対応して，公務員制度の改革，⑤許認可事項の縮減をはじめとする行政改革が進められ，国の仕事であったものを民間企業に任せる民営化や都道府県などの地方自治体に任せる⑥地方分権も行われています。しかしながら，⑦公務員が［　B　］という「天下り」など，未解決の問題が残っており，問題を解決するために，行政の民主化が図ら

れなければならないといわれています。

問１　文章中の空欄 A にあてはまる語句を漢字２字で答えなさい。

問２　文章中の下線部①について，議院内閣制の特徴を示している説明として適切ではないものを，次のア～オから１つ選び，記号で答えなさい。

ア．内閣は，条約を締結する権限を持っているが，事前，または事後に国会の承認を経なければならない。

イ．内閣総理大臣は，国会議員の中から国会の議決で，これを指名する。

ウ．衆議院議員総選挙の後に初めて国会の召集があったときは，内閣は，総辞職をしなければならない。

エ．内閣は，衆議院で不信任の決議案を可決し，又は信任の決議案を否決したときは，10日以内に衆議院が解散されない限り，総辞職しなければならない。

オ．内閣総理大臣は，国務大臣を任命する。ただし，その過半数は，国会議員の中から選ばれなければならない。

問３　文章中の下線部②について，日本国憲法第25条に定められた生存権の保障にもとづいて，国が中心となって国民から保険料を集め，病気のときや老後などの場合にお金を支給するしくみを社会保険といいます。日本の社会保険制度の５つの種類のうち，「医療保険」「年金保険」「労働者災害補償保険」以外の２つを，それぞれ漢字４字で答えなさい。

問４　文章中の下線部③について，次の文章は，人類にとって価値のあると認めたものの保護や保全を各国に働きかける国際機関の精神・目的などを定めたものです。その国際機関の名称を答えなさい。

> この憲章の当事国政府は，その国民に代って次のとおり宣言する。
>
> 戦争は人の心の中で生まれるものであるから，人の心の中に平和のとりでを築かなければならない。
>
> 相互の風習と生活を知らないことは，人類の歴史を通じて世界の諸人民の間に疑惑と不信を起こした共通の原因であり，この疑惑と不信のために，諸人民の不一致があまりにもしばしば戦争となった。(一部省略)
>
> 文化の広い普及と正義・自由・平和のための人類の教育とは，人間の尊厳に欠くことのできないものであり，且《か》つすべての国民が相互の援助及び相互の関心の精神をもって果さなければならない神聖な義務である。

問５　文章中の下線部④について，新型コロナウィルス感染症が国内で最初に流行した時期，マスクが手に入りにくい状況となりました。その時のマスクの国内における需要と供給をグラフで表してみます。

以下の選択肢ア～エの各グラフ内の２本の実線は，どちらかが，ある価格(縦軸)における需要量(横軸)を，もう一方が，ある価格(縦軸)における供給量(横軸)を表しています。また，グラフ内の実線の交点●は市場での取引価格と取引数量，矢印は感染症流行の影響による時間の経過を示しており，点線は影響後の需要もしくは供給を表しています。

感染症流行の影響により，国内でマスクを欲しいと思う人が増え，その際の国内外のマスクの生産がそれ以前と変わらずに行われていたと仮定した場合，その状況を表すグラフを以下のア～エから１つ選び，記号で答えなさい。

ア　イ　ウ　エ

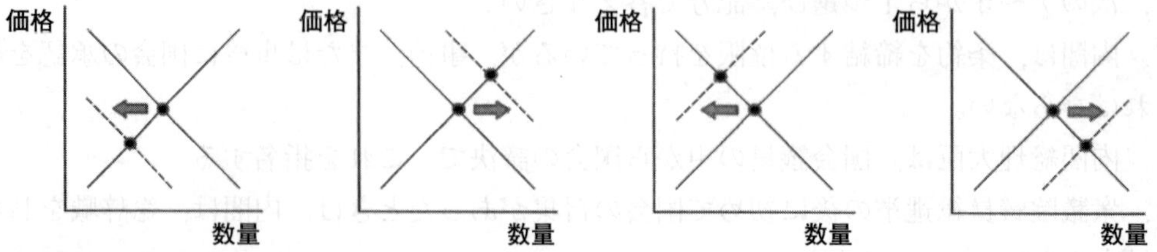

問６　文章中の下線部⑤について，政府の許可や認可がないと営業できないといった規制をゆるめ，自由な競争を広げていくことを「規制緩和」といいます。これにより，市場における競争が活発化され，価格の低下や商品の質・サービスの向上が期待されます。次の説明のうち，競争を活発化させる効果を持つ政策として正しいものを，次のア～エから１つ選び，記号で答えなさい。

ア．タクシー会社の営業をするにあたり，必要な最低保有車両台数を引き上げる。

イ．指定された建築会社だけが，公共事業を引き受けることができるようにする。

ウ．酒類の販売をするにあたり，販売免許の取得を不要とする。

エ．大型店(大きなスーパーマーケット)を開店する場合は，地元の商店街の賛成を必要とする。

問７　文章中の下線部⑥について，地方分権が進まない理由の一つとして，地方公共団体が自主的に集めて自由に使うことができる自主財源(地方税など)が少ないことがあります。税収の少ない地方公共団体は不足する分を，地方債で補ったり，国からのお金に頼ったりしていますが，収入の少ない地方公共団体へ国から配分される資金の名称を漢字で答えなさい。

問８　文章中の下線部⑦について，日本国憲法第28条には，労働者の権利が「労働三権」として定められています。その三つの権利のうち，公務員がその立場上，制限されている「ストライキなどを行う権利」を漢字５字で答えなさい。

問９　文章中の空欄 B にあてはまる説明文として，正しいものを次のア～エから１つ選び，記号で答えなさい。

ア．勤めている省庁で幹部に昇進できず，定年を待たずに退職する

イ．金銭を受け取り，一部の民間企業が有利なように取り扱う

ウ．民間企業で活躍した人が，関係の深い省庁に公務員試験を受けず就職する

エ．勤めていた省庁と関係の深い民間企業に再就職する

4—Ⅰ　次の写真は古代に使用された木簡《もっかん》です。この写真と資料文を読んで，あとの問いに答えなさい。

出典：奈良文化財研究所

木簡とは墨で文字を書いた短冊《たんざく》状の木片のことである。木片を書写(文字を書き写すこと)の材料とする事例は，西欧では古代ローマなどでもみられるが，紙の発明される以前の古代中国では竹簡《ちっかん》や木簡が生み出され，やがてそれが日本にも影響を与えた。日本では７世紀の飛鳥時代以降，近世に至るまで書写の材料として，古代にあっては，その資料的価値が重視されている。

日本における木簡は，奈良・東大寺の正倉院宝物として残されたものが古くから知られ，最初の出土例としては1928年の三重県柚井《ゆい》遺跡や1930年の秋田県払田柵跡《ほったさくあと》があげられる。ただ，この段階では出土点数もわずかであり，まだ木簡を古代の資料として十分に認識するまでには至っていなかった。(中略)

これまでのところ，日本における木簡の最古の事例は７世紀前半の頃のものである。７世紀という時代は，日本の古代国家がしだいに中央集権的な官僚制国家を目ざした時期で，７世紀後半には中国に倣《なら》った律令体制が築かれた。こうした官僚制国家に不可欠なのは文字による記録や命令である。木簡の使用は，国家体制の整備と不可分の関係にあるとみてよい。実際，日本の古代木簡は８世紀～９世紀にもっとも多く使われ，10世紀以降はその利用が少なくなる。律令国家の盛衰《せいすい》と呼応《こおう》しているのである。

木簡は発掘調査によって地中からみつかる。ただし，どこからでもみつかるというわけではない。これまでに出土した事例を集計してみると，平城京(８世紀)を筆頭に，藤原京(７世紀後半)，長岡京(８世紀末)，平安京(８世紀末～)といった都がもっとも多い。つまり，当然のことながら政治の中心となる場でみつかる。しかし，最近では都だけではなく，全国の地方の役所と思われるところからも出土するようになった。これは，地方においても文書による行政が行われていたことの証拠である。

次に出土する遺構(古い建築物)に注目すると，河川跡や溝などから出土することが多い。これは，木製品である木簡が，豊富な地下水で守られ，腐食《ふしょく》を免れてきたことにより，奇跡的に失われずに残った結果である。同時にこれらの遺構はいわば当時のごみ捨て場であり，木簡がその使命を終えて廃棄されたことを意味する。われわれは，使用済みとなりごみとして捨てられた木簡と奇跡的に出会うことにより，古代社会の実像を知ることができるのである。

出典：『日本大百科全書(ニッポニカ)』 一部改変。

問い　日本の古代において，紙は経典などに使用されていましたが，木簡は書写や荷札として利用されました。なぜ木簡が書写の材料として利用されたのでしょうか。木簡の特徴や写真を参考にしながら答えなさい。また，律令制においては官人を目指すものは書写を熱心に行いましたが，その理由はなぜでしょうか。資料文を参考にして説明しなさい。

4—Ⅱ　次の文章を読んで，あとの問いに答えなさい。

スマートフォンをはじめとするデジタル機器や，インターネット，SNSは，生活の中で不可欠なものになりつつあります。安全に正しく使うことができれば大変便利なものですが，インターネットに関係するさまざまな問題が発生していることも事実です。

インターネットが普及することで新たに注目されているものの一つに，「忘れられる権利」があります。インターネット上の情報は，いろいろな形で引用され，広がっていきます。しかも，人の名前などのキーワードで検索をすれば，時間がたっても簡単に過去のものを見つけることができます。便利ではありますが，一時的な感情で書き込んだ言葉，軽い気持ちで悪ふざけをした画像，過去の犯罪歴なども，インターネット上に一度あがったものは簡単には消すことができません。

ヨーロッパでは，欧州連合司法裁判所がGoogle《グーグル》に削除を命じる判決を出し，新しいルールがつくられました。インターネット上に掲載された自分の過去の行為に関する記事のリンクについて，検索結果からの削除を求めた男性の訴えに対し，欧州連合司法裁判所は2014年５月，原告の訴えを認めて，その中で「忘れられる権利」にも言及しました。

欧州司法裁判所の判決を受けた後，Googleは削除を依頼できるフォームを提供しています。2014年から2018年の間にGoogleが受け取った除外リクエスト件数は755,934件，URL数としては2,903,502ページに上ります。そのうち，実際に除外されたURLは，44.1％に上ります。2016年，欧州議会では，「一般データ保護規則」が可決され，「忘れられる権利」が明文化されることになりました。EU(欧州連合)では認められている「忘れられる権利」ですが，世界では，安易にこの権利を認めるべきではないという意見もあります。

問い　①「忘れられる権利」を認める立場に立った場合，なぜ過去の犯罪歴をネットから消去する必要があるのですか。その理由を説明しなさい。

②「忘れられる権利」を安易に認めるべきではないという立場の人は多くは，国民が持つ「ある人権」を重視しています。「ある人権」とは何かを明らかにした上で，安易に認めるべきではないと考える理由を説明しなさい。その際，「民主主義」という語句を必ず使用しなさい。

【理　科】〈医進・サイエンス回入試〉（50分）〈満点：100点〉

〈編集部注：実物の入試問題では，写真，図，グラフのすべてがカラー印刷です。〉

1　宇宙の歴史や現在の姿を捉《とら》えようとして行われてきた，人類の試みに関する次の文章を読み，設問に答えなさい。

「宇宙は，ビッグバンから始まった。」とよく言われますが，ビッグバンとは一体どのようなものなのでしょうか。現在の宇宙を観測することで，この疑問に迫《せま》っていきましょう。

現在の宇宙は膨張《ぼうちょう》を続けています。このことは，ハッブルの法則を精密に確かめようとする観測的な研究や，「光速度不変の原理」に基づいてつくられた相対性理論などにより確かめられてきました。観測的な研究の一つとして1999年に発表されたPerlmutter 氏らの研究(Perlmutter et al., ApJ 517,565(1999))では，その天体までの距離《きょり》とその天体の①後退速度の関係が調べられました。ここで，ある天体の後退速度とは，その天体の速度のうち，観測者から遠ざかる方向の速度のことです。彼らの研究からは，より遠くの天体ほどより速く観測者から遠ざかっているという現象が読み取れました。

問１　下線部①に関して，図１のような川を渡《わた》ろうとする船の後退速度を考えてみましょう。川の流れがなかったとき，船はある一定の速さで進みます。今，船は片側の岸からもう一方の岸に向かってまっすぐに漕《こ》ぎ続け，川の水は川上から川下に向かってある速さで流れていたとします。このとき，川の流れによって，船の進行方向は流れの方向にややずれ，船の速さも変わります。さて，岸から見て，川に流されながら動く船の速さが2.5m／秒で，川の流れの速さ自体が1.5m／秒だったとします。このとき，川の流れの速さと同じ速さで川下へ動く観測者から見ると，船はどのような方向にどんな速さで動いていますか。ただし，方向は解答欄の図中に矢印をわかりやすく記入すること。

また，以下を用いて考えても構いません。船を漕ぐ速さと川の速さを合わせるためには，２つの速さを２辺とするような長方形を描《か》きます。その長方形の対角線の長さが，２つの速さを合わせた速さになります。逆に，ある矢印を長方形の対角線として，長方形の２辺の長さを求めることもできます。さらに，直角三角形において，直角をはさむ二辺の比が３：４のとき，もうひとつの辺の長さは５という比率で表されます。

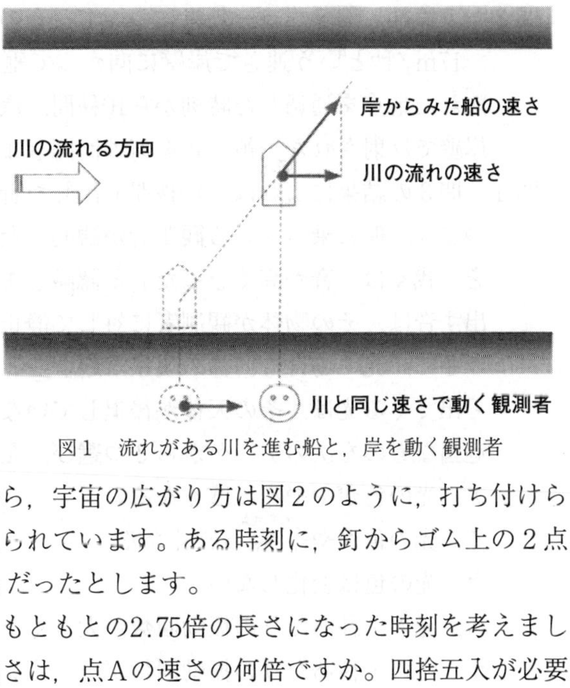

図１　流れがある川を進む船と，岸を動く観測者

問２　遠くの天体ほど後退速度が大きいことから，宇宙の広がり方は図２のように，打ち付けられた釘《くぎ》から伸びるゴムのようなものと考えられています。ある時刻に，釘からゴム上の２点ＡとＢまでの距離はそれぞれ１cm と３cm だったとします。

さて，時間経過とともにゴムが伸びて，もともとの2.75倍の長さになった時刻を考えましょう。このとき，ゴムの上にある点Ｂの速さは，点Ａの速さの何倍ですか。四捨五入が必要な場合は小数第一位を四捨五入し，整数で答えなさい。

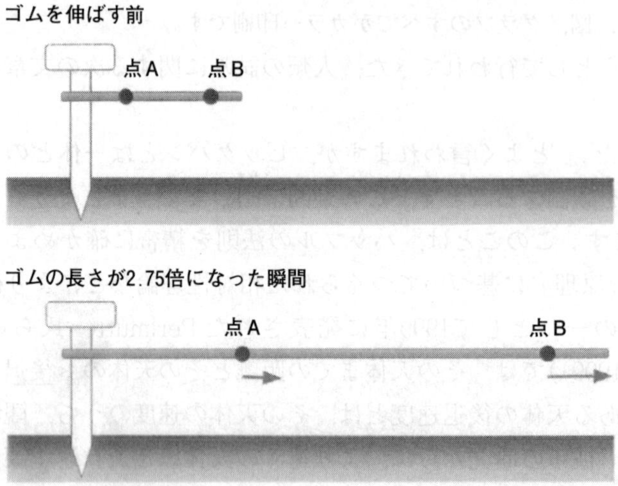

図2

天体の後退速度を調べる代表的な方法に，光の②ドップラー効果を利用するものがあります。音に関するドップラー効果は日常的によく知られています。たとえば，救急車が近づいてくるときにはサイレンの音が高く聞こえ，逆に，救急車が遠ざかっていくときにはサイレンの音が低く聞こえるという現象がその一例として挙げられます。また，高い音は波の長さが短く（1秒あたりの振動回数が大きく），低い音は波の長さが長く（1秒あたりの振動回数は小さく）なっています。天体から出てくる光も波の一種なので，天体が移動していることによってドップラー効果を生じます。

問3　下線部②ドップラー効果について，音の場合に具体的な状況で考えてみましょう。

17m/秒という速さで岸壁《べき》に向かって垂直に進む船があります。この船が岸壁から3.4km離《はな》れた地点を通過した時刻から10秒間，汽笛を鳴らし続けました。この船に乗っている人は，岸壁で反射された汽笛の音を何秒間聞きますか。ただし，音の速さは323m/秒とします。

問4　問3の結果によれば，10秒間で出した音をそれよりも短い時間で観測したことになります。つまり，船に乗っている観測者が観測した波の1秒あたりの振動回数は増えています。これを，我々は「音が高くなった」と認識します。つまり，観測者に対して近づいていく物体が出す音は，その物体が観測者に対して静止しているときの音よりも高くなっています。

さて，光の場合も同様の現象が起こるとしましょう。このとき，後退速度の大きい天体から出てくる光は，その天体が後退していない場合にくらべてどのような光になるでしょうか。適当なものを次のア～ケから**3つ選び**，記号で答えなさい。

ア．光の色がやや赤っぽくなる。
イ．光の色がやや紫《むらさき》っぽくなる。
ウ．光の色は変化しない。
エ．光の1秒あたりの振動回数が大きくなる。
オ．光の1秒あたりの振動回数が小さくなる。
カ．光の1秒あたりの振動回数は変化しない。
キ．光の速さが速くなる。

ク．光の速さが遅くなる。

ケ．光の速さは変わらない。

ただし，解答にあたり，次の図３を用いて考えて構いません。

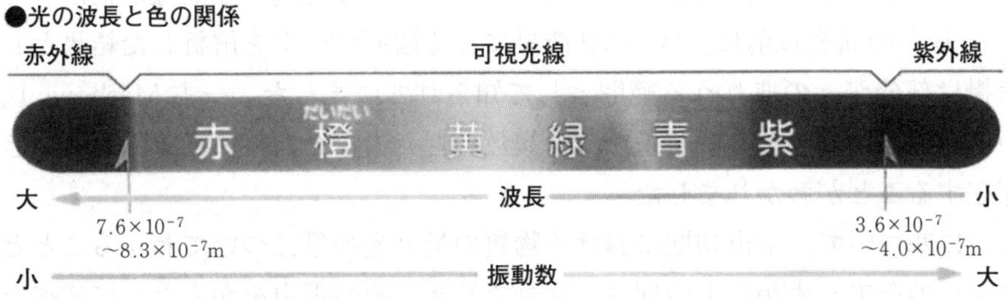

図３　フォトサイエンス物理図録(数研出版)より抜粋《ばっすい》

現在の宇宙が膨張しているのであれば，宇宙の温度は小さくなっていきます。ちょうど，上昇《しょう》気流によって雲ができる原理と同じです。このことから，逆に，時間をさかのぼってみれば，宇宙は収縮していきます。つまり，宇宙のごく初期では，非常に高密度で高温な状態だったと考えられます。このような宇宙の状態を「ビッグバン」と呼びます。

高密度で高温な状態であるビッグバンから宇宙が始まり，その後の宇宙の発展を記述しようとする枠《わく》組みを「標準ビッグバン宇宙モデル」といいます。今日まで，このモデルは数々の成功を収めてきました。例えば，宇宙が生まれてからの最初の３分間で起こることを理論的に計算できるようになり，その結果として複数の軽元素(重水素やヘリウムなど)の観測量をたったひとつの特徴《とくちょう》量で説明できるようになりました。このような成果により，標準ビッグバン宇宙モデルは，宇宙の姿を観測と矛盾《むじゅん》なく捉えられるモデルとして確固たる地位を築いてきたのです。

宇宙が生まれてからの数分というごく初期では，宇宙はどのようなもので満たされていたのでしょうか。これも，標準ビッグバン宇宙モデルによって説明されます。2005年に発表されたMathews氏らの研究結果が図４に示されています。

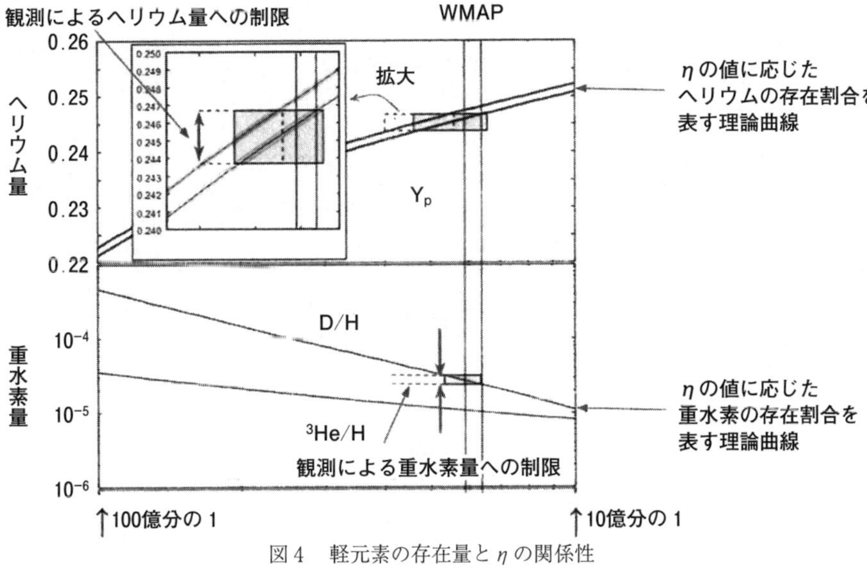

図４　軽元素の存在量とηの関係性

図４は，２つのグラフを上下に並べたものです。横軸《じく》はどちらも「光の量に対するその物質の量」を表す比となっており，η（エータと読みます）という文字で表します。縦軸は，上のグラフではヘリウム量を，下のグラフでは重水素量をそれぞれ表します。それぞれの物質について，ηの値に応じてこのような観測量が得られるだろうという理論的な曲線が描かれています。また，Mathews氏らの研究以前に，WMAP衛星による観測データを解析《せき》した結果として，図中のうすい網《あみ》掛《か》け部分がηの取りうる範囲として知られていました。一方Mathews氏らが得た結果は濃《こ》い網掛け部分です。この結果から，複数の軽元素量を同時にうまく説明できるようなηの値が存在することがわかりました。

問５　このグラフに基づいて，宇宙初期における物質の量と光の量についてわかることとしてもっとも適当なものをア～オから１つ選び，記号で答え，その理由をかんたんに述べなさい。

ア．初期の宇宙は，ほぼ物質によって満たされていた。

イ．初期の宇宙は，７割ほどが物質で残りが光だった。

ウ．初期の宇宙は，３割ほどが物質で残りが光だった。

エ．初期の宇宙は，ほぼ光によって満たされていた。

オ．このグラフだけからではア～エのいずれも結論できない。

ηの値が決まったことで，物質の量を測定すれば光の量もわかるようになりました。このことから，宇宙から地球に飛来する光についての研究が進展しました。現在では，宇宙マイクロ波背景放射(CMB)と呼ばれる光が，宇宙のいろいろな方向から地球へ降り注いでいることがわかっています。CMBの最たる特徴は，どの方向からもほぼ同じようなエネルギーの光が届いていることです。そのずれの大きさは0.001％程度しかなく，とても高い精度で宇宙全体が一様であることがこの観測により示されました。なぜこんなにも広い範囲が一様なのか？　という問いは「ホライゾン問題」と呼ばれ，標準ビッグバン宇宙モデルが抱《かか》える重大な問題として知られていました。現在では，ホライゾン問題を含《ふく》むいくつかの問題を同時に解決できる有力なシナリオとして，ビッグバンという状態に至るよりも前に宇宙が急激に大きくなった時期を経たと考えるインフレーションモデルが提唱されています。

2　次の文章を読み，あとの問いに答えなさい。

科学技術の発展にともない，人類は様々な環境《かんきょう》問題に立ち向かってきました。近年では，地球温暖化対策に向けて，世界各国が大気中の温室効果ガスの低減を目指して大きく動き始めています。私たち一人ひとりもこのような動きに注目し，現状を科学的に正しく理解し，それに基づいて正しく行動することが求められます。また，これらの問題を根本的に解決しうる技術革新が何よりも必要です。その一つの解決策として再生可能エネルギーの開発・普及《ふきゅう》が挙げられますが，これ以外の方法もたくさん検討されています。ここでは「化学」による新しい対策技術について学びましょう。

問１　下線部について，これまで「自然保護」と「科学技術の発展」の２つの対立がつねに環境問題の解決を困難とさせてきました。この２つの考えを対立構造とさせないために「持続可能性(サステナビリティ)」を考慮した技術革新が求められます。自然保護だけでなくそれ以外を含めた広い視点をもって，地球温暖化対策を講じていく上で，我々人類が持続可能性の対象とすべきものとして適当なものを次のア～カから**すべて**選び，記号で答えなさい。ただし，ア～カのすべての選択肢が適当であると考えた場合は，解答欄に「すべて」と書きなさい。

ア．きれいな水　　イ．きれいな空気　　ウ．資源循環

エ．生物多様性　　オ．経済活動　　カ．国際社会の平和

大気中の二酸化炭素濃度の上昇が地球温暖化に大きく影響《えいきょう》しているのではないかとよくいわれますが，皆さんは「もしそうだったら，大気や排《はい》ガス中の二酸化炭素を回収すればいいのではないか」と考えたことはありませんか。単純かつ大胆《だいたん》な発想ですが，実は近年さまざまな研究・開発がすすめられています。このような空気から直接的に二酸化炭素を捕集《ほしゅう》する技術をDAC(Direct Air Capture)法といい，まだまだ大幅な低コスト化が必要ではあるものの，将来期待されている技術の一つとして知られています。例えば，図５ DAC法の写真で示されるカナダのCarbon Engineering社のDAC法では以下の化学反応を用いた技術が開発されています。

図５　DAC法

まず，空気を効率的に水酸化カリウム水溶《よう》液に接触《せっしょく》させて，二酸化炭素を選択的に吸収します(反応１)。二酸化炭素を吸収すると，水酸化カリウム水溶液は炭酸カリウム水溶液に変わっていきます。これに，水酸化カルシウム水溶液を混ぜると，［　A　］の結晶が沈殿《ちんでん》します(反応２)。この反応は，［　A　］の水に溶けにくい性質を利用しています。残った溶液は水酸化カリウム水溶液に変わります。その後，［　A　］を回収し，加熱して酸化カルシウムを合成し(反応３)，さらにこれに水を加えて水酸化カルシウム水溶液を作ります(反応４)。

反応１
二酸化炭素（気体）＋水酸化カリウム水溶液→炭酸カリウム水溶液
反応２
炭酸カリウム水溶液＋水酸化カルシウム水溶液→
A（固体）＋水酸化カリウム水溶液
反応３
A（固体）→二酸化炭素（気体）＋酸化カルシウム（固体）
反応４
酸化カルシウム（固体）＋水→水酸化カルシウム水溶液

（参考） KEITH, David W., et al. A process for capturing CO_2 from the atmosphere. *Joule*, 2018, 2.8: 1573-1594.

炭酸カリウムや A といった物質名の中に含まれる“炭酸”という名前から連想されるように，これらの物質の中には二酸化炭素分子に由来する炭酸イオンというものが存在します。このような炭酸イオンを含む物質は炭酸塩と呼ばれ，いわば二酸化炭素を固体として閉じ込《こ》めた物質ともいえます。このような変化を「二酸化炭素固定」といいます。

問２ A の名前を本文の流れから予想して書きなさい。

問３ このシステムの特徴はできるだけ再利用できるものは再利用し，全体のコストを下げることにあります。反応物，生成物の関係性を表した図６の反応ア～エにあてはまる本文中の反応の番号を記入しなさい。また，空欄オとカにあてはまる物質名を入れなさい。

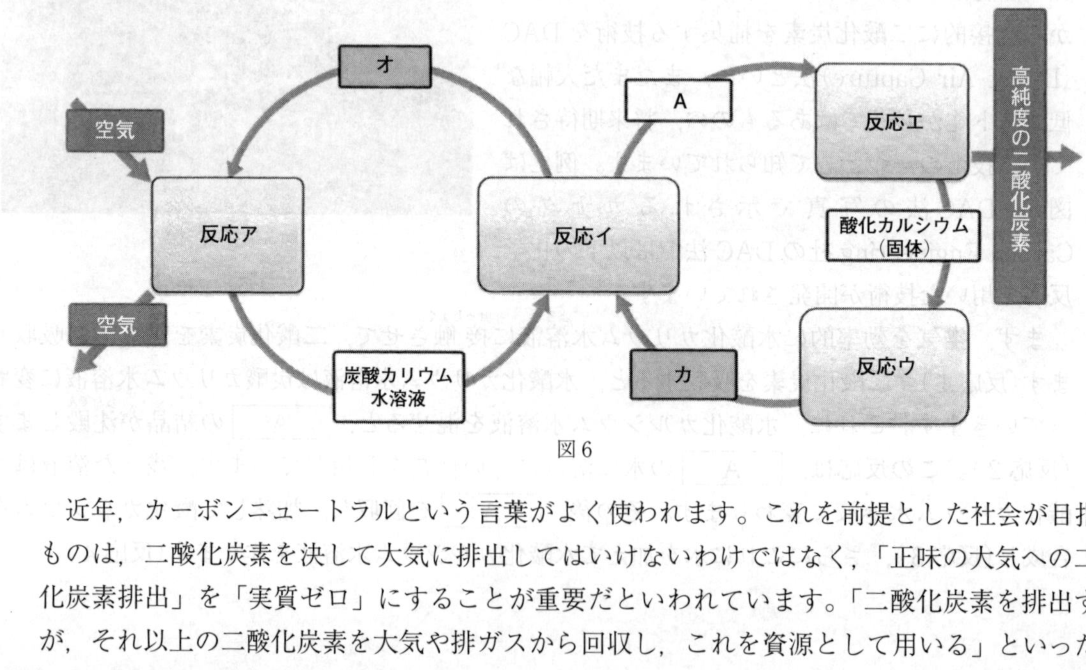

図６

近年，カーボンニュートラルという言葉がよく使われます。これを前提とした社会が目指すものは，二酸化炭素を決して大気に排出してはいけないわけではなく，「正味の大気への二酸化炭素排出」を「実質ゼロ」にすることが重要だといわれています。「二酸化炭素を排出するが，それ以上の二酸化炭素を大気や排ガスから回収し，これを資源として用いる」といった対策も一つの解決策となります。

例えば，近年水素からメタンを合成し，これをこれからの水素社会に応用することが検討され始めています。水素は以下の式のようにして，化学反応によってメタンに変わります。

水素＋二酸化炭素→メタン＋水

メタンを都市ガス燃料として利用すれば，燃焼時に二酸化炭素を発生してしまいます。しかし，上の反応を利用した場合，メタンを合成する際に二酸化炭素を消費するわけですから，正味の二酸化炭素排出量はゼロということになるわけです。

日本においてこの技術・仕組みを普及させることの最大の利点は，　C　ということです。さらに，メタン燃料の合成において，太陽電池などの自然エネルギーで生み出した水素を用いれば，カーボンニュートラルな『水素社会』の早期実現にむけて一歩をふみ出せるかもしれません。

ここまで，地球温暖化対策に向けたあまり知られていない最新技術を紹介《しょうかい》しましたが，もちろんこれらが実用化・普及されるにはまだまだたくさんの課題があり，十分な検証が必要です。しかし，問題の解決のために，常にあらゆる手段を模索《もさく》し，そして新しい技術を生み出すことに「挑戦《ちょうせん》」する姿勢をもつことも大切ではないでしょうか。

問４　太陽電池などの自然エネルギーで生み出した水素がもつエネルギーを，どのくらい各家庭の多様なエネルギー利用につなげられるかを考えてみます。本文のように水素をメタンに変えて使用することは，田舎や新しく開発する都市よりもむしろ，日本における既存《きそん》の都心部において非常に大きなメリットがあると予想できます。これをふまえて，本文の空欄　C　にあてはまる内容を15～20字程度で述べなさい。

問５　この技術を導入する意義を考える上で重要となるメタンガスと水素ガスの性質の違《ちが》いについて，下の説明文の空欄ａ～ｅにあてはまる内容としてもっとも適当なものを次のア～ケから１つ選び，記号で答えなさい。なお，空欄ｄ，ｅについては順不同とする。必要であれば各燃料の性質を示した表１を十分に参考にすること。ただし，１[MJ]は1,000,000[Ｊ](単位の読み方：ジュール)に相当する発熱量である。

説明文：

水素とメタンの性質は大きく異なる。気体の密度は(　ａ　)の方がはるかに小さく，同体積の燃焼による発熱量は(　ｂ　)の方が大きい。また，メタンはプロパンのような他の燃料に比べて同じ発熱量を得る際に排出する二酸化炭素量は(　ｃ　)。その他に，この技術を導入する意義を考える上でそれぞれの燃料の(　ｄ　)や(　ｅ　)の違いなども考慮《こうりょ》すべきである。

表１

気体の名称	燃料１[kg]あたりの発熱量[MJ]	燃料１[kg]あたりの体積[kL](常圧20℃)	燃料１[kg]あたりの二酸化炭素排出量[kg]
水素	141.8	12.0	0
メタン	55.5	1.5	2.75
プロパン	49.3	0.5	3.00

＜選択肢＞

ア．水素　　イ．メタン　　ウ．多い

エ．少ない　　オ．変わらない　　カ．燃焼時に混合させる空気の適切な量

キ．燃焼の速さ　　ク．燃料の色　　ケ．燃料のにおい

3 以下の文章を読み，あとの問いに答えなさい。

小学校などで植物を育てたことのある人は，植物の芽や茎《くき》が太陽の方へ向かって成長している様子を見たことがあるでしょう。植物には，光が当たった方に曲がっていく性質があります。この理由は，光が当たった方よりも光が当たっていない方の成長が早まり大きくなっていくからです。成長速度に差が生じた結果として，太陽の方に曲がっていくのです。

では，なぜ同じ条件で生育している植物の，光が当たらない方が大きく成長するのでしょうか。この成長速度の違いには，オーキシンという物質が関わっていることが知られています。一定量のオーキシンがあると，オーキシンがない場所に比べて成長が早くなります。つまり，植物では光が当たっていない方にオーキシンという物質が存在するため，光が当たる側よりも早く成長するということになります。

また，植物の成長は決まった場所で行われ，その場所は茎と根にそれぞれ存在しています。オーキシンは成長する場所で働き，植物の成長促進《そくしん》に働いていると考えられています。昔の研究者たちは，このオーキシンのしくみを解明するために様々な実験を行い，その特徴や性質を調べました。オーキシンの実験でよく使われた植物はイネで，特に図7にあるような幼葉鞘《ようようしょう》という，種子から最初に出てくる筒《つつ》状の器官を用いていました。この幼葉鞘が土の上に顔を出したときに，どちら側に曲がるのかによってオーキシンがどこに移動したかがわかります。研究者たちが行った実験結果をまとめると，オーキシンの特徴は次のようにまとめることができました。

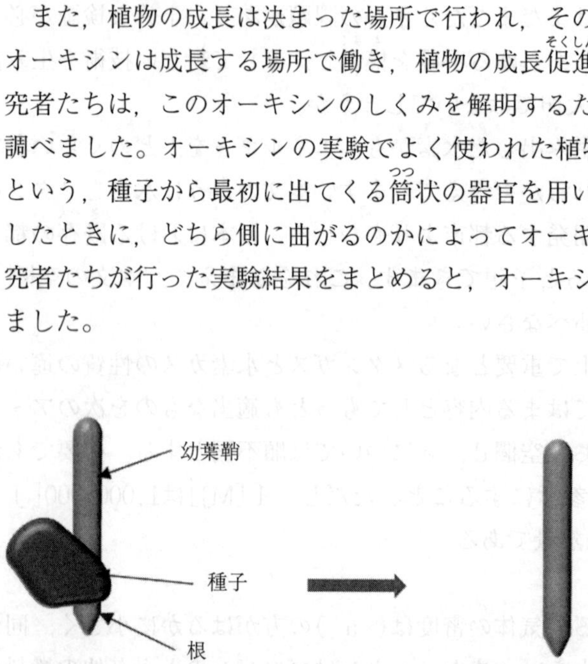

※実験で使用する場合は，種子をはずして使用します。

図7

《オーキシンの特徴》

① 幼葉鞘の先端《せんたん》部に光を当てると，そこでつくられたオーキシンは光が当たっていない側に移動してから下の方へ移動する。また，茎では下から先端へ向かう方向にオーキシンは移動しない。オーキシンが移動した先の成長が促進され，光が当たっている側へ曲がっていく(図8)。

② 幼葉鞘の先端を切り取り，aは寒天片をはさみ，bは雲母片《うんもへん》をはさんだ。aはオーキシンを通したが，bはオーキシンを通さなかったことから，オーキシンは水に溶けるという事がわかった(図9)。またここで使用した雲母片は，光は通すが物質は通さない性質を持つ。

③ 先端でつくられたオーキシンは，茎の中心部を通って下の方へ移動するものもある。根冠《こんかん》まで届いたオーキシンは，そこで折り返し根の外側を通って上の方へ移動する(図10)。

④　茎と根では，成長を促進させることのできるオーキシンの量はそれぞれ決まっている。茎が成長できるオーキシンの量では，根の成長は抑制《よくせい》される(図11)。

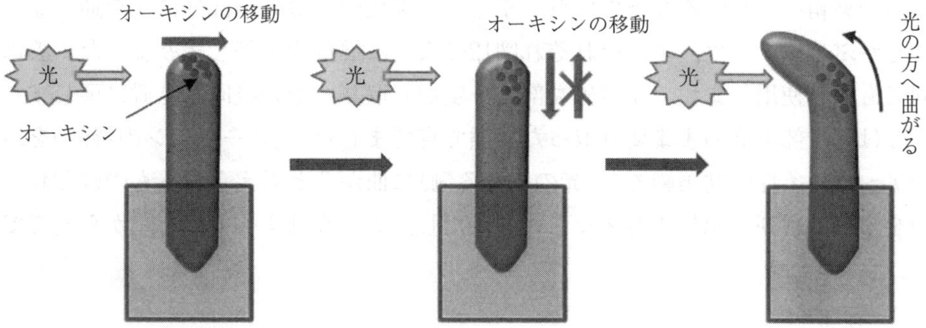

図８

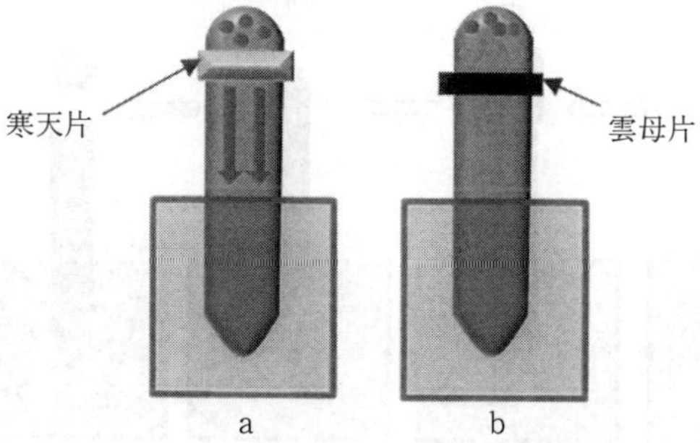

図９

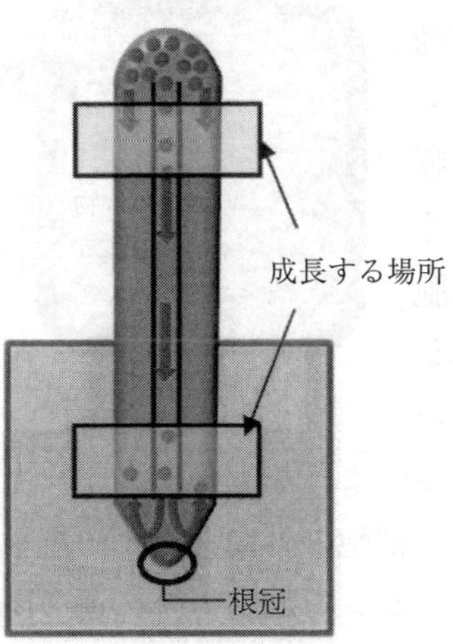

図10

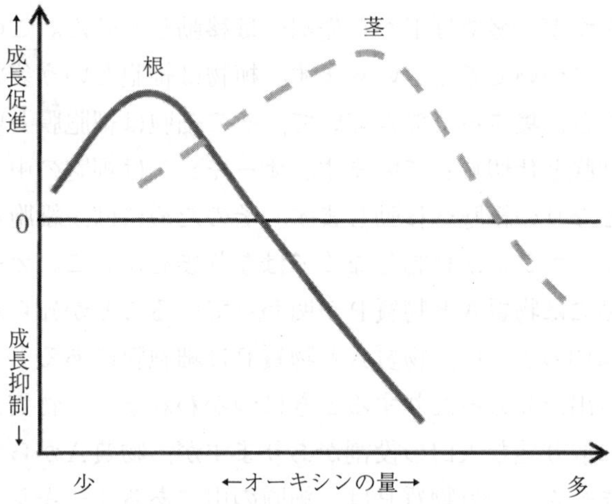

図11

問１　イネの特徴として適当なものを次のア～キから**すべて選び**，記号で答えなさい。

ア．種子植物ではない。

イ．単子葉類である。

ウ．花弁がない。

エ．おしべが１つしかない。

オ．一般《ぱん》的に乾燥《かんそう》している地域でよく育つ。

カ．胚《はい》乳を形成する。

キ．明るい時間が長ければ長いほどよく実をつける。

問２　イネの幼葉鞘をいろいろな条件で育てました。図12のアは先端部分に光を通さない黒いキャップをかぶせ，イ，ウ，エはそれぞれ図12のように雲母片を差し込みました。雲母片は図９と同じものを使用します。オは先端部を一度切り取り，その後同じ位置に戻しました。最後に，カは先端部をそのまま切り取った状態で育てました。《オーキシンの特徴》をふまえ，図12のア～カの条件の幼葉鞘で左（光の当たる側）に曲がると考えられるものはどれか，適当なものを**すべて選び**，記号で答えなさい。ただし，ア～カはすべて光を左から当てて育てました。

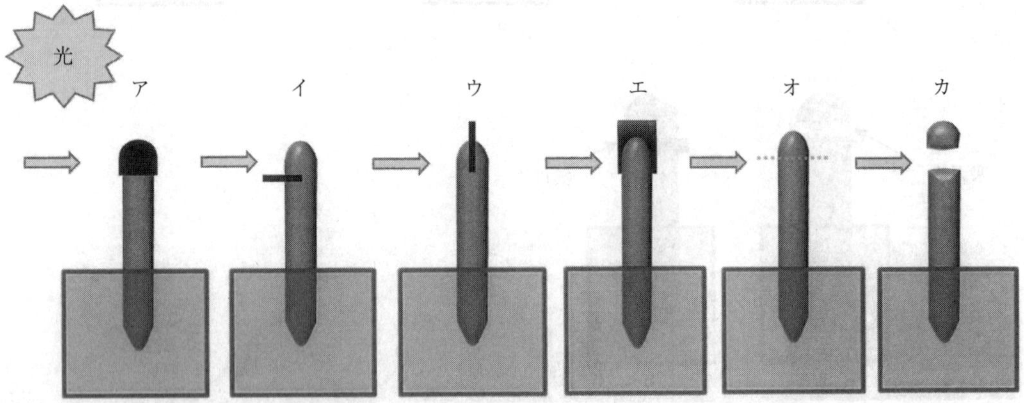

図12

図８のように，オーキシンは茎の先端でつくられて下の方へ移動しますが，茎では下から先端へは移動しません。この移動のしくみについて考えていきます。植物は細胞という袋《ふくろ》状のものがたくさん集まってできていて，その細胞は細胞膜《まく》という膜で他の細胞と仕切られています。オーキシンは細胞の中でつくられ，となりの細胞へ移動します。そのためには，細胞と細胞の間でオーキシンが移動しなくてはなりません。このオーキシンの移動には物質Ａと物質Ｐが関わっていることが知られています。図13のように，物質Ａと物質Ｐは細胞膜にあるトンネルのようなもので，オーキシンが細胞から出たり入ったりするときにつかわれます。物質Ａは，細胞の外にあるオーキシンを細胞の中に取り込む入口の役割がありますが，物質Ａからオーキシンを細胞の外に運び出すことはできません。一方物質Ｐは，細胞の中にあるオーキシンを細胞の外に運び出す出口の役割がありますが，物質Ｐは細胞の外にあるオーキシンを細胞の中に取り込むことはできません。したがって，物質Ａと物質Ｐに異常がおきると植物の中でのオーキシンの分布や植物の成長に影響が起こることが予想されます。

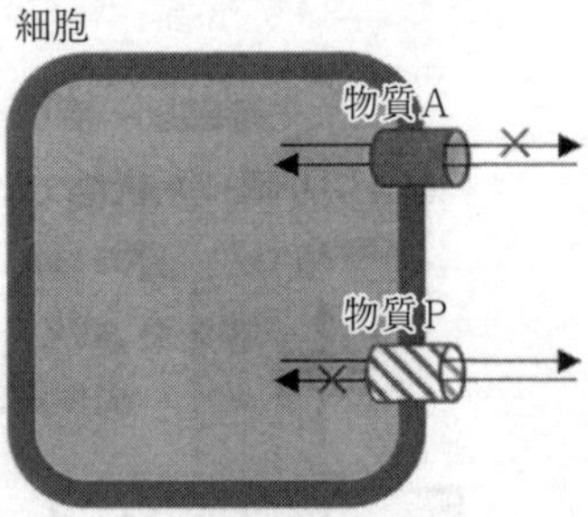

図13

問３　物質Ａと物質Ｐに様々な異常が起きたときに，植物にどのような影響がでるかを考えます。下にある【異常】には植物Ｘと植物Ｙに起きた，物質Ａと物質Ｐの異常についての説明が，一方【影響】には植物の成長への影響についての説明が書かれています。植物Ｘと植物Ｙのそれぞれに起こる影響について最も適切だと考えられるものを【影響】のア～キから，それぞれ

１つずつ選び，記号で答えなさい。

【異常】

植物Ｘ：図14のＱに示されている場所に位置する細胞を調べると，物質Ａが存在していたが物質Ｐは存在していなかった。

植物Ｙ：図14のＳに示されている場所に位置する細胞を調べると，物質Ａが存在していなかったが，物質Ｐは存在していた。

ただし，植物Ｘと植物Ｙの他の位置の細胞を調べたところ異常はなかった。

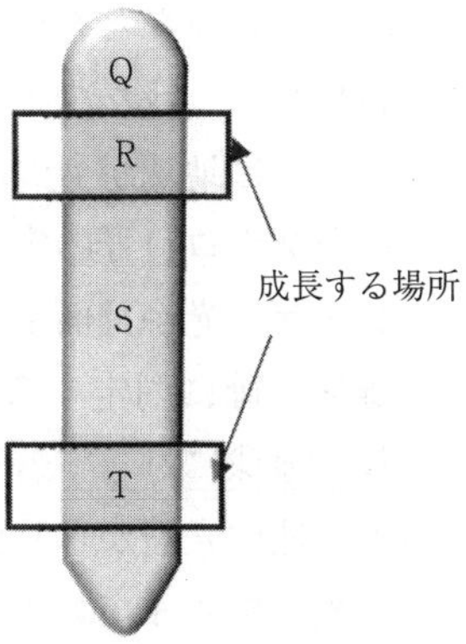

図14

【影響】

ア．Ｒの部分は成長するが，Ｔの部分は成長しない。

イ．Ｒの部分は成長しないが，Ｔの部分は成長する。

ウ．ＲとＴの部分の成長がみられる。

エ．ＲとＴの部分の成長がみられない。

オ．すべての部分にオーキシンがある。

カ．Ｒ・Ｓ・Ｔの部分にオーキシンがある。

キ．Ｓの部分にのみオーキシンがある。

次に，重力が植物に与える影響を調べました。図15のように光が当たらない場所に植物を地面に水平にして寝かせました。しばらくすると，茎は重力に逆らうように曲がっていき，根は重力の方向に曲がっていきました。重力に対してこのように反応することは，植物の成長に重要な役割を果たしています。それでは，どのようなしくみがはたらいているのか考えていきましょう。オーキシンは《オーキシンの特徴》にもある通り，決まった方向に動きます。しかし，根の一番端の根冠(図15の→で示した部分)では重力を感知する働きがあり，この場所が重力を感知するとオーキシンはその重力の方向に沿って図の下側へ移動します。また，茎の先端でも根と同様に，オーキシンはその重力の方向に沿って図の下側へ移動します。

問４　文章中の下線部について，この実験はなぜ光が当たらない場所で行う必要がありますか。光を当ててはいけない理由を説明しなさい。

問５　図15のように，茎が重力と反対方向へ，根が重力方向へ曲がっていく理由をオーキシンの特徴に着目し，説明しなさい。

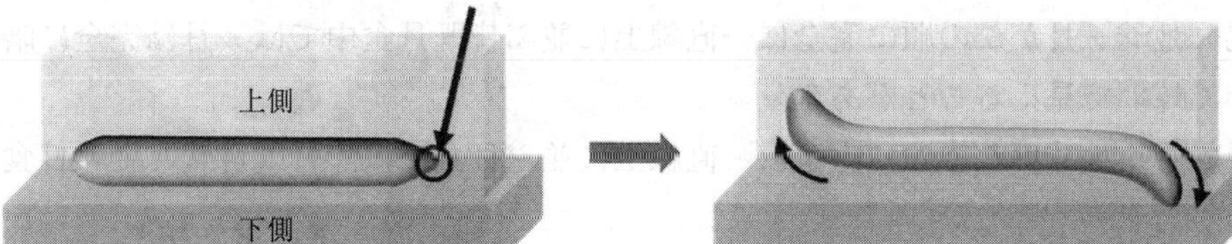

図15

4　広尾学園では天文合宿というイベントがあり，街灯の明かりの強い都会では見られないような満天の星空を楽しみ，また専門家の指導のもと，望遠鏡で太陽系内の惑星《わくせい》や，二重星，星団，星雲，銀河などを望遠鏡で観察する観望会を実施しています。ここでは月や太陽，太陽系内の惑星など，我々の地球にとって比較《かく》的身近な太陽系の天体を見ていきましょう。

〔Ⅰ〕 月は地球がもつ唯《ゆい》一の衛星(人工衛星を除く)です。1969年に人類史上初めて月面に降り立ったアポロ11号の宇宙飛行士が反射板を月面上に設置しました。これにより，地球から送ったレーザー光が月面上の反射板で反射して戻って来るまでの時間を測ることで，地球と月との距離を正確に測定することができます。その結果から，①<u>月の公転軌道はやや楕円《だえん》形をしており，地球に対して若干近づいたり，遠ざかったりしながら周回</u>していることが分かりました。

問1　地球表面から月面に向けてレーザー光を放ってから，月面上の反射板で反射したレーザー光が戻るまでに2.5秒かかりました。このとき，地球表面と月面との距離は何 km ですか。下の空欄AとBに入る値を，それぞれ1桁，または2桁の整数で答えなさい。ただし，光の伝わる速さはちょうど秒速30万 km であるものとします。また，月の公転速度は光の速度に対して十分に遅《おそ》いため，この精度の計算においては2.5秒間における月の移動は無視できるものとします。

【問1の解答】（ A ）万（ B ）千 km

問2　地球表面から見た月の大きさは，五円玉を持って手を伸ばすと，ちょうどその穴に入るくらいの大きさです(図16)。ある満月の日，月がちょうど五円玉の穴に収まったときの目と五円玉の距離を測定すると550mm でした。五円玉の穴の直径はちょうど5 mm であり，このときの月の中心と観測地点までの距離が38万5000km であったとして月の直径は何 km か答えなさい。ただし，月は十分に遠いとして考えて構いません。

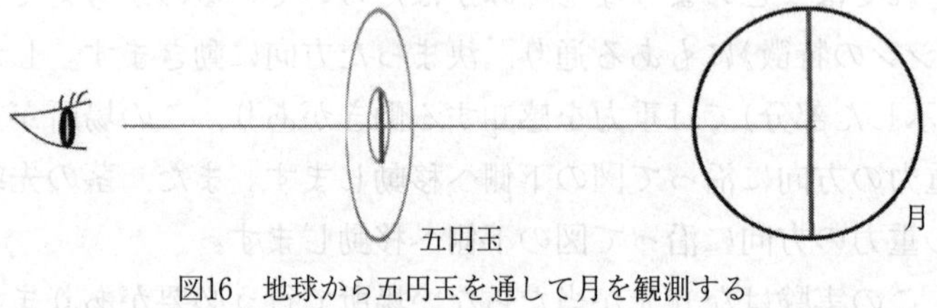

図16　地球から五円玉を通して月を観測する

問3　下線部①について，月が地球へ近づいたり遠ざかったりしながら公転していることは，特別な装置で地球と月との距離を精密に測定しなくても，私たちが肉眼で月を注意深く観察すれば推察することができます。その根拠《きょ》となる事例として適当なものを，次のア～オから**2つ選び**，記号で答えなさい。

ア．太陽―地球―月がこの順に完全に一直線上に並ぶ皆既《かいき》月食中では，月は完全に暗くならず，赤く輝いて見えることがある。

イ．太陽―月―地球がこの順に完全に一直線上に並ぶ日食には，皆既日食と金環日食が存在する。

ウ．地球から見た月の形は，三日月，半月，満月のように満ち欠けがある。

エ．月が西の地平線に沈《しず》むとき，春頃よりも秋頃の方が小さい角度で沈む。

オ．地球から見た満月の大きさは一定ではなく，最も大きく見えるときの満月はスーパームーンと呼ばれることがある。

〔Ⅱ〕 16世紀にポーランドの天文学者(C)によって唱えられた地動説は，17世紀にドイツの天文学者ケプラーによって全面的に支持され，地球も太陽の周りをまわる惑星の１つであると認識されるようになりました。図17のように，現在では太陽の周りを公転している惑星の公転軌道はほぼ同一平面上にあり，地球を回る月の場合と同様に，惑星の１つ１つの軌道は完全な円ではなく，やや楕円形をしていることが分かっています。

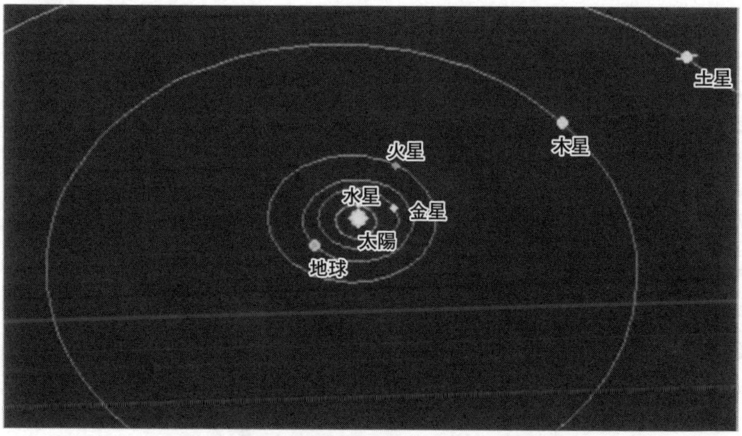

図17 惑星の公転軌道(国立天文台より参照)。

下の表２は，水星から土星までの惑星の公転周期と太陽からの平均距離，および各惑星の質量を比較したものです。地球と太陽の平均距離は約1.5億 km で，これを１AU(天文単位)と表します。また，公転周期も年単位で表すことで，それぞれ地球の何倍かを簡単に把握《はあく》することができます。

表２

	水星	金星	地球	火星	木星	土星
太陽からの平均距離[AU]	0.38	0.72	1	1.5	5.2	9.5
公転周期[年]	0.24	0.62	1	1.9	(D)	29
地球に対する質量比	0.056	0.82	1	0.11	318	95

問４ 文中の(C)に入る，ポーランドの天文学者の名を答えなさい。

問５ 表２から，惑星の公転する速さ(単位時間に進む距離)は，惑星の質量に関係なく，内側の惑星ほど大きくなっていることが分かります。更にケプラーは，太陽からの平均距離と公転周期の関係について，特に地球や木星など円に近い公転軌道をもつ惑星に関して，表２の値を用いれば，以下の数式が成り立つことを明らかにしています。

$$\frac{(\text{公転周期})\times(\text{公転周期})}{(\text{太陽からの平均距離})\times(\text{太陽からの平均距離})\times(\text{太陽からの平均距離})}=1\ [\text{年}^2/\text{AU}^3]$$

これを参考にして，表２の(D)に入る数値を求め，その結果にもっとも近いものを次のア～カから１つ選び，記号で答えなさい。

ア．４年　　イ．８年　　ウ．12年　　エ．16年　　オ．20年　　カ．24年

〔Ⅲ〕 これら惑星の質量や大気成分，および表面温度を比較してみましょう。これらの惑星同士の特徴の比較は地球の環境対策に役立てられると考えられ，現在は系外惑星(太陽以外の恒星

の周囲を回る惑星)の探査や研究にも力がそそがれています。

表3

	水星	金星	地球	火星	木星	土星
地球に対する質量比	0.056	0.82	1	0.11	318	95
表面の平均温度[℃]	179	470	16	−28	−108	−138
大気の主成分	ほぼ無し	二酸化炭素	窒素	二酸化炭素	水素	水素

問6　水星の他の惑星と異なる特徴として，昼側の表面温度と夜側の表面温度に大きな差があることが挙げられます。その理由を説明した下の文章の空欄アからウに入る言葉をそれぞれ答えなさい。

「水星の質量が小さいために表面の(　ア　)が弱くて，(　イ　)を留めておくことができず，(　ウ　)の移動が起こりにくいから。」

問7　一方，金星は太陽からの距離が水星よりも大きいにもかかわらず，昼夜を問わず非常に高温です。その原因として考えられることを説明しなさい。

問七　——線⑥「体の輪郭が変わってしまいます」とはどういうことですか。その説明として最もふさわしいものを次から一つ選び、記号で答えなさい。

ア　模型の手が、実際に自分の体の一部として機能し始める実感を持つということ。

イ　模型の手が、あたかも自分の手であるかのような錯覚を抱いてしまうということ。

ウ　模型の手によって、自分のできることの可能性を広げることができるということ。

エ　模型の手によって、どこまでが自分の身体なのかという識別ができなくなるということ。

問八　次の文は、——線⑦「赤ちゃんが学んでいることも、これに似ています」を説明したものです。次の文の[A]・[B]にあてはまるようにそれぞれ指定された字数以内の説明を考え、文を完成させなさい。

[A：70字以内]と同じように、赤ちゃんも[B：50字以内]ということ。

注1　「オーラ」…そのものが放つエネルギー。
注2　「枢軸《すうじく》」…物事の中心となる部分。
注3　「モールス信号」…短い符号と長い符号だけで文字や数字を表す電信による伝達方法。

問一　――線①「奇妙なのは、実は、私たちのほうです」とはどういうことですか。その説明として最もふさわしいものを次から一つ選び、記号で答えなさい。
ア　私たちの目は現実の奥行きのある世界をいったん2次元の姿でとらえているのに、脳はその情報をわざわざ3次元の立体として脳内で再現していること。
イ　開眼手術をした人が遠近感のある世界を初めて目にしたときは感動を伴うのに、私たちは目が見えていることでその感動をすっかり失っているということ。
ウ　現実の世界では道の遠近感も富士山も同じ三角形で見えているはずなのに、私たちの脳は、その映像に上下や遠近といった情報を付け加えているということ。
エ　物事は見る人によって見え方が異なるはずのものなのに、私たちは立体感のある映像が唯一のものだと当たり前に感じているということ。

問二　――線②「近くの物体は遠くの物体よりも視野内の動きが大きい」とはどういうことですか。その説明として最もふさわしいものを次から一つ選び、記号で答えなさい。
ア　遠くにある物体ははっきりとその様子を観察することはできないが、近くにある物体ははっきりと観察できるということ。
イ　動きの小さい物体よりも動きの大きい物体の方が、実際の遠近よりも近くにあるように見えるということ。
ウ　同じ距離を移動していても、近くにある物体のほうが遠くにある物体よりも大きく移動しているように見えるということ。
エ　物体が遠くにあると静止しているようにしか見えないが、物体が近くにあると静止してはいないように見えるということ。

問三　――線③「見え」とはどのようなものですか。ほぼ同じ意味の四字の言葉をここより前の部分からぬき出して答えなさい。

問四　□内の文を正しい順番に並べ替えたとき、四番目にくる文を記号で答えなさい。

問五　――線④「単なる平面の三角形が放つ、壮大なる信念のオーラ」とはどういうものですか。その説明として最もふさわしいものを次から一つ選び、記号で答えなさい。
ア　元は2次元の平面に過ぎない地平線に延びる道路が遠近感をともなって見えるように、ヒトが成長の過程で見つけてきた様々な見方の工夫によって得られたもの。
イ　私たちの成長のあかしとして、もともとは2次元の平面に過ぎなかった世界をぬけ出してより複雑な3次元の世界へと移行することができるようになるもの。
ウ　3次元の立体像の世界を求めて寝返りを打つ赤ちゃんの経験の積み重ねを通じて、2次元の平面であったものを3次元の立体として見えるようにするもの。
エ　赤ちゃんの頃から自ら積極的に「移動」しようとしてきた積み重ねにより、私たちの網膜が捉えた上下や遠近のない2次元平面が立体的に把握されるようになるもの。

問六　――線⑤「脳は、怒濤のように押し寄せるこのピピピ信号を、どのように適切に読み解いているのでしょうか」とありますが、筆者は「ピピピ信号」による「世界」のとらえ方をどのように説明していますか。答えとなる一文をぬき出し、最初の五字を答えなさい。

え」が存在しないわけです。

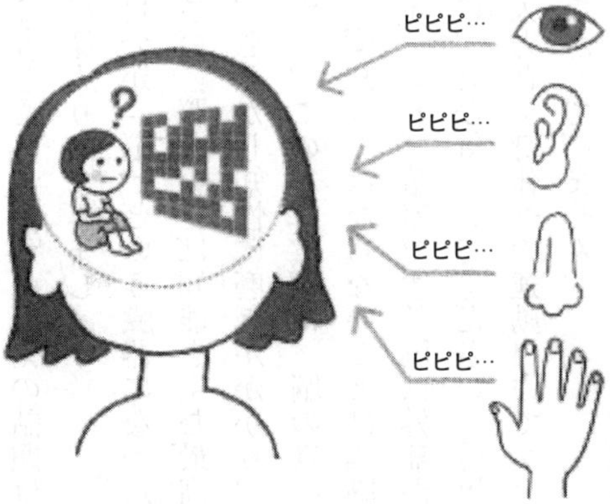

図3　なんだ，この抽象絵画は？　それとも宇宙人の楽譜？

逆に、世界の有り様についてはこう言えます。「まず世界があり、それを脳が受動的に感じとっている」のでなく、ピピピというモールス信号を積極的に解釈することで、「この世界の有り様を脳の内部で再構築している」と。赤ちゃんが習得していることは、そうした「世界」の復元作業です。一生懸命にならざるを得ません。

では、次の問いです。あなたの右手を眺めてください。さて、それは「あなたの右手」でしょうか。「バカげた質問だ」と一蹴《いっしゅう》されそうです。でも改めて考えてください。どうして、その手が「自分の身体の一部だ」とわかるのでしょう。

今見える右手は、網膜でピピピ信号に変換されて脳に届き、脳内で再構築された「手」の見えです。でも、今目の前にある本の文字も、脳内では、やはり同じようなピピピ信号です。しかし、なぜ手のピピピにだけ「所有感」が生じるのでしょうか。

ワシントン大学のコリンズ博士らの実験がヒントになりそうです。脇に置かれた模型の手を眺めてもらいます。その模型の手を自動装置がポンポンと軽く叩《たた》いているのが見えます（図４）。

図4　コリンズ博士の実験

そこで、叩くタイミングに合わせて脳の体性感覚皮質をピピピと人工的に刺激すると、模型の手があたかも本当の「自分の手」であるかのような、生き生きとした所有感が生まれるのです。この感覚は、刺激を開始してわずか6秒以内に生じます。

身体イメージは、実のところ、確固たるものではありません。模型の手が叩かれているという「見え」のピピピ信号と、脳への人工ピピ刺激が同期するだけで、見えている義手が、身体の一部であるという「実感」に化けます。わずか6秒で⑥体の輪郭《りんかく》が変わってしまいます。身体イメージは、かくも脆《もろ》いものなのです。

⑦赤ちゃんが学んでいることも、これに似ています。自分の体がどんな形をしているのかを、赤ちゃんはまだ知りません。腕が2本あって、指が10本ある……。これは大人の目線での知識です。赤ちゃんの脳は、この世界に生まれた後に、自分の体の形状を、脳に届いたピピピ信号の「同期性」を通じて、学習していくのです。

〔池谷裕二『パパは脳研究者』扶桑社新書による〕

返りからはじまります。

ア　見えている風景も上下反転します。
イ　そして、いよいよ2本足で立ちます。
ウ　次に、赤ちゃんはハイハイを覚えます。
エ　寝返りすると体がグルリと移動します。
オ　前後左右だけでなく、上下方向の視点移動による視覚経験が加わります。
カ　これにより移動範囲が劇的に拡大し、視覚経験も一気に豊富になります。

地平線に延びる道路の遠近感は、私たちがこうして自らの手足を使って、じっくりと成長してきたからこそ、初めて感じることのできる「立体感」です。それは④単なる平面の三角形が放つ、壮大なる信念の注1オーラなのです。

こうした「世界」の見えの話題は、実に奥深いものがあります。さらに深入りしてみましょう。

自分が「脳」という臓器になったら、どうなるかを想像してみてください。脳といえば知能を生む最高注2枢軸《すうじく》です。脳なんかに化けたら、さぞかし知性に磨きがかかり、キレキレの天才になりそうです。しかし、このイメージは、脳の真の姿とは随分《ずいぶん》と異なります。

まず忘れてはならないことは「脳は頭蓋骨の中にある」という事実です。いわば暗室です。脳は外部から遮断《しゃだん》された孤独な存在であることに、ぜひ気づいてください。外界との接点は、主に、身体からの感覚入力と、身体への運動出力です。つまり、脳は間接的にしか外部とつながっていません。

身体情報への入出力は、神経線維《せんい》を通る電気信号が媒介《ばいかい》します。この電気信号はスパイクと呼ばれ、0と1のデジタル方式です。「見える」や「聴こえる」もデジタル信号です。これは重要な事実です。光や音はそのまま脳に届くわけではありません。網膜や内耳で、光や音などの物理情報がデジタル変換され、その電気信号が「ピッピピッピ」という注3モールス信号状になって、脳に届くわけです。視・聴・嗅・味・触、すべての身体感覚は、脳に入ってくる時点では、デジタル変換後の「ピピピ信号」です。では⑤脳は、怒濤《どとう》のように押し寄せるこのピピピ信号を、どのように適切に読み解いているのでしょうか。

再度問います。「脳」になってください。あなたは頭蓋骨という暗室に幽閉《ゆうへい》されています。今、手で触れた感覚がピピピという信号となって脳に入ってきました。このとき、あなたは、そのピピピ信号が視覚でなく触覚であること、さらには、足でなく手の触覚であることを、どうすれば知ることができるでしょうか。頭蓋骨の外に出てピピピの発信源を確かめることはできません。あくまでも脳内にとどまり、そこに届いたピピピ信号のみから、全てを読み解く必要があります（図3）。ほとんど絶望的な作業であることが想像できるでしょう。

脳には膨大《ぼうだい》なピピピ信号が、全身から絶え間なく届きます。その一つ一つのピピピ信号を、私たちはほぼ間違えずに読み解きます。大人になった私たちにとってみれば、外界を感知することは当然のことのようですが、実は、これはほとんど奇跡的なことです。

赤ちゃんの脳は、自身の経験を通じて、ピピピ信号から「世界の有り様《よう》」を、必死に学習しています。例えば、「新生児の目はまだ見えてない」と、よく言われます。厳密に言えば、目は見えています。多少ピンボケかもしれませんが、網膜で受け取った光は、ピピピ信号となって、確かに脳に届いています。しかし、この頃の脳はまだまだ経験不足です。そのピピピ信号が、目からやってくる視覚情報であることに、赤ちゃんは気づいていないのです。見えているけれども、「見

図1　どちらも網膜上では「三角形」

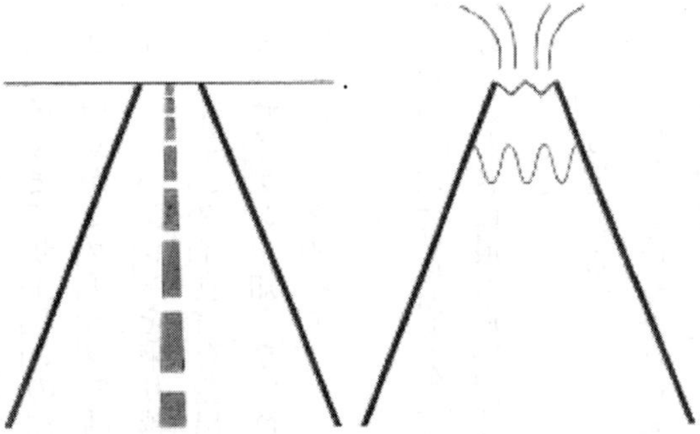

こんな実験があります。ネコを、視界のきかない暗闇《くらやみ》では自由に行動させますが、明るい昼間では体を固定してしまい、部屋を動きまわらないようにして育てます。そうして「視覚経験」のないまま成長したネコを、ある日、明るい部屋で自由にさせると、物にぶつかったり、前足で上手く物にリーチできなかったりと、空間認識に異常を示しました。もちろんネコの目は正常です。脳細胞もきちんと光を感じています。しかし、必要な「見え」が生じないのです。

「近づいたら大きくなる」「②近くの物体は遠くの物体よりも視野内の動きが大きい」などの経験が不足しているのです。環境を動きまわって感じとった体験がないと、網膜の2次元像を正しく解釈することができません。つまり、見えるから「移動」できるのではなく、移動するから「見える」ようになるのです。

適切な視覚経験は、乳幼児期に行うことが必須です。大人になってから「見る」能力を獲得することはほぼ不可能です。特定の感受性期を逃すと学習が難しくなる能力は、言語音や絶対音感など、いくつか知られていますが、「見る」は特に獲得時期が厳しいものの1つです。

では、空間を移動する視覚経験さえあれば、もうそれで充分かというと、そうではありません。ブランダイス大学のヘルド博士らの有名な研究があります。ちょっとかわいそうですが、図2のようなメリーゴーランド装置に、2匹のネコを吊《つ》り棒でつなぎます。棒は円柱で支えられています。1匹のネコは自分の足で歩いて空間内を移動することができますが、もう1匹のネコはゴンドラに乗せられています。相手のネコの動きに応じて、受動的に空間移動するわけです。

図2　ヘルド博士のゴンドラ実験

2匹のネコが経験する視覚刺激は同じです。ところが、自分の足で歩いたネコは世界が見えるように成長しましたが、ゴンドラで育ったネコには「見え」が生じませんでした。受動的な視覚刺激は「視覚経験」としての効果がないということです。自らの手足で積極的に環境を移動しながら得る視覚経験が、「③見え」を形成するのです。

ヒトの話に戻りましょう。赤ちゃんの積極的な「移動」は、まず寝

二〇二二年度
広尾学園中学校

【国語】〈医進・サイエンス回入試〉（三〇分）〈満点：五〇点〉

《注意事項》問題で文字数が指定されている場合はカッコや句読点を文字数に含みます。

一 次の各問に答えなさい。

問一 ――線の漢字の読みをひらがなで答えなさい。

① 浮世絵に描かれた面長な顔。
② 急場をしのぐため方便に頼る。
③ 大会運営の骨子をまとめる。
④ 大谷選手直筆のサイン。

問二 ――線のカタカナを漢字に改めなさい。

① 最後までサイシンの注意を払う。
② 穏やかなクチョウで話す。
③ 厳しいシレンを乗り越える。
④ 非常ジタイ宣言を発出する。
⑤ サイゲンを知らない欲に振りまわされる。
⑥ 釣り糸をタらす。

二 次の□にひらがなを一字ずつ入れてことわざを完成させ、そのことわざに最も近い意味のことわざを後の語群より選んで記号で答えなさい。

① □□はちとらず
② □□のつるになすびはならぬ
③ 寄らば大樹の□□
④ □□にくぎ
⑤ □□だれ石をうがつ

〈語群〉
ア 蛙の子は蛙
イ 千里の道も一歩から
ウ とうふにかすがい
エ 二兎を追う者は一兎をも得ず
オ 長いものには巻かれろ

三 次の文章を読み、後の問に答えなさい。

大地に一直線に延びる道路。その真ん中に立ったことを想像してください。道の両エッジは遠方になるほど狭くなり、地平線で交わっています。壮大な遠近を感じます。

私たちが当たり前のように感じるこの見え方は、実は全く当たり前ではありません。なぜなら、目が見えずに幼年期を過ごした人が、開眼手術によって初めて「光」を感じたとき、「遠方が小さく見える」ことに驚くからです。地平線へ延びる道の遠近感は、初めて見る人にとっては単なる「三角形」です。鉄塔や富士山と同じ三角形です。遠近と高低の区別がつかないのです(図1)。その人の感じ方が風変わりなのではありません。①奇妙なのは、実は、私たちのほうです。

冷静に考えてください。この世は3次元立体の空間世界です。しかし残念ながら、目の網膜《もうまく》は2次元平面にすぎません。目で捉《とら》えた光はレンズを通じて網膜に映写されますが、その写像は、写真のようにペラペラで、奥行きの情報が欠けています。脳は、その不完全な2次元情報から、元の3次元世界を復元しなくてはなりません。見えているものが、「上vs下」なのか「遠vs近」なのかを、過去の経験から読み解くのです。

2022年度
広尾学園中学校 ▶解説と解答

算 数 ＜医進・サイエンス回入試＞（50分）＜満点：100点＞

解 答

1 (1) 200秒後 (2) 20秒後 (3) 72回 2 (1) 24個 (2) 72個 (3) 689cm^3
3 (1) 20420 (2) 4000 (3) 109日 4 (1) 4通り (2) 解説の図2を参照のこと。 (3) 解説の図3～図5を参照のこと。

解 説

1 旅人算，速さと比，周期算

(1) 2人が40秒で進んだ道のりの和が400mだから，2人の速さの和は毎秒，400÷40＝10(m)となり，Aさんの速さは毎秒，$10\times\frac{3}{3+2}=6$(m)，Bさんの速さは毎秒，10－6＝4(m)とわかる。また，AさんとBさんの速さの比は3：2なので，同じ時間で進む道のりの比も3：2となり，2人が地点Pではじめて出会うのは，Aさんがちょうど3周，Bさんがちょうど2周したときである。つまり，Aさんが，400×3＝1200(m)進んだときだから，1200÷6＝200(秒後)と求められる。

(2) 右の図のように，ABが円の直径になるときである。つまり，2人が進んだ道のりの和が，400÷2＝200(m)になるときなので，出発してから，200÷10＝20(秒後)とわかる。

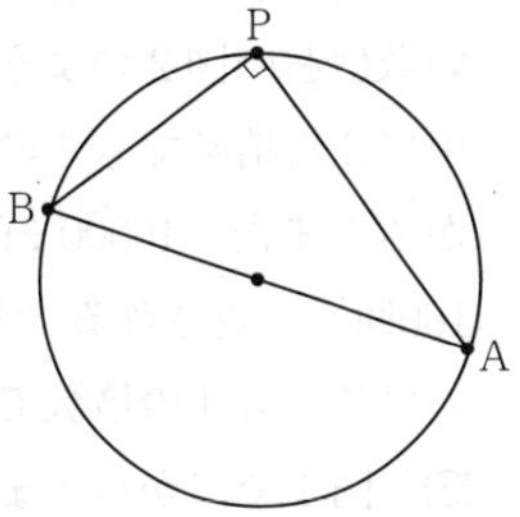

(3) (1)で求めた200秒を周期として考える。三角形にならないのは，㋐AとBが重なるとき，㋑AとPが重なるとき，㋒BとPが重なるときのいずれかである。㋐は40秒ごとだから，1周期の中では，200÷40＝5(回)ある。また，㋑はAさんがちょうど1周するときなので，1周期の中では3回あり，㋒はBさんがちょうど1周するときだから，1周期の中では2回ある。このうち，ちょうど200秒後は㋐，㋑，㋒の全てに含《ふく》まれているので，200秒の中で三角形にならないのは，5＋3＋2－2＝8(回)あることがわかる。さらに，30分は，60×30÷200＝9(周期)だから，30分後までには全部で，8×9＝72(回)ある。

2 立体図形―構成，体積

(1) 右の図①で，立方体の1つの頂点を切り取ると，1つの頂点がなくなり，新しく3個の頂点ができる。よって，それぞれの部分で，頂点の数は，3÷1＝3(倍)になることがわかる。また，もとの立方体の頂点の数は8個だから，残った立体の頂点の数は，8×3＝24(個)になる。

図①

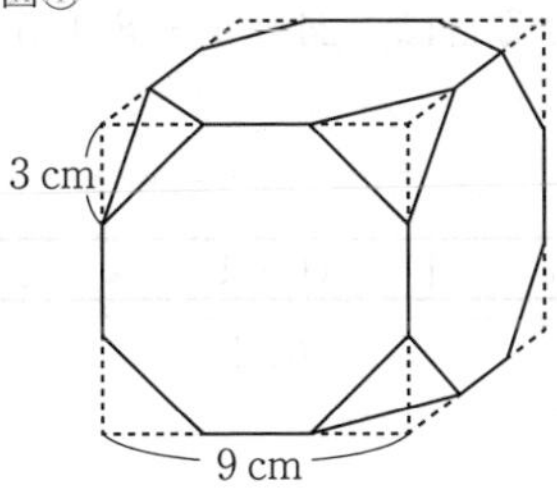

図②

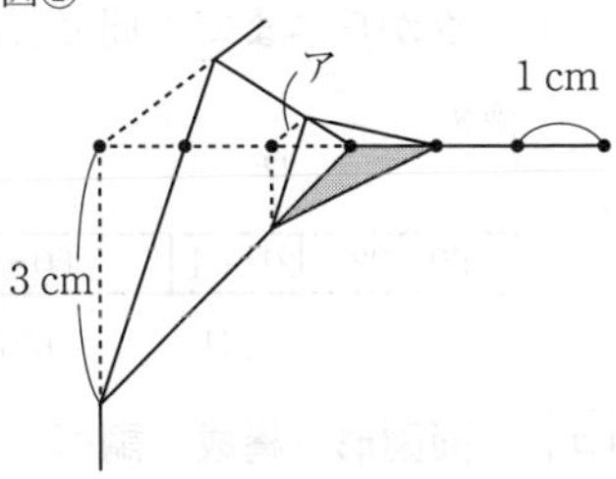

(2)　新しくできた立体についても(1)と同様に考えることができるので，頂点の数は全部で，24×3＝72(個)と求められる。

(3)　もとの立方体の体積は，9×9×9＝729(cm^3)である。また，問題文中の図1で切り取った三角すい1個の体積は，$3\times3\times\frac{1}{2}\times3\times\frac{1}{3}=\frac{9}{2}$($cm^3$)である。次に，図①の立体を切り取ったときのようすは，上の図②のようになる。図②で，切り取った立体は，かげをつけた三角形を底面とし，アの部分を高さとする三角すいである。よって，底面積は，$1\times1\times\frac{1}{2}=\frac{1}{2}$($cm^2$)，高さは1cmだから，切り取った三角すい1個の体積は，$\frac{1}{2}\times1\times\frac{1}{3}=\frac{1}{6}$($cm^3$)とわかる。図①で切り取った三角すいの数は8個，図②で切り取った三角すいの数は24個なので，最後に残った立体の体積は，$729-\frac{9}{2}\times8-\frac{1}{6}\times24=689$($cm^3$)と求められる。

3　整数の性質，周期算

(1)　下の図1で，アからオまでの日数を求めればよい。はじめに，キはアのちょうど，2078－2022＝56(年後)だから，365×56＝20440(日後)とわかる。そのうち，カからキまでの日数は，31－12＋1＝20(日)なので，オはアの，20440－20＝20420(日後)と求められる。

図1

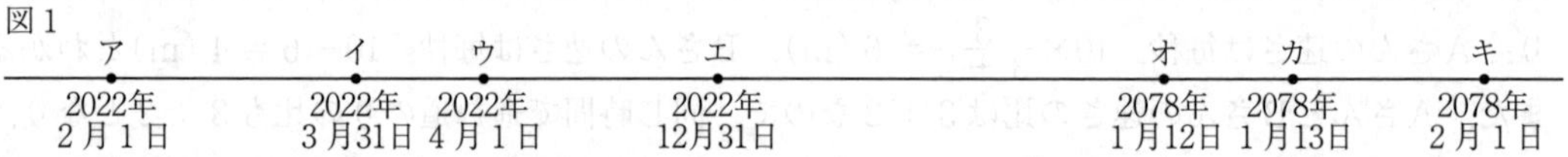

(2)　3と4と5の最小公倍数である60を周期として考える。はじめに，3と4の最小公倍数の12ごとに調べると，3の倍数でも4の倍数でもない数は右の図2のようになる。この中から5の倍数を除くと，1周期の中に3の倍数でも4の倍数でも5の倍数でもない数は24個あることがわかる。また，10000÷60＝166余り40より，1から10000まではこれが166回くり返されることがわかる。さらに，余りの40の中にも16個あるから，1から10000までに3の倍数でも4の倍数でも5の倍数でもない数は，24×166＋16＝4000(個)ある。

図2

1，	2，	~~5~~，	7，	~~10~~，	11
13，	14，	17，	19，	22，	23
~~25~~，	26，	29，	31，	34，	~~35~~
37，	38，	41，	43，	46，	47
49，	~~50~~，	53，	~~55~~，	58，	59

(3)　図1でアからイまでの日数は，28＋31＝59(日)なので，オはウの，20420－59＝20361(日後)となる。また，20361÷60＝339余り21より，これは60で割ると21余る数とわかるから，ウは周期の中の21日目である。さらに，ウからエまでの日数は，365－(31＋28＋31)＝275(日)なので，275÷60＝4余り35より，ウとエの間には4周期と35日あることがわかる。よって，下の図3のように表すことができる(図3はオからの日数を60で割った余りを表しているから，右にいくほど数が小さくなる。なお，60は余り0を表す)。図2から，ウを含む周期で行ける日は{1，2，7，11，13，14，17，19}の8日あり，エを含む周期で行ける日は{47，49，53，58，59}の5日あることがわかるので，ウからエまでの間で行ける日は，24×4＋8＋5＝109(日)と求められる。

図3

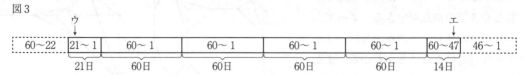

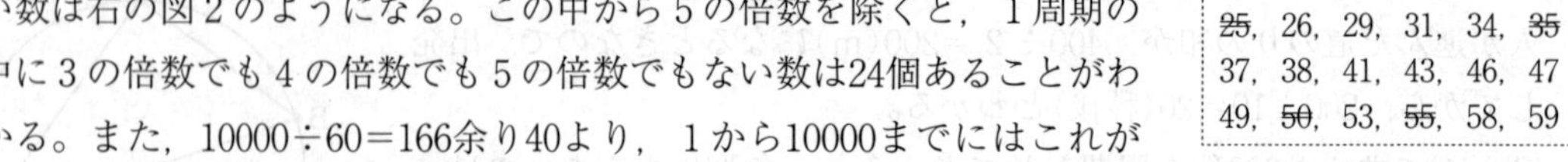

4　平面図形―構成，調べ

(1)　下の図1の4通りの図形ができる。

(2)　下の図２のようになる。

図１

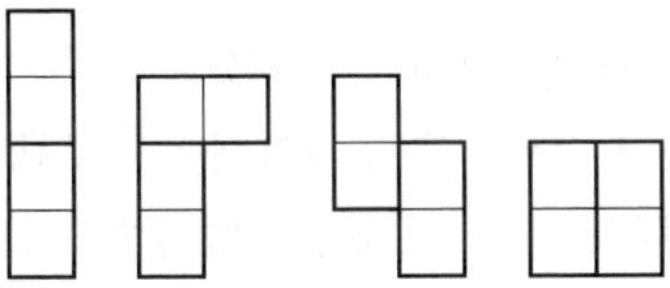

図２

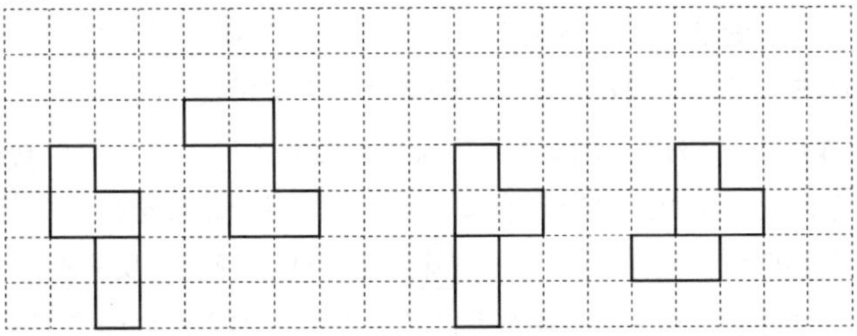

(3)　下の図３のように，図形１が横方向に２個並んでいる場合は７通りある。また，下の図４のように，図形１がＬ字型に２個並んでいる場合は14通りある。それ以外の場合が下の図５のように２通りあるから，全部で，７＋14＋２＝23(通り)の図形が考えられる。

図３

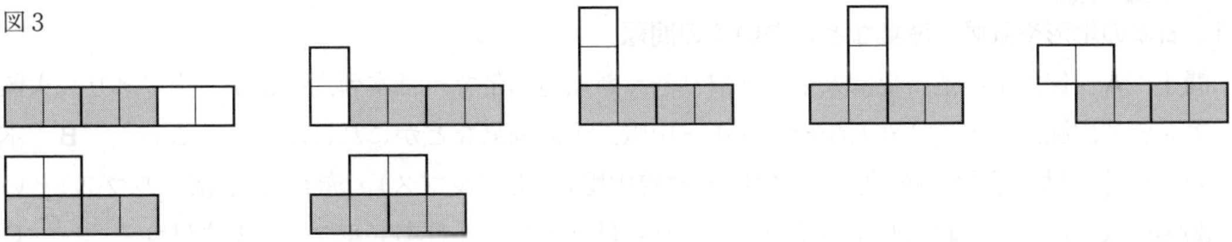

図４

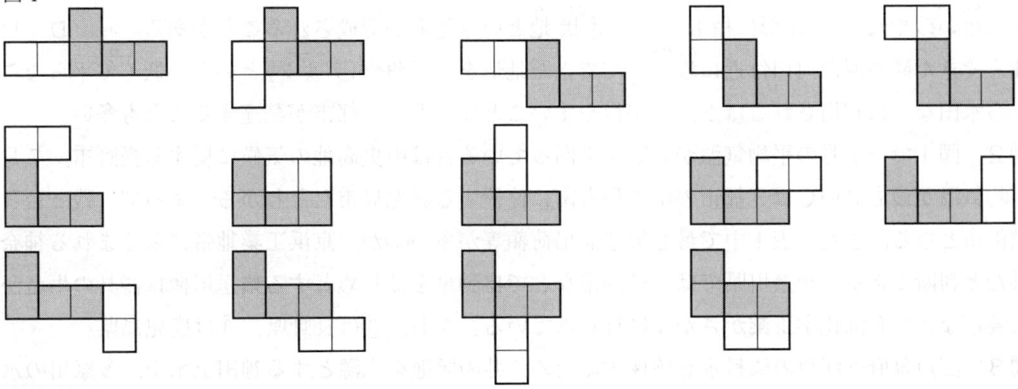

図５

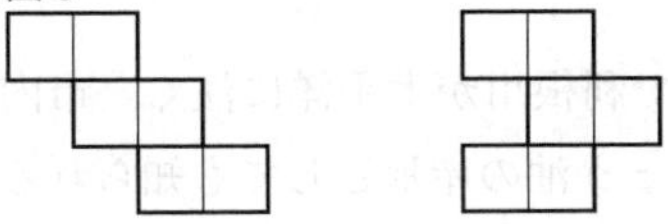

社　会　＜医進・サイエンス回入試＞（30分）＜満点：50点＞

解　答

[1]　**問１**　Ａ　環太平洋(新期)　Ｂ　木曽　Ｃ　扇状地　Ｄ　三角州(デルタ)　**問２**　エ　**問３**　ア　**問４**　Ⅰ　銚子(市)　Ⅱ　早場(米)　**問５**　(i)　干拓地　(ii)　ウ

[2]　**問１**　Ａ　蚕(カイコガ)　Ｂ　日米修好通商　Ｃ　世界(大)恐慌　**問２**　エ　**問３**

誤っている語句…管領　**正しい語句**…若年寄／**誤っている語句**…大蔵(奉行)　**正しい語句**…勘定(奉行)　**問4**　ア　**問5**　ア→イ→エ→ウ　**問6**　ア　**3** **問1**　文民　**問2**　ア　**問3**　雇用保険，介護保険　**問4**　国連教育科学文化機関(ユネスコ，UNESCO)　**問5**　イ　**問6**　ウ　**問7**　地方交付税(交付金)　**問8**　団体行動権　**問9**　エ

4-Ⅰ　(例)　木は文字を練習したあとに，削って再利用できるため，書写の材料として利用された。また，律令政治は，文字で記録や命令を残したため，官人にとって文字を習得することが必要だったから。　**4**-Ⅱ　①　(例)　反省をして刑に服した人のものであっても，いつまでもネット上に掲載されることで，本人がいつまでも不利益を受けてしまう可能性があるから。　②　(例)　民主主義社会の基礎となる「表現の自由」や「知る権利」などの国民の権利を侵害する危険性があるため。

解説

1　日本の地形や気候，産業などについての問題

問1　**A**　環《かん》太平洋造山帯は太平洋を取り巻く新期造山帯で，日本列島のほか，南アメリカ大陸のアンデス山脈，北アメリカ大陸のロッキー山脈，千島列島などがこれにふくまれる。　**B**　本州の中央部には，飛驒《ひだ》山脈(北アルプス)・木曽山脈(中央アルプス)・赤石山脈(南アルプス)という3000m級の山々が南北に連なっており，これらはまとめて「日本アルプス」とよばれる。　**C**　山地を流れてきた河川が平地へ出るところでは，河川の運搬《うんぱん》作用が弱まり，上流から運ばれてきた粒《つぶ》の粗《あら》い砂やれきが扇形《おうぎがた》に積もって，扇状地《せんじょうち》という地形が形成されることがある。　**D**　川の運んできた砂や泥が河口付近に堆積《たいせき》してできた地形を，三角州(デルタ)という。低くて平らなことから水田などに利用されるほか，水が得やすいことなどから，都市が発達することも多い。

問2　図1で，1月の平均気温が0℃を下回っているAは中央高地の気候に属する長野市，7月の平均気温が最も高いCは3都市の中で最も南に位置する鹿児島市だとわかる。よって，残ったBが横浜市となる。また，表1中で最も製造品出荷額等が多い①が，京浜工業地帯にふくまれる神奈川県だと判断できる。神奈川県では，横浜市などで自動車をはじめとする輸送用機械器具の生産が，川崎市などで石油化学工業がさかんに行われている。なお，②は長野県，③は鹿児島県。

問3　江戸幕府は江戸の飲料水を確保するため，井の頭池を水源とする神田上水や，多摩川の水を引いて江戸の町へと通す玉川上水をつくった。

問4　Ⅰ　銚子《ちょうし》市は千葉県の北東の端に位置する港町で，ここで利根川が太平洋に注ぐ。市内にある銚子港は，水揚《みずあ》げ量が全国で最も多い。また，日本有数のしょう油の産地としても知られる。　Ⅱ　茨城県南部・千葉県北部にまたがる利根川の下流域は，水郷とよばれる。この地域では，台風の被害を避《さ》けるため，特に早い時期に収穫される早場米が生産されている。

問5　(i)　湖や海などの浅瀬を堤防《ていぼう》で仕切り，水をぬいて陸地にすることを干拓《かんたく》という。佐賀県・福岡県・長崎県・熊本県に囲まれた有明海では古くから干拓が行われ，農地が広げられてきた。図2で海岸線が直線になっているのは，この地域が人工的につくられたからで，干拓地が田(॥)や畑(∨)に利用されていることがわかる。　(ii)　有明海ではのり類の養殖がさかんで，有明海に面する佐賀県が収獲《しゅうかく》量全国第1位となっている。なお，アは静岡県，イは広島県，エは宮城県。

2　各時代の歴史的なことがらについての問題

問１　**A**　蚕に桑《くわ》の葉を与えて育てる産業を養蚕業，蚕がつくる繭《まゆ》の繊維をより合わせ，生糸（絹糸）をつくる産業を製糸業という。　**B**　1858年，江戸幕府は朝廷の許しを得ないまま，アメリカ合衆国との間で日米修好通商条約を結び，貿易を始めることにした。　**C**　1929年，アメリカ合衆国における金融《きんゆう》の中心地であったニューヨークのウォール街で，株価が大暴落した。これをきっかけとして，世界（大）恐慌《きょうこう》とよばれる不景気が全世界に広がった。

問２　室町時代には，酒屋や土倉が高利貸しを営んでいた。1428年に起こった正長の土一揆《いっき》では，近江《おうみ》国（滋賀県）の馬借らが徳政を求めて酒屋や土倉を襲《おそ》い，借金の証文を破り捨てるなどした。なお，蔵屋敷《くらやしき》は，年貢米などの保管や取り引きに用いられた倉庫で，江戸時代に各藩によって大坂（大阪）などに置かれた。また，加賀国は現在の石川県南西部にあたる。

問３　江戸幕府では，老中を補佐する役職として若年寄が置かれた。管領《かんれい》は，室町幕府における将軍の補佐役である。また，幕府領（天領）の財政や監督は，勘定《かんじょう》奉行が行った。

問４　a　14世紀中ごろ，モンゴル民族の国であった元で漢民族の反乱が起きると，これをきっかけとして明が建国され，中国を統一した。　b　日明貿易は，日本が中国の臣下となって貢《みつ》ぎ物を差し出す代わりに，明から返礼品を受け取るという朝貢《ちょうこう》貿易の形式で行われ，日本の利益は大きかった。　c　日明貿易では，倭寇《わこう》（日本の武装商人団・海賊《かいぞく》）と正式な貿易船を区別するため，勘合《かんごう》（符）とよばれる合い札が用いられた。そのため，日明貿易は勘合貿易ともよばれる。　d　日本は朝貢貿易の返礼品として，明から明銭とよばれる銅銭を多く輸入した。

問５　アとイはいずれも1918年のできごとで，アで説明されている米騒動《そうどう》の責任をとる形で寺内正《まさ》毅《たけ》内閣が総辞職すると，原敬《たかし》が内閣総理大臣になって初めての本格的な政党内閣を組織した。ウは1925年のできごと，エは1923年に発生した関東大震災について説明した文なので，年代の古い順にア→イ→エ→ウとなる。

問６　1945年７月26日，アメリカ合衆国・イギリス・中華民国の名で日本に無条件降伏《こうふく》を勧告《かんこく》するポツダム宣言が出された（のちにソ連も参加）。日本政府は同年８月14日にポツダム宣言の受け入れを連合国に伝え，翌15日には天皇がこれをラジオ放送で国民に知らせた。

３　行政のしくみとはたらきについての問題

問１　日本国憲法第66条には，「内閣総理大臣その他の国務大臣は，文民でなければならない」と規定されている。文民とは，軍人や，職業軍人の経歴を持たない人と解釈《かいしゃく》されている。

問２　議院内閣制は，内閣が国会の信任にもとづいて成立し，国会に対し連帯して責任を負うというしくみである。アは条約の承認についての説明で，このしくみと直接関係しない。

問３　日本では，日本国憲法の規定に従い，政府によって社会保障制度が整備されている。このうちの社会保険制度には，医療保険・年金保険・労働者災害補償（労災）保険のほか，労働者が失業したときのための雇用《こよう》（失業）保険，介護《かいご》が必要になったときのための介護保険がある。

問４　文化や教育によって平和を築くことが宣言されているので，国連教育科学文化機関だとわかる。国連教育科学文化機関はユネスコ（UNESCO）と略され，教育・科学・文化などの分野での国際協力を進めることで，世界平和を実現することを目的としている。資料は，ユネスコの精神や目的をうたったユネスコ憲章の前文で，「戦争は人の心の中で生まれるものであるから，人の心の中に平和のとりでを築かなければならない」という部分がよく知られる。

問５　商品の価格は一般に，生産者が生産する量である供給量と，消費者が必要とする量である需《じゅ》要《よう》量の関係で決まる。供給量が変わらないまま需要量が増えれば価格は上がり，これに応じて生産者が供給量を増やすと価格は下がっていく。グラフは，縦軸《じく》が価格，横軸が数量で，価格は上に行くほど高く，数量は右に行くほど多くなると考えられる。また，矢印は時間の経過を表すとあるので，国内でマスクを欲しい人が増え，需要量が増える状況は，右向きの矢印で表される。これにともなって価格が上がったことを表しているのは，イのグラフである。グラフ中の右下がりの線は需要量，右上がりの線は供給量を表している。

問６　販売免許の取得を不要とすることは「規制緩和《かんわ》」にあたり，より多くの人々が酒類の販売に参入して自由な競争が活発に行われるようになる。ア，イ，エはいずれも，事業への新規参入が難しくなるような条件を追加することになるので，「規制緩和」にはあたらない。

問７　地方交付税交付金は，地方公共団体ごとの税収の格差を是正《ぜせい》し，均一な行政サービスを提供するために国が支給する補助金で，使い道はその地方公共団体が決められる。

問８　日本国憲法28条は「労働三権」として，労働組合を結成する権利である団結権，使用者と交《こう》渉《しょう》する権利である団体交渉権，交渉がうまくいかなかったときにストライキなどを行う権利である団体行動権を労働者に認めている。警察官や消防士などをふくむ公務員は日本国憲法で「全体の奉仕者」と規定されており，その職務や立場から団体行動権が制限されている。

問９　「天下り」とは，公務員が勤めていた省庁と関係の深い民間企業に再就職することで，公共事業が天下りした特定の企業にかたよるなど，自由な競争をさまたげる原因となる。

4 -Ⅰ　木簡についての問題

　書写(文字を書き写すこと)は，現在でも文字の練習として行われる。古代において，手間と材料をかけてつくらなければいけない紙は貴重品で，これに対し，木を削《けず》って整形すればつくれる木簡は手に入れやすいものであった。しかも木簡は，写真からもわかるように，墨《すみ》などで書いた部分を削れば再利用できたので，書写の材料や荷札，役所間の連絡用などに用いられた。資料文にもあるように，律令制度が整備された当時の役人(官僚《かんりょう》)にとって「文字による記録や命令」は「不可欠」であったため，役人は再利用でき，手軽に使える木簡で書写にはげんだのだと考えられる。

4 -Ⅱ　インターネットの普及と「忘れられる権利」についての問題

①　インターネットは，「人の名前などのキーワードで検索すれば，時間がたっても簡単に過去のものを見つけること」ができる。しかし，「一時的な感情で書き込《こ》んだ言葉，軽い気持ちで悪ふざけをした画像，過去の犯罪歴」なども「簡単には消すこと」ができないため，本人の反省や償《つぐな》い，その後の行動などにかかわらず，汚点だけが注目され，不利益を生むことにもなりかねない。そこで，「忘れられる権利」が主張されるようになったのである。

②「忘れられる権利」は個人の基本的人権を守るために必要な面もあるが，みずからに不都合な過去の事実を隠してしまおうという動きが広まることにもなりかねない。これを国家が行った場合，国民の「知る権利」が侵害《しんがい》されることになる。また，これについて報道したりインターネット上に掲載《けいさい》したりしても，国家権力によって隠されてしまうため，国民の「表現の自由」が制限されることになる。

理　科　＜医進・サイエンス回入試＞（50分）＜満点：100点＞

解　答

1　**問1**　2m/秒，右の図　**問2**　3倍　**問3**　9秒間　**問4**　ア，オ，ケ　**問5**　記号…エ　理由…(例)　ηの値が非常に小さいから。　2　**問1**　すべて　**問2**　炭酸カルシウム　**問3**　**ア**　1　**イ**　2　**ウ**　4　**エ**　3　**オ**　水酸化カリウム水溶液　**カ**　水酸化カルシウム水溶液　**問4**　(例)　既存の都市ガス用の配管などをそのまま利用できる　**問5**　**a**　ア　**b**　イ　**c**　エ　**d**　カ　**e**　キ　3　**問1**　イ，ウ，カ　**問2**　イ，エ，オ　**問3**　**X**　エ　**Y**　ア　**問4**　(例)　光があたることで，オーキシンが移動するのを防ぐため。　**問5**　(例)　茎は下側にオーキシンがあることで，その部分の成長が進むが，根は同じオーキシン量では成長が抑制されるため。　4　**問1**　**A**　37　**B**　5　**問2**　3500km　**問3**　イ，オ　**問4**　コペルニクス　**問5**　ウ　**問6**　**ア**　重力　**イ**　大気　**ウ**　熱　**問7**　(例)　二酸化炭素の濃度が高いため，温室効果が強くなるから。

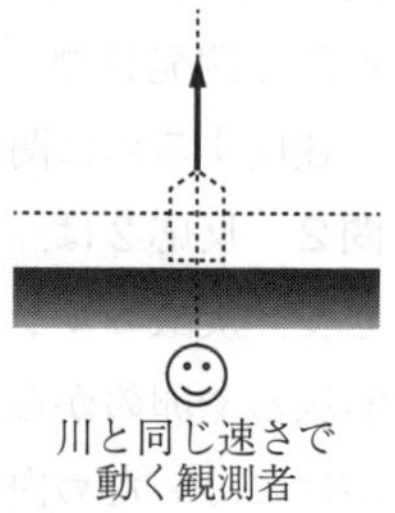

解　説

1　宇宙の歴史や現在の姿をテーマにした物理分野の問題

問1　図1で，観測者も船も川下に向かって同じ速さで動いているので，観測者から見た船は常に正面にある。よって，船はもう一方の岸に向かって垂直に進んでいるように見える。また，川の流れの速さ(1.5m/秒)を示す矢印と，岸から見た船の速さ(2.5m/秒)を示す矢印を2辺とする直角三角形を考えると，この2辺の比は，1.5：2.5＝3：5なので，3辺の比が3：4：5の直角三角形であることがわかる。したがって，もう1辺の長さにあたる観測者から見た船の速さは，$1.5\times\frac{4}{3}=2.0$(m/秒)と求められる。

問2　ゴムの長さが何倍になっても，釘《くぎ》から点Aまでと点Bまでの距離《きょり》の比は1：3であり，経過する時間は同じなので，点Aと点Bの移動する速さの比は1：3である。つまり，点Bの速さは点Aの速さの3倍となる。

問3　汽笛を鳴らし始めた瞬間《しゅんかん》を0秒後とする。汽笛の鳴らし始めの音は岸壁《がんぺき》から，3.4km＝3400m離《はな》れた地点で発せられるので，船に乗っている人が反射音を聞くのは，3400×2÷(323＋17)＝20(秒後)になる。一方，汽笛の鳴らし終わりの音は岸壁から，3400－17×10＝3230(m)離れた地点で10秒後に発せられるので，船に乗っている人が反射音を聞くのは，10＋3230×2÷(323＋17)＝29(秒後)となる。したがって，汽笛の反射音は，29－20＝9(秒間)聞こえる。

問4　設問文中に述べられていることを逆にいうと，観測者に対して遠ざかっていく物体が出す音は，静止しているときよりも低くなる。よって，観測者から遠ざかっていく天体が出す光は，音が低くなる場合と同様に，1秒あたりの振動《しんどう》回数が小さくなり，図3より，光の色が赤っぽくなる。ただし，この現象(ドップラー効果)は観測者に対して光を発する天体が動くために起こるものであり，光の速さ自体は変わらない。

問5　図4のグラフで，ヘリウムや重水素が存在する量は網掛《あみか》け部分におさまっていて，このときのη《エータ》の値は100億分の1から10億分の1の間と，とても小さい。このことから，初期の宇宙にはほとんど物質がなく，ほぼ光によって満たされていたと考えられる。

2 地球温暖化対策とそれに向けた最新技術についての問題

問1　2015年の国連サミットにおいて，世界の持続可能な開発のために17の目標をかかげた「持続可能な開発目標(SDGs)」が採択《さいたく》された。ア～カのすべてが，17の目標やその中のさまざまな項目《こうもく》を達成するのに関わっている。

問2　反応2は，炭酸カリウム水溶液《すいようえき》と水酸化カルシウム水溶液が，「炭酸」と「水酸化」を交換《こうかん》して，炭酸カルシウム(固体)と水酸化カリウム水溶液になったと推測できる。炭酸カルシウムは，石灰石や卵のから，貝がらなどの主成分であり，石灰水に二酸化炭素を通したときに発生し，水に溶《と》けにくいため白いにごりを作る物質でもある。

問3　図6で，反応アは，空気に触《ふ》れて起こる反応なので，反応1があてはまる。反応イは，炭酸カリウム水溶液を使った反応なので，反応2があてはまる。また，これによって生じたオは水酸化カリウム水溶液となる。反応ウは，酸化カルシウム(固体)を使った反応だから，反応4があてはまり，ここで生じたカは水酸化カルシウム水溶液になる。反応エは，反応イで生じたA(炭酸カルシウム)を使う反応なので，反応3があてはまる。

問4　既存《きそん》の都心部においては，すでにメタンを多く含《ふく》む都市ガスが供給されているので，都市ガス燃料をメタンに変えても，現在使われている設備(地下に埋設《まいせつ》されているガス管など)がおよそそのまま使用できるなど，新たな設備投資が少なくてすむので，非常にメリット(利点)が大きい。なお，農村などでは都市ガスは普及《ふきゅう》しておらず，LPガス(プロパンガス)のボンベを各家庭に供給する仕組みをとっているところが多いので，メタンを利用しようとしても相当な設備工事と費用が必要となり，簡単には普及させることができないと予想される。

問5　**a**　1kgあたりの体積を比べると，水素は12.0kL，メタンは1.5kLなので，同じ体積あたりの重さ(つまり密度)は水素の方がはるかに小さい。　**b**　(1kgあたりの発熱量)÷(1kgあたりの体積)を求めると，水素は，141.8÷12.0＝11.8…，メタンは，55.5÷1.5＝37となるので，同体積の燃焼による発熱量はメタンの方が大きい。　**c**　(1kgあたりの二酸化炭素排出《はいしゅつ》量)÷(1kgあたりの発熱量)を求めると，水素は0，メタンは，2.75÷55.5＝0.049…，プロパンは，3.00÷49.3＝0.060…なので，メタンはプロパンのような他の燃料に比べて同じ発熱量を得るさいに排出する二酸化炭素量は少ないと考えられる。　**d**，**e**　メタンガスや水素ガスを用いるときは，混合させる空気の適切な量や燃焼の速さなどを考慮《こうりょ》に入れないと完全燃焼せず，十分な発熱量が得られない。なお，水素，メタン，プロパンはともに無色でにおいがない気体である。都市ガスやプロパンガスがにおうのは，ガス漏《も》れがすぐにわかるように，ガスににおい成分を添加《てんか》しているからである。

3 植物の性質についての問題

問1　イネは種子植物の単子葉類で，もともと熱帯で雨の多い地域の作物なので，一般《いっぱん》に，湿《しめ》ったところで育ち，開花や結実は日照時間よりも温度に左右される。花には花弁《かべん》(花びら)やがくがなく，かわりにえいというつくりが2枚ある。えいの中には1本のめしべと6本のおしべがあり，受粉して作られる種子では胚乳《はいにゅう》に養分がたくわえられる。

問2　ア　先端《せんたん》部に光があたらないためオーキシンはそのまま下へ移動するので，幼葉鞘《ようようしょう》は曲がらない。　イ　先端部で作られたオーキシンは雲母片《うんもへん》にじゃまされずに右側に移動してから下の方へ移動できるので，左に曲がる。　　ウ　雲母片より左側で作られたオーキシンが右端《はし》まで移動できないため，曲がらない。　　エ　雲母片がないときと同じようにオーキシンが右側に移動するので，左に曲がる。　　オ　寒天片をはさんでもオーキシンは下の方へ移動したことから，先端部を一度切り取っても同じ場所に戻《もど》せば，オーキシンが右側に移動してから下の方へ移動し，左に曲がると考えられる。　　カ　先端部を切り取っているのでオーキシンが作られず，曲がらない。

問3　**X**　Qの部分の細胞《さいぼう》でオーキシンが作られるが，ここの細胞に物質Pがないと，オーキシンが細胞の外に運び出されないため，R・S・Tの部分にはオーキシンが届かない。よって，エが選べる。　　**Y**　Sの部分の細胞に物質Aがないと，この部分では細胞の中へオーキシンが移動できない。よって，オーキシンはQの部分からRの部分には移動できるが，Rの部分から下の方には移動できないため，アが選べる。

問4　問2で考えたように，オーキシンは光に反応して移動する。よって，重力とオーキシンの関係を調べるときには，光があたえる影響《えいきょう》をなくすため，光をあてないようにして実験しなければならない。

問5　図15で，茎《くき》の先端ではオーキシンが重力の方向に沿って下側に移動するため，茎の下側で成長が促進されて，茎が重力と反対方向(上側)へ曲がっていく。一方，図11より，茎が成長を促進されるだけのオーキシンの量があるとき，根では成長が抑制《よくせい》される。つまり，根ではオーキシンがある下側よりも，あまりない上側の方が成長するため，根は重力方向(下側)へ曲がっていく。

4　太陽系の天体についての問題

問1　地球表面と月面との間の距離は，レーザー光が2.5秒で往復したことから，300000×2.5÷2＝375000(km)と求められる。

問2　五円玉の直径と目を結んでできる三角形と，月の直径と目を結んでできる三角形は相似なので，両者の(目から直径までの距離)：(直径の長さ)は等しいと考えられる。よって，月の直径は，$385000\times\frac{5}{550}=3500$(km)である。

問3　見かけの月の大きさは，月が近づくと大きくなり，遠ざかると小さくなる。そのため，同じ満月でも，大きく見えるときと小さく見えるときがある。また，同じ日食でも，月が近いときは太陽をかくす月の影《かげ》が大きいため皆既《かいき》日食となり，月が遠いときは月の影が小さいため金環《きんかん》日食となる。

問4　16世紀にポーランドの天文学者コペルニクスによって唱えられた地動説は，当時はほとんど信じられていなかったが，のちにケプラーやガリレオ・ガリレイによってくわしい理由が説明されるようになった。

問5　示された数式を言いかえると，(公転周期)×(公転周期)の値は，(太陽からの平均距離)×(太陽からの平均距離)×(太陽からの平均距離)の値に等しい。よって，あてはまる数値を□とすると，□×□＝5.2×5.2×5.2＝140.608となり，11×11＝121，12×12＝144より，□は12より少しだけ小さい数値と考えられる。なお，細かく計算すると約11.86年になる。

問6　地球は，表面にある大気や海が熱をたくわえ，対流するため，昼側と夜側の温度差が小さい。一方，水星のように表面に大気や海がないと，それらが熱をたくわえたり移動させたりすることがないので，昼側と夜側で温度差が大きくなる。水星は惑星《わくせい》としては小さく，そのため重力も弱いことから大気を表面にとどめておくことができない。

問7　金星の大気の主成分である二酸化炭素は，地球温暖化の主な原因物質の一つであることからもわかるように，温室効果が高い気体である。その性質により，金星は太陽からの距離が水星より大きいにもかかわらず，昼夜を問わず表面の温度が非常に高くなっている。

国語　＜医進・サイエンス回入試＞（30分）＜満点：50点＞

解答

一 **問1**　①　おもなが　②　ほうべん　③　こっし　④　じきひつ　**問2**　下記を参照のこと。　二（ひらがな，語群の順で）①　あぶ，エ　②　うり，ア　③　かげ，オ　④　ぬか，ウ　⑤　あま，イ　三 **問1**　ア　**問2**　ウ　**問3**　空間認識　**問4**　カ　**問5**　エ　**問6**「まず世界　**問7**　イ　**問8**　**A**　（例）　模型の手が叩かれているようすを見ながら脳へ人工の刺激信号が送られると，まるで自分の手が叩かれているように感じる「同期性」の実験　**B**　（例）　自分が見えている世界と五感による刺激が同期することで自分の体の形状を学んでいく

●漢字の書き取り

一 **問2**　①　**細心**　②　**口調**　③　**試練**　④　**事態**　⑤　**際限**　⑥　**垂（らす）**

解説

一　漢字の読みと書き取り

問1　①　顔が長めなこと。また，そのようす。　②　目的達成のため，その場その時の都合で一時的にとる手段。　③　ものごとを構成する主要な部分。　④　本人が直接書くこと，書いたもの。

問2　①　細部までよく気を配るようす。　②　ものの言い方。　③　生きていくうえで直面する，決意や実力などが試される苦難。　④「非常事態宣言」は，国の秩序《ちつじょ》や治安が重大な危機におちいるおそれがある場合に，国や自治体から出される宣言。国民の生命，健康，生活を守ることを目的とする。　⑤　これ以上ない限界。多くは打ち消しの語をともなって用いられる。⑥　音読みは「スイ」で，「垂直」などの熟語がある。

二　ことわざの知識

①「あぶはちとらず」，「二兎《にと》を追う者は一兎をも得ず」は，“同時に二つのものをねらったために，結局はどちらも得られず失敗する”という意味。　②「うりのつるになすびはならぬ」，「蛙《かえる》の子は蛙」は，平凡《へいぼん》な親から非凡な子は生まれないこと。　③「寄らば大樹のかげ」，「長いものには巻かれろ」は，大きく強いものに頼《たよ》ったりしたがったりするほうが得だということ。　④「ぬかにくぎ」，「とうふにかすがい」は，手応えや効き目がまるでないこと。なお，「かすがい」は木材と木材をつなぐためのコの字型のくぎ。　⑤「あまだれ石をうがつ」，「千里の道も一歩から」は，小さなことの積み重ねが大きな成果をもたらすこと。

三　**出典は池谷裕二《いけがやゆうじ》の『パパは脳研究者―子どもを育てる脳科学』による。**「ヘルド博士のゴンドラ実験」や「コリンズ博士らの実験」を紹介《しょうかい》しつつ，どんなふうに「見る」能力を獲得《かくとく》するのかが

説明されている。

問1　直後の段落で，ぼう線①の理由が説明されている。「3次元立体の空間世界」はいったん人々の網膜《もうまく》で「不完全な2次元情報」としてとらえられた後，脳が過去の経験にもとづき「元の3次元世界を復元」するが，筆者はこのようなとらえかたをする目と脳の仕組みを「奇妙《きみょう》」だと言っているので，アがふさわしい。

問2　目に映る物体は「近づいたら大きく」，「遠く」にあるものは小さくなると述べられていることをおさえる。つまり，同じ距離《きょり》を動くのであっても，近くにあるもののほうが遠くにあるものよりも動きがはっきりと認識できることになるので，ウが選べる。

問3　四つ目の段落で筆者は，「視覚経験」のない（ここでは，視界のきかない暗闇《くらやみ》では自由に，昼間は体を固定して部屋を動き回らせない状態に置き続ける）まま成長したネコを明るい部屋の中で自由にさせると物にぶつかったり，前足で上手くリーチできなかったりしたというある「実験」を紹介し，このネコのようすを「見え」が生じていない状態だと指摘《してき》している。しかし，だからといって単に「空間を移動する視覚経験」（受動的な視覚刺激《しげき》）さえあれば「見え」の形成に充分《じゅうぶん》なわけではなく，「自らの手足で積極的に環境《かんきょう》を移動しながら得る視覚経験」こそ不可欠なのだと，筆者は「ヘルド博士らの有名な研究」をとりあげながら主張している。つまり，さまざまなものを感じとりつつ，動き回る経験を積み重ねることで遠近や高低の区別などがつくようになるのだから，筆者のいう「見え」とは，「空間認識」を指しているものとわかる。

問4　赤ちゃんの時期に形成される「見え」のプロセスが説明されていることをおさえる。赤ちゃんは「体がグルリと移動」する「寝返《ねがえ》りからはじまり」，そのとき「見えている風景も上下反転」することになるので，エ→アが最初になる。次に「ハイハイを覚え」た赤ちゃんは，「移動範囲《はんい》」を拡大させ豊富な視覚経験を積むので，ウ→カが続く。やがて赤ちゃんは成長し，「2本足」で立つようになって「前後左右」だけでなく「上下方向の視点移動による視覚経験」も加わるのだから，イ→オが最後にくる。よって，四番目はカになる。

問5　問3でみたように，ネコは自ら動き回る経験によって「遠近」「奥《おく》行《ゆ》き」などの空間認識を獲得したが，ヒトもまた，問4で検討したとおり赤ちゃんのころからの「積極的な『移動』」を通じ，「立体感」をとらえられるようになる。ぼう線④は，そういった経験によって網膜に映した2次元平面を3次元立体のものとして認識できるようになったことを表すので，エが合う。

問6　頭蓋骨《ずがいこつ》の中にとどまり，外部から遮断《しゃだん》された孤独《こどく》な存在である「脳」は，身体がとらえたあらゆる感覚を「デジタル変換《へんかん》」して「モールス信号状」（ピピピ信号）のような形で受けとり，「世界の有り様」を読み解くと述べられている。つまり，「まず世界があり，それを脳が受動的に感じとっている」のでなく，ピピピというモールス信号を積極的に解釈《かいしゃく》することで，「この世界の有り様を脳の内部で再構築している」のだといえる。

問7　「コリンズ博士らの実験」を整理する。被《ひ》験者が眺《なが》めている「模型の手」を「自動装置」がポンポンと叩《たた》くのに合わせ，「脳の体性感覚皮質」を人工的に刺激すると，「模型の手」が「身体の一部」のような「実感」を生む。筆者はこれを「体の輪郭《りんかく》」が変わると表現しているので，イがふさわしい。

問8　「これ」とは，コリンズ博士らの行った，「『見え』のピピピ信号」と「脳への人工ピピピ刺激」を「同期」させる実験を指す。　**A**　コリンズ博士らの実験についての説明が入るので，

「模型の手がポンポン叩かれるのを眺めている人の脳に，叩くタイミングに同期させて人工的に刺激を与《あた》えると，模型の手が自分の手のように感じられること」のようにまとめる。　**B**　赤ちゃんの場合の「同期」体験，つまり，見ているものと脳への刺激のタイミングが合うことで，「自分の体の形状」を学習していくという内容が入る。これを「自分が眺めている自分の身体と，脳に届いた信号が同期する体験を積み上げて，自分の体の形状を学習していく」のようにまとめればよい。

Memo

Memo

2025年度用
中学スーパー過去問

■編集人 声の教育社・編集部
■発行所 株式会社 声の教育社
〒162-0814 東京都新宿区新小川町8-15
☎03-5261-5061㈹ FAX03-5261-5062
https://www.koenokyoikusha.co.jp

ストリーミング配信による入試問題の解説動画

2025年度用web過去問　ラインナップ

■ 男子・女子・共学（全動画）見放題
36,080円（税込）

■ 男子・共学 見放題
29,480円（税込）

■ 女子・共学 見放題
28,490円（税込）

● 中学受験「声教web過去問（過去問プラス・過去問ライブ）」（算数・社会・理科・国語）

3〜5年間 **24校**

過去問プラス

麻布中学校	桜蔭中学校	開成中学校	慶應義塾中等部	渋谷教育学園渋谷中学校
女子学院中学校	筑波大学附属駒場中学校	豊島岡女子学園中学校	広尾学園中学校	三田国際学園中学校
早稲田中学校	浅野中学校	慶應義塾普通部	聖光学院中学校	市川中学校
渋谷教育学園幕張中学校	栄東中学校			

過去問ライブ

栄光学園中学校	サレジオ学院中学校	中央大学附属横浜中学校	桐蔭学園中等教育学校	東京都市大学付属中学校
フェリス女学院中学校	法政大学第二中学校			

● 中学受験「オンライン過去問塾」（算数・社会・理科）

3〜5年間 **50校以上**

東京	青山学院中等部	東京	国学院大学久我山中学校	東京	明治大学付属明治中学校	千葉	芝浦工業大学柏中学校	埼玉	栄東中学校
	麻布中学校		渋谷教育学園渋谷中学校		早稲田中学校		渋谷教育学園幕張中学校		淑徳与野中学校
	跡見学園中学校		城北中学校		都立中高一貫校 共同作成問題		昭和学院秀英中学校		西武学園文理中学校
	江戸川女子中学校		女子学院中学校		都立大泉高校附属中学校		専修大学松戸中学校		獨協埼玉中学校
	桜蔭中学校		巣鴨中学校		都立白鷗高校附属中学校		東邦大学付属東邦中学校		立教新座中学校
	鷗友学園女子中学校		桐朋中学校		都立両国高校附属中学校		千葉日本大学第一中学校	茨城	江戸川学園取手中学校
	大妻中学校		豊島岡女子学園中学校	神奈川	神奈川大学附属中学校		東海大学付属浦安中等部		土浦日本大学中等教育学校
	海城中学校		日本大学第三中学校		桐光学園中学校		麗澤中学校		茗渓学園中学校
	開成中学校		雙葉中学校		県立相模原・平塚中等教育学校		県立千葉・東葛飾中学校		
	開智日本橋中学校		本郷中学校		市立南高校附属中学校		市立稲毛国際中等教育学校		
	吉祥女子中学校		三輪田学園中学校	千葉	市川中学校	埼玉	浦和明の星女子中学校		
	共立女子中学校		武蔵中学校		国府台女子学院中学部		開智中学校		

web過去問 Q&A

過去問が動画化！
声の教育社の編集者や中高受験のプロ講師など、
過去問を知りつくしたスタッフが動画で解説します。

Q どこで購入できますか？

A 声の教育社のHPでお買い求めいただけます。

Q 受講にあたり、テキストは必要ですか？

A 基本的には過去問題集がお手元にあることを前提としたコンテンツとなっております。

Q 全問解説ですか？

A 「オンライン過去問塾」シリーズは基本的に全問解説ですが、国語の解説はございません。「声教web過去問」シリーズは合格のカギとなる問題をピックアップして解説するもので、全問解説ではございません。なお、「声教web過去問」と「オンライン過去問塾」のいずれでも取り上げられている学校がありますが、授業は別の講師によるもので、同一のコンテンツではございません。

Q 動画はいつまで視聴できますか？

A ご購入年度２月末までご視聴いただけます。
複数年視聴するためには年度が変わるたびに購入が必要となります。

よくある解答用紙のご質問

01

実物のサイズにできない

　拡大率にしたがってコピーすると，「解答欄」が実物大になります。配点などを含むため，用紙は実物よりも大きくなることがあります。

02

A3用紙に収まらない

　拡大率164％以上の解答用紙は実物のサイズ（「出題傾向＆対策」をご覧ください）が大きいために，Ａ３に収まらない場合があります。

03

拡大率が書かれていない

　複数ページにわたる解答用紙は，いずれかのページに拡大率を記載しています。どこにも表記がない場合は，正確な拡大率が不明です。

04

１ページに２つある

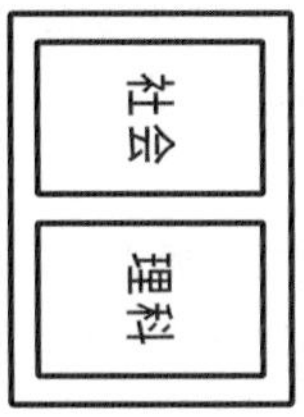

　１ページに２つ解答用紙が掲載されている場合は，正確な拡大率が不明です。ほかの試験回の同じ教科をご参考になさってください。

広尾学園中学校

【別冊】入試問題解答用紙編

解答用紙は本体からていねいに抜きとり、別冊としてご使用ください。

※　実際の解答欄の大きさで練習するには、指定の倍率で拡大コピーしてください。なお、ページの上下に小社作成の見出しや配点を記載しているため、コピー後の用紙サイズが実物の解答用紙と異なる場合があります。

●入試結果表

— は非公表

年度	回	項目		国語	算数	社会	理科	4科合計	合格者
2024	第１回	配点(満点)		100	100	50	50	300	最高点
		合格者平均点		67.0	72.3	33.9	24.2	197.4	—
		受験者平均点		57.4	60.6	28.9	19.7	166.6	最低点
		キミの得点							192
	第２回	配点(満点)		100	100	50	50	300	最高点
		合格者平均点	本科	62.1	70.4	26.6	33.0	192.1	
			インターＳＧ	66.4	75.0	29.8	36.0	207.2	—
		受験者平均点	本科	55.7	58.1	22.7	29.4	165.9	最低点
			インターＳＧ	55.4	60.2	23.8	29.7	169.1	本科 182
		キミの得点							インターＳＧ196
	医進・サイエンス回	配点(満点)		50	100	50	100	300	最高点
		合格者平均点		31.4	70.1	31.9	58.1	191.5	—
		受験者平均点		27.7	53.6	27.0	47.5	155.8	最低点
		キミの得点							175
2023	第１回	配点(満点)		100	100	50	50	300	最高点
		合格者平均点		59.1	81.3	31.7	34.1	206.2	—
		受験者平均点		50.7	67.2	27.4	27.4	172.7	最低点
		キミの得点							199
	第２回	配点(満点)		100	100	50	50	300	最高点
		合格者平均点	本科	61.4	80.4	32.4	29.4	203.6	
			インターＳＧ	64.4	83.3	34.6	31.7	214.0	—
		受験者平均点	本科	52.1	68.5	27.4	24.2	172.2	最低点
			インターＳＧ	54.1	70.9	28.2	24.7	177.9	本科 194
		キミの得点							インターＳＧ209
	医進・サイエンス回	配点(満点)		50	100	50	100	300	最高点
		合格者平均点		31.5	70.2	34.8	71.9	208.4	—
		受験者平均点		28.0	53.4	30.0	59.7	171.1	最低点
		キミの得点							188
2022	第１回	配点(満点)		100	100	50	50	300	最高点
		合格者平均点		74.7	72.5	31.9	24.4	203.5	—
		受験者平均点		68.9	59.2	27.9	20.4	176.4	最低点
		キミの得点							198
	第２回	配点(満点)		100	100	50	50	300	最高点
		合格者平均点	本科	61.8	72.5	31.6	26.9	192.8	
			インターＳＧ	63.8	74.4	31.7	27.5	197.4	—
		受験者平均点	本科	54.0	63.9	27.0	23.7	168.6	最低点
			インターＳＧ	54.7	62.8	27.1	23.4	168.0	本科 184
		キミの得点							インターＳＧ192

〔参考〕満点(合格者最低点)　2022 年：医進・サイエンス回 300(194)

※　表中のデータは学校公表のものです。ただし、４科合計は各教科の平均点を合計したものなので、目安としてご覧ください。

声の教育社

2024年度　広尾学園中学校

算数解答用紙　第1回

番号		氏名		評点	／100

1	(1)		(2)	ア＿＿＿＿, イ＿＿＿＿
	(3)	人	(4)	4時　　分
	(5)	cm²	(6)	cm²

2	(1)	チョコレート＿＿個 ガム＿＿個	(2)	チョコレート＿＿個 ガム＿＿個	(3)	個

3	(1)		(2)		(3)	通り

4	(1)	通り	(2)	通り	(3)	通り

5	(1)①		(2)	
	(1)②			

（注）この解答用紙は実物を縮小してあります。B５→A３(163%)に拡大コピーすると、ほぼ実物大の解答欄になります。

〔算　数〕100点(推定配点)

1　各５点×６　2　(1), (2)　各５点×２＜各々完答＞　(3)　６点＜完答＞　3〜5　各６点×９

２０２４年度　　広尾学園中学校

社会解答用紙　第１回

番号		氏名		評点	／50

1

問1		問2	

問3	(i)		(ii)		(iii)		(iv)	

問4	(i)		(ii)	

2

問1	A					B	
	C		D				

問2	→ → →	問3	

問4	新羅が			な関係を主張したため。

問5		問6		問7		問8	

3

問1					問2		問3		問4	

問5		問6		問7		問8	

4-Ⅰ

4-Ⅱ

（注）この解答用紙は実物を縮小してあります。Ｂ５→Ａ３(163%)に拡大コピーすると、ほぼ実物大の解答欄になります。

〔社　会〕50点(推定配点)

1　各１点×８　2　問１　各１点×４　問２～問８　各２点×７＜問２は完答＞　3　各２点×８＜問２，問６は完答＞　4　Ⅰ　４点　Ⅱ　各２点×２

２０２４年度　広尾学園中学校

理科解答用紙　第１回

番号		氏名		評点	／50

1

問1	cm	問2	g	問3	g
問4	cm^3	問5	cm	問6	cm

2

問1	①		②		③		④		⑤	
問2										
問3	(1)		(2)	ナノメートル						

3

問1		問2		問3		問4	
問5							
問6							

4

問1		問2	(1)		(2)		
問3	ア		イ		ウ		
問4	(1)		(2)		(3)		

（注）この解答用紙は実物を縮小してあります。Ｂ５→Ｂ４（141%）に拡大コピーすると、ほぼ実物大の解答欄になります。

〔理　科〕50点(推定配点)

1　各２点×６　2　問１　各１点×５　問２，問３　各２点×３　3　各２点×６＜問６は完答＞　4　問１，問２　各２点×３　問３　各１点×３　問４　各２点×３

２０２４年度　広尾学園中学校

国語解答用紙　第一回

番号		氏名	

評点	/100

一

問一	①		②		③		④	
問二	①		②		③		④	がれた
	⑤		⑥					

二

①	ひらがな			語群	
②	ひらがな			語群	
③	ひらがな			語群	
④	ひらがな			語群	
⑤	ひらがな			語群	

三

問一　問二　問三　問四

問五（15）

問六（70）

問七

四

問一	A		B		C		D	

問二

問三　問四

問五（75）

問六　問七

（注）この解答用紙は実物を縮小してあります。B５→B４（141%）に拡大コピーすると、ほぼ実物大の解答欄になります。

〔国　語〕100点(推定配点)

一　各１点×10　二　各２点×５<各々完答>　三　問１～問４　各４点×４　問５　６点　問６　11点　問７　５点　四　問１　各２点×４　問２～問４　各４点×３　問５　12点　問６，問７　各５点×２

2024年度　広尾学園中学校

算数解答用紙　第2回

番号		氏名		評点	／100

1	(1)		(2)	
	(3)	個	(4)	分後
	(5)	°	(6)	:

2	(1)		(2)	回	(3)	回

3	(1)	°	(2)	°	(3)	°

4	(1)	通り	(2)		(3)	通り

5

(1)

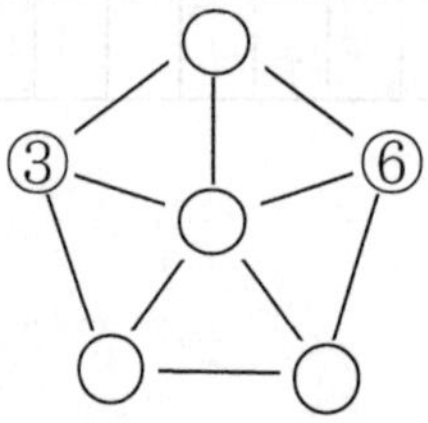

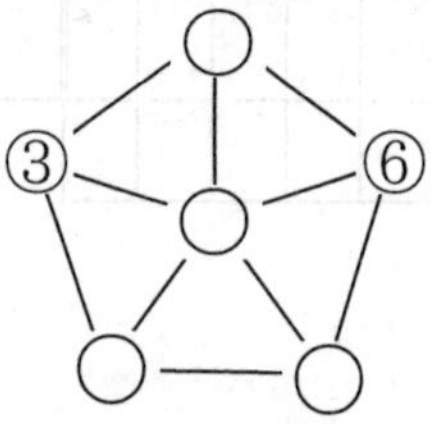

(2)

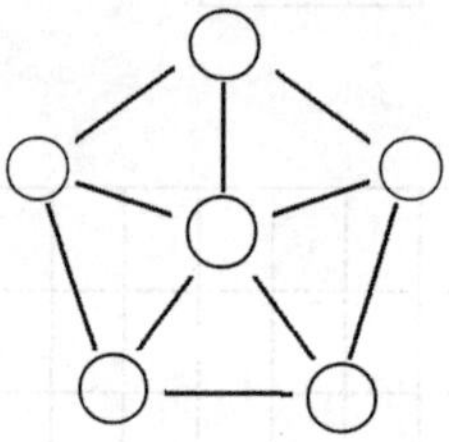

最大値＿＿＿＿＿＿

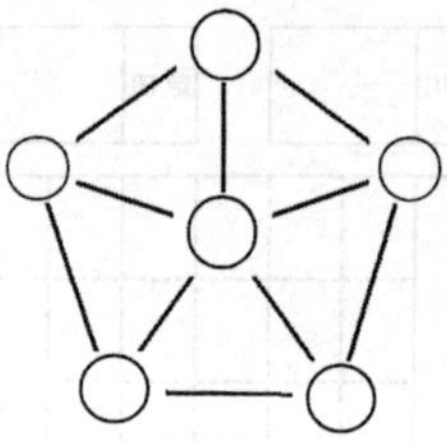

最小値＿＿＿＿＿＿

（注）この解答用紙は実物を縮小してあります。Ｂ５→Ａ３(163%)に拡大コピーすると、ほぼ実物大の解答欄になります。

〔算　数〕100点(推定配点)

1　各５点×6　2　(1)，(2)　各５点×2＜(1)は完答＞　(3)　６点　3〜5　各６点×9＜5の(1)は完答＞

２０２４年度　広尾学園中学校

社会解答用紙　第２回

番号		氏名		評点	／50

1

問1		問2	(i)		(ii)	

問3	(i)		(ii)		問4		問5	

2

問1	記号		史料名		問2	→ → → →

問3		問4		問5	記号		人物	

問6		問7	

3

問1		問2		問3	

問4		問5		問6	

問7		問8	

4-Ⅰ

4-Ⅱ

問1	(相続税があることにより，2人が相続する額の差は)
問2	

（注）この解答用紙は実物を縮小してあります。Ｂ５→Ａ３(163%)に拡大コピーすると、ほぼ実物大の解答欄になります。

〔社　会〕50点(推定配点)

1　問1，問2　各1点×3　問3～問5　各2点×4　2，3　各2点×15<2の問1～問3，問5～問7，3の問2，問4，問6，問7はそれぞれ完答>　4　Ⅰ　4点　Ⅱ　問1　2点　問2　3点

２０２４年度　　　広尾学園中学校

理科解答用紙　第２回

番号		氏名		評点	／50

1

問1		問2			問3	秒
問4	往復目	問5				
問6	Y		理由			

2

問1		問2			
問3	cm	問4			
問5	A		B		

3

問1		問2	夏鳥		冬鳥		
問3	(Ⅰ)						
	(Ⅱ)						
問4	(1)		(2)			問5	
問6							

4

問1		問2		問3		
問4		問5	(1)		(2)	

（注）この解答用紙は実物を縮小してあります。Ｂ５→Ｂ４（141%）に拡大コピーすると、ほぼ実物大の解答欄になります。

〔理　科〕50点（推定配点）

1～4　各２点×25＜1の問２，問６，2の問４，問５，3の問２，問４の(2)は完答＞

2024年度　広尾学園中学校

国語解答用紙　第二回

番号		氏名		評点	/100

一

問一	①		②		③	い	④	

問二	①		②		③		④	
	⑤		⑥	め				

二

①	ひらがな		語群	
④	ひらがな		語群	

②	ひらがな		語群	
⑤	ひらがな		語群	

③	ひらがな		語群	

三

問一		問二		問三	

問四　75

問五		問六		問七	

四

問一	A		B		C		D		問二	

問三

問四　75

問五		問六		問七	

（注）この解答用紙は実物を縮小してあります。B５→B４（141％）に拡大コピーすると、ほぼ実物大の解答欄になります。

〔国　語〕100点（推定配点）

一　各１点×10　二　各２点×５<各々完答>　三　問１～問３　各４点×３　問４　12点　問５，問６　各４点×２　問７　５点　四　問１　各２点×４　問２　４点　問３　６点　問４　12点　問５，問６　各４点×２　問７　５点

２０２４年度　広尾学園中学校　医進・サイエンス回

算数解答用紙　No.１

番号		氏名		評点	／100

1	(1)		(3)	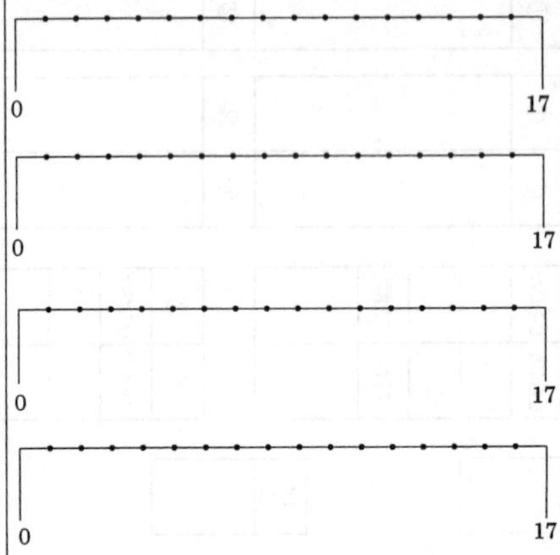
	(2)			

2	(1)	cm^3	(2)	cm^3
	(3)	【求め方】 答え		

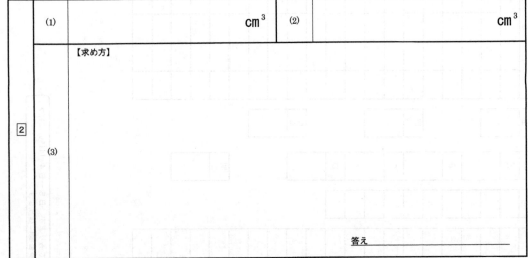

２０２４年度　広尾学園中学校　医進・サイエンス回

算数解答用紙　No.２

3	(1)	通り	(2)	通り
	(3)	【求め方】 答え		

4	(1)		(2)	①　　　°，②　　　°
	(3)	→　→　→ →　→　→ 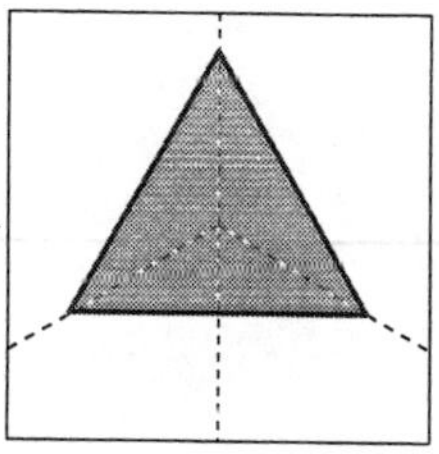		

（注）この解答用紙は実物を縮小してあります。Ｂ５→Ａ３(163%)に拡大コピーすると、ほぼ実物大の解答欄になります。

〔算　数〕100点(推定配点)

1　(1)　５点　(2)　各３点×２　(3)　各３点×４　2　(1)，(2)　各８点×２　(3)　９点　3　(1)，(2)　各８点×２　(3)　10点　4　(1)　８点　(2)　各４点×２　(3)　10点

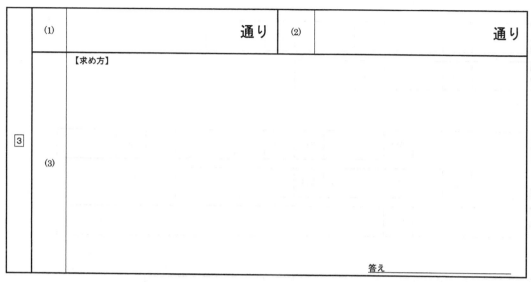

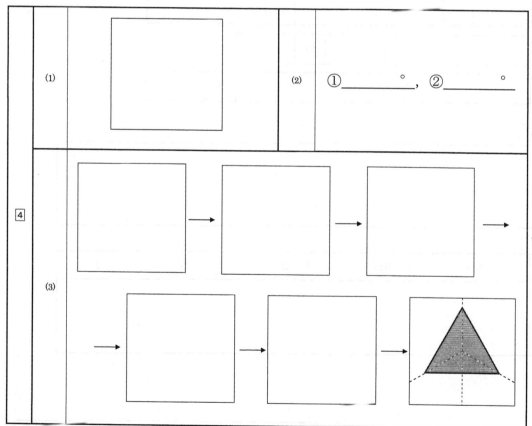

２０２４年度　広尾学園中学校　医進・サイエンス回

社会解答用紙

番号		氏名	

評点	／50

1

問1		問2		問3		問4	

問5		問6		問7	

2

問1		問2		問3	①					②	

問4		問5		問6				

問7		問8	→	→	→	→	→

3

問1		問2						問3	

問4		問5		問6	

問7		問8		

4-Ⅰ

4-Ⅱ

数字	A:(　　　)　B:(　　　)　C:(　　　)　D:(　　　)
説明	

（注）この解答用紙は実物を縮小してあります。Ｂ５→Ａ３(163%)に拡大コピーすると、ほぼ実物大の解答欄になります。

〔社　会〕50点(推定配点)

1　各１点×7　2, 3　各２点×17＜2の問５, 問７, 問８, 3の問３, 問４は完答＞　4　Ⅰ　４点　Ⅱ　数字…２点, 説明…３点

２０２４年度　広尾学園中学校　医進・サイエンス回

理科解答用紙

番号		氏名	

評点	／100

1

問1	X		Y		問2	mA	問3	mA
問4	倍	問5		問6				
問7	水槽1:水槽2:水槽3 ＝							
問8								

2

問1		問2					
問3							
問4	TG		DTA		問5		問6 (1) nm
問6 (2)							
問7							

3

問1		問2 (1)		(2)		問3	
問4	理花		進		サイ		
問5	赤血球		血しょう				

4

問1 (1)		(2)		問2			
問3							
問4							
問5		問6		問7		問8	

（注）この解答用紙は実物を縮小してあります。Ｂ５→Ａ３(163%)に拡大コピーすると、ほぼ実物大の解答欄になります。

〔理　科〕100点(推定配点)

1　問１　各２点×２　問２～問７　各３点×６＜問５は完答＞　問８　４点　2　問１，問２　各３点×２＜問１は完答＞　問３　４点　問４～問７　各３点×６＜問４は完答，問６の(2)は各３点×２＞　3　問１～問３　各３点×４＜問２の(1)，問３は完答＞　問４　４点＜完答＞　問５　各２点×２＜各々完答＞　4　問１　各２点×２　問２，問３　各３点×２　問４　４点　問５～問８　各３点×４

２０２４年度　広尾学園中学校　医進・サイエンス回

国語解答用紙

番号		氏名		評点	/50

一

問一　①　②　③　④

問二　①　②　③　④　⑤ たない　⑥

二

①　ひらがな　語群

②　ひらがな　語群

③　ひらがな　語群

④　ひらがな　語群

⑤　ひらがな　語群

三

問一　⑤　⑥　⑧

問二　こと。

問三　60

問四

問五

問六

問七

（注）この解答用紙は実物を縮小してあります。Ｂ５→Ｂ４（141％）に拡大コピーすると、ほぼ実物大の解答欄になります。

〔国　語〕50点(推定配点)

一　各１点×10　二　各２点×５＜各々完答＞　三　問１　各２点×３　問２　４点　問３　８点　問４～問７　各３点×４

2023年度　　広尾学園中学校

算数解答用紙　第１回

番号		氏名		評点	／100

1	(1)		(2)	
	(3)	ページ	(4)	時速　km
	(5)	：	(6)	cm^3

2	(1)	人	(2)	
	(3)	最小＿＿＿＿人，　最大＿＿＿＿人		

3	(1)	：	(2)	個	(3)	通り

4	(1)	cm	(2)	cm	(3)	：

5	(1)	倍	(2)②	答え＿＿＿＿倍
	(2)①	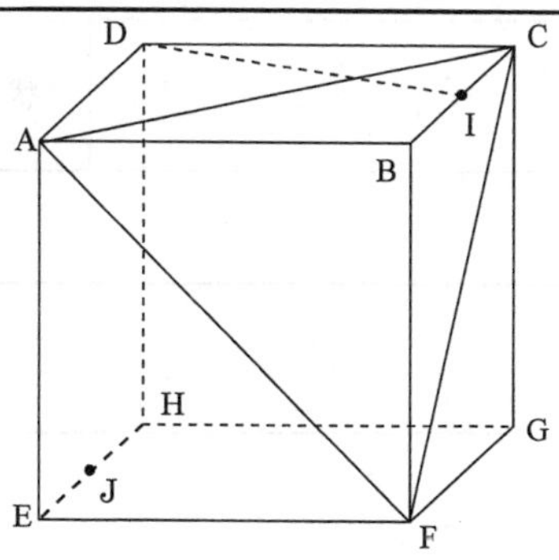		

（注）この解答用紙は実物を縮小してあります。Ｂ５→Ａ３（163%）に拡大コピーすると、ほぼ実物大の解答欄になります。

〔算　数〕100点(推定配点)

1　各５点×６　2　(1)，(2)　各５点×２＜(2)は完答＞　(3)　６点＜完答＞　3～5　各６点×９

２０２３年度　　広尾学園中学校

社会解答用紙　第１回

番号		氏名		評点	／50

1

問1		

問2	X	記号		河川名	川	Y	記号		河川名	川

問3		問4		問5		問6		問7	

2

問1	A		B		C	

問2		問3		問4	X		Y	

問5		問6	→ → → →	問7	

3

問1								問2		問3	

問4		問5		問6		問7		問8	

4-Ⅰ

	が進んだことで，
	状態。

4-Ⅱ

(注)　この解答用紙は実物を縮小してあります。Ｂ５→Ａ３(163%)に拡大コピーすると、ほぼ実物大の解答欄になります。

〔社　会〕50点(推定配点)

1　問1，問2　各2点×3＜問1は完答，問2は各々完答＞　問3～問6　各1点×4　問7　2点　2　問1　各1点×3　問2～問7　各2点×7＜問3，問6，問7は完答＞　3　問1～問3　各1点×3　問4～問8　各2点×5　4　各2点×4

２０２３年度　広尾学園中学校

理科解答用紙　第１回

番号		氏名		評点	／50

1

問1		問2		問3	
問4		問5			

2

問1	(1)		(2)		問2	気体	g	塩酸	%
問3	あ		い						
問4									

3

問1	(1)	種		理由					
	(2)		問2		問3	(1)		(2)	
	(3)								

4

問1		問2		問3		問4	時刻の差	分	先に影が短くなる	
問5										

（注）この解答用紙は実物を縮小してあります。Ｂ５→Ｂ４(141%)に拡大コピーすると、ほぼ実物大の解答欄になります。

〔理　科〕50点(推定配点)

1～4　各２点×25＜1の問１～問４はそれぞれ完答＞

二〇二三年度　広尾学園中学校

国語解答用紙　第一回

番号　　氏名　　評点　／100

一

問一　①　②　③　④

問二　①　②　③　④　⑤　⑥　する

二

①　ひらがな　語群　②　ひらがな　語群　③　ひらがな　語群

④　ひらがな　語群　⑤　ひらがな　語群

三

問一　I　II　問二　問三　問四　問五

問六　80　120

問七　問八

四

問一　I　II　III　問二

問三　問四　問五

問六　60　80

問七

（注）この解答用紙は実物を縮小してあります。B５→B４（141％）に拡大コピーすると、ほぼ実物大の解答欄になります。

〔国　語〕100点（推定配点）

一　各１点×10　二　各２点×５<各々完答>　三　問１　各２点×２　問２～問５　各４点×４　問６　12点　問７，問８　各５点×２　四　問１　各２点×３　問２～問４　各４点×３　問５　５点　問６　10点　問７　５点

２０２３年度　広尾学園中学校

算数解答用紙　第２回

番号		氏名		評点	／100

1	(1)		(2)	
	(3)	人	(4)	通り
	(5)	倍	(6)	cm^3

2	(1)		(2)		(3)	通り
3	(1)	時速　km	(2)	km	(3)	km
4	(1)	:	(2)	:	(3)	cm^2

5	(1)	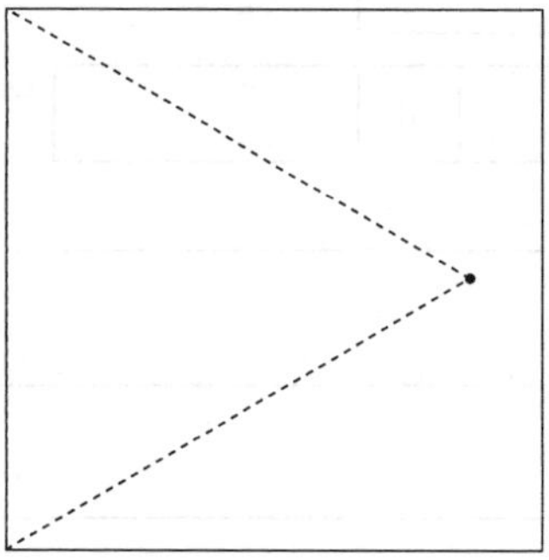	【点Ｐが通ったあとの線の長さ】 答え　cm
	(2)		

（注）この解答用紙は実物を縮小してあります。Ｂ５→Ａ３(163％)に拡大コピーすると、ほぼ実物大の解答欄になります。

〔算　数〕100点(推定配点)

1 (1), (2) 各５点×２ (3)～(6) 各６点×４ 2～4 各６点×９ 5 (1) 各３点×２ (2) ６点

２０２３年度　広尾学園中学校

社会解答用紙　第２回

番号		氏名		評点	／50

1

問1	記号		都道府県名		問2		問3	

問4	記号		山脈名		山脈	問5	

問6	貿易港		記号		問7	記号		都道府県名	

2

問1	A		B		問2	
	C		D		問3	

問4	①		②		問5	

問6	→ → →	問7	

3

問1	

問2		問3		問4		

問5		問6		問7	A		B	

4-Ⅰ

4-Ⅱ

（注）この解答用紙は実物を縮小してあります。Ｂ５→Ａ３（163%）に拡大コピーすると、ほぼ実物大の解答欄になります。

〔社　会〕50点(推定配点)

1 各１点×11　2 問１，問２　各１点×５　問３～問７　各２点×６＜問６，問７は完答＞　3 問１～問６　各２点×６＜問１，問３，問４は完答＞　問７　各１点×２　4 各４点×２

２０２３年度　　　広尾学園中学校

理科解答用紙　第２回

番号		氏名	

評点	／50

1

問1	最小値	cm	床からの高さ	cm	問2

問3

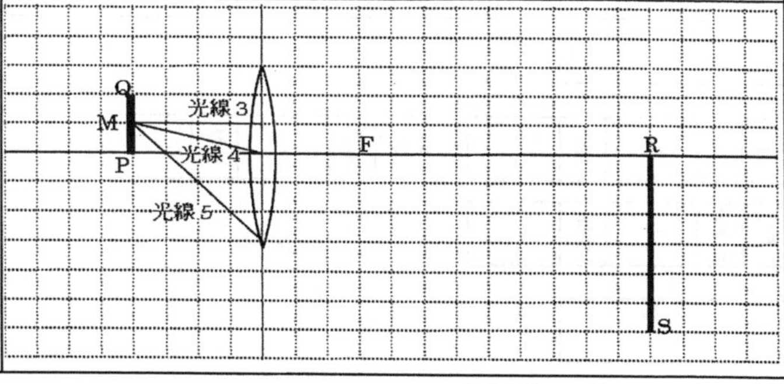

問4	a		b	
問5				
問6				

2

問1		問2	

問3		問4	(1)	g	(2)	メタン：氷 ＝ ：

3

問1	

問2		問3		問4		問5	(1)			(2)	

4

問1

(1)

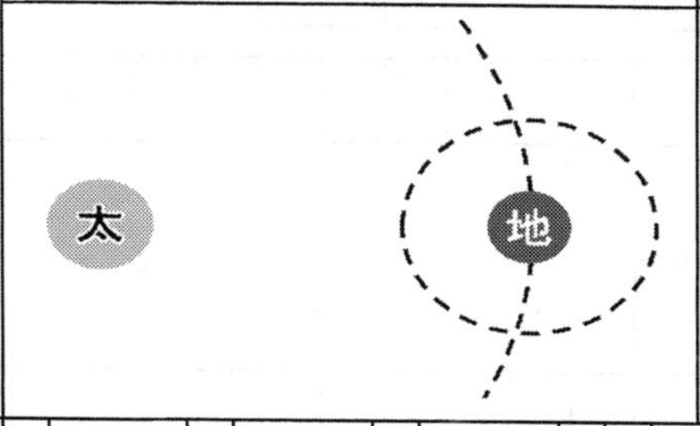

(2)

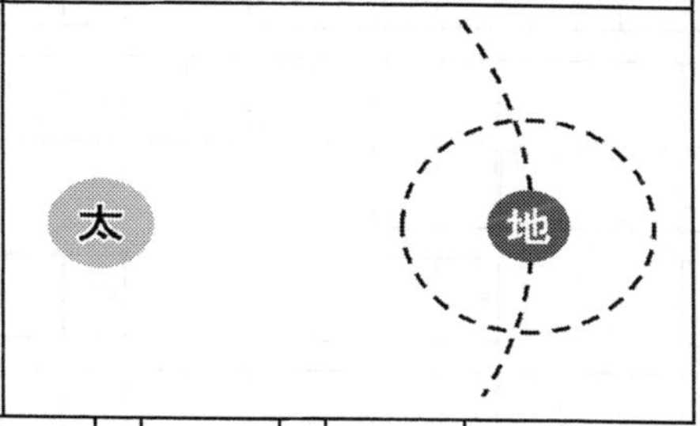

問2	(1)		(2)		問3		問4	方角		月の形		問5	

（注）この解答用紙は実物を縮小してあります。Ｂ５→Ｂ４（141%）に拡大コピーすると、ほぼ実物大の解答欄になります。

〔理　科〕50点（推定配点）

1～4　各２点×25＜1の問４，問６，2の問１，3の問５の(1)，4の問４は完答＞

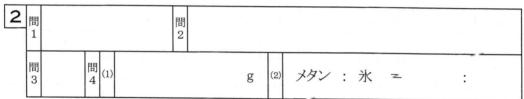

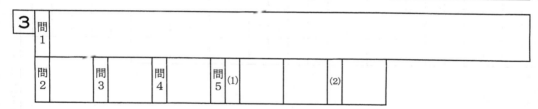

二〇二三年度　広尾学園中学校

国語解答用紙　第二回

番号　　氏名　　評点　／100

一
問一　①　②　③　④
問二　①　②　③　④　⑤　⑥　した

二
①　ひらがな　語群
②　ひらがな　語群
③　ひらがな　語群
④　ひらがな　語群
⑤　ひらがな　語群

三
問一　問二
問三　問四　問五
問六　80　120
問七

四
問一　A　B　C　問二　問三
問四　30
問五　問六　問七
問八　50　70

(注)　この解答用紙は実物を縮小してあります。B５→B４(141%)に拡大コピーすると、ほぼ実物大の解答欄になります。

〔国　語〕100点(推定配点)

一　各１点×10　二　各２点×5＜各々完答＞　三　問１～問３　各４点×3　問４，問５　各５点×2　問６　10点　問７　5点　四　問１　各２点×3　問２，問３　各４点×2　問４　6点　問５～問７　各５点×3　問８　8点

２０２３年度　広尾学園中学校　医進・サイエンス回

算数解答用紙　No.１

番号		氏名		評点	／100

1

(1)

	1	
7		
	9	

(2)

			9
5		2	11
12		3	
	1		

(3)

① A＿＿＿＿＿＿＿＿　，B＿＿＿＿＿＿＿＿

②

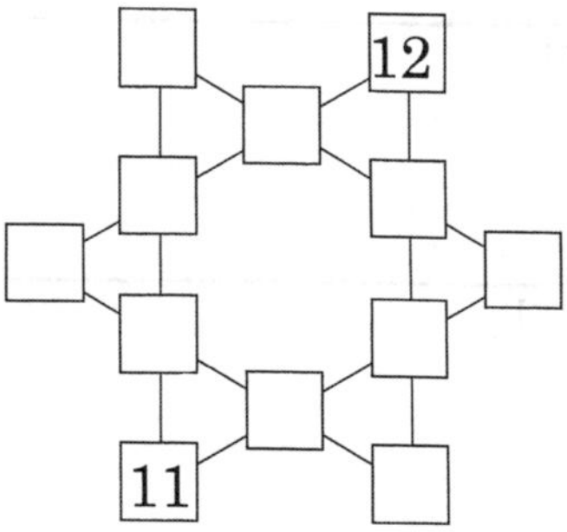

2

(1) 個

(2)

(3)

【求め方】

答え＿＿＿＿＿＿＿＿＿＿＿＿

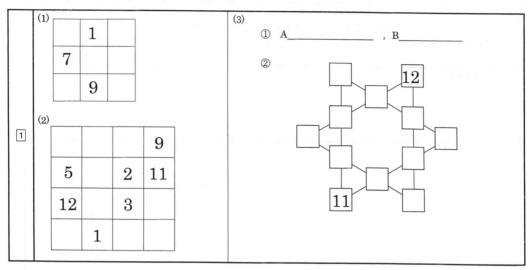

2023年度　広尾学園中学校　医進・サイエンス回

算数解答用紙　No.2

3	(1)	3月1日（　　），4月1日（　　），5月1日（　　），6月1日（　　），7月1日（　　） 8月1日（　　），9月1日（　　），10月1日（　　），11月1日（　　），12月1日（　　）
	(2)	【理由】
	(3)	【求め方】 答え　　　　　，

4	(1)		(2)	
	(3)	【求め方】 答え		

（注）この解答用紙は実物を縮小してあります。Ｂ５→Ａ３（163%）に拡大コピーすると，ほぼ実物大の解答欄になります。

〔算　数〕100点（推定配点）

1　各６点×５　2　(1)，(2)　各７点×２　(3)　８点　3　(1)，(2)　各７点×２＜(1)は完答＞　(3)　９点＜完答＞　4　(1)，(2)　各８点×２　(3)　９点

２０２３年度　広尾学園中学校　医進・サイエンス回

社会解答用紙

番号		氏名	

評点	／50

1

問1		問2		問3		問4	県

問5		問6		問7	

2

問1	A		B			
	C		D		問2	

問3	記号		誤った語句		→	正しい語句	

問4		問5		問6		問7	

3

問1	A		B		問2	

問3		問4		問5		問6	

問7		問8	

4-Ⅰ

問1	
問2	

4-Ⅱ

（注）この解答用紙は実物を縮小してあります。Ｂ５→Ａ３(163%)に拡大コピーすると、ほぼ実物大の解答欄になります。

〔社　会〕50点(推定配点)

1　各１点×７　2　問１　各１点×４　問２　２点＜完答＞　問３　３点＜完答＞　問４～問７　各２点×４＜問５は完答＞　3　各２点×９＜問２，問３，問８は完答＞　4　Ⅰ　各２点×２　Ⅱ　４点

２０２３年度　広尾学園中学校　医進・サイエンス回

理科解答用紙

番号		氏名	

評点	／100

1

問1		問2		問3	g	
問4	(1)　　g	(2)　　g	(3)			
問5		問6	℃			

2

問1		問2	
問3	倍		
問4		問5	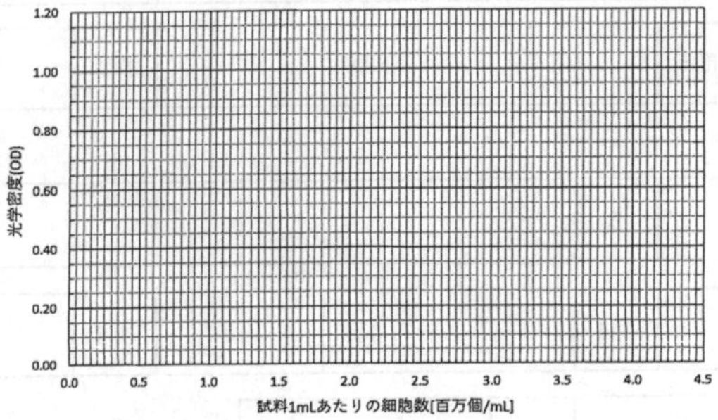
問6	ア		
	イ		
問7			

3

問1		問2		問3	①	②	③	
問4		問5						
問6								

4

問1		問2		問3		問4	
問5	km	問6					
問7							

（注）この解答用紙は実物を縮小してあります。Ｂ５→Ａ３（163％）に拡大コピーすると、ほぼ実物大の解答欄になります。

〔理　科〕100点(推定配点)

1　各３点×8＜問２は完答＞　2　問１　３点＜完答＞　問２　５点　問３，問４　各３点×２　問５　５点　問６，問７　各３点×３　3　問１～問４　各３点×６　問５　５点　問６　３点　4　問１～問６　各３点×６＜問１，問４は完答＞　問７　４点

二〇二三年度　広尾学園中学校　医進・サイエンス回

国語解答用紙

番号　　氏名　　評点　／50

一

問一　①　②　③　④

問二　①　②　③　④　⑤　⑥　れる

二

①　ひらがな　語群

②　ひらがな　語群

③　ひらがな　語群

④　ひらがな　語群

⑤　ひらがな　語群

三

問一　問二　問三　問四　④　⑤　⑥

問五　問六　⑧　⑨　⑩　問七

問八　問九

問十　70　90

（注）この解答用紙は実物を縮小してあります。Ｂ５→Ｂ４（141%）に拡大コピーすると、ほぼ実物大の解答欄になります。

〔国　語〕50点(推定配点)

一　各１点×10　二　各２点×５<各々完答>　三　問１〜問３　各２点×３　問４　各１点×３　問５　３点　問６　各１点×３　問７　２点　問８　４点　問９　３点　問10　６点

２０２２年度　広尾学園中学校

算数解答用紙　第１回

番号		氏名		評点	／100

1	(1)	①		②	
	(2)	cm	(3)	%	
	(4)	cm^2	(5)	面	

2	(1)	通り	(2)	通り	(3)	通り

3	(1)	個	(2)	個	(3)	操作番号

4	(1)		(2)	個	(3)	個

5 (1)

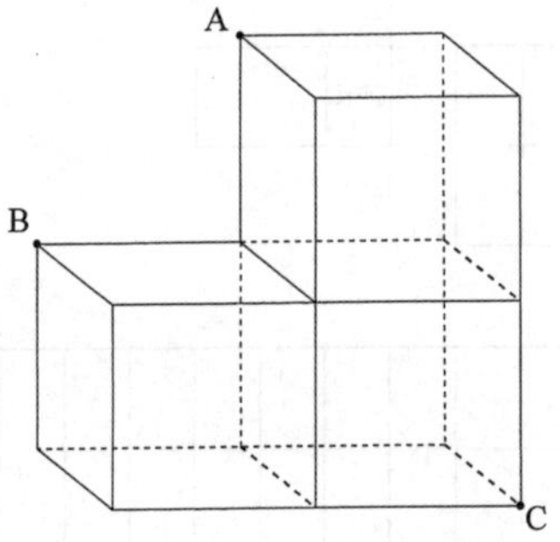

(2) 【考え方】

大きい立方体の体積は＿＿＿＿＿＿cm^3

（注）この解答用紙は実物を縮小してあります。Ｂ５→Ａ３（163%）に拡大コピーすると、ほぼ実物大の解答欄になります。

〔算　数〕100点（推定配点）

1 (1)　各５点×２　(2)～(5)　各６点×４　2～5　各６点×11

２０２２年度　　広尾学園中学校

社会解答用紙　第１回

番号		氏名		評点	／50

1

問1	A		帯	B		帯	C	

問2	

問3	(ⅰ)	A		B		(ⅱ)	

問4	(ⅰ)		(ⅱ)	

問5	

2

問1	

問2	記号		誤っている語句		正しい語句	

問3	(ⅰ)	い		ろ		は		(ⅱ)	

問4	(ⅰ)	い		ろ		は		(ⅱ)	

3

問1	

問2	A		B	

問3		

問4		

問5	C		D	

問6	

問7		

4-Ⅰ

4-Ⅱ

（注）この解答用紙は実物を縮小してあります。Ｂ５→Ａ３(163%)に拡大コピーすると、ほぼ実物大の解答欄になります。

〔社　会〕50点(推定配点)

1 問１　各１点×３　問２　２点　問３，問４　各１点×５　問５　２点　2 問１，問２　各２点×２<各々完答>　問３　(ⅰ)　各１点×３　(ⅱ)　２点　問４　(ⅰ)　各１点×３　(ⅱ)　２点　3 問１　２点　問２～問４　各１点×６　問５，問６　各２点×３<問６は完答>　問７　各１点×２　4 各４点×２

２０２２年度　広尾学園中学校

理科解答用紙　第１回

番号		氏名		評点	／50

1

問1	(1)		(2)		(3)		(4)		問2		問3	

問4	倍

問5	記号		理由	

2

問1		問2		問3	mg	問4	mg

問5	原因	
	実験方法	

3

問1	①		②		③	

問2	
問3	

問4			問5	%

4

問1			問2		問3	(1)		(2)	km

問4	カコウ岩		ハンレイ岩	

（注）この解答用紙は実物を縮小してあります。B５→B４(141%)に拡大コピーすると、ほぼ実物大の解答欄になります。

〔理　科〕50点(推定配点)

1～4　各２点×25＜1の問５，2の問５，3の問１，問４，4の問１は完答＞

二〇二二年度　広尾学園中学校

国語解答用紙　第一回

番号		氏名		評点	/100

一

問一　①　②　③　④

問二　①　②　③　④　⑤　⑥　く

二

①　ひらがな　語群　②　ひらがな　語群　③　ひらがな　語群

④　ひらがな　語群　⑤　ひらがな　語群

三

問一　問二　問三

問四　③「やなこと」　④「いやなこと」

問五

問六　80　120

問七

四

問一　A　B　C　D　問二

問三　ア　イ　ウ　エ　オ　問四

問五

問六　80　100

（注）この解答用紙は実物を縮小してあります。B５→B４（141%）に拡大コピーすると、ほぼ実物大の解答欄になります。

〔国　語〕100点（推定配点）

一　各１点×10　二　各２点×５<各々完答>　三　問１～問５　各５点×５<問４は完答>　問６　12点　問７　５点　四　問１　３点<完答>　問２　５点　問３　各２点×５　問４，問５　各５点×２　問６　10点

２０２２年度　　広尾学園中学校

算数解答用紙　第２回

番号		氏名	

評点	／100

1	(1)	①	②	
	(2)		(3)	m
	(4)	cm²	(5)	cm³

2	(1)	通り	(2)	通り	(3)	通り

3	(1)	:	(2)	:	(3)	cm²

4	(1)	L	L	L	L	(2)	L	(3)	通り

5	(1)	個
	(2)	

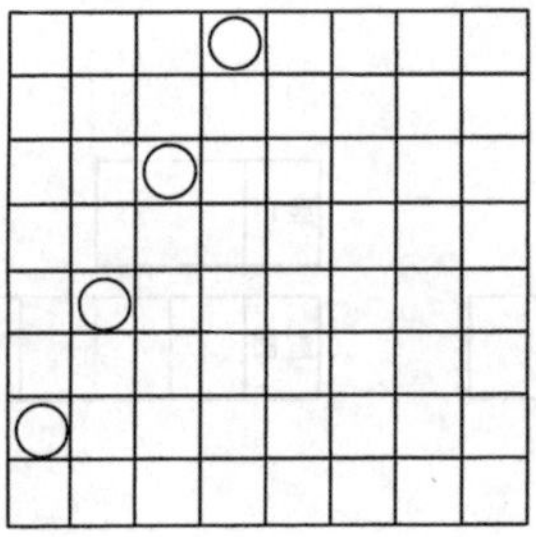

図１

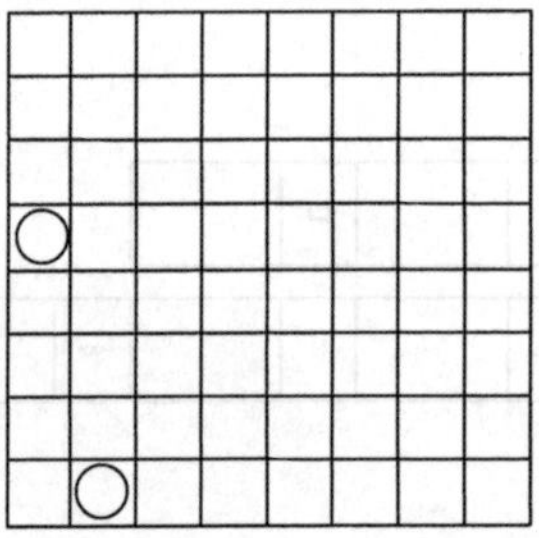

図２

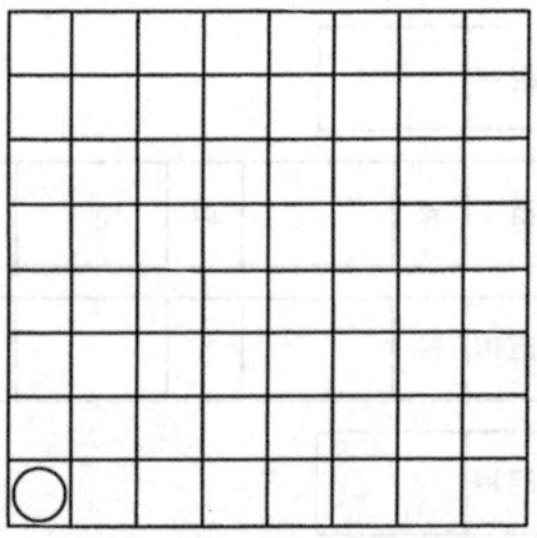

図３

（注）この解答用紙は実物を縮小してあります。Ｂ５→Ａ３（163%）に拡大コピーすると、ほぼ実物大の解答欄になります。

〔算　数〕100点（推定配点）

1 (1)　各５点×２　(2)～(5)　各６点×４　2～4　各６点×９＜4の(1)は完答＞　5　各３点×４

２０２２年度　　　広尾学園中学校

社会解答用紙　第２回

番号		氏名	

評点	／50

1

問1		問2		問3	

問4	(ⅰ)		(ⅱ)	

問5	Ⅰ		Ⅱ		Ⅲ		Ⅳ	

2

問1	A		B		問2	

問3		→		→		→		問4		問5	

問6		問7		問8	

3

問1		問2		問3					

問4		問5		問6	乗用車		電気冷蔵庫	

問7		問8					問9	

4-Ⅰ

4-Ⅱ

(注) この解答用紙は実物を縮小してあります。Ｂ５→Ａ３(163%)に拡大コピーすると、ほぼ実物大の解答欄になります。

〔社　会〕50点(推定配点)

1 問１，問２　各１点×２　問３　２点　問４，問５　各１点×６　2 問１　各１点×２　問２～問８　各２点×７＜問３は完答＞　3 問１，問２　各１点×２　問３～問５　各２点×３　問６　各１点×２　問７～問９　各２点×３＜問７は完答＞　4 各４点×２

２０２２年度　広尾学園中学校

理科解答用紙　第２回

番号		氏名		評点	／50

1

問1	秒	問2	秒	問3	回
問4		問5	Hz	問6	秒

2

問1			問2			
問3	①		②		③	
	④		⑤			
問4			問5	%		

3

問1		問2		問3		問4		問5		問6		

4

問1		問2		問3			問4		問5	
問6	時代									
	理由									

（注）この解答用紙は実物を縮小してあります。Ｂ５→Ｂ４（141%）に拡大コピーすると、ほぼ実物大の解答欄になります。

〔理　科〕50点（推定配点）

1　問１～問３　各２点×３　問４　１点　問５，問６　各２点×２　2　問１　各１点×２　問２～問５　各２点×８＜問２は完答＞　3　問１，問２　各１点×２　問３～問５　各２点×３＜問３は完答＞　問６　各１点×２　4　問１～問３　各１点×４　問４，問５　各２点×２　問６　３点＜完答＞

二〇二二年度　広尾学園中学校

国語解答用紙　第二回

番号		氏名		評点	/100

一

問一　①　②　③　④

問二　①　②　③　④　⑤　⑥

二

①　ひらがな　語群

②　ひらがな　語群

③　ひらがな　語群

④　ひらがな　語群

⑤　ひらがな　語群

三

問一　A　B

問二

問三

問四

問五

問六

問七　（80）（120）

問八

四

問一　A　B　C

問二

問三

問四

問五　（20）

問六

問七　（40）（60）

（注）この解答用紙は実物を縮小してあります。B５→B４(141%)に拡大コピーすると、ほぼ実物大の解答欄になります。

〔国　語〕100点(推定配点)

一　各１点×10　二　各２点×５<各々完答>　三　問１，問２　各２点×３　問３〜問６　各５点×４　問７　10点　問８　５点　四　問１　各２点×３　問２〜問６　各５点×５　問７　８点

２０２２年度　広尾学園中学校　医進・サイエンス回

算数解答用紙　No.1

番号		氏名		評点	／100

1	(1)	秒後	(2)	秒後	
	(3)	【求め方】 答え　　　　回			

2	(1)	個	(2)	個	
	(3)	【求め方】 答え　　　　cm³			

（注）この解答用紙は実物を縮小してあります。169％拡大コピーをすると、ほぼ実物大の解答欄になります。

２０２２年度　　広尾学園中学校　医進・サイエンス回

算数解答用紙　No.２

3	(1)		(2)	
	(3)	【求め方】 答え　　　　日		

4	(1)	通り	
	(2)	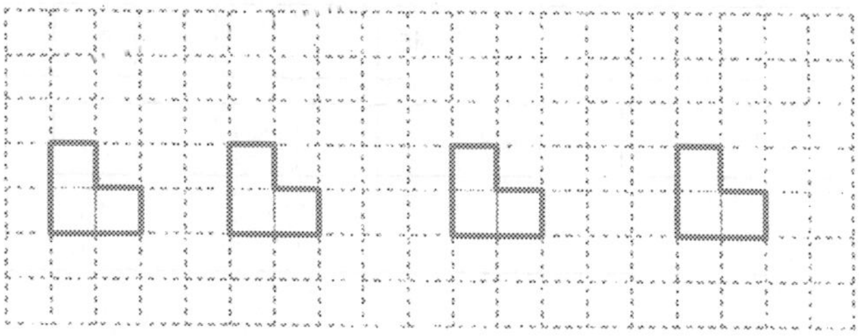	
	(3)		

〔算　数〕100点(推定配点)

1　(1)，(2)　各８点×２　(3)　９点　2　(1)，(2)　各８点×２　(3)　９点　3　(1)，(2)　各８点×２　(3)　９点　4　(1)，(2)　各８点×２＜(2)は完答＞　(3)　９点＜完答＞

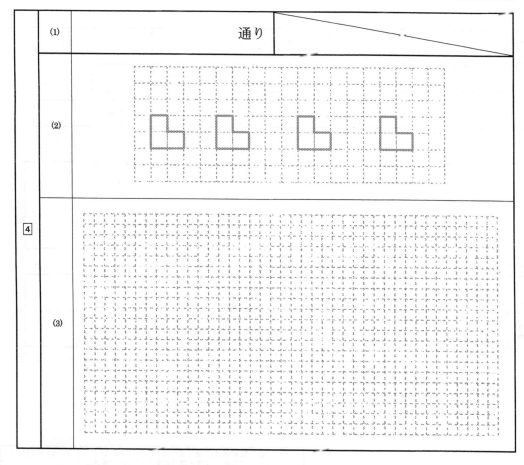

２０２２年度　広尾学園中学校　医進・サイエンス回

社会解答用紙

番号		氏名	

評点	／50

1

問1	A		B		C		D	

問2	

問3	

問4	Ⅰ	市	Ⅱ	米

問5	(ⅰ)		(ⅱ)	

2

問1	A		B		C	

問2	

問3	誤っている語句		正しい語句		誤っている語句		正しい語句	

問4	

問5		→		→		→	

問6	

3

問1		

問2	

問3								

問4	

問5	

問6	

問7	

問8					

問9	

4-Ⅰ

4-Ⅱ

①	
②	

(注) この解答用紙は実物を縮小してあります。Ｂ５→Ａ３(163%)に拡大コピーすると、ほぼ実物大の解答欄になります。

〔社　会〕50点(推定配点)

1　各１点×10　2　問１，問２　各１点×4　問３～問６　各２点×5＜問３は各々完答，問５は完答＞

3　問１，問２　各２点×2　問３　各１点×2　問４～問９　各２点×6　4　Ⅰ　４点　Ⅱ　各２点×2

２０２２年度　広尾学園中学校　医進・サイエンス回

理科解答用紙

番号		氏名		評点	／100

1

問1	m/秒	問2	倍	問3	秒間	問4	
		問5	記号		理由		

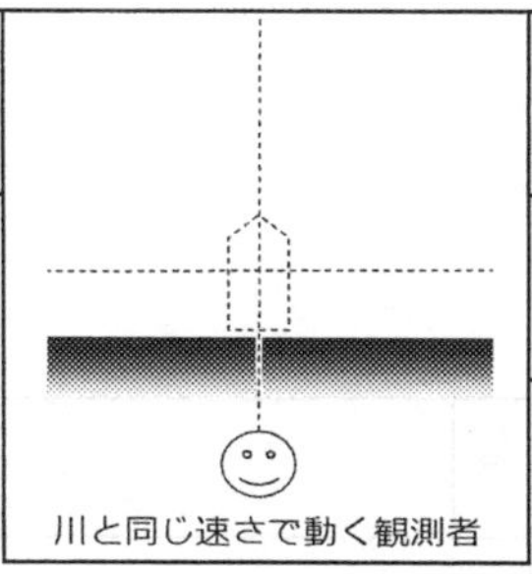

2

問1		問2									
問3	ア		イ		ウ		エ		オ		カ
問4											
問5	a		b		c		d		e		

（※ d, eは順不同）

3

問1		問2		問3	X		Y
問4							
問5							

4

問1	A		B		問2	km	問3		問4
問5		問6	ア		イ		ウ		
問7									

（注）この解答用紙は実物を縮小してあります。Ｂ５→Ｂ４（141%）に拡大コピーすると、ほぼ実物大の解答欄になります。

〔理　科〕100点（推定配点）

1～3　各３点×26＜1の問４，問５，2の問１，3の問１，問２は完答＞　4　問１～問５　各３点×５＜問１は完答＞　問６　各１点×３　問７　４点

二〇二三年度　広尾学園中学校　医進・サイエンス回

国語解答用紙

番号　　氏名　　評点　／50

一

問一　①　②　③　④

問二　①　②　③　④　⑤　⑥　らす

二

①　ひらがな　語群
②　ひらがな　語群
③　ひらがな　語群
④　ひらがな　語群
⑤　ひらがな　語群

三

問一　問二　問三　問四　問五

問六　問七

問八　A　70

B　50

（注）この解答用紙は実物を縮小してあります。B5→B4（141%）に拡大コピーすると、ほぼ実物大の解答欄になります。

〔国　語〕50点（推定配点）

一　各1点×10　二　各2点×5<各々完答>　三　問1，問2　各3点×2　問3　2点　問4，問5　各3点×2　問6　2点　問7　3点　問8　A　7点　B　4点

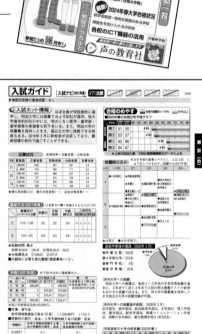

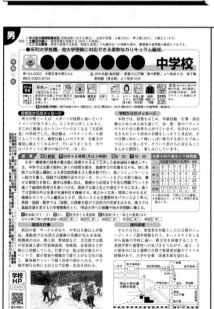